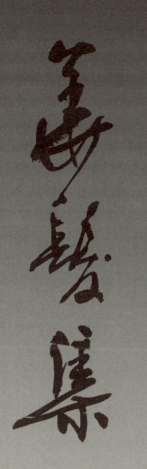

汤勤福 ◆ 著

上海三联书店

華发集

一、中国礼制史

【华夏集】

一　中国礼制史

朱熹《家礼》的真伪及对社会的影响

清乾隆时期编纂《四库全书》,吸收了王懋竑提出的朱熹《家礼》为伪的看法,定《家礼》为后世伪作之书。真是如此吗? 笔者认为还有研讨余地。朱熹《家礼》是否为伪,这必须考虑朱熹在淳熙三年后是否进行过修订,朱熹门人及南宋时期学者如何看待《家礼》以及元明清三代绝大多数学者对《家礼》的看法与该书的实际影响。若能理清这一线索,那么《家礼》真伪也就比较容易判别了。

一、淳熙三年之后朱熹仍修订《家礼》

王懋竑《白田杂著》卷二有《家礼考》、《家礼后考》、《家礼考误》三文,围绕着一个中心便是论述"《家礼》非朱子之书也"[1]。王氏在文中找出数十条似是而非的根据来论证《家礼》为伪,并自负地认为:"《家礼》非朱子书,乃余所独创,与勉斋、北溪相违异,心窃不安,而(邹)琢其亦断从之,削去'《家礼》成'一条。"[2]四库馆臣对王氏的观点大为赞赏,以为"是书之不出朱子,可灼然无疑"[3]。馆臣的看法影响极大[4]。

陈来与束景南先后发表相关论文[5],对《家礼》进行了较为细致的考证。其中束文认为朱熹作《家礼》则是"无可怀疑的事实",但今本《家礼》"宋元以来又被人窜乱移易"[6]。束文的结论是正确的,笔者完全同意。但束文论述或不尽人意,有必要稍加补葺,以使结论更加坚实。

束文认为朱熹《家礼》于淳熙三年三月往婺源扫墓途中被窃,似可认定;又认为

---

[1] 王懋竑:《白田杂著》卷二《家礼考》,文渊阁《四库全书》本,第 859 册,第 662 页。

[2] 王懋竑:《白田杂著》卷八《记〈朱子年谱正讹〉后》,第 771 页。邹琢为王懋竑好友,著《朱子年谱正讹》,订正旧谱,接受王氏《家礼》为伪的观点,因此删去"《家礼》成"一条。

[3] 永瑢等:《四库全书总目》卷二二《家礼》,北京:中华书局,1965 年,第 181 页。

[4] 潘富恩、徐洪兴主编:《中国理学》第三卷谈及《朱子家礼》时仍沿袭王懋竑观点。上海:东方出版中心,2002 年,第 40 页。

[5] 陈来:《朱子〈家礼〉真伪考议》,《北大学报》1989 年第 3 期;束景南:《朱熹〈家礼〉真伪辨》,《朱子学刊》1993 年第 1 辑,合肥:黄山书社,1993 年。

[6] 束景南:《朱熹〈家礼〉真伪辨》。

即使被窃,朱熹仍可从张栻、吕祖谦、汪应辰等人处"回抄"①,此说亦能成立。实际上,束文不但对朱熹淳熙三年前修订《家礼》过程考证较为细致,而且对王懋竑所举的《家礼》为伪的"例证"所作的辨析,也大致没有疏失。然束氏未讨论"回抄"后朱熹对《家礼》的态度与修订情况,似乎回抄后朱熹便不再重视《家礼》一书,这便给王懋竑否定《家礼》留下极大的余地。因此,有必要补充一些证据,以证实朱熹在淳熙三年之后对《家礼》仍有所修订②,从而证明王懋竑之说不能成立。

首先需要研讨的是,为何淳熙三年后朱熹与他人书信中很少提及《家礼》? 难道这是由于相关书信遗失未存? 或是确实《家礼》被窃之后朱熹手边未存该书? 在笔者看来,虽然朱熹与他人谈及《家礼》之书信可能会有亡佚,但此非主要原因。其最主要原因是朱熹学术兴趣已经转移,他自淳熙三年后主要精力花在《四书集注》上,而《家礼》修订或是偶尔发现问题后再修订一下而已。实际上,这在《朱子语类》的师徒问答及文集中,仍可看出一些端倪。

《朱子语类》卷八九是专门论礼部分,从中可看出朱熹仍在修订《家礼》:"问:'丧、祭之礼,今之士固难行,而冠、昏自行,可乎?'曰:'亦自可行。某今所定者,前一截依温公,后一截依伊川。'"③此条叶贺孙记,叶氏于绍熙二年随朱熹问学,因此此条当在绍熙二年之后,为朱熹晚年也。叶贺孙所记提及"丧祭冠昏"四礼,实是十分清楚地表明此指《家礼》;"今所定者",则可见朱熹仍在修订《家礼》。此非孤证,《朱子语类》同卷亦有郑可学所记一条:"问冠、昏、丧、祭礼。曰:'今日行之正要简,简则人易从。如温公《书仪》,人已以为难行,其殽馔十五味,亦难办。'舜功云:'随家丰俭。'曰:'然。'"④郑可学首次师从朱熹在绍熙二年,此条当与上条同在绍熙二年或稍后。另有潘时举所记一条:"问:'冠、昏之礼,如欲行之,当须使冠、昏之人易晓其言,乃为有益。如三加之辞,出门之戒,若只以古语告之,彼将谓何?'曰:'只以今之俗语告之,使之易晓,乃佳。'"⑤潘时举始从朱熹在绍熙四年。郑、潘两人所记内容都涉及《家礼》的内容。

这里再举一条重要例证。朱熹曾说:"今人于冠婚丧祭一切苟简徇俗,都不知所谓礼者,又如何责得它违与不违。古礼固难行,然近世一二公所定之礼,及朝廷《五礼新书》之类,人家傥能相与讲习,时举而行之,不为无补。"又云:"《周礼》忒煞繁细,亦自难行。今所编《礼书》,只欲使人知之而已。观孔子欲从先进,与宁俭宁

---

① 就朱、张、吕 3 人往来书信看,他们经常互相抄录书籍赠送对方,因此《家礼》被窃,朱熹自然可以从他们那儿回抄。
② 本文尽可能不用束文所用过的资料。
③ 黎靖德编:《朱子语类》卷八九,北京:中华书局,1986 年,第 2271 页。
④ 黎靖德编:《朱子语类》卷八九,第 2272 页。
⑤ 黎靖德编:《朱子语类》卷八九,第 2272 页。

戚之意,往往得时位,必不尽循《周礼》。必须参酌古人,别制为礼以行之。"①此条为辅广所记,辅氏始从朱熹为绍熙五年。所录谈及"冠婚丧祭"四礼,又云"《周礼》忒煞繁细,亦自难行。今所编《礼书》,只欲使人知之而已"云云,显然是指《家礼》,而"今所编《礼书》"不能十分清楚地说明朱熹直到绍熙五年仍提及《家礼》,确实证明该书被窃后朱熹已有回抄之本!

或许有人会提出如下疑问:此处"礼"是否可能是朱熹所修《仪礼经传通解》?回答是否定的,因为朱熹修该书始于庆元二年②,故"某今所定者"及郑、潘等人论及之四礼决非指《仪礼经传通解》,而是指《家礼》。

朱熹曾在宁宗绍熙五年八月③撰《跋〈三家礼范〉》,提及自己"尝欲因司马氏之书,参考诸家之说,裁订增损,举纲张目,以附其后,使览之者得提其要以及其详,而不惮其难行之者。虽贫且贱,亦得以具其大节、略其繁文而不失其本意也。顾以病衰,不能及已"④。其含义十分清楚,即因"病衰"而未能着手完全改定《家礼》一书。此亦是一条朱熹淳熙三年后手边仍有《家礼》的证据。由上可见,《家礼》一书并非在被窃后朱熹便从未修订,而恰恰相反,朱熹是修订过它的。

如果对上述论证还不满足的话,这里再举一段更为明确的证据:"蔡渊字伯静,西山先生长子也。清修苦节,有父风,与弟沈躬耕不仕。内学于父,外师事晦庵文公……西山春陵之谪,仲默从侍,先生(即伯静)奉母家居……讣音闻,先生哀毁骨立,一以文公《家礼》为准,庐于墓侧,泣血三年,与当世绝。"⑤蔡元定死于庆元四年,朱熹尚在世。而蔡氏未流放前,朱熹与元定父子通信十分频繁,且伯静为朱熹刊印著述奔波于道。因此,西山去世,伯静葬礼"一以文公《家礼》为准",当手边有该书,不可能凭记忆而为之。若这一说法无误,那么怎么可能蔡氏有《家礼》而朱熹则没有呢?

束文曾提及《铁琴铜剑楼藏书目录》卷四载宋刊本《纂图集注文公家礼》10卷,认为"《家礼序》为朱熹手书真迹,也足以证明《家礼》及其序为朱熹所作",又称"有图散见各门,则必是后人所作"⑥。束文之意是"文"为朱熹作,"图"为他人所添。实际上,该书排序虽为"通礼"、"冠礼"、"昏礼"、"丧礼"、"祭礼",与朱熹《家礼》一致,但它是"十卷"本,与朱熹《家礼》5卷本之数不相吻合,而且,《家礼》原书并无

① 黎靖德编:《朱子语类》卷二三,第561页。
② 王懋竑《朱子年谱》系于庆元二年,笔者认为符合史实,第258页。
③ 宁宗七月即位,未改元。
④ 朱熹:《朱熹集》卷八三,成都:四川教育出版社,1996年,第4285页。
⑤ 李清馥:《闽中理学渊源考》卷二五《处士蔡节斋先生渊》,文渊阁《四库全书》本,第460册,第325—326页。该传资料来自《(蔡氏)九儒书》、《闽书》,较为可靠。
⑥ 束景南:《朱熹〈家礼〉真伪辨》。

图。显然,图当为刊印者所添,卷数亦是刊印者自行分拆,即使内容是朱熹所撰,而该书则非《家礼》原貌。因此,笔者以为此书可能是当时书商所为。其实,朱熹及其弟子、友人在谈到《家礼》时从无 10 卷之说,而且也未提到过《家礼》有图。

实际上,王懋竑并非是怀疑《家礼》为伪书的"首创者",据笔者目前查到的资料而言,元至元二十五年,陈栎便说过:"天下事当论是否,不当论同异。苟其是也,虽异何病。有真见者,将必同之。其无真见者之安于谬误,奚与吾事哉?又未必不曰学文公之学,而深衣不用文公之说,奈何?殊不知文公《家礼》成于初年,未几为一辈行窃之,终身不及见,以故终身不及改,是以未尝为学者道之。至文公葬日,始有录之以来。会葬,授文公季子敬之者,然后此书复出。此说见于黄君巍、陈君淳之语录,今载之杨氏附注《家礼》中,非不明也。文公诸书终身修改,后来定本,其中有与初年所著全无一语同者。使《家礼》不失,公及改之,岂终于此而已乎?……愚盖以求为真是之归者,学文公而不敢泥未定之书,以学文公也。"①王懋竑之语与陈栎差异在于,王氏断然认定《家礼》为伪,而陈氏则委婉称朱熹"终身不及见,以故终身不及改",并声称"不敢泥未定之书",实际上强调了《家礼》被窃后朱熹未曾作修订,因此不能算作朱熹之书,从而为"伪书说"开了先河。然而,据笔者上述考订,陈氏"终身不及见,以故终身不及改"的看法确实是错误的。退一步说,即使《家礼》是"未定"之本,其著作权为朱熹所有是无可怀疑的。

综上所述,笔者认为陈栎、王懋竑及四库馆臣否定朱熹《家礼》著作权的观点是无法站住脚的。《家礼》失而复得并非在朱熹身后,而当是生前回抄所得,且朱熹曾对此书进行过一定的修订。

二、朱熹去世后《家礼》在南宋流传情况

如果上述论证还不能使人信服,那么我们还可以从朱熹去世后南宋学者(尤其是朱熹之子及朱熹门人)对《家礼》的态度来分析它是否为伪。然而关于这一问题,束文未能予以更多论述,笔者却深感有必要加以深入研讨,如此才能求得曲直是非。

首先要说朱熹门人对《家礼》的看法。这个问题最为敏感,因为如果王氏所说朱熹去世后《家礼》才出现,《家礼》确实为伪之说能够成立的话,那么朱熹之子及门人当然不会承认这一来历不明的《家礼》。事实上,朱熹之子在重新获得被窃本时并未怀疑其真实性,而作为门人的陈淳也不否定这一《家礼》的"合法身份"。

陈淳《代陈宪跋〈家礼〉》载:"嘉定辛未(四年),自南官回过温陵,值敬之(即朱在)倅郡,出示《家礼》一编,云:'此往年僧寺所亡本也,有士人录得,会先生葬日携

---

① 陈栎:《定宇集》卷六《深衣说》,文渊阁《四库全书》本,第 1205 册,第 238 页。

来,因得之。'即就传而归。"①王懋竑在辨《家礼》为伪时十分重视这段资料,他曾说:

> 文集、语录自《家礼序》外无一语及《家礼》者,惟与蔡季通书有"已取《家礼》四卷纳一哥"之语。此《仪礼经传通解》中《家礼》六卷之四,而非今所传之《家礼》也。②
>
> 陈淳云:嘉定辛未岁过温陵,先生季子敬之倅郡,出示《家礼》一编,云:此往年僧寺所亡本也,有士人录得,会先生葬日携来,因得之。③

王氏提及朱熹给蔡季通的信,载于《朱熹集·续集》卷三,此书为庆元三年所撰,所提及《家礼》确是《仪礼经传通解》中的内容。然王氏以此"证明"《家礼》为伪则是风马牛不相及的。而后条则几乎全抄陈淳之语,作为否定《家礼》为朱熹所撰更为荒谬不经。束景南对王懋竑引陈淳语而否定《家礼》进行了批评,这是正确的。但束先生未指出陈淳所说只是陈述一项事实,即原先在僧寺所失之《家礼》复又得之,陈氏为之抄录,根本不存在讨论真伪问题;而且就陈淳之语分析,他是认为这本《家礼》为"真"而非"假",否则就不会抄录了。若再进一步分析,应该说《家礼》失而复得后,朱熹曾对它进行过修订,而朱熹去世后,士人带来的这一"初稿本"肯定与修订本有所不同,因此受到朱在的重视,也受到陈淳的重视。

实际上,陈淳还曾写过一篇《〈家礼〉跋》称朱熹"方尔草定,即为僧童窃去。至先生没,而后遗编始出,不及先生一修,其间犹有未定之说。五羊本先出,最多讹舛……向尝亲闻先生语,以为似禘祫而不举,今本先生意删去"④。这段话注意的有两点:一是《家礼》为僧童窃去,朱熹没后始出,是否确实"不及先生一修,期间犹有未定之说"? 二是如何理解"今本先生意删去"一词? 其实认真思考一下,便可发现陈淳之语自相矛盾:如果《家礼》被窃,朱熹至死未再获得《家礼》且"不及一修",何来"今本先生意删去"? 如果陈淳确实"亲闻先生语",提及《家礼》某些不足,意欲修订,则"不及先生一修"则难以成立。这一逻辑上的悖论,陈淳是无法自圆其说的。当然,朱熹对自己的著述极为苛刻,反复修订,至死不止。因此《家礼》有"有未定之说"倒是可信的。该文提及"五羊本""余杭本",以及"严陵郡某侯欲刻以示后世",即严陵郡刻本,但不知此三刊本刻于何时。

《家礼》早期刻本有比较明确时间者,为如下一段记载:"(廖)德明初为浔州教

---

① 陈淳:《北溪大全集》卷一四《代陈宪跋〈家礼〉》,文渊阁《四库全书》本,第1168册,第609页。
② 王懋竑:《白田杂著》卷二《家礼考》,第662页。
③ 王懋竑:《白田杂著》卷二《家礼后考》,第663页。
④ 陈淳:《北溪大全集》卷一四《〈家礼〉跋》,第610页。

授，为学者讲明圣贤心学之要，手植三柏于学，浔士爱敬之如甘棠。在南粤时，立师悟堂，刻朱熹《家礼》及程氏诸书。"①廖德明刻《家礼》究竟为何时？宋人吴潜有《上史相书》，其中提及"嘉定五六年间，丞相收用老成，如汪逵、黄度、刘钥、蔡幼学、陈武、杨简、袁燮、柴中行、赵方、储用、陈刚、廖德明、钱文子、杨方、杨楫，诸君子布满中外，一时气象，人以为小庆历元佑，此更化之盛际也"。② 廖德明在南粤，曾招郑可学入粤："是岁（宁宗嘉定四年，1211 年）冬，廖德明为广帅，招致郡斋。明年壬申秋，亲友勉子上调选，方信儒时守春陵，与之偕行至豫章，卒于丰城，年六十二。"③由此大致可以断定：廖德明刻《家礼》约在嘉定四年之后，时间离朱熹去世仅 11 年左右。廖氏为朱熹高足之一，多次师从④，应当十分了解《家礼》真伪及朱熹对该书的态度。因此，就这一角度来分析，廖氏认为《家礼》为真非假，否则就不会刻印"伪本"！据日本学者上山春平称，《家礼》最早刻本为嘉定九年（1216 年）黄榦弟子赵师恕刻本⑤。显然，上山先生的观点是错误的，即使我们无法认定陈淳之"跋"的时间，而廖德明在南粤有刻本且早于嘉定九年是可以肯定的。

其实关于《家礼》真伪问题，不但朱在、陈淳、廖德明没有否定它的合法身份，就连朱熹最欣赏的门人、女婿黄榦也没有否定《家礼》。黄榦曾为黄仲玉撰过行状，称黄仲玉"其一门之中谨守礼法，相勉以善"，黄仲玉死于以嘉定己卯（十二年）七月甲寅，临终嘱咐道："我死，谨毋用浮屠法。不然，是使我不得正其终也"，他生前"以朱文公《家礼》帅其家人，使守之"，因此家人治丧"奉君之治命惟谨"⑥。黄仲玉死距朱熹去世仅 10 余年。他在世时"以朱文公《家礼》帅其家人"，则可见《家礼》已行于世，且为世人所接受。黄榦是朱熹高足，他并未认为黄仲玉所用《家礼》是伪！

那么，除朱熹门人之外，其他南宋学者是如何看待《家礼》的呢？这里举几个例子来证明南宋学者的态度。陈沂师从朱熹门人陈淳，为朱熹三传弟子，且与众多朱熹门人交游，史称他"自弱冠侍父官南游，始笃志文公之学，遍参刘爚、廖德明、李方子、杨至诸先生之门，而陈淳又沂终身所卒业者。凡一时及门之士，皆推沂为嫡嗣。继复受《书》、《易》于蔡渊、蔡沈，若陈宓、潘柄、蔡和、刘弥邵、蔡模，皆其交游也。平日以礼法自将，丧祭一遵朱子《家礼》"⑦。就陈沂的经历，完全应该了解《家礼》流传的情况，而他"丧祭一遵朱子《家礼》"，说明他对《家礼》为朱熹所作的事实深信

① 《宋史》卷四三七《廖德明传》，北京：中华书局，1977 年，第 12971—12972 页。遗憾的是廖氏《槎溪集》未传世。
② 吴潜：《履斋遗稿》卷四《上史相书》，文渊阁《四库全书》本，第 1178 册，第 434 页。
③ 李清馥：《闽中理学渊源考》卷一九《文学郑子上先生可学》，第 294—295 页。
④ 陈荣捷先生认为前后达 6 次，参见氏著《朱子门人》，上海：华东师范大学出版社，2007 年，第 199 页。
⑤ 上山春平：《朱子の〈家礼〉〈仪礼经传通解〉》，日本：京都大学《东方学报》，第 54 册，1982 年。
⑥ 黄榦：《勉斋集》卷三七《贡士黄君仲玉行状》，文渊阁《四库全书》本，第 1168 册，第 443 页。
⑦ 李清馥：《闽中理学渊源考》卷二八《推官陈伯澡先生沂》，第 361 页。

不疑。

宋绍定五年进士方岳《秋崖集》载："有一寄居曰陶教授，持文公《家礼》来曰：'凉衫，盛服也，文公自言之矣。何不可之有？'某笑指旁一虞兵而谓之曰：'若此辈祭其祖先亦著襕幞，岂非怪事？文公《家礼》为祭祖先言也，不为拜先圣言也。故曰：凡言盛服者，官员公裳、士人襕幞、庶人凉衫。市井小人亦有祖先也，则凉衫其盛服矣。文公之礼，士人犹不可以凉衫见其祖先，而谓可以凉衫见先圣先师乎？'"①此不讨论方岳与陶教授孰是孰非，但两人论辩中均围绕着朱熹《家礼》而互相责难，显然他们都没有把《家礼》作为伪书看待。

南宋王柏是朱熹学术的信奉者，他所著《鲁斋集》亦不怀疑《家礼》的真实性："《传》曰：礼始于冠，其目有二十，曰筮日、曰筮宾、曰宿宾、曰为期、曰陈器服、曰即位、曰迎宾、曰始加、曰再加、曰三加、曰礼冠者、曰见母、曰字、曰宾出、曰见兄弟姑姊、曰奠挚、曰礼宾、曰醮、曰杀，而又有《冠义》一篇，其义尤备。今人于礼之始犹不肯行，况三百之经、三千之义乎？朱子《家礼》已为节文，而立斋之所讲行又其节文也，然亦足以为学者倡。自是亦间有行之者矣。"②这里，鲁斋认为古代传承下来的礼仪制度十分繁琐，因此导致"今人"不愿遵行它，朱熹《家礼》则为古礼之"节文"，比较简略了。显然，许氏并未怀疑它的真实性。

咸淳三年去世的巴川人阳枋著有《字溪集》，文末附其从子阳昂所撰《有宋朝散大夫字溪先生阳公行状》，称阳枋"暨冠，举龙潭居士所定冠礼，参之文公《家礼》而醮之曰：'循天理，法祖先，读书探道，此吾之所望'③云云，可见，朱熹《家礼》当已传入西南的巴蜀。

马端临《文献通考》亦提及朱熹《家礼》："臣庶祖庙之制，其略已见于前所述。若臣庶祭祀之制，则历代未尝立为定法，惟唐制见于《开元礼》者颇详，故著其说……近代，司马温公及伊川、横渠各有礼书。朱文公作《家礼》，又参取三家之说，酌古今之制而损益之，可以通行。"④马氏亦未否定朱熹著《家礼》，其实《文献通考》中还列有朱熹所著的《家礼》，并载朱熹《家礼序》。郑瑶、方仁荣同撰《景定严州续志》卷四《书籍》中载："郡有经史诗文方书凡八十种，今志其目"，其中便有《朱文公家礼》⑤。

类似的例子还有，此不再赘述。显然，朱熹去世之后的南宋学者无人怀疑朱熹

① 方岳：《秋崖集》卷二四《与蔡宪》，文渊阁《四库全书》本，第1182册，第439—440页。
② 王柏：《鲁斋集》卷一三《跋思成字词》，文渊阁《四库全书》本，第1186册，第206页。
③ 阳枋：《字溪集》卷一二《有宋朝散大夫字溪先生阳公行状》，文渊阁《四库全书》本，第1183册。第467页。
④ 马端临：《文献通考》卷一〇五《大夫士庶宗庙》，北京：中华书局，1986年，第954页。
⑤ 《景定严州续志》未载版本及卷数。

的著作权,并将《家礼》作为自己践履的准则,《家礼》广泛流传,对社会风俗起到相当大的影响。

三、《家礼》对后世的影响

据笔者所见,到乾隆时期修四库为止,以《家礼》为伪的始作俑者是元人陈栎,最为激进者是王懋竑,而影响最大者则为四库馆臣。然而就总体来说,元明清三代绝大多数学者并不怀疑《家礼》为伪书。恰恰相反,《家礼》几成三代学者仿效的榜样,《家礼》影响之大令人震惊①!

明方以智曾说:"朱子《家礼》则儒者所宗也。"②其实,不但大量儒学士大夫对《家礼》顶礼膜拜,而普通人户亦对《家礼》十分推崇,清人朱彝尊有"朱子《家礼》盛行于民间"③之语,此当为最佳证据。由此,《家礼》必然会对社会产生较大影响。

其一,官方对《家礼》价值的认定与推崇。

明朝建立伊始,朱熹地位甚高,官方尊朱贬陆,因此对《家礼》的价值也予以充分肯定。洪武元年下令:"凡民间嫁娶,并依朱文公《家礼》行"④;至永乐中,又"颁《文公家礼》于天下"⑤,对百姓进行教化;宣德二年又规定"王府祭宗庙,用宋朱文公《家礼》"⑥。其实,洪武三年编纂成的《明集礼》中就明确地表示:"今以文公《家礼》为准而定士庶冠礼。"⑦显然,这一切都表达一个信息:明政府对朱熹《家礼》价值的认定与推崇。

对明政府的这些措施,时人有很高的评价。贺士谞在《辞职陈言疏》中说道:"陛下近日纳太学生之言,行文公《家礼》于天下,以革浮屠千百年之积弊,岂不同一痛快人心也耶! 其有益于朝廷宗社,有益于天下后世",甚至吹捧为"可比隆唐虞三代矣"⑧。

也正由于明王朝对《家礼》价值的肯定,因此地方官员也就大力推行《家礼》,以达到移风易俗、安定地方并巩固王朝统治的目的。如夏言自称以"圣朝特享之礼及今郡县祭先师仪注、并朱文公《家礼》,酌古准今,妄为《仪注》,惟圣明采择而损益

---

① 杨志刚:《论〈朱子家礼〉及其影响》也有较好的论述,然本文论述角度完全与之不同。杨文载《朱子学刊》1994年第1辑,合肥:黄山书社,1994年。
② 方以智:《通雅》卷二八《礼仪》,文渊阁《四库全书》本,第857册,第546页。
③ 徐乾学《读礼通考》卷首载朱彝尊《读礼通考原序》,文渊阁《四库全书》本,第112册,第2页。
④ 林尧俞、俞汝辑等:《礼部志稿》卷二〇《庶人纳妇》,文渊阁《四库全书》本,第597册,第361页。章潢《图书编》卷一〇九亦载:"凡民间婚娶,并依文公《家礼》。"第333页。
⑤ 《明史》卷四七《礼志一》,北京:中华书局,1974年,第1224页。"文公"两字当移出书名号外,作人名。
⑥ 林尧俞、俞汝辑等:《礼部志稿》卷一六《祭祀》,第246页。又见《明会典》卷五四。
⑦ 《明集礼》卷二四《士庶冠礼·总叙》,文渊阁《四库全书》本,第649册,第501页。
⑧ 贺士谞:《医闾集》卷八《辞职陈言疏》,文渊阁《四库全书》本,第1254册,第703页。

之"①；成化时，丁积任新会知县，"申洪武礼制，参以《朱子家礼》，择耆老诲导百姓。良家子堕业，聚庑下，使日诵小学书，亲为解说，风俗大变"②；刘宗周于"崇祯二年起顺天府府尹。先生以首善之地，欲躬行教化，以为天下有司倡。殚心职业，屡请薄赋敛以厚民生，省刑罚以重民命。又以京兆职掌久废，请饬定制，行久任之法，严考察之典，以宣治化。于是兴学校、申功令、讲乡约、严保甲、颁文公《家礼》，俾乡鄙服习"③；林同"弘治八年擢广东布政使，尝条示利病二十余事，督郡县行之。复劝民行《吕氏乡约》及文公《家礼》，巡按御史王哲奏同廉能第一"④；翁爵"嘉靖元年岁贡，任太和训导，擢永春教谕……立教以人伦为本，取文公《家礼》与诸生讲习"⑤。

　　清王朝也对《家礼》的价值予以很高的评价。乾隆在《钦定大清通礼》的"御制序"中明确表示："六经之士虽欲阐教正俗，然居下不获若考亭《家礼》、涑水《书仪》"，则编集与推行官方礼书是十分困难之事，只有利用它们来"圭臬群经，羽翼《会典》，使家诵而户习之"，则可"以达之人伦日用之间，兴孝悌而正风俗"，"朕淑世牖民之意或在斯乎！或在斯乎！⑥因此，编纂《钦定大清通礼》实际上肯定了《家礼》对国家礼仪制度的作用。

　　显然，封建王朝统治者对《家礼》价值的肯定，对国家政治、社会秩序必然带来深刻的影响。

　　其二，改变各地风俗。

　　《家礼》对地方风俗变化的作用或影响，只须查一下明清方志，类似记载触目皆是。兹列举数地以证之：

　　陕西：《陕西通志》载："王盛，字懋德，韩城人……受业薛河津之门，孝友清贞，秉礼好学……居家，凡丧祭悉遵朱子《家礼》，不用浮屠法，韩俗为之一变。"⑦

　　甘肃："王佐……常与解缙游。处家一遵朱文公《家礼》，乡人化之。"⑧

　　河南：《河南通志》："段坚……成化中知南阳府。坚病士子读书惟务科举，鲜志圣贤，乃倡明周程张朱之学，召郡邑诸生，亲为讲说，士风丕变。又以民俗之偷由未预养，乃选属邑童蒙，建志学书院，刻《小学》、《孝经》、《论语》、《崇正辨》、文公《家礼》诸书以教之，民俗日厚"⑨；刘子平"兄弟五人同居共爨，力农厚俗。凡丧祭礼悉

①　夏言：《南宫奏稿》卷三《一折浮议以慎庙制疏》，文渊阁《四库全书》本，第429册，第487页。
②　《明史》卷二八一《丁积传》，北京：中华书局，1974年，第7210页。"文公"两字当移出书名号外，作人名。
③　沈佳：《明儒言行录》卷一〇《刘宗周》，文渊阁《四库全书》本，第458册，第969页。
④　《广东通志》卷四〇《名宦志三》，文渊阁《四库全书》本，第563册，第733页。
⑤　《广东通志》卷四七《人物志四》，文渊阁《四库全书》本，第564册，第269页。
⑥　《御制大清通礼序》，《钦定大清通礼》，文渊阁《四库全书》本，第655册，第2页。
⑦　《陕西通志》卷六三《儒林》引《同州志》，文渊阁《四库全书》本，第554册，第819页。
⑧　《甘肃通志》卷三四《人物》，文渊阁《四库全书》本，第558册，第290页。
⑨　《河南通志》卷五六《名宦下》，文渊阁《四库全书》本，第537册，第317页。

依文公《家礼》,乡人化之,以为矜式。"①

盛京:《钦定盛京通志》卷五六:"王嵩,河南汲县人,成化进士。巡按辽东,举行朱文公《家礼》,丧禁佛事,遂至成俗云。"②

福建:李清馥《闽中理学渊源考》称:陈真晟"与莆人李文举诸先辈讲行文公《家礼》而风俗始正"③。

江西:兴国县"地界深山长谷,民鲜商贩,惟务农力产,以田多寡为优劣。旧家崇尚朱子《家礼》,好积古器,重谱牒志铭,媍妇多守节,士夫尚礼义"④;德化县原有"举葬娱尸数日"的习俗,"近士大夫依朱子《家礼》,乡民化之"⑤。

江苏:《江南通志》记载无锡诸生华汝修"率宗人遵朱子《家礼》,邮贫乏,赡孤寡,先亲后疏,收育弃孩,槁死瘗骸"⑥,民风亦为之一变。

广东:《广东通志》记载当地祭祀礼制的演变:"旧四代神主设于正寝,今多立祠堂,置祭田,春秋二分及冬至庙祭,一遵朱子《家礼》。下邑僻壤,数家村落,亦有祖厅祀事。"⑦

广西:明人章潢提到广西风俗的变化:"本朝德化所敷,文风益振,旧所污染,日以维新。凡冠婚丧祭,渐遵文公《家礼》,城市士民亦多丕变。"⑧

上面仅举一些例子而已,然这些例子已能极其清晰地勾勒出各地风俗变化的线索,《家礼》影响之巨可见一斑。自然,这种风俗的变易,与明清两朝尊崇朱熹理学是分不开的,正如王阳明所说:民间俗礼"大抵一宗文公《家礼》而简约之,切近人情",因为它具有"化民成俗"⑨的作用。清康熙己丑进士蔡世远也有类似说法:"文公《家礼》最切日用,未有学道之人而不行礼者……且化民成俗莫大于此,思源向道,自比北溪,却谁当得朱子? 惟取朱子、北溪之书,体究实践,不遗余力,则亦朱子、北溪矣。"⑩因而,一些士大夫不但身体力行,而且嘱咐后人世世守之,如明人张茂"以文公《家礼》教家,是时丘氏《仪节》未出,茂参据礼经,酌以土俗,择其节

① 《河南通志》卷六四《孝义》,文渊阁《四库全书》本,第 538 册,第 107—108 页。

② 《钦定盛京通志》卷五六《名宦四》,文渊阁《四库全书》本,第 502 册,第 285 页。

③ 李清馥:《闽中理学渊源考》卷八一《布衣陈剩夫先生真晟》,第 774 页。清沈佳《明儒言行录》卷六《陈真晟》引《漳南人物志》称:"莆人虽多读书家,自布衣为学,而儒术始正自布衣,(陈真晟)与莆人李文学诸前辈讲行文公《家礼》而风俗始正。"文渊阁《四库全书》本,第 458 册,第 795 页。此称"李文学",不同。

④ 《江西通志》卷二六《风俗》引《弘治兴国志》,文渊阁《四库全书》本,第 513 册,第 848 页。

⑤ 《江西通志》卷二六《风俗》引《德化县志》,第 846 页。

⑥ 《江南通志》卷一五八《人物志》,文渊阁《四库全书》本,第 511 册,第 558 页。

⑦ 《广东通志》卷五一《风俗志》,第 400 页。

⑧ 章潢:《图书编》卷四○《广西风俗》,文渊阁《四库全书》本,第 969 册,第 859 页。

⑨ 王阳明:《王阳明全集》卷六《寄邹谦之二(丙戌)》,上海:上海古籍出版社,1992 年,第 202 页。

⑩ 蔡世远:《二希堂文集》卷八《寄宁化五峰诸生》,文渊阁《四库全书》本,第 1325 册,第 760 页。

文易行者,著为书,子孙至今守之"①。此均可见《家礼》对各地风俗改易影响颇大。

其三,元明清三代有大量仿效《家礼》的著作。

明人陈确甚至说:"自近代始,前者不可考,至朱子《家礼》,儒者推为礼义之宗。"②正由于元明清三代绝大多数学者对朱熹《家礼》的顶礼膜拜,因此仿效《家礼》之著作也层出不穷。兹举几种书目或丛书收录的相关著作。

倪灿《补辽金元艺文志》载:叶起《丧礼会经》、戴石玉《治亲礼书》、冯翼翁《士礼考正》、吴霞举《文公家礼考异》、张才卿《葬祭会要》、韩谔《重定先世礼式》等③。

清人黄虞稷《千顷堂书目》卷二所载明代有关《家礼》的著作:王源《家礼易览》、冯善《家礼集说》、又注解文公《家礼》、夏时正《家礼》、方瀗《家礼旁附》、丘浚《家礼仪节》、汤铎《家礼会通》、丰庆《家礼从宜》、杨子器《家礼从宜》、杨嘉山《读礼录》、余本《家礼考异》、詹陵《家礼祭葬纂原》、彭滨补注《文公家礼正衡》、汪禔《家礼砭俗》、陆侨《家礼易简》、姚翼《家规通俗编》、黄芹《家礼易行》、邓元锡《家礼铨补》、李廷机《家礼简要》、朱天球《家礼易简编》、方元焕《家礼考订》、吴霞举《文公葬礼考异》、蒋彬《家礼四要》、严本《家礼辑略》、佚名《家礼会成》。这还不包括未用"家礼"之名者,如宋人车垓《内外服制通释》、明人黄佐《泰泉乡礼》、张才卿《葬祭会要》、王廷相《深衣图论》之类④。

《清史稿艺文志》经部礼类载:黄宗羲《深衣考》、王元启《祭法记疑》、王心敬《四礼宁俭》、李光地《朱子礼纂》、毛奇龄《辨定祭礼通俗谱》、《家礼辨说》、沈廷芳《五礼经传目》、林伯桐《冠昏丧祭仪考》、顾广誉《四礼榷疑》;儒家类载张履祥《丧祭杂记》、孟超然《丧礼辑略》;《清史稿艺文志补编》经部礼类:李元郎《家礼拾遗》、苏惇元《四礼从宜》、张义年《丧礼详考》等⑤。

《续修四库全书》载录的清人著述有:毛奇龄《昏礼辨正》、毛奇龄《丧礼吾说篇》、孔继汾《丧服表》、《殇服表》、程瑶田《仪礼丧服文足征记》、崔述《五服异同汇考》、吴嘉宾《丧服会通说》、夏燮《五服释例》、叶大庄《丧服经传补疏》、戴震《深衣解》、任大椿《深衣释例》等等。

实际上,上述书目所载只是元明清三代一部分相关著作,如元人刘诜称:"余少

① 李清馥:《闽中理学渊源考》卷六四《县丞张敏实先生茂》,第633—634页。
② 陈确:《丧礼辩微·为人后者为生母服议》,《明文海》卷一一八,文渊阁《四库全书》本,第1453—1458册,第319页。
③ 倪灿:《补辽金元艺文志》,《丛书集成初编》本,1985年,第20页。钱大昕《补元史艺文志》所载基本相同。
④ 黄虞稷:《千顷堂书目》,台北:广文书局,1967年,第133—141页。
⑤ 章钰:《清史稿艺文志及补编》,北京:中华书局,1982年,第361页、第358页。

时观司马公《家范》、《颜氏家训》、朱子《家礼》……今观浦城《郑氏家规》,则知旧人典刑尚未泯也"①;明人吕维祺《存古约言》六卷"大略以朱子《家礼》为主,并采择诸家之言为条例注释,而以箴诫格言附于后"②;赵甕"由岁贡授桂林司训,以师道自持,督学重之。常念丽江丧祭过侈,乃取考亭《家礼》,酌以俗宜,编次为书,名曰《丧礼仪节》,发梓以遗乡闾,乡人翕然从之。以终养乞归,祀府学乡贤"③;"明阴秉衡……尝参酌朱子《家礼》,为《阴氏慎终录》及《婚姻节要》,乡人呼之曰阴孟子"④;清彭大寿"辑朱子《家礼》与邱浚所裁定者,斟酌时宜,取可通行,曰《通礼》"⑤;陆道威著《思辨録》,声称"古人最重宗子,然宗子欲统一族众,无如祭法。文公《家礼》所载祭礼虽详整有法,顾惟宗子而有官爵及富厚者方得行之,不能通诸贫士……愚意欲仿古族食世降一等之意,定为宗祭法"⑥,此书即 4 卷本的《陆氏宗祭礼》⑦。

综上所述,朱熹《家礼》在元明清三代的影响是巨大的,它对社会风俗的演变起到了十分明显的作用。

原载于《人文与价值:朱子学国际学术研讨会
——暨朱子诞辰 880 周年纪念会》,华东师范大学出版社 2011 年

---

① 刘诜:《桂隐文集》卷四《题浦阳〈郑氏义门家范〉后》,文渊阁《四库全书》本,第 1195 册,第 199 页。
② 永瑢等:《四库全书总目》卷九六《存古约言》,第 817—818 页。类似者还有,如明人何瑭《柏斋集》卷五《上党仇氏家范》序称:"国朝《上党仇氏家范》,则又斟酌三书而损益之者也。"三书即宋司马公《家仪》、《朱文公家礼》与明人郑氏《旌异编》。文渊阁《四库全书》本,第 1266 册,第 537 页。
③ 《广西通志》卷八四《儒林》引《府志》,文渊阁《四库全书》本,第 566 册,第 410 页。
④ 凌迪知:《万姓统谱》卷六五,文渊阁《四库全书》本,第 957 册,第 989 页。
⑤ 《湖广通志》卷四七《乡贤志》,文渊阁《四库全书》本,第 533 册,第 33 页。
⑥ 顾炎武撰、黄汝成集释:《日知录集释》卷一四《祭礼》,上海:上海古籍出版社,1984 年影印清道光十四年嘉定黄氏西谿草庐重刊本,第 1146 页。
⑦ 陆世仪:《思辨录辑要》卷一〇《修齐类》,文渊阁《四库全书》本,第 724 册,第 86 页。胡渭《大学翼真》卷七载陆道威"名世仪,苏州太仓人"。

略论《宋史·礼志》的史料价值

　　《宋史》共 496 卷，是廿四史规模最大的一部，其中 20 万言的《礼志》分为 28 卷，又是《宋史》诸志中最为庞大的部分，在廿四史有《礼志》的正史中亦属最大。无可讳言，《宋史》成书仓促，因此出现了不少问题，虽中华书局点校本的点校者作了极大的努力，纠正了其中许多错误，但是仍存在许多问题，因而需要学者们不断努力来纠正它们。《宋史》的《礼志》（下简称《宋志》）与其他部分一样，也存在着许多问题，但是，不可否认的是，《宋志》也确实存在很高的史料价值。本文对此作一叙述，以期求得专家学者的指教。

　　《宋志》的史料价值，归纳起来大致有以下几个方面。

　　首先，《宋志》是我国古代礼制史料的宝库，也是现存最为系统的宋代礼制史料宝库。

　　除《宋志》外，廿四史中有《礼志》者，《史记》1 卷（称《礼书》），《汉书》有《礼乐》1 卷，《后汉书》有《礼志》2 卷、《祭祀》3 卷，《晋书》3 卷，《宋书》5 卷，《南齐书》2 卷，《魏书》4 卷，《北齐书》7 卷（称《礼仪》），《隋书》7 卷，《旧唐书》7 卷，《新唐书》有《礼乐》12 卷，其中“乐”为 2 卷，《旧五代史》2 卷，《辽史》6 卷，《金史》11 卷，《元史》称《礼乐》共 5 卷（其中“乐”4 卷）、《祭祀》6 卷，《明史》14 卷，共 92 卷[①]，而《宋志》占了 23.3％，其内容之丰富，完全可以体现出它在中国古代礼仪制度史料宝库中的重要地位。

　　宋代编撰礼制著述不少，然《开宝通礼》、《太常新礼》、《礼阁新编》、《熙宁祀仪》等礼书多已亡佚；现存仅《太常因革礼》、《政和五礼新仪》、《中兴礼书》等不多的几种，而且也有所残缺。值得强调的是，现存的这些礼制典籍，都非完整的有宋一代的礼制典籍，如《太常因革礼》只包括仁宗朝之前典制，《政和五礼新仪》虽也追叙前代礼制，但重点只叙述徽宗一朝，《中兴礼书》也只涉及高宗一朝，因此它们都不能囊括有宋一代的礼制，只有《宋志》才是较为完整反映两宋礼制基本情况的系统史

---

① 已扣除《新唐书》“乐”2 卷、《元史》“乐”4 卷。点校本《出版说明》称《宋史》“礼志”二十八卷，竟占二十四史所有礼志的一半”，误。张舜徽沿袭这一说法，参见氏著《中国史学名著题解》，北京：中国青年出版社，1984 年，第 143 页。《宋史》，北京：中华书局，1977 年。

料,因而它的史料价值极高。

其次,《宋志》门类条目十分丰富。

《宋志》不但囊括有宋一代的礼制的基本线索,而且它门类十分丰富,有助于了解两宋礼制的基本情况与诸礼仪相互之间的关系。它分吉、嘉、宾、军、凶五大门类,在各卷卷首罗列了诸门类的条目达 109 种之多①,这在廿四史其他有《礼志》的诸史中,只有《明史》与其大致相类。《宋志》众多的门类条目,为我们研究宋代礼仪制度提供了有益的帮助。

如果将《宋志》与长达 220 卷的《政和五礼新仪》的条目进行比较,便可进一步理解《宋志》门类条目的丰富性及其价值。下略作叙述。

《宋志》有"荐新"一目,内容十分丰富而且完整。而《政和五礼新仪》卷一一〇有"荐新太庙仪"一目,然已佚;卷一一二有"荐新别庙仪"也已佚,只有卷一一九"荐新诸陵仪"保存至今。《宋志》"诸神祠"一目,包括屈原庙、李冰庙以及两宋抗辽、金而亡的将士、各地岳渎、城隍、仙佛、山神、龙神、水泉江河之神等等,在《政和五礼新仪》中不但没有祭祀记载,却有明令禁止部分祭祀,如"楚人五月五日记屈原之说,尤乖典礼,不可施用"②。《宋志》有"赐进士宴"及赐贡士的"闻喜宴",而《政和五礼新仪》则只有"闻喜宴"的仪式。更为奇怪的是,《宋志》"宾礼"中有"明堂听政仪",记载政和至靖康时期的告朔、颁朔之事,然《政和五礼新仪》中竟然毫无记载。《宋志》记载从太祖乾德到徽宗大观中的百官相见仪制,而《政和五礼新仪》亦无只字记载。《宋志》有"录先圣后"的条目,《政和五礼新仪》没有相关记载③。《宋志》有"赙赠""问疾"条目,记载诸帝对朝廷大臣病笃及去世后的慰问与赠馈,然《政和五礼新仪》中"临奠吊丧"只有对诸王问疾与赠馈,而无对大臣的相关记载。《宋志》有"游观"条目,其中记载徽宗"政和三年正月,诏放灯五日。五年十二月二十九日,诏景龙门预为元夕之具,实欲观民风、察时态、黼饰太平、增光乐国,非徒以游豫为事"④,而《政和五礼新仪》既无专条条目,更无一字提及。由此可见,《宋志》记载条目较为全面,远胜《政和五礼新仪》。

第三,线索相对清楚、记载比较完整。

宋代礼制演变,北宋初太祖太宗时期、神宗熙丰时期、徽宗政和时期和南宋初

---

① 其实,《宋志》在具体记载中还有一些条目未出现在卷首目录中,如《礼志二》卷首仅例"南郊"一目,而具体记载中还有"南郊坛制"、《礼志八》有"录名臣后"、《礼志十九》有"正衙常参"、《礼志二十七》有"车驾临奠"、"辍朝之制"、"举哀挂服"、"皇太后、皇后为本族之丧"、"诏葬"、"追封册命"、"定谥"、《礼志二十八》有"丁父母忧"、"子为嫁母""子为生母"、"继绝"等等。

② 郑居中:《政和五礼新仪》卷首,文渊阁《四库全书》本,第 647 册,第 20 页。

③ 徽宗政和年间未录孔子后裔事,"宣和三年,诏宣议郎孔端友袭封衍圣公,为通直郎、直秘阁",《宋史》卷一一九《礼志二十二》,第 2800 页。

④ 《宋志》卷一一三《礼志十六》,第 2698—2699 页。

高宗时期是四个最为重要的阶段,《宋志》便紧扣国初、神宗、徽宗和高宗这四个时期礼制变化的史实进行了撰述,因此线索比较清楚。同时,《宋志》仪式条目比较齐全,形成一个相对完整的系统。这是其他编年体史书、政书、类书、笔记所不能比拟的。

如《宋志》在记载太子、公主冠笄之礼时分为"皇太子冠礼(皇子附)"、"公主笄礼",而《政和五礼新仪》只有冠礼而无笄礼;肆赦仪虽见《玉海》等有零星记载①,但很不系统,无法与《宋志》相比。《宋志》在军礼中记载"祃祭"、"阅武"、"受降"、"献俘"、"田猎"、"打球"、"救日伐鼓"等条目,形成一个比较完整的礼仪系统,而其他诸书无一有此全面。另外,《宋志》新创"进书仪"条目,未见宋元诸书有专门条目记载,因此价值极高。

《宋志》在具体条目记载中也比较系统、完整。例如有关"圣节"的记载。《政和五礼新仪》仅载"天宁节上寿"一目;《续资治通鉴长编》虽有北宋诸帝的记载,但限于体例,内容散于诸卷,搜寻不甚方便;现存《宋会要辑稿》②是清代徐松辑自《永乐大典》,已非原貌,其圣诞节只记载到孝宗乾道元年;比较而言,《玉海》记载较为系统③,包括宋初以至度宗咸淳时期,然与《宋志》相比,仍差瀛国公一朝。

显而易见,《宋志》记载的线索比较清楚、记载内容相对完整,有利于读者对宋代礼制的掌握。

第四,保存了不少极为珍贵的礼制资料。

《宋史》属于正史,历来受到学者的重视,因此比较完整地保存下来,而其他宋元礼制典籍或有部分亡佚,或完全亡佚,故《宋史》保存的礼仪制度内容便成为极其珍贵的两宋礼制资料,甚至许多内容是唯一幸存者。笔者对《宋志》进行逐条考证,未查到宋元典籍载有相关资料者达百余条④,这些史料极有价值。这里仅举一些例证,以证明其价值之高。由于《宋志》保存史料内容极其丰富,涉及面相当广泛,因此下面分类各例举一例:

南郊:《宋志》保存的度宗咸淳二年南郊事⑤,未见其他宋元典籍记载。其实,两宋之际与南宋行将灭亡之时,宋元典籍保存的资料也相对较少⑥,《宋志》所保存的史料便显然价值极高了。

---

① 王应麟:《玉海》卷六七《绍兴赐赦仪注》,扬州:广陵书社,2007年,第1267页。
② 徐松辑:《宋会要辑稿》,北京:中华书局,1957年。
③ 王应麟:《玉海》卷一九五《诞节名》,第3592页。
④ 笔者查到117条,即使有一小部还可能查到相关史料,但至少仍有百余条是宋元典籍中仅存之史料。
⑤ 《宋史》卷九九《礼志二》,第2446页。
⑥ 李焘:《续资治通鉴长编》(北京:中华书局,1992年)佚徽、钦两宗史事,然杨仲良:《皇宋通鉴长编纪事本末》(北京:北京图书馆出版社,2003年)有部分记载,两宋之际笔记也保存部分史料;而南宋末年资料更为罕见。

诏令：崇宁初诏曰："古者，学必祭先师，况都城近郊，大辟黉舍，聚四方之士，多且数千，宜建文宣王庙，以便荐献。"①此诏原文未见宋元典籍记载。

宋帝之语：《宋志》载："嘉祐三年正月，契丹告国母哀。使人到阙入见，皇帝问云：'卿离北朝日，姪皇帝悲苦之中，圣躬万福。'朝辞日，即云：'皇帝传语北朝姪皇帝，婶太皇太后上仙，远劳人使讣告。春寒，善保圣躬。'中书、枢密以下待制已上，赴驿吊慰云：'窃审北朝太皇太后上仙，伏惟悲苦。'"②《宋志》载仁宗慰问北使所言，未见诸书记载，当为极珍贵史料。

上徽号："咸淳二年，上理宗徽号曰建道备德大功复兴烈文仁武圣明安孝皇帝。并如绍兴十三年仪注。"③理宗徽号，《文献通考》、陈著《本堂集》载为"烈文仁武安孝"④6字；马廷鸾《碧梧玩芳集》为"烈文仁武圣明安孝"⑤8字，其他宋元典籍未见相关记载。就笔者目前所见，16字徽号除《宋志》记载外，仅见《宋史》理宗、度宗两纪，故此条史料当有一定价值。

亲蚕：《宋志》载："宣和元年三月，皇后亲蚕，即延福宫行礼"⑥，其后记载仪式文字达890字，《政和五礼新仪》原有《皇后亲蚕仪》一目⑦，今其文已佚。《宋志》所载未见其他典籍记载，后世引《宋志》者也不多见，因此，这些史料极为珍贵。"皇后亲蚕"仪式文字颇类《唐开元礼》所载，可参见《文献通考》记载⑧。

大臣奏章：淳化四年正月，南郊礼成，大宴含光殿，直史馆陈靖奏整顿宴请之礼事⑨，此亦仅见《宋志》记载。

宴请人数：《宋志》载熙宁二年正月集英殿宴入殿人数⑩，宋元间著述仅此保存。

宴请礼仪：《宋志》载饮福大宴仪："初，大礼毕，皇帝逐顿饮福，余酒封进入内。宴日降出，酒既三行，泛赐预坐臣僚饮福酒各一醆，群臣饮讫，宣劝，各兴立席后，赞

① 《宋史》卷一〇五《礼志八》，第2549页。
② 《宋史》卷一二四《礼志二十七》，第2898—2899页。
③ 《宋史》卷一〇八《礼志十一》，第2609页
④ 马端临：《文献通考》卷二五〇《帝系考一》，北京：中华书局，1986年，第1977页；陈著：《本堂集》卷五三《理宗原庙章熙殿成代前人上皇帝起居表》，文渊阁《四库全书》本，第1185册，第264页。
⑤ 马廷鸾：《碧梧玩芳集》卷三《烈文仁武圣明安孝皇帝祔庙德音》，文渊阁《四库全书》本，第1187册，第22页。
⑥ 《宋史》卷一〇二《礼志五》，第2495页。
⑦ 郑居中：《政和五礼新仪》卷一二九《皇后亲蚕仪》，第639页。
⑧ 马端临：《文献通考》卷八七《郊社考二十》，第794—797页。
⑨ 《宋史》卷一一三《礼志十六》，第2685页。
⑩ 《宋史》卷一一三《礼志十六》，第2686—2687页。

再拜谢讫，复坐饮，并如春秋大宴之仪。"①《政和五礼新仪》仅存此目，内容缺失②；亦未查到其他原始记载③。

失仪处罚：《宋志》载："大中祥符元年十二月，诏宣徽院、御史台、阁门、殿前马步军司，凡内宴臣僚、军员并祗候使臣等，并以前后仪制晓谕，务令遵禀，违者密具名闻。其军员有因酒言词失次及醉仆者，即先扶出，或遣殿前司量添巡检军士护送归营。又诏臣僚有托故请假不赴宴者，御史台纠奏。"④此条未见宋元典籍记载。

赐闻喜宴：《宋志》载宁宗庆元五年五月，赐新及第进士曾从龙以下闻喜宴于礼部贡院⑤。《淳熙三山志》、《吴郡志》、《两朝纲目备要》、《续宋编年资治通鉴》、《文献通考》、《宋史全文》、《宋史·宁宗纪》均有曾从龙等该年及第记载⑥，然无赐闻喜宴之事，仅《宋志》有此记载。

阅武："端平二年四月大阅，以时暑不及行。"⑦《宋会要辑稿》、《玉海》、《文献通考》诸书载阅武事最晚到嘉泰二年为止，而此条则为端平二年，故甚为珍贵。

进书：《宋志》载"淳祐五年二月十二日，进孝宗光宗两朝御集、《宁宗实录》及《理宗玉牒》《日历》"⑧事长达 1200 字。遍查宋元相关诸书，《玉海》仅有理宗"淳祐五年二月，孝宗、光宗御集成，上之"⑨的记载，然无具体内容；《宋会要辑稿》亦未载淳祐五年仪式，仅见孝宗淳熙二年闰九月、光宗绍熙三年十一月相关仪式的内容⑩，故《宋志》所载价值甚高。

天文：《宋志》载"先是皇祐初，以日食三朝不受贺，百官拜表"⑪，据明人邢云路《古今律历考》："皇祐元年己丑岁，正月甲午朔，日食⑫，大致可证该年日食确实有

---

① 《宋史》卷一一三《礼志十六》，第 2690 页。
② 郑居中：《政和五礼新仪》卷二〇〇《集英殿饮福大宴》，第 854 页。
③ 秦蕙田：《五礼通考》卷一六〇所载抄录《宋志》，文渊阁《四库全书》本，第 138 册，第 863 页。
④ 《宋史》卷一一三《礼志十六》，第 2686 页。
⑤ 《宋史》卷一一四《礼志十七》，第 2712 页。陈靖于《宋志》有传，然未载上奏事。
⑥ 梁克家：《淳熙三山志》卷三一《人物类六》，宋元方志丛刊，北京：中华书局，1990 年，第 8081 页；范成大：《吴郡志》卷二八《进士题名》，宋元方志丛刊，北京：中华书局，1990 年，第 905 页；佚名：《两朝纲目备要》卷五，台北：文海出版社，1967 年，第 352—353 页；刘时举：《续宋编年资治通鉴》卷一二，文渊阁《四库全书》本，第 328 册，第 116 页；马端临：《文献通考》卷三二《选举考五》，第 307 页；佚名：《宋史全文》卷二九上，哈尔滨：黑龙江人民出版社，2005 年，第 2023 页；《宋史》卷三七《宁宗纪一》，第 725 页。
⑦ 《宋史》卷一二一《礼志二十四》，第 2836 页。《宋史》卷四二《理宗纪二》，然属本证，第 808 页。
⑧ 《宋史》卷一一四《礼志十七》，第 2715—2718 页。
⑨ 王应麟：《玉海》卷二八《庆元编孝宗御制》，第 549 页。
⑩ 徐松辑：《宋会要辑稿》职官 20 之 45 至 47，第 2843—2844 页；职官 18 之 55 至 56，第 2782 页。然《宋会要辑稿》此条系于乾道三年之下，称"二年闰九月二十九日"云云，实误。乾道二年无闰月，当为淳熙二年闰九月。
⑪ 《宋史》卷一二一《礼志二十四》，第 2843 页。
⑫ 邢云路：《古今律历考》卷二五《历代日食六》，文渊阁《四库全书》本，第 787 册，第 294 页。

之,这是重要的古代天文学史料。

祭岳镇海渎:太祖开宝"六年,遣使奉衣、冠、剑、履,送西镇吴岳庙。"①此条未查到相关出处,故是唯一保存史料。

地方礼仪制度:《宋志》载州县射仪:"乡饮酒前一日,本州于射亭东西序,量地之宜,设提举学事诸监司、知州、通判、州学教授、应赴乡饮酒官贡士幕次,本州兵马教谕备弓矢应用物,设乐。其日初筵,提举学事、知州军、通判帅应赴乡饮酒官贡士诣射亭,执弓矢,揖人射,乘矢若中,则守帖者举获唱获,执算者以算投壶毕,多算胜少算。射毕,赞者赞揖,酬酢如仪毕,揖退饮,如乡饮酒。"②两宋州县射仪史料极其罕见,此条未见宋元典籍有记载,故有重要的史料价值。

笄礼:上述提及的公主笄礼,在《宋志》中长达 1013 字,后世典籍虽有转摘者③,然尚未在现存宋元典籍中查到直接的相关史料。

火葬:绍兴二十八年,户部侍郎荣薿论火葬一段 180 字④,亦未见诸书记载。

后蜀降主葬仪:《宋志》载乾德三年六月,中书令、秦国公孟昶薨,其母李氏继亡,太祖"命鸿胪卿范禹偁监护丧事,仍诏礼官议定吉凶仪仗礼例以闻"⑤,《续资治通鉴长编》、《太平治迹统类》、《宋史全文》⑥均有记载,然《宋志》此后所载太常礼院上奏孟昶具体葬仪及太祖诏令共长达 411 字,未见宋元典籍有如此长的记载。

录功臣后:《宋志》载:"绍圣初,林希请稽考庆历以后未经编次臣僚,其子孙应录用者以次编定。"⑦此条亦未见其他典籍记载。

与三佛齐国关系:绍兴七年,"三佛齐国乞进章奏赴阙朝见,诏许之。令广东经略司斟量,只许四十人到阙,进贡南珠、象齿、龙涎、珊瑚、琉璃、香药。诏补保顺慕化大将军、三佛齐国王,给赐鞍马、衣带、银器。赐使人宴于怀远驿"⑧。《文献通考》有如下记载:"绍兴七年,有司议三佛齐国王敕告绫纸,并欲用黄色,余依所赐大食国例。从之。"⑨这里可见绍兴七年三佛齐国确实有"乞进章奏赴阙朝见"之事,"敕告绫纸,并欲用黄色"恐为三佛齐"乞进章奏赴阙朝见"的事项。同时,三佛齐进贡之物与南宋所赐之物、诏补官职等均是十分珍贵的两国臣属与交往关系的重要

---

① 《宋史》卷一〇二《礼志五》,第 2485 页。

② 《宋史》卷一一四《礼志十七》,第 2721 页。

③ 《钦定续通典》卷五五《女笄》,万有文库本,第 1468 页。

④ 《宋史》卷一二五《礼志二十八》,第 2919 页。然称荣薿为"户部侍郎"则有误。李心传《建炎以来系年要录》卷一七九、卷一八〇均称其为权户部侍郎,台北:文海出版社,1980 年。

⑤ 《宋史》卷一二四《礼志二十八》,第 2910 页。

⑥ 李焘:《续资治通鉴长编》卷六;彭百川:《太平治迹统类》卷一,文渊阁《四库全书》本,第 408 册;《宋史全文》卷一均载有孟昶卒之事。

⑦ 《宋史》卷一〇九《礼志十二》,第 2631 页。

⑧ 《宋史》卷一一九《礼志二十二》,第 2814 页。

⑨ 马端临:《文献通考》卷三三二《四裔考九》,第 2610 页。

史料。

赐高丽国器物：政和"七年，赐以笾豆各十二，簠簋各四，登一，铏二，鼎二，罍洗一，尊二。铭曰：'惟尔令德孝恭，世称东蕃，有来显相，予一人嘉之。用锡尔宝尊，以宁尔祖考。子子孙孙，其永保之！'"①赐高丽器物之铭目前未见宋元著作记载。

上面例举20余个方面，都可补旧史之阙，实际上，《宋志》还有许多方面保存了极有价值的史料，限于篇幅就不再举例了。由此可见，《宋志》的学术价值是不言而喻的。

第五，可备对其他典籍进行考订、辑佚。

《宋志》所载史料，可备辑佚，亦可对其他典籍进行考订。

在辑佚方面，《宋志》保存着的一些内容，可备辑佚。如"追封册命"一目中载《开宝通礼》一条资料："《通礼》：策赠贵臣，守宫于主人大门外设使、副位，使人公服从朝堂受策，载于犊车，各备卤簿，至主人之门降车。使者称：'有制。'主人降阶稽颡，内外皆哭。读册讫，主人拜送之。"②《通礼》即《开宝通礼》，早已亡佚，《宋志》所载实为《开宝通礼》珍贵的佚文。上述提及的"亲蚕"条，亦可视为《政和五礼新仪》的佚文。实际上，这在《宋志》中还有不少。

对其他宋元典籍不同记载，《宋志》也具有参考或考订作用，这可从《宋志》与它们记载不同着手，再参照其他典籍来证实。下面从几个方面来论述。

考订官署：如《文献通考》载："熙宁五年，建昭孝院，奉永昭、永厚陵，以官田给。始诏文臣两省、武臣阁门使以上，道陵下，听朝谒"③，《宋志》则称："熙宁中，诏文臣大两省、武臣阁门使以上，经过陵下，并许朝拜。"④对照两者，一称"两省"，一称"大两省"，官署名称不一。考《宋会要辑稿》："神宗治平四年（原注：即位，未改元。）十一月二十五日，诏今后文臣大两省、武臣阁门使已上，经过陵下，并许朝拜。"⑤宋代称门下、中书，门下、中书五品以上官为大两省官。按照宋代叙班、致仕制度，阁门使与大两省、大卿监、正刺史相当⑥，故《文献通考》"两省"前脱漏"大"字。

考订官职：《文献通考》称："是年，以金人归河南地，命大宗丞士儦、兵部侍郎张焘祗谒陵寝"⑦，《宋志》称："九年正月，上谓辅臣曰：'祖宗陵寝，久沦异域，今金

---

① 《宋史》卷一一九《礼志二十二》，第2810页。
② 《宋史》卷一二四《礼志二十七》，第2912页。
③ 马端临：《文献通考》卷一二六《王礼考二十一》，第1131页。
④ 《宋史》卷一二六《礼志二十六》，第2885页。
⑤ 徐松辑：《宋会要辑稿》礼39之9，第1365页。
⑥ 《宋史》卷一七〇《职官志十》："其大两省、大卿监、正刺史、阁门使以上致仕者，自今给奉并如分司官例，仍岁时赐羊酒、米面，令所在长吏常加存问"，第4089页。
⑦ 马端临：《文献通考》卷一二六《王礼考二十一》，第1132页。

国既割还故地,便当遣宗室使相与臣僚前去修奉洒扫。'寻命同判大宗正事士儦、兵部侍郎张焘前去河南府祗谒修奉。"①两书一称大宗正,一称大宗丞,官职不同。考《金佗稡编》载岳飞奏札中云:"契勘今日祗谒陵寝使、同判大宗正事士儦、兵部侍郎张焘已到鄂州"②,故可断定《文献通考》"大宗丞"为误。

又如《玉海》载:"元祐七年五月十七日,右丞许将言:'冬至亲祠,夏至遣上公,则地祇永不在亲祠之典,此大阙礼,不可不议。'始诏侍从、礼官集议,顾临等八人议宜如祖宗故事合祭;范纯礼等二十人议请依先朝诏旨;杜纯请于苑中望祠,上公摄事,举权火,望拜;王钦臣请并祭一次;孔武仲请孟冬诣北郊亲祠"③,《宋会要辑稿》亦作"范纯礼等二十人"④,《文献通考》明确地记载了22人的名单⑤,《宋志》所载人数亦为22人⑥,与《文献通考》相同,可作旁证史料。

考订地理:《宋会要辑稿》载咸平三年三月二十一日诏:"今后京官任川陕、广南、福建等路在任丁忧者,未得离任,候替人到,余服未满者,并令持服"⑦,大中祥符"四年十一月,诏:'自今川峡、广南、福建路京朝幕职州县官丁忧父母者,并许令持服。仍未得离任,速具奏闻,候差到替人交割讫,依例持服。'"⑧两者一为"川峡",一为"川陕",自相矛盾。虽两者均为沿边地区,然所指区域有所不同。"川峡"指四川一带,"川陕"则指四川、陕西两地。究竟为"川峡"还是"川陕"?考《宋志》:咸平三年"诏:'川峡、广南、福建路官,丁忧不得离任,既受代而丧制未毕者,许其终制。'"⑨《续资治通鉴长编》亦有"川峡"的提法:"乙亥,诏川峡官丁父母忧者,除州军长吏奏裁,余并许解官。"⑩故当以"川峡"为是。

考订时间:如《宋会要辑稿》载:"十二月,帝谓王旦等言:'来年正月十一日孟飨太庙,而有司择八日宴,已在飨庙致斋中。又七日上辛,祀昊天上帝。'王钦若言:'若移宴日避祀事,即自天庆节以来皆有所妨。'冯拯言:"上辛不可移,荐享宗庙是有司择日,于礼无嫌。'帝曰:'当询礼官。'终以契丹使发有常期,又将西巡,故不及改。"⑪《宋会要辑稿》系于天禧三年之后,实误。《宋志》称此事在"大中祥符三年十

---

① 《宋史》卷一二六《礼志二十六》,第2886页。
② 岳珂:《金佗稡编》卷一二《奏审谒陵寝行期札子》,北京:中华书局,1989年,第865页。
③ 王应麟:《玉海》卷九三《元祐合祭》,第1709页。
④ 徐松辑:《宋会要辑稿》礼3之8,第443页。
⑤ 马端临:《文献通考》卷七一《郊社考四》,第650页。
⑥ 《宋史》卷一〇〇《礼志三》,第2451页。
⑦ 徐松辑:《宋会要辑稿》礼36之6,第1311页。
⑧ 徐松辑:《宋会要辑稿》礼36之1,第1308页。
⑨ 《宋史》卷一二五《礼志二十八》,第2922页。
⑩ 李焘:《续资治通鉴长编》卷六二,景德三年四月乙亥,第1393页。
⑪ 徐松辑:《宋会要辑稿》礼17之31,第702页。

二月"①。真宗西巡为大中祥符四年正月②，故知《宋志》为正，《宋会要辑稿》为误。

考订误字：《宋志》也有直接考订其他典籍错误的作用。《宋会要辑稿》载："明堂亲享"，正配礼器，称："每位合用笾二十六，豆二十六，簠八，簋八，登三，铏三及棜盘一、神位席一、币篚一、祝篚一、玉爵一，及坫，瑶爵一，及坫，牛鼎一、羊鼎一、豕鼎一"③，其中"及坫"费解。《宋志》作"反坫"④。坫为室内放物品的土台，反坫实为先秦礼仪一种，即诸侯相会宴饮，礼毕则将空酒杯放回坫上，称为"反坫"。此常见于历代典籍。故知《宋会要辑稿》"及坫"误，此《宋志》订正《宋会要辑稿》又一例。

考订脱字：《宋会要辑稿》载："初，学士院不设配位，及是以问礼官，太常礼院言：'祭必有配，报如常祀。当设配座。'又诸神祠、天齐、五龙用中祠例，袄祠、城隍用羊，八笾，八豆"⑤，《宋志》则称"袄祠、城隍用羊一，八笾，八豆。"⑥其实，軷祭用"羊一"是宋初定下的仪制，《文献通考》载："宋太祖皇帝建隆元年四月，太常礼院言：'车驾征潞州，出宫日，请遣官告天地、太庙、社稷，城门外軷祭用羝羊一，所过州府河桥及名山大川、帝王名臣陵庙去路十里内者，各令本州岛以香祭告。'从之。六月，平泽潞，及车驾还宫，皆遣官奏告天地、太庙、社稷，仍祭祓庙、泰山庙、城隍庙。"⑦显然，《宋会要辑稿》"羊"后面脱"一"字。

自然，这里仅是介绍一部分考订内容，《宋志》对其他典籍的考订作用确实是存在的。

附：笔者自从接触到宋史有关研究起，徐规先生大名便如雷灌耳。曾拜读徐先生大作《〈旧闻证误〉研究》，深感研读原始资料的重要。现笔者完成《宋史礼志辨证》一书，浙江大学徐规先生弟子来邀稿，特撰此文以纪念徐先生，谨表对徐先生致以崇敬之意。

原载于《徽音永著——徐规教授纪念文集》，华东师范大学出版社 2011 年

---

① 《宋史》卷一〇八《礼志十一》，第 2594 页。
② 李焘：《续资治通鉴长编》卷七五，大中祥符四年正月丁酉，第 1708 页。
③ 徐松辑：《宋会要辑稿》礼 24 之 59 至 60，第 929 页。
④ 《宋史》卷一〇一《礼志四》，第 2475 页。
⑤ 徐松辑：《宋会要辑稿》礼 18 之 7，第 736 页。
⑥ 《宋史》卷一〇二《礼志五》，第 2501 页。
⑦ 马端临：《文献通考》卷八九《郊社考二十二》，第 816 页。

《宋史·礼志》的主要缺陷

　　廿四史规模最大的是《宋史》,然由于成书仓促,问题极多,历来为学者所诟病。中华书局点校本的点校者作了极大的努力,纠正了许多错误,但仍存在许多问题,需要学者们不断努力来纠正它们。《宋史》中《礼志》(下简称《宋志》)占 28 卷,是《宋史》诸志中最为庞大的部分,在廿四史有《礼志》的正史中亦属最大。无可讳言,《宋志》是研究中国礼制史、两宋礼制史的极为重要的资料,具有极高的价值①。然而,《宋志》与《宋史》中其他纪传志部分一样存在着严重的问题,这使学者利用该志面临不少困难。本文拟对《宋志》的主要缺陷作一归纳,以期引起欲利用该志的学者的注意,并祈专家学者的指教。

　　归纳起来大致有以下几个方面:

　　第一,沿袭旧史致误。

　　《宋志》在抄录旧史时,经常未仔细考证史事而沿袭旧史错误。

　　《宋志》载:“九月,诏审刑院、开封府毋奏大辟案。”②有关此事,诸书记载有不同,《宋会要辑稿》载:八月“十三日,诏:‘审刑院、开封府,自九月一日后勿奏大辟案,止令中书拟定施行。军头司引见罪人,悉具犯由闻奏,送开封府决遣。兖州大辟囚送邻州处断,俟东封回日依旧’”③,《续资治通鉴长编》则称八月“辛丑,诏审刑院、开封府自九月一日后勿奏大辟案,止令中书拟定施行”④。《宋志》与两书内容相同,然文字差异颇大。《文献通考》载:“九月朔,诏审刑院、开封府勿奏大辟案”⑤,显然,《宋志》当来自《文献通考》。不过,据《续资治通鉴长编》、《宋会要辑稿》、《文献通考》所载“九月朔”当是诏书规定“自九月一日后”执行的日期,而它误为发诏日期,《宋志》虽无“朔”字,实沿袭《文献通考》致误。

---

① 汤勤福:《略论〈宋史·礼志〉的史料价值》,杭州师范大学国学院等编:《徽音永著——徐规教授纪念文集》,上海:华东师范大学出版社,2011 年。

② 《宋史》卷一〇四《礼志七》,北京:中华书局,1977 年,第 2530 页。

③ 徐松辑:《宋会要辑稿》礼 22 之 14,北京:中华书局,1957 年,第 889 页。

④ 李焘:《续资治通鉴长编》卷六九,大中祥符元年八月辛丑条,北京:中华书局,1992 年,第 1556 页;杨仲良:《续资治通鉴长编纪事本末》卷一七《封泰山》记载亦同,北京:北京图书馆出版社,2003 年,第 434 页。

⑤ 马端临:《文献通考》卷八四《郊社考十七》,北京:中华书局,1986 年,第 770 页。

《宋志》载："元祐七年，监察御史安鼎言"一段①，实来自《文献通考》"哲宗元祐七年，监察御史安鼎言"②，然两书系于"元祐七年"实误。考《宋会要辑稿》载："七年七月二十二日，尚书、礼部、太常寺言：'……'从之。先是，监察御史安鼎奏"③云云，《宋会要辑稿》前面虽称"元祐七年"，但在监察御史安鼎前有"先是"一词限定，即非当时所言。《续资治通鉴长编》记载安鼎上疏时间为元祐六年闰八月壬戌④，而是年十一月"庚子，左朝请郎、监察御史安鼎知绛州，从其请也。鼎劾苏辙不当，故出"⑤。可见元祐七年安鼎已非监察御史，而且不在朝廷，故可断定《宋志》作"元祐七年"实沿袭《文献通考》之误。

第二，改元不统一。

《宋史》粗略，改元之年或称旧年号，或称新年号，可见修史官在处理年号上未能形成统一的体例。这里举一例证之。

《宋志》载："康定二年三月，以黄河水势甚浅，致分流入汴未能通济，遣祭河渎及灵津庙。"⑥此事《续资治通鉴长编》称庆历元年三月"乙亥，以汴流不通，遣知制诰聂冠卿祭河渎庙，内侍押班蓝元用祭灵津庙"⑦。仁宗康定二年十一月南郊后改元庆历，《续资治通鉴长编》所载庆历元年三月，即康定二年三月，故《宋志》与《续资治通鉴长编》所载为一事。《续资治通鉴长编》体例统一，均于改元之年即称新年号，故无康定二年；而《宋志》新旧年号混用⑧，很不统一。类似例证极多，不再枚举。

第三，人名错误。

《宋志》卷一二四提及唐"右司员外郎崔原"⑨，整段与《续资治通鉴长编》文字相似，然《续资治通鉴长编》作"右司员外郎崔庆"。考《毗陵集》载"左司员外郎崔廈议曰：'郭知运承恩诏葬向五十年，今请易名，窃恐非礼'"⑩，又《通典》、《春明退朝

---

① 《宋史》卷一〇三《礼志六》，第2508页。
② 马端临：《文献通考》卷八〇《郊社考十三》，第732页。
③ 徐松辑：《宋会要辑稿》礼19之7，第756页。
④ 李焘：《续资治通鉴长编》卷四六五，元祐六年闰八月壬戌条，第11097页。
⑤ 李焘：《续资治通鉴长编》卷四六八，元祐六年十一月庚子条，第11171页；《苏辙集》中的《苏颍滨年表》亦载有安鼎降知绛州事，时间同《续资治通鉴长编》，北京：中华书局，1990年，第1393页。
⑥ 《宋史》卷一〇二《礼志五》，第2501页。
⑦ 李焘：《续资治通鉴长编》卷一三一，庆历元年三月乙亥条，第3113页。
⑧ 《宋史》其他部分内容亦是新旧年号混用，很不统一。《续资治通鉴长编》是编年体，采用改元之年即用新年号。
⑨ 《宋史》卷一二四《礼志二十七》，第2914页。
⑩ 独孤及：《毗陵集》卷六《故左武卫大将军持节陇右节度经略大使兼鸿胪卿御史中丞赠凉州都督太原郡开国公郭知运谥议》，文渊阁《四库全书》本，第1072册，第201页。

录》、《唐尚书省郎官石柱题名考》等均为"崔厦"①,《文苑英华》载崔厦《驳郭知运》一文②,可证实为"崔厦",故知《宋志》作"崔原"、《续资治通鉴长编》作"崔庆"均误③。

又如:"神宗阅左藏库副使开斌所教牌手于崇政殿,乃命殿前步军司择骁健者依法教习。"④《宋会要辑稿》载为"阅左藏库副使开赟"⑤;《续资治通鉴长编》称"亓赟"⑥。开音 jiān,亓音 qí,是两个完全不同的字。考《续资治通鉴长编》所记亓赟行事在仁宗庆历六年至神宗元丰三年前;《涑水记闻》有"礼宾使亓赟坐事出为洪州都指挥使"⑦的记载,宋郑獬《郧溪集》有《亓赟责授崇仪副使制》一文⑧,两书所记亓赟之事均在《续资治通鉴长编》所记时间之内,因此当是同一人无异。《宋史》也有亓赟行事记载⑨,时间亦在元丰期间;然又有开赟,行事系于熙宁四年⑩。显然,《宋史》仓促成书,一人写成三人,实属不当。其他宋代典籍尚未查到开赟、开斌,因此,亓赟当是。

另外,《宋志》载绍兴二十年五月八日,进呈《中兴圣统》时,有"太常博士丁屡明"⑪,然《南宋馆阁录》提及此事则称"太常博士兼权秘书省校勘书籍官丁娄明"⑫;《中兴礼书》、《建炎以来系年要录》、《宋会要辑稿》均作丁娄明⑬,故《宋志》作"丁屡明"为误。丁娄明于《宋史》无传⑭,《南宋馆阁录》称:丁娄明字如晦,毗陵人,黄公

---

① 杜佑:《通典》卷一〇四《单复谥议》,北京:中华书局,1988 年,第 2721 页;宋敏求:《春明退朝录》卷中,北京:中华书局,1980 年,第 28 页;姚铉:《唐文萃》卷四一《驳议郭知运》,文渊阁《四库全书》本,第 1343 册,第 589 页;劳格、赵钺:《唐尚书省郎官石柱题名考》卷二,北京:中华书局,1996 年,第 90 页。

② 崔厦:《驳郭知运》,李昉:《文苑英华》卷八四〇,北京:中华书局,1966 年,第 4436 页;姚铉:《唐文粹》卷四一收录该文,文渊阁《四库全书》本,第 1343 册,第 589 页。

③ 李焘:《续资治通鉴长编》卷二〇二校勘记注 36:"'庆',同上三本均作'厦',此处疑误。"实际并不误。文渊阁《四库全书》本作"崔厦"。

④ 《宋史》卷一二一《礼志二十四》,第 2831 页。

⑤ 徐松辑:《宋会要辑稿》礼 9 之 9,第 533 页。

⑥ 李焘:《续资治通鉴长编》卷二一四,熙宁三年八月甲子条,第 5201 页。

⑦ 司马光:《涑水记闻》卷一三,北京:中华书局,1989 年,第 257 页。文渊阁《四库全书》本《涑水记闻》作"开赟",当为"亓赟"之误。

⑧ 郑獬:《郧溪集》卷四《亓赟责授崇仪副使制》,文渊阁《四库全书》本,第 1097 册,第 140 页。

⑨ 《宋史》卷四九三《蛮夷传一》,第 14184—14185 页。

⑩ 《宋史》卷一五《神宗纪二》,第 279 页。

⑪ 《宋史》卷一一四《礼志十七》,第 2713 页。

⑫ 陈骙:《南宋馆阁录》卷五《进诗》,北京:中华书局,1998 年,第 57 页。

⑬ 徐松辑:《中兴礼书》卷二一六《进呈安奉中兴圣统》,《续修四库全书》本,上海:上海古籍出版社,1995 年,第 69—70 页;李心传:《建炎以来系年要录》卷一六二,绍兴二十一年三月壬辰条,台北:文海出版社,1980 年,第 5150 页;徐松辑:《宋会要辑稿》礼 17 之 91,第 732 页;选举 20 之 10,第 4579 页。《中兴礼书》、《宋会要辑稿》称丁娄明处甚多,此不赘。

⑭ 丁屡明仅见此处,丁娄明则未见记载。

度榜同进士出身①。宋元典籍有不少"丁娄明"的记载②。

第四,时间错误。

《宋志》出现的时间错误极多,有沿袭致误,有抄录笔误等等情况,而且在《宋史》记载中常常出现自相矛盾的情况。由于《宋志》时间错误极多,情况亦颇为复杂,因此分成下述数类分析。

第一类为自相矛盾。

《宋志》中时间自相矛盾的例证并不少见。如《宋志》称"建炎四年,南平王薨,差广南西路转运副使尹东珣充吊祭使,赐绢布各五百匹,羊、酒、寓钱、寓彩、寓金银等,就钦州授其国迎接人,制赠侍中,进封南越王。封其子为交阯郡王,遇大礼,并加恩如占城国王。"③南平王即交阯郡王、南越王,此处去世之南平王即李乾德,其子李阳焕。李乾德去世时间为绍兴二年,并非建炎四年。《宋史·交阯传》载:"绍兴二年,乾德卒。赠侍中,追封南越王。子阳焕嗣,授静海军节度使、特进、检校太尉,封交阯郡王,赐推诚顺化功臣。"④显然《宋史》本身存在前后矛盾的情况。考《建炎以来系年要录》载:绍兴二年三月,"制授故南越王李乾德子阳焕静海军节度使、特进、检校太尉、兼御史大夫、上柱国,封交阯郡王,仍赐推诚顺化功臣。自元丰后,大臣功号悉除之,独安南如故"⑤。《文献通考》亦称"绍兴二年,乾德卒,子阳焕立"⑥;《宋会要辑稿》时间相同⑦。可证《宋志》"建炎四年"实为错误。

第二类是不同时间之事误记一起。

《宋志》还常常将发生在不同时间的数事放在一起,导致时间错误。如《宋志》载:"徽宗即位,加哲宗太妃号曰圣瑞,既又御文德殿册命元符皇后刘氏为太后,并依皇后礼制。"⑧据《宋会要辑稿》载:"哲宗昭怀皇后刘氏,赠太师、东平郡王安成之女。初入宫,为御侍。绍圣元年四月封平昌郡君,二年五月进美人,十月进婕妤,元符二年立为皇后,行册礼。三年五月号元符皇后,崇宁二年二月进号太后,五月行

① 陈骙:《南宋馆阁录》卷七《官联上》,第 84 页。

② 佚名:《绍兴十八年同年小录》,文渊阁《四库全书》本,第 448 册,第 347 页;李心传:《建炎以来系年要录》卷一六五,绍兴二十三年十月丙辰条,第 5280 页;卷一六七,绍兴二十四年十一月甲寅条,第 5344 页;马光祖、周应合:《景定建康志》卷二八《置教授》,宋元方志丛刊本,北京:中华书局,1990 年,第 1808 页;岳珂:《金佗稡编》续编卷二一《章尚书颖经进鄂王传之五》,第 1518 页;周密:《齐东野语》卷一《孝宗圣政》,北京:中华书局,1983 年,第 2 页;佚名:《宋史全文》卷二二下,哈尔滨:黑龙江人民出版社,2005年,第 1490 页。

③ 《宋史》卷一一九《礼志二十二》,第 2814 页。

④ 《宋史》卷四八八《交阯传》,第 14070 页。

⑤ 李心传:《建炎以来系年要录》卷五二,绍兴二年三月己亥条,第 1791 页。

⑥ 马端临:《文献通考》卷三三〇《四裔考七》,第 2593 页。

⑦ 徐松辑:《宋会要辑稿》蕃夷 4 之 42,第 7734 页。

⑧ 《宋史》卷一一〇《礼志十三》,第 2648 页。

册礼,居崇恩宫。政和三年二月九日崩(原注:年三十五。),谥曰昭怀。五月二十七日,陪葬永泰陵,祔太庙哲宗室。"①显然,《宋志》将元符三年、崇宁二年二月、五月数事混淆在一起,导致时间混乱而误。

第三类是时间颠倒。

时间颠倒是指叙述一件事时颠倒前后秩序的错误。《宋志》载:"仁宗天圣二年,诏加真宗谥,上谓辅臣曰:'郊祀重事,朕欲就禁中习仪,其令礼官草具以闻。'先郊三日,奉谥册宝于太庙。次日,荐享玉清昭应、景灵宫,宿太庙。"②据《续资治通鉴长编》载:"丁卯,上谓辅臣曰:'郊为重事,朕欲先就禁中习仪,其令礼官草具以闻'"③,"十一月甲午,加上真宗谥。乙未,朝飨玉清昭应宫、景灵宫。丙申,飨太庙"④。显然,《宋志》加真宗谥与仁宗之语颠倒了时间顺序。

又如《宋志》载大中祥符"六年,升祔元德皇后太宗庙室,诏以祔庙岁时为合享次序,而位明德皇后之次"⑤。《续资治通鉴长编》载大中祥符六年七月议改元德皇后徽号,下诏元德皇后祔庙在明德皇后之后⑥,《宋会要辑稿》载元德皇后升祔事于"真宗祥符六年十月二日"⑦,《皇朝编年纲目备要》亦称是年"冬十月,元德皇后祔庙"⑧。显然,中书门下议改元德皇后徽号在七月,诏元德皇后神主祔于明德皇后之次亦在七月,而祔庙则在十月三日。《宋志》将两事混为一事,时间前后倒置,误。

第四类是误删时间。

《宋志》还存在误删时间而导致的错误。《宋志》载大中祥符"九年,诏以来年正月朔诣玉清昭应宫上玉皇圣号宝册"⑨一段,《续资治通鉴长编》有类似记载,然简略一些⑩。从文字比较来看,它与《宋会要辑稿》极其相似⑪,因此可以断定实际来源于当时的官修《会要》,然而,《宋会要辑稿》时间十分清楚,实为大中祥符九年十二月三十日至天禧元年正月十日事,而《宋志》虽载有"十二月己亥(二十九日)"、

---

① 徐松辑:《宋会要辑稿》后妃1之5,第223页。
② 《宋史》卷九九《礼志二》,第2441—2442页。
③ 李焘:《续资治通鉴长编》卷一○二,天圣二年十月丁卯条,第2368页。
④ 李焘:《续资治通鉴长编》卷一○二,天圣二年十一月甲午条,第2369页;天圣二年十一月乙未条,第2369页;天圣二年十一月丙申条,第2369页。
⑤ 《宋史》卷一○九《礼志十二》,第2617页。
⑥ 李焘:《续资治通鉴长编》卷八一,大中祥符六年七月庚子条,第1841页。
⑦ 徐松辑:《宋会要辑稿》礼58之68,第1645页;亦可参见《宋会要辑稿》礼10之3,第549页。
⑧ 陈均:《皇朝编年纲目备要》卷八,北京:中华书局,2006年,第158页。
⑨ 《宋史》卷一○四《礼志七》,第2542—2543页。
⑩ 李焘:《续资治通鉴长编》卷八八,大中祥符九年十二月己亥条,第2032页;卷八九,天禧元年正月辛丑至壬寅条,第2036页。
⑪ 徐松辑:《宋会要辑稿》礼28之5,第1021页;《宋会要辑稿》礼51之8至9所载较为详细,第1545—1546页。

"翌日（三十日）"两个时间，然"二日"前无"天禧元年正月"，即将正月初一事混入三十日内，从而产生错误。显然，史官抄录原文时误删了"天禧元年正月初一"这一时间。

《宋志》在叙述事件时，常常误删时间，致使前后不同时间发生之事合为一日，混为一谈。《宋志》载："是月二十七日，帝御崇元殿，备礼遣使奉册上四庙谥号……礼毕，群臣进表奉慰。"①《续资治通鉴长编》载：九月"丙午，御崇元殿，备礼册四亲庙。丁未，宰相率百官进名奉慰。"②《宋志》承上为当天之事，而据《续资治通鉴长编》所载实为次日③。以下一条更为典型，《宋志》称"治平元年，又诏就宫之西园建殿，以奉仁宗，署曰孝严，奉安御容，亲行酌献，命大臣分诣诸神御代行礼。翼日，太后酌献，皇后、大长公主以下内外命妇陪位于廷。诏每岁下元朝谒如奉真殿仪，有期以上丧或灾异，则命辅臣摄事。名斋殿曰迎厘，宫西门曰广祐"④。其实，建殿时间与奉安时间并非同时，《文献通考》载："治平元年三月，又诏就宫之西园建殿，以奉仁宗皇帝。八月，殿成，榜曰孝严。二年四月十七日，奉安御容，帝亲行酌献，命大臣分诣诸神御代行礼。翌日，皇太后酌献，皇后、大长公主以下内外命妇陪位于庭。诏每岁下元朝谒，如奉真殿仪。九月，诏名斋殿曰迎厘。十二月，名宫之西门曰广祐。"⑤显然，《宋志》文字与《文献通考》极其相似，只是删去了"八月"、"二年四月十七日"及其他一些文字，因而导致史事发生时间的严重错误。

第五类是时间失序。

时间失序是指将数件史事颠倒记载，从而产生失误。《宋志》载："皇祐初，礼官言……仍遣内臣降香，有司摄事如仪。"⑥此段礼官所言确为皇祐三年之事⑦，然"仍遣内臣降香，有司摄事如仪"则是景祐二年事，《续资治通鉴长编》、《宋会要辑稿》载之十分明确⑧。将景祐二年事系于皇祐事后，显然是时间失序。

上述仅是两件事上的时间失序，《宋志》常有连续叙述数事失序的情况。如它在叙述"政和之制，风坛广二十三步，雨、雷坛广十五步"⑨之后，连用四个"又言"来

---

① 《宋史》卷一〇八《礼志十一》，第 2605 页。
② 李焘：《续资治通鉴长编》卷一，建隆元年九月丙午条、丁未条，第 23 页。
③ 王应麟：《玉海》卷九七《建隆四亲庙》，扬州：广陵书社，2007 年，第 1770 页；马端临：《文献通考》卷九三《宗庙考三》，第 845 页。两书时间与《续资治通鉴长编》相同。九月戊戌朔，丙午为初九，丁未为初十，似与"二十七日"不合，无更多根据可证，阙疑待考。然群臣进表奉慰是次日则可以肯定。
④ 《宋史》卷一〇九《礼志十二》，第 2621 页。
⑤ 马端临：《文献通考》卷九四《宗庙考四》，第 849 页。
⑥ 《宋史》卷一〇〇《礼志三》，第 2449—2450 页。
⑦ 李焘：《续资治通鉴长编》卷一七一，皇祐三年九月癸丑条，第 4108 页。
⑧ 李焘：《续资治通鉴长编》卷一一六，景祐二年正月丙午条，第 2719 页；徐松辑：《宋会要辑稿》礼 28 之 53，1045 页。
⑨ 《宋史》卷一〇三《礼志六》，第 2517 页。

叙述史事,实际此四事均为元丰四年事,显然将此记于"政和之制"后甚不妥当。

第六类是脱漏时间。

脱漏时间指叙事未写史事发生的时间,导致与前事、与后事时间失误,这在《宋志》中非常普遍。《宋志》载:"诏岳、渎、四海诸庙,遇设醮,除青词外,增正神位祝文。"①此条未载时间,承上文为大中祥符四年。据《续资治通鉴长编》为大中祥符五年②,《宋志》脱漏时间而致误。《宋志》又载:"又以京城火灾,建醮于集禧观,且为民祈福。"③上条为元丰元年事,此条实为八年事,《续资治通鉴长编》所载十分清楚④,知故《宋志》脱漏"八年"。

《宋志》时间错误举不胜举,在此不赘。

第五,混淆史事。

《宋志》在叙述史事时,也常把两件史事混为一谈。如它称"仁宗天圣二年十一月二十五日,加上真宗谥曰文明武定章圣元孝皇帝。庆历七年十一月二十五日,加上真宗谥曰膺符稽古成功让德文明武定章圣元孝皇帝"⑤。两次加谥时间均为"十一月二十五日",混淆了时间。实际上,前者是"十一月甲午(十日)"⑥,后者才是"十一月二十五日"⑦。

《宋志》载:"及祀汾阴,命陈尧叟祭西海,曹利用祭汾河。车驾至潼关,遣官祠西岳及河渎,并用太牢,备三献礼。"⑧据《续资治通鉴长编》载:真宗祀汾阴,四年二月"壬子(初八),出潼关,渡渭河,次严信仓。遣近臣祀西岳……丙辰(十二日),次永安镇,遣近臣祀河渎"⑨,而遣陈尧叟祭西海、曹利用祭汾河则在三年八月⑩,《宋志》混淆在一起。

《宋志》称"绍兴二年三月苦雨,命往天竺山祈晴,即日雨止"⑪。《建炎以来系年要录》载绍兴二年四月"乙酉,吕颐浩言:'近至天竺祈晴,今雨少霁,可以上宽圣虑。'"⑫绍兴二年四月壬戌朔,乙酉为二十四日。故霪雨为三月之事,"近至天竺祈

---

① 《宋史》卷一〇二《礼志五》,第2487页。
② 李焘:《续资治通鉴长编》卷七八,大中祥符五年九月辛卯条,第1788页。
③ 《宋史》卷一〇二《礼志五》,第2502页。
④ 李焘:《续资治通鉴长编》卷三五一,元丰八年二月丁亥条,第8409页。
⑤ 《宋史》卷一〇八《礼志十一》,第2606页。
⑥ 李焘:《续资治通鉴长编》卷一〇二,天圣二年十一月甲午条,第2369页。
⑦ 李焘:《续资治通鉴长编》卷一六一,庆历七年十一月乙未条,第3889页;徐松辑:《宋会要辑稿》帝系1之11所载时间相同,第20页。
⑧ 《宋史》卷一〇二《礼志五》,第2486页。
⑨ 李焘:《续资治通鉴长编》卷七五,大中祥符四年二月壬子条,第1710页。
⑩ 李焘:《续资治通鉴长编》卷七四,大中祥符三年八月丙寅条,第1686、1687页。
⑪ 《宋史》卷一〇二《礼志五》,第2502页。
⑫ 李心传:《建炎以来系年要录》卷五三,绍兴二年四月乙酉条,第1819页。

晴"当在四月,《宋志》将"霆雨"与"祈晴"两事混为一事,均放在三月,误。

《宋志》此类问题颇多,在此不再举例。

第六,史事重复。

《宋志》中出现重复内容,有时均在《礼志》之内,亦有与其他纪传志内容重复。

《宋志》载"元祐二年九月,经筵讲《论语》彻章,赐宰臣、执政、经筵官宴于东宫,帝亲书唐人诗分赐之"①。《宋志》同卷又载此段文字②,前后间隔不多便出现重复,实失于复核所致。另外"高宗建炎二年,车驾至扬州,筑坛于江都县之东南"③,在同卷亦有重复内容④。

至于《宋志》与其他纪传志内容重复,亦有数例,如《宋志》载"朝仪班序"一大段文字⑤,与《宋史·职官志》所载内容重复⑥。

第七,脱字、衍字、错字。

《宋志》脱字、错字、衍字情况比较严重,例证太多,兹仅举数例以证之。

脱字在《宋志》中比比皆是。《宋志》称"绍兴二年九月,诏每岁给降福建度牒一十道,充祠堂仲飨、忌祭"⑦,"福建"后脱"路"字⑧。又,"宁宗恭圣仁烈皇后杨氏……祔葬茂陵"⑨,而《宋会要辑稿》载:"恭圣仁烈皇后杨氏……陪葬永茂陵"⑩,《宋志》脱漏"永"字⑪。又,"翰林学士钱惟演言:'……唐显庆中,始诏三公行事,天宝以后,亦遣公卿巡谒,盖取朝廷大臣,不必须同国姓。后参用太常、宗正卿。晋开运中,亦命吏部侍郎'"⑫,"后"字后脱漏"唐"字⑬。《宋志》有两处"尚食典、奉御进食"⑭,语意不明,据《政和五礼新仪》,实为"尚食典御,奉御进食"⑮。

衍字亦是《宋志》一大失误。《宋志》载:"其日,乘舆至幄殿,服素服。太常博士

---

① 《宋史》卷一一三《礼志十六》,第 2688 页。

② 《宋史》卷一一三《礼志十六》,第 2693 页。

③ 《宋史》卷九九《礼志二》,第 2440 页。

④ 《宋史》卷九九《礼志二》,第 2434 页。

⑤ 《宋史》卷一一八《礼志二十一》,第 2781—2782 页。

⑥ 《宋史》卷一六八《职官志八》,第 3998—3999 页。

⑦ 《宋史》卷一二三《礼志二十六》,第 2877 页。

⑧ 徐松辑:《宋会要辑稿》礼 40 之 10,第 1375 页。

⑨ 《宋史》卷一二三《礼志二十六》,第 2876 页。

⑩ 徐松辑:《宋会要辑稿》后妃 1 之 9,第 225 页。

⑪ 祔葬时间亦误。

⑫ 《宋史》卷一二三《礼志二十六》,第 2884 页。

⑬ 李焘:《续资治通鉴长编》卷九五,天禧四年四月壬午条,第 2186 页。

⑭ 《宋史》卷一一三《礼志十六》,第 2690、2694 页。中华书局点校本失校,标点亦误。

⑮ 郑居中:《政和五礼新仪》卷一九九《集英殿春秋大宴仪》,文渊阁《四库全书》本,第 647 册,第 852 页。尚食典御是官职名。

引太常卿当御坐前跪,奏请皇帝为夏王赵德明薨举哀,又奏请十五举音,又奏请可止。"①据《政和五礼新仪·皇帝为大辽国丧举哀》仪式中为"五举音"②,而《宋志》本卷开头亦称临外国丧时,皇帝"向其国而哭之,五举音而止"③,故此"十五举音"当衍一"十"字。其实,皇帝为皇太后、皇后、太子、诸王才"十五举音"④。《宋志》又载:"太常寺主簿林大鼐亦言:'十神太一,九宫太一,皆天之贵神,国朝分为二,并为大祀。比一新太一宫,而九宫贵神尚寓屋而不坛。'"⑤《玉海》《文献通考》均载"比新太一宫"⑥,《宋志》前"一"字为衍。又如真宗"命诸州设罗天大醮,先建道场二十七日"⑦,"建道场二十七日"当有问题。《宋会要辑稿》载有关真宗建道场,有具体时间者为三日、七日两种⑧;而宋代建道场时间,见于记载有百日、一月、十四日(二七日)、七日、三日数种:如神宗熙宁二年"十二月二十四日,三司又言:'准诏今后应奉道场之物悉准旧例,然祷雨雪或有未应,则计日支赐,倍有烦费。欲望除本命生辰年交保夏道场僧道恩例准旧外,非泛供设满一月,班首人十五千,余各十千(原注:一月外只依一月)。例半月("月"原脱。)以上,及二七日、七日、三日,皆递减半,惟衣服仍旧。'从之"⑨。显然,《宋志》"十"字当衍⑩。

错字例证极多。《宋志》称绍兴二十七年三月进献《皇宋今上皇帝玉牒》等书之事,实抄录《中兴礼书》,然其中"又于玉牒所向外,设骑从官及文武百官等待班幕次"⑪一句,《中兴礼书》作"又于玉牒所内外,设骑从官及文武百官等侍班幕次"⑫,显然《宋志》将"内"错成"向",形近而讹。又,绍兴"十六年,加婴忠节成信侯,杵曰通勇忠智侯,厥忠定义成侯。后改封婴疆济公,杵曰英略公,厥启侑公,升为中

① 《宋史》卷一二四《礼志二十七》,第2899页。
② 郑居中:《政和五礼新仪》卷二一〇《皇帝为大辽国丧举哀》,第871页。
③ 《宋史》卷一二四《礼志二十七》,第2897页。
④ 郑居中:《政和五礼新仪》卷二一〇《皇帝为诸王以下丧举哀》,第870页。大臣为皇帝、太子、皇太后,皇后等举丧时才十五举音。
⑤ 《宋史》卷一〇三《礼志六》,第2510页。
⑥ 王应麟:《玉海》卷一〇一《绍兴九宫坛》,第1850页;马端临:《文献通考》卷八〇《郊社考十三》,第734页。
⑦ 《宋史》卷一〇四《礼志七》,第2543页。
⑧ 徐松辑:《宋会要辑稿》礼57之28,第1606页。其他记载还有,不赘。
⑨ 徐松辑:《宋会要辑稿》礼18之12,第738页。
⑩ 按常理推之,当还有三七日、四七日、五七日、六七日和七七日,但均为"七"之倍数,故有所谓"例半月以上"之说,即三七日、四七日属于此类情况。然绝不可能有"二十七日"这一非"七"倍数的道场。李焘:《续资治通鉴长编》所载为"七日",是否为"二七"之漏字,现无法判断。若是,《宋志》"二十七日"当是"二七日"之误,实修史者不明宋代礼制而误。
⑪ 《宋史》卷一一四《礼志十七》,第2714页。
⑫ 《中兴礼书》卷二一〇《进呈安奉仙源类谱积庆图庆系录玉牒宝训实录一》,第58页。

祀。"①然《宋志》载"(韩)厥启侑公",《象山集》、《南宋馆阁录》、《建炎以来朝野杂记》、《宋会要辑稿》、《玉海》、《文献通考》均称"启佑公"②,《宋志》误③。《宋志》在叙述封禅仪式中有"斜刻其道,与礓隅相应"④一语,而《大唐开元礼》、《通典》、《唐会要》、《宋会要辑稿》、《文献通考》、《群书考索》等均为"斜刻其首,令与礓隅相应"⑤,故《宋志》作"道"字误。

第八,史料错误。

《宋志》称哲宗绍圣四年"康国公主下降"⑥,据《宋大诏令集》、《续资治通鉴长编》载,神宗四女在哲宗初进封为康国长公主,哲宗为神宗之子,与康国长公主同辈。她于哲宗绍圣四年下嫁,已为长公主矣,是知《宋志》作"康国公主"误。

《宋志》又载:"秘书监何志同言:'诸州祠庙多有封爵未正之处,如屈原庙,在归州者封清烈公,在潭州者封忠洁侯。永康军李冰庙,已封广济王,近乃封灵应公。如此之类,皆未有祀典,致前后差误。宜加稽考,取一高爵为定,悉改正之。他皆仿此。'"⑦《宋会要辑稿》载:政和元年七月二十七日,秘书监何志同"又言:'诸州祠庙多有封爵未正之处,如屈原庙在归州者封清烈公,在潭州者封忠洁侯。及永康军李冰(原作"水"。)庙,已封广济王,近乃封为灵应公。如此之类,皆缘未有祀典该载,致前后封爵反有差误。'诏:'……其封爵未正,如屈原、李冰(原作"水"。)之类,岂有一身两处庙貌、封号不同者?宜加稽考,取一高爵为定,悉行改正。佗皆放此。'"⑧显然,《宋志》将"宜加稽考"之"诏书"之语,混为何志同所说,误。

第九,不明史事而致误。

---

①　《宋史》卷一〇五《礼志八》,第 2561 页。
②　陆九渊:《陆九渊集》卷二〇《记祚德庙始末》,北京:中华书局,1980 年,第 255 页;陈骙:《南宋馆阁录》卷五《撰述》,第 52 页;李心传:《建炎以来朝野杂记》甲集卷二《中兴祀典》,北京:中华书局,2000 年,第 74 页;徐松辑:《宋会要辑稿》礼 21 之 5,第 853 页;王应麟:《玉海》卷一〇一《绍兴圜丘》,第 1854 页;马端临:《文献通考》卷一〇三《宗庙考十三》,第 942 页。
③　点校本此处有校勘记,指出《宋会要辑稿》、《宋史全文》、马端临:《文献通考》作"启佑公",实际上,宋元时期著作仅《宋史》作"启侑公",它书均为"启佑公"。
④　《宋史》卷一〇四《礼志七》,第 2529 页。
⑤　萧嵩等:《大唐开元礼》卷六三《皇帝封祀于泰山·制度》,文渊阁《四库全书》本,第 646 册,第 421 页;杜佑:《通典》卷一一九《皇帝封祀泰山·制度》,第 3034 页,然作"邪刻其首","邪"、"斜"音近致误;王溥:《唐会要》卷七《封禅》,北京:中华书局,1955 年,第 97 页;徐松辑:《宋会要辑稿》禮 22 之 8,第 886 页;马端临:《文献通考》卷八四《郊社考十七》,第 770 页;章如愚:《群书考索》前集卷二四《封禅类》,文渊阁《四库全书》本,第 936 册,第 319 页。另,校勘者有考,但作"疑是",见《宋史》,第 2546 页。现补正并作判断。
⑥　《宋史》卷一一五《礼志十八》,第 2733 页。
⑦　《宋史》卷一〇五《礼志八》,第 2561—2562 页。
⑧　徐松辑:《宋会要辑稿》礼 20 之 9 至 10,第 769 页。

《宋志》称真宗时"又改唐州上源桐柏庙为淮渎长源公,加守护者"①。《宋会要辑稿》载:"太祖改唐州上源桐柏庙为淮渎长源公,加守护者。仁宗康定元年,诏封淮渎长源王"②;又称"淳化二年二月十二日……其后立春日祀东岳岱山天齐王于兖州,东镇沂山东安公于沂州,东海广德王于莱州,淮渎长源公于唐州。"③显然,两条史料均证明淮渎长源公早于太宗淳化二年二月便已经有了,不存在真宗时改名。《宋志》将此事置于真宗之时,显然有误。又,《宋志》称:"乾兴元年十月,奉真宗神主祔庙,以章穆皇后郭氏配。"④称"章穆皇后"实有问题。《续资治通鉴长编》载:"祔真宗神主于太庙,庙乐曰《大名之舞》,以庄穆皇后配飨,仍诏立庄穆忌。"⑤《太常因革礼》、《宋会要辑稿》、《皇朝编年纲目备要》均称庄穆皇后⑥。实际上,《宋会要辑稿》记载得十分清楚:"章穆皇后郭氏,初谥庄穆。履正志和曰庄,贤德信修曰穆。后改为章,以从帝谥"⑦;改谥事在仁宗庆历四年⑧,《宋志》不明史事,误称"章穆皇后"。

《宋志》有的错误甚为奇怪,如在"御楼肆赦"一目提及郊祀前一日于宣德门外赦免犯人,期间有一仪式:"少府监立鸡竿于楼东南隅,竿末伎人四面缘绳争上,取鸡口所衔绛幡,获者即与之"⑨,然《宋朝事实》、《玉海》均称"竿木伎人"⑩,《金史》、《大金集礼》均载有御楼宣赦的仪式,其中也有"竿木伎人"缘绳而上的记载⑪,显然,宋金期间竿木伎人在御楼肆赦的表演是件普通之事,元代史官竟会错成"竿末伎人"!

又如《宋志》称文宣王祠"开元末升为中祠,设从祀,礼令摄三公行事"⑫。此亦是不明史事而误之故。《唐会要》载:贞观"二十一年,中书侍郎许敬宗等奏:'按《礼记·文王世子》:"凡学官春释奠于先师。"……况凡在小神,犹皆遣使行礼,释

① 《宋史》卷一〇二《礼志五》,第 2487 页。
② 徐松辑:《宋会要辑稿》礼 21 之 10,第 855 页。
③ 徐松辑:《宋会要辑稿》礼 21 之 1,第 851 页。
④ 《宋史》卷一〇六《礼志九》,第 2569 页。
⑤ 李焘:《续资治通鉴长编》卷九九,乾兴元年十月己未条,第 2299 页。
⑥ 欧阳修等:《太常因革礼》卷九六《章穆皇后郭氏》,宛委别藏本,第 1054—1055 页;徐松辑:《宋会要辑稿》礼 15 之 29,第 665 页;陈均:《皇朝编年纲目备要》卷八,第 176 页。
⑦ 徐松辑:《宋会要辑稿》礼 58 之 69,第 1646 页。
⑧ 李焘:《续资治通鉴长编》卷一五三,庆历四年十一月己卯条,第 3720 页。
⑨ 《宋史》卷一一七《礼志二十》,第 2774 页。
⑩ 李攸:《宋朝事实》卷四《郊赦一》,丛书集成本,第 51 页;王应麟:《玉海》卷六七《乾德明德门大赦》,第 1266 页。
⑪ 《金史》卷三六《礼志九》,北京:中华书局,1975 年,第 843 页;张暐:《大金集礼》卷二四《御楼宣赦》,丛书集成新编本,第 335 页。
⑫ 《宋史》卷一〇五《礼志八》,第 2547 页。

奠既准中祀,据理必须禀命'"①,又载:"开元八年三月十八日……诏曰:'颜回等十哲宜为坐像,悉令从祀。曾参大孝,德冠同列,特为塑像,坐于十哲之次'"②。显然,唐贞观中祀文宣王已为中祠,且设从祀亦非开元末,故《宋志》误。

第十,避讳未改回。

元修《宋史》,应当改回前代所修典籍的避讳之词,然实际并非如此。在《宋志》中便有一些当时避讳之词未改回的例证。如称"权管干籍田王存"③,《宋会要辑稿补编》称"权管干籍田王存"④,"管干"之"干"当为"勾",避讳高宗而改⑤。又,"司命、司人、司禄"⑥中的"人"字当为"民"字,此亦是唐代避太宗李世民之讳而改易⑦,《宋志》未改回。《宋志》"加上五岳帝后号:东曰淑明,南曰景明,西曰肃明,北曰靖明,中曰正明"⑧,钱大昕也指出"正明"当为"贞明",避讳而致⑨,而《宋志》则未改回。类似这样的例证还有,此不再多举。

第十一,记事自相矛盾。

《宋志》载:"皇祐五年,后苑宝政殿刈麦,谓辅臣曰:'朕新作此殿,不欲植花,岁以种麦,庶知稼事不易也'"⑩,然《宋史·食货志》称"皇祐中,于苑中作宝岐殿,每岁召辅臣观刈谷麦"⑪,两者矛盾。据《续资治通鉴长编》载:"丙午,幸后苑宝岐殿观刈麦,顾谓辅臣曰:'朕新作此殿,不欲植花卉而岁以种麦,庶知稼事之不易也'"⑫,《宋会要辑稿》亦作"宝岐殿"⑬,故知"宝政殿"误。又如《宋志》一处称薛居正为"司空"⑭,另一处则称"守司空"⑮,前后也矛盾。

当然,记事自相矛盾并不总是《宋志》错误,如《宋志》称"宰臣请以十二月八日为兴龙节。哲宗本七日生,以避僖祖忌,故后一日"⑯,然《宋史·哲宗纪》载兴龙节

---

① 王溥:《唐会要》卷三五《释奠》,第 640—641 页。
② 王溥:《唐会要》卷三五《褒崇先圣》,第 639 页。
③ 《宋史》卷一〇二《礼志五》,第 2490 页。
④ 徐松辑、陈智超整理:《宋会要辑稿补编》,北京:全国图书馆文献缩微复制中心出版,1988 年,第 55 页。
⑤ 龚延明指出:"人南宋后不用'勾'字,史家径改'管勾'为'管干',未妥",而《宋史》成于元朝,未改回,当更有问题。氏著:《宋史职官志补正》,北京:中华书局,2009 年,第 258 页。
⑥ 《宋史》卷九八《礼志一》,第 2425 页。
⑦ 王溥:《唐会要》便称"司命、司人、司禄",参见《唐会要》卷九上《杂郊议上》,第 142 页。
⑧ 《宋史》卷一〇二《礼志五》,第 2487 页。
⑨ 钱大昕:《廿二史考异》,上海:上海古籍出版社,2004 年,第 983 页。
⑩ 《宋史》卷一一三《礼志十六》,第 2693 页。
⑪ 《宋史》卷一七三《食货志一》,第 4164 页。
⑫ 李焘:《续资治通鉴长编》卷一六六,皇祐元年五月丙午条,第 4000 页。
⑬ 徐松辑:《宋会要辑稿》崇儒 7 之 43,第 2310 页。
⑭ 《宋史》卷一〇九《礼志十二》,第 2628 页。
⑮ 《宋史》卷一二四《礼志二十七》,第 2904 页。
⑯ 《宋史》卷一一二《礼志十五》,第 2673 页。

时间为"十二月七日"①，前后相差一天。《续资治通鉴长编》、《宋会要辑稿》、《挥麈录》、《玉海》均作"十二月七日"②，《宋史·哲宗纪》误。

第十二，文字颠倒致误。

《宋志》载："靖康初，臣僚言：'司马光之后再绝，复立族子稹，稹亦卒。今虽有子，而光遗表恩泽已五十年，不可复奏，请许移奏见存曾孙，使之世禄。'从之。"③司马光卒于1086年，至靖康元年仅40年，而《宋志》称"遗表恩泽已五十年"，显然有误。据《靖康要录》④，《宋志》"五十"当为"十五"之倒。又如论述《蜥蜴祈雨法》，说"捕蜥蜴数十纳瓮中"⑤，而《武夷新集》、《宋会要辑稿》、《群书考索》则均为"十数"⑥，是知《宋志》"数十"为"十数"之倒。又，"大中祥符六年，亳州父老、道释、举人三千三百十六人诣阙，请车驾朝谒太清宫"⑦，而《续资治通鉴长编》、《宋会要辑稿》、《长编纪事本末》均为"三千三百六十人"⑧，《宋志》"十六"为"六十"之倒，误也。

另一种是文字虽颠倒，但亦可通。如"上曰：'朕患不知四方水旱之实，宫中种稻两区，其一地下，其一地高，高者其苗有槁意矣，须精加祈祷，以救旱暵。'"⑨《建炎以来系年要录》、《宋会要辑稿》均作"两区稻"⑩，知《宋志》文字虽有颠倒，然亦可通。

第十三，删改、概括错误。

《宋志》有"诏葬"一目，其所据《礼院例册》已佚，然内容可在《天圣令》中查到。其中《宋志》称："九品已上无旒苏；庶人鳖甲车，无幰、襈、画饰"⑪，而《天圣令》则为"九品以上无旒苏（原注：男子幰、襈、旒苏皆用素，妇人皆用彩。）；庶人鳖甲车，无

① 《宋史》卷一七《哲宗纪一》，第318页。
② 李焘：《续资治通鉴长编》卷三五六，元丰八年五月丁酉条，第8513页；王明清：《挥麈录·前录》卷一，上海书店2001年，第1页；王应麟：《玉海》卷七四《治平熙宁元祐紫宸殿上寿》，第1373页。徐松辑：《宋会要辑稿》礼57之18称"十二月八日"，后有原注："上实七日生，以避僖祖改焉"，第1601页。
③ 《宋史》卷一〇九《礼志十二》，第2631页。
④ 佚名：《靖康要录》卷三，靖康元年三月十日，台北：文海出版社，1967年，第203页。
⑤ 《宋史》卷一〇二《礼志五》，第2502页。
⑥ 杨亿：《武夷新集》卷一五《奏雨状》，文渊阁《四库全书》本，第1086册，第545页；徐松辑：《宋会要辑稿》礼18之11，第738页；章如愚：《群书考索》前集卷三六《祈报类》，第473页。杨士奇等：《历代名臣奏议》卷二四三《荒政》抄录基本相同，上海：上海古籍出版社，1989年，第3199页。
⑦ 《宋史》卷一〇四《礼志七》，第2537页。
⑧ 李焘：《续资治通鉴长编》卷八一，大中祥符六年七月己酉，第1842页；徐松辑：《宋会要辑稿》礼51之1，第1542页；杨仲良：《续资治通鉴长编纪事本末》卷二〇《谒太清宫》，北京：北京图书馆出版社，2003年，第539页。
⑨ 《宋史》卷一〇二《礼志五》，第2503页。
⑩ 李心传：《建炎以来系年要录》卷一一二，绍兴七年七月壬申条，第3556页；徐松辑：《宋会要辑稿》礼18之18，第741页。
⑪ 《宋史》卷一二四《礼志二十七》，第2909页。

幒、襈、画饰"①,《宋志》删削原注中"男子幒、襈、旒苏皆用素,妇人皆用彩",则无法了解男女之别。又如:"建隆元年十月,诏:'有死于矢石者,人给绢三匹,仍复其家三年,长吏存抚之。'"②然《宋会要辑稿》载:"太祖建隆元年十月十四日,诏:'应扬(原作"杨"。)州城下役夫内,有死于矢石者,人给绢三疋,仍复其家三年,长吏倍加安抚,尸骼暴露者,仍令使臣收瘗。'"③《宋大诏令集》、《续资治通鉴长编》、《宋史·太祖纪》亦有相关记载④。《宋志》删去"扬州"一词,使原仅为死于"扬州"之役者扩大到"所有"死于矢石者,含义大变。《宋志》此类错误不胜枚举。

上述罗列《宋志》13 类错误,鉴此,我们在使用《宋志》时一定要注意仔细查找史源,以便真正弄清史料原意而不致产生讹误。

原载于《史学集刊》2011 年第 5 期

---

① 中国社会科学院历史研究所天圣令整理课题组:《天一阁藏明抄本〈天圣令〉校证》,北京:中华书局,2006 年,第 687 页。

② 《宋史》卷一二四《礼志二十七》,第 2907 页。

③ 徐松辑:《宋会要辑稿》礼 44 之 24,第 1444 页。

④ 佚名:《宋大诏令集》卷一八五《宽恤扬州诏》,北京:中华书局,1962 年,第 673 页;李焘:《续资治通鉴长编》卷一,建隆元年十一月己酉条、庚戌条,第 28 页;《宋史》卷一《太祖本纪》,第 8 页。

试论《宋史·礼志》的史料来源

　　《宋史》在廿四史中规模最大,其中《礼志》为 28 卷,达 20 万言,是《宋史》诸志中最为庞大的部分。无可讳言,《宋史》仓促成书,因此出现了不少问题,需要学者们不断努力来纠正它们。《宋史》的《礼志》(下简称《宋志》)与其他部分一样,虽存在着许多问题,但不可否认的是,《宋志》确实也存在较高的史料价值①。其实,《宋志》具有较高的史料价值并不是偶然的,这与它的史料来源十分广泛、依据比较原始的资料有很大关系。因此,有必要对《宋志》的史源作一概述。然而,《宋志》究竟依据哪些比较原始的史料编写而成,学术界并无系统研究,仅在一些论文或著述中有所涉及,各家观点亦有不同,而且缺乏具体例证进行细致地研讨。笔者主张多源说②,因为就《宋志》内容与其他典籍比对而言,它来源确实是多方面的,并非一途。本文拟对此作一叙述,以期求得专家学者的指教。下面谨依史源主要方面作一叙述,涉及到前人的观点亦加以引证,以存其旧。

　　第一,来源于宋代官修国史。

　　清代史家赵翼认为元修《宋史》“大概祇就宋旧本稍为排次”③,但他未说《宋志》究竟是否依国史修成。金毓黻指出“元人所修之《宋史》,亦据国史勒定……试观《宋史》诸志,于宁宗以后事,多阙而不备……亦以国史底本缺略不具故耳”④,邓广铭则认为:“其取材必不外乎宋《国史》的各本志”⑤,因为《宋志》有“今因前史之

---

① 汤勤福:《略论〈宋史·礼志〉的史料价值》,杭州师范大学国学院等编:《徽音永著——徐规教授纪念文集》,上海:华东师范大学出版社,2011 年。

② 主张多源说者不乏其人,此列举主要代表如下:邓广铭《〈宋史·职官志〉抉原匡谬》主张多源说,载《邓广铭全集》(第九卷),石家庄:河北教育出版社,2005 年,第 2 页;陈高华,陈智超:《中国古代史史料学》,北京:北京出版社,1983 年,第 242 页;何忠礼:《中国古代史史料学》,上海:上海古籍出版社,2004 年,第 102 页;舒仁辉:《〈东都事略〉与〈宋史〉比较研究》,北京:商务印书馆,2007 年,第 65 页。值得指出的是,这些学者均未从《宋志》入手举具体例证来证实。

③ 赵翼:《廿二史札记》卷二三《宋史多国史原本》,北京:中华书局,1984 年,第 498 页。

④ 金毓黻:《中国史学史》,上海:商务印书馆,1957 年,第 107 页。

⑤ 《〈宋史·刑法志〉考正序》,载《邓广铭全集》(第九卷),第 229 页。

旧,芟其繁乱,汇为五礼,以备一代之制"①的记载。其他持类似观点者还有一些②。不过,这些学者均未举出有力证据来证实。笔者细查《宋志》,发现了一些重要证据,兹举两例证之:

> 皇祐五年,定朝日坛,旧高七尺,东西六步一尺五寸;增为八尺,广四丈,如唐《郊祀录》。夕月坛与隋、唐制度不合,从旧则坛小,如唐则坎深。今定坎深三尺,广四丈,坛高一尺,广二丈,四方为陛,降入坎深,然后升坛。③

《玉海》载:"《志》:皇祐五年,定朝日坛,旧高七尺,东西六步一尺五寸;增修高八尺,广四丈,如唐《郊祀录》。夕月坛与隋、唐制度不合,从旧则坛小,如唐则坎狭。定坎深三尺,广四丈,坛高一尺,广二丈。四方为陛,降入坎中,然后升坛。"④两者对比,《玉海》仅多一"修"字、以"狭"易"深"字,而且《玉海》明确声称来自《志》(即《国史·礼志》),由此可见《宋志》部分内容确实是以官修《国史》为蓝本的。

如果说这段话是从文字比对上立论的话,那么还可以从《宋志》另一段话中得到明确证据:"政和详定《五礼新仪》,有《文德殿月朔视朝仪》、《紫宸殿望参仪》、《垂拱殿四参仪》、《紫宸殿日参仪》、《垂拱殿日参仪》、《崇政殿再坐仪》、《崇政殿假日起居仪》,其文不载。"⑤需要分析的是,修史者根据哪部书而作出"其文不载"的结论?这是分析元修《宋志》所据资料的重要根据。事实上,《政和五礼新仪》所载十分清楚⑥,内容亦完整保存至今,为何史官说"其文不载"? 合理的解释只能是当时史官所依据的某部宋代官修《国史》"志"的部分未载具体内容,故修史者未检核《政和五礼新仪》具体内容便仓促撰写了这一错误结论。

就上述两条例证完全可以确认《宋志》部分内容是依据宋代官修《国史》撰成的。

第二,依官修《会要》而成。

---

① 《宋史》卷九八《礼一》,北京:中华书局,1977年,第2424页。
② 王树民:《史部要籍解题》,北京:中华书局,1981年,第113页;葛兆光:《宋官修国史考》,载《史学史研究》1982年第1期,第47页;高振铎主编:《中国历史要籍介绍及选读》,哈尔滨:黑龙江人民出版社,1982年,第604页;李宗侗:《中国史学史》,北京:中国友谊出版公司,1984年,第114页;王云海:《宋会要辑稿研究》,开封:河南师大学报编辑部,1984年,第28页;裴汝诚:《续资治通鉴长编考略》,北京:中华书局,1985年,第55页;张孟伦:《中国史学史》,兰州:甘肃人民出版社,1986年,第240页;仓修良主编:《中国史学名著评介》,济南:山东教育出版社,1990年,第194页;汪征鲁:《中国史学史教程》,福州:福建人民出版社,2006年,第148页。
③ 《宋史》卷一〇三《礼志六》,第2506页。
④ 王应麟:《玉海》卷一〇一《皇祐朝日夕月坛》,扬州:广陵书社,2007年,第1852页。
⑤ 《宋史》卷一一六《礼志十九》,第2758页。
⑥ 郑居中:《政和五礼新仪·目录五》,文渊阁《四库全书》本,第647册,第117页。

　　学界持《宋志》来源于官修《会要》者并不少见，王树民认为"元修宋史，以《宋会要》为各志的依据"①，王瑞明强调"《宋史》诸志就是脱胎于《宋会要》"②。

　　值得声明的是，两宋历代官修《会要》原书今已不存，现存清人徐松《宋会要辑稿》③来自《永乐大典》，因此我们无法直接印证《宋志》是如何抄录官修《会要》的。但是，《永乐大典》抄录典籍的方法是"用韵以统字，用字以系事"，因而许多典籍是整段、整卷乃至整部地抄录，很少加以改动，由此也就可以比较放心地认为《宋会要辑稿》虽抄自《永乐大典》，但只要前后连贯，时间顺序不错乱，大致可以认定它的文字与官修《会要》的原貌相去不远。这样，我们对《宋志》来源于官修《会要》的标准大致可以定为：其一，如果《宋志》数段文字与《宋会要辑稿》相同，顺序亦同，那么可以判断是源于官修《会要》；其二，如果《宋志》文字与《宋会要辑稿》某段文字完全相同而与其他典籍有所差异，则也可以断定它来自官修《会要》；其三，若《宋志》出现的错失与《宋会要辑稿》相同且又与其他典籍不同，亦可判断来自官修《会要》；其四，如果《宋志》文字与《宋会要辑稿》主要部分内容相同，仅有数个无关紧要之字不同，且又与其他典籍有较大差异，大致亦可认定源于官修《会要》。按照这样的标准去寻找《宋志》相关内容，确实还有不少源自官修《会要》的例证。兹举数例证之。

　　《宋志》载："又言：'每室所用几席，当如《周礼》，改用莞筵纷纯，加缫席画纯，加次席黼纯，左右玉几。凡祭祀，皆缫次各加一重，并莞筵一重为五重'"④，此见于《宋会要辑稿》⑤，文字完全相同；《宋志》下段为"古者宗庙九献，皇及后各四，诸臣一。自汉以来为三献，后无入庙之事，沿袭至今。若时享则有事于室，而无事于堂；禘祫则有事于堂，而无事于室。室中神位不在奥，堂上神位不当宸，有馈食而无朝践。度今之宜，以备古九献之意，请室中设神位于奥东面，堂上设神位于户外之西南面，皇帝立于户内西面，祼鬯为一献；出户立于宸前，北向，行朝践荐腥之礼为再献；皇帝立于户内西面，行馈食荐熟之礼为三献"⑥，又与《宋会要辑稿》所载一字不差⑦；再下一段"又请：'三年亲祠，并祫享及有司摄事，每室并用太牢及制币。宗庙堂上炳萧以求阳，而有司行事炳茅香，宜易用萧。灌鬯于地以求阴，宜束茅沃酒以

①　王树民：《史部要籍解题》，第228页。王树民认为《宋史》纪传是依宋代国史而成，而《宋志》则依据官修《会要》，参见第113页、第228页。

②　张舜徽：《中国史学名著题解》，北京：中国青年出版社，1984年，第233页。

③　徐松辑：《宋会要辑稿》，北京：中华书局，1957年。

④　《宋史》卷一〇八《礼志十一》，第2597页。

⑤　徐松辑：《宋会要辑稿》礼17之34，第703页；又见《宋会要辑稿》礼15之7，第654页。

⑥　《宋史》卷一〇八《礼志十一》，第2597页。

⑦　徐松辑：《宋会要辑稿》礼17之34至35，第703—704页。

象神之饮。凡币皆埋于西阶东，册则藏有司之匮’”①，又完全与《宋会要辑稿》相同②，因此可以判断这数段文字当依官修《会要》而来。

下面再举《宋志》与《宋会要辑稿》略有所异的例子。《宋志》载："初，国朝亲享太庙，仪物有制。熙宁以来，率循旧典，元丰命官详定，始多损益"③。《宋会要辑稿》载："初，国朝亲飨太庙，仪物有制。熙宁以来，率循旧典，自元丰初命官详定，始多损益。"④《宋志》仅少"自""初"两字。而且下一段称"元年，详定郊庙礼文所言：'古者纳牲之时，王亲执鸾刀，启其毛，而祝以血毛诏于室。今请改正仪注，诸太祝以毛血荐于神坐讫，彻之而退。唐崔沔议曰："毛血盛于盘。"《开元》、《开宝通礼》及今仪注皆盛以豆。礼以豆盛菹醢，其荐毛血当盛以盘'"⑤，与《宋会要辑稿》所载基本相同："元年，陈襄等详定郊庙礼文所言：'古者纳牲之时，王亲执鸾刀，启其毛，而祝以毛血诏于室。今请改正仪注，诸太祝以毛血荐于神座讫，彻之而退。唐崔沔议曰：『毛血盛于盘。』《开元》、《开宝通礼》及今仪注皆盛以豆。礼以豆盛菹醢，其荐毛血当盛以盘。'"⑥值得注意的是，《续资治通鉴长编》⑦、《文献通考》⑧有相关记载，然均作元丰三年⑨，《宋会要辑稿》、《宋志》都作元丰元年，而且《宋会要辑稿》所载连贯，《宋志》与它相比仅少"陈襄等"三字，故此两段当依官修《会要》而来。

类似例证甚多，不再赘举。

第三，来源于官修礼书。

两宋官修礼书甚多，其中《太常因革礼》、《政和五礼新仪》、《中兴礼书》等重要礼书保存至今。因而，相对上述两类情况，这一来源可通过比对，直接加以判断，因此也就可靠得多。

来源于《政和五礼新仪》：《宋志》在叙述"大朝会仪"、"常朝仪"时明确说过："宋之朝仪，政和详定五礼，列为宾礼。今修《宋史》，存其旧云。"⑩据此可知，修史者至少"大朝会仪"、"常朝仪"等内容主要依据《政和五礼新仪》。其实，其他部分也有不少根据《政和五礼新仪》而撰者。如《宋志》论功臣配享时说："《五礼新仪》，配

① 《宋史》卷一〇八《礼志十一》，第2597—2598页。
② 徐松辑：《宋会要辑稿》礼17之35，第704页。
③ 《宋史》卷一〇八《礼志十一》，第2596页。
④ 徐松辑：《宋会要辑稿》礼17之34，第703页。
⑤ 《宋史》卷一〇八《礼志十一》，第2596页。
⑥ 徐松辑：《宋会要辑稿》礼17之34，第703页。
⑦ 李焘：《续资治通鉴长编》，北京：中华书局，1992年。
⑧ 马端临：《文献通考》，北京：中华书局，1986年。
⑨ 李焘：《续资治通鉴长编》卷三〇二，元丰三年二月庚戌，第7355—7356页；马端临：《文献通考》卷九八《宗庙考八》，第891页。
⑩ 《宋史》卷一一六《礼志十九》，第2743页。

享功臣之位,设于殿庭之次:赵普、曹彬位于横街之南道西,东向,第一次,薛居正、石熙载、潘美位于第二次,李沆、王旦、李继隆位于第三次,俱北上;王曾、吕夷简、曹玮位于横街之南道东,西向,第一次,韩琦、曾公亮位于第二次,王安石位于第三次,蔡确位于第四次,俱北上。惟冬享、祫享徧设祭位。"①此处明确声称依据《(政和)五礼新仪》,对比可知,《宋志》略有删节②。《宋志》所载的"孟春之月,太史择上辛后吉日,皇帝亲耕籍田"③的仪式,实际是节抄《政和五礼新仪》④。

来源于《中兴礼书》:《宋志》"巡幸"开头的690字⑤,文字与《中兴礼书》基本相同,顺序也不差,完全可判定是抄录《中兴礼书》。

可能来源于《太常因革礼》:比较而言,来源于《政和五礼新仪》和《中兴礼书》的例证较为过硬,而来源于《太常因革礼》则无典型资料,因为笔者比对发现,《宋志》没有一段文字与《太常因革礼》完全相同,仅有许多相似者。下举两例,然亦不能完全肯定出于《太常因革礼》。

《宋志》载:"天圣新令:'春分开冰,祭司寒于冰井务,卜日荐冰于太庙;季冬藏冰,设祭亦如之。'"⑥天圣新令即即《天圣令文》,亦称《天圣令》,30卷,吕夷简、夏竦等撰,今原书不存⑦。与《宋志》内容相似者有数书,其中《太常因革礼》于:"《天圣令文》:'春分开冰,祭司寒冰井务,卜日荐冰于太庙;季冬藏而设祭亦如之'"⑧,《宋志》文字与此最为接近。而《玉海》、《文献通考》亦有相关记载⑨,文字差异颇大。自然也不能完全断定是来自《太常因革礼》,因为也有可能直接来源于《天圣令文》。

《宋志》载:"自景德澶渊会盟之后,始有契丹国信使副元正、圣节朝见。大中祥符九年,有司遂定仪注。"⑩《太常因革礼》引《礼阁新编》:"自景德澶渊会盟之后,始有契丹国信使、副元正、圣节朝见。大中祥符九年,有司遂定仪注。"⑪两者文字完全相同,但并不能确证来自《太常因革礼》,因为完全有可能来自《礼阁新编》,尽管不能确认其来源,但无论来自哪部礼书,《宋志》依据官修礼书的结论并不能否定。

《宋志》还保存着一些已佚礼书的内容,从中可以判断《宋志》抄录它们的内容。

① 《宋史》卷一〇九《礼志十二》,第 2629 页。

② 郑居中:《政和五礼新仪》卷二《神位上》,第 141 页。

③ 《宋史》卷一〇二《礼志五》,第 2491—2493 页。

④ 郑居中:《政和五礼新仪》卷一二七《皇帝耕籍仪》,第 633—638 页。

⑤ 《宋史》卷一一四《礼志十七》,"巡幸之制","太祖幸西京","凡行幸"等数段,第 2703—2705 页。

⑥ 《宋史》卷一〇三《礼志六》,第 2518—2519 页。

⑦ 今天一阁藏明抄本《天圣令》,是否原貌,当存疑。

⑧ 欧阳修等:《太常因革礼》卷八〇《春分开冰荐太庙》,宛委别藏本,第 832 页。

⑨ 王应麟:《玉海》卷一〇二《建隆祭司寒》,第 1876 页;马端临:《文献通考》卷八一《郊社考十四》,第 736 页。

⑩ 《宋史》卷一一九《礼志二十二》,第 2804 页。

⑪ 欧阳修等:《太常因革礼》卷八三《契丹国信使副元正圣节朝见宴》,第 869 页。

来自《天圣令文》:《宋志》载:"《天圣丧葬令》:皇帝临臣之丧,一品服锡衰,三品已上缌衰,四品已下疑衰。皇太子临吊三师、三少则锡衰,宫臣四品已上缌衰,五品已下疑衰。"①此与明抄本《天圣令》完全相同②。《天圣丧葬令》为《天圣令文》中的"丧葬"部分,因此这是《宋志》抄录《天圣令文》的明确证据。

来源于《开宝通礼》:《宋志》载:"其锡宴与受诸国使表及币,皆有仪,具载《开宝通礼》。"③此段虽为修史者概括之语,然可见其十分重视并参考过《开宝通礼》。下再举一明显抄录《开宝通礼》的例证:"《通礼》,守宫设次于朝堂,文东武西,相对为首;设中书令位于群臣之北。礼曹掾举表案入,引中书令出,就南面立。礼部郎中取表授中书令,令即受表入奏。"④《通礼》即《开宝通礼》,今佚。据此可见"群臣上表仪"等相关礼仪的记载当取自《开宝通礼》。

第四,来源于《文献通考》。

《宋志》取材于《文献通考》是毫无疑问的,但在何种程度上取材,则应细加分析。漆侠曾指出:"《文献通考》是《宋史》各志的蓝本"⑤,关履权则断定"《宋史》诸志基本上是根据《文献通考》而写的"⑥。《文献通考》确实是《宋志》所依据的重要典籍,但说"基本上"根据《文献通考》而写,则不能作为定论。就《宋志》内容而言,参考典籍甚多,并非"基本上"根据《文献通考》而写的,而且无法加以数量上的论证来确认。当然,《宋志》依据《文献通考》内容撰成的部分确实较多,这也是事实。兹举数例以证之。

《宋志》载:"旧制,郊祀正坐、配坐褥以黄,皇帝拜褥以绯。至是,诏配坐以绯,拜褥以紫。"⑦《太常因革礼》、《续资治通鉴长编》、《宋会要辑稿》、《文献通考》、《续资治通鉴长编纪事本末》均有相关记载⑧。然《太常因革礼》、《宋会要辑稿》均较简略,《续资治通鉴长编》、《文献通考》文字与《宋志》相近,但《续资治通鉴长编》、《长编纪事本末》"郊祀正坐"后缺"配坐"两字。故可断定《宋志》是袭《文献通考》而来,仅是改"座"为"坐"而已。又,《宋志》载:"元祐五年夏至,祭皇地祇,命尚书右丞许

---

① 《宋史》卷一二四《礼志二十七》,第 2903 页。
② 中国社会科学院历史研究所天圣令整理课题组:《天一阁藏明抄本〈天圣令〉校证》,北京:中华书局,2006 年,第 424 页。
③ 《宋史》卷一一九《礼志二十二》,第 2803—2804 页。
④ 《宋史》卷一二○《礼志二十三》,第 2817 页。
⑤ 漆侠:《求实集》,天津:天津人民出版社,1982 年,第 505 页。
⑥ 关履权:《两宋史论》,郑州:中州书画出版社,1983 年,第 25 页。
⑦ 《宋史》卷一○○《礼志三》,第 2530 页。
⑧ 欧阳修等:《太常因革礼》卷四二《封禅中》,第 562—563 页;《续资治通鉴长编》卷六九,大中祥符元年五月壬午,北京:中华书局,1992 年,第 1545 页;徐松辑:《宋会要辑稿》礼 22 之 9,第 887 页;马端临:《文献通考》卷八四《郊社考十七》,第 770 页;杨仲良:《续资治通鉴长编纪事本末》卷一七《封泰山》,北京:北京图书馆出版社,2003 年,第 429 页。

将摄事。将言:'王者父天母地,三岁冬至,天子亲祠,遍享宗庙,祀天圜丘,而夏至方泽之祭,乃止遣上公,则皇地祇遂永不在亲祠之典,此大阙礼也。望博诏儒臣,讲求典故,明正祀典,为万世法。'"①《文献通考》载为"元祐五年五月夏至,祭皇地祇,命尚书右丞许将摄事。将言:'王者父天母地,三岁冬至,天子亲祠,遍享宗庙,祀天圜丘,而夏至方泽之祭,乃止遣上公,则皇地祇遂永不在亲祠之典,此大阙礼。望博诏儒臣,讲求典故,明正祀典,为万世法'"②。《文献通考》仅多"五月"、"也"三字。而《续资治通鉴长编》文字数量远超《文献通考》③,《宋会要辑稿》更为详尽④。显然,《宋志》当据《文献通考》修订而成。

《宋志》有时错误亦与《文献通考》相同,如《宋志》载:"已而三省言:'合祭既非礼典,但盛夏祭地祇,必难亲行。'诏令两省、台谏、礼官同议,可亲祀北郊,然后罢合祭之礼。"⑤《宋会要辑稿》称"二年正月十四日,三省言:'合祭既非礼典,但盛夏之月祭地示(祇),必难亲行。'诏令翰林学士、尚书、侍郎、两省、台谏官、礼官同议如何可以亲行祭地之礼,然后可罢合祭"⑥。《文献通考》脱漏"翰林学士、尚书、侍郎"等官职名⑦,与《宋志》一致,故可断定《宋志》据《文献通考》而成。又,《文献通考》载:"初,永安县官月朔朝定陵,望朝三陵。韩琦言:'昭陵未有朝日。'乃令县官朔望分朝诸陵。"⑧《宋志》文字完全相同⑨,两者均脱"永"字,故可断定《宋志》抄录《文献通考》。《宋志》称太平兴国二年"四月己卯,奉神主祔庙,以孝明皇后王氏配"⑩。《文献通考》完全相同⑪。《皇朝编年纲目备要》称夏四月"葬太祖于永昌陵。(原注:祔庙以孝明皇后王氏配。)"⑫,无具体日期,《续资治通鉴长编》则称五月"己卯,祔太祖神主于太庙,庙乐曰《大定之舞》,以孝明皇后王氏配,又以懿德皇后符氏、淑德皇后尹氏祔别庙"⑬。太平兴国二年四月辛卯朔,无己卯,五月辛酉朔,己卯为十九日,故知《宋志》承《文献通考》而误。

第五,来源于《续资治通鉴长编》。

---

① 《宋史》卷一〇〇《礼志三》,第 2451 页。
② 马端临:《文献通考》卷七一《郊社考四》,第 650 页。
③ 李焘:《续资治通鉴长编》卷四四二,元祐五年五月壬午,第 10637 页。
④ 徐松辑:《宋会要辑稿》礼 3 之 4,第 441 页。
⑤ 《宋史》卷一〇〇《礼志三》,第 2453 页。
⑥ 徐松辑:《宋会要辑稿》礼 3 之 24,第 451 页。
⑦ 马端临:《文献通考》卷七六《郊社考九》,第 699 页。
⑧ 马端临:《文献通考》卷一二六《王礼考二十一》,第 1131 页。
⑨ 《宋史》卷一二六《礼志二十六》,第 2885 页。
⑩ 《宋史》卷一〇六《礼志九》,第 2566 页。
⑪ 马端临:《文献通考》卷九三《宗庙考三》,第 845 页。
⑫ 陈均:《皇朝编年纲目备要》卷三,北京:中华书局,2006 年,第 54 页。
⑬ 李焘:《续资治通鉴长编》卷一八,太平兴国二年五月己卯,第 406 页。

　　《宋志》载：淳化"四年正月，礼仪使苏易简言"①，《续资治通鉴长编》、《宋会要辑稿》、《皇朝编年纲目备要》、《宋史全文》均有相似记载②，《续资治通鉴长编》、《宋会要辑稿》、《宋史全文》均系此事于淳化三年十月，《皇朝编年纲目备要》为四年十一月，就文字而言，《宋志》与《续资治通鉴长编》最为接近。更为重要的是，《续资治通鉴长编》本条有注文："本志云：易简正月上言，期太迫，今移入此年末。"③"期太迫"而"移入此年末"，即明确指出上奏时间是次年"正月"。《宋会要辑稿》、《宋史全文》两书作"十一月"，当误；而《皇朝编年纲目备要》虽系于四年，然文字与《宋志》差异太大，因此可确认《宋志》是采择《续资治通鉴长编》而成。《续资治通鉴长编》载："初，有司议配飨，请以僖祖升配，张昭献议曰：'隋、唐以前，虽追立四庙，或六、七庙，而无徧加帝号之文。梁、陈南郊祀天皇，配以皇考。北齐圜丘祀昊天，以神武升配。隋祀昊天于圜丘，以皇考配。唐贞观初以高祖配圜丘。梁太祖郊天，以皇考烈祖配。恭惟宣祖，积累勋伐，肇基王业，伏请奉以配飨。'从之。"④《宋志》所载仅在"宣祖"后多"皇帝"两字⑤，两者均称"贞观"，避仁宗赵祯讳。《宋会要辑稿》载有张昭献议原文则避讳，将"贞观"改为"正观"⑥，显然是原始资料。因此，《宋志》当是依据《续资治通鉴长编》而成。

　　另外，亦可从《宋志》沿袭《续资治通鉴长编》之误来判定其史源为《续资治通鉴长编》。如："天禧四年十月，中书、门下言：'唐朝故事：五日一开延英，只日视事，双日不坐。方今中外晏宁，政刑清简，望准旧事，三日、五日一临轩听政，只日视事，双日不坐。至于刑章、钱谷事务，遣差臣僚，除急切大事须面对外，余并令中书、枢密院附奏。'诏礼仪院详定，双日前后殿不坐，只日视事；或于长春殿，或于承明殿，应内殿起居群臣并依常日起居；余如中书、门下之议。俄又请只日承明殿常朝，依假日便服视事，不鸣鞭。诏可。"⑦《宋会要辑稿》载较为繁琐⑧，但明确称中书、门下所言在"十月一日"，礼仪院上奏则在十二月二十五日，与《宋志》不同。而《续资治通鉴长编》称："冬十月戊寅朔，中书门下言：'唐朝故事，五日一开延英，只日视事，双日不坐。方今中外晏宁，政刑清简，望准旧制，三日、五日一临轩听政，或只日视事，双日不坐。至于刑章、钱谷事务，遣差承受臣僚，除急切大事须面对外，余并令

<hr />

① 《宋史》卷九九《礼志二》，第 2439 页。
② 李焘：《续资治通鉴长编》卷三三，淳化三年十一月丙辰，第 742 页；徐松辑：《宋会要辑稿》礼 25 之 78 至 79，第 993—994 页；陈均：《皇朝编年纲目备要》卷四，第 89—90 页；《宋史全文》卷四，第 143 页。
③ 李焘：《续资治通鉴长编》卷三三，淳化三年十一月丙辰，第 742 页。
④ 李焘：《续资治通鉴长编》卷四，乾德元年十一月甲子，第 109 页。
⑤ 《宋史》卷九九《礼志二》，第 2438 页。
⑥ 徐松辑：《宋会要辑稿》礼 25 之 77 至 78，第 993 页。
⑦ 《宋史》卷一一六《礼志十九》，第 2756 页。
⑧ 徐松辑：《宋会要辑稿》仪制 1 之 5 至 6，第 1843 页。

中书、枢密院附奏。'诏下礼仪院详定。乃请：'自今双日前后殿不坐，只日视事，或于长春殿，或于承明殿。应内殿起居群臣，并依常日起居，余如中书门下之奏。'俄又请只日御承明殿常朝，依假日例，便服视事，不鸣鞭。诏可。"①《宋志》文字与《续资治通鉴长编》相近，并承袭《续资治通鉴长编》错误记载，将中书、门下及礼仪院所言均系于十月，故可判断它来自《续资治通鉴长编》。

第六，来源于《建炎以来系年要录》。

《宋志》参考过《建炎以来系年要录》②当无可疑，然从文字来看，很少有两者完全一致者，尽管如此，但细绎文字则亦可判定《宋志》来源于《建炎以来系年要录》的内容。如"绍兴三年，复大火祀，配以阏伯，以辰、戌出纳之月祀之"③。《建炎以来系年要录》文字较相似："癸酉，初复大火之祭，配以阏伯，岁以辰、戌月祀之，用酒醑。"④《中兴礼书》、《玉海》、《宋史全文》有相关记载⑤，但文字差异较大。

又，"四年，知枢密院张浚言：'四川自七月以来霖雨地震，乞制祝文，名山大川祈祷。'上曰：'霖雨地震之灾，岂非兵久在蜀，调发供馈，民怨所致。当修德以应之，又可祷乎？'"⑥现仅见《建炎以来系年要录》与《宋史全文》有载⑦，两者文字相同："癸酉，辅臣进呈张浚奏，四川自七月以来霖雨、地震，盖名山大川久阙降香，乞制祝文付下。上曰：'霖雨、地震之灾，岂非重兵久在蜀，调发供馈，椎肤剥体，民怨所致，当修德抚民以应之，又何祷乎？'"细绎《建炎以来系年要录》此段文字，与《宋志》近似处颇多，《宋志》可能依此删改而成。

上述从六个方面探讨了《宋志》的史料来源，自然，《宋志》可能还有更多的史料来源，只是现在难以确证而已。

　　附：1995年6月，恩师杨公翼骧先生请漆侠先生作我博士论文答辩主席，叫我把论文直接寄达河北大学漆先生处，并专门嘱咐，不准我在答辩前与任何答辩委员、评审委员有联系与接触。答辩那天一早，杨先生要我去南开大学校门口迎接漆先生，还特意叫我师弟牛润珍去漆先生家接，规定我们在答辩前不准谈论任何答辩内容之事。接到漆先生后，一见面，他老人家说道：你的论文写得不错，但有个大

---

① 李焘：《续资治通鉴长编》卷九六，天禧四年十月戊寅，第2219页。

② 李心传：《建炎以来系年要录》，台北：文海出版社，1980年。

③ 《宋史》卷九八《礼志一》，第2426页。

④ 李心传：《建炎以来系年要录》卷六二，绍兴三年正月癸酉，第2064页。

⑤ 徐松辑：《中兴礼书》卷一二八《大火》，续修四库全书本，第461页；王应麟：《玉海》卷一〇一《康定大火坛》，第1852页；《宋史全文》卷一八下，第1086页。

⑥ 《宋史》卷一〇二《礼志五》，第2502页。

⑦ 李心传：《建炎以来系年要录》卷七二，绍兴四年正月癸酉，第2337—2338页；《宋史全文》卷一九上，第1116页。

问题,论文写了 30 多万字,我躺在医院里,打着点滴看,手都举酸了(大意如此)。据陪漆先生一同前来的高树林先生介绍,漆先生生病住院,只接受杨先生的委托,审查我的博士论文,其他学校来的论文基本都推辞了。我知道杨先生与漆先生深厚的友情,但仍然为漆先生如此厚爱深为感动,连声道谢。每回想到此,总感到似乎还是昨日之事,然漆先生归道山忽已 10 年。今漆先生弟子举办"纪念漆侠先生逝世十周年研讨会",特来邀稿,谨以此小文纪念漆先生。

原载于《漆侠与历史学》,河北大学出版社 2012 年

世界多元文化格局与中华礼制的当代位置

中华礼制具有浓厚的人文精神,注重道德因素,强调社会和谐,为中华文明的延续与发展作出了极其重的贡献。有学者认为:文明社会首先应该是道德化的社会,礼即道德,因此要求人们在社会生活中相互尊重,相互爱护,相互帮助,互利互惠而形成和谐社会①。

应该强调的是:中华礼仪传统的精华至今仍在传递不息,如父母慈爱之情、子女孝顺之行、邻里关爱之举、敬业奉献之行、慈善大爱之心等等传统美德懿行常见诸报端,传递着巨大的正能量。无须讳言,当今世界各国之间交流日益频繁,多元文化之间形成的冲突乃至一定程度的对抗也难以回避;在国内,礼义之邦正遭遇着道德拷问,礼仪缺失、道德失范也是不争之事实,在某些地方、某些方面还表现得甚为突出,其不良影响有损于中华民族的形象。有人认为:现在的礼仪缺失与道德失范是受西方文化的影响。也有人自怨自艾,十分纠结,以为当今道德缺失是中国自古而来的专制体制的"本性"导致的,是娘胎里带来的,很难改变,只有完全抛弃、彻底脱胎换骨才行。这些观点都反映出对中华礼制价值认识不清,对民族文化传承的自信心不足。

笔者以为,将中华礼制蕴涵的中华先民之生命经验和生活智慧挖掘出来,从学理层面获得支撑,作为构建新时期的礼仪体系的必备基石,从而在世界多元文化交融、冲撞中使中华民族能够真正自立于世界民族之林,这是国人应当思考的问题。

一、冲突中成长:中华礼制发展的历史轨迹

悲观与纠结是没有必要的。历史的事实是:中华礼制在其发展过程中,曾受到过许多不同文化的冲击,在不断吸收与融合其他文化的过程中成长与壮大起来的。且不说中华礼制诞生地原在中原地区,它就是在不断吸收周边各族礼制文化的基础上发展成中华一体的礼制,而且在与诸国交往中也不停地吸纳诸国文化因素而自立,促进了中华文明的延续与发展,这一历史的事实有目共睹,不容否定。可以说,在相当长的一段时间内,中华文化在与其他文化的碰撞与影响下,能够立

---

① 王启发:《礼学思想体系探源》,郑州:中州古籍出版社,2005年,第52页。

足于自身的特质而不放弃,不但没有遗失"本真",反而日益丰富与发展。

尽管汤因比研讨的 26 种文明的兴衰存在疏漏①,不尽准确,但至少给我们一个重要启迪,即世界上确实存在着不同"质"的文明形态(或说文化形态),这些异质文明(文化)之间会产生文化冲突,有时甚至异常激烈,这不仅是历史事实,而且也是历史经验。在我们看来,异质文明(文化)交往之际确实会产生冲突、也会出现一定的对抗,如果能够理解、包容,海纳百川,那么只会使自己更加强盛;反之,如果一味排斥、拒绝乃至"赶尽杀绝",只会导致激烈冲突而产生灾难性后果。

我国古代历史就有这样的例证:正确对待异质文明(文化)的输入,吸纳其中有益于中华民族成长的因素,那么中华文明(文化)便会发展;反之,歧视乃至拒绝外来文化,那么不但不利中华文明(文化)的发展,反而会导致中华文明(文化)的衰落趋势。唐代与清代正是一正一反的经验教训。唐太宗对待异族文化的开放政策,吸纳异族文化,使他深受诸族爱戴而被称之"天可汗"②,唐代强盛肇基于此。而在清朝,即使是雄才大略的皇帝也往往自以为是天朝上国,以西方使节不行跪拜之礼而大怒,指责他们不懂礼仪,视他们为"异教徒",甚至不允许"洋人""洋教"进入,实行闭关锁国的政策,在拒绝异质文明的同时也把西方一些优秀文化因素拒之国门之外,顽固地守旧,最终导致自身日益衰落而受到列强们坚船利炮的羞辱③。

在我们看来,中华民族的崛起与复兴,既要正确应对异质文明(文化)对中华文明(文化)的冲突,也要踏实地继承和继续发扬中华文化。中华文化的核心之一便是中华礼制,因而,继承与发扬中华礼制中对当今社会有价值与作用的因素便是当务之急。

二、内涵与价值:中华礼义是中华民族之根

问题在于,中华礼制在当今社会有没有价值与作用? 答案是肯定的。那么如何判断它的价值与作用? 其实非常明确:即能否正确判断中华礼制中哪些是适应当代社会的因素,哪些是可以转换、变异后适应当代社会的因素,而哪些则确实是落后于时代而应该淘汰的因素。如果没有这样的判断能力,抱残守阙,良莠不辨,那么就有可能把落后的因素当作先进的因素来"发扬",就难以避免偏失,从而导致中华礼制乃至中华文化的衰落。笔者以为,现在社会上某些打着恢复中华礼仪传

---

① ［英］汤因比:《历史研究》,上海:上海人民出版社,2005 年,第 52 页。汤因比除罗列 26 种主要文明外,还罗列了一些"卫星文明"。

② 《旧唐书》卷三《太宗纪下》,北京:中华书局,1975 年,第 39 页。

③ 清初中西礼仪之争的成果颇多,可参见［西班牙］闵明我著:《上帝放纵的土地——闵明我行记和礼仪之争》,何高济等译,郑州:大象出版社,2009 年;吴莉苇:《中国礼仪之争》,上海:上海古籍出版社,2007 年;尤淑君:《宾礼到礼宾》,北京:社会科学出版社,2013 年;等。

统旗号的"礼仪"活动,其实质是复古倒退的做法,不必予以宣传、鼓励与支持。在世界文化的舞台上展现中华礼制的优良价值,不是展示那些奇习异俗,而应该展示其内涵与实质。那么,中华礼制的内涵与实质究竟是什么? 答案是非常明显的,即中华礼制的内在精神实质——礼义,而不仅仅是"进退周旋,威仪抑抑"①之礼仪。礼义与礼仪是内容与形式的关系,礼义是礼制内在的精神实质,礼仪则是外在的表现形式。因而仅仅强调礼仪是很不够的,因为即使完全恢复古代礼制也不会对社会进步起到什么作用,也不会获得世界诸民族文化的尊重与吸纳,只有阐扬古代礼制中内在的实质——礼义,那么中华礼制才能对现代社会产生重要影响,在世界文化中保有一席之地。其实,在中国古代,礼制不仅仅是一种国家法律、社会规范、道德修养,最为重要的是,它是一种文化软实力,起到了凝聚人心、推进社会发展的重要作用。

无须讳言,中华礼制在漫长的发展过程中曾是以封建等级制度为其基本准则的,所有的礼仪都在"等级"的约束下践履与展示,因而当今社会必须冲破这一樊篱,打破封建等级制度的约束,在扬弃过程中吸纳其尊重人格平等、展示礼制对个人道德升华的内在价值,发掘它对建设和谐社会秩序和安宁环境的功效,探讨其对世界和平与经济发展的作用。如此,中华礼制才会在现代条件下得以涅槃,重新展示古已有之的风采与魅力,使自己在世界多元文化交融中不迷失方向,而最终赢得世界各国、各民族对它的认同与尊崇。否则,只会带来意想不到的反面作用。

实际上,当今世界科技日新月异,经济建设在获得快速发展,但同时世界各国、各个民族、各种文化都会遭遇道德的拷问,这是世界经济高度发展下各国必须面对的现实问题。例如化学垃圾的输出,食品安全,环境保护与经济建设的关系,网络安全与社会安宁的关系,保持民族特色与世界文化潮流的关系,维护世界和平与国家军力发展等等,这都涉及道德问题。因而,我们不必担心中华礼制在当今世界多元文化格局下的交融问题,无须惊惶悲观或自怨自艾,更不可自残民族文化之根!

三、自立于世界:中华礼制的三大特性

实际上,中华礼制有能力应对多元文化的冲击,这与中华礼制长期发展逐步形成的三大特性密切相关。中华礼制的三大特性是道德的实践性、异质的包容性和体系的开放性。

道德的实践性指中华礼制在道德层面上具有可操作性,在古代便称为"践履",是一种道德修炼。这种道德修炼是培养君子人格,是一种提高人们道德情操的重

---

① 《宋史》卷一三八《乐志十三》,北京:中华书局,1985年,第3252页。

要门径。孔子与孟子都强调人格修炼，他们的理想人格就是"君子"①，如此才能抵御外来的不良风气的侵扰。古代如此，现代亦当如此。打铁还须自身硬。例如目前有些地方加强家风宣传和评选道德模范，重视人的道德修炼，这是坚持中华礼制传统的有效途径，因而，即使有不良外来文化的冲击，也自然能够稳定脚跟，不会随波逐流而丧失自我。

异质包容性指中华礼制能够主动吸收异质文化中的合理因素，从而使自身获得提升。中华礼制在长期的发展过程中便是不断吸收其他文化因素而成长起来的，如南北朝时期，王肃自南朝北奔、刘芳、崔光被北军被俘，然北魏孝文帝改制时，他们对北魏的礼制建设作出了极大的贡献②，少数民族政权北魏最终实施的礼制是以南方汉族礼制为主的五礼，促进了北方少数民族政权的发展。唐代的宫廷乐舞，大量吸纳诸周边国家与不同地区和民族的精华，史称"陈、梁旧乐，杂用吴、楚之音；周、齐旧乐，多涉胡戎之伎。于是斟酌南北，考以古音，作为大唐雅乐"③，从而使施行礼仪时声形更加完美。如此例证甚多，不遑枚举。中华礼制自古以来具有异质包容性，它在当今社会中也一定能够吸纳其他文化中的合理因素而使自己与时俱进，绝对不会也不可能落伍。

体系的开放性指中华礼制不是一个封闭的、排他的体系，而是一个开放的体系。先秦是中华礼制萌芽与草创时期。中华礼制从原始的风俗、习俗或说习惯中分化出来，逐渐形成国家层面上的一种礼仪规范。史传"周公相成王，王道大洽，制礼作乐"④，但从《仪礼》将礼分为"冠婚丧祭燕射朝聘"等八类，和《礼记·礼器》"经礼三百，曲礼三千"的记载中，可以看出直到战国末年中华礼制仍属草创阶段。在先秦时期，尽管诸子思想对中国礼制起到过一定作用，但无须讳言，孔子创立的儒家思想成为中华礼制主要的思想支撑，而且孔子所提出的"损益"，成为后世礼制变迁的理论基石。"五礼"是中国古代成熟的礼制，"五礼"一词虽始见于《周礼·地官》，但仅作为"六艺"之一，并未完全独立。古代典籍出现"吉、凶、宾、军、嘉"之五礼制度，则始见于《晋书·礼志》。魏晋南北朝少数民族入主中原，在与汉族交往中，少数民族的礼俗也逐渐融入中华礼制这一体系中，作为封建国家礼制的"五礼"制度渐趋成熟。《大唐开元礼》是古代五礼制度发展到完善时期的代表，它在吸纳周边诸民族的文明过程中，使五礼内容更为齐全，具体仪式详瞻，成为后世历代王

---

① 参见朱义禄《儒家理想人格与中国文化》第一章《多层面的儒家理想人格的范型》，沈阳：辽宁教育出版社，1991年，以及拙作《孔子的道德人格学说的主要范畴及现代启示》，载《儒学与21世纪中国》，上海：学林出版社，2000年；拙著《〈论语〉选评》第三章《理想人格》，上海：上海古籍出版社，2006年。

② 陈寅恪：《隋唐制度渊源略论稿》二《礼仪》，上海：上海古籍出版社，1982年，第7—11页。

③ 《旧唐书》卷二八《音乐志》，第1041页。

④ 《汉书》卷二五上《郊祀志》，北京：中华书局，1962年，第1193页。

朝制礼作乐的主要依据。宋代理学兴盛，宋人以礼为理，中华礼仪从理论上更趋于哲理化，也更加伦理化。同时，自唐代出现的私家之礼（家礼），到宋元明清也获得长足发展。司马光《家范》、朱熹《家礼》的修撰，在当时及对后世的私家礼仪产生极大的影响，国家层面上的礼制逐渐向民间扩散与普及，并且对民众的日常礼仪规范起到极大的作用。清末至民国初年，随着西方文明进入中国社会，中华礼制又在一定程度上吸纳了西方礼仪，从而更加丰富了中华礼制的体系。显然，从中华礼制的变迁过程中，这一体系尽管与其他文明有过冲突，但其本质上并非是个封闭、排它的体系，而是具有开放性特点，在与其他文明的交往中不断地吸纳它们的部分内容，调整自身体系结构，不断获得更新、充实与提升。

概而言之，中华礼制所具有的三大特性，使它能够海纳百川，在世界文明的交融中敞开怀抱，融入更多优秀的文明因素，发展自身，走出一条适应世界多元文化格局的独特之路，保护中华文明紧跟世界潮流而顺利发展，使中国的民族文化能够长久自立于世界民族之林并为世界文明的发展作出贡献。值得强调的是，不同文明互相尊重、互相学习、和谐共处，这样才会使世界文明多姿多彩，才会促进各种文明之间的友谊，共同维护世界和平与推动人类社会进步。闭关锁国、排斥异己是没有出路的，清朝帝王将自己孤立于世界发展潮流之外而最终受辱的前车之鉴值得我们认真吸取。抛弃中华文明，割裂文化传统，全盘西化，意味着浪费了极有价值、最为可贵的民族文化资源，意味着迷失了前进的方向。这两种倾向都应该反对。

原载于《中原文化研究》2014 年第 4 期，

《高校文摘》2014 年第 5 期转载

中华传统礼制的主要特性

中华礼制注重道德修养与道德实践是一种文化软实力,起到了铸塑道德人格、凝聚人心、推进社会和谐有序发展的重要作用。

有人认为,道德失范是自古而来的专制体制"本性"所致,中华礼制难辞其咎,必须脱胎换骨;也有人认为,礼仪缺失与道德失范是遭遇西方文化渗透的结果。这两种倾向都反映出对中华礼制特性与价值认识不清,对民族文化传承自信心不足。传统的中华礼制有无价值? 能否为弘扬社会主义核心价值观服务? 需要我们从学理层面仔细分析中华礼制的主要特性,才能作出肯定回答。

归纳起来,中华传统礼制主要特性有以下数项:

(一) 中华礼制的历史传承性

中华礼制是中华先民世代相传、处世立道的重要准则与精神升华的结晶。在历史发展进程中,人与人、族与族、国与国之间交往与联系的前提便是规范各自的行为。《礼记·曲礼上》开篇即言"毋不敬"[①],强调双方交往首先要恪守尊敬对方这一基本准则。中华各民族在数千年的文明演进中,逐渐明白并认同这一准则,从而服膺中华礼制,达到了诸族和融、共同发展的目的。"和为贵"是用血写成的历史座右铭。当然,中华礼制还有"礼,时为大"这一与时俱进的改革原则。《宋书·礼志》说:"夫有国有家者,礼仪之用尚矣。然而历代损益,每有不同,非务相改,随时之宜故也。"[②]这强调礼制应该采取适宜时代变迁的改革,才能使它传承下去。汉高祖建国,对传统礼制不感兴趣,而叔孙通认为"五帝异乐,三王不同礼。礼者,因时世人情为之节文",于是"采古礼与秦仪"[③],制定出汉礼,最终使高祖服膺礼制。历史传承性证实了中华礼制是一种与中华民族同生共长、传承久远并发挥过积极作用的优秀文化传统。

(二) 中华礼制的民族认同性

魏晋南北朝和元、清时期,少数民族入主中原地区,尽管他们在某一时段内采

---

① 孙希旦:《礼记集解》卷一《曲礼上》,北京:中华书局,1989 年,第 3 页。
② 《宋书》卷一四《礼志一》,北京:中华书局,1974 年,第 327 页。
③ 《史记》卷九九《叔孙通传》,北京:中华书局,1959 年,第 2722 页。

取过不利于民族和解的政策,但最终回归中华一体,实行民族和解,采纳中华礼制,促进了社会进步与经济发展。如鲜卑族建立的北魏政权,建都盛乐之时,便仿照汉族政权实行西郊祭天仪式、改朔颁历,宣示政权的合法性。到孝文帝时起用南方汉族士人王肃、刘芳等人改革礼制。元朝、清朝都实行过民族高压政策,但最终改道易辙,采纳中华礼制,从而与被统治的汉族以及其他民族在礼制的规范下实现和解。中华民族发展的历史充分证实,采纳中华礼制是实现民族和解和促进社会发展的重要前提。

(三) 中华礼制的地域普适性

中华礼制是在中华大地上茁壮成长起来的。在中国古代,各族人民都有各自相对固定的生活区域和不同的语言、习俗,但各民族相互交往中尤其是在与汉民族的交往中,受汉民族礼仪文化与礼制的影响,逐渐开始认同并遵循中华礼制的规范,从而实现了中华一体的相互融合。例如,三国时期西南少数民族首领孟获与蜀汉之争。诸葛亮以礼待之,使孟获最终臣服蜀汉。孟获表示:"公,天威也,南人不复反矣!"①孟获所服者并非是比自己强大的蜀汉军力,而是臣服于诸葛亮所持的礼义。历代封建王朝为了加强统治,都很注重对民众进行礼义教化,推行礼制,颁行旌表,乃至通过地方宗族、乡党来大力推行,要求士庶一体遵循礼制。也有士大夫专门著书立说来宣扬和推行中华礼制,如司马光《书仪》、朱熹《家礼》流传极广,被广大士庶采用。中华礼制是从中原地区逐渐向四周扩散的,遍及中华大地,使民庶有礼可依,有据可循。在此意义上,中华礼制在广大地域内发挥着重要的维系封建统治作用是无须争辩的事实。

(四) 中华礼制的体系开放性

中华礼制形成、变迁及发展的历史,证实它不是一个封闭的、排他的体系,而是一个开放的体系。中华礼制萌芽、草创于先秦时期,是在中原华夏族的风俗、习俗中逐渐孕育并吸纳周边诸族一些因素成熟起来的,进而形成国家层面的行为规范、道德要求。史称周公相成王时曾"制礼作乐"②,而《仪礼》将礼分为"冠婚丧祭燕射朝聘"八类,直到战国时期仍有"经礼三百,曲礼三千"③之说,显然中华礼制仍属草创阶段。其间,尽管先秦诸子对中华礼制起到过一定作用,但孔子创立的儒家思想无疑是中华礼制主要的思想支撑,孔子提出的"损益"也成为后世礼制变革的理论依据。"五礼"制度是中国古代成熟的礼制体系。"五礼"始见于《周礼·地官》,仅为"六艺"之一,作为制度层面的"吉、凶、宾、军、嘉"之五礼制度,则初见于《晋书·

---

① 司马光:《资治通鉴》卷七〇,魏文帝黄初六年七月,北京:中华书局,1956年,第2225页。
② 《汉书》卷二五上《郊祀志》,北京:中华书局,1962年,第1193页。
③ 郑玄注、孔颖达疏:《礼记正义》卷二三《礼器》,北京:北京大学出版社,1999年,第740页。

礼志》。魏晋南北朝少数民族入主中原,在与汉民族交往中,他们的礼俗也逐渐融入中华礼制之中,促进了"五礼"制度渐趋成熟。《大唐开元礼》是五礼制度发展到完善时期的代表,它恰恰是在吸纳周边诸民族的文明过程中,使五礼内容更为齐全,仪式更加详瞻,成为后世王朝制礼作乐的主要依据。清末至民国初年,随着西方文明进入中国社会,中华礼制又在一定程度上吸纳了西方礼仪,更加丰富了中华礼制的内容。显然,中华礼制具有开放性的特征,能够在与其他文明的交流中,调整自身体系结构,开拓创新、充实升华,从而流传千年而不衰。

（五）中华礼制的异质包容性

异质包容性与体系开放性相辅相成。中华礼制在其发展过程中,吸纳异质文化中的合理因素,减少冲突,实现并存共荣。中华礼制吸收异质文化例证甚多,不遑枚举。上述提及北魏孝文帝任用王肃等人改革礼制,尽管是以汉民族的五礼为其核心,但包容着拓跋族的部分礼制无可怀疑。唐礼中的宫廷乐舞,吸纳了周边国家、不同民族的精华,史称"陈、梁旧乐,杂用吴、楚之音;周、齐旧乐,多涉胡戎之伎。于是斟酌南北,考以古音,作为大唐雅乐"①,从而施行礼仪时声形更趋完美。自然,中国历史上也有一些拒绝异质文化的例证。如康熙贬视西方礼仪,排斥外来文明,实行闭关锁国,雍正、乾隆继而行之,最终使清王朝孤立于世界发展潮流之外而受辱于西方列强,这一前车之鉴值得我们认真吸取。

（六）中华礼制的道德实践性

中华礼制不仅是国家制度,更是一种为人处世的道德规范。孔子对修身立德、行礼律己的前代圣贤赞颂不已,强调"不学礼,无以立"②。知礼行礼、知行合一,便是中华礼制道德的实践性,体现出中华先民的主流价值。在中国古代,许多前代圣贤并不单纯追求"进退周旋,威仪抑抑"③的外在形式,而是进一步探求礼义,即内在的精神实质。《左传》昭公二十五年载赵简子问,子太叔对曰:"夫礼,天之经也,地之义也,民之行也"④;孔子也有"礼云礼云,玉帛云乎哉?乐云乐云,钟鼓云乎哉"⑤之说。《礼记·郊特牲》称"礼之所尊,尊其义也"⑥,尊其义便是追求道德境界,强调道德践履。实际上,中华礼制注重道德修养与道德实践是一种文化软实力,起到了铸塑道德人格、凝聚人心、推进社会和谐有序发展的重要作用。

因此,中华礼制有利于加强国民对国家的认同,有利于建设"礼宜乐合"的和谐

---

① 《旧唐书》卷二八《音乐志一》,北京:中华书局,1975 年,第 1041 页。
② 刘宝楠:《论语正义》卷一九《季氏》,北京:中华书局,1990 年,第 668 页。
③ 《宋史》卷一三八《乐志十三》,北京:中华书局,1985 年,第 3252 页。
④ 杨伯峻:《春秋左传注》(修订本)昭公二十五年,北京:中华书局,1981 年,第 1457 页。
⑤ 刘宝楠:《论语正义》卷一七《阳货》,第 691 页。
⑥ 孙希旦:《礼记集解》卷二六《郊特牲》,北京:中华书局,1989 年,第 706 页。

社会秩序与"万邦协和"的国际关系,对中华文化的发展具有重要意义。因为历史传承性奠定了中华礼制作为民族文化的地位;民族认同性与地域普适性证明了中华礼制流传于中华大地的根源,是反对民族分裂主义的历史根据和思想武器;体系开放性和异质包容性决定了中华礼制能够在当今世界多元文化格局中继续生存并发展;道德的实践性则是唤醒国人礼义之心的精神动力,并能服务于当今社会。

社会主义核心价值观是中华民族在新时期的追求,而中华礼制蕴含着中华先民之生命经验和生活智慧,积蓄着礼义对人心的凝聚,涵摄着"仁以为己任"的担当精神,追求社会和谐和长治久安的信念,完全可以作为现代礼仪体系的学理基石,使其为弘扬民族精神、弘扬社会主义核心价值观服务,使之为中华民族的伟大复兴发挥重要作用。

原载于《中国社会科学报》2014 年 12 月 3 日

试论近代国家制礼机构及其现代价值[①]

中国历史上"礼崩乐坏"的时期，除去春秋战国，就要数到近代时期了。晚清以降，传统国家治理体系日薄西山，面临土崩瓦解，礼制隳堕，西风东渐，风俗变易，中华传统礼制文化遭到前所未有的冲击。各类人士在思考国家、社会的出路与命运，或致力于赓续传统，或尝试创造性转化，而且在国家层面，也涌现出一系列制礼机构，承担起传统礼制现代转型的历史重任。

回顾晚清、民国国家制礼机构的发展历程，分析、论定其历史地位，从晚清民国的国家制礼活动中汲取经验教训，或可为未来中国的礼制建设提供若干借鉴。

一

近代中国国家制礼机构的设立，要上溯到清末。1907 年，清廷由礼部设立"礼学馆"，原意为赓续乾隆《大清通礼》之盛，略事修补，后乃将举凡国家、人民一切礼仪制度囊括进来，大加编订，欲通行全国，以为法则。这一礼学馆本拟大张旗鼓，迅速完成制礼工作，然而开馆未久，武昌革命爆发，清王朝倒台，礼学馆寿终正寝。《清史稿·礼志》记"德宗季叶，设礼学馆，博选耆儒，将有所缀述。大例主用《通礼》，仿江永《礼书》例，增'曲礼'一目。又仿宋《太常因革礼》例，增'废礼'、'新礼'二目，附'后简'。未及编订，而政变作矣"[②]，即综括出了礼学馆的短暂历程。

在晚清社会的动荡起伏中，光绪礼学馆并未起到预期的作用，它成为了传统王朝制礼的尾声，而其开设专馆进行研礼、修礼的形式，则开启了民国时期专设制礼机构制礼活动的先声。

民国肇始，政府也相当重视礼制建设，不论何种政治派系掌握国家权力，都曾开展形式不一的制礼活动。南京临时政府自 1912 年 1 月 1 日在南京成立，未遑制作，同年 4 月初北迁至北京，北洋军阀统治时期由此开启[③]。北京临时政府对礼制建设颇为用心，未几即令"博考中外服制，审择本国材料，并参酌人民习惯、社会情

---

① 本文与张涛合作。
② 《清史稿》卷八二《礼志》，北京：中华书局，1977 年，第 2484 页。
③ 学界对北洋军阀的历史阶段划分不一，笔者赞同以袁世凯就任临时大总统作为北洋军阀统治的开始，可参看来新夏等《北洋军阀史》，天津：南开大学出版社，2001 年，第 5—7 页。

形从拟定国民公服、便服制度"。5 月 16 日,法制局呈送《服制》的同时也递交了《礼制》草案请国务会议呈由大总统交参议院议决①。随后照《临时约法》第 30 条规定以"大总统令"的形式,8 月 17 日公布了《中华民国礼制》,10 月 3 日公布了《服制》。民国初年作为法令公布的礼制文件未经制礼机构编制,也未聘请相关学者进行深入考究,应当是民国草创的客观情势使然。逮政局稍稍企稳,政府便开始设立机构修礼。

1914 年 2 月,北京临时政府内务部下设"礼制编订会",7 月 1 日,礼制编订会更名为"礼制馆",同月 11 日宣告成立。礼制馆直属总统府政事堂,表明当时政府对制礼事宜的重视。礼制馆陆续颁行者有祀天、祀孔、关岳合祀、忠烈祠祭、相见诸礼及冠服制、国乐谱共七种,"余则未及公布"②。尽管如此,礼制馆的设立也已经表明,当时国家已着手从事礼制机构建置工作,而且所关注的礼制已经由民众日常礼仪上升至国家典礼层面。

这一礼制馆虽遭解散,然其已刊诸礼和未刊各项卷宗则移交内务部保管,至1917 年夏,内务部礼俗司曾据以拟定婚、丧礼草案,并附婚书格式与丧服图,呈请施行。偏逢张勋复辟搅乱政局,事遂中辍。此次小规模的制礼活动由政府中的礼制机关负责进行,但却接受了此前制礼机构的成果,成为此后开设制礼机构的一个过渡。

1920 年 4 月,北洋政府国务院呈准于政府内附设礼制处,由内务部礼制司与国务院其他职员充任馆员,5 月 10 日,修订礼制处正式成立③,肩负制礼任务。1923 年 5 月底,众议院有议员提请加快编制公布《礼制草案》。1925 年,内务部复设立礼制编纂会,为节约经费,仅外聘两人任正副总纂及若干评议员,其余率由部员充任。唯以政治动荡之故,这两个制礼机构延续时间很短,制礼成果也不甚彰显。

1927 年,张作霖军政府控制北京,潘复出任国务总理,11 月 17 日再开"礼制馆",延聘通儒 30 余人,共议礼制。此次制礼想要在历次制礼的基础之上,群策群力,斟酌损益,"务于半载之内,竟此全功"④,而《礼制馆办事规则》更声称要"以三

① 《法制局呈报拟就服制礼制草案请国务院提出会议呈由大总统交院议决文》,《政府公报》1912 年 6 月 6 日第 37 号,第 4—5 页。
② 冯伯华:《略述民国三年礼制馆之概况》,《礼乐半月刊》第 3 期,1947 年 3 月,第 8 页。
③ 《国务院内务部呈报大总统呈报修订礼制处组织成立日期文》,《政府公报》1920 年 8 月 20 日第 1622 号,第 19 页。
④ 转引自《纪礼制馆成立经过》,《救世旬刊》1927 年第 4 期,第 29—30 页。案:这是江瀚致辞的记录稿,在其正式文字稿(见《礼议》第 1 期《礼制馆开馆纪事》)中没有"半载完"的说法,故这可能是江瀚在会场的即兴发挥。

个月为限,全部完竣"①。然而明年6月,国民革命军北伐入京,距离开馆刚刚超过半年,此次制礼活动就戛然而止。

1928年6月21日南京国民政府由内政部召集成立"礼制服章审定委员会",并由内政部部长担任礼制机关主席,而以司法、外交及军事委员会、大学院专员参与讨论表决。该会商定由大学院与内政部共同起草婚、丧、祭礼,由司法、外交、工商、交通等部拟定各自行业制服,并规定了礼制、服制原则要点。此会还制定了民国国徽、国花方案,确实兴起一番新气象。可是"时过境迁,遵行的实在不多"②。

1929年,国民政府内政部在礼俗司与主办礼制的科室外,别设"礼制编定委员会",这又是一个内政部下属的礼制机关。11月13日,内政部礼制编订委员会简章公布,12月24日,会议细则公布。其成员在内政部部内指派,每周进行讨论。迟至1930年代后期,这一次的制礼成果仍未落地。

30年代初,国民政府并未新设制礼机构,制礼活动则照常进行,然影响甚微。到1934年7月,蒋介石推行"新生活运动",宣称要重建"礼义廉耻"③,戴季陶则应声附和,声称"深感礼乐之制为建国要务","建国育民始于是,复兴文化在于是,愿与同志共勉之"④,甚至在南京考试院筑起"问礼亭",以河南出土的南朝《孔子问礼碑》置立其内⑤。戴季陶曾无奈声称"有志于礼乐而未遑也"⑥,其实蒋介石推行"新生活运动"本意并非制礼,因此当时只成立"新生活运动促进总会",并未设立专门制礼机构。

抗战时期,国民政府为提振士气,凝聚民心,于1942年底筹建"国立礼乐馆",翌年4月20日正式成立,隶属教育部。该馆分礼制、乐典、总务三组,各有职司。8月中邀请专家召开"礼制谈话会",修订1928年的《礼制草案》。10月初,因蒋介石下令限期完成《中华民国礼制》,乃复由戴季陶主持陆续约集各部人员与相关学者30余人,至重庆北碚温泉召开礼制讨论会。11月4日开始,为期约十日,对以前的《礼制草案》进行了检讨,并拟就了《中华民国礼制草案》,史称"北泉议礼"。同时,礼乐馆制乐工作也在进行,成曲20余首⑦。此外,这次制礼活动还编辑《礼乐》杂

---

① 《礼制馆办事规则》,《礼议》第1期,1928年,第1A页。

② 焦易堂:《对于礼制服章的意见:二十四年十月七日在中央国府联合纪念周讲演》,《中央周报》1935年第385期,第7页。

③ 参见温波《重建合法性:南昌市新生活运动研究(1934—1935)》,北京:学苑出版社,2006年。

④ 戴季陶:《学礼录·序》,《革命先烈先进诗文选集》第4册《戴传贤选集》,台北:"中华民国"各界纪念国父百年诞辰筹备委员会,1965年,第265页。

⑤ 参见陈济民《南京掌故》,南京:南京出版社,2012年。

⑥ 戴季陶:《学礼录·序》,《革命先烈先进诗文选集》第4册《戴传贤选集》,台北:"中华民国"各界纪念国父百年诞辰筹备委员会,1965年,第265页。

⑦ 参见顾毓琇《国立礼乐馆概况》,《社会教育季刊(重庆)》,1943年第1卷第4期,第16—17页;阚玉香:《北泉议礼初探——〈中华民国礼制〉的形成与评价》,华中师范大学硕士学位论文,2007年,第24页。

志,发表相关研究成果,并出版《北泉议礼录》等礼学专著。

虽然"北泉议礼"在当时颇受重视,《中华民国礼制草案》的若干礼制对于后人行礼尚有一定参考价值[1],但是与其初始目标相比,"北泉议礼"显然未能完成制礼化俗、建立国家统治正当性的任务。更有学者认为,"北泉议礼"的失败标志着中国传统"五礼"体系的终结[2]。

二

对于近代中国的制礼活动,原来存在一种误解,即认为:凡提倡制礼者皆保守势力,而进步势力则顺应"时代潮流",主张"新文化",国民党后期崇尚制礼,是其背叛革命的表现;制礼活动在当时和后世都遭到一些讥刺。其实,各国历代政权都有维持正常统治秩序的需要,而在中国历史上这种需要常常表现为对礼制的诉求。英国政治学者芬纳(S. E. Finer)借用德国学者滕尼斯(F. J. Tonnies)的概念指出,国家形态特征之一是国内人群形成一种感情化的礼俗共同体(Gemeinschaft),而中国是为数不多的自始即具有这一特征的国家形态[3]。在中国,礼制就是这一共同体的最主要表现,每当礼制崩坏之际,礼俗共同体都潜移默化地孕育着下一次的礼制重建。礼崩乐坏与礼制重建,是一体两面。在原有礼制体系崩溃的客观条件下尝试制礼作乐,不仅在中国古代是个重要议题,也是近代中国的重要议题。

对礼制问题采取何种态度,并非是不同政治势力观点的分野。就历史事实来看,在北洋政府制礼活动络绎不绝之际,广州、武汉国民政府的确还很少对礼制有所关注。这可能受到当时国民党势力的思想倾向的一定影响,但更与客观形势有关。降至北伐成功、南京国民政府建立后,国民党立即开始着手礼制建设,这与当时政府确立统治正当性,维持正常社会运转的特定需求有关。

事实上,早在1912年,辛亥革命的悍将黄兴即注意到"民国肇造以来,年少轻躁之士,误认共和真理以放恣为自由,以蔑伦为幸福,纲纪堕丧,流弊无穷。请讲明孝悌忠信、礼义谦耻,以提倡天下,挽回薄俗",此议不但获得革命党人赞许,也得到袁世凯与黎元洪的肯同[4]。而宋教仁更将"厘正礼俗"视为振兴民政、巩固社会根基的重要内容,列入国民党政见之中[5];孙中山也强调礼制对国家的重要意义,认

① 严昌洪:《20 世纪中国社会生活变迁史》,北京:人民出版社,2007 年,第 512 页;杨才林:《民国社会教育研究》,北京:社会科学文献出版社,2011 年,第 175 页。

② 杨志刚:《中国礼仪制度研究》,上海:华东师范大学出版社,2001 年,第 250 页。

③ [英]芬纳著,马百亮、王震译:《统治史》第 1 卷,上海:华东师范大学出版社,2010 年,第 3 页。

④ 袁世凯:《袁大总统书牍汇编》卷二《通令国民尊崇伦常文》,上海:上海广益书局,1914 年,第 17 页;黎元洪:《黎副总统书牍汇编》卷五《整饬人伦道德示》,上海:上海广益书局,1919 年,第 17 页。案黄兴此电未收入《黄兴集》。

⑤ 宋教仁:《代草国民党之大政见》,陈旭麓主编:《宋教仁集》,北京:中华书局,1981 年,第 494 页。

为"以礼治国，则国必昌"①。重视礼制，是包括革命党人在内的那一代受传统文化浸润的知识分子的基本共识，因而与其政治取向无关。由此可以说，国家制礼是近代中国的必然选择，国家制礼机构作为一种历史现象必然会在近代中国出现。认识及此，才能理解不同政治派别的诸多制礼机构前赴后继的制礼活动为何发生。

三

既然国家制礼机构是中国近代历史发展的必然产物，那么，这些制礼活动的成效如何？制礼机构的历史地位又如何评价？

必须承认，晚清至民国的制礼机构大多对礼制进行了认真研究，其成果不乏严肃的学术讨论与精湛的学术见解，如 1927 年"礼制馆"曾汇集一册《礼议》刊布，内容以对婚礼和冠服制度的讨论为主，如婚礼部分设"草议"、"覆议"、"条议"等项，列入《昏礼草案》、《昏礼修正案》、《昏礼草案签注》等文件，多名学者贡献了各自的意见；1942 年的"国立礼乐馆"除出版《北泉议礼录》等礼学专著外，还编辑《礼乐》杂志，以供深入探讨。但是其制礼的社会效应并不彰现，不能广泛深入人心，因此制礼成功者绝少。

如果再深一步探讨其制礼失败原因，不外如下数端：其一，礼制自身的属性决定了其必应是在全国范围内统一的，而近代中国地方自治倾向要超过中央集权的总体状态，从一开始就决定了近代制礼活动很难深入到基层社会。其二，中华传统礼制与传入的西方礼制之间的矛盾也制约着部分国人的接受。虽然历次制礼活动都以向基层社会推广为重要目标，并且事实上也采取过相应措施，如早在 1912 年《礼制》、《服制》公布后，部分省的民政司就配合内务部将之"刷印多张，分发各县张贴，以期一体遵办"②，然而正是由于上述两个原因，这些礼制往往成为一纸具文，难得施行。其三，近代政治军事"城头变幻大王旗"，社会动荡，这对制礼活动的副作用几乎是致命的，就像 1927 年礼制馆开馆前夕时任内务总长沈瑞麟回顾十余年来民国修礼历程时所言，"官守之废兴无常，而礼书之作辍更迭"③。

然而，在评价制礼活动成效时，单纯从一时一地的社会效果来衡量晚清、尤其是民国时期制礼机构的作用，无疑是不明智的，也是不科学的。因为晚清至民国制礼机构绝不仅仅是为了稽古、复古，实际上与中国现代化进程中的其他应对措施一样，制礼活动也是为了实现国家治理而采取的一种尝试，而且是为了沟通传统与现

① 孙中山：《孙中山全集》第 8 卷《周柬白辑〈全国律师民刑新诉状汇览〉序言（一九二三年十月）》，北京：中华书局，2006 年，第 355 页。

② 《都督朱令准民政司咨送礼制服制通令所属遵办文》，《浙江公报》1912 年第 307 期，第 11 页。

③ 《内务总长沈瑞麟呈大元帅为移交礼制文件结束编纂会务并将历年经过情形恭呈鉴核文》，《政府公报》1927 年 10 月 27 日第 4134 号，第 13 页。

代的一种尝试,尽管失败,却有其独特的意义。

与光绪礼学馆开办相后先,晚清朝廷又有修订法律馆与宪政编查馆之设,而礼学馆与前者关系尤密,法律馆所修《大清民律草案》涉及亲属、继承制度的法条皆须会同礼学馆起草①。法律馆在中国近代法律史上占据重要地位,礼学馆又岂能纯属反动? 清廷认为,礼制与政治息息相关,预备立宪,应"据礼经以范围宪法",否则"修礼成无用之册,订律有非礼之条,即编成宪法,势必视为不能实行之具文"②。可见在当时的正统语境中,"法"仍需借助"礼"而行。此举无形中使礼制内容扩张,为礼制与现代社会的连接打开了一扇窗。

国民政府早先的《礼制草案》试图以婚、丧、祭、相见四礼来取代五礼分类,到"北泉议礼"时,又回归五礼系统。《中华民国礼制草案》分吉、嘉、军、宾、凶五篇,但内容上则进行了扩充更新,基本上包括了当时的各种礼节,如将吉礼整合改编为祭祀与纪念两类,祭祀下分国祭、公祭、家祭三目,纪念下分国父纪念、革命先烈纪念和其他纪念三目,体现出鲜明的时代特色。

当中华传统礼制遭遇到社会变迁或外来文明冲击时,其本身具有的特质有能力消化并吸收外来文化而与时俱进③,国家设立制礼机构使这一古老的传统又焕发出新的活力。可以说,民国时期制礼以探讨礼学为本职,以推广礼制为使命,兼具学术研讨与现实政治的双重意蕴,是沟通传统与现代国家治理方式的一种尝试。今天我们回顾过去,不应局限于彼时彼地的盛衰成败来就事论事,而应以历史发展的眼光对于近代中国人的这种尝试应予以深切的同情与理解。

四

当中国步入近代以后,制礼活动确实与古代中国有较大差异,有其特殊性。自晚清以降,西方文化大量传入中国,中国传统文化饱受冲击的同时,也在吸收西方文化,因此,近代中国无论在政治上、经济上乃至文化风俗上,都出现前所未有的重大变化,故而社会运作与传统中国已有很大不同。

与此相应,古代礼制原有的一些特点和具体内容必须"与时俱进",要改变以往常态,以适应新的形势。这一特征在近代早期制礼机构出现时就已具备。光绪礼学馆时值清末新政,自然也表现出若干新意,如欲将外务部、陆军部、学部等新设机构职掌融入五礼之中便是。另一个明显的例证是 1914 年礼制馆的制礼内容,虽以

---

① 可参陈煜《清末新政中的修订法律馆:中国法律近代化的一段往事》,北京:中国政法大学出版社,2009年,第 285—297 页。

② 《礼部奏遵拟礼学馆与法律馆会同集议章程折(并单)》,上海商务印书馆编译所编纂:《大清新法令1901—1911》第 10 卷,北京:商务印书馆,2011 年,第 268—270 页。

③ 汤勤福:《世界多元文化格局与中华礼制的当代位置》,《中原文化研究》2014 年第 4 期。

传统五礼为纲,但实际上并非严格遵循古礼,而是有所变通,不少地方在一定程度上甚至可说是富于时代色彩。比如祭天之礼,古者唯天子可以行之,而当局召开政治会议,议决"礼莫重于祭,祭莫大于祀天,应定为通祭,自大总统至国民皆可行之。大总统代表国民致祭,各地方行政长官代表地方人民致祭,国民各听家自为祭,以示一体"①,除国家元首外,各级官员乃至国民均有祭天资格,故《祀天通礼》内分大总统祀天仪、各地方行政长官祀天仪、道尹和县知事祀天仪四部,行仪也以跪拜改为鞠躬。这么多人皆有祭天资格,在古代是难以想见的。

从中国礼制史的总体态势来观察,近代国家制礼机构所提出的礼制方案与传统礼制相比,有两个显著区别:一是趋向简易,一是吸纳西方礼制。

简化是近代礼制的最大特色。以相见礼制中的跪拜之仪为例,古人幼对长、下对上、女对男等,为示尊敬,视此尤重,而从 1912 年颁行的《礼制》吸收西方礼制,规定行脱帽鞠躬礼,到民初礼制馆所制定的《宾礼·相见礼》中又强化、细化了此种主张。许多民众乐于接受这一变化,当时上海周边某高等学校的一位女青年就大加赞美道:"废跪拜后概以鞠躬为通行之制,既省光阴,复节繁文,诚共和国文明之举也。其可不遵行之乎!"②虽然后来也有一种声音认为脱帽古义为谢罪,不当行之于现代中国,但礼仪趋简的态势则无可改变。光绪年间即有朝臣上奏认为"礼制宜从简易",岑春煊更直言"请法上古,法国初,法外国,视朝则立而不跪,听政则作而不跪"云云③。就此而言,简化礼仪形式的趋势自清末始,获得了举国上下的拥护。

与简化相联系的是吸收西方礼制某些因素,上述脱帽鞠躬礼便是其中一例。就制礼机构在历次制礼所采用的分类框架而言,大致都以传统礼学的经典分类即五礼为多,但局部皆不免融入若干西方礼仪色彩。早在 1914 年,嘉礼中首列大总统就任礼一项,在国史上前无所承,故当时公论以为"尚需略采欧制以为编制之材料"④,民国初期所订服制也采用西式礼服,但由于关涉到经济发展、价值体系的问题,并不成功⑤,服制后来有所反复,然而整体的西化潮流已经不可逆转。

总体来看,制礼机构对近代礼制势必受到西方影响的现实是有着清楚的认识的,戴季陶就说:"吾国自海通以来,国家既不能不成为国际间之一员,则国民亦不能不成为文明国民中之一人。固有之道德精神,自必须保持发扬,而一切人民公私

---

① 《内务总长朱启钤谨呈为遵拟祀天通礼分别规定祭礼祭品呈请鉴核事》,《祀天通礼》,北京:政事堂礼制馆,1914 年,第 1A 页。

② 吴品仙:《论民国礼制》,《青年杂志》(松江)1915 年第 6 期,第 13 页。

③ 瞿兑之:《杶庐所闻录·礼制》,载氏著:《杶庐所闻录·故都闻见录》,太原:山西古籍出版社,1995 年,第 161 页。

④ 《礼制馆之五礼分类》,《善导报》1914 年第 15 期,第 39 页。

⑤ 丁万明:《民国初期服制变革的成效及其文化意蕴》,《社会科学论坛》2012 年第 3 期。

生活之仪节,亦必须随世界文化之进展,而求其改良进步。"①但在实践中,礼制活动出现了如何延续中华礼制稳定性与中国融入世界文化时代性的激烈矛盾,这便是当时制礼活动所不得不面对的问题。

综上可见,晚清至民国时期制礼机构的活动,充分说明时代的变迁与礼制变化之间的必然关系,礼制建设必须在国家层面上进行操作,而当代学者对此也有较为深刻的认识,如有学者建议"成立一个专门的委员会,负责制定各项礼仪,并编撰国家的礼仪大典"②,这一提议甚为有见。而通过本文对近代中国国家制礼机构发展历程的回顾已可看出,国家设立机构专门负责制礼不但是沿袭古代设立制礼官署之成例,同时近代国家制礼机构又有所变化,即具体行政职能下降,研究、设计礼制的功能增强,这种兼具学术与现实政治的双重意蕴的机构,确实可供我们建设新时期礼仪制度借鉴。

晚清、民国国家制礼机构的活动屡屡失败,也给予我们许多启示,对今天重新考量制礼议题也有较高的参考价值。限于篇幅,此处无法作出全面、细致、深入的剖析与评价。不过,通过上文的论述,至少可以指出:没有处理好古今中西关系,是当时制礼失败的最为重要原因之一。

以此为鉴,倘若现代中国尝试重新制礼,就必须要调整好礼制传统与现代社会之间的关系,处理好传统文化与外来文化的关系。否则,非但礼制不能融入社会生活,也将远离世界潮流。纵观晚清至民国历次制礼活动,总体上是复古有余而更新不足,难以获得国人理解与认同。1937年,代理国民政府内政部礼俗司司长的陈念中发表文章指出:"礼是历史和民族的混合产物,现在订定礼制,固应适合现代潮流,但文化层的精华,也不可一概抛弃。"③就学理而言,此语并无问题,但落实在实践中便难免畸重畸轻,因而引起普通民众的反感,乃至一些专家学者的反对。大概近代以来的中国,如欲在礼制问题上有所作为,便不能不仔细体味百年前一位新闻记者的顾虑,1914年6月15日,黄远庸借徐世昌府访客之口指出,当时虽号称新旧并包,但奉行之人往往矫枉过正,窃恐"本意在注意制度,而所恢复者仅其流弊"④,其意深远矣!

原载于《河北学刊》2015年第2期

---

① 戴季陶:《学礼录》第3章《与同人论礼制服制书》,《革命先烈先进诗文选集》第4册《戴传贤选集》,台北:"中华民国"各界纪念国父百年诞辰筹备委员会,1965年,第295页。

② 刘梦溪:《礼仪与文化传统的重建》,《光明日报》2004年4月28日B1版。后收入氏著《大师与传统》(增订版),桂林:广西师范大学出版社,2013年,第41—45页。

③ 陈念中:《中国礼制之特质与今后之趋向》,《新运导报》1937年第2期,第118页。

④ 黄远庸:《黄远生遗著》卷四《谈屑》,上海:商务印书馆,1924年,第57页。

百年来大陆辽宋西夏金礼制研究综述（1911—2013 年）

　　自 1911 年清王朝土崩瓦解，至今已整整过了 103 年。社会形态改易，经济形势巨变，学术研究发生深刻的变化。具体到辽宋西夏金礼制研究而言，其取得的成就是非常巨大的。笔者所见，2000 年之前共发表礼制论文 53 篇，2001 年至 2013 年共 216 篇①。另外，2000 年之前相关论著 3 部，2001 年至 2013 年共 21 部②。显然，改革开放以来，尤其是新世纪以来取得的成果非常丰硕。近年来，杨华对古代家训文化进行了综述③，朱瑞熙、程郁《宋史研究》第五章第六节中对宋代丧葬礼俗及其相关问题的研究情况进行了介绍和评述，时间止于 2006 年前④。冯兵对朱子礼乐思想作了述评⑤，不过所评述论文时段都不长。马强才等人对 60 年来宋辽西夏火葬研究作了综述⑥，但仍然对了解有关研究有一定的参考价值。本文则力图反映百余年来对辽宋西夏金礼制的基本面貌，以求给同行们以参考。

一、礼制文献整理与研究

　　文献整理最重要成果是对《宋史》的整理。上世纪六十年代，中华书局开展的二十四史点校，其中《宋史》规模最巨，其中《礼志》部分 28 卷。《礼志》一向号称难读，然点校者广泛征引资料，历时数年进行校勘、整理，使 28 卷《礼志》终于面目清晰地呈现在读者面前，其功至伟，无须赘言。自然，在当时的历史条件下，点校过程中难免出现一些疏漏与错误。汤勤福、王志跃撰著《宋史礼志辨证》⑦，引证大量资料，逐卷逐条对《礼志》进行辨析，从史源角度纠正了《礼志》中不少缺失，为读者能够正确使用《宋史·礼志》资料做了一些工作。两宋礼制文献整理的第二个重大成

---

① 包括大陆学者在海外发表、海外学者在大陆的论文。著作类统计相同。
② 据笔者统计，自 2001 年到 2013 年，国内大学以辽宋西夏金为博士论文有 17 篇，涉及该历史时期礼制内容的博士论文 7 篇；自 2002 年到 2013 年辽宋西夏金礼制硕士论文 64 篇。这些数据显示出其指导教师及研究生们的学术兴趣所在，但由于都是学位论文，未正式发表，本论文不作具体评述。
③ 杨华：《90 年代以来古代家训文化研究综述》，《甘肃农业》2006 年第 5 期。
④ 朱瑞熙、程郁：《宋史研究》，福州：福建人民出版社，2006 年。
⑤ 冯兵：《我国近年来朱子礼乐思想研究述评》，《渭南师范学院学报》2011 年第 5 期。
⑥ 马强才、姚永辉：《近六十年宋辽西夏金火葬研究综述与反思》，《中国史研究动态》2012 年第 1 期。
⑦ 汤勤福、王志跃：《宋史礼志辨证》，上海：上海三联书店，2011 年。

果是对《宋会要辑稿》的整理工作。《宋会要辑稿》中华书局 1957 年影印出版，其中涉及礼制者有"礼"62 卷、"乐"8 卷、"舆服"6 卷、"仪制"13 卷①。尽管影印本给学者带来许多方便，但此书编排较乱，错误百出，学者使用时深感遗憾。王云海《宋会要辑稿考校》②作了一些考订、整理，可为阅读此书之参考。近年来，大陆一批学者对《宋会要辑稿》进行点校、整理③，目前"刑法"、"蕃夷道释"部分已经正式出版，"礼"部分也即将出版，此将为研究宋代礼志带来莫大方便。

除此之外，汤勤福、王志跃对《宋史》28 卷《礼志》的南郊记载、《礼志》史源、价值、编纂、讹误等问题做过一些研讨④。陈成国对《宋刑统》进行了研究，认为赵宋承袭唐制，但《宋刑统》不是《唐律疏议》的简单翻版，增加了部分内容，因此宋朝礼法不能等同于唐代礼法⑤。

二、断代史与专门史中的辽宋西夏金礼制研究

两宋礼志研究主要是陈成国《中国礼制史》（宋辽金夏卷）⑥一书，该书是其六卷本中之一。全书分为四章，前三章分别论述了赵宋礼仪制度、辽金礼俗与礼制、西夏礼俗。其中赵宋礼仪制度较详细，虽未按五礼方式来研究，但涉及赵宋传承制度、皇帝登基与册封诸王诸臣之礼、祭礼、丧礼、军礼、巡幸宴飨及朝会礼、籍礼、养老礼、冠礼、昏礼及宫室舆服制度、刑律与礼制关系，所研讨的面比较宽。而对辽金、西夏礼仪的研究，限于资料而研究较为疏略。第四章为馀论，讨论了这一时期所谓的"蛮夷之礼"和佛道两教之礼。《中国礼制史》（宋辽金夏卷）为今后两宋礼制通史、辽西夏金礼制研究打下了基础。漆侠《辽宋西夏金代通史》⑦有"典章制度卷"，在辽朝部分有"礼制"一节，分述了庙制、祭祖之祀及契丹旧俗。宋朝则有专章，分述官私礼典的修撰、五礼基本情况，但限于体例与篇幅，研讨较为简略。惠吉

---

① 其他也有部分内容涉及礼制，如"崇儒"、"官制"、"道释"等。

② 王云海：《宋会要辑稿考校》，开封：河南大学出版社，2007 年。

③ 据笔者所知有两种整理本，一是大陆宋史界一些学者的整理本，一是中国社科院历史所陈智超先生主持的整理本。

④ 汤勤福、王志跃：《关于〈宋史·礼志〉记载南郊的几个问题》，《上海师范大学学报》2009 年第 2 期；汤勤福：《宋史·礼志》的主要缺陷》，《史学集刊》2011 年第 5 期；汤勤福：《略论〈宋史·礼志〉的史料价值》，《徽音永著——徐规教授纪念文集》，上海：华东师范大学出版社，2011 年；汤勤福：《试论〈宋史·礼志〉的史料来源》，《漆侠与历史学》，保定：河北大学出版社，2012 年；欧磊、王志跃：《〈宋史·礼志〉时间考误》，《理论界》2009 年第 11 期；王志跃：《〈宋史·礼志〉史料价值初探》，《史学史研究》2011 年第 1 期；王志跃：《宋代礼制专篇——〈宋史·礼志〉编纂得失考论》，《信阳师范学院学报》2011 年第 2 期；王志跃：《〈宋史·礼志〉史源评述》，《山西师大学报》2011 年第 2 期；王志跃：《〈宋史·礼志〉职官考误》，《图书馆理论与实践》2011 年第 6 期。

⑤ 陈戌国：《〈宋刑统〉其书与宋代礼法》，《湖南大学学报》2001 年第 2 期。

⑥ 陈戌国：《中国礼制史》（宋辽金夏卷），长沙：湖南教育出版社，2011 年。

⑦ 漆侠：《辽宋西夏金代通史》二"典章制度卷"，北京：人民出版社，2010 年。

兴《宋代礼学研究》①共8章，分别为宋代礼学形成的思想渊源与历史背景、礼经论、礼义论、礼仪论、礼治论、礼俗论、宋代礼学的历史地位和礼遇中国传统文化模式，最后有附录"礼学研究综述"。武玉环《辽制研究》②第十九章"礼乐制度"有"五礼及其定制"，"乐制和礼乐维护尊卑贵贱等级制度的教化功能"三节，对辽代礼制作了一些研讨。韩世明《辽金生活掠影》③对辽、契丹的婚姻、丧葬、自然崇拜与礼仪习俗、岁时节令等礼制或礼俗进行了阐述。史金波《西夏社会》中第二十二章礼仪风俗专论西夏礼制，另外在第十三章宗教信仰、第十五章服饰、第十八章婚姻、第二十一章丧葬、均有相关礼制内容。这是有关西夏礼制论述内容最为丰富的著作。《中国历史》第9册是宋德金撰写的《金史》④，其中第二十六章服饰中"服饰制度"、第二十九章婚姻中有"婚姻制度"、第三十章丧葬涉及葬法、葬俗、祭祀、帝王陵寝与宗庙，这是目前所见断代史金史中比较详细的有关礼制的内容。除此，张国庆、朴忠国《辽代契丹习俗史》⑤，王可宾《女真国俗》⑥，李宇峰、李品清《从考古发现略述阜新及毗邻地区辽代后族的墓仪制度与辽金史研究》⑦均对辽、金有关礼制问题进行过研究。

三、礼乐制度沿革、变迁、礼典修撰等问题的研究

科大卫将北宋到清中叶地方官员推行国家祭礼分为四个阶段，考察了在珠江三角洲地区礼仪演变，讨论了地方社会与国家整合的过程⑧。楼劲从宋初三朝的礼制入手，考察了宋初礼制沿袭五代而损益变化的历程，探讨了宋制取舍和借鉴唐制的形态和路向，指出"宋承唐制"说的内涵和局限⑨。杨建宏提出：北宋前期礼制的政治诉求是确立赵宋王朝的合法性，中期侧重从制度上防范女主专权，确立一代典则，后期贯彻神宗以来的政治改革路线，规范社会秩序⑩。郑庆寰、包伟民从礼仪活动展开的空间为切入点，指出宋代地方官在出迎诏敕过程中，许多场所的诸多仪式规范体现了君主专制政治⑪。王志跃对《宋史·礼志》所载宋代官方礼制的实

① 惠吉兴：《宋代礼学研究》，保定：河北大学出版社，2011年。
② 武玉环：《辽制研究》，长春：吉林大学出版社，2001年。
③ 韩世明：《辽金生活掠影》，沈阳：沈阳出版社，2002年。
④ 宋德金：《中国历史》第9册《金史》，北京：人民出版社，2006年。
⑤ 张国庆、朴忠国：《辽代契丹习俗史》，沈阳：辽宁民族出版社，1997年。
⑥ 王可宾：《女真国俗》，长春：吉林大学出版社，1988年。
⑦ 李宇峰、李品清：《从考古发现略述阜新及毗邻地区辽代后族的墓仪制度与辽金史研究》，北京：中国文化出版社，2003年。
⑧ 科大卫：《国家与礼仪：宋至清中叶珠江三角洲地方社会的国家认同》，《中山大学学报》1999年第5期。
⑨ 楼劲：《宋初礼制沿革及其与唐制的关系——兼论"宋承唐制"说之兴》，《中国史研究》2008年第2期。
⑩ 杨建宏：《礼制背后的政治请诉求解读——以北宋官方礼书制作为中心》，《船山学刊》2009年第1期。
⑪ 郑庆寰、包伟民：《礼仪空间与地方统治——以宋代地方官出迎诏敕为中心》，《浙江社会科学》2012年第11期。

施情况作了考察①。刘晓萍、王国平认为宋代君主集权的越来越强烈，礼制的发展更加凸显"礼法合流"、"礼制下移"的特点，对服饰文化带来了影响②。陈怀宇从礼法、礼制与礼仪角度研究了唐宋时期的圣节产生与演变情况③。郭声波详细考察了宋代历次明堂大礼五使④。李克华等人研究了宋代外交礼仪活动的经费申请、使用、监督诸问题⑤。唐春生认为两宋时期翰林学士撰写郊庙和明堂乐章、撰写乐律、充任礼职、详定仪注等方面阐明他们对礼乐文化多有贡献⑥。邱源媛认为宋朝君臣对雅乐制作进行过六次改制，甚为重视，但出发点是"复古"、"正雅"，忽略了真正的音乐艺术性⑦。吕肖焕指出：宋代内外制虽说涉及朝廷各种政治要务，但其政治功能要通过礼仪化表达才能实现，以至有时礼仪功能甚至高于其政治功能。内外制作为公文，除实用功能外，又因其承载礼仪功能、文化意蕴，当时人十分重视其文饰化、审美性，以至于审美性常超过实用性能；加上学士舍人强烈的政治主体意识，使内外制充满了个性化色彩，使其成为与今人公文理念完全不同的美文，无疑颠覆了今人的公文观念⑧。有两篇论文分别研究礼制与茶的关系⑨。

有学者注意到两宋时期的礼典修撰和修礼机构。雷博对神宗熙宁时期修撰的《南郊式》进行过研究，认为它作为"敕令格式"之一种，其性质介于法令和礼典之间，具有可操作的规范性与实效性，为后来的礼文变革提供了基础。神宗礼文变革的整体思路既包含"回复三代制度"的理想，也从政治实践出发综合考虑礼文沿革与现实可操作性，体现出较为鲜明的时代特征⑩。柏晶晶等人指出《政和五礼新仪》具有划时代的意义，打破了"礼不下庶人"的礼典传统，堪称古代官修礼典的典范。该书编撰过程和礼文内容充满了礼仪教化的社会功能，反映了宋徽宗的个人思想。由于礼文内容不适合当时的民间社会，影响了礼书在各州县的推行⑪。王凤对宋代修礼机构进行了研究，认为宋代皇帝通过建立不同名目的修礼机构，编撰礼文，将自己意志渗透到国家字礼典和仪注中，以此强化皇权⑫。

① 王志跃：《宋代官方礼制实施情况考述——以〈宋史·礼志〉为中心》，《船山学刊》2011 年第 2 期。
② 刘晓萍、王国平：《宋朝礼制发展变革对服饰文化的影响》，《求索》2013 年第 10 期。
③ 陈怀宇：《礼法、礼制与礼仪：唐宋之际圣节成立史论》，《唐史论丛》，西安：三秦出版社，2011 年。
④ 郭声波：《宋大礼五使系年》，《宋代文化研究》（第三辑），成都：四川大学出版社，1993 年。
⑤ 李克华、崇庆：《宋代外交礼仪活动的经费保障》，《阴山学刊》2013 年第 1 期。
⑥ 唐春生：《宋代翰林学士与礼乐文化》，《重庆师范大学学报》2008 年第 5 期。
⑦ 邱源媛：《宋代宫廷雅乐的复古之风》，《故宫博物院院刊》2013 年第 3 期。
⑧ 吕肖焕：《论宋代内外制的礼仪功能与审美性能》，《江海学刊》2013 年第 4 期。
⑨ （韩）吴元敬：《宋代聘礼与茶》，《宋史研究论丛》（第 9 辑），保定：河北大学出版社，2008 年；沈鲁：《宋代礼仪制度中的茶研究——以解读〈宋史·礼志〉中的茶内容为核心》，《茶叶通讯》2011 年第 4 期。
⑩ 雷博：《北宋神宗朝熙宁时期的礼文建设考论》，《青岛科技大学学报》2013 年第 2 期。
⑪ 柏晶晶、王凤：《〈政和五礼新仪〉探析》，《重庆交通大学学报》，2013 年第 6 期。
⑫ 王凤：《宋代修礼机构研究》，《河北科技师范学院学报》2013 年第 1 期。

四、郊祀、封禅、太庙、濮议等相关问题的研究

改革开放之后，日本学者山内宏一首先在大陆发表了有关北宋的郊祀制度研究的论文①。此后，杨倩描对宋代郊祀进行了研究，认为其形式以唐代为骨架而兼摭前代某些礼仪，内容则沿袭五代；常祀地位下降，亲祀地位上升。亲祀中的宗教活动，如祭天地等仅作形式而存在，原为次要的政治附加，如赦免等却成为主要内容②。朱溢则连续撰文论述了郊祀主神位变化、祭祀等级变迁、皇帝亲祀等问题③，其撰文视野较为开阔、论证常有独到之处。研究祭祀的学者还有杨高凡、吴铮强、王志跃等人④。

有关太庙研究的论文，较早者有李衡眉、唐俊杰等人⑤。李衡眉认为宋代典章制度上承盛唐，下启明清，灿然可观。李氏对宋代兄弟相继为君的昭穆异同、宗庙中谁为始祖、昭穆位次变化、昭穆尊卑四个问题提出了自己见解。张焕君认为太庙祭祀在古代中国有着极为重要的作用。太庙祭祀体系中始祖地位最高，然宋代百余年间为此聚讼不断，直到熙宁五年确定僖祖为始祖，但未被群臣普遍接受。南渡之后又聚讼不已，恢复太祖的始祖地位成为焦点，直到绍熙五年才最终实现。张氏认为这个礼学问题曲折变化，具有广泛的意义⑥。郭善兵对宋儒有关"天子七庙"、"四时祭"、"禘"、"祫"礼制问题的学说进行了分析，指出宋儒或遵循汉代郑玄、三国魏王肃、唐赵匡有关学说；或在遵循上述儒者学说的基础上，又有所补充、完善；或依据自己对经典文义的理解，别出心裁，另创新见，将中国古代经典诠释学推向一个新的高度⑦。朱溢先后撰文论述了唐宋时期太庙庙数与禘祫礼仪的变迁⑧。凌郁之对南宋洪迈与杨万里等人之间的高庙配享人选争论进行了梳理，涉及了宋代

① 山内宏一：《北宋时期的郊祀制度》，《大庆师专学报》1986年第1期。
② 杨倩描：《宋代郊祀制度初探》，《世界宗教研究》1988年第4期。
③ 朱溢：《从郊丘之争到天地分合之争——唐至北宋时期郊祀主神位的变化》，《汉学研究》（台）2009年第2期；《唐至北宋时期的大祀、中祀和小祀》，《清华学报》（台）2009年第2期；《唐至北宋时期的皇帝亲郊》，《国立政治大学历史学报》（台）2010年第11期。
④ 杨高凡：《宋代祭天礼中三岁一亲郊制探析》，《求是学刊》2011年第6期；吴铮强、杜正贞：《北宋南郊神位变革与玉皇祀典的构建》《历史研究》2011年第5期；王志跃：《唐宋祭礼变化及实施考论》，《广西社会科学》2011年第9期。
⑤ 李衡眉：《宋代宗庙中的昭穆制度问题》，《河南大学学报》1994年第4期。收入氏著《先秦史论集》，济南：齐鲁书社1999年；唐俊杰：《南宋太庙研究》，《文博》1999年第5期。
⑥ 张焕君：《宋体太庙中的始祖之争——以绍熙一年为中心》，《中国文化研究》2006年第2期。
⑦ 郭善兵：《略述宋儒对周天子宗庙礼制的诠释——以宗庙庙数、祭祀礼制为考察中心、》，《东方论坛（青岛大学学报）》2006年第5期。
⑧ 朱溢：《唐宋时期太庙庙数的变迁》，《中华文史论丛》2010年第2期；《唐至北宋时期的太庙禘祫礼仪》，《复旦学报》2012年第1期。

重要官员薨卒后的配享制度①。与庙祭制度相关的御容奉祀礼仪也有学者注意到了。刘兴亮指出：奉安、祭祀御容是宋代国家一项重要的礼仪活动，国家对御容绘制、奉安地点、奉安程序、日常祭祀规格、等级都做了严格的规定。作者进一步分析了御容奉安与祭祀的政治功能②。

有关濮议之争问题有数篇论文。王才中认为濮议之争是关系到北宋皇朝的纲纪礼法，关系到政治局势的安危，是与北宋统治阶级长远利益相关的重大事件。作者分析了司马光在此争论中的基本观点③。丁功谊则分析了濮议之争中的欧阳修，指出欧阳修过于强调人情的普遍性，忽视了《仪礼·丧服》的宗法精神，以及英宗继承帝统的特殊性。欧阳修以强硬的态度，向太后进呈《奏慈寿宫札子》，促使其转变立场。虽然欧阳修最终获胜，但濮议之争给他带来极大的道德压力④。另外，夏东平、袁晓阳、郭艳丽等人从不同角度进行了研究⑤。

五、宋代家族祭祀、家庙等研究

王善军认为：古代中国普遍的宗教是家族社会之宗教，宋代是宗族组织的奠基阶段，在宗族祭祀方面形成并确立了新体系。主要表现是：重在始迁祖以下的历代祖先、以祠祭和墓祭为主、核心是祖先崇拜。祖先崇拜决定宗族祭祀，宗族祭祀又加强了祖先崇拜观念，宗族祭祀具有收族功能，强化了族权⑥。游彪指出：宋代是中国古代新型宗族体系得以确立的最重要时期，中国基层社会组织从此出现了根本性的转变。唐宋社会经济出现巨大变化，为适应这一社会环境，宋代出现了新型宗族组织理论，提出了很多切实可行而又具有规范意义的模式，并逐渐获得民间的认同，使祠堂等设施得以普遍化，祠堂成为民间极其普遍的家族活动场所⑦。庆历元年、皇祐二年和大观四年对家庙制度进行过讨论，杨建宏认为庆历元年的讨论揭开了家庙建设之序幕，但没制订出可行的文本，后两次讨论形成两个文本，宋政府依此进行过实际操作，宋代的确恢复了家庙制度⑧。赵旭、刘雅萍也对家庙制

---

① 凌郁之：《南宋高庙配享之争考实》，《苏州铁道师范学院学报》2001年第4期。
② 刘兴亮：《论宋代的御容及奉祀制度》，《历史教学》2012年第3期。
③ 王才中：《司马光与濮议》，《晋阳学刊》1988年第5期。
④ 丁功谊：《人情与礼制的冲突——濮议中的欧阳修》，《宁夏社会科学》2013年第3期。
⑤ 夏东平：《从濮议之争看宋朝的重文轻武政策》，《历史学习》2005年第3期；袁晓阳：《略论北宋英宗时代的濮议之争》，《濮阳职业技术学院学报》2010年第4期；郭艳丽：《从濮议之争看北宋对传统礼制的承传与变通》，《绵阳师范学院学报》2012年第9期。
⑥ 王善军：《宋代的宗族祭祀和祖先崇拜》，《世界宗教研究》1999年第3期。
⑦ 游彪：《宋代的宗族祠堂、祭祀及其它》，《安徽师范大学学报》2006年第3期。
⑧ 杨建宏：《宋代家庙制度文本与运作考论》，《求索》2005年第11期。

度作过探研①。魏峰研究了地方先贤祭祀问题，认为宋代先贤祠与明代乡贤祠在选择祭祀对象时的标准不同，说明宋明两代由于科举制度的变化，地方社会势力的成熟程度有很大差异②。

六、礼制下移、地方教化、礼制与礼俗关系、淫祀研究

王美华对唐宋时期礼制下移、地方教化问题的研究取得较多成果。她指出：唐宋时期，官方礼制中庶民礼仪逐步得到注重，官方礼制的庶民化倾向出现。这种倾向是唐宋礼制体系逐步完善的结果，也是唐宋礼制下移的表现。在这一过程中，朝廷的社会控制力逐步深入到社会的各个层面③。地方官教化职能的规范和朝廷的强调和敦促，促使地方官的教化行为全面展开。地方官的教化措施逐步接近百姓生活，官员品级逐步降低，地方官主动性明显提高。社会风俗的移易取得了明显的进步，边州外郡尤其是南方地区的文明程度不断提高，开始被中原文化认同和接纳④。唐宋时期礼法合流、以法入礼、违礼即罚。在司法审判层面上，唐宋君主"伸礼屈法"的审判模式渐趋稳定，地方官则持"教化为先"、"惩恶本欲人惧"的态度，反映了礼法威慑在基层社会的延伸和扩展⑤。她强调：唐宋时期，通过地方官社会教化活动的不断展开，官方礼制推向民间，逐步实现了礼制的下移，朝廷的统治力量也下延到基层社会民众之间⑥。礼制下移与各地礼俗有相当大的关系，杨志刚、李书有、范荧等人对此作了研究⑦。

宋代礼制对地方祠庙祭祀有严格规定，然而地方民间祠庙祭祀并非严格遵循国家礼制规定。对此，一些学者进行了探研。孔妮妮认为南宋后期理学迅速向国家化和世俗化迈进，对祠庙体系进行重新审视并有效掌控，是理学官员面临的重要课题。他们在重视民生、民俗、民愿的前提下，以务实的态度对旧有祠庙体系进行柔性掌控，通过保障民生与引导民俗的方式，建构能稳定发展的祠庙体系，使化民成俗的社会理想深入民间⑧。冯大北认为宋代封神活动盛行是地方社会及其信仰

---

① 赵旭：《唐宋时期私家祖考祭祀礼制考论》，《中国史研究》2008 年第 3 期；刘雅萍：《宋代家庙制度考略》，《兰州大学学报》2009 年第 1 期。

② 魏峰：《从先贤祠到乡贤祠——从先贤祭祀看宋明地方认同》，《浙江社会科学》2008 年第 9 期。

③ 王美华：《官方礼制的庶民化倾向与唐宋礼制下移》，《济南大学学报》2006 年第 1 期。

④ 王美华：《唐宋时期地方官教化职能的规范与社会风俗的移易》，《社会科学辑刊》2006 年第 3 期。

⑤ 王美华：《礼法合流与唐宋礼制的推行》，《社会科学辑刊》2008 年第 4 期。

⑥ 王美华：《地方官社会教化实践与唐宋时期的礼制下移》，《辽宁大学学报》2010 年第 3 期。

⑦ 杨志刚：《宋代礼俗与文化略论》，《宋代思想和中华文明》，上海：学林出版社，1995 年；李书有：《儒家礼乐思想与中华礼仪文明》，《宋代思想和中华文明》，上海：学林出版社，1995 年；范荧：《试论宋代社会中的礼俗矛盾》，《民俗研究》1996 年第 2 期，收入《徐规教授九十华诞纪念文集》，杭州：浙江大学出版社，2009 年。

⑧ 孔妮妮：《论南宋后期理学官员对祠庙体系的再认识》，《历史教学》2012 年第 3 期。

文化兴起的结果,与统治者的支持也分不开。封神是神道设教的产物,以祈、报为双重目的,既把它看成是对神祇灵应的回报,又作为获取更多感应的一种激励性手段。封神审批手续复杂和繁琐,所封神既有祀典内神,也有大量非祀典之神,它是官方确定正祀的重要途径之一①。

民间祭祀繁杂且混乱,有不少祭祀违反国家礼制规定,史书记载宋政府也对此进行过清理与处罚。在这一方面,既有综合性研究,也有专题性研究,确实有所突破。刘黎明指出:宋代民间淫祠泛滥成灾,成为一种严重的社会公害。民间淫祠泛滥与民间巫风盛行有互为因果的关系,与商业活动兴盛相关联的地方性俗神迅速增多有关,国家对外软弱无力而使得民众寄希望于神灵。两宋政权为了维持社会的稳定,持续对民间淫祠的打击,但无法最终杜绝它们②。杨建宏认为:淫祠指不在国家祀典中、不在国家权力控制范围内的神灵祭祀。宋代基层社会淫祠流行,有些具有黑社会性质,迫使地方官员对之屈服,与国家政权争夺地方控制。宋政府一方面加大了打击淫祠力度,在某些不得已的情况下也承认淫祠的地位③。梁聪从法律层面研究了两宋政府对民间祠祀的控制问题,认为两宋政府对民间祠祀的法律控制,一是通过编修祀典及神祇位阶赐额加封制度将部分民间祠祀合法化,纳入官方祀典体系;二是不断针对祭祀对象、祭祀行为和祭祀组织,颁行禁令,取缔禁止"淫祠淫祀"④。皮庆生对宋人的正祀、淫祀观作过研究,指出在大部分宋人心中,正祀与淫祀之间存在一个广阔的"中间地带",这与学界将正、淫祀对立二分的观点有很大不同⑤。郑丽航从朝廷赐额封号、祀典等级、祭祀规格三方面分别论述了妈祖在宋至清代国家祭祀体系中的发展进行了研究,指出妈祖于北宋宣和五年已纳入国家祭祀体系,并进入部分地方祀典。祭祀规格属元代最高,其他时期的朝廷祭祀大都以少牢祭。作为一民间神祇,妈祖在宋、元、明、清各朝国家祭祀体系中享有殊荣⑥。郑衡泌从地理空间分布、扩散态势、与不同信仰人群的关联等方面对宋代妈祖信仰传播作了分析,认为民间信仰的传播和扩散途径是从较低的社会阶层逐步向较高的社会阶层扩散,不同信仰人群有不同行为方式和活动空间特征,并形成不同的地理空间分布特征。宋代妈祖信仰在渔民、海员海商和地方士绅官员中传播,地域逐步扩展,信仰人群逐步扩散、信仰等级也逐步增多。不同的传播类

---

① 冯大北:《宋代封神制度考述》,《世界宗教研究》2011 年第 5 期。

② 刘黎明:《论宋代民间淫祠》,《四川大学学报》2004 年第 5 期。

③ 杨建宏:《略论宋代淫祀政策》,《贵族社会科学》2005 年第 3 期。

④ 梁聪:《两宋时期民间祠祀的法律控制》,《重庆师范大学学报》2005 年第 6 期。

⑤ 皮庆生:《宋人的正祀、淫祀观》,《东岳论丛》2005 年第 4 期。

⑥ 郑丽航:《宋至清代国家祭祀体系中的妈祖综考》,《世界宗教研究》2010 年第 2 期。

型与分布态势与各人群活动地域和行为方式密切相关①。

此外李玉昆、陈达生、汪志良分别研究祈风、祭海问题②,陆敏珍研究了唐宋变革与民间地方神祇如何演变、确立问题③,张朝霞等对屏南四平戏中祭神礼仪传播线路、仪式、功能进行了研究④。

七、对具体礼仪的研究

这方面研究主要集中在婚礼、丧礼方面。婚礼研究论文,方建新认为两宋的婚姻礼仪大都由纳采、纳币、亲迎三个过程组成,每一过程又有很多具体仪式⑤。朱瑞熙则根据司马光《书仪》以及《政和五礼新仪》,宋代的婚仪有纳采、问名、纳吉、纳币、请期、亲迎六礼,妇见祖祢和舅姑,婿见妇之父母⑥。张邦炜著文研究宋代婚姻制度的特色,认为当时婚姻制度具有禁止族际婚、提倡中表婚、反对异辈婚、废止收继婚四大特色⑦。吕友仁则认为宋代婚礼礼仪随时而异,不是一成不变的⑧。刘迎春则专门研究了北宋东京的婚俗,涉及婚姻观念的更新、程序的简化、婚俗礼仪的变化,以及解除婚约、改嫁等问题⑨。郝美田专门研讨东京婚程礼仪⑩。邓莉丽等研究了宋代城市婚嫁与金银饰品盛行的关系,认为具有城市商品经济发达,庶民生活富裕的时代特征⑪。相对比较综合性的研究有吴宝琪《试析宋代育婚丧俗的成因》⑫,对人从生到死的礼俗进行了论述。

丧礼研究方面成果颇多。著述方面论及者,朱瑞熙、张邦炜等《辽宋西夏金社会生活史》第十一章对当时丧葬禁忌、习俗、火葬三方面进行了介绍⑬。徐吉军《中国丧葬史》第七章"宋元时期的丧葬",对宋元时期的丧葬观、宋代盛行火葬及其原

① 郑衡泌:《宋代妈祖信仰传播的地理过程及其推力分析》,《地理科学》2010 年第 2 期。
② 李玉昆:《试论宋元时期的祈风与祭海》,《海交史研究》1983 年第 5 期;陈达生:《宋元时期泉州穆斯林祈风祭海之踪迹》,《海交史研究》1986 年第 1 期;汪志良:《〈剑南诗稿〉中的绍兴祭神风俗》,《陆游论集》,杭州:杭州大学出版社,1993 年。
③ 陆敏珍:《从宋人胡则的神化看民间地方神祇的确立》,《浙江社会科学》2003 年第 6 期
④ 张朝霞、章军华:《屏南四平戏神祭礼述源》,《江西师范大学学报》2007 年第 5 期。
⑤ 方建新:《宋代婚姻礼俗考述》,《文史》24 辑,北京:中华书局,1985 年。
⑥ 朱瑞熙:《宋代的婚姻礼仪》,《文史知识》1988 年第 12 期。
⑦ 张邦炜:《宋代婚姻制度的种种特色》,《社会科学研究》1989 年第 3 期,收入氏著《宋代婚姻家族史论》第二章,北京:人民出版社,2003 年。
⑧ 吕友仁:《宋代婚礼概述》,《殷都学刊》1991 年第 4 期。
⑨ 刘春迎:《试论北宋东京婚俗的几个特点》,《河南大学学报》1997 年第 2 期。
⑩ 郝美田:《北宋东京的婚程礼仪》,《华夏文化》1999 年第 3 期。
⑪ 邓莉丽、顾平:《金银饰品与宋代城市婚嫁礼俗》,《民族艺术》2012 年第 4 期。
⑫ 吴宝琪:《试析宋代育婚丧俗的成因》,《北京师范大学学报》1989 年第 5 期。
⑬ 朱瑞熙、张邦炜等:《辽宋西夏金社会生活史》,北京:中国社会科学出版社,1998 年。

因、宋代盛行厚葬和宋代流行的相墓术进行了研究①。丁凌华《中国丧服制度史》对宋代官员守丧有比较简单研讨②。张剑光《入土为安：图说中国古代丧葬文化》第十五至十八章，研究了薄葬风气、丧葬陋习、火葬和佛事习俗、宋陵的风水等问题③。游彪《宋代荫补制度研究》第六章、第十一章也分别讨论了宋代遗表荫补制度、殁于王事的荫补制度进行了研究，涉及礼制问题④。吴怀祺《中国文化通史》（两宋卷）第十二章"宋代社会时尚"也有宋代"丧葬礼俗"⑤。规模最大者当属吴丽娱《终极之典：中古丧葬制度研究》，该书研讨中古丧葬制度，虽以唐代为主，但也涉及不少宋代相关内容⑥。吴丽娱《敦煌书仪与礼法》对书仪与礼法关系作了比较深入的研究，是书仍侧重在唐代，但上承魏晋、下及两宋，着力探索礼仪之变化，以阐释唐宋时期礼制庶民化趋势⑦。

　　论文方面，邓小南较早地研究了出殡前的堂祭⑧。徐吉军撰文认为宋代风行厚葬，以帝王丧事最为突出⑨。朱瑞熙则持相反意见，认为"从宋文献记载及文物发掘来看，薄葬已成为宋代的风气"。他认为宋代丧葬包括丧和葬两个方面，在社会经济和科学技术发展的基础上，受到佛教、道教和民间其他迷信习俗的严重影响，又受到正在形成体系中的理学以及周邻少数民族的影响，与前代有很多不同。他还对宋代丧葬中"击钟"习俗进行了初步解读⑩。张邦炜将宋代盛行避回煞、看风水、做道场等丧葬陋俗，并对其产生原因进行了剖析⑪。秦大树从墓葬等级制度和丧葬观念的角度，将宋代与唐代丧葬制度进行对比，探讨了唐宋之间的变化⑫。游彪指出，丧礼就是中国最为隆重的礼仪之一，宋代也不例外。宋代士大夫提倡规范的丧葬礼节，他们在继承总结先秦以来儒家的丧葬制度与理念的前提下，也依据宋代社会的实际状况加以改进完善。这些礼仪很大程度上得到了统治者的认可，有些甚至成为朝廷颁布的政策或法规。但"礼法"未必完全符合两宋社会现实，因

① 徐吉军：《中国丧葬史》，南昌：江西高校出版社，1998年。徐吉军、方建新：《中国风俗通史》（宋代卷）第八章"丧葬风俗"与此基本一致，上海：上海文艺出版社，2001年。
② 丁凌华：《中国丧服制度史》，上海：上海人民出版社，2001年。
③ 张剑光：《入土为安：图说中国古代丧葬文化》，扬州：广陵书社2004年。
④ 游彪：《宋代荫补制度研究》，北京：中国社会科学出版社，2001年。游彪、尚衍斌、吴晓亮：《中国民俗史》（宋辽金元卷）第四章有"丧葬民俗"，涉及宋人的丧礼和葬礼，北京：人民出版社，2008年。
⑤ 吴怀祺：《中国文化通史》（两宋卷），北京：北京师范大学出版社，2009年。
⑥ 吴丽娱：《终极之典：中古丧葬制度研究》，北京：中华书局，2012年。
⑦ 吴丽娱：《敦煌书仪与礼法》，兰州：甘肃教育出版社，2013年。
⑧ 邓小南：《略谈宋代的堂祭》，《史学月刊》1990年第4期。
⑨ 徐吉军：《论宋代厚葬》，《浙江学刊》1992年第6期。
⑩ 朱瑞熙：《宋代的丧葬习俗》，《学术月刊》1997年第2期。
⑪ 张邦炜：《两宋时期的丧葬陋俗》，《四川师范大学学报》1997年第3期。
⑫ 秦大树：《宋代丧葬习俗的变革及其体现的社会意义》，《唐研究》（第11卷），北京：北京大学出版社，2005年。

而民间丧葬之"俗"便成为庶民百姓约定俗成的惯例,二者之间既有矛盾,也相互协调共存,这是宋代丧葬民俗的总体特征①。杨建宏认为宋代政府规范民间丧葬与祭祀礼仪,有明确的等级规定,以此确立民间精英及大家族的地方权力场域,形成地方社会整合的核心权力,而宋代民间大家族则通过家族墓祭与祠祭礼,团结家族成员,建构族长权力,加强对宗族成员控制②。吴敬认为宋代治丧行为"厚"而随葬之物"薄"的丧葬习俗,并对产生这种"厚丧薄葬"特色的原因进行了分析,认为这是宋代政策和社会等多种原因导致的,也是中国古代礼制发展到一定阶段的表现形式之一③。吴丽娱除前述《终极之典:中古丧葬制度研究》一书研究了丧制外,还发表过一系列专题论文④,如对唐宋时期诏葬与敕葬,认为汉代以降诏葬作为皇帝对亲贵大臣丧葬所特有的饰荣之典,是一种特殊的礼仪制度,但作为按照一定官品等级实行的制度始见于唐初功臣陪陵制度。宋代大多将诏葬改称为敕葬,推广到三品之外,并且不止于京官,但敕葬分有等级⑤。她还对举哀成服等问题进行了研究⑥,其成果受到广泛关注。王铭考察了唐宋丧葬卤簿、车舆仪制的具体特征及其演变,认为唐宋葬礼带有强烈的趋吉意味,成为一种炫耀权势地位和财富的现象⑦。郭文佳对宋代官员优恤进行了论述,涉及天子临丧、遣使视丧、恩荫子孙、辍朝、赠谥、赐赙等等礼仪,认为朝廷优恤举措既是对官员一生活动的肯定,又是对官员后事给以保障的一种形式⑧。另外,郝怡研究了宋代火葬盛行的原因⑨,龙晓添研究了丧礼中的女性⑩。

八、礼制与佛道两教关系

礼制与道教关系中最引人注目者是真宗封禅问题,学者们的见解各有不同。封禅始于汉武帝,后世真正沿袭者并不多,在宋代,真宗却举行过封禅大典,且与道教密切关系。丁庆运较早考订泰山封禅过程及其遗迹⑪,其后,汤其领撰文指出,北宋初年太祖、太宗推宠道教,真宗为了洗刷澶渊之盟的耻辱,采纳王钦若的建议,

---

① 游彪:《"礼""俗"之际——宋代丧葬礼俗及其特征》,《云南社会科学》2005 年第 1 期。
② 杨建宏:《论宋代民间丧葬、祭祀礼仪与基层社会控制》,《长沙大学学报》2006 年第 4 期。
③ 吴敬:《宋代厚丧薄葬和葬期过长的考古学考察》,《贵州社会科学》2010 年第 8 期。
④ 具体可参见吴丽娱《敦煌书仪与礼法》"参考文献"部分。
⑤ 吴丽娱:《唐宋时代的诏葬与敕葬》,《中国社会科学院报》2006 年 11 月 28 日第 3 版。
⑥ 吴丽娱:《葬礼的炫耀——关于天圣〈丧葬令〉的启迪》,《文史知识》,2007 年第 3 期;《说说"举哀成服"与"举哀挂服"》,《文史知识》,2007 年第 6 期。
⑦ 王铭:《辇舆与威仪:唐宋葬礼车舆仪制的等级性与世俗化》,《民俗研究》2013 年第 5 期。
⑧ 郭文佳:《宋代官员优恤述论》,《求索》,2005 年第 6 期。
⑨ 郝怡:《宋代丧礼中火葬盛行的原因分析》,《黑龙江史志》2013 年第 23 期。
⑩ 龙晓添:《丧礼中的女性——以〈仪礼〉〈朱子家礼〉记述为例》,《广西师范大学学报》2013 年第 2 期。
⑪ 丁庆运:《宋真宗泰山封禅及其遗迹》,《泰安师专学报》1987 年第 1 期。

东封泰山,西祀汾阴,在全国掀起拜神、造神运动,使宋代道教更为兴盛①。葛剑雄撰文介绍封禅背景、过程,认为此次封禅是一场闹剧②。何立平则反对滌耻说,认为真宗东封西祀在于整合礼制和调适政治秩序、强化意识形态和构建精神信仰③。胡小伟从北宋与契丹的文化竞争角度来分析真宗封禅,认为宋朝最终弱化了契丹文化正统的心理及武力统一的意愿,达到了自己的战略目的;保持了中华文化对于北方地区的影响,复经辽、金、元三代经营,以北京为中心的格局终于融合南北多个民族,从根本上改变了中国政治文化版图。从大历史视野看,对于整个中华民族而言,仍然是一个双赢的结局④。徐威明、仝晰纲、张其凡等人也作过研究⑤。

　　宋代道教、佛道与礼制关系问题也有一些论文。汪圣铎对宋代道教作了分析,尤其对景灵宫、天庆观及其中的神御殿问题作了较为深入的研讨⑥。吴羽对宋代太一宫中的十神太一作了比较深入的研究,认为它不同于汉唐道教经典中的太一、汉代国家祭祀中的太一、晋南朝梁两宋国家郊祀神位中的太一、唐宋时代的九宫贵神。十神太一信仰始于晚唐五代,与当时诸割据势力和地区的地方主体意识紧密相联。宋初祭祀十神太一是要消弭晚唐以降的地方主体意识,是宋初重建国家认同和社会秩序的一项政治措施。宋代国家祭祀系对十神太一进行了道教化,但在太一宫里举行的礼仪中,道教仪式和道士不占主导地位⑦。王志跃从国家礼制与道教兴盛的关系切入,对宋代道教进行分析,指出了道教对礼制的危害⑧。唐代剑数文主要从道教角度来研讨,较少涉及礼制问题⑨。

　　汪圣铎研究了宋代礼制与佛教的关系,认为宋朝帝王对佛教既非尊崇亦非排斥。宋代重文轻武代,儒学迅猛发展。撰史者大都是受道学、理学影响很深,对国

①　汤其领:《涤耻封禅与北宋道教的兴盛》,《河南大学学报》1995年第3期。
②　葛剑雄:《十一世纪初的天书封禅运动》,《读书》1995年第11期。
③　何立平:《宋真宗东封西祀略论》,《学术月刊》2005年第2期。
④　胡小伟:《"天书降神"新议——北宋与契丹的文化竞争》,《西北民族研究》2003年第1期。
⑤　徐威明:《宋代的封禅泰山仪式》,《民俗》1990年第3期;仝晰纲、迟少丽:《宋真宗东封西祀浅论》,《山东师大学报》1994年第6期;张其凡:《宋真宗"天书封祀"闹剧之剖析》,《历史文献与传统文化》第四辑,广州:广东人民出版社,1994年。
⑥　汪圣铎:《宋朝礼与道教》,《学术月刊》1990年第5期,收入氏著《宋朝社会生活研究》,北京:人民出版社,2007年。
⑦　吴羽:《宋代太一宫及其礼仪——兼论十神太一信仰与晚唐至宋的政治、社会变迁》,《中国史研究》2011年第3期。
⑧　王志跃:《宋代国家、礼制与道教的互动考论——以〈宋史·礼志〉为中心的考察》,《殷都学刊》2012年第2期;《宋代国家、礼制与道教的互动考论》,《世界宗教文化》2012年第3期。
⑨　唐代剑:《北宋神霄宫及其威仪钩稽》,《中国道教》1994年第3期;《宋代道冠紫衣、师号制度》,《宗教学研究》1997年第1期;《宋代道冠披戴制度》,《宗教学研究》1998年第3期。

家活动中与佛教相关的事物取轻视、回避或掩饰的态度①。此外,王元林等研究了民间俗神泰山玉女发展成为国家祭祀中的灵碧霞元君,涉及了道教与礼制的关系②。

九、两宋礼学思想研究

最早注意到宋代礼学思想的是台湾的钱穆先生③,大陆学者大致从上世纪 80 年代后开始对宋代礼学思想进行研究。此下以专题展开介绍。

姜国柱最早注意到李觏的礼学思想,但由于时代关系,论文仍用唯物、唯心两分法来加以研究④。赖井洋认为李觏的礼论是对荀子学说的延续和引申,但又比荀子的研究探讨深入广泛得多⑤。陈大勇指出:治国方略是李觏政治思想的重要内容,社会规范又是治国方略中的核心内容。在李觏的治国方略中,"礼""法"是两个基本范畴,而李觏关于"礼""法"的理论与现代社会综合治理中的软规范和硬规范的基本内容是一致的⑥。赵军政等人比较了李觏与荀子的礼论,认为两者在"礼"的起源、作用、行为价值取向等方面有诸多的关系⑦。郭树森等人则对李觏"礼乐观"与孔子的关系进行了剖析,认为李觏"礼乐观"承续了孔子的传统,又大异其趣,尤其是李氏重内外之统一、倡礼乐之实用、顺人情之自然的主张,以及重视通变疏达、人事功利、礼乐教化等思想,都可归之于极具实用精神的"礼统观"。李觏的观点对宋代儒学与明清实学产生了较大的影响⑧。朱人求指出:李觏在承接传统的基础上,进一步凸现"礼"的价值与意义,乐、刑、政是礼的外在规范,仁、义、智、信则是礼的内在精神。李觏论"法",主要发挥礼的"规范于人"的功能,提出"一致于法"、"王法必本于农"、"刑罚世轻世重"等法律思想,把我国礼法合流的思想向前推进了一步⑨。除此,夏微、焦秀萍等人也对李觏的礼学思想进行了研究⑩。王启

---

① 汪圣铎:《宋朝礼与佛教》,《学术月刊》1990 年第 5 期,收入氏著《宋朝社会生活研究》,北京:人民出版社,2007 年。

② 王元林、孟昭锋:《论碧霞元君信仰扩展与道教、国家祭祀的关系》,《世界宗教研究》2010 年第 1 期。

③ 钱穆:《朱子之礼学》,原台湾三民书局 1971 年出版,1982 年再版;大陆出版则有成都巴蜀书社 1986 年本。该书涉及朱熹考证礼制沿革、具体礼仪、礼学主张、议祧庙、论乐、修礼书、《家礼》诸方面,然以考证为主,归纳较少。

④ 姜国柱:《李觏的"礼论"思想》,《江汉论坛》1983 年第 6 期。

⑤ 赖井洋:《略论李觏对荀子〈礼论〉的继承与发展》,《韶关大学学报》1999 年第 6 期。

⑥ 陈大勇:《"礼""法"并举——李觏治国方略再探》,《抚州师专学报》2000 年第 1 期。

⑦ 赵军政、张斌、赖井洋:《李觏与荀子礼论的异同》,《汉中师范学院学报》2000 年第 1 期。

⑧ 郭树森、赖功欧:《李觏礼乐观辨析》,《江西社会科学》2002 年第 10 期。

⑨ 朱人求:《李觏的礼法观》,《孔子研究》2007 年第 6 期。

⑩ 夏微:《李觏〈周礼〉学述论》,《史学月刊》2008 年第 5 期、焦秀萍:《李觏的"礼顺人情"论——兼与胡瑗反人情论的比较》,《兰州学刊》2008 年第 5 期。

发则从《内治》篇出发对李觏有关婚姻伦理进行了探索,指出从传统儒家"齐家"思想出发,结合历史上成败得失的经验与教训,阐明和发挥"欲治其国者,先齐其家"和"家不齐则国不治"之道理的思想倾向,也可见李觏对礼学经典诠释的别样风格①。

张载礼学思想也是研究热门。殷慧等人认为北宋礼学思想呈现出两条鲜明的路径。李觏、王安石尝试以《周礼》为资源,寻求一条趋向礼学制度建设的富民强国之路;以张载、二程为代表的理学学者倾向于走一条对礼进行道德思索、哲学建构的路径。二重路径都强调礼的重要性,李、王等人持"礼是总名"的观点,张、程则阐发"礼即理"的思想②。杨建宏指出:张载的礼学不同于先秦秦汉的礼学,他把"礼"由形而下之器,发展为形而上之道,以此作为宋代社会与国家秩序重构的哲学依据。张载不仅对礼进行了形上的研究,而且受到其经世思想的影响,曾尝试在民间推行礼制,并在一定范围内改变了民风民俗③。魏涛指出:张载思想中有一个非常重要的方面便是"以礼为教",也是整个关学宗风重要特征的体现。论文还着重探讨张载"以礼为教"思想的形成过程,辨明其源流④。他还对从伦理实践的角度对"以礼为教"思想进行了探索,认为张载通过"上学与下达者两得之"的理论架构方法,将礼真正引入到修养工夫论中,从而解决了"礼论"界长期悬而未解的礼的内外问题与道德理想向世俗伦理的转化问题⑤。杨永亮等人指出张载的哲学体系中有着丰富的"礼"学思想,"以礼为教"和"精思力践"是他把传统"礼"学思想向实学方向转化的主要方式,从而完成了他把礼仪思想融入现实的需要之中,努力地实现着他济世宽民的政治理想⑥。林乐昌对张载礼学思想进行过一系列研究,认为张载礼学是由两套系统构成的:一是关于礼的基本观念和礼学结构功能的学理系统,一是突出礼在教学过程中的作用和意义的实践系统。他还比较深入地研究了张载礼之多重根源和体系定位、礼学结构功能、"以礼为教"的教学主题等礼学主要特征⑦。刘平中也分析了张载礼学体系的结构:认为张载从宇宙本体的角度为礼的

① 王启发:《从宫廷后妃伦理到民间家庭伦理及昏礼的意义——李觏〈周礼致太平论·内治〉析论》,《湖南大学学报》2014 年第 2 期。

② 殷慧、肖永明:《北宋礼学思想发展的二重路径》,《中国宝鸡张载关学与东亚文明学术研讨会论文集》,2007 年。

③ 杨建宏:《论张载的礼学思想及其实践》,《湖南大学学报》2006 年第 2 期。

④ 魏涛:《张载"以礼为教"思想渊源探析》,《西安文理学院学报》2007 年第 1 期。

⑤ 魏涛:《张载"以礼为教"思想体系刍议——在工夫论视角下的考察》,《宝鸡文理学院学报》2006 年第 5 期。

⑥ 杨永亮、巩君慧:《试论张载的礼学思想》,《西藏民族学院学报》2008 年第 2 期。

⑦ 林乐昌:《张载礼学三论》,《唐都学刊》2009 年第 3 期。林氏另有林乐昌《张载礼学论纲》,《哲学研究》2007 年第 12 期;《张横渠礼学思想的基本特征及其对朝鲜曹南冥学派的影响》,《中国哲学史》2007 年第 3 期。

存在寻求理论依据,强调礼源于"太虚"、"天"。张载把人性区分为"天地之性"和"气质之性",提倡克己复礼,主张变化气质,从而永保天地之性。张载主张以礼治国,以礼化俗,从而使社会井然有序,以维护社会秩序的稳定与发展①。李会军则从礼仪教育角度对张载"以礼为教"学说进行了分析,强调张载充分把握了礼的本质规定性,提出"进人之速无如礼"的主张,凸显礼仪教育的必然性和现实紧迫性。其"知礼成性"的个体功夫论,"以礼成俗"的社会功能论对于我们今天的礼仪教育仍然有重要的现实意义②。郝保权也讨论了张载礼学的社会教化功能与现实意义③。

刘丰探讨二程的礼学思想,认为二程从义理之学的角度对理与礼的关系作了深入阐述,认为理与礼的形上形下关系、也是体用的关系、礼即理,他们从哲学本体论上确立了礼的思想基础,从礼学思想发展的角度来看有重要的意义,丰富、发展了儒家礼学思想,同时也是他们理学思想的重要组成部分,是礼学发展史上的一个飞跃。二程的主要观点被朱熹所接受④。

对司马光的礼学思想也有两篇论文,王立军认为司马光的礼学思想在其整个思想体系中占有非常重要的地位,是其史学、政治和哲学思想的最根本的出发点。论文分析和总结了司马光礼学思想的基本特征及其形成原因,认为"重视家礼"和"折中古今"是司马光礼学思想的典型特色⑤。杨建宏也对司马光礼学思想与史学思想、政治思想的关系作了分析,认为司马光以礼学思想为基础广泛地研究历史,评论历史人物,同时以礼学思想为基础,参与北宋的政治实践⑥。

对朱熹礼学思想的研究又是学术界十分关注的课题。李禹阶认为朱熹顺应宋代重建平民化乡村宗法组织的思潮,强调建立平民化的宗族及家族制度,重建新的家族、宗族的礼仪,是"有补治道"的工作。朱熹以为首先应确立"礼"出于天这一重要的道德立法及伦理规则,其次应建设乡村宗族、家族之礼,再次是要重视社会转型期乡村家族、宗族礼仪、规则与国家礼法的一致性与共同性,第四是强调孝、悌、节的礼仪规范,第五是主张由家族伦理向国家、社会伦理扩充,使家族礼仪成为教化民众的工具⑦。安国楼指出:朱熹注重家庭礼仪规范的研究和立制,认为家礼要与时俱进,随着时代发展、民俗风情的变化而改变⑧。罗秉祥认为朱熹《家礼》中祠

---

① 刘平中:《张载礼学体系结构探论》,《江西社会科学》2010年第1期。

② 李会军:《张载"以礼为教"学说的现实意义》,《昭通师范高等专科学校学报》2009年第2期。

③ 郝保权:《论张载礼学的社会教化功能与现实意义》,《西北大学学报》2010年第3期。

④ 刘丰:《论宋代礼学的新发展》,《中国哲学史》2013年第4期。

⑤ 王立军:《试论司马光礼学思想的基本特征》,《唐都学刊》2001年第3期。

⑥ 杨建宏:《略论司马光的礼学思想与实践》,《长沙大学学报》2005年第1期。

⑦ 李禹阶:《朱熹的家族礼仪论与乡村控制思想》,《重庆师范大学学报》2004年第4期。

⑧ 安国楼:《朱熹的礼仪观与〈朱子家礼〉》,《郑州大学学报》2005年第1期。

堂及祖先扮演了非常重要的角色,祭祖只是其表现方式之一而已。朱子编修这本《家礼》,希望能培养人对祖先"爱敬"、"崇爱敬"、有"谨终追远之心"、"报本反始之心",这都可说是一种宗教情怀①。彭林研究了朱熹的礼学观②,黄娜讨论了朱熹礼学的经世倾向③。潘斌则以朱熹《礼记》研究作了探讨④,殷慧等人研究了朱熹的《周礼》学思想与祧庙之议⑤,孙显军研究了朱熹对《大戴礼记》的研究⑥,余瑞霞研究了朱熹的《仪礼经传通解》⑦,叶纯芳讨论了朱熹、黄榦及杨复祭礼学的形成⑧。除此,殷慧对朱熹的鬼神观与祭祀思想关系进行了探讨,认为朱熹是从义理层面来论述祭祀与鬼神的关系:强调鬼神的本体论意义,重视其天地转化的功能;认为鬼神既是阴阳二气物质,也是二气相互作用、转化的功用与性质⑨。

对两宋思想家的礼学思想的研究还有杨胜宽⑩、聂明⑪、杨世文⑫、符海潮⑬、姚永辉⑭等人。

十、乡规民约与家训、家礼研究

乡规民约与家训是目前宋代礼制研究的热点之一,取得成果非常可观。大致统计,研究乡规民约与家训的论文至少有数十篇之多,大致分为三个方面,一是文献角度的考察,二是具体家训著作的学术价值或伦理价值,三是结合当代,研究家训对当代社会的借鉴价值。

文献研究以朱子《家训》研究最为热门,取得一些突破。如对《家礼》真伪的考辨,陈来、束景南、杨志刚等人都进行过考订,认为《家礼》确为朱熹所著⑮。粟品孝

① 罗秉祥:《儒礼之宗教意涵——以朱子〈家礼〉为中心》,《兰州大学学报》2008年第2期。
② 彭林:《论朱熹的礼学观》,《宋代经学国际研讨会论文集》,"中央研究院"中国文哲研究所,2006年。
③ 黄娜:《朱熹礼学的经世倾向》,《四川教育学院学报》2008年第12期。
④ 潘斌:《朱熹〈礼记〉学述论》,《宋代文化研究》(第15辑),四川大学出版社,2008年。
⑤ 殷慧、肖永明:《朱熹的〈周礼〉学思想》,《湖南大学学报》2008年第1期,殷慧、肖永明:《学术与政治纠结中的朱熹祧庙之议》,《湖南大学学祧庙报》2009年第4期。
⑥ 孙显军:《朱熹的〈大戴礼记〉研究》,《苏州大学学报》2009年第1期。
⑦ 余瑞霞:《关于朱熹〈仪礼经传通解〉的梳理》,《太原城市职业技术学院学报》2011年第3期。
⑧ 叶纯芳:《朱熹、黄榦及杨复祭礼学的形成》,《文史》2013年第4期。
⑨ 殷慧:《祭之理的追索——朱熹的鬼神观与祭祀思想》,《湖南大学学报》2012年第1期。
⑩ 杨胜宽:《论苏轼以人为本的礼制观——兼论其合察天地之主张》,《西华大学学报》2008年第2期。
⑪ 聂明:《刘敞礼制思想管窥》,《河南师大学报》1993年第6期。
⑫ 杨世文:《魏了翁〈周礼折衷〉析论》,《蜀学》(第6辑),成都:巴蜀书社,2011年。
⑬ 符海潮:《韩琦祭祀活动与祭祀思想之探讨》,《宋史研究论丛》第10辑,保定:河北大学出版社,2012年。
⑭ 姚永辉:《从"偏向经注"到"实用仪注":〈司马氏书仪〉与〈家礼〉之比较——兼论两宁私修士庶仪典的演变》,《孔子研究》2013年第2期。
⑮ 陈来:《朱子家礼真伪考议》,《北京大学学报》1989年第3期;束景南:《朱熹〈家礼〉真伪考辨》载《朱熹佚文辑考》,扬州:江苏古籍出版社,1991年;杨志刚:《论〈朱子家礼〉及其影响》,《朱子学刊》(总第6期),合肥:黄山书社,1995年。

通过对朱熹的家礼行为与《家礼》文本进行比照,发现其言行相顾,《家礼》的规定基本上在其家庭生活中得到了实现,但由于现实境遇和思想的变化,朱熹的一些行为也与《家礼》的要求明显不合。而最受后人重视的《家礼》"祠堂"部分则可能并非朱熹所定[①]。汤勤福则考订了《家礼》传承情况,指出今本《家礼》不但是朱熹所作,而且对后世影响极大,作者还指出以《家礼》为伪的始作俑者是元人陈栎,最为激进者是王懋竑,而影响最大者则为四库馆臣[②]。另外,杨志刚认为《家礼》是一种封建社会后期的民间通用之礼[③],还对司马光《书仪》与朱熹《家礼》进行了比较研究,认为士庶通礼出现于唐、完善在宋,《书仪》《家礼》使士庶通礼不断完善与发展,从内容分析,《家礼》来源于《书仪》,但稍加损益[④]。王志跃探讨了《宋史·礼志》与朱熹《家礼》在传承过程中的不同情况[⑤],也对《朱子家礼》和《满洲四礼集》作了比较研究[⑥]。陈志勇探索了唐宋家训发展演变的模式问题[⑦],赵振研究了唐宋家训文献的转型与特点[⑧]。

对家训文化的特点也有不少学者进行了探索。徐秀丽认为家训是中国传统文化中的一种重要现象,古代家训的产生和存在不是偶然的,"家"、"国"、"天"三位一体的统治机制,传统家庭中成员的社会化过程,家族的生存竞争,家庭内部的人际矛盾和家务的繁杂,是这种特殊文化现象传承不绝的历史根据。家族性与社会性的统一,经验性与规范性的统一,劝导性与强制性的统一、历史性与代传性的统一,是这种文化现象的显著特征[⑨]。党红星认为中国家训文化具有四个特点:教育对象上具有从贵族向平民发展的特点,体现了家族教育向平民化发展的趋势;教育内容上由从重道德到重视道德、治生并重的发展特点,体现了家族教育的社会化趋势;表达形式上具有从只言片语到成文成系统发展的特点,体现了家族教育向规范化发展的趋势;表现形式上具有从粗糙到细腻发展的特点,体现了家族教育思想渗透性发展的趋势[⑩]。杨华星指出传统社会后期的家训十分重视田界的确定,反映出土地产权制度的确立对家庭经济观念的影响;家训越来越肯定工商业作用,体现富民阶层的崛起对家庭经济观念的影响;家训同居析财和分居析产思想的矛盾与

---

① 粟品孝:《文本与行为:朱熹〈家礼〉与其家礼活动》,《安徽师范大学学报》2004 年第 1 期。
② 汤勤福:《朱熹〈家礼〉的真伪及对社会的影响》,《宋史研究论丛》(第 11 辑),保定:河北大学出版社,2010 年
③ 杨志刚:《〈朱子家礼〉:民间通用礼》,《传统与现代化》,1994 年第 4 期。
④ 杨志刚:《〈司马氏书仪〉与〈朱子家礼〉研究》,《浙江学刊》1993 年第 1 期。
⑤ 王志跃:《〈宋史·礼志〉与〈朱子家礼〉的不同命运探源》,《江汉大学学报》2010 年第 1 期。
⑥ 王志跃:《〈朱子家礼〉与〈满洲四礼集〉对比研究》,《历史教学》2011 年第 9 期。
⑦ 陈志勇:《唐宋家训发展演变模式探析》,《福建师范大学学报》2007 年第 3 期。
⑧ 赵振:《试论唐宋家训文献的转型与特点》,《安阳工学院学报》2007 年第 2 期。
⑨ 徐秀丽:《中国古代家训通论》,《学术月刊》1995 年第 7 期。
⑩ 党红星:《试论中国家训文化的特点》,《东岳论丛》2006 年第 1 期。

并存,表明当时经济观念变化对家庭伦理观念的冲击①。王美华认为唐宋家礼有一个"承古"、"远古"到"变古适今"的变迁过程,影响在不断扩大,并研讨了唐宋家礼的演变及与社会变迁的关系②。王立军、陆敏珍等人也对宋代家礼问题进行了研究③。

在家训的历史价值和伦理价值研究方面,也取得丰硕成果。李禹阶指出:朱熹从"有补治道"出发对重建宗族、家族制度和礼仪做了一些努力。他首先强调"礼"出于天是道德立法及伦理规则;其次强调应该注重宗族、家族之礼的建设;第三应重视家族、宗族礼仪、规则与国家礼法的一致性与共同性,倡导随时变易;第四应该对孝、悌、节的礼仪作出规范;最后主张由家族伦理向国家、社会伦理扩充,使家族礼仪成为教化民众的工具。这一理论的目的是保证国家意识形态及政治伦理纲常对乡村社会的控制④。杨建宏撰写了系列论文阐述宋代乡规民约及家训与社会控制的关系问题。他认为:宋代的家训家范突破家庭家族之范围,在民间充当"家法"角色,与国家的"王法"互为表里,有效地加强了封建国家对民间社会的控制⑤;家训体现的是民间士绅阶层的权力场域,是他们自发地以礼治教化为手段的基层控制形式。这种基层控制与君主专制之间由于权力生成机制的不同,最终造成两者之间尖锐的矛盾冲突,使得乡约难以实行⑥。刘欣认为宋代家礼是当时文化整合的一种范式,家礼的功能由家族延伸到了社会,成为封建国家控制社会的有力的思想文化武器⑦。王美华通过对《颜氏家训》和司马光《家范》两者的篇目设置、关注重点、治家原则以及家族命运的担忧与期望诸问题进行比较与研究,分析中古家训的社会价值,以阐释中古社会历史发展的趋势特征⑧。

不少研究者注意到宋代家训的现代价值,这可从两个方面来介绍。一是从总体上研讨家训对当时社会及后代的价值和影响。李景文指出中国古代家训文化精华是:为官清廉,勤政爱民;为人坦荡无私,诚实守信;治学刻苦勤奋,立志成才;齐家孝亲敬长,善于理财;生活勤劳俭朴,慎独自省;交往扶危济贫,德洽乡里;其糟粕主要是:宣传明哲保身的中庸之道、男尊女卑的观念和宿命论思想,应进行批判地

①　杨华星:《从家训看中国传统家庭经济观念的演变——以宋代社会为中心的分析》,《思想战线》2006 年第 4 期。
②　王美华:《承古、远古与变古适今:唐宋时期的家礼演变》,《辽宁大学学报》2013 年第 4 期。
③　王立军:《宋代的民间家礼建设》,《河南社会科学》2002 年第 2 期;陆敏珍:《宋代家礼与儒家日常生活的重构》,《文史》2013 年第 4 期。
④　李禹阶:《朱熹的家族礼仪论与乡村控制思想》,《重庆师范大学学报》2004 年第 4 期。
⑤　杨建宏:《论宋代家训与民间社会控制》,《船山学刊》2005 年第 1 期。
⑥　杨建宏:《〈吕氏乡约〉与宋代民间社会控制》,《湖南师范大学学报》2005 年第 5 期。
⑦　刘欣:《宋代"家礼"——文化整合的一个范式》,《河南理工大学学报》2006 年第 4 期。
⑧　王美华:《中古家的社会价值分析》,《古籍整理研究学刊》2006 年第 1 期。

继承①。沈时蓉认为中国古代家训从先秦至清代大致经历了五个发展阶段,家训著作中精华与糟粕并存,如果善加利用,对建设当今社会的精神文明建设的积极作用②。孔令慧观点也大致相同③。王双梅则指出中国传统家训带有浓厚的封建性和其它历史局限性,但其积极方面包含着丰富的道德教育资源,借鉴传统家训中德育的优良传统,对现代道德建设具有重要意义④。杨华探讨了宋朝家训文献中涉及的德教内容,分析了它注重道德教育的主要原因⑤。曾凡贞也对中国传统家训的起源、特征及现代意义进行了探索⑥。戴素芳研究了传统家训伦理道德教育实践理念与当下伦理道德教育的关系,指出传统家训中的伦理道德教育的基本原则、主要措施及重要方法,强调道德教育中的主客统一、知行统一、共性与个性的统一、早教与渐进性的统一,在当今社会具有重要的现实意义和实践价值⑦。宋冬霞认为宋代家训除以调整家庭、家族成员之间的关系外,更在于调适父子、夫妻、兄弟等"六亲"关系,规范其本分,明确其职责,以实现家庭或家族的和谐,具有鲜明的和谐因素。在调适"六亲"关系时,对家庭成员中的父子、夫妇、兄弟均有其相应的约束⑧。赵璐等人以为:传统家训族规是中国古代官方文化和儒家社会意识形态普及化的一种重要教化方式。儒家"重义轻利"的价值观对传统家训族规影响极深⑨。余祖红着重对宋代家训中的治家思想作了研讨,认为宋代家训中的治家思想对当今社会建立良好家风仍具有重要意义⑩。梁巍等人则指出:"礼"作为中国封建政权提倡和遵守的道德规范和行为准则,对中华民族精神素质的修养起了重要作用。宋代教育家们从日常生活中体悟和践履道德,宋代的蒙学教育在我国历史上占据了非常重要的地位,直至今日仍有较大的借鉴作用⑪。刘晓平、刘欣等人也对宋代家训的具体价值进行了探索⑫。

二是具体研究某一家训著作的价值和影响。陈瑞研究了朱熹《家礼》在明清时期徽州社会中的影响与作用,指出徽州宗族大多依据《家礼》进行本族内部的制度

---

① 李景文:《中国古代家训文化透视》,《河南大学学报》1998 年第 6 期。

② 沈时蓉:《中国古代家训著作的发展阶段及其当代价值》,《北京化工大学学报》2002 年第 4 期。

③ 孔令慧:《传统家训与构建中国特色现代家训文化》,《山西师大学报》2003 年第 2 期。

④ 王双梅:《中国古代家训中德育资源探析》,《船山学刊》2005 年第 3 期。

⑤ 杨华:《简论宋朝家训文献的道德教育》,《甘肃理论学刊》2005 年第 6 期。

⑥ 曾凡贞:《论中国传统家训的起源、特征及其现代意义》,《怀化学院学报》2006 年第 4 期。

⑦ 戴素芳:《论传统家训伦理教育的实践理念与当下价值》,《学术界》2007 年第 2 期。

⑧ 宋冬霞:《浅析宋代家训的和谐因子》,《青海师范大学学报》2008 年第 2 期。

⑨ 赵璐,李鹏飞:《重义轻利:中国传统家训族规教化的价值选择》,《晋中学院学报》2008 年第 4 期。

⑩ 余祖红:《浅谈宋代家训的治家思想》,《安徽文学》2009 年第 7 期。

⑪ 梁巍、刘毅:《宋代蒙学阶段礼仪教育的现代特征及其意义》,《大众文艺》(理论版)2009 年第 6 期。

⑫ 刘晓平、刘欣:《略论宋代社会经济观念的变化在家训中的反映——以家训中的"俭"为例》,《船山学刊》2007 年第 1 期;刘欣:《略论宋代家训中的"女教"》,《中华女子学院学报》2009 年第 5 期。

设计和制度建设,还重视对礼仪的执行与监督,旨在以此实现以礼治族、维持宗族社会秩序的目的①。靳惠考析了朱熹《家礼》广为流传的原因②。史向前、陈彩云、周永健等人也撰有相关论文③。

一些学者也注意到朱熹《家礼》对海外的影响。彭林对金沙溪《丧礼备要》与朱熹《家礼》进行了比较研究,指出《朱子家礼》在高丽朝末期东传至朝鲜半岛,并为高丽有识之士所推崇,金沙溪《丧礼备要》实际是朱熹《家礼》的朝鲜化著作④。金顺今等人对金长生礼学思想进行研究,认为金氏把毕生的精力都致力于朱熹《家礼》的完善和制定适合本国人情、时宜的礼学。他的礼学是在朝鲜本土上达到较高学术水准的、系统的礼学思想⑤。张立文也指出:宋明理学家重礼并开创礼学的新时代,朱熹是其代表人物;李退溪是朝鲜李朝朱子学大家。李退溪基于"缘人情"而制礼,主张礼有因有革、有常有变;礼在践履中从俗、从宜、从权,从而逐渐使其民族化。李退溪、李栗谷、金长生与金集父子对礼作了精深研究,使礼的韩民族化进程趋于完善,形成李朝性理学的礼学派⑥。郑肯植则从法律角度对高丽末朝鲜初期吸收朱熹《家礼》进行了研究⑦。刘永连研究了中国家训对朝鲜半岛的影响⑧。潘畅和、张品端等人也有相关研究⑨。王维先等研讨了朱熹《家礼》对日本近世丧葬礼俗的影响⑩。

对司马光家训的研究也有一些论文。李宏勇等人指出:在中国古代家训的发展历程中,司马光的家训在中国古代家训中承前启后,对宋及其以后的影响是深远的。司马光治家主张"以礼为先"、以圣贤为范、以教子为本、以勤俭为务、以睦亲为上。这对推动当代家庭美德建设,强化家庭的教化功能,促进社会稳定,构建和谐社会具有积极的借鉴价值和启迪意义⑪。孔令慧认为司马光家训核心内容是修身、齐家、治国、平天下,具有鲜明的德育特色,对公民道德建设具有不可低估的文

---

① 陈瑞:《朱熹〈家礼〉与明清徽州宗族以礼治族的实践》,《史学月刊》2007 年第 3 期。

② 靳惠:《〈朱子家礼〉广为流传之原因考析》,《大家》2011 年第 14 期。

③ 史向前:《朱子〈家礼〉与道德建设》,《合肥学院学报》2007 年第 6 期;陈彩云:《朱子〈家礼〉中的标奢思想及对后世的影响》,《孔子研究》2008 年第 4 期;周永健:《论朱熹〈家礼〉的社会教化功能》,《兰台世界》2011 年第 19 期。

④ 彭林:《金沙溪〈丧礼备要〉与〈朱子家礼〉的朝鲜化》,《中国文化研究》1998 年第 2 期。

⑤ 金顺今、全锦子:《金长生礼学思想的特点及其意义》,《延边党校学报》2005 年第 2 期。

⑥ 张立文:《礼仪与民族化——论退溪以后礼的民族化进程》,《学术研究》2005 年第 6 期。

⑦ 郑肯植:《宗法制祭祀的继承和家族的变化》,《法律史学研究》第 1 辑,北京:法律出版社,2006 年

⑧ 刘永连:《从韩国文集中的家训文献看朝鲜半岛家庭教育与中国传统文化的关系》,《东北史地》2011 年第 4 期。

⑨ 潘畅和、朴晋康:《韩国儒教丧礼文化的确立及其生死观》,《延边大学学报》2011 年第 5 期;张品端:《〈朱子家礼〉与朝鲜礼学的发展》,《中国社会科学院研究生院学报》2011 年第 1 期。

⑩ 王维先、宫云维:《朱子〈家礼〉以日本近世丧葬礼俗的影响》,《浙江大学学报》2003 年第 6 期。

⑪ 李宏勇、孔令慧:《浅析司马光家训中的治家思想》,《运城学院学报》2008 年第 4 期。

化价值①。

梁太济先生最早注意到《袁氏世范》，他对该书反映出的宋代封建关系进行了研究②。赵忠祥等人认为：《袁氏世范》堪与《颜氏家训》相媲美，显著特点是强调以均爱睦家、以和易处世、以公心理财，提倡幼教、业有所成、合于情理、约于法度、修身向善、克己持德等。这些都是现代家庭伦理建设的文化资源③。陈延斌指出《袁氏世范》在中国家训发展史上占有重要的地位，它有丰富的家庭伦理教化和社会教化思想，将中国古代家庭教育提高到一个新的高度，对当今道德文明建设具有很好的借鉴意义④。

十一、其他具体礼仪研究

刘秉果对宋代赏花钓鱼中的礼制作了介绍与初步研究⑤。祝尚书研究了宋代的鹿鸣宴与鹿鸣诗，指出此宴在北宋主要是为得解举子饯行、励志，南宋则更多强调该宴仪制和政教功能，其繁文缛节加重了地方的经济负担；现存宋人鹿鸣宴诗总体成就不高，但作为一种文化现象尚有阅读的价值⑥。张若衡认为官员七十致仕最初是被当作一种礼来执行的，但到宋代致仕制度则向法制倾斜⑦。其他如杨高凡、于赓哲、吕博对金鸡肆赦制度作了研究⑧，孙雅静研究了救日伐鼓仪式⑨，董杰等人研究了两浙地区的宴饮礼俗⑩，王志跃考证了《宋史·礼志》中所载赏赐的内容⑪，王美华研究了宋代耕籍礼⑫，杨高凡考证宋代明堂大礼举行的次数⑬，申万里认为乡饮酒礼原是上古盛行的显现宾贤、敬老、谦让的礼仪制度，之后逐渐演变为以地方儒学为中心的社会文化活动。宋代乡饮酒礼由于四明等地儒士的大力提

---

① 孔令慧：《论司马光家中特色及当代启示》，《运城学院学报》2008 年第 1 期。

② 梁太济：《读〈袁氏世范〉并论宋代封建关系的若干特点》，《内蒙古大学学报》1978 年第 2 期。

③ 赵忠祥、方海茹：《〈袁氏世范〉的家庭教育思想及现代价值》，《河北师范大学学报》2005 年第 1 期。

④ 陈延斌：《〈袁氏世范〉的伦理教化思想及其特色》，《道德与文明》2000 年第 5 期。陈氏另有数文：《中国传统家训教化与公民道德素质养成》，《高校理论战线》2002 年第 7 期；《中国传统家训的"仁爱"教化与21 世纪的道德文明》，《道德与文明》1998 年第 2 期，其主要观点相似。

⑤ 刘秉果：《宋代的赏花钓鱼礼制》，《中国钓鱼》1994 年第 8 期。

⑥ 祝尚书：《论宋代的鹿鸣宴与鹿鸣宴诗》，《学术研究》2007 年第 5 期。

⑦ 张若衡：《北宋官员七十而致仕的礼与法》，《法制与社会》2009 年第 18 期。

⑧ 杨高凡：《宋代金鸡肆赦制度研究》，《焦作师范高等专科学校学报》2011 年第 2 期；于赓哲、吕博：《中古放赦文化的象征——金鸡考略》，《陕西师范大学学报》2010 年第 3 期；吕博：《唐宋金鸡礼俗漫谈》，《寻根》2008 年第 5 期。

⑨ 孙雅静：《浅析宋代救日伐鼓》，《河南北方学院学报》，2013 年第 5 期。

⑩ 董杰、曹金发：《浅谈南宋两浙地区的宴饮礼俗》，《安徽广播电视大学学报》2008 年第 4 期。

⑪ 王志跃：《〈宋史·礼志〉所载赏赐考论》，《北方论丛》2011 年第 3 期。

⑫ 王美华：《宋代皇帝耕籍礼的演进》，《社会科学战线》2013 年第 11 期。

⑬ 杨高凡：《宋代历次明堂大礼考》，《华北水利水电学院学报》2011 年第 2 期。

倡,流行全国;元代的乡饮酒礼成为激励儒士自强、自立,维系儒学发展和传承的重要因素之一①。王美华则从礼制下移及国家对基层控制的角度研究了乡饮酒礼②。王美华还对唐宋时期养老礼进行了研究③。

对两宋旌表问题,有数文进行了研讨。王美华从唐宋变革角度研究了旌表与孝悌行为的变异④,杨建宏从国家权力在基层运作分析了宋代旌表⑤。王善军等人认为:旌表作为统治者用作美化社会习俗、维护地方秩序的有效手段。宋代旌表制度与前代相比更加完善,范围更加广泛,皇帝通过多种方式进行旌表,对宋代社会习俗的养成、人们文化心理的形成都有着重要的作用。但这项制度也存在着弊病,带来了一些负面影响⑥。

"讲武礼"属于军礼,陈峰、刘缙对这一问题进行了研究,他们认为宋代讲武礼最初依然发挥着炫耀国威、激励军功的作用,但随着北宋"崇文抑武"国策的推行,讲武礼走向形式化和边缘化,并最终因朝政的紊乱而在王朝的礼制和政治中完全消失⑦。之后刘缙先后发表两文对讲武礼进行了研究,总体观点没有大的突破⑧。陈峰、胡文宁对宋代武成王庙作过研讨,认为宋代武成王庙是沿袭唐代而来,但礼仪内容却发生了较大的变化,特别是其中陪祀、从祀武将的标准与人选发生多次变动。而这种变化,恰与当时朝政以及意识形态的演变存在密切的联系,由此也从一个侧面展示出其时代价值观的演进轨迹⑨。胡文宁还研究了武成王庙中管仲陪祀地位⑩。钱俊岭等人对宋代抚恤阵亡士卒进行了一些探讨⑪。时胜斋研究的宋代的服饰礼制规范⑫,宋军风研究了唐宋商人舆服⑬。

十二、对少数民族政权及周边国家礼制的研究

对少数民族政权的礼制研究均出现在改革开放之后。苗泼对辽朝礼制与唐宋

① 申万里:《宋元乡饮酒礼考》,《史学月刊》2005 年第 2 期。

② 王美华:《乡饮酒礼与唐宋地方社会》,《社会科学辑刊》2010 年第 4 期;王美华:《唐宋时期乡饮酒礼演变探析》,《中国史研究》2011 年第 2 期。

③ 王美华:《唐宋时期的皇帝养老礼》,《文史知识》2007 年第 12 期。

④ 王美华:《官方旌表与唐宋两代孝悌的变异》,《东北师大学报》2003 年第 2 期。

⑤ 杨建宏:《论宋代的民意旌表与国家权力的基层运作》,《中州学刊》2006 年第 3 期。

⑥ 王善军、徐召霞:《宋代旌表制度述略》,《宋史研究论丛》2013 年第 10 期。

⑦ 陈峰、刘缙:《北宋讲武礼初探》,《清华大学学报》2007 年第 5 期。

⑧ 刘缙:《南宋讲武礼的动态考察》,《殷都学刊》2009 年第 2 期;刘缙:《南宋现实政治与"阅武"之关系》,《求索》2010 年第 2 期。

⑨ 陈峰、胡文宁:《宋代武成王庙与朝政关系初探》,《中国史研究》2012 年第 2 期。

⑩ 胡文宁:《礼制与政治:宋代武成王庙中管仲陪祀地位探析》,《科学经济社会》2013 年第 2 期。

⑪ 钱俊岭、张春生:《简论宋代抚恤阵亡士卒的举措》,《保定学院学报》2013 年第 5 期。

⑫ 时胜斋:《宋代的服饰规定》,《史学月刊》1982 年第 4 期。

⑬ 宋军风:《唐宋商人舆服演变考述》,《重庆社会科学》2006 年第 6 期。

礼制关系进行了研究,指出辽朝在保持自身民族特色的基础上吸收了唐宋礼制[①]。程妮娜指出:辽金时期,渤海人长期受异民族统治,与汉、契丹、女真诸族人杂居相处,社会风俗发生显著变异,形成了本族习俗与他族习俗杂糅共存的特征,辽朝和金前期渤海人的经济、社会、信仰、游艺等习俗还保留某些本民族的传统特征,到金朝后期其习俗多已汉化[②]。杨清华对辽金时期东北汉人的丧葬习俗进行了研究[③],夏宇旭等人对辽金契丹女真婚俗进行了比较[④]。胡天考证了辽朝入阁礼[⑤]。崔学霞研究了辽朝辍朝制度[⑥]。李清泉对辽墓中散乐图与备茶图的礼仪功能进行了研究[⑦]。也有学者研究了辽朝的丧葬及御容奉安制度[⑧]。

　　近年来,一些学者已经开始对西夏礼制进行研究。陈旭认为儒家"礼治"思想是西夏制定王朝法典的主导思想,"礼"和"律"的紧密结合是《天盛律令》的显著特征,中原文化对西夏政治经济生活产生了深刻的影响。尊君、孝亲、崇官是西夏《天盛律令》礼教法律观的核心,是西夏王朝封建化过程中的重要里程碑[⑨]。艾红玲认为西夏人非常重视礼制建设,形成了一套较为完整的礼仪制度:祭祀之礼包括祭祀天地、祖先、孔子等;军礼有占卜、盟誓、祠神和蒐守之礼等;朝会之礼源于唐宋,仪式有所简化;婚礼类似中土六礼的仪程,其中"婚价"在婚礼中有着特殊的规定和作用;也有比较完善的丧服制度[⑩]。她指出:西夏国在原始的自然崇拜影响下,形成了祭天地等礼典;鬼神信仰促进了具有西夏特点的多神祭祀制度和陵墓制度的建立;巫术信仰影响了收葬礼俗;军礼制度和盟誓仪式具有民族特色;礼佛祭佛之礼是西夏人对佛教虔诚信仰的表现。可见西夏人的宗教信仰对其礼制的形成产生了非常重要的影响[⑪]。

　　张博泉最早对金代礼制进行了论述,他认为金代礼制继唐、辽、北宋后又有发

① 苗泼:《试谈辽礼及其与唐礼宋礼的关系》,《昭乌达蒙族师专学报》1989 年第 2 期。
② 程妮娜:《辽金时期渤海族习俗研究》,《学习与探索》2001 年第 2 期。
③ 杨清华:《辽金时期东北汉人的丧葬习俗》,《鞍山社会科学》2002 年第 2 期。
④ 夏宇旭、赵玮彬:《辽金契丹女真婚制婚俗之比较》,《吉林师范大学学报》2007 年第 3 期。
⑤ 胡天:《辽代"入阁礼"小考》,《社会科学辑刊》1993 年第 1 期。
⑥ 崔学霞:《辽朝辍朝制度考述》,《河北北方学院学报》2012 年第 6 期。
⑦ 李清泉:《宣化辽墓壁画散乐图与备茶图的礼仪功能》,《故宫博物院院刊》2005 年第 3 期。
⑧ 彭善国:《辽代契丹贵族丧葬习俗的考古学观察》,《边疆考古研究》2003 年第 2 期;葛华廷:《羊与辽代契丹人的葬俗》,《北方文物》2003 年第 3 期;颜诚:《辽代真容偶像葬俗刍议》,《文物春秋》2004 年第 3 期;张国庆:《辽代丧葬礼俗补遗——皇帝为臣下遣使治丧》,《辽宁大学学报》2008 年第 6 期;张国庆、于航:《辽代丧葬礼俗:生者为亡者镌志刻幢——以辽代石刻为史料》,《东北史地》2009 年第 1 期;郑承燕:《辽代丧葬礼俗举要——以辽代石刻资料为中心》,《内蒙古大学学报》2010 年第 1 期;王艳云:《辽代御容及其奉安制度》,《南京艺术学院学报》2012 年第 1 期。
⑨ 陈旭:《儒家的"礼"与西夏〈天盛律令〉》,《西北第二民族学院学报》2002 年第 3 期。
⑩ 艾红玲:《西夏礼仪制度考论》,《宁夏社会科学》2009 年第 1 期。
⑪ 艾红玲:《论西夏宗教信仰对其礼制的影响》,《兰州学刊》2009 年第 3 期。

展和变化,是我国礼制史发展中的一个重要环节;金代礼制可以看出多民族国家发展的特点和趋势,反映了中华一体的历史事实①。张明华则指出:金灭辽和北宋后,没入大量辽和北宋的大批宫人、宗室妇女,并将北宋的宫廷制度、礼仪制度搬到了金国。金国提倡儒家文化,因此儒家思想对其宫廷生活方式、宫廷礼仪及女真贵族妇女价值观念都产生了很大影响,因而金国无可避免地出现了汉化趋势②。赵永春、范有芳研究了宋金交聘"国书"的斗争,实际涉及外交礼仪问题③。徐洁发表数篇论文研究了金国的太庙制度。她认为金上京是金源文化的发祥地,上京皇家宗庙制度是金初国家礼制的重要组成部分。金熙宗首创金朝正规的太庙,金初实行的是"七世之庙"制度④。金中都太庙属"同堂异室"之制,基本实行"七世之庙"制度,在特殊情况下出现过"八世十二室"⑤。她指出:金国原庙是在太庙之外另立的宗庙,它独立于太庙,是皇室祭祀制度的重要组成部分。原庙制度始于西汉,而至宋代趋于定型化。衍庆宫是金中都的原庙,而非太庙。原庙与太庙是两种截然不同的皇家祭祖的宗庙体系,共同发挥着昭示正统、祈祖福佑、孝治天下的作用,有利于封建政权的巩固⑥。汤巧蕾研究了金代辍朝制度⑦。王艳云则对金国的御容及奉安制度作了初步研究⑧。

对高丽和朝鲜王朝的礼制研究,大多是在与中国礼制研究相联系的前提下进行的,反映出中国古代礼制对朝鲜半岛的影响。一些学者从高丽和朝鲜的一些具体礼仪对中国的吸收来加以研究。金禹彤研究了高丽吉礼,指出高丽吉礼分为大、中、小祀3个等级及天神、地祇、宗庙、杂祀等诸多内容,其在举行时间、规制、所用礼器等方面既借鉴、效法了中国制度,又根据本国政治基础、文化信仰等实际情况进行了改制,表现出自身特点⑨。他认为高丽王朝效法中国制度进行大规模礼制建设,作为中国礼制核心内容——五礼制度之一的凶礼也在高丽朝初具体系与规范。高丽凶礼主要是国恤、丧葬和服纪制度,其内容与形式既体现了对中国制度的

①   张博泉:《金代礼制初论》,《北方文物》1988 年第 4 期。
②   张明华:《战争、战俘、文化碰撞——金国宫廷生活方式及宫廷礼仪汉化趋势研究》,《河南大学学报》2008 年第 4 期。
③   赵永春:《关于宋金交聘"国书"的斗争》,《北方文物》1992 年第 2 期;范有芳:《宋孝宗为改变不平等"受书礼"的斗争》,《松辽学刊》1997 年第 1 期。
④   徐洁:《金汴京太庙探微》,《黑龙江民族丛刊》2011 年第 4 期;徐洁:《金上京太庙考述》,《北方文物》2011 年第 1 期;
⑤   徐洁:《金中都太庙之制解读》,《学习与探索》2011 年第 1 期;徐洁、赵永春:《金朝皇家宗庙制度考论》,《社会科学战线》2012 年第 5 期。
⑥   徐洁:《金代原庙误识厘正》,《学习与探索》2012 年 2 期。
⑦   汤巧蕾:《金代辍朝制度初探》,《东方博物》,2005 年第 4 期。
⑧   王艳云:《金代御容及奉安制度》,《故宫博物院院刊》2008 年第 5 期。
⑨   金禹彤:《高丽吉礼研究——以天神地祇为中心》,《北方文物》2011 年第 3 期。

效法，又具有儒佛杂糅、缘情定礼的自身特点。高丽凶礼建设具体而真实地反映了朝鲜半岛为加强中央集权、强化王权，意欲实行政治文化礼治化、社会伦理思想儒家化的历史过程①。他还指出高丽王朝的圜丘祭天礼效法中国的礼治，在特定的宋、丽封贡关系背景下，高丽圜丘祀的礼规还体现了封贡礼仪属性，即其属于藩属礼。由于受贵族政治体制、佛教文化与内乱外压影响，高丽王朝圜丘礼的实行不尽如意，但其建设与实行及其所蕴涵的目标诉求成为理解朝鲜半岛儒家化进程中制度实践的代表②。李曦载等人则对 17 世纪朝鲜学者崔锡鼎《礼记类编》进行了研究，指出它是对中国《礼记》的注释书，是其试图恢复《礼记》的原本而做的重新编排和构成③。彭卫民等则考证了朝鲜王朝的礼书，指出庆星大学韩国学研究所近期编纂的《韩国礼学丛书》全面整理了朝鲜王朝从 15 世纪至 20 世纪上半叶的礼学，是汉学界迄今规模最大、收录最多且最富代表性的一次礼经汉籍的整理工作，不仅能为东亚礼学研究者提供取用之便，也可为重新认识东亚儒教文明提供充足资源④。玄花对金丽外交礼仪进行了探索，指出金丽外交礼仪体现了金国皇帝的中心地位，构成金国高丽宗蕃秩序的象征⑤。韩国学者沈淑庆对宋代与高丽的乐舞交流进行了研究，填补了研究空白⑥。

辽宋西夏金时期的礼制研究取得重要进展是无可怀疑的，但存在问题也十分明显，大致可以概括为以下几个方面：

其一，礼制典籍整理与研究尚待进一步开展。尽管宋代礼制典籍的整理与研究已有初步成果，其成果主要是《宋史·礼志》部分，《宋会要辑稿》"礼"部分的整理尚待时日。而其他礼典如欧阳修《太常因革礼》、官修《政和五礼新仪》、清人徐松辑《中兴礼书》等重要文献尚未开展整理，更谈不上研究。因此，加紧开展宋代礼典的整理与研究显得极其必要与紧迫。

其二，断代礼制史研究不足。目前仅有陈戍国《中国礼制史》（宋辽金夏卷），显然断代礼制史研究成果不多。其实完全可以按国别进行礼制研究，然后再汇集成这一历史时期的整个礼制史著述。在这一方面，尚待学者们努力。

其三，礼学思想尚待系统研究。就目前而言，宋代礼学思想已有初步成果，但集中在个别学者上，没有全局性研究。正因如此，我们难以形成对宋代整体的礼学

① 金禹彤：《高丽王朝凶礼制度分析——兼论对唐、宋制度的效法》，《东岳论丛》2012 年第 10 期。
② 金禹彤：《高丽朝圜丘祭天礼考述》，《东岳论丛》2013 年第 6 期。
③ 李曦载、邢丽菊：《崔锡鼎的〈礼记类编〉研究——以家礼观为中心》，《邯郸学院学报》2013 年第 2 期。
④ 彭卫民、赵于尧：《朝鲜王朝礼书考略——兼论〈韩国学丛书〉在域外汉学中的价值》，《延边大学学报》2013 年第 5 期。
⑤ 玄花：《金丽外交礼仪初探》，《长春师范学院学报》2008 年第 11 期。
⑥ ［韩］沈淑庆：《高丽与宋时期的宫廷乐舞艺术交流》，《南京艺术学院学报》（音乐表演版）2004 年第 1 期。

思想发展形成清晰的线索。因而有必要扩大到其他学者的礼学思想的研究,如王安石、陈襄等等。只有对这些学者逐一进行比较深入的研究,才能真正弄清整个宋代礼学思想发展的脉络。当然,辽西夏金三朝的礼学思想究竟如何,也是值得花力气去研究的,否则,作为一个历史阶段的礼学思想,汉族与其他少数民族如何在礼学上互动便不可能弄清楚的。

其四,制礼机构与具体礼仪制度的研究尚有许多扩展的余地。目前对制礼机构的研究几乎是空白,两宋制礼机构的演变究竟如何,没有学者认真研究过。因此亟需改变这一状况。而具体礼仪制度的研究也大致集中在婚丧礼仪制度方面,其他方面虽有涉及,但数量不多,有大量具体礼仪制度还未涉及。

其五,具体研究多,价值判断少。就目前论文或著述来说,大多局限于某一礼仪的演变或具体情况的研究,考订多,分析少,尤其对它们当时的价值、意义分析不够,至于对现代社会的借鉴价值就论述得更少了。因此有必须加强这方面的研讨。

其六,研究范围狭窄,有待拓宽。例如,对家礼、家训研究多,对具体礼仪制度研究相对较少,宋代礼制对元明清礼制的影响、对日本的影响、对越南的影响几乎没有涉及,对两宋礼学派别的研究尚未开展,

其七,文献资料运用较多,出土资料运用不够。例如对两宋及辽西夏金等国家的考古发掘已不少,也涉及许多礼制问题,这一时期留下的礼制实物也有一些,需要去辨别和运用这些资料,以拓展研究资料范围,加深了解该时期的具体礼制,以期使研究结论更加扎实。

本文曾删除辽金部分,以"百年来大陆两宋礼制研究综述"为题,刊于《历史文献研究》(总 35 辑),华东师范大学出版社 2015 年。收入《中国宋史研究年鉴》(2015 年),中国社会科学出版社 2018 年。

中华传统礼制的现代价值①

一

中国素有"礼义之邦"美誉。有学者指出：文明社会首先应该是道德化的社会，礼即道德，因此要求人们在社会生活中相互尊重，相互爱护，相互帮助，互利互惠而形成和谐社会。然而反观今天，"礼义之邦"正遭遇着道德拷问——

古人将孝称为"德之本"，认为行孝才能"立身行道，扬名于后世，以显父母"②。孝不仅仅指物质供给，还包括从内心去关爱父母长辈们的诸种需求。当前一些人疏远孝道，对父母不闻不问。反过来，父母失慈，虐待子女之行亦常见报端。南京文盲吸毒女饿死亲生女儿，她自称："一个从来没得到过爱的人怎么给别人爱？"

诚是内在道德境界，信是践行于世的行为准绳。孔子曰："人而无信，不知其可也。"（《论语·为政》）这就是说，诚信是为人的首要条件。然而，时下学术造假、商业欺诈、行贿受贿、滥用职权等职业道德沦丧之事并非罕见。三聚氰胺奶粉、"僵尸肉"等，已经引起国人的高度重视。

古人有"亲仁善邻，国之宝也"③，"己所不欲，勿施于人"④之说。这本是人际交往最为基本的礼仪规范，然而有人却反其道而行之，己所不欲，强加于人。曾有报道说，有人不礼让，为争座在公交车上大出打手，在航班上拳脚相向，尽丧"礼义之邦"颜面。

孔子说："不义而富且贵，于我如浮云。"⑤在商品经济社会中，通过正常途径获得利益无可非议。现实中，我们经常看到某些企业、个人为追求高额利润而无视相关法律法规规定。"楼塌塌"、"桥垮垮"这类"豆腐渣工程"并非只见于一城一地。

独生子女时代，一些家长对孩子溺爱惯宠，出现一批任性自我、缺少合众精神与礼仪修养的"小皇帝"、"小公主"。他们进入学校后，同学关系失常，师生关系出

---

①　本文系最近在华东师范大学的讲座稿。

②　李隆基注、邢昺疏：《孝经注疏》卷一《开宗明义》，北京：北京大学出版社，1999年，第4页。

③　杨伯峻：《春秋左传注》隐公六年，北京：中华书局，1981年，第50页。

④　刘宝楠：《论语正义》卷一五《颜渊》，北京：中华书局，1990年，第485页。

⑤　刘宝楠：《论语正义》卷八《述而》，第267页。

现错位,重师尊教、同学友爱的优良传统遭遇挑战。梅州市某中学,曾在短短四天内发生三起因学生受到批评而动手打老师事件,让人汗颜。

……

毋庸讳言,这里所揭示的道德失范、礼义缺位现象并非社会主流,但是应该承认,其不良影响绝不可也不应该低估。如何吸纳中华传统礼制中合理质核来扭转不良状况,促进社会文明进步是一项非常重要的课题。

二

社会的进步是物质文明水平的提高和精神文明水准的提升。精神文明水准的变动,可以出现总体提升的趋势,也可以在某些时段、某些侧面出现下降的趋势。精神文明包括科学文化和思想道德两个层面,思想道德可分为社会公德和个人私德。思想道德的变化原因极其复杂,需要从特定的历史条件来加以分析与判定。物质文明水平的提高,精神文明中科学文化的发展,对思想道德的提升会有促进作用,但并非必然关系:思想道德的提升与下降不一定完全对应物质文明的提高与低落、科学文化的发展与停滞。

有人认为,道德失范、礼义缺位要从社会体制上查寻原因,这当然是有一定道理的,所以我们才不断深化体制改革,为社会经济的持续发展和精神文明的不断提升创造一个良好的制度环境。但是,体制问题只是诸原因之一,并非全部原因,因此我们不能一见到道德失范、礼义缺位问题就怪罪体制,我们还需要并应该从其他方面来寻找原因。在笔者看来,其他原因有很多方面。

其一、对中华传统礼制的歪曲与不适当批判。

20世纪的"新文化运动"是一场反封建的思想解放运动,它极大地动摇了封建思想的统治地位,使中国人民的思想得到空前的解放。就这个意义上说,"新文化运动"非常必要且不容否定。然而,我们也应看到,参与这场运动者不少有留学西洋的学术背景,他们主张全盘西化,无视中华民族文化精华而欲一扫了之,这就走向了极端。彭林先生在《礼乐人生》一书中指出吴虞所说"吃人的就是讲礼教的!讲礼教的就是吃人的呀",是"把吃人和礼教这两者直接画了等号"[①],一针见血地指出了吴虞观点的错误根源。十年动乱,曾再次大批礼教,把孔子"克己复礼为仁"说成是复辟奴隶制度。对中华传统礼制进行歪曲或不适当的批判,是导致人们对中华传统礼制误解的重要原因。

我们不否认中华文化(当然包括中华传统礼制)存在着历史局限性,历史上起过不良作用,也强调随着历史发展、社会进步,旧礼教中存在的弊端或糟粕确实应

---

① 彭林:《礼乐人生》,北京:中华书局,2006年,第35页。

该淘汰出局,但不可否认,作为中华文化之一部的中华传统礼制,沉淀着中华先民极为宝贵的生命经验和生活智慧,它的精华部分已经融入中华民族血液之中,成为凝聚国人之内在动力。因此,对中华传统礼制应该历史地去分析与评判,不能也不可全盘否定。

其二,民族虚无主义荒谬言论还有市场。

中国的民族虚无主义是随着西方坚船利炮入侵而产生的,从本质上说是崇洋媚外的产物。民族虚无主义者鼓吹全盘否定中华文化乃至中华民族历史,无视中华文化的优良传统与文化精华,乃至故意混淆中华民族文化的精华与糟粕。时下民族虚无主义并未退出历史舞台,某些"月是西方圆"的论调仍然很有市场。否定中华传统礼制具有合理因素或说内在价值,便是民族虚无主义的重要表现之一。我们应该清醒地认识到:反思中华文化存在的弱点与缺陷是完全应该的、必要的,但若对西方文化盲目崇拜与宣扬,进而自戕中华文化精华而去仿效西方一些皮毛,则有丢了西瓜拾芝麻之嫌。事实上,中国近代的历史已经充分证明:中国要实现国家独立、民族振兴、国力富强、民众幸福,是不能走依靠乃至投靠西方资本主义这条道路的。

实际上,中华传统礼制既不是从孔子开始,也不是儒家专利。中华古"礼"远远早于孔子而存在,尽管原初相当简陋,但它确实是先民处理人际关系的最早准则。后来,经过周公"制礼作乐",再经过孔子宣扬与践履时融入了儒家思想因素,乃至经过历代各派思想家的理论探索,以及政治家的推行与践履,中华传统礼制经过数千年的积淀与反复建构,日臻成熟和精致。先贤孜孜以求的礼治,既是中国古代思想家的彼岸理想,也融汇着中华先民的追求与梦想,至于反映中华民族宽厚、平和、诚敬、谦让、慈爱、孝悌等品格的精华部分,早已成为中华民族的民族认同与民族和谐的基石。显然,民族虚无主义否定中华传统礼制精华的实质是否定中华民族的发展史,否定文明古国的历史传统!

其三,拜金主义对个人道德底线造成冲击。

改革开放之后,党和国家鼓励勤劳致富,人们可以在遵守国家法律法规的前提下理直气壮地赚钱,以改善自身的生活条件。但不要忘记,应当"取之有道,用之有度",致富不忘行善。反之,取之无道、见利忘义、骄奢挥霍、为富不仁,则会导致非常严重的恶果。

近年来痴迷金钱、崇拜财富、享乐至上、见利忘义、极端自我的拜金主义潜滋暗长,对社会道德的冲击非常明显。拜金主义扭曲了某些人的价值观,混淆了勤劳致富与坑人利己的界限,腐蚀了正常人性,导致道德沦丧,甚至走上犯罪道路。某电视节目中有人公然宣称"宁愿坐在宝马车里哭,也不愿意坐在自行车上笑",形形色色的"炫富""摆阔"随处可见。拜金主义的危害非常可怕,应该引起国人严密关注和警惕。

其四，家庭教育缺失使得礼仪行为不易扎根。

良好的礼仪习惯应该从小培育，家庭教育极其重要。家长文明礼貌，自觉抵制不良习惯，以身作则才能使小孩从小养成良好道德。反之，家长自身有不良习惯，对孩子潜移默化，其影响也是极大的。有些家长在公共场合鼓励或纵容孩子爬树摘花之类行为，如此怎能让子女长大后遵循文明礼仪、具有公共道德观念？千里之堤毁于蚁穴，家长不自律，未对孩童进行礼仪教育，未培养他们良好习惯、教会他们懂得文明礼貌，那么要求孩子长大之后成为懂得文明礼仪、有较高道德素质的人才，确实是画饼充饥之事。

三

对于时下道德失范、礼义缺位的现象，我们既不能怨天尤人，也不可无动于衷，必须亡羊补牢，建立规范有效的当代礼制体系，建立良性的社会秩序。彭林先生在《当代工业文明与传统礼乐文化》一文中说："提倡礼乐文化，有助于提高公民的素质。"[①]彭先生所讲的公民素质其实便是公民道德素质。那么，剥离中华传统礼制的封建质核之后，它具有哪些现代价值可以或哪些借鉴的地方呢？

第一，追求理想之梦，提升国人道德境界。

中华传统礼制追求礼义，追求个人完美的道德修养与精神境界，其终极目标是达到国家、社会、团体、家族乃至个人之间和谐关系。《礼记·礼运》称："大道之行也，天下为公，选贤与能，讲信修睦。故人不独亲其亲，不独子其子，使老有所终，壮有所用，幼有所长，矜、寡、孤、独、废、疾者，皆有所养，男有分，女有归。货恶其弃于地也，不必藏于己；力恶其不出于身也，不必为己。是故谋闭而不兴，盗窃乱贼而不作，故外户而不闭，是谓大同。"[②]这里描述的大同世界是个天下为公、和谐有序、贤能当政、讲信修睦、团结互爱、社会稳定的政治局面，这便是中华传统礼制追求的终极目标。因此，礼义不仅表现为"进退周旋，威仪抑抑"[③]外在形式，而且体现为道德提升与精神境界的完美。

在我看来，孔子是一位怀着建立一个大一统、和谐安宁社会的理想主义思想家，他追求礼乐征伐自天子出的"有道"天下，实际便是理想中的大同社会。在孔子看来，要达到这样的目标，便要努力将人培养成有相当道德水准、遵礼行礼的"君子"。古人强调"礼乐不可斯须去身"，认为"德辉动于内"，礼才能"动于外"[④]，即内

---

① 彭林：《工业文明与传统礼乐：物质与精神的平衡发展》，《礼乐人生》，第153页。
② 孙希旦：《礼记集解》卷二一《礼运》，北京：中华书局，1989年，第582页。
③ 《宋史》卷一三八《乐志十三》，北京：中华书局，1985年，第3252页。
④ 孙希旦：《礼记集解》卷三八《乐记》，第1030页。

心真诚,辉映出内在的道德,才能生发出本真、雅致、规范的礼仪行为,显示出来的便是真正的礼义。

显然,古代贤哲把培育遵礼守道的理想人格、提升君子之道德境界作为毕生追求之目标,因为这是实现大同世界之基础。如果转换成现代视角,那么我们完全可以从中借鉴他们力求培养道德人格、努力追求理想社会的核心价值观,以社会主义核心价值观来培养道德人格,提升国人道德境界,从而讲信修睦、团结互爱,使社会更加和谐有序、稳定安宁。总之,中华传统礼制要求秉持严肃恭敬的人生态度,加强道德自律,培养道德情操,注重行为践履。

第二,正确理解义利之辨,增强国人诚信观念。

义利关系实际是道德行为与物质利益的关系,"义利"之辨是中国古代有关道德行为与物质利益关系的分辨。

中国古代贤哲对义利关系有甚多论述。孔子强调"君子喻于义,小人喻于利"[1],要求"见利思义","义然后取"[2]。孟子主张"舍生而取义"[3]。董仲舒提出"正其谊不谋其利,明其道不计其功",朱熹解释道:"正其谊,则利自在;明其道,则功自在。专去计较利害,定未必有利,未必有功。"[4]显然,先贤在对待义、利两者关系上,强调见利思义、以礼行义,即主张道德自觉、遵礼守道,以对国家、政治、经济、伦理及社会风尚之优劣作为价值取向,以此来臧否个人行为。这些基于礼义基础之上、从道德角度来区分义利的观点有其可取之处,我们不必也不能全然摈弃。这是先贤对社会整体利益的严肃思考,是保障国家政治有序运行、保护社会经济正常发展、维护社会稳定的理论总结,是他们对国家治理理论的重大贡献。

实际上,正确的义利观应该将权利与义务结合起来,把国家和民族的利益放在首位,同时也充分肯定与鼓励公民通过合法渠道、正当手段来获得正当利益。由此,可以理直气壮地宣传中国古代的义利观,不必将"义"单纯视为封建道德而加以否定,不必将义利对立起来来否定义之功效。如此才能正确理解义利两者关系,增强国人诚信观念,彻底与拜金主义划清界线,从而构建出有序、和谐的经济秩序。

第三,遵礼守法,礼法结合,培育国人道德自觉。

在中国古代,礼法合一,要求人们遵礼守法,违礼即违法。这既是一种出自较高道德要求之下的自觉的道德实践,又是法律规定之下的强行要求,因此要求人们一举一动都需遵礼守法。在中国古代,统治者对礼所具备的协调各种关系的功用是非常了解的,他们都企望用礼来治理天下。《礼记·祭统》称:"凡治人之道,莫急

① 刘宝楠:《论语正义》卷五《里仁》,第154页。
② 刘宝楠:《论语正义》卷一七《宪问》,第568页。
③ 焦循:《孟子正义》卷二三《告子上》,北京:中华书局,1987年,第783页。
④ 黎靖德编:《朱子语类》卷三七,北京:中华书局,1986年,第988页。

于礼。"①剔除其中封建质核,着眼于领导与下属共同维护和遵循礼的规范与准则,将"治人之道"(当然包含法律规范)与"礼"紧密联系在一起,以达到"上行下效"之目的,确实富于启示意义。《左传》强调:"君子之行也,度于礼。"②这是从道德的自觉来谈"礼"的。《国语·楚语上》说:"教之礼,使之上下之则。"③这是从礼之规定来谈提升国人道德水准的。可见,中国古代所谓的"礼",在等级关系之下体现出的社会功效,力图制定出一整套符合当时历史条件的人际行为准则与道德规范。当然,时代变迁,传统礼制中强调的封建等级制度不符合现代社会的要求,但传统礼制中所倡导自觉遵礼循法这一原则,是完全可以去粗存精、古为今用的。

其实,古代礼制既有教化功效,又有法制规范之用。《礼记·经解》称"礼禁乱之所由生","故礼之教化也微,其止邪也于未形,使人日徙善远罪而不自知也,是以先王隆之也"④。显然,古人早就注意到通过礼可以"止邪于未形",使人们"徙善远罪",达到"禁乱"和教育人们的目的,发挥礼制防止犯罪、培养君子的作用。那么,我们完全可以吸取古礼那种"徙善远罪"观念,尝试构建新的礼义体系或礼仪制度,教育国人,从而提升其道德水准,造就更多新时代的君子。

从中华传统礼制礼法紧密结合这一特点可以得出这样一种启示:礼法不能脱节,既不能重礼轻法,也不能重法轻礼,需要礼法结合,礼法并重。过分夸大"法"的强制作用,无法解决国人道德提升问题;夸大"礼"的教化作用,以为礼万能,无法解决国人违法之事。因而,我们可以根据中华传统礼制具有礼法结合这一特点,从提升国人道德自觉入手,弘扬社会正气,不断提升公民道德素质和社会文明程度,普及爱国、敬业、诚信、友善等基本道德规范,推进社会公德、职业道德、家庭美德、个人私德建设,这无疑是对国家、社会、人民有百利而无一害之事。

第四,实施礼仪教育,建设新时代的道德规范。

中华传统礼制注重礼仪教育,能起到了铸塑道德人格、凝聚人心、推进社会和谐有序发展的重要作用。

我国自古便有蒙学,内容之一便是教育儿童自幼养成良好的日常生活习惯,初步具备基本的伦理道德,懂得礼仪规范。孔子多次说过"不学礼,无以立"⑤。朱熹《童蒙须知》千余言,概括起来便是一个"礼"字。

实际上,中国古代礼制教育并非仅是一种外在的礼仪教育,而是内外结合,侧重内在的道德修养,力求培养"君子"的教育制度,因此它蕴涵着丰富的可供采择的

① 孙希旦:《礼记集解》卷四七《祭统》,第 1236 页。
② 杨伯峻:《春秋左传注》哀公十一年,第 1668 页。
③ 徐元诰:《国语集解·楚语上》,北京:中华书局,2002 年,第 485 页。
④ 孙希旦:《礼记集解》卷四八《经解》,第 1257 页。
⑤ 刘宝楠:《论语正义》卷一九《季氏》,第 668 页。

要素。《礼记·内则》对自幼及长的礼制教育有非常明确的规定,而且强调终身力行践履,随时学习。古人还明确说过"父兄教子弟,必正其身以率之,无庸徒事言词"[1],强调家长身为表率的道理,也给我们以深刻的启迪。我们可以通过礼仪教育培养新时代的君子,建设新时代的道德规范。

　　概言之,在剥离中华传统礼制的封建质核之后,它确实具有可供我们借鉴的现代价值,对扭转当下道德失范、礼义缺位的不良现状,提升国人的整体道德素质,建立规范有效的当代礼制体系,建立良性的社会秩序,践行社会主义核心价值观,都有着不言而喻的重要作用。

原载于《中国德育》2015 年第 14 期,
《新华文摘》2015 年第 20 期转载

---

[1]　王永彬:《围炉夜话》,《娑罗馆清言、围炉夜话》,郑州:中州古籍出版社,2008 年,第 118 页。

中华礼制变迁的现代启示

中华礼制源远流长、绵延不绝,是中华文明的重要内容和载体,对增强中华民族的凝聚力和向心力起到了重要作用。在大力培育和弘扬社会主义核心价值观,改善社会风气、提升国人道德,凝聚中华儿女共同实现中华民族伟大复兴中国梦的今天,探究中华礼制变迁的规律,无疑具有重要现实意义。

毋庸讳言,在中华民族发展过程中,诸民族之间有过矛盾与冲突。但它们能在认同中华礼制的前提下逐渐缓和矛盾、化解冲突,形成共存共荣的良好关系。例如,在我国历史上,无论魏晋南北朝时期在北方建立的少数民族政权,还是之后建立辽朝的契丹族、建立金朝的女真族、建立元朝的蒙古族及建立清朝的满族,无一例外地认同并服膺中华礼制,从而能使民族融合不断向前推进。显然,发挥中华礼制的凝聚功能,是凝聚国人、增强自信的重要途径。

中华先民并不只是讲究礼仪"进退周旋,威仪抑抑"的外在形式,而且注重探求礼仪的内在精神实质。孔子说:"礼云礼云,玉帛云乎哉!乐云乐云,钟鼓云乎哉!"《礼记·郊特牲》称,"礼之所尊,尊其义也"。所谓尊其义,就是追求道德境界、强调道德践履。孔子称颂那些能够修身立德、行礼律己、道德高尚的前代圣贤,反复强调"不学礼,无以立"。坚持知礼行礼、知行合一,追求高尚的道德境界,体现了中华先民的主流价值观。中华礼制注重道德修养与道德实践,强调知行合一,这使它起到了塑造道德人格、促进社会和谐稳定的重要作用。

可以说,中华礼制自诞生之日起就具备了教化功能,并在演化过程中逐渐将道德教育与理想教育紧密结合,强调自幼及长、礼教终生,提倡仁爱精神、忠恕之道,注重培养道德人格、建设礼义之邦。所谓礼义之邦,就是有高度道德自觉的社会,是诸族和谐、政治清明、社会稳定、经济发展、民众富庶的社会。中华礼制提出的愿景,是中华先民们向往和着力构建的社会。中华礼制所倡导的仁爱精神、忠恕之道、和谐社会等学说,能为今日构建和谐世界贡献中华民族的智慧。

作为一种制度,中华礼制在历史上曾为各种政权服务。在封建社会,它强调封建等级,包含一些糟粕。然而毋庸置疑的是,中华礼制能够与时俱进、吐故纳新,不断改革与变迁。孔子提到三代礼制传承中的"损益",便是一种改革;《礼记》进一步提出"时为大"这一与时俱进的礼制改革原则。适时变革是中华礼制演进的重要原则，这使它成为与中华民族同生共长、传承久远的文化传统。

　　由孔子创建、孟子加以发挥的儒家礼制观，在战国时期曾饱受其他思想家的批判，那是因为这种礼制观仅仅重视礼的道德层面，而对礼的制度规范层面关注不够。秦汉之后，我们的先人力图将礼与法结合起来，融礼入法、礼法合一成为中华礼制变迁的重要转折。礼法合一要求人们遵礼守法，违礼即违法。礼既是道德要求，又是法律规范；礼制既有教化功效，又有法制规范之用。《礼记·经解》认为"礼禁乱之所由生"，可以起到"止邪也于未形，使人日徙善远罪而不自知也"的作用。古人通过礼来"止邪于未形"，使人们"徙善远罪"，达到"禁乱"和教育人的目的，对我们今天推进国家和社会治理有一定启示意义。

　　　　　　　　　原载于《人民日报》2016 年 3 月 26 日《大家论坛》

《月令》祛疑
——兼论政令、农书分离趋势

　　小戴《礼记》收入《月令》①一篇,此文历来深受学者关注,注疏、评述颇多,见仁见智,众说纷纭,许多问题难以定论②。本文拟从学术史角度来对《月令》进行一些阐述,提出一些看法,以向学界同仁求教。

一、问题的提出

　　《月令》自戴圣编入《礼记》后就成为极其重要的儒家经典著作③,然而《月令》则由于其著述体例与小戴《礼记》其他篇目大相径庭而使人感到疑惑④。确实,仔细考究该文,至少有以下几个方面确实令人感到不解。

　　其一,《月令》并无典型的儒家思想。

　　我们知道:《礼记》49篇,除《月令》外,大多数篇章谈及文王、武王、周公以及孔子、颜渊、曾子、子贡、子路、子夏、子张、子游、子思等儒家人物,也经常引用他们言行。即使不提及儒家先贤,也会在文章中论述儒家观念。如《王制》不提儒家先圣先贤,但其中"命典礼考时、月,定日,同律、礼、乐、制度、衣服,正之","司徒修六礼以节民性,明七教以兴民德;齐八政以防淫,一道德以同俗;养耆老以致孝,恤孤独以逮不足;上贤以崇德,简不肖以绌恶","乐正崇四术,立四教,顺先王《诗》、《书》、《礼》、《乐》以造士:春秋教以《礼》、《乐》,冬夏教以《诗》、《书》","凡听五刑之讼,必原父子之亲,立君臣之义,以权之"、"六礼:冠、昏、丧、祭、乡、相见"、"七教:父子、兄弟、夫妇、君臣、长幼、朋友、宾客"⑤之类,明显带有儒家观念。

　　《月令》则不同,从头至尾根本不提儒家先圣先贤及孔子后学,不提儒家的仁、义、礼、德、孝、弟(悌)、诚、君子、修身、君臣父子等等道德或观念。《月令》中没有

---

① 本文《月令》引文据孙希旦《礼记集解》,北京:中华书局,1989年。
② 杨振红称:"月令的源流问题是中国学术史上的一椿悬案,自古以来众说纷纭,迄无定论。"参见吴丽娱主编《礼与中国古代社会》(秦汉魏晋南北朝卷)第一章(下)第五节《月令与秦汉政治》,北京:中国社会出版社,2016年,第156页。与本研究相关的其他成果甚多,本文择要在正文或注释中予以介绍与评述。
③ 古书写在简牍或帛上,故《月令》原本当为单篇,汉戴圣编《礼记》而收入《月令》。
④ 著名礼学专家沈文倬先生晚年对此深感疑惑。
⑤ 孙希旦:《礼记集解》卷一二《王制第五之一》,第328页;孙希旦:《礼记集解》卷一三《王制第五之二》,第361页、第364页;孙希旦:《礼记集解》卷一四《王制第五之三》,第371页、第397页、第398页。

"仁"字,有一"义"字,即"以征不义",此"义"字与儒家所论道德之"义"无关。"诚"字一见,即"物勒工名,以考其诚",也与儒家所倡导的道德之"诚"无关。至于儒家反复倡导的孝、弟(悌)、修身、君臣父子之类,绝不见《月令》所引。《月令》"仲夏"和"仲冬"均有"君子齐(斋)戒",然2处"君子"均非儒家所论道德意义上的"君子"①。"礼""乐"两字在《月令》中出现过,但细察可见并非儒家所论之"礼乐"。《月令》"礼乐"合用仅在孟夏中出现2处,即"乃命乐师习合礼乐"、"是月也,天子饮酎,用礼乐",显然是泛指,并非特指儒家所论之"礼乐"。单独用"礼"字2处:"乃礼天子所御"②、"礼贤者"③,也非儒家所指之礼。作为名词的"乐"字有"大合乐"④、"用盛乐"2处,也不是特指儒家之乐。而小戴《礼记》其余48篇,有直接称颂儒家圣人先贤者,有直接论述儒家观点和概念者,有论述儒家所推崇的礼仪者,《月令》显然与这48篇文章全然不同,差异极大。有学者承袭《史记》所称"《书传》、《礼记》自孔氏"的观点⑤,即认为《月令》是"七十子后学"所著,强调这些后学在著述风格会有所不同⑥。实际上,这一说法是难以站住脚的。我们承认孔子之后的儒家学者著述风格会有所不同,但就传世的儒家文献与出土文献来看,尊崇先圣的言论与辩说儒家道德或观念者似无例外,如传世文献《孟子》、《荀子》,出土文献中的郭店楚简、上博简等等中的相关部分,均是如此。直至今日,我们仍无法找到相关例证来证实"七十子后学"有类似《月令》风格之著述。

其二,《月令》中的礼仪并非儒家之礼仪。

值得注意的是,《月令》中提及的一些礼仪形式如"释菜"、"郊庙"、"荐庙"(尝新)、"颁朔"诸礼,是否属于后世儒家学者反复论证的儒家之礼?笔者以为值得仔细辨析。《月令》有"上丁,命乐正习舞,释菜",此指释菜礼。后世儒家所谓的释菜礼是指祭典儒家先圣先师之礼,而此处释菜礼则并非确指儒家先圣先师。其实,在

① 关于儒家君子之道德问题,参见汤勤福《〈论语〉选评》第三部分"理想人格"有关内容,上海:上海古籍出版社,2006年,第99—131页。

② 杨天宇释此"礼"为醴,参见氏著《礼记译注》,上海:上海古籍出版社,2004年,第179页。若将此"礼"字视为动词,更非儒家之礼。

③ "礼贤者"是春秋战国时诸侯普遍采用之法,此处不能确指儒家观念。

④ 孙希旦《礼记集解》称"合乐又重于习舞也",第436页。杨天宇译"大合乐"为"举行舞乐大会演",参见氏著《礼记译注》,第184页。

⑤ 《史记》卷四七《孔子世家》,北京:中华书局,1959年,第1936页。《汉书》卷三《艺文志》明确称"《记》百三十一篇"为"七十子后学者所说也"。然班固未列具体书名,不知《月令》是否在此之中。北京:中华书局,1962年,第1709页。

⑥ 郭沫若先生认为《月令》有二十八宿和五行两套学说,"这两套学说断然是采自两家,《月令》成了儒家的重要典礼,我想那一定是子思、孟轲派的系统"。当代学者称《月令》出于七十子后学之手或受到郭老之说影响。

《礼记》中,《丧大纪》和《文王世子》均提及"释菜"。《丧大纪》有"君释菜"①、"君释菜于门内"两处,却是指祭门神之礼,而非指祭先师之释菜礼。《文王世子》称"凡始立学者,必释奠于先圣、先师"、"三王教世子,必以礼乐。乐,所以修内也;礼,所以修外也。礼乐交错于中,发形于外,是故其成也怿,恭敬而温文"②,此指祭先圣先师之"释菜礼"③,不是专指儒家释菜礼。实际上,直到战国之时,孔子所倡导的儒家仅是诸学派之一,从未达到压倒性优势,诸国执政者并没有特别尊崇孔子或儒家后学,当时所祭先圣先师,指学有成就者,并非专指儒家先师孔子。杜佑《通典》称"周制,凡始立学,必释奠于先圣先师",注曰"谓天子命之教,始立学官者也。先圣,若周公、孔子也"④,"若周公、孔子"是指"类似"周公、孔子者,可见所祭并非专指周公、孔子。《月令》又有"以共郊庙之服,无有敢惰",此指郊礼(祭天)、庙礼(祭祖)之礼。诚然儒家非常强调这两种礼仪,但战国时期这种礼仪并非儒家专属之礼仪,实际上,当时的诸侯亦常僭行"天子之礼"。另外,《月令》又载"是月也,农乃登谷。天子尝新,先荐寝庙",此为孟秋登谷之后荐庙之礼。"是月也,大飨帝,尝,牺牲告备于天子",大飨之礼当时亦非儒家专用。至于"合诸侯,制百县,为来岁受朔日",即指颁朔礼,但它只是沿用古代之礼。《竹书纪年》称帝禹夏后氏"颁夏时于邦国"⑤,"幽、厉之后,周室微,陪臣执政,史不记时,君不告朔"⑥。可见上古颁时历之事,既非儒家创制,又非儒家专用。至于《月令》所提及的籍田礼,当然也不是儒家专用之礼。

其三,语言风格不类战国诸子、儒家文章。

一个时代、一种文献类别乃至一个学派往往有相对比较固定的语言风格乃至相对固定的词汇,这是我们判断某一历史文献所属时代与类别、所属学派的重要标准之一。《月令》语言风格在小戴《礼记》中显得非常特别,与其他篇章完全不同,与战国诸子尤其儒家文献大相径庭,自然也与出土的一些儒家或其他诸子派别的文献有较大差异。战国诸子文章说理畅达、逻辑谨严、分析深入、文辞绚丽,甚至大量运用寓言、故事、历史传说等来表明自己观点。儒家文献如《孟子》、《荀子》在语言

① 陈皓《礼记集说》明确称"礼门神也",南京:凤凰出版社,2010年,第352页。
② 孙希旦:《礼记集解》卷二《文王世子第八》,第560页、第563页。
③ 释奠、释菜均有祭先贤先师的含义,然释菜还有祭门神之义。从仪式上说,释奠较简略,郑玄称"释奠者,设荐馔酌奠而已,无迎尸以下之事"。
④ 杜佑:《通典》卷五三《礼一三·释奠》,北京:中华书局,1988年,第1471页。孙希旦:《礼记集解》卷二《文王世子第八》"凡始学者,必释奠于先圣、先师",郑玄注曰:"谓天子命之教,始立学官者也。先圣,周公若孔子",第560页。郑注"周公若孔子"费解,当为"若周公、孔子",典籍中引郑注亦有作"若周公、孔子",如《旧唐书》卷二四《礼仪志四》,北京:中华书局,1975年,第918页;李焘《续资治通鉴长编》卷二九六,神宗元丰二年正月甲午,北京:中华书局,1992年,第7201页。
⑤ 方诗铭、王修龄:《古本竹书纪年辑证》,上海:上海古籍出版社,1981年,第201页。
⑥ 《史记》卷二六《历书》,第1258页。

表现上具有擅长辩说的特色，属于儒家类的一些出土文献也侧重于立论与"论辩"，阐述儒家观点，逻辑性比较强。而《月令》与此差别非常明显。此以《月令》"孟春"为例来分析：自"孟春之月，日在营室"到"其祀户，祭先脾"，先列天象，次叙五行及与日、帝、动植、音律、味、祭祀关系，纯为叙述。"东风解冻"到"鸿雁来"是物候，也属叙述之语。"天子居青阳左个"到"毋聚大众，毋置城郭，掩骼埋胔"是讲天子居所及理政之处，所用舆物、所食、所用器物，均为叙述之语。至于太史谒告立春已到，符合五行木德，天子斋而迎郊，颁布政令、举行祈谷、藉田，下令开展农事、习舞、修祭典、祀山林川泽、禁伐木等等，也是叙述之语。"是月也"到"毋乱人之纪"是天子对上述一些行为作出规定，类似诏诰典制文献。最后一节则讲违时可能出现的灾害。可见，孟春除天子之语外，都是以"叙述"语言来表达的，没有一丝战国儒家那种"善辩"色彩。仲春到季冬也与孟春叙述方式相同。因此，从语文风格来分析，《月令》与战国诸子（包括儒家）那种论辩风格格格不入，从文献属性来判断，它显然不是某一派学者为宣扬自己派别的而著述的文章，而应该属于另一类文献。这可作为《月令》非儒家学者所撰旁证之一。

其四，《月令》并非秦汉时期所作。

顾颉刚先生曾提出《月令》是东汉王莽时期刘歆所作，这一观点没有得到绝大多数学者认同，目前仍然是战国说比较流行。实际上，从思想史发展角度来分析，《月令》确实既非秦地所产，亦非秦汉时代之作。

首先从农商关系的论述中可以看出，《月令》中不存在限商抑商言论，与秦汉之后限商抑商思想明显不同。《月令》称：

> 日夜分，则同度、量，平权、衡，正钧、石，角斗、甬。是月也，易关市，来商旅，纳货贿，以便民事。四方来集，远乡皆至，则财不匮，上无乏用，百事乃遂。

"易关市，来商旅，纳货贿，以便民事"，即允许或说鼓励从事商业，"四方来集，远乡皆至，则财不匮，上无乏用，百事乃遂"，此是肯定商业对国家的重要效用。秦至西汉前期则承战国时期秦国商鞅变法的路数，采取重农限商政策[①]，商业活动虽然存在，但未受到鼓励。史称秦始皇实行"上农除末，黔首是富"[②]政策，显然秦统一后并不鼓励发展商业，同时秦始皇"焚书坑儒"、"以吏为师"，儒家在当时没有市场。汉初对商人进行一系列限制，史称高祖"乃令贾人不得衣丝乘车，重租税以困辱

① 参见汤勤福《重农限商与重农抑商》，《上饶师专学报》1985年第3期，或参见人大复印资料《先秦秦汉史》、《中国经济史》均1986年第1期。
② 《史记》卷六《秦始皇本纪》，第245页。

之"①,严禁商人购并土地,显然是对商业进行限制。到汉武帝时,实行了更加严厉的毁商政策。显然,《月令》重视商业的思想与西鄙秦地及秦、西汉初期的重农限商不吻合,更与汉武帝之后重农抑商政策格格不入。

其次,《月令》所称阴阳五行与战国诸子、秦汉时期表述方式上有不同点。阴阳五行说出现颇早②,陈德述认为西周末伯阳父首先用阴阳来解释自然运动(地震),而作为哲学概念始见于《老子》,成书于战国的《管子》则以"阴阳"来解释天地的规律,四时的推移、日夜的变化以至王霸事业的兴衰存亡的原因,而阴阳范畴系统化发展则是体现在战国末期的《易传》中③。秦汉两朝都有比较浓厚的以阴阳五行来解释历史衍进的观念,如秦尚黑,汉尚赤便是。

需要指出的是,《月令》中的阴阳五行思想是承袭战国时期流行的阴阳家的观点④,以此解释物候农时,尽管也说到了"政治"方面⑤,但不用阴阳五行来解说王霸事业的兴衰存亡的原因,不讲王朝更替依据五德循环,这一思想立场,与被称之为五德始终的历史观相差颇大,可以明显地与《管子》和邹衍思想区别开来,也与"秦黑汉赤"观念明显不同。《月令》的阴阳五行不属于严格的哲学范畴,也不以此说明万物生成、演化的规律,更没有从哲学上高度来谋图建立一个哲学体系或思想体系⑥,因此也与《老子》一书不同。《易传》讲"易有太极,是生两仪,两仪生四象,四

---

① 《史记》卷三《平准书》,第 1418 页。

② 阴阳、五行出现甚早,而且并非同一时间出现的。从《月令》所反映的内容来看,阴阳五行已经混融在一起,当比较晚。关于阴阳五行出现时间,学界有众多研究,看法各有不同,可参见葛志毅《重论阴阳五行之学的形成》,氏著《谭史斋论稿续编》,哈尔滨:黑龙江人民出版社,2004 年,第 246 页。

③ 陈德述:《略论阴阳五行学说的起源与形成》,《西华大学学报》2014 年第 2 期。

④ 陈遵妫先生说:"宗教在中国殷代,还是相当的原始,没有形成一种系统的思想体系;到了殷末周初(公元前十二世纪前后),形成了所谓阴阳五行说,它一方面对当时天文学的发展有所促进,但另一方面,它的迷信唯心的伪科学,长期地统治着人们的思想,使我国的天文学以及其它自然科学的进展比较缓慢。"参见氏著《中国天文学史》第一册,上海:上海人民出版社,2006 年,第 83 页。如果陈先生的阴阳五行流行于殷末周初之说不错,那么战国流行阴阳五行说更是不成问题。也就是说,当时主掌天时的贵族官员(如太史)肯定已经掌握了阴阳五行学说的。因此,那种认为《月令》中有阴阳五行思想便抄袭《吕览》的观点是完全站不住脚的。太史掌握阴阳五行问题,详见下说。

⑤ 如《月令》称"毋变天之道,毋绝地之理,毋乱人之纪",其中"人纪"显然是"政治"内容。又说"是月也以立春。先立春三日,大史谒之天子曰:'某日立春,盛德在木。'天子乃齐",也含有阴阳五行与政治的关系,但这些言论并无五德始终影子。实际上,《月令》采用阴阳五行思想来解释物候农时,强调遵从"时令",在相当程度上体现出尊重自然规律的意思,相对于《夏小正》来说是一种重大进步。

⑥ 葛志毅《重论阴阳五行之学的形成》认为:"《月令》的独特之处在于其不像其它先秦史籍及诸子偏重于权谋政术、道法名理的探讨,而是重在依据阴阳变化、四时流转、五行生克这些观念认识、构造一个相对完整的自然哲学体系,并指明其对社会人事的制约性影响作用,从而提出一个人法天、政顺时的天人合一政治理想模式。从根本上说,《月令》代表的这种倾向既是阴阳五行说形成、也是促其成熟完善的重要思想催化剂。"参见氏著《谭史斋论稿续编》,第 255 页。葛先生似将《月令》作者的定位类似政论家或哲学家,或有不妥。但说"既是阴阳五行说形成、也是促其成熟完善的重要思想催化剂",实有启示意义。

象生八卦"的万物生成体系,而《月令》不说太极、也不说两仪、四象、八卦,更不说阴阳来源于何处,这与《易传》宣扬的路径不同。可见,不能将《月令》归入道家学派,也与儒家有诸多不同之处。

再次,《月令》与战国诸子建立学术思想体系的思路格格不入、与秦汉流行的"五德始终"思想不吻合。战国诸子无论哪派,都力图建立自己思想体系,然《月令》则看不出任何建立思想体系的企图,即无法明确归类于哪派思想。《月令》与秦汉时期流行的思想也难以吻合。秦重法家,《月令》中没受到"法、术、势"之类法家思想影响,也无重法言论。汉初重黄老,《月令》不见黄老思想影子。汉武帝之时,董仲舒提出"罢黜百家,独尊儒术",儒家思想受到一定的重视,但《月令》中没有明显的儒家思想①。除此,《月令》虽讲阴阳五行,但并未与王朝兴亡联系在一起,明显与秦汉盛行的"五德始终"的王朝兴亡论相歧。

综上所述,将《月令》作为汉后所作是站不住脚的,从文献的本身性质来说难以归入战国诸子中某一派,自然更不能称作儒家所作之文献②,小戴将《月令》收入《礼记》之中确实有诸多令人费解之处。

二、《月令》内容及特点

既然《月令》文献的本身性质不属于战国诸子任何一派,那么它是哪类文献呢?实际上,至今学界仍无定论。有从现在《月令》列于《礼记》而强调是儒家文献者,有从农业角度出发认定它是农业著作者③,有从《月令》与《吕氏春秋》关系出发来认定它是阴阳家的作品④,有从按月系事和记载内容判断它为"月令书"、"星象物候历"⑤,有认为是"行政月历"⑥,也有称之"王官之时"⑦,有认为"是一类按一年十二

---

① 从语言角度分析,《月令》更不类汉武帝之后文献。《月令》中没有"太极"观念,也与成书于战国、至汉代大为流传的《易传》不甚符合。这也是判断《月令》成书并非汉代的重要证据。

② 实际上,古人也有不认为《月令》是儒家著述,如郑玄称:"名曰《月令》者,以其记十二月政之所行也。本《吕氏春秋》十二月纪之首章也,礼家好事抄合之",显然将其归入杂家类。不过,郑玄认为出于《吕氏春秋》则难以成立。孙希旦:《礼记集解》,第395页。

③ 王毓瑚《中国农学书录》认定《夏小正》为农书的同时也说:"历来儒家所传习的《礼记》里面,也有篇与本书相似的《月令》……因为其中夹杂着有古书真伪的问题,学者一直争论不休。从研究古代农学的角度出发,所有这些文字以及另外一些有关著作应当与本书合读,所以附记于此。"北京:中国农业出版社,1964年,第3页。显然王氏将《月令》视为农学著作的。胡火金《中国古代天文学对传统农业的影响》一文甚至还称之"农家'月令派'"。参见《南京农业大学学报》2001年第1期。

④ 夏纬瑛《夏小正经文校释》称:"《月令》……该是战国时代阴阳家的作品。"北京:农业出版社,1981年,第76页。

⑤ 王安安《〈夏小正〉历法考释》称《夏小正》是我国最早的一部月令书,"是中国现存最早的星象物候历……它不仅是中国最早的一部月令体系专著,也是《礼记月令》《吕氏春秋十二纪》以及《逸周书》月令的渊源著作。"《历史研究》2006年第5期。

⑥ 杨宽:《〈月令〉考》,收入氏著《杨宽古史论文选》,上海:上海人民出版社,2003年,第503页。

⑦ 萧放:《〈月令〉记述与王官之时》,《宝鸡文理学院学报》2001年第4期。

月记载星象、物候、农事、政令的作品"①,诸如此类,都从某一方面来加以认定,因此难以获得较为可信的观点。

笔者认为要解决《月令》文献属性,需要从《月令》内容本身与其著述目的入手考虑。

众所周知,现存《月令》主要包含四方面内容:一是政令,二是阴阳五行,三是物候,四是星象。此是学界众多学者所共识,无须赘言。问题在于作者著述目的是什么,这是判断《月令》属性最为主要的一面。同时值得重视的是《月令》这四个方面的内容是如何结合的? 也就是说它具有什么特点。在笔者看来,《月令》内容是围绕着政令展开的。试释如下。

《月令》政令内容颇多,如称"王命"(或称"命")非常明显地表现出"天子"(实为一国之首领)的政治地位,这是"政令"最好的证据,不必多言。《月令》许多称说阴阳五行之处,也与政令、国家利弊紧密结合。如"孟春行夏令,则雨水不时,草木蚤落,国时有恐;行秋令,则其民大疫,猋风暴雨总至,藜、莠、蓬、蒿并兴;行冬令,则水潦为败,雪霜大挚,首种不入","是月也,日穷于次,月穷于纪,星回于天,数将几终,岁且更始,专而农民,毋有所使",仲春"行冬令,则阳气不胜,麦乃不熟,民多相掠。行夏令,则国乃大旱,暖气早来,虫螟为害",这些都是运用阴阳五行的理论来解释农时,没有涉及政治上的"运势",而是侧重在以"政令"形式来阐述物候农时,强调一旦违背农时则阴阳失调,从而引起农业受损,给国家带来灾难。

进一步说,《月令》谈物候更是政令、礼仪、星象历法相结合,显示出"政令"的特色。兹以孟春之月说明。自"孟春之月"到"祭先脾"体现强烈的阴阳五行思想,紧接着是"东风解冻,蛰虫始振,鱼上冰,獭祭鱼,鸿雁来"一组物候,之后便是"天子居青阳左个,乘鸾路,驾仓龙,载青旗,衣青衣,服仓玉,食麦与羊,其器疏以达","青阳"为明堂之东方,《礼记集解》云:"皆所以顺时气也"②,高诱注《孟春纪》"衣青衣"云:"所衣佩玉皆青者,顺木色也"③。此后五个"是月也"的论述,无论是立春祭典、"命相布德,和令,行庆,施惠"、"乃命大史守典奉法"、"天子乃以元日祈谷于上帝"、"王命布农事"、"命乐正入学习舞,乃修祭典"、"不可以称兵,称兵必天殃"等等,都属于王权、政令表现形式出现,显然,孟春之月所叙将体现出政令特色。其余仲春、季春两个月也是如此,乃至夏、秋、冬诸月无不如是。

值得注意的是,《月令》讲星象、历法时,同样与政令紧密结合,如"乃命大史守

①　甘迪龙:《先秦汉初〈月令〉研究》,香港中文大学 2005 年硕士学位论文。此文提出四个方面,但未说明具体归入哪类,实质上体现出作者未能准确把握《月令》属性。

②　孙希旦:《礼记集解》,第 410 页。

③　吕不韦著、陈奇猷校释:《吕氏春秋校释》,上海:上海古籍出版社,2002 年,第 9 页。

典奉法,司天日月星辰之行,宿离不贷,毋失经纪,以初为常"、"先立夏三日,大史谒之天子曰:'某日立夏,盛德在火。'天子乃齐。立夏之日,天子亲帅三公、九卿、大夫以迎夏于南郊,还反,行赏,封诸侯。庆赐遂行,无不欣说。乃命乐师习合礼乐。命太尉赞桀俊,遂贤良,举长大。行爵出禄,必当其位",这种以"政令"形式来要求国人遵循天道的做法,实有后世诏令或律令的含义。

显然,《月令》以政令为核心,将阴阳五行、物候、星象历法等内容紧密联成一体,体现出王朝"法令"的特色,并以此为国家实施农业生产、保持国家稳定与发展提供保障。由此可以肯定,《月令》所表现出来的内容绝非先秦诸子著述所具有的特点,自然也就不是儒家所著了。

三、《月令》的文献属性

那么《月令》究竟是哪类著述?笔者以为把它与《夏小正》[①]进行比较,或许能够比较准确地说明《月令》的归属。我们先分析现存《夏小正》的特点:

其一,原典极其简单,经、传文合体。《夏小正》与《大戴礼记》其余篇目写法也不同,它有经、传两种不同的内容。兹以原文为例:

> 雁北乡。先言雁而后言乡者何也?见雁而后数其乡也。乡者何也?乡其居也,雁以北方为居。何以谓之居?生且长焉尔。"九月遰鸿雁",先言遰而后言鸿雁何也?见遰而后数之则鸿雁也。何不谓南乡也?曰:非其居也,故不谓南乡。记鸿雁之遰也,如不记其乡,何也?曰:鸿不必当《小正》之遰者也。
> 雉震呴。震也者,鸣也。呴也者,鼓其翼也。正月必雷,雷不必闻,惟雉为必闻。何以谓之?雷则雉震呴,相识以雷。

上述"雁北乡"、"雉震呴"是原典语言(即经),而后面一大段都是解说之辞(即传),不似先秦诸子著述习惯。其分经传,古代学者早有明言,今人夏纬瑛也指出这一点[②]。

其二,内容庞杂,毫无儒家气息。《夏小正》分记十二月,涉及物候、农时、气象、

星象、历法、政令、祭祀等内容,与《月令》所记内容相类。兹以正月为例,该月所记23 则,经文分别为"启蛰"(物候)、"雁北乡"(物候)、"雉震呴"(物候)、"鱼陟负冰"(物候)、"农纬厥耒"(农时)、"初岁祭耒始用畼"(祭祀)、"囿有见韭"(物候)、"时有俊风"(气象)、"寒日涤冻涂"(气象)、"田鼠出"(物候)、"农率均田"(农时)、"獭献鱼"(物候)、"鹰则为鸠"(物候)、"农及雪泽"(农时)、"初服于公田"(政令)、"采芸"(祭祀)、"鞠则见"(星象)、"初昏参中"(星象)、"斗柄县在下"(星象)、"柳稊"(物候)、"梅、杏、柂桃则华"(物候)、"缇缟"(物候)、"鸡桴粥"(物候)。显然,在"正月"的经文中无法看出儒家思想的因素,实际上,其他诸月也看不出儒家思想因素。如果进一步分析,《夏小正》传文也看不出儒家思想的因素。

其三,时令或有窜乱。以《月令》对照《夏小正》,可以发现两者许多不同。如《夏小正》正月内容,在《月令》中则可能分在季冬、孟春和仲春三个月内①:

记入《月令》季冬:"雁北乡"("雁北乡"②)、"雉震呴"("雉雊");

记入《月令》孟春:"启蛰"("蛰虫始振")、"鱼陟负冰"("鱼上冰")、"时有俊风"("东风解冻"③)、"农率均田"("王命布农事,命田舍东郊,皆修封疆,审端经术。")、"獭献鱼"("獭祭鱼"④)、"初昏参中"("昏参中");

记入《月令》仲春:"鹰则为鸠"("鹰化为鸠"⑤)、"采芸"("荣芸……始收"⑥)、"柳稊"("时有见稊")、"梅、杏、柂桃则华"("桃始华")。

在《月令》中无类似记载者如下:

"农纬厥耒"⑦、"初岁祭耒,始用畼也"⑧、"囿有见韭"、"寒日涤冻涂"⑨、"田

---

① 《夏小正》其他月份记载亦与此相似。
② 括号中是《月令》中的内容,下同。
③ 夏纬瑛称为"和熙之风",当是。参见氏著《夏小正经文校释》,第 9 页。
④ 夏纬瑛认为"献"字或作"兽"。参见氏著《夏小正经文校释》,第 11—12 页。
⑤ 夏纬瑛认为是古人对自然界事物观察不够精审而发生的误解。参见氏著《夏小正经文校释》,第 12 页。
⑥ 《月令》仲冬"芸始生",此非采芸而言,然《月令》未见"采芸"记载。《夏小正》二月"荣芸,时有见稊,始收",入于二月,正月则有"采芸"记载,显然矛盾。《夏小正》二月有"柳稊",故将"采芸"归入仲春。
⑦ 《月令》孟春"天子亲载耒耜",即藉田,此包含令农人备耒农作的意思。
⑧ 夏纬瑛认为此当是前文"农纬厥耒"的传注,混入经文,其辨析当是,故此条可归入孟春。参见氏著《夏小正经文校释》,第 6 页。
⑨ 夏纬瑛称"日"字当作"而"字解,"与上文'时有俊风'共为一句,意思是说:其时有美善之风,其风虽寒而能涤除冰冻的泥涂。"参见氏著《夏小正经文校释》,第 10 页。

鼠出"①、"农及雪泽"、"初服于公田"②、"鞠则见"③、"斗柄县在下"④、"缇缟"⑤、
"鸡桴粥"。

　　上述《月令》中无类似记载者共 11 条，除"鞠则见"不能确定时令外，大致也在季冬
到仲春之间。有学者认为《夏小正》成书于战国时，稍早于《月令》⑥，如果此说不
误，那么同一物候、星象、农时则应大致对应，不应差异如此。即使《夏小正》成书远
远早于《月令》，那么对同一物候、同一星象的观察，对同一农时的区分，上下一月则
自然有可能是观察差误，然不至于相差达两月之久⑦，因此笔者认为可能是经文窜
乱的原故。

　　如果我们把《夏小正》经文与《月令》对照起来看，显然两者的记事方式是完全
相同的，只不过《月令》记载得更为完善一起，加上更多的内容，使其经文更为丰富。
值得一提的是，《夏小正》没有"中央土"一说，这与《月令》不同，因此可说《夏小正》
受到阴阳学说影响，但不具备五行思想，而《月令》则受到阴阳五行思想影响。同
时，《夏小正》传文只是"解释"经文内容，体现不出儒家思想因素。因而，根据这些
情况判断，自然可以得出《夏小正》与《月令》一样，原本也非儒家所著。

　　那么，这两种著述是何种性质的文献？《逸周书》称："周公正三统之义，作《周
月》，辩二十四气之应以明天时，作《时训》。周公制十二月赋政之法，作《月令》。"⑧
称周公"作《月令》"自然是牵强附会，不足为信。但称"制十二月赋政之法"一语却

---

① 孟春天气转暖，鼠当会活跃起来，似入孟春较恰当。

② 夏纬瑛称"农及雪泽，初服于公田"非经文，而是二月"往耰黍禅"的传注。参见氏著《夏小正经文校释》，
第 14—15 页。

③ 《十三经注》鞠为"星名也。鞠则见者，岁再见尔。"然《史记·天官书》中无"鞠星"之名，因而历代诸家各
作解释，均未能定谳。参见夏纬瑛《夏小正经文校释》，第 18 页。

④ 夏纬瑛引朱骏声说，释斗柄在下为东北隅，然与"正月"不吻合。参见氏著《夏小正经文校释》，第 18 页。
冬至月初昏，斗柄指正北(子位)，次月为东北(丑位)，当为十二月。参见郑慧生《古代天文历法初步》，开
封：河南大学出版社，2006 年，第 17 页。刘金沂、赵澄秋《中国古代天文学史略》亦称《夏小正》"用晨见
昏伏星、昏旦时斗柄指向和南中天星指示月份，其间多有矛盾之词。"石家庄：河北科学技术出版社，1990
年，第 21 页。

⑤ 缟为莎草，花期在五月之后。夏纬瑛释"缇"为"花序"则非是，因为"正月"不是莎草开花之时。参见氏著
《夏小正经文校释》，第 19 页。

⑥ 参见中国天文学史整理研究小组《中国天文学史》，北京：科学出版社，1981 年，第 9 页。笔者以为：《夏
小正》经、传应该是两个时期形成的，经文形成时间早，传文则较晚。

⑦ 即使《夏小正》成书早于《月令》1000 年，斗转星移，出现岁差当亦无须奇怪，抑或气候发生某些变化，但同
一月的物候、星象、农时前后不至于相差两个月。黄人二指出《夏小正》用十月太阳历之天象，与《月令》
记十二月不同，参见氏著《敦煌县泉置〈四时月令诏条〉整理与研究》，武汉：武汉大学出版社，2010 年，第
55 页。依黄人二之说，那么两者时令也不应该差异如此之大。

⑧ 孔晁注、黄怀信等：《逸周书汇校集注》卷一《周书序》，上海：上海古籍出版社，1995 年，第 1211—1212
页。

还有可回味之处,即作《月令》者出于"赋政之法",意即从政令角度出发来作《月令》的,这大概是可以认定的。清人王筠把《夏小正》之"正"视为"政",认为是"政字古文,非正朔之正"①,显然将《夏小正》视为"政令"的含义。夏纬瑛也认为《夏小正》"是一个统治集团的一种政事措施"②,此可为定谳。据此,笔者认为:《月令》之"令"自是"政令"之"令",亦可归属"统治集团的一种政事措施",当与《夏小正》同属"政令"之书无疑。

综而言之,我们不反对汉代之后《月令》归属儒家经典的观点,但需要强调的是:《月令》就原始创制者而言,肯定不属于儒家思想家或其他战国诸子③,《月令》属于政令性文献④,是"官方文书"。这就象"六经"原来不属于儒家经典一样,直到孔子删修它们后,才成为他宣扬自己学术思想、教育自己学生的教材,如此才成为儒家经典。然而我们不能说这六种典籍一开始便属于儒家经典⑤。区分这一点非常重要,因为这是我们判断《月令》原始作者的重要依据,也是疏理这一学术史的重要基准点。

既然《月令》不是儒家创制,那么为何被收录到小戴《礼记》中?笔者以为这需要从学术史角度来解答。秦焚书坑儒之后,战国诸子(自然包括儒家)的著作大多受到焚毁,其流传受到极大限制。然秦王朝轰然倒台,到汉初,黄老思想受到重视,其他思想流派也获得重新崛起与发展的机遇。汉代儒家为重建儒学而采集各种文献,作为儒家著述及思想来传授⑥,从而达到扩大儒家影响的目的。这就是《月令》被收入《礼记》的真实原因。大戴《礼记》收录《夏小正》是如此,小戴《礼记》收入相似的《月令》也是如此⑦。不过还得说明的是,尽管《月令》本身不是儒家创制,然自小戴《礼记》编成之后便厕身于儒家之列,之于后世儒家学者将其作为儒家经典而对它进行反复阐释,确实也加入了儒家思想成份,因此,后世解释《月令》的著述也完全确认了《月令》的儒家著述的属性,这也无可非议。而事实上,许多相关著述也

---

① 转自沈文倬《菿闇文存》,北京:商务印书馆,2006年,第1000页。

② 夏纬瑛:《夏小正经文校释·序言》,第1页。

③ 李道和《月令:中国文化的时空图式》认为《月令》属儒家文献,笔者以为不正确。该文载中国民俗学会、北京民俗博物馆编《节日文化论文集》,北京:学苑出版社,2006年。

④ 关于《月令》文献性质,笔者概括为"政令性文献",是受到诸多学者观点的启发。除文中提及的王筠、夏纬瑛外,其他如杨宽《月令考》认为是"行政月历"。杨雅丽《〈月令〉语义文化溯源》认为是"政治性文献"(《贵州文史丛刊》2010年第2期。但她强调《月令》来自《吕氏春秋》是不能令人同意的。)。王璐提出是"月令"是"政令",但未说是"政令性文献"(《汉代月令思想研究》,苏州大学2011年硕士学位论文)。

⑤ 后世"十三经"之说,实际也是陆续将其他一些典籍"增补"到儒家经典中去,视其为儒家经典而已。

⑥ 实际上,从董仲舒的思想中可以看出,他虽自称是儒家学者,要求"罢黜百家,独尊儒术",但他确实吸收了大量其他非儒家思想因素。

⑦ 黄人二反对《隋书》卷三二《经籍志》把小戴《礼记》中《月令》等3篇说成是东汉马融加入,认为《月令》等3篇本身在46篇之中,只是后来将《曲礼》、《杂记》、《檀弓》分为上下,成现今之49篇。笔者认为黄说为是。参见氏著《敦煌县泉置〈四时月令诏条〉整理与研究》,第78页。

被视作儒家著作而被列于正史的"经"类文献中①。朱熹也明确说过：

> 《夏小正》十月玄雉入于淮为蜃，而其传曰："蜃者，蒲卢也"，则似亦以蒲卢为变化之意，而旧说未为无所据也。曰：此亦彼书之传文耳，其它盖多穿凿不足据信，疑亦出于后世迂儒之笔，或反取诸此而附合之，决非孔子所见夏时之本文也。②

朱熹的批评是有一定根据的，他所说出于"后世迂儒之笔"，尽管是"迂儒"，仍属于"儒家"范畴。当然，朱熹本人认为《夏小正》是儒家著述。

现在就需要进一步解决《月令》究竟成书何时、作者为谁的问题。明人杨慎以为是戴圣取《吕氏春秋》相关内容而成③，容肇祖认为《月令》乃战国邹衍所作④。杨宽称"《月令》本太史之学"，然"官失其守"，它为战国末年晋人所作⑤。冯友兰则认为《月令》是"阴阳五行家以传统的术数为资料，以五行观念为基础，用以解释他们所日常接触到的一些自然现象和社会现象"⑥，虽没有点出具体作者，但将其归入阴阳五行家所著是明显的。至今为止，学界一般认为是战国时代某位阴阳五行家所作⑦。笔者认为杨宽的观点虽有缺陷，但学界对此未能重视甚为可惜，而其他说法则值得商榷。尽管因为资料所限，目前无法明确证实是某位战国时代古人所著，但可从上述《月令》特点来进行分析，《月令》并非是一般学者为宣扬某种学说或思想体系而著的篇章，而是含有"政令"意义的著述，因而一定是"朝廷官员"所著。

此非笔者臆断，据《礼记》："天子建天官，先六大：曰大宰、大宗、大史、大祝、大士、大卜，典司六典"⑧，后一"典"者即法典、法令也，自然归属"政令"。显然，观察星象、计算历法、掌握阴阳、主持祭祀均属太史职责范围之内，这也与《月令》反映的

---

① 此可参见一些正史《经籍志》、《艺文志》所列相关注疏《夏小正》和《月令》的书籍。

② 朱熹：《四书或问》，上海：上海古籍出版社、安徽：安徽教育出版社，2001年，第82页。

③ 杨慎《夏小正解·自序》云："小戴氏取吕氏《月纪》，改为《月令》"，见朱彝尊著、林庆彰、蒋秋华、杨晋龙、冯晓庭主编《经义考新校》，上海：上海古籍出版社，2010年，第2707页。

④ 容肇祖《月令的来源考》，《燕京学报》1935年18期，收入《容肇祖集》，济南：齐鲁书社，1989年。

⑤ 杨宽：《〈月令〉考》，收入氏著《杨宽古史论文选》。据该文附言可知，前四部分发表于《齐鲁学报》1941年第2期，后两部分为后来补撰。杨文主旨并不在考证《月令》作者，但他认为"五神配五行、五色、五虫之说，又出之史嚚之口，是亦足证《月令》本太史之学也"，并推定它出于战国晋人之手，故称之出于"晋学"。实际上，杨宽强调"《月令》本太史之学"，只是为了强调它是"官失其守"之后的民间产物，如此又否定了出于"太史"之手。然而，杨宽提出《月令》与太史之学的关系极应引起重视。至于杨先生认为出于晋学，限定范围似太严，其根据不足。本文考证《月令》出于太史之手，不再重复使用杨宽引用过的资料，而尽可能发掘新资料来论述。

⑥ 冯友兰：《三松堂全集》（第七卷），郑州：河南人民出版社，2000年，第437页。

⑦ 实际上，上述这些学者虽判定《月令》作者或为阴阳五行家，但他们却不否认《月令》是儒家著述。

⑧ 孙希旦：《礼记集解》卷五《曲礼下第二之一》，第132页。

内容吻合①。《周礼》还说太史"掌正岁年以序事,颁之于官府及都鄙,颁告朔于邦国",孙诒让释"序事":"若《夏小正》、《月令》四时所施行之事,使皆得其序。"②可见太史确是主掌该类政务者。

《史记》载舜"东巡狩"时与东方君长"合时月正日",《正义》云:

> 既见东方君长,乃合同四时气节,月之大小,日之甲乙,使齐一也。《周礼》:"太史掌正岁年以序事,颁正朔于邦国。"则节气晦朔皆天子颁之。犹恐诸侯国异,或不齐同,因巡狩合正之。③

据此,可以断定这种观察星象物候、顺从阴阳五行、注重农事的"月令"属于太史撰述的政令,并由国君颁之各地。我们还可举出其他例证,如《国语》载:

> 宣王即位,不籍千亩。虢文公谏曰:"不可。夫民之大事在农,上帝之粢盛于是乎出,民之蕃庶于是乎生,事之供给于是乎在,和协辑睦于是乎兴,财用蕃殖于是乎始,敦庞纯固于是乎成,是故稷为天官。古者,太史顺时阗土,阳瘅愤盈,土气震发,农祥晨正,日月厎于天庙,土乃脉发。④
> 先时九日,太史告稷曰:"自今至于初吉,阳气俱蒸,土膏其动。弗震弗渝,脉其满眚,谷乃不殖。"⑤

虢文公谏周宣王不籍千亩,称"古者,太史顺时阗土"、"太史告稷"云云,显然是太史履行其职能的表现,他们根据时令、阴阳等具体情况来监管农事。这也是太史作《月令》的有力根据。

事实上,太史也具备著述《月令》所需要的学识,他们懂天文、地理、物候、农业,乃至阴阳五行等等,如此才能著述出上符天时、下符农业生产的"月令"来。如司马谈曾自称:

> 太史公学天官于唐都,受《易》于杨何,习道论于黄子。太史公仕于建元元封之间,愍学者之不达其意而师悖,乃论六家之要指曰:……夫阴阳四时、八

---

① 《月令》孟春云:"乃命大史守典奉法,司天日月星辰之行,宿离不贷,毋失经纪,以初为常",实际也明确了太史须奉行典章制度,观察日月星辰运行不能出差错,暗示着太史有作《月令》的职责。
② 孙诒让:《周礼正义》卷五一《春官·大史》,北京:中华书局,1987年,第2082—2083页。
③ 《史记》卷一《五帝本纪》,第26页。
④ 徐元诰《国语集解》卷一《周语上》,北京:中华书局,2002年,第16页。
⑤ 徐元诰《国语集解》卷一《周语上》,第16—17页。

位、十二度、二十四节各有教令，顺之者昌，逆之者不死则亡。未必然也，故曰"使人拘而多畏"。夫春生夏长，秋收冬藏，此天道之大经也，弗顺则无以为天下纲纪，故曰"四时之大顺，不可失也"。①

显然，太史能通阴阳家之"阴阳四时、八位、十二度、二十四节"，顺应"春生夏长，秋收冬藏"的"天道之大经"、无违"天下纲纪"，那么他所制订出来的"月令"自然会获得国君们的认可而颁布。可见，在朝廷众多官员中，只有太史学识与职责能够担当撰写类似《月令》的篇章，然后交呈国君以政令形式颁发各地。《史记·天官书》"索隐述赞"云："在天成象，有同影响。观文察变，其来自往。天官既书，太史攸掌。云物必记，星辰可仰"②，其说"太史攸掌"的说法是可信的。在其他文献中也有类似说法，如《文选》李善注载：

> 《东都赋》曰："体元立制，顺时立政"，谓依月令而行也。《礼记》曰："凡举事必顺其时。"③

此《礼记》实即《月令》，然《礼记·月令》文字略异："凡举大事，毋逆大数，必顺其时"。《昭明文选》对《东都赋》"体元立制，顺时立政"的疏释为"依月令而行（政）"，应该说是正确的，这在春秋战国乃至秦汉时期施行有关农事的政令时均是如此，而且从考古中获得了明证④。如果进一步分析，那么后世王朝"颁朔"也属于这种性质的礼仪，体现出国家对农业的重视。如果这种说法能够成立，那么完全可以断定《月令》的作者应当是战国时期三晋、齐、燕的太史⑤，因为从《月令》内容所体现的物候乃属中原一带，其重商思想与西鄙秦国不侔，因此不属于秦国或南部楚国⑥。

---

① 司马谈：《论六家要旨》，《史记》卷一三《太史公自序》，第 3290 页。

② 《史记》卷二七《天官书》，第 1353 页。

③ 萧统：《文选》，北京：中华书局，1977 年，第 172 页。

④ 1992 年在敦煌悬泉置坞内发现的西汉平帝元始五年颁布的《四时月令诏条》便是明证，无论其内容还是文字形式都与《月令》有相似性。参见黄人二《敦煌悬泉置〈四时月令诏条〉整理与研究》，武汉：武汉大学出版社，2010 年。

⑤ 就其内容分析，笔者认为《月令》成书时间必定早于《吕氏春秋》。《月令》并非抄袭《吕氏春秋》成篇，而是黄河流域中下游地区三晋、燕、齐的太史沿袭周王朝太史作农时之令的著述。其实，蔡邕《月令篇名》早就指出："秦相吕不韦著书，取《月令》为《纪号》，淮南王安亦取以为第四篇，改名曰《时则》，故偏见之徒，或云《月令》吕不韦作，或云淮南，皆非也。"参见严可均辑《全上古三代秦汉三国六朝文》之《全后汉文》卷八蔡邕《月令篇名》，北京：中华书局，1958 年，第 903 页。

⑥ 杨振红《月令与秦汉政治再探讨》提出："《管子》虽然其成书年代尚不能确定，但其所述为齐国制度当无疑议。那么，青川秦律和《国语·周语》所代表的月令体系是否反映的是前帝国时代黄河中上游地区的农业习俗？相对的，《管子》、《吕纪》是否代表着前帝国时代黄河下游的月令体系？"杨氏区分"月令"体系所属区域的看法，极有参考价值。杨文载《历史研究》2004 年第 3 期。

　　实际上,太史作月令也可从后世某些事例中获得启示。众所周知,自古以来,太史职掌之一是著史,这一职责后代演化为史官之职,后世某些朝代史官制订月令也有迹可寻,如唐宋便是如此。《唐大诏令集》卷八六"时令"收入开元五年十月一日《令史官条奏每月应所行事诏》[①],即玄宗命史官每月修月令上奏,不但唐有"月令",且史官修月令亦得到证明矣。尽管开元间史官所修月令内容今已不全[②],但我们从宋代情况或可了解一二。这里先须指出,宋人修礼极重唐代开元礼,虽然宋礼有所改易,但对唐礼继承亦颇多[③]。《宋大诏令集》卷一二六《明堂四》至卷一三三《明堂十》中记载大量徽宗时期的月令,其形式与《月令》极为相似,内容则更为丰富,文字亦颇多异同。兹举宣和三年闰五月月令如下:

　　　　宣和三年闰五月朔,皇帝御明堂,门阖左扉。以是月天运政治,布告于天下曰:仲夏闰月,斗建午、未之间。朔日,甲子。日在井,昏亢中,晓室中。丁卯,蜩始鸣。癸酉,半夏生。戊寅,小暑。温风至,得六月之节。癸未,蟋蟀居壁。戊子,鹰乃学习。是月也,其化炎烁,其令郁蒸,土居相火之位,为赤云,为湿生,为注雨,其病下热胁满。凡味,以苦写之,以甘缓之。凡乐,蕤宾为宫,大吕为徵,夷则为商,夹钟为羽,无射为角,调宜尚徵,以致其平。是月也,朔告于庙。择日祭先牧、祀帝鼐、祀黄帝、中岳、中镇、中雷。官吏理考。抵当计息,田诉展期如令。给军马,较场务。咸以所附月为政。行冬令,则雹冻伤谷。行春令,则五谷晚熟。行秋令,则草木零落。于戏! 定时成岁,庶绩其凝。咨尔万方,祗协予训。

宋人制月令,依唐代月令为基础,然后加以增删阐发[④],因此从宋代月令记载中可

---

① 宋敏求:《唐大诏令集》,北京:商务印书馆,1959 年,第 495 页。

② 《丛书集成新编》收录清人茆泮林辑李林甫《唐月令注》一卷、补遗一卷、附考一卷,恐非贾昌朝《唐月令》全部原文。

③ 就唐宋两代皇帝召集重要官员听读月令而言,史有明确记载,且为一脉相承。《旧唐书》卷二四《礼仪志四》:"太宗贞观十四年春正月庚子,命有司读春令,诏百官之长,升太极殿列坐面听之。开元二十六年,玄宗命太常卿韦绦每月进《月令》一篇。是后每孟月视日,玄宗御宣政殿,侧置一榻,东面置案,命韦绦坐而读之。诸司官长,亦升殿列座而听焉。岁余,罢。乾元元年十二月丙寅立春,肃宗御宣政殿,命太常卿于休烈读春令。常参官五品已上正员,并升殿预坐而听之。"《续资治通鉴长编》卷一二〇载宋仁宗景祐四年三月"戊戌,翰林学士丁度等上所撰《国朝时令》一卷,诏以五月朔入合,因读时令"。

④ 陈振孙《直斋书录解题》卷六载贾昌朝《国朝时令集解》,称:"左仆射真定贾昌朝子明撰。唐因《礼记·月令》旧文增损为《礼记》首篇。天宝中改名《时令》。景祐初,始命复《礼记》旧文,其唐之《时令》,别为一篇,遂命礼院修书官丁度、李淑、宋祁、王洙、郑戬及昌朝,约唐《时令》撰定为《国朝时令》,以便宣读。盖自唐以来有明堂读时令之礼也。"

以看出唐代月令的基本模式①。

四、《月令》与秦汉政令、农书分离趋势

综上所述，《月令》最初创制者不属于儒家文献是十分显然的，它原是战国时期三晋、齐、燕太史所著的政令，但经小戴收入《礼记》而成为儒家经典著作。如果从学术史角度来进一步分析，笔者以为可以《月令》为时间断限，它对后世政令与农书分途演进有一定影响。试为论之。

前面我们已经提及，《月令》"实有后世诏令或律令的含义"，因为与《夏小正》相比，《月令》已超越《夏小正》那种简略的物候式"农事"的记载②，除加强政令色彩之外，又采用了当时比较先进的阴阳五行思想来加以系统化、理论化、实践化，使上自天子、下至庶民都笼罩在阴阳五行的氛围之中，体现国家用"命令"式的政治手段来加强对农业生产的管理。换句话说，如果说《夏小正》还比较偏重农事的话，那么《月令》是"农政结合"了，这体现了战国末年太史著月令的时代特色。

而秦自商鞅变法后，一直持农战强国的政策，重视农业立法，这至少可从青川木牍《更修为田律》、睡虎地《秦律十八种》中的《田律》获得证明。我们可以清楚地看出，这种成文法，虽受到《月令》影响，但更偏重"律令"形式，同时阴阳五行色彩并不浓厚；从张家山出土的《二年律令》、敦煌悬泉置《四时月令诏条》中也可看出汉承秦制，这些律令中阴阳五行思想也较少。换句话说，至少现在没有发现秦汉时期出现象《月令》那样所包含政令、农事、星象历法、阴阳五行内容混同一体的有关农事的著述，却分别形成"田律"之类的法令类的文献和专门阐述有关一年12个月农事的农书。下面从出土文献来分析。

有关法令类农事的出土文献已有一些，如战国秦国武王二年（前309年）的青川木牍、战国末年至秦朝初的睡虎地秦简中的《秦律十八种》之《田律》、湖北江陵张家山出土的《二年律令》③、敦煌悬泉置出土的西汉平帝元始五年（5年）《四时月令诏条》等等，都是其中最为重要者④。

从战国时期的秦国有关农事的律令来看，大致是从商鞅变法之后沿袭下来，商鞅死于公元前338年，韩非子称"及孝公、商君死，惠王即位，秦法未败也"⑤，从现在

---

① 需要补充的是，笔者至今未查到宋代史官制月令的根据，仅见礼官制月令的资料，此与唐代史官修月令似有不同。
② 以《夏小正》经文而言，偏重农时，因此后世学者将其作为中国农业著述的鼻祖。
③ "二年"即吕后二年，公元前186年。
④ 关于有关月令内容的出土简牍，杨振红有所例举，参见吴丽娱主编《礼与中国古代社会》（秦汉魏晋南北朝卷）第一章（下）第五节《月令与秦汉政治》，第157页。
⑤ 王先慎：《韩非子集解》卷一七《定法》，北京：中华书局，1998年，第398页。

出土简牍已经得到证明。青川县出土有关田律的木牍共 2 件，其中 M50 第 16 简正面为 121 字，记战国秦武王二年（公元前 309 年）命左丞相甘茂更修《田律》事，所谓"更修"，则此前有相关田律明矣。该木牍具体内容如下[①]：

> 二年十一月己酉朔朔日，王命丞相戊、内史匽，民臂（辟），更修《为田律》：田广一步，袤八，则为畛。亩二畛，一百（陌）道；百亩为顷，一千（阡）道，道广三步。封高四尺，大称其高；捋（埒）高尺，下厚二尺。以秋八月，修封捋（埒），正彊（疆）畔，及登千（阡）百（陌）之大草；九月，大除道及阪险；十月，为桥，修波（陂）堤，利津梁，鲜草离。非除道之时而有陷败不可行，辄为之。

律令包括八月到十月之间的修改封疆、修道治淦、筑堤修桥、疏通河道等事。从该律令文字讲，没有涉及阴阳五行内容，确实有异于《月令》。

湖北云梦县睡虎地出土大量简牍，时间大致为战国末年至秦朝初，其中《秦律十八种》之《田律》与本文所叙内容相关。该《田律》残缺甚多，其中"二月"部分相对完整，兹罗列于下：

> 春二月，毋敢伐材木山林及雍（壅）堤水。不夏月，毋敢夜草为灰，取生荔、麛鷇（卵）彀，毋□□□□□□毒鱼鳖，置穽罔（网），到七月而纵之。唯不幸死而伐绾（棺）享（椁）者，是不用时。邑之圻（近）皂及它禁苑者，麛时毋敢将犬以之田。百姓犬入禁苑中而不追兽及捕兽者，勿敢杀；其追兽及捕兽者，杀之。河（呵）禁所杀犬，皆完入公；其它禁苑杀者，食其肉而入皮。[②]

大致可以判断的是，此律规定春二月不可伐取木材、不准壅塞水道、不准烧草为灰、不准采摘植物幼芽、禁止捕捉幼兽和杀幼弱动物，不准取鸟卵、不准毒杀鱼鳖，不准设置陷阱和纲罟捕捉鸟兽，等等。这段话部分词句与《月令》孟春极其相似，显然可以判定这些律令与《月令》有明显的部分传承关系，但其变化也是非常清晰的。如"唯不幸死而伐绾享者"之后部分，《月令》则无。除"春二月"外，田律其他残存的文字既没有讲星象，也没有《月令》阴阳五行内容，而且其词句是比较规范的法律文书形式，因此大致可以断定，这些有关农事的律令的令文青川律令一样，比较"专业"，受阴阳五行等思想影响不甚明显。

汉代有月令是可以肯定的。《汉书》载成帝阳朔二年春诏曰："昔在帝尧立羲、

---

① 文字识读据李学勤《青川郝家坪木牍研究》，《文物》1982 年第 10 期。
② 睡虎地秦墓竹简整理小组：《睡虎地秦墓竹简》，北京：文物出版社，1978 年，第 26 页。

和之官,命以四时之事,令不失其序。故《书》云'黎民于蕃时雍',明以阴阳为本也。今公卿大夫或不信阴阳,薄而小之,所奏请多违时政。传以不知,周行天下,而欲望阴阳和调,岂不谬哉! 其务顺四时月令。"①此为西汉有月令明证。《后汉书》载明帝永平二年正月辛未,祀光武帝于明堂,礼毕,登灵台。使尚书令持节诏骠骑将军、三公曰:"今令月吉日,宗祀光武皇帝于明堂,以配五帝。礼备法物,乐和八音,咏祉福,舞功德,班时令,勅群后"②;东汉章帝建初五年冬"始行月令迎气乐"③,又称"每春下宽大之诏,行四时之令,皆(侯)霸所建"④,此为东汉有月令之明证,无须赘言。

值得注意的是,杨宽先生撰《〈今月令〉考》一文⑤,指出东汉有月令,实是一大创见。但他认为郑玄注引《今月令》18 条⑥,即东汉所用月令称《今月令》,此恐不尽然。因为今本《礼记》载郑玄注引"今月令"均为字之异同,没有载其它内容,因而不能判定郑玄所引便是东汉某一具体月令的书名,因为完全有可能是当时流行的《月令》不同的版本、用"今"字指明当时版本不同的字词。

我们还可用其他史料来证实。《后汉书》有 3 处记载"今月令"三字,但均为唐人李贤之注⑦,如:"有司奏,以为夏至则微阴起,靡草死,可以决小事",李贤注曰:"《礼记·月令》曰孟夏之月,'靡草死,麦秋至,断薄刑,决小罪'。郑玄注云:'靡草,荠、亭历之属。'臣贤案:五月一阴爻生,可以言微阴,今月令云'孟夏',乃是纯阳之月;此言'夏至'者,与《月令》不同。"⑧这里"有司"所奏内容实为东汉时"月令",李贤以"今月令"代称有司所奏月令,指出其与《礼记·月令》有所不合,实际指出当时《月令》确有不同版本。实际上,李贤用"今月令"还有其他用法,如《后汉书》载:"立秋之日,白郊礼毕,始扬威武,斩牲于郊东门,以荐陵庙",李贤注曰:"《月令》,孟冬天子讲武,习射御,角力。卢植注曰:'角力,如汉家乘之,引关蹋鞠之属也。'今《月令》,季秋天子乃教田猎,以习五戎。"⑨因此,将"今月令"视为书名是大谬也。因为李贤所称"今月令"内容恰是《礼记·月令》"季秋"内容,而前一"月令"所载"孟冬"事则在《礼记·月令》季秋之内,即"天子乃教于田猎,以习五戎"。李贤指出东汉"月令"所记与《礼记·月令》内容的差异,故"今"字当作"今存"之谓。显然,"今"仅是冠在某一具体月令内容之前的时间副词,或指某一当时存在的版本,使用方法与

---

① 《汉书》卷一〇《成帝纪》,第 312 页。
② 《后汉书》卷二《明帝纪》,第 100 页。
③ 《后汉书》卷三《章帝纪》,第 141 页。
④ 《后汉书》卷二六《侯霸传》,第 902 页。
⑤ 杨宽:《古史论文选集》,上海:上海人民出版社,2003 年,第 902 页。
⑥ 孙希旦:《礼记集解·月令第六》,点校者均作"今《月令》"。
⑦ 分别为卷四、卷九二、卷九五,均为唐人李贤注。
⑧ 《后汉书》卷四《和帝纪》,第 192 页。中华书局本标点此段有误,笔者重加标点。
⑨ 《后汉书》卷九五《礼仪志中》,第 3123 页。

郑玄注完全相同,故"今月令"不是特指东汉某一月令著作,不能以"书名"称之。因而,杨宽先生将郑注"今月令"视为东汉月令著述,实是错误。郑注"今月令"应视为当时东汉所流行之《月令》,而非具体书名,点校时完全可以不加书名号,即使要加,也只能加于月令两字之上。

其实,我们可以从一些出土简牍来证明汉代月令与《月令》内容、语言方面的异同。笔者认为两汉所行月令当是类似于敦煌悬泉置出土的《四时月令诏条》,与《礼记·月令》在文字、内容与形式上均有所不同。兹先分析西汉的相关简牍。湖北江陵张家山出土的《二年律令》为汉初律令,其中有《田律》13条。《二年律令》有与《礼记·月令》及秦田律相似内容:

> 春夏毋敢伐材山林,及进(壅)隄水泉,燔草为灰,取产麛卵鷇;毋杀其绳重者,毋毒鱼。①

就其文字而言,《二年律令》与《月令》差异稍大,而与秦田律非常相似,可以判断为一脉相承,这种继承关系恰恰体现出汉承秦制的律令特色②。

敦煌悬泉置出土的西汉平帝元始五年(公元5年)《四时月令诏条》更为典型。该诏条共101行,文字略有残缺③。自第1行至第7行为太皇太后诏令内容,第8行至第82行为月令内容。月令中的内容部分大致可分为几个大类,一是罗列孟春到季冬十二个月所需农作及其他事宜。每季(季春到季冬)之后均有臣下表示"尽力奉行"。二是内容与解释之词大多分上下两部分来表示。即月令内容在上半,内容前均有黑点;下半以"谓"字起句作解释,"谓"字前均有黑点,以示区隔。解释者引用阴阳五行思想非常少④。三是臣下奉令施行的态度,从第83行起至第100条为臣僚疏议诏令及太皇太后下制的内容。最后一行为"诏书四时月令五十条",即该诏书的题目。《四时月令诏条》以四季为名,分为十二月,与《月令》相同,包括孟春11条、中春5条⑤、季春4条、孟夏6条、中夏5条、季夏1条、孟秋3条、中秋3条、季秋2条、孟冬4条、中冬5条、季冬1条,合计50条。经笔者将《四时月令诏条》与《月令》逐条比对,大致情况为:

其一,《四时月令诏条》的月令具体内容的文字,绝大多数与《月令》相同或相

---

① 彭浩等主编:《二年律令与奏谳书》,上海:上海古籍出版社,2007年,第190页。此录入现行字。
② 其余12条,《月令》均无,文字也体现出强烈的律令意味。
③ 比较而言,月令部分相对完整,解释部分残缺严重;整篇以"仲春"之前相对完整,"仲春"之后残缺较严重。
④ 此可印证上引成帝阳朔二年春诏中"今公卿大夫或不信阴阳,薄而小之"之语。
⑤ 中春即仲春,下文中夏、中秋、中冬同。

似。兹仅以孟春为例：《四时月令诏条》第 3 条至第 5 条，"毋作大事，以防农事"、"毋□水泽，□陂池、□□"、"毋焚山林"，《礼记·月令》作"毋作大事，以妨农之事……毋竭川泽，毋漉陂池，毋焚山林"。显然两者文字基本一致。还须指出的是，凡《四时月令诏条》中脱漏文字，往往可以《礼记·月令》来加以辨识或确认。

其二，两者有些内容相似，而具体文字不同。如《四时月令诏条》"中春"第 1 条为"敬授民时，曰：扬谷，咸趋南亩"，《月令》无相同之句，但含义类似者则有之："王命布农事，命田舍东郊，皆修封疆，审端经术，善相丘陵、阪险、原隰，土地所宜，五谷所殖，以教道民，必躬亲之。田事既饬，先定准直，农乃不惑。"①现所发现的秦律无此内容，因而无法进行比较。

其三，《四时月令诏条》与《月令》在具体内容的表现形式上有差异。《月令》许多内容以"王命"（命）的方式出现，而《四时月令诏条》则很少用这些形式②；《月令》有星象历法、阴阳五行、物候、礼制、违反阴阳所出现的灾害等内容，《四时月令诏条》则没有。而《四时月令诏条》在头尾体现出诏令形式，还在四季之后加上官员奉令施行的表态之语，这也与《月令》的形式不同。

其四，《月令》内容比《四时月令诏条》丰富得多。《四时月令诏条》50 条，有个别具体内容未见《月令》记载，如"孟春""追捕盗贼，尽夏"、孟冬"毋治沟渠，决行水泉"，等等。比较而言，《月令》所载内容远远超过《四时月令诏条》；在具体表述上，《月令》也详细得多。如《四时月令诏条》"中春"第 1 条"存诸孤"，《月令》则为"安萌牙，养幼少，存诸孤"。《四时月令诏条》"季夏"仅一条："……【土功】"，《月令》则为"命虞人入山行木，毋有斩伐。不可以兴土功，不可以合诸侯，不可以起兵动众。毋举大事"、"毋发令而待，以妨神农之事也。水潦盛昌，神农将持功，举大事则有天殃"、"烧薙行水"。类似这种内容，《四时月令诏条》缺失太多。

其五，《月令》有比较浓厚的阴阳五行思想，而《四时月令诏条》仅在太皇太后诏令中有"往者阴阳不调"、"钦顺阴阳，敬授民时"数语，显示其受到阴阳家思想的影响外，具体内容中很少涉及阴阳五行内容。

实际上，传世文献中仍然有一些与悬泉置出土的《四时月令诏条》相似的月令，如：

---

① 《史记》卷一《五帝本纪》载帝尧命羲、和、羲仲等人"敬顺昊天，数法日月星辰，敬授民时"，《索隐》谓："《尚书》作'历象日月'，则此言'数法'，是训'历象'二字，谓命羲和以历数之法观察日月星辰之早晚，以敬授人时也。"第 16—17 页。数法，据《月令》"凡举大事，毋逆大数，必顺其时，慎因其类"，可见"大数"指天数，即天道。

② 《四时月令诏条》用"命"甚少，如"季秋"第 1 条："命百官贵贱，无不务入"、"孟冬"第 1 条"命百官，谨盖藏"等，实际上，该诏条本身是"政令"，无需用"命"字，这正说明《四时月令诏条》与《月令》之间的承接关系。

　　　　正月始耕。昼漏上水初纳，执事告祠先农，已享。耕时，有司请行事，就耕
　　　位，天子、三公、九卿、诸侯、百官以次耕。力田种各櫌讫，有司告事毕。是月令
　　　曰："郡国守相皆劝民始耕，如仪。诸行出入皆鸣钟，皆作乐。"①

"是月令曰"指该月下达的政令（即月令），其文字显然与《四时月令诏条》相似而与
《月令》有较大差异。

　　那么，《月令》为何与秦汉出土的这些文献有如此差异？在笔者看来，其原因便
是太史职能的变化。众所周知，商末、西周设置太史寮，其长官即太史，或称尹氏、
内史尹、作册尹，名列天官，为三公之一，其地位仅次于卿事寮的长官太师或太保。
太史一职往往为世袭，掌管册命、制禄、图籍、礼制、占卜、祭祀、记录历史、时令、天
文、历法等事务。而到战国时期，太史地位有所下降。成书于战国、完善于汉代的
《周礼》载太史仅位下大夫，尽管当时太史还拥有依据星象历法、阴阳五行来制订
"月令"的权力，但其地位显然已经下降。值得指出的是，传世文献及出土文献记载
战国时期东方诸侯国有太史的记载，然而未见秦国有太史一职。秦灭六国，一统天
下之后，设置三公九卿，三公中丞相辅佐皇帝治理国内大事，九卿中治粟内史主管
国家财政经济大权，负责征收租税钱谷，那么有关农事的政令当由丞相和治粟内史
负责制订，并通过皇帝认可后施行。秦朝设置太史令一职，秩六百石，隶属太常，仅
掌天文历法，显然其地位低下，且与农事似不相关②。汉承秦制，史称"奉常，秦官，
掌宗庙礼仪，有丞。景帝中六年更名太常。属官有太乐、太祝、太宰、太史、太卜、太
医六令丞"③，显然汉朝太史仅是奉常（太常）属官，职位甚低，既非朝廷重要大臣，
因而难以参与国家政令的制订，加之太史所职掌范围已有变化，与农事不相关，由
此更不可能参加有关农事法令的制订了。换句话说，精通天文历法、阴阳五行的太
史不参与农事法令制订，而制订农事的官员不一定精通天文历史、阴阳五行，星转
斗移，历法变异，他们无从深入了解，因此只能根据《月令》的内容，删省星象历法和
阴阳五行内容来制订相关月令，因而秦汉有关农事的律令——"月令"便较少采纳
星象历法、阴阳五行④，从而演变成比较"纯粹"的法律文书，由此，它们与《月令》有
较大变异就比较容易理解了。也正由于此，秦汉之后，类似《月令》那样的政令类著
述不再出现，而分别演化成律令、阴阳五行著述和农书，于是，相对单纯的有关农事
的著述——农书——便发展成为独立的门类，如东汉崔寔的《四民月令》等等。由

---

① 《后汉书》卷九四《礼仪志上》，第3106页。
② 传世文献仅见秦朝太史令胡毋敬作《博学章》，此非月令类著述。但却似乎可推测秦统一前也有太史令，
　　只是与关东诸国太史令的职掌有所不同。
③ 《汉书》卷一九上《百官公卿表上》，第726页。
④ 这不是说律令类文书完全摆脱阴阳五行，只是较少采纳而已。如律法中"秋决"便有阴阳思想的影子。

此可以看出,政令性的《月令》在战国末流行,而秦灭关东六国,沿袭的是商鞅重农、重法的思想,其有关农事则以比较纯粹的政令(法令)来宣示,汉承秦制,也承袭这种方式,因此类似《月令》的著述变发生了演化,国家层面宣示对农业的政策以法令形式颁布,而学者著述自然只能是相对单纯的农学著作了。

所谓"相对单纯",不是说此类农书中完全排除了阴阳五行思想,事实上,崔寔《四民月令》有一些记载:如"阴阳争"、"顺阳习射,罷备不虞"、"乃顺阳布德,振赡穷乏,务施九族"、"芒种节后,阳气始亏,阴匿将萌,暖气始盛,虫蠹并兴"、"是月也,阴阳争,血气散"、"冬十一月,阴阳争,血气散",说明该农书仍受到《月令》阴阳思想影响。但应该指出,农事中引入阴阳观念,这是古人观察的结果,不能完全归属于阴阳五行家的影响。如前所述,阴阳观念出现远远早于阴阳五行家,而且在农业方面采纳阴阳之说早已有之,并非是阴阳五行家产生之后才出现这种情况。同时,用阴阳来解释农事,强调阴阳调和,要求不违农时、宣扬环境保护、达到天下大顺,在当时科学不发达的情况下讲五行相生①、阴阳对立,具有一定的辩证统一的因素,仍属一种比较先进的观念,在一定程度上符合天体运行规律,能够说明气候冷暖变化、四季交替对农事带来的影响,因此具有很高的实用价值。由此,我们必须把农事中采纳阴阳思想与五德始终的王朝更替论、宣扬阴阳灾异的谶纬迷信区分开来,分别来阐述它们的优劣与否,不可一概而论。

附:本文撰成后,曾寄巴新生、晁天义、曹建墩、张涛等先生审读,吸收了他们提出的一些修改意见,在此深表感谢。

原载于《学术月刊》2016 年第 10 期

---

① 《月令》只讲五行相生,未说五行相克,此点极需关注。这表示《月令》有可能比邹衍稍早,因为邹衍阴阳五行思想非常成熟,且受到齐燕赵诸国诸侯的重视,《史记》卷七四《孟子荀卿传》:"是以驺子重于齐。适梁,惠王郊迎,执宾主之礼。适赵,平原君侧行撇席。如燕,昭王拥彗先驱,请列弟子之座而受业,筑碣石宫,身亲往师之。作《主运》。其游诸侯见尊礼如此,岂与仲尼菜色陈蔡,孟轲困于齐梁同乎哉!"《史记》,第 2345 页。

观乎人文　以化成天下

　　钱穆曾说:"中国人所谓'礼'非用任何民族语文所能翻译恰当,因中国所谓礼之内容极特殊,完全是民族文化的酝酿成果。"对于如此博大精深的中华传统礼制,如何结合社会现实、将研究心得精要地传授给年轻学子,彭林教授《礼乐文明与中国文化精神》一书作了很好的示范。读是书,首先感受到一种联系现实的人文关怀与维护中华文化强烈的使命感。

　　彭林教授认为:东西方文化在21世纪中碰撞、交流、博弈、会通,要想立于不败之地,为人类作出更大的贡献,"说到底是中华民族能不能向人类社会提供一种不同于西方文化的社会发展模式"。在作者看来:西方文化源于宗教文化,而中华文化以人文精神为主干。"人文"这个词最早出现在《周易》,其中有句非常经典的话:"观乎天文,以察时变。观乎人文,以化成天下。"基于这种人文精神,经过周公"制礼作乐"、孔子推行,形成了以儒家思想为基础的中华礼制,这一礼制贯穿于中国文化的四个层面:人与自然的关系、政府与民众的关系、人与人之间的关系和人自身的身与心的关系。作者认为"没有一种文化是完美无缺的",强调"我们并不是排斥外来物品,而是强调一个国家首先要有本位文化,而且要很稳固,然后再去吸收外来文化之长"。对那些痴迷于西方礼仪、甚至数典忘祖者,作者提出了善意的批评,认为他们学会了很多西方礼仪,却"逐渐忘记了中国文化","生活里这个'礼'已经被丢弃了"。

　　彭林教授是中华礼制史研究名家,在阐述中华传统礼学之学理、分析礼仪要则时,将其长期的研究心得融汇其间。作者认为:礼是中国传统文化的核心,礼基于诚与敬,礼之诚要有真情实感,而敬则是礼之核心,"'礼'不是虚礼,而是要表达内心真诚的情感……先从内心有感而发,然后再辅之以各种礼节"。作者认为受不良风气影响,社会上确实存在不真诚的人,诚、敬"是当前社会最为缺失的,它们又恰恰是五千年来中华文化最为强调的内核"。因此,现在需要"把我们民族文化里面最优秀的东西找出来,把民族精神找出来,然后引领我们民族向上"。是书用极其简练的概括来点明礼典、礼仪的实质及意义。如说释奠礼的主题"是对古老的中华文明的敬意,具有鲜明的提倡文教的意义",指出乡射礼具有道德追求,"倡导的体育精神在于尊重对手,君子之争,内外和谐,全面发展",都是极为精到的概括。

　　中华传统礼制不仅是书斋中研究的对象,还是构建新时期礼制体系的基石。作者指出:礼的基本精神是使人成为完人,成长为完人需要内外两种推力,外在推力主要是指礼仪;内在推力则是正确的道德理想和人生信念,而且内在推力更为重要。作者对《论语》"文质彬彬,然后君子"进行解说,认为君子要内外兼修,质和文"相得益彰、完美结合,既有'质'的朴实、真诚、庄敬的本色,又有'文'的谦和、典雅、得体的谈吐与举止"。在讲解《儒行》时,归纳出儒者的特点:一是"待"而不求,二是甘心清贫,三是重义轻利,指出古代儒者的人生追求,"对于培育我们,成为完人,具有非常积极的意义",强调应该更注重内在德性的成长。

原载于《光明日报》2016 年 12 月 27 日理论版

从《语类》与《文集》看朱熹《家礼》
礼学思想的后期转变①

南宋理学大儒朱熹所作《家礼》,因元代陈栎《深衣说》、武林应氏《家礼辨》疑《家礼》非朱熹所著,清人王懋竑又力证其伪而颇兴争议,及至四库馆臣完全采信其说,似乎伪著说已成铁证。然明代学者邱浚、清末郭嵩焘先后批驳《家礼》伪书之说,至当代学者钱穆、上山春平、陈来、束景南、高明等先生均有严谨考辨,终证《家礼》确为晦庵之书。实际上,朱熹晚年曾刊刻《家礼》,朱熹去世后,其子及门人都没有怀疑《家礼》为伪作,而且此后一直受到后学的重视并援为家庭礼仪的必备之书②。自然,朱熹对自己几部重要著述不断进行反复修正,尤其晚年他着重于《四书集注》及《仪礼经传通解》的修订,对《家礼》一书则关心甚少,因此《家礼》所呈现的论述与朱熹晚年与弟子讨论、以及与友朋书信往来所论确有一定程度的差异。实际上,时人已颇觉《家礼》文本与朱熹晚年礼学论说间的差距,晦翁高足、其女婿黄榦曾明确指出“所辑《家礼》,世多用之,然其后亦多损益,未暇更定”③;朱熹高弟杨复亦曾以“附注”的形式,具列 98 条,阐述其对《家礼》所载仪式的理解与辨明④;李性传则称《家礼》“与晚岁之说不合,先生盖未尝为学者道也”⑤。本文将《家礼》与朱熹《文集》、《朱子语类》的相关言论进行比对,力图梳理朱熹对家礼仪节的确定、礼学思想转变的轨迹。抛砖引玉,以求专家学者指教。

一、朱熹对筮日、筮宾的态度

《仪礼·士冠礼》:“士冠礼,筮于庙门。”郑注:“筮者,以蓍问日吉凶于《易》也。冠必筮日于庙门者,重以成人之礼,成子孙也。”冠礼既为礼之重要仪式,古者圣王重冠礼而采取筮日、筮宾,“所以敬冠事”,“敬冠事所以重礼,重礼所以为国本

---

① 　与沈叶露合作。

② 　汤勤福:《朱熹〈家礼〉的真伪及对社会的影响》,《宋史研究论丛》(第 11 辑),保定:河北大学出版社,2010 年,第 536 页。

③ 　黄榦:《勉斋集》卷三六《朝奉大夫文华阁侍制赠宝谟阁直学士通议大夫谥文朱先生行状》,文渊阁《四库全书》本,第 1168 册,第 427 页。

④ 　参见杨复、刘垓孙《文公家礼集注》,北京:国家图书馆出版社,2005 年。

⑤ 　黎靖德编:《朱子语类》卷首,李性传《饶州刊〈朱子语续录〉后序》,北京:中华书局,1986 年,第 3 页。

也。"①于此知古者行筮日、筮宾之礼不只为求筮决疑故，更是一种培育、体现"敬"之程序仪节，亦乃为国之本。是故司马光强调"主人盛服，亲临筮日于影堂门外"，并原注云："夫卜筮在诚敬，不在蓍龟。或不能晓卜筮之术者，止用杯珓亦可也。其制取大竹根判之，或止用两钱掷于盘，以一仰一俯为吉，皆仰为平，皆俯为凶。"②可见司马氏亦重"筮"之为"敬"的仪式意义，并不刻意于"筮"所采用的具体方法，认为完全可以时俗常用之法取代古礼卜筮之术。又《书仪》"前期三日，筮宾，如求日之仪"③。而朱熹《家礼》则并省筮日、筮宾之仪，其原注曰："古礼筮日，今不能然。但正月内择一日可也"，又说"古礼筮宾，今不能然。但择朋友贤而有礼者一人可也"④。由司马氏《书仪》看，"不能然"者至多是古代卜筮之术，当时完全可用杯珓权宜之法取代之，那么朱熹又是怎么看待卜筮与冠礼取筮这两个问题的呢？

首先，对于占卜的态度。朱熹主张卜筮可资决疑，但义理当自明于心：

> 又如卜筮，自伏羲尧舜以来皆用之，是有此理矣。今人若于事有疑，敬以卜筮决之，有何不可？如义理合当做底事，却又疑惑，只管去问于卜筮，亦不能远也。盖人自有人道所当为之事。今若不肯自尽，只管去谄事鬼神，便是不智。⑤

这是说人心中当先明义理，义理当否处可自决断，即所谓"朕志先定，鬼神其必依，龟筮必协从"，故"已自吉了，更不用重去卜吉也"⑥。而唯于事之有疑处，则当"敬以卜筮决"。这正是朱熹崇理义之正，"敬鬼神而远之"的思想阐发。回看冠礼筮日、筮宾之仪，首先其目的不属义理所能决断的判断，即所卜之事为行冠之日与礼冠之宾的选择，而非义理之当为或不当为，因此无从明理而"自尽"其事。显然，冠礼行卜筮之仪至少不在晦翁否定的范围。

既不否定，那么是否又可有所接受甚或主张呢？应当说，朱熹于《易》深有研究，自然也会深刻理解卜筮之意义，他指出《易》只是占卜之书："如《易》，某便说道圣人只是为卜筮而作，不解有许多说话。但是此说难向人道，人不肯信。向来诸公力来与某辩，某煞费气力与他分析。"⑦朱熹认为卜筮"大概只是说个阴阳，因阴阳

---

① 李学勤主编：《礼记正义》，北京：北京大学出版社，1999 年，第 1615 页。
② 司马光：《司马氏书仪》，《丛书集成初编》，上海：商务印书馆，1936 年，第 19 页。
③ 司马光：《司马氏书仪》，第 20 页。
④ 朱熹：《家礼》卷二《冠礼》，《朱子全书》，上海：上海古籍出版社、合肥：安徽教育出版社，2002 年，第七册，第 889、890 页。
⑤ 黎靖德编：《朱子语类》卷三二，第 817 页。
⑥ 黎靖德编：《朱子语类》卷六六，第 1620 页。
⑦ 黎靖德编：《朱子语类》卷六六，第 1623 页。

之消长,却有些子理在其中"①,因此"圣人见得天道、人事,都是这道理,著龟之灵都包得尽;于是作为卜筮,使人因卜筮知得道理都在这里面"②。不仅理论上作此认同,实践中他本人亦数次请门人蔡元定为他卜筮以占吉凶。他晚年整理编撰《仪礼经传通解》,于"筮于庙门"下非但不略其注疏之辞,反而提及贾疏对占法的叙述,详加提示。

　　唐宋之际,冠礼已少有行之,然朱熹于冠礼,当是继司马君实、二程而给予了相当的重视,他曾说:"顷年见钦夫刊行所编礼,止有婚、丧、祭三礼,因问之。曰:'冠礼觉难行。'某云:'岂可以难行故阙之! 兼四礼中冠礼最易行,又是自家事,由己而已。'"③晦翁此语中包含两层意思,一是不可因难行而不行,此明冠礼之重要;二则言冠礼并不如张钦夫以为的那样难行。朱熹既深刻认同冠礼之重要,并且在辅广提出"《书仪》中冠礼最简易"时进一步发表了"不独《书仪》,古冠礼亦自简易"④的观点。既强调其重要,且以古冠礼为不难,则以虚静之心听于龟著的卜筮之法或并不需刻意避省,且卜筮而增培当事者戒慎之心,符合朱熹一贯"主敬"之主张。倘若此只为主观之推测,那么如下则举一客观之证明:《家礼》四时祭礼:"时祭用仲月,前旬卜日",并于原注中详叙以玦掷盘,一俯一仰为吉之法⑤。家祭礼既主张卜日,则晦翁亦视为重要的冠礼为何要省去该仪? 即使欲简略之,亦不必言其"不能然"。因此,本文以为,《家礼》取消筮日、筮宾二仪,或为朱熹早年不成熟之观点⑥,或为后人篡改所致,或为版本流传之误,总言之则似未必为文公礼学思想之最终观点。

二、关于收宗与宗子主冠

　　宋代由隋唐经五代之衰,一因战乱之频,大宗族多遭离乱而饱受打击;二因土地经济制度之变更,土地占有情况急速变化而使社会诸类群体的社会身份产生激烈变化;三因科举制之完善,平民进入官僚阶层越益普遍,原本大宗族与朝廷权力的结合愈渐松散,诸种因素使世宦大宗族至宋而几近无存。难以逾越的士庶之分既已打破,带来的是不断变动的社会状态,社会秩序变动剧烈,社会结构整体松散。对单个家族而言表现有二,一是家族经济十分不稳定,"数世富者之子孙,或不能保

---

① 黎靖德编:《朱子语类》卷六六,第 1623 页。
② 黎靖德编:《朱子语类》卷七五,第 1927 页。
③ 黎靖德编:《朱子语类》卷二三,第 562 页。
④ 黎靖德编:《朱子语类》卷二三,第 561—562 页。
⑤ 朱熹:《家礼》卷五《祭礼》,第 936 页。
⑥ 《朱子语类》卷九载辅广所记一条:"问:'旧尝收得先生一本《祭仪》,时祭皆是卜日。今闻却用二至、二分祭,如何?'曰:'卜日无定,虑有不虔。温公亦云,只用分、至亦可。'"辅氏是绍熙五年始师从朱熹,所记收到旧版《祭仪》(当为《仪礼经传通解》一章)中是主张卜日,但至少可看出绍熙五年朱熹已改变观点。第 2313 页。

其地以至于贫"①,"今骤得富贵者,止能为三四十年之计"②;二为人情日益疏淡,乃至同族子孙或有逢于道路而不相识者。家族结构的松散、家族命运的忧虑使一些官僚士大夫感到重建宗族与宗法制度的重要性。再者,从阶级关系的变化来看,由于土地租佃制的普遍实施,农民人身依附关系渐趋松弛,对更多自由的农民阶层的管理也成为新的社会问题。因此,以天下己任、关心社会民生的士大夫也思考并倾向于建立平民的乡村宗法组织以强化对农民及乡村的控制③。又者,传自印度的佛教自唐而至极盛,宋代以禅宗的发展尤为大观,尽管儒家士大夫与禅宗有着千丝万缕的关系,但他们又以"仁义不行,礼乐不作"为"儒者之辱"。甚至有儒家学者指出汉魏而下"佛老之徒,横乎中国",强调"彼以死生、祸福、虚无、报应为事,千万其端,绐我生民,绝灭仁义以塞天下之耳,屏弃礼乐以涂天下之目,天下之人,愚众贤寡,惧其死生祸福报应,人之若彼也,莫不争举而竞趋之",指出"彼则去君臣之礼,绝父子之戚,灭夫妇之义,以之为国,则乱矣;以之使人,贼作矣。"由此,宋代儒家学者申张"仁义礼乐,治世之本也,王道之所由兴,人伦之所由正。舍其本则何所为哉?……儒者不以仁义礼乐为心则已,若以为心,则得不鸣鼓而攻之乎?"④父子有亲、夫妇有义而方可君臣有礼、家国有治,佛道二教对儒家传统纲纪的冲击也刺激着心忧天下的士大夫自觉担当起重建宗法、重振礼仪的重任。

就宗法而论,宋代士人多有倡宗法之回归、主张礼制下移于民间宗法者,典型如张载、李觏、程颐等,均有论述。如程颐所云:"管摄天下人心,收宗族,厚风俗,使人不忘本,须是明谱系世族与立宗子法。"⑤朱熹自命为二程学说之嫡承与发扬者,本身又切实认识到民间宗族自治对社会管治的辅助意义,对民间宗族建设的努力自不当少。然而就当时的社会现状来说,按古礼施行宗法尚有极大困难,更无论更高的宗法要求。朱熹曾感叹地说道:"看古礼今无存者,要一一行之也难。"⑥何况,朱熹对当时人口流动的状况是有认识与具体考虑的:"今人主祭者游宦四方或贵仕于朝",即使如祭事之重,晦翁也不得不从"古礼庙无二主,尝原其意,以为祖考之精神既散,欲其萃聚于此,故不可以二。今有祠版,又有影,是有二主矣"的理解逐渐向"酌其中制,适古今之宜,别宗子所在,奉二主以从之"的态度转变⑦。其实冠礼古礼本无宗子主冠的要求,《仪礼·士冠礼》:"主人玄冠朝服,缁带素韠,即位于门

① 苏洵:《嘉祐集·田制》,曾枣庄、金成礼:《嘉祐集笺注》卷五,上海:上海古籍出版社,1993年,第137页。
② 张载:《经学理窟·宗法》,《张载集》,北京:中华书局,1978年,第259页。
③ 参见李禹阶《朱熹的家族礼仪论与乡村控制思想》,《重庆师范大学学报》2004年第4期,第71页。
④ 以上均出孙复:《儒辱》,《孙明复小集》,文渊阁《四库全书》本,第1090册,第176—177页。
⑤ 程颢、程颐:《河南程氏遗书》卷六,《二程集》,北京:中华书局,1981年,第85页。
⑥ 黎靖德编:《朱子语类》卷二四,第600页。
⑦ 朱熹:《晦庵先生朱文公文集》卷四《答刘平甫》,《朱子全书》第二二册,第1795页。

东，西面"，郑注："主人，将冠者之父兄也。"贾疏："父兄者，一家之统。"又《士冠礼》：
"若孤子，则父兄戒宿"，郑注："父兄，谓诸父诸兄"。贾疏："非己之亲父兄也。"是孤
子无亲父兄，故方使诸父诸兄为之戒宿。由此对孤子父兄的特别注疏，更可知非孤
则以亲父兄为行冠礼的"主人"。而《家礼》冠礼云："前期三日，主人告于祠堂。"原
注："主人，谓冠者之祖父，自为继高祖之宗子者。若非宗子，则必继高祖之宗子主
之，有故则命其次宗子。"《家礼》强调以宗子主冠礼，与朱熹一贯的礼学思想不谐之
处有三：一是晦翁素以古礼繁复难行，坚持强调礼以时为大，此却非但没有简省古
礼，反对之作了复杂化处理。二是朱熹既充分认识到当时人多流动，并不可责其安
于故宅，又怎可期主冠必以宗子？ 三是朱熹曾强调冠礼之易行而不当废，辅广、叶
贺孙、陈淳、郑可学等都记录了晦翁此方面的言论："四礼中冠礼最易行，又是自家
事，由己而已"[1]、"若冠礼，是自家屋里事，却易行。向见南轩说冠礼难行。某云，
是自家屋里事，关了门，将巾冠与子弟戴，有甚难！"[2]既冠礼易行而只是"自家屋里
事"，自可一家闭门而行仪，又怎可远期异方之宗子？ 由朱熹与其门人的讨论看，当
时宗族聚居颇为罕见："又曰：'见宋子蜚说，广西贺州有一人家共一大门，门里有两
廊，皆是子房，如学舍、僧房。每私房有人客来，则自办饮食，引上大厅，请尊长伴五
盏后，却回私房，别置酒。恁地却有宗子意，亦是异爨。见说其族甚大。'"[3]由晦翁
语意与"恁地却有宗子意"句可窥见，其时大族共居确实是不多的，除陆九渊着意
"理会家法"以合族共居闻名外，聚居大族并不普遍。由此可知，《家礼》中要求宗
子主冠既违古礼，又不谐于时俗，与朱熹一贯思想有矛盾。以笔者愚见，此若不是
后人臆改，那么当为朱熹早期思想，或说是他一个收宗构想，而非切实可行之举，体
现了其理想与现实之间的矛盾。

三、戒以俗语，服酌古今

　　朱熹主张冠昏诸礼，祝戒之辞不妨改古辞为时下俗语：问："冠、昏之礼，如欲
行之，当须使冠、昏之人易晓其言，乃为有益。如三加之辞，出门之戒，若只以古语
告之，彼将谓何？"曰："只以今之俗语告之，使之易晓，乃佳。"[4]检之《家礼》，其祝戒
之辞与《仪礼》《书仪》几无二致，只是略有语序的互乙与同义词的代换，且几乎不涉
及古今雅俗的代换。唯有两处稍显"有心"地对《仪礼》用词进行改换，实际也一承
《书仪》而来。一是《冠礼》宾为冠者授字，其祝词曰："礼仪既备，令月吉日，昭告尔
字，爰字孔嘉。髦士攸宜，宜之于假，永受保之，曰伯某甫。"其中"髦士攸宜，宜之于

---

① 黎靖德编：《朱子语类》卷二三，第 562 页。
② 黎靖德编：《朱子语类》卷八九，第 2271—2272 页。
③ 黎靖德编：《朱子语类》卷九，第 2308 页。
④ 黎靖德编：《朱子语类》卷八九，第 2272 页。

假"句,郑玄注曰:"髦,俊也。攸,所也。于,犹为也。假,大也,宜之是为大矣。"《书仪》、《家礼》"宜之于假"句均作"宜之于嘏",朱熹《仪礼经传通解》此处加按语云:"假恐与嘏同,福也。注说非是。"其既注出"嘏"之今义是为"福",那么倘按"以今之俗语告之,乃佳"的观点,完全可在祝语中以"福"代"假",而不必沿司马氏而作本字"嘏"。总之,对郑注或其本人注解中众多作以释义的古辞,《家礼》均保留古语而未更替为当时俗语,唯有一处作出了改换,却也是沿《书仪》而来:《士昏礼》"亲迎"一节父醮其子而命之曰:"往迎尔相,承我宗事。勖帅以敬,先妣之嗣,若则有常。"《书仪》、《家礼》均作:"往迎尔相,承我宗事。勉帅以敬(《书仪》作'谨'),若则有常。"勖,郑玄注:"勉也"。《书仪》、《家礼》改"勖"作"勉",符合改古语为易晓俗语的主张,但前承《书仪》,且仅此一处。当然,晦翁只是在回答学生的提问时指出可以俗语解释祝戒之词,更多的是他对礼仪具体操作的一种建议,而并非一定得体现在《家礼》的文本中,换言之,书面的文本记其礼仪大纲,具体实行必当随事丰简、酌情取择乃至可以俗语解释。因此,对这类言辞的不作改变,并不能证《家礼》之伪,我们只将之看作朱熹对行礼细节的具体补充与旁注即可。当然,这一以俗语解释的见解,既是朱熹礼学思想的反映,也是唐宋礼制下移的一种具体表现。

对于行礼时所着服装,朱熹的观点在"礼时为大"、"酌古今之制"的总纲领下略体现着变化,大概言之则由前期认为衣冠当变古以求"简易"、"便身",逐渐过渡到建议若可能则尽量存古制。就前者,《语类》有如下两条记录:

> 问:"唐人立庙,不知当用何器?"曰:"本朝只文潞公立庙,不知用何器。吕与叔亦曾立庙,用古器。然其祭以古玄服,乃作大袖皂衫,亦怪,不如着公服。"[1]
>
> 因论丧服,曰:"今人吉服皆已变古,独丧服必欲从古,恐不相称。"闳祖云:"虽是如此,古礼已废,幸此丧服尚有古制,不犹愈于俱亡乎?"直卿亦以为然。先生曰:"'礼时为大。'某尝谓,衣冠本以便身,古人亦未必一一有义。又是逐时增添,名物愈繁。若要可行,须是酌古之制,去其重复,使之简易,然后可。"[2]

以上两段,一为郑可学记,一为李闳祖所记,朱熹以祭祀着古玄服为"怪",主张着当时之公服即可;又指出丧服亦当与吉服一样走变古适今之路,即使在学生提出保留丧服古制以聊存古礼的情况下依旧坚持认为衣冠当以简易、便身为主,甚至认为"古人亦未必一一有义"。

---

① 黎靖德编:《朱子语类》卷八九,第2272页。
② 黎靖德编:《朱子语类》卷八九,第2275页。

　　据《朱子语类》前附《朱子语类姓氏》及陈荣捷《朱子门人》可知,郑可学所记为辛亥(1191 年)所闻[1];李闳祖所记为戊申(1188 年)以后所闻[2],二人师从均相对较早。略晚的潘时举和钱木之对该问题则有稍显不同的记载:

> 　　问:"丧服,今人亦有欲用古制者。时举以为吉服既用今制,而独丧服用古制,恐徒骇俗。不知当如何?"曰:"骇俗犹些小事,但恐考之未必是耳。若果考得是,用之亦无害。"[3]
>
> 　　子升因问:"丧礼,如温公仪,今人平时既不用古服,却独于丧礼服之,恐亦非宜,兼非礼不足哀有余之意。故向来斟酌,只以今服加衰经。"曰:"论来固是如此。只如今因丧服尚存古制,后世有愿治君臣,或可因此举而行之。若一向废了,恐后来者愈不复识矣。"[4]

　　如上两段,前者为潘时举所录,后者为钱木之所记。时举以吉服用今制,则丧服不宜仍从古制发问,正与我们上文所引朱熹以丧服从古与吉服不相称的观点一致,又时举以之为"骇俗"而不当,亦正与上所引朱熹以吕与叔着古玄服,大袖皂衫以行祭祀的行为为"怪"的认识相牟和,然而这次他却答时举以"考得是,用之亦无害",即不再以"骇俗"为"怪",亦不再以"不相称"为"害"矣。对木之"以今服加衰经"的意见,朱熹指出论虽如此,但由于丧服古制独存,因此对之多怀"爱礼存羊"之心。潘时举所记大约为癸丑(1193 年)后之所闻[5];钱木之所记约为丁巳(1197 年)所闻[6],朱熹逝世于庆元六年(1200),那么,从郑可学、李闳祖与潘时举、钱木之所记语录时段先后与木之所记较晦翁去世仅 3 年来看,似可推断朱熹的仪服观经历了由较早的改着今制到后来的尽量考索、留存古制的转变。我们认为这一变化应与朱熹在现实政治的礼学实践中越来越感到某些古礼仪节的重要性有关,也与他在朝廷的礼学论争中逐渐感受到某些古礼形式不可随意改省有关。正如其答李季章书中所说:"元来典礼淆讹处古人都已说了,只是其书袞作一片,不成段落,使人难看。故人不曾看,便为憸人舞文弄法,迷国误朝。若梳洗得此书头面出来,令人易看,则此辈无所匿其奸矣,于世亦非小助也。"[7]此时朱熹已认识到,轻易地对古礼加以改

---

[1]　陈荣捷:《朱子门人》,台北:学生书局,1982 年,第 340 页。

[2]　陈荣捷:《朱子门人》,第 124 页。

[3]　黎靖德编:《朱子语类》卷八九,第 2276 页。

[4]　黎靖德编:《朱子语类》卷八九,第 2276 页。

[5]　陈荣捷:《朱子门人》,第 328 页。

[6]　陈荣捷:《朱子门人》,第 349 页。

[7]　朱熹:《晦庵先生朱文公文集》卷三八《答李季章》,《朱子全书》第二一册,第 1708 页。

造,很容易被奸佞憸人"舞文弄法"、偷梁换柱,以致"迷国误朝",因此欲改古礼得先识古礼,只有在保持对古礼有相当把握的基础上,才有可能真正对其"梳洗"整顿明白,而防为奸人所歪曲利用①。

四、丧祭之礼与宗子法

朱熹对宗子法在丧祭之礼中的施行与作用体现了一个于古礼今法间不断思索权衡与矛盾妥协的过程,面对古今"礼意终始全不相似",他充分认识到"泥古则阔于事情,狥俗则无复品节",因此"必欲酌其中制,适古今之宜"②。然而当时宗子法凋敝已久,欲寻其"中制"而重立宗法,仍会遇到许多现实的困难,对于亲父祖以外的宗族成员的祭祀,则常常难以苛求,"一一行之也难"。

朱熹弟子包扬曾记晦翁讨论宗子主祭的两条语录,其中不但认为宗子之可存在,而且指出祭祀必须用宗子之法:

> 祭祀,须是用宗子法,方不乱。不然,前面必有不可处置者。③
> 父在主祭,子出仕宦不得祭。父没,宗子主祭。庶子出仕宦,祭时其礼亦合减杀,不得同宗子。④

然同为包扬所录,另一则却表达了相当不同的态度:

> 长子死,则主父丧,用次子,不用侄,今法如此。宗子法立,则用长子之子。此法已坏,只从今法。⑤

又门人叶贺孙亦有记:

> 问:"祭旁亲远族不当祭,若无后者则如之何?"曰:"这若无人祭,只得为他祭。自古无后者合当祭于宗子之家,今何处讨宗子。看古礼今无存者,要一一行之也难。"⑥

---

① 朱熹在《乞修三礼札子》中称:"熙宁以来,王安石变乱旧制,废罢《仪礼》,而独存《礼记》之科,弃经任传,遗本宗末,其失已甚。"此可作为朱熹这一认识的注脚。《晦庵先生朱文公文集》卷一四,《朱子全书》第二册,第687页。
② 朱熹:《晦庵先生朱文公文集》卷四《答刘平甫》,《朱子全书》第二二册,第1795—1796页。
③ 黎靖德编:《朱子语类》卷九,第2308页。
④ 黎靖德编:《朱子语类》卷九,第2308页。
⑤ 黎靖德编:《朱子语类》卷八九,第2280页。
⑥ 黎靖德编:《朱子语类》卷二四,第600页。

这两条语录中，朱熹认为当时已无处寻讨，因为以往的宗子法已经废坏了，因此这些古礼本应由宗子承担的礼仪于其时"要一一行之也难"，体现了朱熹对当时大宗族罕存、宗子乏立的社会现状的充分了解与无能为力的情况。

上引可见，同一弟子前后所记朱熹之语出现极大的差异！包扬所记为癸卯（1183 年）、甲辰（1184 年）、乙巳（1185 年）所闻①，那么，是否表示朱熹的思想在这三年间发生了变化与转折？又叶味道所录为辛亥（1191 年）以后②，那么他所记朱熹以宗子无处找寻、宗子法亦难行的看法，是否为上述三年发生的转变并一直延续到后来？

朱熹早年在给刘平甫的书信中论及宗子法："熹承询及影堂，按古礼庙无二主，尝原其意，以为祖考之精神既散，欲其萃聚于此，故不可以二。今有祠版，又有影，是有二主矣。古人宗子承家主祭，仕不出乡，故庙无虚主而祭必于庙。惟宗子越在他国，则不得祭而庶子居者代之……今人主祭者游宦四方，或贵仕于朝，又非古人越在他国之比，则以其田禄修其荐享尤不可阙，不得以身去国而使支子代之也……别宗子所在，奉二主以从之，于事为宜。盖上不失萃聚祖考精神之义（二主常相依，则精神不分矣），下使宗子得以田禄荐享祖宗，宜亦歆之。处礼之变而不失其中，所谓礼虽先王未之有，可以义起者，盖如此。"③据陈来考证，该书作于宋高宗绍兴二十九年（1159），时朱熹 30 岁④。这篇书信是朱熹意欲结合当时情况而对祭祀法的一个调整建议：古时宗子承家，不出乡里，而今宗子游宦远方，难以承继宗庙之祀，是以不得不采取祠版与影像并用的"奉二主"的做法，并认为此之可为"义起"之礼。又宋孝宗淳熙十五年（1188），晦翁 59 岁⑤，他在给黄子耕的书信中再次论及宗子与庶子分别祭祀之法："祭礼极难处，窃意神主惟长子得奉祀，之官则以自随，影像则诸子各传一本，自随无害也。支子之祭，先儒虽有是言，然竟未安。向见范丈兄弟所定，支子当祭，旋设纸牓于位，祭讫而焚之。不得已，此或可采用。然礼文品物亦当少损于长子，或但一献无祝亦可也。"⑥该书信阐述的思想有二：一是宗子与诸子分别奉神主与影像以祭，同于上引《答刘平甫》书所表述的思想；二是支子祭祀所用礼文当较宗子减损，又与上引《语类》包扬所录"庶子出仕宦，祭时其礼亦合减杀，不得同宗子"之辞同为一辙。然据陈来先生对朱熹书信编年之考证，此书信作于 1188 年，又据陈荣捷《朱子门人》所考，包扬至迟于 1185 年已有"此法（宗子法）已

---

① 陈荣捷：《朱子门人》，第 69 页。

② 陈荣捷：《朱子门人》，第 279 页。

③ 朱熹：《晦庵先生朱文公文集》卷四《答刘平甫》，《朱子全书》第二二册，第 1795—1796 页。

④ 陈来：《朱子书信编年考证》，上海：上海人民出版社，1989 年，第 17 页。

⑤ 陈来：《朱子书信编年考证》，第 274 页。

⑥ 朱熹：《晦庵先生朱文公文集》卷五一《答黄子耕》，《朱子全书》第二二册，第 2375—2376 页。

坏,只从今法"的记载,由此我们或可得出如下结论:朱熹对父祖的宗子主祭思想前后较为一贯,当并无太大转变,只是其只强调于父子"小家"之内,强调对嫡系父祖祭祀的宗子与庶子之别,即限于一家之内宗子与诸子对父亲祭祀方式的差异,而并不是也不可能扩及全族,因此在论及旁亲远族之祭时无法强求宗子,甚至父丧,若兄子为宗子,亦不能使之为祭。也就是说,朱熹认识到当时的社会民情确已不再支持以往的宗族制,因此欲使恢复宗子法,他没有这个底气,故只能提出"此法已坏,只从今法"的客观权宜之论,例如表现为在"长子死"的情况下,父丧只用次子为祭而不以侄。

《家礼》非是"理论"探讨之书,而是一般家族或家庭施行礼仪规范的普及之书,因而不对一些特殊问题详加讨论是可以理解的。加之《家礼》实为朱熹著述较早之书,他晚年并未仔细修订一过,因此与《文集》、《语类》所述有所差异也就不奇怪了。实际上,他的《文集》及《朱子语类》相关讨论与问答的解读,应该说更加详细,更可看出他礼学思想的转变过程,更可全面了解朱熹的礼学思想。

原载于《经学文献研究集刊》(第 16 辑),上海书店出版社 2016 年

北宋太常礼院及礼仪院探究①

　　中华礼制博大精深,其流变过程亦极其复杂。就其礼制变迁过程而言,它始终与社会体制的变迁息息相关。据历史记载,中华礼制的变迁是通过制礼机构的讨论乃至众多大臣参与争执论辩,最终经过帝王认可而下达执行的。在这一过程中,制礼机构的重要性无须怀疑。研究秦专制主义中央集权制度形成后,尤其是魏晋之后的制礼机构的变迁,可以看出礼制变迁与中央集权制度之间的关系,以及中华礼制日益与这一专制体制紧密结合的过程。本文着重研讨北宋时期制礼机构的变迁,以探究北宋强化中央集权制度过程中是如何掌控制礼机构的。然宋代制礼机构的设置显得交错复杂,在一篇论文中无法加以全面研讨,因此本文仅选取北宋中书门下附属机构太常礼院与礼仪院加以探究。

　　众所周知,中国古代以宋代"三冗"现象最为突出,其中"冗官"不仅表现为官职设置的繁复、官员队伍的庞大,还体现在官署的重叠。以礼仪机构为例,有宋一代,除礼部与太常寺外,北宋元丰改制前中书门下设置制敕院兵礼房、中书门下附属机构有太常礼院、礼仪院;枢密院设置枢密院礼房;元丰改制后尚书省有尚书省礼房、门下省有门下省礼房、中书省有中书省礼房,徽宗时期还设置了临时官署议礼局、礼制局等②,这其中既有制礼机构,也有执行机构。显然,宋代设置礼仪官署有些混乱、重床叠屋③,然对宋代具体礼仪官署的置废、职能等问题,目前学界很少有人问津④。而这一问题实关系到宋代礼制机构、礼仪制定的诸多方面及其变化,也与

----

① 本文与张志云合作。

② 宋代礼仪官署制敕院兵礼房,参见徐松辑、刘琳等点校《宋会要辑稿》职官 1,上海:上海古籍出版社,2014 年,第 2946 页下。礼仪院参见王应麟《玉海》卷一六八《祥符礼仪院》,南京:江苏古籍出版社,1988 年,第 3088 页。太常礼院参见《玉海》卷一六八《天圣太常礼院》,第 3088 页;枢密院礼房参见《宋会要辑稿》职官 6,第 3161 页下;尚书省礼房参见《宋会要辑稿》职官 4 引《崇宁格》,第 3097 页上;门下省礼房参见《宋会要辑稿》职官 2,第 2986 页上;中书省礼房参见《宋会要辑稿》职官 3,第 3024 页下;议礼局参见《宋会要辑稿》职官 5,第 3132 页下;礼制局参见杨仲良《皇宋通鉴长编纪事本末》卷一三四,哈尔滨:黑龙江人民出版社,2006 年,第 2263 页。

③ 汤勤福、王志跃:《宋史礼志辨证》,上海:上海三联书店,2011 年,第 64 页。

④ 目前关于宋代制礼机构的建置研究,仅有台湾学者张文昌《制礼以教天下——唐宋礼书与国家社会》第四章《礼官与制礼机构的建置》之第四节《两宋的礼典修撰机制》中有所论及。台北:台湾大学出版中心,2012 年。

宋代专制主义中央集权制度之间密切相关,因而很有必要加以论述。本文抛砖引玉,舛误之处,冀方家指正。

一、北宋太常礼院的设置及职掌范围之变化

唐代礼院的始置情况不详[①],其设置亦不见于《唐六典》。据正史记载,唐高宗咸亨年间已有礼院之名[②],虽然系属太常寺,但有其相对独立性,由太常博士单独主导,太常寺的长官太常卿是无权过问太常礼院的事务的[③]。从唐代太常礼院所设礼院修撰、检讨官、礼院礼生等官职[④]及其参与之活动来看,其职掌大致有三:其一、制定五礼仪注;其二、筹办南郊等大礼时提供咨询;其三、参与拟定王公勋臣谥号[⑤]。

赵宋立国之初,官职设置因袭唐后期、五代之制。南宋徐自明指出:"唐制,省部寺监之官备员而已,无所职掌,别领内外任使,而省部寺监别设主判官员额。"[⑥]

---

① 唐太宗贞观四年二月以"太常卿萧瑀为御史大夫,与宰臣参与朝政"。(参见《旧唐书》卷三《太宗纪下》,北京:中华书局,1975 年,第 39 页)可见唐沿袭隋设九卿,太常卿即主管礼仪事务的最高长官,然唐初未见有"礼院"之称。

② 王应麟《玉海》卷一六七《唐礼院》认为唐玄宗开元十九年(731 年)始置礼院,《旧唐书》卷八《玄宗纪上》亦称开元十九年夏四月"壬午,于京城置礼院",第 196 页。吴丽娱认为此礼院应置于京城崇仁坊之诸王孙公主婚嫁之礼会院,与太常礼院并非一事。参见吴丽娱《唐代的礼仪使与大礼使》,载于《中国社会科学院历史研究所学刊》(第五集),北京:商务印书馆,2008 年,第 141 页下注文。《旧唐书》卷八二《许敬宗传》载许敬宗于高宗咸亨三年(672 年)死,太常将定谥,博士袁思古请谥为"缪",敬宗孙太子舍人彦伯不胜其耻,请改谥。博士王福畤以为"若顺风阿意,背直从曲,更是甲令虚设,将谓礼院无人",第 2764—2765 页。吴丽娱认为此处博士所在礼院即为太常礼院,此说甚确。但此并非太常礼院的最早记载。史称"太常博士萧楚才"曾在高宗初参与修撰《显庆礼》,于显庆三年(658 年)奏上,早于许敬宗定谥时间,笔者以为萧楚才当为太常礼院的博士,然亦不能说这是礼院建署的时间。参见《旧唐书》卷二一《礼仪志一》,第 818 页。

③ 王溥:《唐会要》卷六五《太常寺》记大中九年八月,"太常卿高铢决罚礼院礼生,博士李愬引故事见执政,以礼院虽系太常寺,从来博士自专,无关白者。太常三卿始莅事,博士无参集之礼,今之决罚,有违故典。时宰相以铢旧德,不能诘责,铢惭而请退"。西安:三秦出版社,2014 年,第 970 页;此又见《新唐书》卷一七七《高铢传》,内容稍略,第 5276 页。《旧唐书》本传未记载此事。

④ 欧阳修、宋祁撰《新唐书》卷四八《百官志三》载曰:"(太常寺)有礼院修撰、检讨官各一人"、"太常寺、礼院礼生各三十五人。"北京:中华书局,1975 年,第 1242 页。

⑤ 《旧唐书》卷十九下《僖宗纪下》光启二年(886 年)以王重荣函襄王首赴行在,"刑部奏请御兴元城南门,阅俘馘受贺,下礼院定仪注",博士殷盈孙否之,"遂罢贺礼",第 725—726 页;《旧唐书》卷二《礼仪志一》载元和十五年十二月,将行南郊亲祭,"穆宗问礼官:'南郊卜日否?'礼院奏:'伏准礼令,祠祭皆卜。自天宝以后,凡欲郊祀,必先朝太清宫,次日飨太庙,又次日祀南郊。因循至今,并不卜日。'从之。"第 845 页。《旧唐书》卷五二《后妃传下》载元和十一年三月,顺宗庄宪皇太后之丧,"太常少卿韦纁进谥议,公卿署定,欲告天地宗庙。"礼院指出:"天子谥成于郊,后妃谥成于庙。今请准礼,集百官连署谥状讫,读于太庙,然上谥于两仪殿。既符故事,允和礼经。"第 2195 页。

⑥ 徐自明撰,王瑞来校补:《宋宰辅编年录校补》卷一,建隆元年八月甲申,北京:中华书局,1986 年,第 6 页。

显然徐氏所指为唐代后期官制,因为唐代前期的省部寺监官员是职掌实权的。而宋代前期同样保留了三省、六部、九寺、五监等行政机构,但仅是名义上存在而已,实际上其职能已被宋初所设置的新机构及临时差遣分割①。以礼仪机构而言,宋初延续唐制,在礼部、太常寺之外别置太常礼院。史书记载:"宋初,旧置判(太常)寺无常员,以两制以上充,丞一人,以礼官久次官高者充。别置太常礼院,虽隶本寺,其实专达。有判院、同知院四人,寺与礼院事不相兼。"②可以看出宋初的太常礼院名义上隶属于太常寺,其实并不受太常寺控制,而是直接对皇帝负责。

宋初这三个机构的职能分工大致如下:礼部设判礼部事二人,以两制及带职朝官充,所掌职事甚少,仅为"制科举人,补奏太庙郊社斋郎、室长、掌座、都省集议、百官谢贺章表、诸州申举祥瑞、出纳内外牌印之事,而兼领贡院"③。太常寺设判寺官一人或二人,仅掌"社稷及武成王庙、诸坛斋宫习乐之事"④。对于太常礼院的职掌,史书记载,"凡礼仪之事,悉归于太常礼院"⑤。龚延明在《宋代官职辞典》中标注:"(太常礼院)在宋前期侵太常寺职权,掌礼乐制度、仪式事。"⑥通过比较可知,宋初的太常礼院在礼仪事务中占主要地位,判院实掌礼仪制订、修改权力,原来主管礼仪事务、职权甚重的判太常寺显然大权旁落。

有学者认为:与唐代后期太常博士主领太常礼院事务有所不同,宋代前期太常博士无职事,仅为转迁官阶⑦。实际上,宋初太常博士并非如此:

> 太祖皇帝乾德元年闰十二月二十八日,国子司业兼太常博士聂崇义上言:"皇家以火德上承正统,应五行之王气,篡三元之命历,恭寻旧制,存于祀典。伏请奉赤帝为感生帝,每岁正月别尊而祭之。"事下尚书省集议,请如崇义之奏。⑧

---

① 宋代除太常礼院外,其他新机构如中书门下旁,又立三司;吏、兵部旁,另设审官东、西院、三班院、流内铨;刑部之旁,又建审刑院;秘书省之侧,另设三馆秘阁(崇文院)等等,以分割相权、省部寺监之权。参见龚延明《宋代官制总论》,氏著:《宋代官制辞典》,北京:中华书局,1997 年,第 5 页。

② 《宋史》卷一六四《职官志四》,北京:中华书局,1985 年,第 3883 页。可以看出宋初就已经设置太常礼院,南宋王应麟在《玉海》中仅列出"天圣太常礼院"条目,显然有阙漏。参见王应麟《玉海》卷一六八《宫室门下》,第 3088 页。

③ 徐松辑:《宋会要辑稿》职官 13,第 3369 页上。又马端临《文献通考》卷五二《职官考六》"礼部尚书"条载同,北京:中华书局,2011 年,第 1522—1523 页。

④ 徐松辑:《宋会要辑稿》职官 22,第 3623 页上。

⑤ 徐松辑:《宋会要辑稿》职官 13,第 3369 页上。

⑥ 龚延明:《宋代官制辞典》,北京:中华书局,1997 年,第 97 页。

⑦ 龚延明认为太常博士在宋前期无职事,为文臣迁转官阶;大中祥符间为职事官,始有博士掌定谥等;元丰正名,太常博士始掌五礼仪式、拟订谥文、参与祠祭等,止为职事官。龚延明:《宋代官制辞典》,第 274 页。

⑧ 徐松辑:《宋会要辑稿》礼 28,第 1300 页上。

太祖乾德元年十一月二十日，太常博士和岘言："今月十六日亲祀南郊，合飨天地，准画日二十九日冬至祀昊天上帝。谨按《礼记·祭义》云：'祭不欲数，数则烦，烦则不恭。'又按《开元礼义纂》云：'当禘祫之月，不行时飨，以大包小，礼所从也。'望依礼令权停南至之祀。"诏可。①

乾德元年十二月七日，孝明皇后崩，始诏有司议置后庙，详定殿室之制，及孝惠、孝明二后先后之次。太常博士和岘议曰："按唐睿宗追谥刘氏为肃明皇后，窦氏为昭成皇后，同于亲仁里立庙，名曰'仪坤'，四时飨祀，皆准太庙之礼。伏请孝惠、孝明共殿别室。恭惟孝明皇后早正位于内朝，实母仪于天下，伏请居于上室。孝惠皇后缘是追尊，元敕止就陵置祠殿，今祔别庙，宜居次室。仍依太庙例，以西为上。"从之。②

乾德二年二月敕："应内外文武职官仪制等，宜令尚书省集台官、翰林学士、秘书监、国子司业、太常博士等详议。"③

上述第一条史料还可勉强说聂崇义是"兼职"，而二、三两条则明确是职事官，第四条更为清楚表明太常博士与其他职事官一起详议有关"内外文武职官仪制"，可见宋初太常博士并非完全是迁转定阶的闲职，虽无制礼之权，但仍是有参与议礼权的职官。

北宋太常礼院先后设置判太常礼院、同判太常礼院、知太常礼院、同知太常礼院等差遣。其中，判太常礼院掌领本院有关仪注、典礼公事，以待制以上侍从官兼判。他们多长于礼学，如真宗时期"龙图阁待制孙奭见判礼院，深于经术，礼学精博"④。如果资历稍浅者判太常礼院则带"同"字，同判太常礼院多带馆职，共四员，规定须轮置礼院。宋前期太常礼院另置知太常礼院和同知太常礼院，此二者位次低于判礼院；如止置一员，则称知礼院，若置数员，则称同知礼院。据史料记载，宋代知太常礼院相当于唐代太常博士之职⑤。《旧唐书》载，唐代"太常博士掌五礼仪式，本先王之法制，适变随时而损益焉。凡大祭祀及有大礼，则与卿导赞其仪。凡公以下拟谥，皆迹其功行，为之褒贬"⑥。因此我们可以推断宋代知太常礼院的主

---

① 徐松辑：《宋会要辑稿》礼3，第539页上。
② 徐松辑：《宋会要辑稿》礼10，第681页上。
③ 徐松辑：《宋会要辑稿》仪制8，第2452页。
④ 李焘：《续资治通鉴长编》卷七八，大中祥符五年六月己未，第1772页。
⑤ 李焘：《续资治通鉴长编》卷一一一，明道元年五月庚辰载："初，同知太常礼院薛绅言：'汉、魏以来，朝廷大政，必下礼官博士定议。《唐六典》太常置博士四人。今知礼院官，盖古博士之任也。'"第2581页；王应麟《玉海》卷一六八《天圣太常礼院》也载："今知院，古博士职也。"第3088页；宋敏求《春明退朝录》记载："同知院，即博士也。"北京：中华书局，1980年，第12页。
⑥ 《旧唐书》卷四四《职官志三》，第1873页。

要职能为掌五礼仪式、参与祭祀及大礼、为公以下官员拟谥。司马光在皇祐四年（1051年）四月任同知太常礼院时，在给宋仁宗上《论夏竦不当谥文正》奏折中提到，"按令文，诸谥王公及职事官三品以上，皆录行状申省，考功勘校，下太常礼院拟谥讫，申省议定奏闻"①。司马光认为夏竦生前所为不适合授予"文正"谥号。

宋初曾规定同知礼院要每天轮值礼院，"国朝，同知院四员，日更直本院，其后或别领职事，因循废直"②。可见这项制度由于同知院兼领其他职事而未很好地执行。到了咸平元年（998年）正月，朝廷再次"敕太常礼院同判院官轮一员在院点检典礼公事"。这次把轮值太常礼院的官员由同知院改为同判院，提高了一个级别。大中祥符七年（1014年）四月，"敕同判院官四员张复、杨嵎专领祠祭，而宋绶、晏殊常在礼仪院祗应文字"。由于四位同判院官都身兼其他公务，而且"同判院官皆带馆职，因而更不赴"。这说明咸平元年正月的敕令在施行中又被中断。到仁宗朝明道元年（1032年）五月庚辰，又"诏太常礼院日轮知院一员，在院点检典礼公事"。以上可以看出，宋前期无论是知礼院官还是判礼院官在执行轮流值院的问题上出现多次反复，导致朝廷一再颁行诏敕，其主要原因还是这些差遣官员往往"别领职事"或"皆带馆职"，如英宗朝同知礼院李育便身兼秘阁校理③。馆职即昭文馆、史馆、集贤院、秘阁官职通称。在北宋前期，宋人视馆职为仕途终南捷径，两制、宰执官多取自馆职④。因此，这些身带馆职的礼院官们无意去履行轮流值院之责了。

太常礼院另一重要职能为保存礼乐文字并编修礼文。真宗大中祥符五年（1012年）六月，修国史院需要编修《礼志》，由于材料不够详备转而向太常礼院寻求相关礼制文字。史料记载，真宗大中祥符五年"修国史院言：'所修《礼志》，旧《日历》止存事端，并礼院取索国初以来礼文损益沿革制作之事及议论评定文字，尚虑或有遗落，致国家大典有所不备'"⑤。当时判礼院官孙奭因为精通经术与礼学，被专门委以"检讨供报"的重任，可见帝王十分重视礼典的修撰。

宋代太常礼院参与编修的礼典有：天圣五年十月太常博士、直集贤院、同知礼院王皞编撰《礼阁新编》60卷⑥；庆历四年正月太常礼院上奏新编《太常新礼》40卷及《庆历祀仪》62卷，参知政事贾昌朝任提举官⑦；治平二年九月姚辟、苏洵编修《太

① 司马光等：《上仁宗论夏竦不当谥文正》，赵汝愚编：《宋朝诸臣奏议》卷九五，上海：上海古籍出版社，1999年，第1023页。
② 李焘：《续资治通鉴长编》卷一一一，明道元年五月庚辰，第2581页。
③ 李焘：《续资治通鉴长编》卷二六，治平二年八月乙卯，第4992页。
④ 龚延明：《宋代官制辞典》，第145页。
⑤ 李焘：《续资治通鉴长编》卷七八，大中祥符五年六月己未，第1771—1772页。
⑥ 李焘：《续资治通鉴长编》卷一五，天圣五年十月辛未，第2451页。
⑦ 李焘：《续资治通鉴长编》卷一四六，庆历四年正月辛卯，第3533页。

常因革礼》100 卷,欧阳修任提举官[1];熙宁十年正月,太常礼院以"庆历五年以后祠祭沿革,参酌编修成《祀仪》三本"[2]。元丰初年,龙图阁直学士宋敏求同御史、阁门、礼院详定《朝会仪注》46 卷、《祭祀》191 卷、《祈禳》40 卷、《藩国》71 卷、《丧葬》163 卷[3]。

　　以上礼典仅有《太常因革礼》保存至今,然亦有部分散佚。《太常因革礼》是由欧阳修任提举编纂、苏洵和姚辟主修而成的一部重要礼典,共计百卷,分"总例"、"吉礼"、"嘉礼"、"军礼"、"凶礼"、"废礼"、"新礼"、"庙议"等八部分。现存礼典卷51 至卷67 缺失,即"吉礼"缺 1 卷、"嘉礼"、"军礼"、"凶礼"、"废礼"全部缺失。欧阳修在任同判太常寺时,鉴于太常礼院文字多有散失,上奏请求差官编修。朝廷原本准备重新置局,只命礼官负责此事。由于礼官们有的负责"祠祭斋宿",有的兼校馆阁文字,或者别领他局等原因,礼文编修工作因此停滞。直到嘉祐六年,秘阁校理张洞奏请挑选幕职、州县官文字该赡者两三人置局编修,命一名判寺官总领此事。是年七月,项城县令姚辟、文安县主簿苏洵被任用编纂礼文,欧阳修时任参知政事,故被任命为提举编纂礼书。姚辟、苏洵二人以幕职州县官身份来编修礼书,知制诰张瓖上奏反对,认为应挑选"有学术方正大臣,与礼官精议是非、厘正绅绎",才可以编修礼书。苏洵据理力争并驳斥张瓖的指责,张瓖奏议未被批准[4]。姚辟和苏洵嘉祐六年七月入礼院被授予太常礼院编修礼书的差遣[5],直到治平二年九月,历时四年的礼书编修工作才结束。欧阳修上奏"已编成礼书百篇,诏以《太常因革礼》为名"。该礼典以《开宝通礼》为基础,记载自建隆到嘉祐年间的礼仪变革。

　　我们还必须注意,在礼典制定过程中,除礼部、太常寺、太常礼院等官署外,馆

---

[1]　李焘:《续资治通鉴长编》卷二六,治平二年九月辛酉,第 4996 页。

[2]　李焘:《续资治通鉴长编》卷二八,熙宁十年正月庚申,第 6850 页。

[3]　《宋史》卷九八《礼志一》,第 2422 页。实际上,此处"详定"应为"原已有成书,重新审核而已"。对于详定礼文一事的时间,《礼志》用"未几"一词,当为元丰元年事,同时,"详定"并非同年之事,如《郊庙奉祀礼文》始于元丰元年正月、《朝会仪注》始于元丰二年六月、《景灵宫四孟朝献仪》等于元丰五年十月审核完毕。参见汤勤福、王志跃著《宋史礼志辨证》,第 51—52 页。

[4]　有学者指出,张瓖的奏议被拒,或者亦在其反对欧阳修修书主张之故。姚辟与苏洵二人皆为欧阳修之亲近,逢其时而入礼院编修礼书,秉承欧阳修修书宗旨尤为明确。参见王美华《〈太常因革礼〉与北宋中期的礼书编纂》,《古籍整理研究学刊》2014 年第 1 期。笔者认为此论值得商榷。其一,姚辟、苏洵以幕职、州县官入礼院编修礼书是缘于秘阁校理张洞的奏请。其二,欧阳修编修《新唐书》、《新五代史》力图仿效《春秋》之春秋笔法为尊者讳。而苏洵在《议修礼书状》一文中指出:"今先世之所行,虽小有不善者,犹与《春秋》之所书者甚远,而悉使洵等隐讳而不书,如此,将使后世不知其浅深,徒见当时之臣子至于隐讳而不言,以为有所大不可言者,则无乃欲益而反损欤?"苏洵著,曾枣庄、金成礼笺注《嘉祐集笺注》卷一五,上海:上海古籍出版社,1993 年,第 434 页。这段文字可以看出苏洵是反对曲笔回护的修书原则的,因此,认为苏洵"秉承欧阳修编书宗旨"的观点是无法成立的。

[5]　李焘:《续资治通鉴长编》卷二八,治平三年六月壬辰记载:"赠故霸州文安县主簿、太常礼院编纂礼书苏洵光禄寺丞。"第 5054 页。可见苏洵生前在礼院编修《太常因革礼》时便授予了"太常礼院编纂礼书"差遣官名。龚延明在《宋代官制辞典》之"太常礼院编纂礼书"条中,认为此差遣官是嘉祐六年(1061 年)二月始置,而姚辟、苏洵进入礼院为嘉祐六年七月。因此,龚延明的"嘉祐六年二月"很可能是"七月"之误。

阁部门的官员也常参与其中。南宋程俱《麟台故事》记载："祖宗时,有大典礼政事讲究因革,则三馆之士必令预议,如范仲淹议职田状、苏轼议贡举者,即其事也。详议典礼,率令太常礼院与崇文院详定以闻,盖太常礼乐之司,崇文院简册之府,而又国史典章在焉。合群英之议,考古今之宜,则其施于政事典礼,必不诡于经理矣。"①范仲淹议职田状时任秘阁校理,苏轼议贡举时任直史馆,崇文院与太常礼院协同议定典礼,这正是宋代集议制度在礼仪事务领域的体现。

太常礼院为制订礼仪的官署,而御史台等官署也在一定程度上参与其事②,但太常寺主要职能在于礼仪的日常施行。但随着时代变迁,太常寺逐步扩大参与礼仪制订的权力,即对太常礼院职权一步步加以限制,最终使其职能归并太常寺,成为太常寺的附属机构。为便于分析,先罗列下表:

北宋太常礼院职掌范围变化表

时间	史料记载	史料来源
宋初至康定元年 (960—1040 年)	宋初,(太常寺)旧置判寺无常员……别置太常礼院,虽隶本寺,其实专达。有判院、同知院四人,寺与礼院事不相兼。	《宋史》卷一六四《职官志四》,第 3883 页
	《两朝国史志》:礼部判部事两人,以两制及带职朝官充。凡礼仪之事,悉归太常礼院。	《宋会要辑稿》职官 13,第 3369 页上
康定元年十一月 (1040 年)	(太常寺)置判寺、同判寺,并兼礼仪事。	《宋会要辑稿》职官 22,第 3623 页下
熙宁三年五月 (1070 年)	以太常礼院治所为审官西院,其礼院归太常寺置局。	《续资治通鉴长编》卷二一一,熙宁三年五月丁巳,第 5138 页
元丰五年五月 (1082 年)	(太常寺)元丰正名,始专其职焉。	《宋会要辑稿》职官 22,第 3623 页下

从上面表格中可以看出,康定元年是太常礼院职权发生变化的分水岭。在此之前,太常寺虽可在一种程度上参与礼仪制订,并可以对施行的礼仪进行评议,但它是无权干预太常礼院的礼仪制订职权的。史书记载,真宗朝谢绛在判太常礼院期间,曾建言:"太常寺本礼乐之司,今寺事皆本院(笔者注:指太常礼院)行之,于礼非便。请改判院为判寺,兼礼仪事。其同知院凡事先申判寺,然后施行,其关报

---

① 程俱撰,张富祥校证:《麟台故事校证》卷三,北京:中华书局,2004 年,第 144 页。

② 宋代御史台与太常礼院共同制订礼仪的记载并不罕见,如《宋史》卷一二《礼志二三》载"熙宁二年,御史台、太常礼院详定臣僚御路上马之制"便是明证。中书、秘书省等其它部门有时亦参与议定礼仪。

及奏请检状,即与判寺通签。"①这段文字可以看出,在真宗朝谢绛任判礼院时,太常礼院担负了原本属于太常寺的礼仪事务。谢绛认为这种职权分配极不合理,应该提高太常寺的权力、缩小太常礼院的职权。然而谢绛的建议迟迟未得到响应。直到仁宗朝康定元年十一月,以判太常寺、翰林侍读学士、兼龙图阁学士李仲容兼礼仪事,判太常礼院知制诰吴育、天章阁待制宋祁并同判太常寺、兼礼仪事。自此太常寺的判寺官从太常礼院获取了"兼礼仪事"的权力,这对太常礼院而言乃是非同小可的事件,意味着其独掌礼仪之事的地位开始动摇。

　　熙宁三年五月(1070 年),在王安石建议之下,朝廷为分割枢密院考核武官之权设立审官西院,以太常礼院治所为审官西院,把礼院归于太常寺置局②。太常礼院的办公场所移为他用,从宋初"虽隶本寺(太常寺),其实专达"回归到由太常寺置局,标志太常礼院的地位再次下降以及太常寺对太常礼院的进一步制控。元丰五年(1082 年)五月更改官制,太常寺"始专其职",完全接管了此前太常礼院所掌"礼仪之事",因而太常礼院亦不复存在了③。据《宋史》载:"熙宁末,尝诏太常礼院讲求亲祠太庙不及功臣礼例"④,而《宋会要辑稿》载元丰六年七月九日,尚书礼部言:"太常寺修定北郊坛制"⑤云云,显然太常寺已经正式接替礼院制订礼仪了,从这两条史料中大致可见太常礼院的废罢时期。由此我们可以推断,宋初太常礼院的设置,掌控修撰礼仪大权,而太常寺沦为仅是执行礼仪的官署,经过元丰改制,归并礼制的修撰权与执行权,中央集权制度更加有效地掌控了制礼机构。

---

① 李焘:《续资治通鉴长编》卷一二九,康定元年十一月乙丑,第 3056 页。
② 李焘:《续资治通鉴长编》卷二一一,熙宁三年五月丁巳,第 5138 页。另王应麟在《玉海》中记载,熙宁"四年六月二十四日,以旧审刑院为太常礼院"。似乎太常礼院回归太常寺一年后又移出。参见王应麟《玉海》卷一六八《天圣太常礼院》,第 3088 页。然《续资治通鉴长编》、《宋会要辑稿》、《宋史》等文献均未记载。
③ 对于元丰五年更改官制之后太常礼院是否罢废,学界有不同看法。龚延明在《宋代官制辞典》"太常礼院"条认为"元丰五年五月行新制,罢礼院"。其标注史料来源于谢维新:《古今合璧事类备后集》卷三三《太常卿》。然查阅此书,谢氏并未记载元丰五年新制罢礼院。《续资治通鉴长编》、《宋史》、《宋会要辑稿》等文献均未明确记载元丰五年罢礼院。张文昌引用《玉海》卷一六八《天圣太常礼院》中记载"(太常礼院)元丰五年更官制,以太常卿少领之",指出宋神宗在元丰年间对官制进行大规模改革,太常礼院由太常卿掌管。参见张文昌《制礼以教天下——唐宋礼书与国家社会》,第 282 页。然而笔者检索《续资治通鉴长编》,元丰五年更官制后再未出现"太常礼院"或"礼院"等记录,据此可以推断太常礼院在元丰改制中已罢废。按:史称"神宗元丰元年,详定郊庙礼文所",元丰三年有"详定礼文所"的记载,两者当为一件事。然当时仍有太常礼院:"神宗元丰元年,详定郊庙奉祀礼文,枢密院直学士陈襄上言:'合祀天地于圜丘为非礼,请依古礼,祭地于方泽。'诏礼院集议。"(《文献通考》卷七六《郊社考九》,第 2356 页。)那么礼院还有什么事做? 说元丰五年似无更过硬资料证实。《文献通考》卷八五《郊社考十八》:"宋神宗元丰四年,天章阁待制罗拯言:'高禖坛在南郊,制不甚广,上设神位三,皆密列祭器,执事之人殆不容足,祀官奠献,或侧身拜于褥位。乞令修展,以叶古制。'诏太常、礼院详定以闻。"显然元丰四年仍有太常礼院。第 2605 页。
④ 《宋史》卷一九《礼志一二》,第 2629 页。吕大临为张载写行状,称其熙宁十年任职同知太常礼院。张载著、章锡琛点校:《张载集》附录《吕大临横渠先生行状》,北京:中华书局,1978 年,第 381 页。
⑤ 徐松辑:《宋会要辑稿》礼 3,第 540 页。

二、北宋礼仪院的兴废及其运作方式

北宋前期新增礼仪官署除太常礼院之外,真宗大中祥符六年八月将起居院详定所改置成礼仪院①,其仅存十年,于仁宗天圣元年四月罢废。尽管宋代礼仪院设置时间短暂,然而其兴废原因,尤其是它的运作模式值得我们关注。为便于了解礼仪院之演变脉络,兹先列《续资治通鉴长编》相关材料:

> 大中祥符元年四月"(起居院)详定所自(大中祥符)元年四月置。"②
> 大中祥符六年八月"改起居院详定所为礼仪院,以兵部侍郎赵安仁、翰林学士陈彭年同知院事。"③
> 大中祥符七年二月"以参知政事丁谓判礼仪院,翰林学士陈彭年知院。"④
> 天圣元年四月"罢礼仪院,从枢密副使张士逊等所请也……大中祥符中,又增置礼仪院,以辅臣领其事,于是始罢。"⑤

实际上,真宗自澶渊之盟后,趁着与契丹和好的时机,大肆置办东封泰山、祭祀汾阴、崇奉天书、圣祖等祭祀活动,于大中祥符元年四月就专门设置了详定所来制定相关仪注,以便直接掌控相关礼仪的修撰。史书记载:"真宗承重熙之后,契丹既通好,天下无事,于是封泰山,祀汾阴,天书、圣祖崇奉迭兴,专置详定所,命执政、翰林、礼官参领之。"⑥最初设置的详定所由翰林学士陈彭年主持,由于当时陈彭年在起居院修起居注,因此详定所就设置在起居院。史载真宗对陈彭年非常赏识,不仅作歌赐予他,而且对他主持的详定所给予高度评价,认为"详定所事无大小,皆俟彭年裁制而后定,此一司不可废也。往者参酌典礼,虽遍历攸司,而所见皆出胥吏,今已为定式矣"⑦。真宗强调了详定所的重要性,并指出之前的仪注礼典虽经过群臣议定,实际编撰出自胥吏,今后详定所仪注须经陈彭年裁定。大中祥符六年八月,

---

① 李焘:《续资治通鉴长编》卷八一,大中祥符六年八月庚午载:"改起居院详定所为礼仪院,以兵部侍郎赵安仁、翰林学士陈彭年同知院事。初置详定所,即命彭年领之,彭年时修起居注,故就起居院置局,於是徙起居院於三馆。详定所自元年四月置,于是改名礼仪院。"第1845页。王应麟《玉海》卷一六八《天圣太常礼院》记载同,第3088页。
② 李焘:《续资治通鉴长编》卷八一,大中祥符六年八月庚午注文,第1845页。
③ 李焘:《续资治通鉴长编》卷八一,大中祥符六年八月庚午,第1845页。
④ 李焘:《续资治通鉴长编》卷八二,大中祥符七年二月庚辰,第1866页。
⑤ 李焘:《续资治通鉴长编》卷一,天圣元年四月辛丑,第2320页。
⑥ 《宋史》卷九八《礼志一》,第2422页。
⑦ 李焘:《续资治通鉴长编》卷八,大中祥符六年六月己巳,第1830—1831页。

"改起居院详定所为礼仪院,以兵部侍郎赵安仁、翰林学士陈彭年同知院事"①。知礼院与同知院职事同,如止置一员,则称知礼院;若置数员,则称同知礼院②。起居院也因礼仪院的设立而移于三馆,此后礼仪院又从三馆移出至右掖门外③。

　　尽管礼仪院是真宗时期因"符瑞繁缛"的需要而产生,但由于受到真宗重视而职掌甚广,除裁定举行典礼所用仪仗、法物等各项制度之外,还掌管以往送至中书礼房的各种内外书奏文字,甚至在不同部门之间发生职务相涉时,也由礼仪院来统筹协调,礼仪院实际在某种程度上替代了太常寺、太常礼院与中书礼房的大部分职权④。大中祥符七年二月礼仪院设置判礼仪院,以参知政事丁谓担任,翰林学士陈彭年继续任知礼仪院,自此多以参知政事兼判礼仪院、以学士丞郎、诸司三品以上官员知礼仪院⑤。不过枢密使有时亦可兼判礼仪院。史载天禧元年三月,枢密使王钦若言:"礼仪院实司容典,以奉禋祀。创置已来,皆参知政事兼判。昨者宣读天书之际,臣受诏权令管勾,方当大礼,不敢固辞。今请别选官以总其事。"⑥当时王钦若并非参知政事,认为自己身份不适合总理礼仪院事务,真宗遂下诏让王钦若以枢密使兼判礼仪院。由于礼仪院事务繁多,以至于常常从三司、在京百司中挑选胥史来充当礼仪院令史,有时选调礼部礼直官和其他诸司官员轮流赶赴礼仪院当差。如果遇到紧急公事,便直接用印纸札子填写来及时处理⑦。当时朝廷崇奉祠祭尤其谨慎,但凡有祭祀事务,其微小细节都要进行事先规划制定。

　　宋代官府文书制度及运作模式较为复杂,有学者将其分为上行、下行及平行三种类别⑧。北宋前期礼仪院掌管揭榜、刻印、移文他局等事务,都按照银台司⑨流程

---

①　李焘:《续资治通鉴长编》卷八一,大中祥符六年八月庚午,第 1845 页;宋敏求亦记载,"大中祥符中,符瑞繁缛,别建礼仪院,辅臣主判,而两制为知院。"宋敏求:《春明退朝录》,北京:中华书局,1980 年,第 11 页。

②　龚延明:《宋代官制辞典》,第 97 页。

③　王应麟:《玉海》卷一六八《天圣太常礼院》,第 3088 页。

④　李焘:《续资治通鉴长编》卷八二,大中祥符七年二月庚辰记载:"凡礼仪院揭榜,刻印,移文他局,并以银台司为准。制度文物,及祠祭所用有未合礼者,悉令裁定。内外书奏中书礼房所掌者,尽付之。诸司职务相涉者,咸得统焉。"第 1866 页。

⑤　王应麟:《玉海》卷一六八《天圣太常礼院》,第 3088 页。

⑥　徐松辑:《宋会要辑稿》职官 22,第 3626 页下。

⑦　徐松辑:《宋会要辑稿》职官 22,第 3625 页下。

⑧　平田茂树认为宋代由下级官僚、官府向上级官僚、官府或者皇帝传送的上行文书以"表"、"启"、"申状"、"奏状"、"札子"为代表;由皇帝或者上级的官僚、官府向下级官僚、官府传达的下行文书,以"诏"、"敕"、"札子"、"帖"等为代表;同级官府间往来的平行文书,以"关"、"牒"、"谘报"为代表。其中被称为"札子"的文书有两种:以"上殿札子"为代表,呈递给皇帝的上行文书;以及从中书、枢密院等颁下的下行文书。[日]平田茂树:《宋代文书制度研究的一个尝试——以"关"、"牒"、"咨报"为线索》,《汉学研究》第 27 卷第 2 期,2009 年,第 47 页。

⑨　宋代银台司掌接受全国奏状案牍,抄写条目经通进司上送皇帝,及发付有关官司,督促及时处理。参见《宋史》卷一六一《职官志一》,第 3782 页。

为准。如果是中书门下、枢密院判院,移文诸司时宣徽院用"头子"、御史台用"牒",其余部门都用"札子"。如果不是由中书门下、枢密院大臣任判礼院,移文他局就要用公"牒",只有库务依旧用"札子",对于三司用"帖"。如果涉及其他礼仪、仪仗、祠祭等部门,礼仪院以"札子"送达。对于诸路转运司,以及两京、诸州府,用"牒"或者"札子"。如果需要向中书、枢密院商议请示必须用"申状";如果传达圣旨或日常小事,则按照阁门①旧例书写"札子"、盖印之后送达相关部门。礼仪院负责详定仪注、仗卫祀祭等事,出具札子与其他部门次第商量后,最后进呈中书门下;如果涉及抽差执仪兵士及鞍马事务,也依此例向枢密院进呈札子。若是遇到紧急礼仪活动,则要立即报告相关部门,依照阁门"札子"惯例、盖印发文。有时也会遇到公文被相关部门驳回,那么礼仪院则要重新审察公文后再次发送;至于相关部门有所申请或禀报事项,礼仪院要及时记录备案②。

自真宗东封之后,朝廷若举行大礼,以往太常礼院及详定所积累的礼仪文字,都要送至礼仪院统一编录收掌、准备检阅。其他相关部门的礼仪条制,也由礼仪院分门别类加以编录。凡涉及礼仪、仪仗、祠祭及相关礼事,则委托相关官署比对现有礼仪,如果礼文不适宜,该官署可以自行筹划并申报礼仪院参议后改更。对于行礼所用放置于各官署的仪仗礼服,各取一件进行查验,如发现有故意隐瞒玩忽职守者则呈报惩处,损坏仪仗礼服则另送三司相关机构负责修整。礼仪院内有不合典礼事件则要别定制度。遇到皇帝升坛行礼,升坛殿时各部门所抽调供职人的衣服冠帻等,须另外调用一次,故设置封桩库保管。如有制度不合法令,立即参议确定。对于因行礼及坛殿所用的帐设什物,令仪鸾司③登记造册,另设封桩库保管,平时不得杂用。各部门所抽调的供职者,每日轮换一人等候传唤安排公事。每次遇到行礼及升坛殿等祭祀活动,涉及的各部门职掌不同,规定在操练礼仪前五日,各部门必须拟定人数、姓名,按时赶赴礼仪院④。

礼仪院公用钱按照太常礼院惯例,每月给十千文。另外礼仪院还设置主押人,每月额外支钱三千文,如果前、后行任此职则减为二千文。若是守阙官在礼仪院任职,须入仕及三周年才依例分拨食直、笔墨钱。入仕三周年且曾经在大礼中供职又无过失,即可向御史台申请考试书札,通过者可补各司正职、叙理劳考。如犯过受

---

① 阁门在此处应为东、西上阁门司之简称。东、西上阁门原本为上朝之仪,其后成为官署,宋代东上阁门司掌赴前、后殿朝会、宴集、常朝起居臣僚蕃客朝见、辞谢范仪与分班次、引班;例赐礼物,承受点检,称旨宣答;纠弹失仪;行幸前导;外国信使到阙授书、庆贺拜表;宣麻引案等有关吉礼事。西上阁门司掌忌辰慰礼进名、行香、临奠、问疾等有关凶礼事。徐松辑:《宋会要辑稿》职官35,第3877页。

② 徐松辑:《宋会要辑稿》职官22,第3626页上。

③ 宋代仪鸾司隶卫尉寺,掌供奉皇帝乘舆亲祠郊庙、朝会、巡幸、宴享及宫殿内供设幕帘帷帐等事。徐松辑:《宋会要辑稿》职官22,第3617页上。

④ 徐松辑:《宋会要辑稿》职官22,第3626页上。

杖以下刑一次则要停一年；礼仪院如遇文字繁多，可以在馆阁或诸司守阙官吏中选择协助抄写①。

礼仪院原本因真宗崇奉天书符瑞而设，但实际上，它的设置确实是重床叠屋，与早已存在的太常礼院职责重复，且使太常礼院处于十分尴尬的境地，仁宗即位后，官员们开始议论礼仪院的存废问题。史载天圣元年（1023 年）四月枢密副使张士逊等言："礼仪院占公人二十二人，岁费钱千七百余贯，非泛行礼支给在外，日逐行遣祗应不多。详定仪制，久来属太常礼院管勾，今请停罢所有承受宣敕、行遣公案诸般文字，并付本院。"②这些官员们认为礼仪院不仅耗费大量人力、财力且与太常礼院的职权重复，此外礼仪院也不像设立之初那样事务繁多，逐渐失去其存在的必要，故请求将罢废礼仪院，其掌管各种文书交付太常礼院。宋仁宗采纳了张士逊等人的建议，于天圣元年（1023 年）四月③下诏罢废了礼仪院。

三、太常礼院与礼仪院之异同及关联

作为北宋先后出现的礼仪机构太常礼院与礼仪院具有很多相同特征，下文试从二者的设置目的、职能及最终结局等方面加以阐述。

其一，二者皆隶属北宋前期中书门下，它们的设置均分割了礼部与太常寺等礼仪官署的职权。史载北宋前期，"台、省、寺、监，官无定员，无专职，悉皆出入分涖庶务。故三省、六曹、二十四司，类以他官主判，虽有正官，非别敕不治本司事，事之所寄，十亡二三"④。可见北宋元丰改制前的官制名不副实，即官与差遣分离。"官"，即为三省六部、九寺五监等机构之正官，诸如尚书仆射、尚书丞、寺郎、员外郎、寺监卿少等；"差遣"是北宋前期因袭唐末、五代之制，临时委任之职务名称，其职常带"判"、"知"、"权"等。正如学者龚延明所言，北宋前期差遣取代正官之职，可以藉此选任资序低而有才干的新进之士担任要职，有加强中央集权之作用。而之前的台省寺监正官，则变成了闲散官或阶官，除非特敕，否则不治本司事，而其职事为中书门下、三司、枢密院所分割之外，并分归中书门下所属新设机构履行⑤。太常礼院

---

① 徐松辑：《宋会要辑稿》职官 22，第 3626 页下。
② 李焘：《续资治通鉴长编》卷一，天圣元年四月辛丑，第 2320 页。
③ 李焘：《续资治通鉴长编》卷一，天圣元年四月辛丑条明确记载"罢礼仪院"、"（礼仪院）于是始罢"（第 2320 页）。然同书卷一六一庆历七年（1047 年）十二月庚午却记载："景祐南郊，礼仪使言：'天圣五年敕，礼仪院奏，宰臣、参知政事摄事宗室'"。（第 3893 页）按：天圣元年已经罢废礼仪院，不可能在天圣五年再次出现。检视《宋史》载："景祐二年，礼仪使言：'天圣五年，太常礼院言：自来宗庙祠祭，皆宰臣、参执政事行事。'"因此，《续资治通鉴长编》卷一六一庆历七年十二月庚午所载"礼仪院"当为"太常礼院"。《宋史》卷一二五《礼志二十八》，第 2924 页。
④ 《宋史》卷一六一《职官志一》，第 3768 页。
⑤ 龚延明：《宋代官制辞典》，第 16 页。

与礼仪院便是职掌礼仪事务的新设机构,二者的设置均分割了之前本属于礼部和太常寺等礼仪机构的职能,是帝王企望直接控制制礼事务的产物。

其二,二者都有详定仪制、掌管礼仪书奏文字之职能。前文已罗列了太常礼院参与编修多部礼典,其中嘉祐年间编修的《太常因革礼》大部分保存至今,它是研究北宋前期礼制变迁的重要文献。此外,前文已经论及真宗大中祥符五年修国史院编修《礼志》,因材料缺乏转而求助于太常礼院,可见北宋太常礼院有保存礼文的职能。而这亦是礼仪院的职能之一,因为礼仪院设立以后便掌管以往送至中书礼房的各种内外书奏文字。此外礼仪院也会修订相关礼制①,然而文献并未记载北宋礼仪院曾颁行过成文礼典。我们所能看到的仅有丁谓、李宗谔等撰《大中祥符封禅记》50 卷②和丁谓等撰《大中祥符祀汾阴记》50 卷③。而严格意义上讲,上述两部记载真宗朝礼事活动的文献编撰时间是在礼仪院的前身即起居院详定所设置之后,而其时礼仪院尚未由详定所更名。

其三,二者最终都被罢废。罢废的主要原因也相似,太常礼院分割了太常寺及礼部的主要职能,而礼仪院的设置则侵占了太常礼院及太常寺的相关职能。二者的设置的确有加强中央集权之效,但是也会造成不同礼仪机构之间职权的重叠。因此随着时代变迁,二者先后被罢废。礼仪院废罢之后,职能并入太常礼院;而太常礼院废罢后,职能并入太常寺。这一变迁过程中,实际上仍然显示出帝王对制礼机构的严密控制,然那些重床叠屋的官署废罢之后,应该说提高了行政效率。

北宋太常礼院与礼仪院毕竟是北宋不同历史背景下产生的机构,故二者也有许多不同之处。

其一,设置背景、原因及目的不同。太常礼院是宋初延续唐后期、五代之制,为分割省部监寺之权而设的新机构,目的是加强皇权与中央集权。具体而言,北宋初期太常寺旁另设太常礼院,分割了礼部及太常寺之职权,礼部及太常寺官员虽仍领俸禄,但不能掌控实权。太常礼院则直接对帝王负责,帝王可以藉此来牵制礼部及太常寺;而礼仪院是因真宗崇奉天书符瑞而设置,其目的是为真宗举行大型祭祀和大礼服务,诸如典礼前的议定仪制、典礼中对各部门的统一协调、礼制文书的上传下达等等,自然也显示出加强皇权与中央集权的内涵。

其二,存留时间长短不同。太常礼院是唐宋两朝均设置的礼仪机构。前文已经论及,早在唐高宗咸亨年间就设有礼院,而礼仪院仅在北宋真宗朝设置。就北宋

---

① 史载真宗朝,详定所"改为礼仪院,任岁增修,纤微委曲,缘情称宜,盖一时弥文之制也"。此处的"弥文之制"当为真宗朝举行大型祭祀活动时,礼仪院制订的繁复详尽的礼制。《宋史》卷九八《礼志一》,第 2422 页。

② 李焘:《续资治通鉴长编》卷七四,大中祥符三年十月庚申,第 1692 页。

③ 《宋史》卷一五七《艺文志三》,第 5132 页。

而言,太常礼院于宋初(960 年)设置,元丰五年(1082 年)罢废,跨越太祖到神宗等六朝长达 120 余年之久;宋礼仪院于真宗大中祥符六年(1013 年)设立,天圣元年(1023 年)废除,存留时间仅 10 年。从二者存留年代而言,太常礼院可谓北宋元丰改制之前的常设机构,而礼仪院则是真宗朝所特设的临时机构。

其三,职掌范围大小不同。宋代太常礼院职掌范围大于礼仪院。宋初"凡礼仪之事,悉归太常礼院"。太常礼院不受太常寺节制而独自运作,宋代知太常礼院之职事近于唐代太常博士。不过,随着时代变迁,太常礼院的礼仪事务被太常寺逐渐回收最终并入太常寺。礼仪院职掌裁定举行典礼所用仪仗、法物等各项制度、统掌有关送中书礼房的各种内外书奏文字等,由于其设置时间较晚,故其也分割了太常礼院的职能。

其四,二者历史地位及历史作用不同。从宋代太常礼院和礼仪院存在时间长短、职掌范围大小以及参与编撰修订的礼典数量而言,显然太常礼院是宋前期极为重要的制礼机构,参与大量礼仪的讨论与制订,因此其历史地位及作用要远远高于礼仪院。

需要指出的是,宋礼仪院设置之后,太常礼院自然也同时存在,它们之间也并非完全互不关联。真宗大中祥符七年,参知政事丁谓判礼仪院,规定"诸司职务相涉者,(礼仪院)咸得统焉"①。这说明在真宗朝举行祭祀大礼时,礼仪院有权统一协调相关部门,这其中就包括太常礼院。由于礼仪院掌内外书奏文字,事务繁忙时,"又选判(太常)礼院官二人赴(礼仪)院编修"②。如宋绶和晏殊任同判太常礼院时,就"常在礼仪院祗应文字"③。作为太常礼院的同判礼院竟然时常参与礼仪院的文字编修事务,这说明礼仪院分割太常礼院职权后,职事繁杂,又因人手不够等原因,只能从太常礼院或其他部门选调人员协助处理了。这些被选入礼仪院的太常礼院官员仅是临时协助修礼的性质。不过,需要强调的是,这两个机构尽管职能重叠且有事务往来,但是它们之间并非隶属关系。从天圣元年礼仪院罢废后,礼仪院所有宣敕、公案文字等全部交付太常礼院来看,宋代礼仪院可以视为一个分割太常礼院等机构职能最终又将职权回归太常礼院的特设礼仪机构。

综上所述,北宋太常礼院和礼仪院皆为北宋前期中书门下附属机构,它们的设置均分割了礼部与太常寺等礼仪官署职权。太常礼院除详定礼仪、参与祭祀大礼外,还编修了大量礼典。随着时代变迁,太常寺对太常礼院职权逐步加以限制最终

---

① 李焘:《续资治通鉴长编》卷八二,大中祥符七年二月庚辰,第 1866 页。
② 王应麟:《玉海》卷一六八《天圣太常礼院》,第 3088 页。
③ 李焘:《续资治通鉴长编》卷一一一,明道元年五月庚辰,第 2581 页。

实现权力回收,太常礼院也于元丰改制中罢废。礼仪院因真宗崇奉天书符瑞而设,它在文书的上传下达、礼典的协调安排上均有严密制度。礼仪院在完成其处理"符瑞繁缛"的历史使命之后罢废,其职权最终回归太常礼院。太常礼院与礼仪院在设置背景及目的、存留时间、职掌范围、历史地位等方面都不尽相同,二者尽管有些职能重叠且有事务往来,但互不统摄。

原载于《求是学刊》2016 年第 3 期

《太常因革礼》之"废礼"辨析①

　　《太常因革礼》是北宋嘉祐年间由欧阳修任提举编纂、苏洵和姚辟主修而成的一部重要礼典。该礼典将建隆之后没有实施的礼仪事项列为"废礼",其目有九,内容较为杂乱。由于现存《太常因革礼》中"废礼"内容遗佚,故学界对于"废礼"的内容及性质很少有人关注,仅有王美华撰文对此有所涉及②。尽管王美华开启了对"废礼"的研究,但"废礼"的性质以及收录"废礼"的原则等问题尚有进一步研究的空间。此外,"告哀"在宋代开宝至嘉祐年间一直实行,《太常因革礼》将其列入"废礼"是不符合宋代事实的。本文对上述问题加以探讨,错讹之处,请方家不吝指正。

一、"废礼"的内容及性质

　　《太常因革礼》以《开宝通礼》为基础,主要记载北宋建隆以来的礼仪变迁。该礼典共计百卷,其中"总例"28 卷、"吉礼"23 卷、"嘉礼"9 卷、"军礼"3 卷、"凶礼"3卷、"废礼"1 卷、"新礼"21 卷、"庙议"12 卷。现存礼典卷 51 至卷 67 缺失,即"吉礼"缺 1 卷、"嘉礼"、"军礼"、"凶礼"、"废礼"全部缺失。对于该礼典的内容及名称由来,《太常因革礼·序》作了如下说明:

> 　　始自建隆以来,讫于嘉祐,巨细必载,网罗殆尽。以为《开宝通礼》者,一代之成法,故以《通礼》为主,而记其变。其不变者,则有《通礼》存焉。凡变者,皆有所沿于《通礼》也。其无所沿者,谓之"新礼",《通礼》之所有,而建隆以来不复举者,谓之"废礼"。凡始立庙,皆有议论,不可以不特见,谓之"庙议",其余皆即用《通礼》条目,为一百篇。以闻,赐名曰《太常因革礼》。③

以上可以看出北宋时期编纂《太常因革礼》的目的并非是要重新制定一部礼典,而是在《开宝通礼》的基础上,记载建隆至嘉祐年间的仪礼变化。这两部礼典之间相

---

① 此文与张志云合作。
② 王美华:《〈太常因革礼〉与北宋中期的礼书编纂》,《古籍整理研究学刊》2014 年第 1 期。
③ 欧阳修等:《太常因革礼》,丛书集成初编本,北京:中华书局,1985 年,第 2 页

互关系可以解读为：前者为后者之基础、后者是前者之补充。建隆至嘉祐年间不变的礼文，《太常因革礼》并不记载；《开宝通礼》之后新实行的礼文叫"新礼"；《开宝通礼》已有而之后不再实行的叫"废礼"。

"废礼"条目有九：守卫、祝版、搢大珪、明衣、宗正卿行陵车盖等、祭司寒弧矢、皇帝拜陵内人谒见、中宫东宫劳问、告哀饮福①。这九条目的确有些杂乱，似乎是糅杂了"总例"、"吉礼"、"嘉礼"、"凶礼"等内容②。

（一）"废礼"内容分析

由于"废礼"仅存条目，内容散佚，且《开宝通礼》现亦不存，因此我们无法考察其明晰情况。仅从条目来看，"废礼"的确大多数是礼仪细节或礼器之类，但是并非没有整条礼文条目。笔者认为"废礼"大致可分为四类：

1. 与祭祀有关的礼器祭服。祝版、明衣属于此类，仅摘录数条文献如下：

> 凡国有大祭祀，凡郊庙之祝版，先进取署，乃送祠所。将事，则跪读祝文，以信于神；礼成而焚之。③

> 致斋之日，三公于尚书省安置；余官各于本司，若皇城内无本司，于太常郊社、太庙署安置。皆日未出前至斋所。至祀前一日，各从斋所昼漏上水五刻向祠所。接神之官，皆沐浴给明衣。④

> 凡郊坛，值雨雪，即斋宫门望祭殿望拜，祭日不设登歌，祀官以公服行事，中祀以上皆给明衣。⑤

2. 礼仪细节。守卫、搢大珪、宗正卿行陵车盖、皇帝拜陵内人谒见、祭司寒弧矢等五项属于此类。

（1）守卫

详情不明，或为祭祀时由殿中诸卫派遣卫士守卫壝门。史料记载："兴庆宫祭五龙坛……前祀一日，晡后一刻，诸卫令其属各以其方器服守卫壝门，清斋一宿。"⑥

---

① 欧阳修等：《太常因革礼》，第 17 页

② 此九条目中，祝版、明衣类似《太常因革礼》中"总例"中的牙盘食、香、竹笼、祭玉等；守卫、搢大珪、宗正卿行陵车盖等、祭司寒弧矢、皇帝拜陵内人谒见应与"吉礼"有关；中宫东宫劳问、告哀与"凶礼"有关；饮福应与"嘉礼"有关。

③ 《旧唐书》卷四四《职官志三》，北京：中华书局，1975 年，第 1873 页。

④ 《旧唐书》卷二一《礼仪志一》，第 819 页。

⑤ 《宋史》卷九八《礼志一》，北京：中华书局，1977 年，第 2428 页。

⑥ 杜佑：《通典》卷一一六《开元礼纂类十一》，北京：中华书局，1988 年，第 2975 页。

（2）搢大珪

此为祭祀时皇帝须将大珪插在腰带间的一种仪制。如《通典》中"皇帝封祀泰山"条记载，"皇帝服大裘而冕，出次，华盖侍卫如常仪。（原注：侍中负宝陪从如式。）博士引太常卿，太常卿引皇帝，（原注：凡太常卿前导，皆博士先引。）入自东门。殿中监进大珪，尚衣奉御又以镇珪授殿中监，殿中监受进皇帝。皇帝搢大珪，执镇珪缫籍，华盖仗卫停於门外，近侍者从入如常，谒者引礼部尚书、太常少卿陪从如常。（原注：大珪如搢不便，请先定近侍承奉之。）"①

（3）宗正卿行陵车盖等

古代主管皇帝寝庙园陵一般是太常寺之职，太常卿每月要巡视诸帝陵墓一次，而宗正卿亦有守护皇族陵庙之责。唐代中后期太庙诸陵的隶属曾在太常寺与宗正寺之间变动。史料记载：

> 开元二十四年，以宗庙所奉不可名以署，太常少卿韦绹奏废太庙署，以少卿一人知太庙事。二十五年，濮阳王彻为宗正卿，恩遇甚厚，建议以宗正司属籍，乃请以陵寝、宗庙隶宗正。天宝十二载，驸马都尉张垍为太常卿，得幸，又以太庙诸陵署隶太常。十载，改献、昭、乾、定、桥五陵署为台，升令品，永康、兴宁二陵称署如故。至德二年，复以陵庙隶宗正。永泰元年，太常卿姜庆初复奏以陵庙隶太常，大历二年复旧。②

关于太常卿行诸陵的仪制，《通典》记载："所司先择吉日。行日之朝，车府令具轺车，驾一马，清道。青衣、团扇、曲盖、缴扇俱诣太常寺门布列以候。"③因此，"宗正卿行陵车盖等"则是宗正卿及属官巡视诸陵时所乘轺车的伞盖等配置。

（4）皇帝拜陵内人谒见

此为皇帝拜陵仪式中守宫使、内侍官引内官率寝宫内人谒见的礼仪细节。《通典》记载皇帝拜陵细节如下：

> 皇帝再拜，又再拜。讫，太常卿引皇帝出中门，太常卿前奏："请权停。"（其从官及行事官并出大门外奉候。）其守宫使、内侍官引内官率寝宫内人谒见讫，皇帝出，侍卫如常仪，还大次。少顷，若犹宿，即乘马还行宫。若更向前陵，即於大次更进发。④

---

① 杜佑：《通典》卷一一九《开元礼纂类十四》，第 3041 页。
② 《新唐书》卷四八《百官志三》，北京：中华书局，1975 年，第 1251 页。
③ 杜佑：《通典》卷一一六《开元礼纂类十一》，第 2965 页。
④ 杜佑：《通典》卷一一六《开元礼纂类十一》，第 2963 页。

（5）祭司寒弧矢

"孟冬祭司寒"在《大唐开元礼》、《通典·礼典》、《新唐书·礼乐志》中均列为吉礼之礼仪条目①。"弧矢"当是司寒之祭中用来禳除凶邪的桃弧与棘矢。《太常因革礼》将"祭司寒弧矢"置于"废礼"，元丰时期礼官上言要求恢复，史载：

> 元丰，详定所言："熙宁祀仪，孟冬选吉日祀司寒。按古享司寒，惟以藏冰启冰之日，孟冬非有事于冰，则不应祭享。今请惟季冬藏冰则享司寒，牲用黑牡羊，谷用黑秬黍；仲春开冰，则但用羔。孔颖达注《月令》曰：'藏冰则用牡黍，启唯告而已。'祭礼大、告礼小故也。且开冰将以御至尊，当有桃弧、棘矢以禳除凶邪。设于神坐，则非礼也。当从孔氏说，出冰之时，置弓矢于凌室之户。"②

3. 整条礼文条目。"中宫东宫劳问"属于此类。《大唐开元礼》、《通典·礼典》等在"凶礼"之下均收录"中宫劳问"、"东宫劳问"条目。《大唐开元礼》于条目之下又有细分："中宫劳问：劳问外祖父疾苦、劳问诸王疾苦、劳问外祖母疾苦、劳问诸王妃疾苦、劳问宗戚妇女疾苦；东宫劳问：劳问诸王疾苦、劳问外祖父疾苦、劳问妃父疾苦、劳问外祖母疾苦、劳问诸妃主疾苦、劳问妃母疾苦、劳问师傅保疾苦、劳问宗戚疾苦、劳问上台贵臣。"③《通典》卷 106《开元礼纂类一》所载五礼篇目略有不同，"大唐开元年之制五礼，其仪百五十有二……五曰凶礼，其仪十有八，一、凶年赈恤，二、劳问疾患，三、中宫劳问，四、皇太子劳问……"④对比两处记载，《通典》不过将"东宫劳问"更名为"皇太子劳问"而已。

4. 其他礼仪事项。"告哀饮福"条属于此类。"告哀"即告丧、报丧，是与丧葬礼仪相关的一项重要礼仪⑤。关于"告哀"，文献记载有两类。一类涉及非王室成员，如《周书·赫连达列传》："及（贺拔）岳为侯莫陈悦所害，军中大扰……（赫连）达请轻骑告哀。"⑥唐于鹄《哭王都护》诗云："老将明王识，临终拜上公。告哀乡路远，助葬戍城空。"⑦另一类则专指皇帝、皇太后、割据政权或少数民族政权统治者死后

---

① 参见萧嵩等《大唐开元礼》卷一"孟冬祭司寒"，北京：民族出版社，2000 年，第 16 页；杜佑：《通典》卷一六《开元礼纂类一》载："五礼篇目大唐开元年之制五礼，其仪百有五十二。一曰吉礼，其仪五十有五……二十八、孟冬祭司寒，纳冰。"第 2762 页。《新唐书》卷一一《礼乐志一》载"小祀……司寒。"第 310 页。

② 《宋史》卷一三《礼志六》，第 2519 页。

③ 萧嵩等：《大唐开元礼》卷一三一《凶礼》，第 615 页。

④ 杜佑：《通典》卷一六《开元礼纂类一》，第 2763 页。

⑤ 吴成国认"报丧"既是"礼"，是中国古代隆重而繁复的丧葬礼仪的一个仪节，又因为中国古代社会"礼、俗两者之间存在着相互依存、交叉纠葛、彼此交流、循环推进的关系"，报丧为世俗所习而深深植根于民间，也可称之为"俗"。吴成国：《报丧礼俗的社会史考察》，《湖北大学学报》2001 年 5 期。

⑥ 《周书》卷二七《赫连达传》，北京：中华书局，1971 年，第 439 页。

⑦ 彭定求等编：《全唐诗》卷三一《哭王都护》，北京：中华书局，1960 年，第 3506 页。

的"告哀"。如《旧唐书》载："元和十一年三月庚午，皇太后崩于兴庆宫之咸宁殿……癸酉，分命朝臣告哀于天下。"①关于宋代"告哀"，后文设专节讨论，此不赘言。

"饮福"近似于嘉礼中的宴飨，一般指祭祀完毕宴饮群臣。《宋史·礼志二》载："既享，大宴，号曰饮福，自宰臣而下至应执事及乐工、驭车马人等，并均给有差，以为定式。"②又载："建隆元年，大宴于广德殿，酒九行而罢。乾德元年十一月，南郊礼成，大宴广德殿，谓之饮福。"③

综上，《太常因革礼》中的"废礼"绝大多数是礼器或礼仪细节，但其中的"中宫东宫劳问"条应为礼文条目。

二、"废礼"的收录原则

依照上节论述"废礼"的内容及性质，我们还可以进一步探讨《太常因革礼》收录"废礼"的原则。其一为"废止的礼仪细节"；其二为"未行之礼"。前者在上节中业已论述，后者即《开宝通礼》中有规定然并未实际举行过的礼文仪制。然而，何为"未行之礼"？北宋前期是否存在"未行之礼"？这些问题都需要进一步探究。确如有学者指出，事实上考察北宋前期的礼仪活动可知，开宝通礼中的礼文仪制中即使"历更三朝"至于嘉祐年间，仍有一些仪制名目是尚未得以实际举行的，仅存于文本之中④。由于《开宝通礼》散佚，而且《太常因革礼》之"废礼"仅存名目、不具内容，因此我们很难核对《开宝通礼》有哪些仪制名目在北宋嘉祐年间之前并未实际举行。不过，笔者检索文献，找到一条《续资治通鉴长编》中的史料，相信能够给予我们启发：

> （治平三年二月）乙巳，颍王府翊善邵亢奏："皇子颍王（注：即北宋神宗赵顼），天质早茂，姻媾及期。方陛下即位之初，而元嗣克家之日，推之于礼，莫重于斯。臣伏见国朝亲王聘纳，虽《开宝通礼》具有旧仪，而因循未尝施行……欲乞下太常礼院博考旧典，修撰颍王聘纳仪范，其故事非礼者，悉罢之。"诏礼院详定。礼院奏："《开宝通礼》亲王纳妃，有纳采、问名、纳吉、纳成、请期、亲迎、同牢之礼，国朝未尝用，今检到《国朝会要》皇亲婚会礼物数，请如《会要》故事。"从之。⑤

① 《旧唐书》卷一五《宪宗纪下》，第 456 页。
② 《宋史》卷九九《礼志二》，第 2441 页。
③ 《宋史》卷一一三《礼志十六》，第 2684 页。
④ 王美华：《〈太常因革礼〉与北宋中期的礼书编纂》，《古籍整理研究学刊》2014 年第 1 期。
⑤ 李焘：《续资治通鉴长编》卷二七，治平三年二月乙巳，北京：中华书局，1992 年，第 5039—5040 页。

这段文字两次提到《开宝通礼》中规定的亲王纳妃(聘纳)在北宋治平三年之前未尝实行。这说明《开宝通礼》是有一部分未行的仪制。然而,这里指出的"亲王纳妃"依然不是"未行之礼"。因为"未行之礼"是"仅存于文本之中"的"尚未得以实际举行的仪制名目"。换句话说,是那些徒具空名的、不合时宜的、也没有被同时期其他礼典仪制来代替的。显然《开宝通礼》中"亲王纳妃"不属于此类,因为赵宋开国到嘉祐年间,亲王纳妃时不可能不遵循礼制,只不过没有依照《开宝通礼》中的"亲王纳妃"仪制,转而依据其他的诸如"《国朝会要》皇亲婚会礼"而已。这也是《太常因革礼》未把《开宝通礼》中的"亲王纳妃"列为"废礼"的原因。

　　那么,北宋前期是否确有上述"未行之礼"呢? 笔者认为"中宫东宫劳问"就属于此类。我们把相关礼典统计如下:

	中宫东宫劳问	备注
《大唐开元礼》	有	中宫劳问、东宫劳问
《通典》之《开元礼纂类》	有	中宫劳问、皇太子劳问
《开宝通礼》	有①	
《太常因革礼》	无	置于"废礼"
《政和五礼新仪》	有②	更名"问疾仪"
《宋史·礼志》	无	

　　上表可以看出,"中宫东宫劳问"存于唐代礼典,宋初《开宝通礼》沿用,但建隆以来"不复举",也即并未实行。而且现存文献中亦未记载北宋前期有过"中宫、东宫劳问"的礼仪。故嘉祐时期编纂《太常因革礼》时将其列入"废礼"。徽宗时编纂《政和五礼新仪》又重新以"问疾仪"名目增入。元人修《宋史·礼志》又并未完全依照《政和五礼新仪》,而是在"凶礼"中再次将其删除。

　　为助于我们理解《太常因革礼》中"废礼"的收录原则,笔者对比《开宝通礼》中"亲王纳妃"和"中宫东宫劳问"的实际运作情况,列表如下:

---

① "中宫东宫劳问"在《太常因革礼》中是"废礼",《太常因革礼·序》云:"《通礼》之所有,而建隆以来不复举者,谓之'废礼'。"很明显,凡"废礼"均是《开宝通礼》中已有。

② 《政和五礼新仪》卷二九《凶礼·问疾仪》中下列"中宫遣使问诸王以下疾、中宫遣使问帝姬以下疾、东宫遣使问诸王以下疾、东宫遣使问帝姬以下疾"等名目。郑居中等:《政和五礼新仪》,文渊阁四库全书本,第 647 册,第 131 页。

礼仪条目	亲王纳妃	中宫东宫劳问	备注
是否列于《开宝通礼》	是	是	
嘉祐之前是否实行该礼仪活动	是	否	
是否依据《开宝通礼》实行	否	否	
实际依据的礼仪	《国朝会要》皇亲婚会礼		因嘉祐之前未实行"中宫东宫劳问",故不存在"实际依据的礼仪"
是否未行之礼	否	是	
《太常因革礼》的处理方式	不列入"废礼"	列入"废礼"	

综上,《太常因革礼》将《开宝通礼》中"废止的礼仪细节"和"未行之礼"列为"废礼"。其中"未行之礼"不包括那种存在于《开宝通礼》、现实中实行过该礼仪活动、没有依据《开宝通礼》中礼文、依据其他的替代仪制的礼仪,如"亲王纳妃"即为此类。正因为它不属"未行之礼",故《太常因革礼》中"废礼"并未收入。

三、"告哀"列入"废礼"献疑

"告哀"在唐宋礼典中并非五礼中的条目①,然而在北宋前期的史料中多有出现,现以时间为序排列北宋神宗熙宁元年之前②的"告哀"事项,凡涉及同一事件但出现于不同文献者亦一并列入,但不累计次数:

> 1. 开宝九年冬十月癸丑,太祖崩,帝遂即皇帝位……十一月己丑,遣著作郎冯正、佐郎张玘使契丹告哀。③
>
> (开宝九年)太祖崩,以(雷)德骧为吴越国告哀使。④

---

① 辽朝凶礼中有"宋使告哀仪",具体仪节为:皇帝素冠服,臣僚皂袍、皂鞓带。宋使奉书右入,丹墀内立。西上閤门使右阶下殿,受书匣;上殿,栏内鞠躬,奏"封全"。开封,于殿西案授宰相读讫,皇帝举哀。舍人引使者右阶上,栏内俯跪,附奏起居讫,俯兴,立。皇帝宣问"南朝皇帝圣躬万福",使者跪奏"来时皇帝圣躬万福",起,退。舍人引使者右阶下殿,于丹墀西,面东鞠躬。通事舍人通使者名某祗候见,再拜。不出班,奏"圣躬万福",再拜。出班,谢面天颜,再拜。又出班,谢远接、抚问、汤药,再拜。赞祗候,引出,就幕次,宣赐衣物。引从人入,通名拜,奏"圣躬万福"。出就幕,赐衣,如使者之仪。又引使者入,面殿鞠躬,赞谢恩。再赞"有敕赐宴",再拜。赞祗候,出就幕次宴。引从人谢恩,拜敕赐宴,皆如初。宴毕,归馆。《辽史》卷五《礼志二》,北京:中华书局,1974年,第842—843页。

② 《太常因革礼》始编于仁宗嘉祐六年七月,成于英宗治平二年九月。笔者选择排列神宗熙宁元年之前的"告哀"事项,是基于考虑此礼仪活动的连续性。

③ 《宋史》卷四《太宗纪一》,第54页。

④ 《宋史》卷二七八《雷德骧传》,第9453页。

2. 大中祥符二年十二月，北朝皇太后凶讣，遣使来告哀。①

3. 乾兴元年二月戊午，真宗崩，遗诏太子即皇帝位，尊皇后为皇太后，权处分军国事。遣使告哀契丹。②

乾兴元年二月十九日，真宗崩，仁宗即位……是日（注：二十日），命阁门使薛贻廓告哀于契丹。③

4. 天圣六年，（交阯南平王李公蕴）卒，年四十四。其子德政自称权知留后事，来告哀。④

5. 天圣九年六月己亥，雄州以契丹主讣闻……秋七月丙午朔，契丹遣奉陵军节度使耶律乞石来告哀。⑤

天圣九年六月，契丹使来告哀。⑥

（辽太平）十一年六月己卯（注：宋天圣九年），（辽）圣宗崩，（兴宗）即皇帝位于枢前。壬午，尊母元妃萧氏为皇太后。甲申，遣使告哀于宋及夏、高丽。⑦

6. 真宗章献明肃皇后刘氏，明道二年三月二十七日崩于宝慈殿，迁坐于皇仪殿。四月，遣使告哀辽、夏及赐遗留物。⑧

明道二年三月甲午，皇太后崩。夏四月丙申，遣东上阁门使曹琮告哀于契丹，又遣使告谕边镇。⑨

7. （夏广运）元年（注：景祐元年），（元昊）母米氏族人山喜，谋杀元昊。事觉，元昊酖其母杀之，沈山喜之族于河，遣使来告哀。⑩

景祐元年，（元昊）母卫慕氏死，遣使来告哀。⑪

8. （庆历八年）元昊为下所杀，遣杨守素来告哀。⑫

9. 至和二年，（交阯南平王李德政）卒。其子日尊遣人告哀⑬

10. 至和二年九月戊午，契丹遣右宣徽使、忠顺节度使、左金吾卫上将军

① 《宋史》卷一二四《礼志二十七》，第 2897 页。
② 《宋史》卷九《仁宗纪一》，第 175 页。
③ 《宋史》卷一二二《礼志二十五》，第 2851 页。
④ 《宋史》卷四八八《外国传四》，第 14067 页。
⑤ 李焘：《续资治通鉴长编》，卷一一，天圣九年七月丙午，第 2563 页。
⑥ 《宋史》卷一二四《礼志二十七》，第 2898 页。
⑦ 《辽史》卷一八《兴宗纪一》，第 211 页。
⑧ 《宋史》卷一二三《礼志二十六》，第 2870—2871 页。
⑨ 李焘：《续资治通鉴长编》卷一一二，明道二年四月丙申，第 2610 页。
⑩ 李焘：《续资治通鉴长编》卷一一五，景祐元年冬十月丁卯，第 2704 页。
⑪ 《宋史》卷四八五《外国传一》，第 13994 页。
⑫ 《宋史》卷三三《任颛传》，第 10617 页。
⑬ 《宋史》卷四八八《外国传四》，第 14068 页。

耶律元亨来告哀(注：辽兴宗崩)。①

11. 嘉祐元年，(夏国主谅祚)母没藏氏薨，遣祖儒麀多、聿则庆唐及徐舜卿来告哀。②

12. 辽清宁三年，(注：宋嘉祐二年)是岁，(辽道宗)祖母法天皇太后萧氏卒，帝遣怀德节度使萧福延诣宋告哀。③

13. 嘉祐八年，仁宗崩。夏四月壬申朔，皇后传遗诏，命帝嗣皇帝位。百官入，哭尽哀。韩琦宣遗制。帝御东楹见百官。癸酉，大赦，赐百官爵一等，优赏诸军，如乾兴故事。遣王道恭告哀于契丹。④

嘉祐八年三月晦日，仁宗崩，英宗立。丧服制度及修奉永昭陵，并用定陵故事……遣使告哀辽、夏及赐遣留物，又遣使告谕诸路。⑤

嘉祐八年三月辛未晦，上(注：宋仁宗)暴崩于福宁殿。夏四月癸酉，命引进副使王道恭告哀契丹，左藏库副使任拱之告哀夏国。⑥

14. (治平)四年正月丁巳，英庙崩，帝即皇帝位。戊午，赦天下常赦所不原者。遣冯行己告哀于辽。⑦

15. 熙宁元年三月庚辰，夏主谅祚卒，遣使来告哀。⑧

以上有关"告哀"史料选取在北宋太祖开宝九年至神宗熙宁元年间，涉及北宋、契丹(辽)、西夏、交阯、吴越、高丽等政权。涉及皇帝(或其他政权最高统治者)10人，涉及皇太后5人。值得我们注意的是，北宋前期几位帝王中，唯独宋太宗死后未向其他国家"告哀"。下文统计列表如下：

	告哀次数	备　　注
宋太祖朝	0	
宋太宗朝	1	宋太祖崩，告哀契丹、吴越
宋真宗朝	1	契丹遣使来告哀，宋太宗崩未告哀他国

① 李焘：《续资治通鉴长编》卷一八一，至和二年九月戊午，第4370页。

② 《宋史》卷四八五《外国传一》，第14000页。

③ 叶隆礼：《契丹国志》卷九《道宗天福皇帝》，北京：中华书局，2014年，第97页。

④ 《宋史》卷一三《英宗纪》，第254页。

⑤ 《宋史》卷一二二《礼志二十五》，第2853页。

⑥ 李焘：《续资治通鉴长编》卷一九八，嘉祐八年四月癸酉，第4794页。

⑦ 《宋史》卷一四《神宗纪一》，第264页。

⑧ 《宋史》卷一四《神宗纪一》，第268页。

	告哀次数	备　注
宋仁宗朝	10	北宋向契丹（夏）告哀 2 次，其他政权向宋告哀 8 次
宋英宗朝	1	宋仁宗崩，告哀辽、夏
宋神宗朝	2	仅统计到熙宁元年，宋英宗崩，告哀辽；夏告哀宋 1 次

　　以上表格表明，北宋前期除太祖时期未有"告哀"外，其他各朝均有出现。其中尤以仁宗朝最多，占统计数据的三分之二。这不仅说明北宋仁宗朝统治者非常重视"告哀"这一礼仪，而且反映《开宝通礼》中的"告哀"一直在北宋前期实行，并未废止。前文我们已经引用的《太常因革礼·序》中指出："《通礼》之所有，而建隆以来不复举者，谓之'废礼'。"既然"废礼"是《开宝通礼》中已有但是建隆以来并未实行的礼仪事项，其包括礼仪细节和礼仪条目，那么作为北宋前期一直实行、而且在嘉祐时期就发生三次的"告哀"仪礼，被嘉祐时期编纂的《太常因革礼》列为"废礼"，显然是不妥的。

四、结论

　　《太常因革礼》中的"废礼"不仅包括与祭祀有关的礼器祭服、礼仪细节，还包括"中宫东宫劳问"这条存在于《大唐开元礼》、《开宝通礼》中的"凶礼"礼仪条目。《太常因革礼》收录"废礼"的原则有二：其一是废止的礼仪细节，即学者王美华所指称的"实际举行某仪制时特别讨论并商定废除的某一或某些具体的仪节内容"。其二是"未行之礼"，"废礼"中的"中宫东宫劳问"就属此类。需要强调的是，这里所指的"未行之礼"是存在于《开宝通礼》中、但是在北宋建隆到嘉祐时期不仅没有实行，而且也没有其他相关礼典中的礼仪来取代的那种仅仅停留在文本上的礼仪。像《续资治通鉴长编》中引用的《开宝通礼》中的"亲王纳妃"礼仪尽管在北宋前期也从未实行，但是实际礼仪活动中礼官会去参照其他礼典如"《国朝会要》皇亲婚会礼"。因此，《开宝通礼》的"亲王纳妃"就不算"废礼"，《太常因革礼》的编纂者也未把它收入为"废礼"。然而，至于"告哀"，它尽管不是"凶礼"中的礼仪条目，但是在北宋前期一直实行，尤以仁宗朝多达十次，其中嘉祐年间就出现三次，对于这样一项在实际礼仪活动中并未废止的礼仪事项，《太常因革礼》将其列入"废礼"是有悖历史事实的。

原载于《历史文献研究》（总第 38 辑），华东师范大学出版社 2017 年

中国礼制史研究的创新之作
——评《礼与中国古代社会》

近年来,中国礼制史研究正逐渐进入佳境,成果迭出,吴丽娱先生主编的四卷本《礼与中国古代社会》(下简称《礼与社会》)无疑是其中非常值得关注的重要成果。细读是书,深感其中诸多创新,特呈愚见,求正于学界同仁。

首先,对礼制史研究方法作了新的探索。

就研究方法与研究侧重来区分,目前所见中国礼制研究成果大致可分为四种类型。第一类是经学类型。这是传统的礼学研究的延续,是以原典为研究内容,着重文字考证、疏释词意,注重礼经礼典源流。至于对历代经注礼典、家礼乡规、史著中礼志、乐志等的整理、考订,也大致可以归入这一类型。二是理论类型。或借助国外人类学、社会学、宗教学乃至控制论等理论,或从哲学层面对礼学进行研究,解析原典经意、分析礼学概念、阐释礼意演化与礼学思想,力探礼制背后的结构、功能、本质、伦理、道德,乃至价值取向、历史作用等等。三是史学类型。以探求中华礼制之源、梳理具体礼仪的变迁、研究制礼官署和礼官制度、关注礼仪细节及变化、论证历代礼制的功能、力图揭示礼之变迁与王朝更替、社会演变之关系为指归,研究范围乃至涉及礼俗民风、民间信仰与礼制关系、礼与文学、语言关系等等。四是考古类型。关注具体礼制实物遗存,重视考古发掘成果、利用出土文献资料与传世文献进行比较研究,探索古代礼制的具体形制、规模、类型,等等。当然,四种类型并不是绝对的,可能会产生某些交叉。

依上述标准来划分,《礼与社会》显然归入史学类型。无须讳言,过去那种单纯地从各种典籍搜寻相关资料来对礼制源流、演变作探讨确实是需要的,但更为需要的是寻找之所以发生变化的内在原因及其变化对社会发展的作用。自然,中华礼制的理论博大精深,具体仪式变化丰富,研究它需要从众多角度来加以逐个剖析,才能比较全面地掌握与了解它的演变背景、原因、过程、形式及其演变所产生的社会作用。尽管《礼与社会》于 2004 年在列入中国社会科学院创新工程项目之时,学界已经出现少量将礼与社会变迁结合起来研究的论文或论著中的个别篇章,但其书在《导论》中明确地指出该著述"将礼制更替与国家、社会变迁相结合作为主要关注点","打破政治史、文化史、社会史、思想史、宗教史等等的界限而进行跨学科的考察分析,力求对礼仪获得深刻的理解,在整体结构与思想上体现创新"。显然,这种将整个中华礼制演变还原到中国社会演进过程中来加以研讨,将过去礼制史侧重研究礼制变迁或具体礼仪变化改为从中国古代社会演进与中华礼制变迁角度来加以研讨的做法,代表一种全新的研究视角,它意在打破各种专史研究的界限,从更深层次来研究礼制变迁、礼仪变化与社会演进之间息息相关的联系,从而得出更令人信服的结论。以往的研讨已经证明,仅研究历代礼仪的具体变化,或许可以将具体礼仪问题解说得十分清楚,但这种研究方法往往会游离具体社会背景而就事论事,难免蹈入虚空,成为无根之木,也就无法总结出礼制、礼仪为何发生这样的变化以及变化的深层原因。《礼与社会》则纠正了就礼仪研究礼仪的研究方法单一的弊病,在对整个中华礼制进行研究时运用了开创性、多视角的研究方法,拓宽了礼制史研究的整体范围,这是值得充分肯定的。

其次,学术创新意识非常强烈,研究新老问题,提出诸多新观点。创新意识来源于问题意识,没有问题、不解决问题,创新就无从谈起。而提出问题,则需要全面把握学界已经取得的成果,做到心中有数才能提出有价值的问题并加以解决,从而取得新的研究成果。《礼与社会》在《导论》明确说道:"在写作上提倡问题意识,各部分以专题突出特点和重点,发挥作者特长,做到既有具体问题的论证作基础,又注意到全书的主线而具备整体性。"伤其十指不如断其一指,面面俱到不如突破一些重点和难点。因而,《礼与社会》每章都有一个较为全面的学术史梳理,以便读者能够了解前哲时贤观点,在此基础上再提出本章拟解决的主要问题,从而更有针对性。

殷代章中对殷墟西北冈出土的虎首人身石雕像的研究,作者认为可能是《山海经》中的"彊良"神,《甲》2336卜骨上的虎道人身之字,极有可能是与"彊良有直接联系的甲骨文材料"(引文均列出原书页码,下同。P67)。

春秋章从用鼎制度入手作了研讨,指出西周晚年形成的列鼎列簋制度,到春秋早期簋的地位不断下降,鼎的地位提升,春秋中晚期"鼎和簋的固定组合则开始瓦解"(P228)。作者进而认为:"春秋中期以后,随着霸主政治的确立,权力的中心由周王室转移到霸主国,礼制中心也不可避免地随之改变"(P251),"一方面僭越礼制、违背礼制的现象层出不穷,另一方面贵族们在政治生活和社会交往中非常推崇、讲求礼仪"(P229)。作者强调:西周礼制不仅仅是具体的仪式规范,在仪式规范的背后是西周等级贵贱、尊尊亲亲的宗法秩序,但到西周末年,"随着形势的变化,礼义开始为人所关注","春秋后期,礼终于脱离具体的礼仪容止独立出来……既包括礼仪、礼物、礼容这些外在形式规范,又包括君臣、父子、兄弟、夫妻之纪的纲常原则。前者为礼之仪,后者为礼之义"(P242)。

在战国章中,针对自古以来认为春秋战国时期出现"礼崩乐坏"的观点,作者从社会变革角度提出"礼制转型说":指出从西周礼制的角度来看,战国是周礼衰落时期，"但是从另一个方面来看,战国的礼学研究依然活跃"(P252),是中国古代礼学发展过程当中一个承前启后的重要时期,"战国时期礼的崩坏其实是中国古代礼学发展过程中的一次转型,同时也是战国社会变革的反映。从中国古代礼学发展的角度来说,以儒家为代表的礼学思想的兴起,三《礼》的编订成书,是这个时期礼学发展最为主要的成就和特色"(P362)。

学界对《月令》研究颇多,歧义互见,未有定论。秦汉章(下)在比对出土秦汉律令与传世月令书以及《管子》等书后,指出"'月令'这一为统治者治理国家而特意设计、制定的时令,具有明确的身分标志"(P189),并细致地勾勒出《月令》对秦汉政治影响的线索:秦朝"已经以是否遵行时令作为考核地方官政绩的标准之一"(P170),"西汉王朝的历史是一个逐步实践明堂月令并赋予时代色彩的过程"(P190),王莽时确认了《月令》的独尊地位,"东汉时月令对政治的影响进一步扩大",永平二年"在明堂宗祀光武皇帝典礼中举行了'班时令'仪式,'颁令'从此成为制度"(P191)。

魏晋南北朝章梳理以三《礼》为核心的礼学在当时官学中地位的变化,郑王之争、南北学术交流,它的意义不再局限于普通的学问,从广义的角度讲,"它关系到国家兴衰、制度存亡、百姓教化、民俗风情,因此备受国家重视"(P238)。这一时期,师古适用的五礼最终"代替士礼成为国家的制度"(P246),并且对当时社会乃至后世具有重要影响。这一观点已成定谳。作者认为当时礼学传承主要有官学、私学和家学三种形式,官学"是礼学传承的重要途径之一……起着主要作用"(P229),私学"弥补了官学的不足"(P237),对朝廷礼仪制度制定也有贡献,家学则为官学提供了具有礼学素养的人才,"官学、私学、家学三种途径互相依存、互相支撑、互相流动。魏晋南北朝的礼学在这种依存、支撑、流动中得到长足的发展"(P238)。在国家礼制建设方面,世家大族起到了极为重要的推动作用,并且是长久而持续的。他们参与的国家礼制建设,"必然会在一定程度上反映世家大族的利益,受到他们的意志的影响和制约"(P361)。

隋唐是中国古代社会走向盛世的关键时期,其礼制也随着社会变革而产生重大的变化,并在中国古代礼制史上有着极其重要地位。该章指出,《开皇礼》以北齐礼为主而吸收梁、陈之礼,而武德、贞观接续开皇、大业,"与《显庆礼》相比,《贞观礼》总体上是继承为主而不是标新立异……《贞观礼》所以行用不废,乃在于它延续北朝贵族社会而来的一些传统观念更容易被一部分大臣所接受……有些甚至通过《开元礼》得以继承"(P13),因此它是"贵族制度的遗存和官僚社会新创的结合体。随着时代的进步,某些仪注也愈来愈显出其脱节和滞后性"(P27)。《显庆礼》修订的前后两阶段有不同内容,"这种变化其实与显庆以后政局之变是密不可分的"。(P47)《显庆礼》对帝、后礼的改革上是"向皇后倾斜"。高宗时代,武则天所实践和打造的是与之身份相合的皇后礼而非皇帝礼。武周建立后,"对一切帝王礼予以实践和尝试……改元为'天册万岁',正是完成了从'后'到'帝'的蜕变"(P60—61)。从高、武时代起,"由政治而影响礼仪的变革,一直持续到皇权争夺极为激烈的中宗、睿宗朝",直到开元之治"对于盛世追求和相对安定的社会局势,不仅为国家经济的发展提供了机遇,也为制度和礼仪的兴革创造了条件"(P68),《大唐开元礼》"成为一部与时代同步的礼仪巨著……成为中古时代五礼制度成熟和变迁的见证"(P68)。作者认为:唐后期《开元礼》虽然行用,但令、格、式、制敕入礼对礼制行用产生很大影响,开元十九年之后编撰的《格后长行敕》、《格式律令事类》等书,表明了皇权至上的官僚社会的礼法在法规形态上的变化。这一观点极具启发意义,也完全符合中国封建社会中后期专制皇权日益强化的趋势。

　　两宋礼制一直是中国礼制史研究较为薄弱的环节。宋代章精彩的研究,使人耳目一新。作者指出"两宋礼制相较于唐代的变化,首先是礼制已在晚唐以来基础上进一步适应平民社会而发展,表现在制礼格局和礼制形态及内容的各个方面,而宋初三朝尤为其关键转折期"(P186)。"宋承唐制"是以往学界的共识,但作者不同意那种"淡化五代在唐、宋制度递嬗间的作用","凸显或夸大唐制对宋初制度的影响"的看法,以过硬的资料对宋代诏令的地位、宾礼的删省、《开宝通礼》对《大周通礼》的继承、礼例的作用和地位等等问题都作了细致的剖析,从而提出宋初"各项制度基本上都是直承五代而继续调整发展的"(P199),颠覆了"宋承唐制"的传统观点。作者强调:"对唐制的反省和批判,在宋初三朝正从涓涓细流渐而汇聚成河,其不仅为当时归复唐制的种种取舍和抉择提供了重要的思想背景,实际上也参与开启了一个回归和重新诠释儒经礼典的过程,并与仁宗朝正统史观的崛起相关联而产生了重大影响"(P230),这与天地性命之学相呼应,"构成了后来被称为'宋学兴起'的运动初期的中心舞台"(P231)。这一观点,不仅对唐宋礼制史研究有很大的推动作用,对唐至两宋制度史、思想史研究无疑也有很高的参考价值。在研究《开宝通礼》行用问题上,作者指出它有"多不行之制"、"多似行而非行"、"常与《开元礼》及一般礼书相提并论"三个特点,说明在宋初礼制体系中,《开宝通礼》虽然仍是"重要组成部分,却已失去了以往礼典那种充当礼制领域根本大法的地位"(P268),与中古门阀通过对礼学和礼典的垄断解释权而部分地控制或主导政治与社会不同,"《开宝通礼》效力的疲软,正是中古礼制向近古礼制转折和发展,礼典作用和地位正面临重大调整的一个标志性现象"(P269)。

　　在元代章中对蒙古族建立的政权在皇家祭祀(主要是郊祀、宗庙和原庙)方面进行了详细的研讨,指出元代的郊祀"大体与辽金相似,经历了从蒙古族固有的长生天信仰,到汉族礼制影响下的天地合祭,再发展到南、北郊分祀的发展历程"(P328)。元代皇帝祖先祭祀从带有浓郁游牧民族色彩的"烧饭"习俗到忽必烈推行汉法后吸收汉族王朝传统的祭祀制度,其原庙除受到道教、也里可温教影响外,主要是藏传佛教的影响,认为这与"忽必烈以后元朝皇室的宗教信仰与政策分不开的"(P420)。明代章对家礼问题细致研究后,提出"注重《家礼》的诠释与研究是明代礼学的重要特征"(P108),"家礼作为中国封建社会后期的民间通用礼,自宋以来遵而用之。但是民间所使用的家礼,并非朱子的《家礼》原文,而需要有文人学士依据时代特征、地域社会实际进行重新诠释。因此《家礼》诠释是促使《家礼》从学术形态走向实践的重要途径"(P164)。清代章中对清初皇帝拟"行三年之丧"问题的争论进行研讨,认为"随着满汉文化的渐趋融合,以及满洲统治者熏陶于汉文化程度的加深,高宗的这一选择,应该说体现出一种'满汉一体'格局下的新的政治文化走向"(P236)。对清代礼学研究,作者也提出自己的基本判断:清代学术以经学为中坚,乾嘉学派对三《礼》研究在理论上达到新的高度,其重要标志就是"以礼代理"说的兴起。显然,类似上述各章的诸多创见,是问题意识下突破重点问题的有力例证。尽管这些创见或会受到质疑乃至批评,但作者们质疑传统观点、勇于提出自己看法,对于中国古代礼制研究具有较大的启示意义与参考价值则是无可怀疑的。

再次,《礼与社会》注意充分发掘各种资料,给人以深刻印象。众所周知,一个经得起考验的研究的结论,往往需要大量扎实可靠的资料作支撑,该书在资料的发掘方面非常突出,不但注意从传世典籍中发掘史料,也非常注意从考古资料及其他资料中深入发掘有价值的新资料。

中国礼制史研究以先秦与元代为难,这是因为文献资料甚少且牴牾甚多。实际上,先秦礼制研究即使使用考古资料,实际上许多问题仍难得出比较准确的结论。然而,作为礼制之源,又是不得不需要花较大力气去将其弄清楚的。《礼与社会》先秦部分诸章尽力发掘各种史料,以解决先秦礼制的一些疑难问题。如学界对西周初年继承殷商礼制有所论述,但限于资料而语焉难详。殷代章中列举了岛邦男、陈梦家、许进雄、常玉芝等先生在周祭礼制问题上研究成果,并进一步利用新出土的花东非王甲骨来研究商王以下贵族阶层的礼制及其反映的鬼神崇拜、社会阶层、国家形态和政体特点,推动这一研究朝着更为深入的方向发展。在西周章中,利用2009年周公庙出土的"宁风"卜甲来研讨周承殷制问题,指出"殷墟卜辞所见宁风祭祀对象有方(北、南)、社神、伊奭和巫(?),虽然没有明确的祭祀'四方'的材料,但据方、北、南可知,四方之神均应在受祭之列。周公庙卜甲这一宝贵材料,则很好地弥补了殷卜辞中未见'宁风于四方'的缺憾",并在此基础上得出"宁风祭祀的祀典一直传承至殷末,而周初又承殷制"(P100—101)。如此使我们更为清晰地了解殷商到西周初年礼制演变的大致情况。

西周有无严格的五等爵制,历来有不同认识。西周章的第三节对此作了较为详细的研究。作者从殷代外服诸侯制度入手,认为殷代邦是对周边国、族的通称,邦伯是它们首领的称呼,进一步又用传世《酒诰》等文献来证实礼书中所谓殷代与西周早期有五等爵制是不存在的。接着又分析西周中期到春秋时期仍然不存在严格的五等爵制,并以山西天马—曲村晋文化遗址、河南平顶山应国遗址、湖北随县曾侯遗址等考古资料,否认了传世礼书中杜撰的严格的五等爵制的记载。

文献中对春秋时期用鼎制度语焉不详,作者搜罗大量近年来考古资料,分早期与中晚期列表说明,给人以深刻的印象,其结论自然也更为可信。

隋唐五代章(下)对道教与礼制的关系问题,也大量引用了国内外所藏敦煌资料、金石资料与其他出土文献,给人以鲜明的印象。元代保存至今典籍不多,研究其礼制确有难度。但作者除注重传世的典籍外,又尽力利用其他资料或考古资料,如拉施特《史集》、志费尼《世界征服者史》、韩国文集丛刊以及《藏传佛教寺院考古》、《北京市文物研究所藏墓志拓片》等等,对解决一些具体问题起到了一定的作用。

在发掘传世典籍资料方面,《礼与社会》也有建树。如隋唐章(上)对《贞观》《显庆》两礼究竟有无告朔和读十二月令问题,也从传世典籍中发掘出新资料,认为武则天告朔依据是原来的十二月令,到武周政权巩固后才对读时令失去兴趣,纠正了原来的观点(P66),显示出作者严谨的学风。同章对《贞观礼》修改和增补《开皇礼》29 条和发掘出《隋书·礼仪志》所载《丧葬令》13 条资料等(P11,P36),都是新发掘出来的重要资料。宋代部分否定笼统的"宋承唐制"观点,对此问题进行开拓性研究,因此作者从唐至宋的历代正史、《续资治通鉴长编》、《皇朝编年纲目备要》、《宋会要辑稿》、《五代会要》、《宋刑统》、《唐六典》、《大唐开元礼》、《太常因革礼》、《玉海》、《文献通考》以及时人文集、笔记等传世文献作了仔细发掘,从而论证了开创性的宋初各项制度"直承五代而增损调整"的观点。

总之,《礼与社会》诸章充分发掘史料给人鲜明印象,确如《导论》中所说的"充分运用甲骨、金文、简帛、碑志、敦煌吐鲁番文书、徽州文书、明清档案、家谱和其他考古资料,特别提倡对新史料的运用和旧史料的发掘"。这是非常值得肯定的。

以社会演化为动因、三《礼》为主线,将礼制变迁与社会演化结合起来,贯穿全书,这也是《礼与社会》的创新特色。其书自称围绕着六个方面对中国古代礼制阐述,即礼的起源、三《礼》的建立与发展、五礼制度的创立与演变、郊庙祭祀与丧礼、礼法关系、国礼与家礼。但细细品味全书,虽然论述在社会演化过程中的众多礼制、礼仪、礼学、礼法等等问题,其实最为重要的一条贯穿主线是三《礼》问题。礼的起源实际便是三《礼》形成的源头,而后世礼制演变也与三《礼》密切相关。值得强调的是,该书各章在具体论述中并非就三《礼》而论三《礼》,而是将其与社会变革、礼制变迁结合起来研讨,虽各章侧重不同,但仍能体现出这条线索,从而找到一把贯通全书的钥匙。这钥匙,我以为就是《导论》中所说的"中国历史上,各朝定礼都是力图将三代开创的制度法规与本朝相结合,既体现对代表'先王'精神的古典的继承,又着意于创造适用当世的'今典'"。代表"先王精神"者是三《礼》,体现"当世今典"者是各朝具体礼制。换句话说,整个中国古代礼制史,至少从春秋之后都是围绕着汲取三《礼》与创制今典展开的,我以为这样的论述极富启发性。

在西周章中,作者认为应该对传世礼书(三《礼》)有关西周礼制的记载持一种谨慎的态度,因为"西周礼制从继承殷礼,至发展出凸显周人文化特色的礼制体系,有一个转变和逐渐完善的过程"(P96)。

春秋章则根据先秦典籍资料,对春秋之"礼书"的文本作了研讨,以为"春秋时期已经存在记载礼的文本。它们大部分可能是关于某一具体礼典实行的文字记载,也有可能已经有了一些类似《仪礼》文字的规范化的专门的礼典条文,当时并不称为'礼书',而称为典法。可能还有类似《礼记》文字的记载礼义的'礼志'书本。春秋时期还可能已经将有关礼仪的一类文献统通为'礼书'"(P240)。战国章则继之,称"春秋战国时期,儒家对于礼乐传统的继承与发展,首先在于礼书的编纂成书。礼学的基本典籍三《礼》基本成书于春秋战国时期,是儒家学者为挽救'礼坏乐崩'的现实、振兴礼乐传统所做的巨大贡献"(P265),并围绕着三《礼》与社会变迁的关系问题展开详细的研究。

秦焚书坑儒、焚灭先代典籍,礼书自然在焚毁之例,秦汉章(上)认为"秦的崛起和统一改变了周代以来的政治格局,但秦的国家祭祀仍承接其诸侯时期的故旧……西汉一朝国家祭祀的变化,经历了由承秦而来的粗浅内容到改变性质、成为正统礼典的过程"(P5),王莽"在复古氛围下,按经书记载和经师们乃至王莽自己的理解来改动先前的国家祭祀"(P47),"东汉时期的国家祭祀,基本是按'元始故事'进行的,格局和内容没有重大变化"(P64)。秦汉章(下)论述礼法关系时指出:"礼与法从来不是对立的关系,只是随着时代的变化,礼与法的内容亦处在不断调整之中。自秦以来中国古代法律所表现的礼的内容其实就是李悝、商鞅等创制的不同于西周旧礼的新'礼'"(P115),只是做了重大改变而已。

魏晋南北朝章则围绕着五礼制度化进程中三《礼》学兴起与国家礼制实践作了深入研究,指出五礼制定的原则是"师古适用"。隋唐五代章(上)对《开皇礼》、《贞观礼》、《显庆礼》、《开元礼》到五代礼制的变迁,也紧紧抓住旧典、今典不同及其变迁社会、政治原因展开研讨。作者认为《贞观礼》"整个礼典的趋向是继承不是改革,是对古礼旧制的举而不废和刻意保存"(P26),《大唐开元礼》"与同期成书的《唐六典》各自取法《礼记》和《周礼》,成为中古礼制从因袭模仿发展为取代上古礼制的里程碑……由于政治的需要,沿袭《贞观》、《显庆礼》的礼仪变革成为时代的主体,《开元礼》在所谓'折衷'原则之上吸收变革,实现了对于《礼记》的改撰,从而不但代表了唐礼的制作方向,也成为后来礼制不断变化的基石"(P68)。隋唐五代章(下)

则对先代帝王祭祀、五岳真君祠祀、地方祠祀三个祭祀类别进行了个案研究,认为"国家祭祀逐步形成一个内涵丰富的文化传统,它不仅仅是一套仪式与象征,而且其背后隐含着一整套观念与信仰系统"(P106),并力图揭示隋唐儒佛道三教盛行之下的这些观念或信仰系统与国家祭祀体系的"互动关系"(P107)。

宋代章则明确指出"礼制已在晚唐以来基础上进一步适应平民社会而发展,表现在制礼格局和礼制形态及内容的各个方面"(P186),就此而着重对宋初三朝礼制与前代关系进行了深入研究。

明代章指出明开国礼制建设的特点是:清除蒙元胡礼胡俗的影响,"复中国之旧",追复周礼,援古定制。指出明初五礼建设时,"在承袭古礼的同时,形成了具有自身特色的礼制体系"(P5),尽管指出明代是个经学衰微时代,但它在三《礼》研究中仍有着自己的特色。明太祖时期《大明集礼》奠定明代礼制基础,"世宗皇帝改制的礼学依据为《周礼》,《大明集礼》正是明初儒臣礼制建设追复《周礼》的成果"(P66)。该章还比较深入地研讨了明代三《礼》研究的情况。

清代章指出"清朝处于由传统社会向近代社会转型的转折点上"(P222),在具体研究清康雍乾三朝礼制变革及三礼馆问题上,指出"圣祖对儒家经典学说认识的深化,其于礼亦多有体悟"(P224),"世宗继圣祖之后,对礼亦有所折衷"(P225),"高宗对修纂三礼义疏及纂辑礼书的关注,则更体现出其崇礼的思想取向"(P227)。在"'以礼为治'思想的取向下,清初诸儒不仅对向称聚讼的宏纲大典《周礼》投入很大的关注,还对阐发礼之仪节和义理的《仪礼》、《礼记》予以重视"(P281)。

上述种种,显然如《导论》中指出的那样:"秦汉以后历朝历代礼学的建立都以三礼为原则,而围绕当朝当代本身的需要、问题展开,并对礼学本身提供新的解释"(P29),"礼制的沿革变化,与经济发展及社会变革同步,是上古三礼精神原则的不断实践,也是当时当代社会变迁与实践政治生活的产物"(P29)。显然,《礼与社会》是在把握旧典(三《礼》)与今典的互动关系来阐述中国古代礼制的演变的,以笔者愚见,这也是中国礼制史研究中创新的研究方式。

学术研究的生命在于创新,主要表现在理论创新、研究方法创新、研究思路创新以及新旧资料的发掘与利用等等方面,《礼与社会》的研究实践确实给了我们这样一种深刻的感受。

自然,在充分肯定《礼与社会》所取得的学术成就的同时,也需要对一些存在的问题予以重视,在此提出数项供作者参考。例如,关于唐宋至元明礼制下移、普及至民间的趋势与具体表现问题,学界已有一些论述,尽管《礼与社会》在宋代章提及晚唐至宋代礼制"进一步适应平民社会而发展",明代章研究《家礼》问题上也作了部分论述,但从整体上说难以表现出唐至明代礼制下移的政治与社会原因、其具体表现、意义等问题。其次对经筵礼仪问题,全书未能涉及,似有缺憾。因为自宋代起,经筵制度已经正式成为历代王朝执行的一种特殊的与礼制密切相关的制度,元明清三朝沿袭不辍,历时久远,极有研究价值,从中既可以了解其礼仪形式与讲筵内容,更可以了解它与政治关系、与一些少数民族政权接受汉族礼制的演变过程以及理学渗透礼学、涉入政治统治中心,最终成为封建社会晚期统治思想等重大问题。最后,《礼与社会》许多章节在论述具体问题之后往往有一些精彩的概括与提练,恰到好处地把全章内容作一总结。然殷代与西周两章给人印象是具体研究颇为深入,但最后概括出规律性的内容较少,令人似感不足。元代章论述祭祀、庙制等虽与全书相关联,但整体上看所论述内容与其他诸章相比稍嫌简略。

　　总之,瑕不掩瑜,《礼与社会》是一部值得充分肯定的具有创新价值的重要成果,它的出版给中国礼制史研究带来的启示意义与引领作用将会逐渐显现出来。

原载于《中国史研究》2018 年第 1 期

中华传统礼制内在价值及其现代转换^①

自商周以来逐步成型并完善的中华传统礼制,已经走过 3000 余年的历史进程,时至今日,中华民族在本世纪中叶实现伟大复兴的愿景也已依稀在望。在这样一个时空坐标点上,人们不禁要问:从远古走来的中华传统礼制还有价值吗? 还值得研究和借鉴吗? 如果说中华传统礼制在追求国家长治久安和社会和谐有序的漫长进程中,曾经发挥过重要作用,那么,浸润着封建等级制度的中华传统礼制与现代社会生活能否对接? 又如何对接? 亦即古老的中华传统礼制和礼乐文明是否具有现代价值? 又该如何适应现代社会呢? 这注定是一场没有唯一答案的思想之旅。本文的种种追问和设想,也只是企望逐步接近历史真相和现实需要的一种有限努力。

一、中华传统礼制,今天仍有研究的必要吗?
——关于礼、礼制本质的历史追问

数千年来,中华传统礼制渗透到国人的一切生活领域,发挥着极其重要的作用与影响,扮演过各种角色。沧桑巨变,随着大清王朝的覆灭以及 20 世纪初期新文化运动对它的批判,中华传统礼制似乎走到了历史尽头,难以为继了。然而在社会生活和民间礼俗中,却顽强地保留着传统礼制的不少碎片和遗存。华裔学者余英时曾说直到 20 世纪三四十年代的民国时期,广大乡村中"儒家文化虽已处于十分衰落的状态,但仍然支配着日常的社会生活;一切人伦关系,从婚丧礼俗到岁时节庆,大体上都遵循着儒家的规范而辅以佛、道两教的信仰和习行"^②。实际上时至今日,传统礼制在民间日常生活中仍有广泛影响力。所以,如何正确认识中华传统礼制、重构它与现代生活的种种关联,古为今用之目的,是摆在我们面前的并是十分急迫的问题。

要解决这一问题,首先需要区分开礼、礼俗、礼仪与礼制。在我们看来,它们的

---

① 本文与葛金芳合作。

② 余英时:《中国思想传统及其现代变迁》,氏著《余英时文集》(第二卷),桂林:广西师范大学出版社,2004年,第 211 页。

区别是非常清楚的。自从世界上有了人,便有了人与人之间的交往,交往中需要有一定的规范(或称准则)。它最初不是一种制度,而是来自人们交往过程中被认可的一种原初习惯或说原始习俗。实际上,这种原初习惯(原始习俗)广泛地存在于世界各民族之中,有学者称为"原始礼仪"①,其实可以称之为原始礼俗。人类生存离不开这种习惯与习俗的制约,久而久之,随着社会的发展而逐渐定型。当人类进入较高的文明阶段,出现了权力机构(如族群、族群联盟、国家),那么这种"原始礼俗"就会按照当时特定的社会状况而被仪式化、制度化,于是出现了礼制。所谓"礼成于俗"②便是指这种情况。礼制一体两面,从物质形式上说是礼仪,从精神内容上说是礼义,这也就是后世学者孜孜不倦地解读或归纳的"礼"之本质。

值得指出的是,不同民族进入文明社会后,根据不同关系,人们在交往中就必会形成一种必须遵循的行为规范与仪式,这种行为规范与仪式被视为"天经地义"的,它也就具有了"道德"③内涵。作为当时的权力机构(族群、族群联盟,乃至国家)便会用"法律"的手段来确认它,要求人们遵循它,于是就成为制度。

学者们在研讨中国古代礼制时提出过许多有关礼之本质的观点。如杨志刚先生认为礼的"根本性质"有四点,即规范与准则、修养和文明的象征、社会控制的手段、秩序④。实际上,这将原始之"礼"与后世产生的制度性之"礼"混淆在一起了⑤。但无论原初之礼还是后世制度之礼,无论是中华之礼还是域外其他民族(国家)之

---

① 常金仓先生曾对原始礼仪的起源作过研究,认为"手势语言在狩猎活动中最初或者是为避免惊扰野兽,或出于某种禁忌使用的,久而久之,约定俗成,它就被编入礼典,转化为礼仪了"。氏著《穷变通久》,沈阳:辽宁人民出版社,1998年,第116页。常先生在第一章中大量引用了民族学、民俗学资料及文献资料来说明原始礼仪的产生并如何转化为礼仪,甚有启示价值。然遗憾的是,常先生未进一步去解说"礼的本质是什么的问题"。

② 甘怀真先生称:"探究礼的起源,有两条线索。一是讨论今人所谓的礼仪、礼制的发生流变。二是指'礼'字的语言符号的出现及其意义。就第一项而言,议论分歧。就第二项而言,礼源于祭祀当为定论。"甘先生是从王国维先生观点而来的,但"礼源于祭祀当为定论"恐怕也是一厢情愿,学界并非均认同此观点。在笔者看来,尽管祭祀也有原始习俗、乃至有某种"规范"的内涵,但它毕竟是一种比较后起事物,属于"观念形态",肯定不是礼之源头。甘先生观点可参见氏著《皇权、礼仪与经典诠释:中国古代政治史研究》,上海:华东师范大学出版社,2008年,第9—10页。

③ 不同时代、不同区域有不同的道德观念,同时,"道德"观念的内涵也随着时代变迁而产生变化。王启发先生认为:"人的本质属性在于人的社会性,人的社会性通过人的实践活动而获得自觉,并随着历史的演进而得到强化和完善。人的行为,无论是个体的还是群体的,都必须遵从一定的社会法则……正是这种社会法则确定和维系着人类赖以存在和延续的社会秩序。这种社会法则在中国古代就被称为'礼'。"《礼学思想体系探源》,郑州:中州古籍出版社,2005年,第1页。礼有道德属性自然没有问题,但王先生强调"礼的道德属性即所谓'礼义'","礼的道德属性则是人类最原初的情感生活的理性化的最初反映"。这一说法恐怕过当,因为道德的产生绝对不是人类最初阶段产生的,而人们"规范与交往准则"肯定早于道德的产生。王先生观点参见氏著第51页。

④ 杨志刚:《中国礼仪制度研究》,上海:华东师范大学出版社,2001年,第20页。许多学者持类似观点。

⑤ 上述王启发先生的观点亦出现这一问题。

礼,抽象其本质,便是人与人(民族与民族、国家与国家)交往时的规范与准则。归纳出礼之本质极为重要,因为这既有助于解决中华传统礼制的许多相关的重大问题,也可了解中国古代诸族乃至现代东西方之"礼"为何会具有融通性①这一关键问题。

如上所述,进入较高文明社会后,无论古今中外,每个国家、每个民族都会根据自己认定的道德标准而制订一套礼仪规则(礼制),它规定着如下两个方面:(一)人际交往、社会集团之间交往的行为规范与交往准则,(二)作为个体的人在交往网络中所应坚守的"道德"标准。在我们看来,任何一个社会要能正常维系、有序运行和生存发展,都必须依赖三种基本的调节力量,这就是市场、法治和伦理道德。大致而言,市场通过价格信号和价值规律主要调节利益关系,法治通过法律条文和规章制度主要调节社会关系,伦理道德通过价值理念和行为操守主要调节人际关系。当然这三种调节力量在现实生活中是相互渗透、配合和交叉发挥作用的,缺一不可。这是一个社会能够有序运行的基本条件。只有市场调节、法治调节,而无伦理道德调节的社会,无论古代现代、域内域外都是不可想象的。就古代中国而言,伦理道德调节的体现便是遵循礼制。

事实上,以儒家伦理为底色的中华传统礼制,在源远流长的中华文明之形成和发展过程中,的确发挥过不容忽视的重要作用。按照德国哲学家雅斯贝斯的说法,早在公元前五世纪前后人类文明之"轴心时代"(Axial Age),"人类的精神基础同时或独立地在中国、印度、波斯、巴基斯坦和希腊开始奠基。而且直到今天,人类仍然附着在这个基础之上"②。公元前五世纪前后的中国,正处在春秋战国时代,也就是孔子创立儒家学派的时期,即以儒家学说为基础的中华传统礼制开始成型的时代。成书于战国晚期的《礼记·乐记》,即将礼、乐与刑、政的合一视为理想政体:

> 礼节民心,乐和民生,政以行之,刑以防之。礼、乐、刑、政,四达而不悖,则王道备矣。

显而易见,这是伦理与政治同体合一的思维进路,其经典的表述就是"内圣外王"。统治者必须首先加强自身的道德修养,成就"圣贤气象",由此才能负起治国理政的责任。所以《大学》要求:"自天子至于庶人,一是皆以修身为本。"而衡量道德高低的一个重要标准,甚至是唯一标准,就是从治民理政、词讼办案到处理各种人际关

---

① 不同民族、不同国家之礼具有融通性,这是不争的事实。如20世纪二三十年代,在上海、天津等城市中出现西式婚礼,也被相当一部分人认可,而当今中国的婚礼早已融入许多西方礼仪形式,并广泛被认可。

② 雅斯贝斯:《人的历史》,载田汝康、金重远选编《历代西方史学流派文选》,上海:上海人民出版社,1982年,第40页。

系,都必须合乎礼制,正如《礼记·曲礼》所说:

> 道德仁义,非礼不成;教训正俗,非礼不备;分争辩讼,非礼不决;君臣上下、父子兄弟,非礼不定;宦学、事师,非礼不亲;班朝、治军,莅官、行法,非礼威严不行;祷祠、祭祀、供给鬼神,非礼不诚不庄……是故圣人作为礼以教人。使人以有礼,知自别于禽兽。

这种以教化为施政,以施政行教化的国家治理模式,可以说从先秦一直延续到晚清时期,成为中华民族政治思维的最大特色。而在此种政治思维下形成的"礼法并行"、"王道仁政"的施政模式,在维护大一统局面和调节社会关系等方面,的确曾在历史上收到过明显效果。

然而19世纪中叶以来,面临西方文化咄咄逼人之势,儒家伦理支撑下的"礼法并行"的施政模式,连同礼制本身,受到前所未有的巨大挑战,日渐陷入极为尴尬的境地。

儒家伦理的威风扫地和中华传统礼制的整体塌陷,其根本原因不是来自各方面的持续批判,而是在于自身:因为以儒家伦理为基础的中国传统礼制是以小农经济为基石的,而当西方列强用坚船利炮打开中国大门之时,创造过辉煌成就的中华农业文明已经远远落后于西方工商业文明。那种曾经神圣无比的、基于农业文明之上的传统礼制连同礼教、礼俗,不免与数千年来的"朕即国家"、"乾纲独揽"的专制君主体制纠缠纽结,其受到严厉批判并日趋衰落也是势所当然。历朝历代用政教相维、纲常名教等说教来维护统治阶级的利益,打造成一套以礼制为核心的精致无比的社会控制体系,将礼教天理化、礼制法条化、礼仪模式化,最终成为禁锢臣民思想、束缚百姓手脚的枷锁和镣铐。因此自20世纪初的"新文化运动"和"五四运动"以来,从陈独秀、李大钊到胡适、鲁迅等先知先觉者,纷纷将批判的矛头对准"君臣父子"、"三纲五常"之类意识形态说教,横扫君尊臣卑、官尊民卑、绝对服从等背离普遍人性的片面规制,显然具有不言而喻的历史正当性。

但是我们同时也必须摈弃两极化的思维模式和情绪化的非理性处置。就传统礼制而言,其中的封建质核必须批判,体现封建等级制度的种种繁琐的礼仪形式应该摈弃,专制皇权对礼制的滥用更应清算。时过境迁,旧桃新符,我们对此既不必惋惜,更无需恢复。但是,中华传统礼制并非仅仅只有糟粕,它仍然闪烁着人文主义的精华。王家范先生对历史文化和中华传统礼制中的共时性精华与历时性规定有过很好的区分:

> 文化实际上有两大种,一种是最能凸现中国对人类文化恒久追求的普遍

性价值有所贡献的部分,属于有中国特色的东西,且具有共时性。这就是钱穆反复申说"历史生原"和"生命气脉"。另一种是随时而进,与特定时段的社会需要相适应的部分,属于历时性的东西,必有兴衰更迭。例如特定的"礼",是具历时性的,会随社会变迁而新旧更迭,但古贤所谓"礼"之内在精神为"和",却具共时性,不会因社会变迁而失却其价值,意思同西人说的"社会整合"也可沟通。①

中华传统礼制具有恒久价值,当然不止"和"这一项,但王先生所说的"具有共时性"的"最能凸现中国对人类文化恒久追求的普遍性价值有所贡献的部分",值得我们认真思索并努力发掘之。众所周知,在中国传统社会中,礼是沟通天人的仪式,是贵族等级的标识;同时,礼又是乡里社会的规范,为人立身处世的道德准则。在这个意义上,遵礼行礼可以说是中国人的一种生活方式乃至是生存原则。上至国家典章制度,中到社会礼俗和民间风尚,下及家庭伦理和行为规范,无不或多或少地体现了儒家礼制的种种影响,留存着道德的烙印,讲求社会的和谐关系。因此可以说,"从长期的历史观点看,儒家的最大贡献在为传统的政治、社会秩序提供了一个稳定的精神基础"②。因为中华先民并不只是讲究礼仪"进退周旋,威仪抑抑"的外在形式,而且更加注重探求礼仪的内在精神实质③,此即《礼记·郊特牲》所说的"礼之所尊,尊其义也"。所谓尊其"义",就是追求道德境界、强调道德践履。孔子称颂那些能够修身立德、行礼律己、道德高尚的前代圣贤,反复强调"不学礼,无以立"。坚持知礼行礼、知行合一,追求高尚的道德境界,体现了中华先民的主流价值观。中华传统礼制注重道德修养与道德实践,强调知行合一,这使它起到了塑造道德人格、促进社会和谐稳定的重要作用④。在我们看来,讲究礼仪、讲求礼义即是中国人之所以为中国人的内在特质之一。尽管作为制度规范的传统礼制已经解体,但作为精神追求的礼义却不会随之泯灭,它以礼仪、礼俗等形式顽强地存活在国人的日常生活和行为规范之中。我们看到,在当下社会生活中,面对日趋丰富的生活样式和更加多元的价值取向,从漫长历史中走来的传统礼仪及其礼义正在发生深刻变化,但中国人在日常生活中对礼仪和礼义的精神追求却从未停息,也不会停息。

如果放宽视野,即可看到世界上各个民族共同体都有对礼仪、礼节、礼俗的追

① 王家范:《中国历史通论》(增订本)"绪言"部分,北京:生活·读书·新知三联书店,2012年,第13页。
② 余英时:《中国思想传统及其现代变迁》,氏著《余英时文集》,第130页。
③ 孔子说:"礼云礼云,玉帛云乎哉! 乐云乐云,钟鼓云乎哉!"显然,以儒家思想为基石的中华传统礼制自诞生之日起就关注其精神实质。
④ 汤勤福:《中华礼制变迁的现代启示》,《人民日报》2016年3月25日。

求和向往。这是因为人类社会的运行和延续需要一定的秩序来维持,而这些秩序的形成和维系除了依赖硬性的法律条文外,在更多的场合则是要靠软性的伦理道德来维系。在实际生活中,通常表现为约定俗成的社会规范和准则。所以在多数场合中,作为社会成员的个人,往往不是从奖惩角度,而是从动机、德性、良知角度来考虑自己行为的正当性。价值观念的外化主要体现在人们如何对待自己、如何对待他人和如何对待自然界这里三个向度上。正如龙应台在《文化是什么》中所说的那样:"在一个文化厚实深沉的社会里,人懂得尊重自己——他不苟且,因为不苟且,所以有品位;他懂得尊重别人——他不霸道,因为不霸道所以有道德;人懂得尊重自然——他不掠夺,因为不掠夺,所以有永续的智能",而"品位、道德、智能,是文化积累的总和。"[1]在这个意义上,礼体现为对自己和他人的尊重,也就是中华传统礼制中一以贯之的"敬"。这种"敬",经过耳濡目染和代代相传,成为人们对心中理想的守望和期盼,发挥着抚平内心躁动,增加社会和谐和提升人类文明程度的功效。所以,世界上各个国家、民族和社会共同体都有自己的礼俗和礼仪;并且在礼俗和礼仪的背后,都有一套价值观的支撑。无论古今中外,概莫能外。

就中国而言,中华传统礼制连同礼制规范早已溶入中国人的血液之中,礼制、礼仪连同其背后的礼义诉求也早已内化为国人性格的重要组成部分。进而言之,绵延数千年的中华传统礼制可以视为中华民族在长期生存过程中形成的文化深层结构。这种深层结构的意义在于,今天的人们在日常生活中自觉不自觉地接受着一种约定俗成的思维习惯和价值态度而并不自知!所以我们认为,从远古走来的中华传统礼制及其作为支撑结构的儒家思想仍有其不可磨灭的恒久价值,值得花大力气去研究和发掘。

二、中华传统礼制是否具有值得继承发扬的内蕴价值?
　　——关于中华传统礼制现代价值的现实叩问

当今中国挟 30 余年改革开放的强劲东风,正在奔向本世纪中期实现中华民族伟大复兴的宏伟目标。在此过程中,经济、军事等硬实力的加强固然重要,与此同时,凝聚力、软实力的提升更是不可或缺。经数千年积淀而形成的中华传统礼制,若从消极方面说,或许是沉重的包袱;若从积极方面说,也可以成为创新的资源。这是因为"中华文明绵延数千年,有其独特的价值体系。中华优秀传统文化已经成为中华民族的基因,根植在中国人内心,潜移默化影响着中国人的思想方式和行为方式"[2],"我们生而为中国人,最根本的是我们有中国人的独特精神世界,有百姓

---

①　《南方周末》2015 年 3 月 11 日。

②　习近平:《习近平谈治国理政》,北京:外文出版社,2014 年,第 170 页。

日用而不觉的价值观。我们提倡的社会主义核心价值观,就充分体现了对中华优秀传统文化的传承和升华"①。

域外学者对中华文明的最新观察可以美国政要兼学者基辛格为代表,他说:"中国是独一无二的,没有哪个国家享有如此悠久的连绵不断的文明"②,中国"每次改朝换代后,新朝均沿袭前朝的治国手法,再次恢复连续性。中华文化的精髓历经战祸考验,终得以延续"③。

域外学者的论述,应当引起我们的思考:什么是"中华文化的精髓"? 怎样才能使它"得以延续"? 就中华传统礼制而言,我们作何判断? 其实,能够传承数千年之中华礼制,必然蕴含着中华先民的生命经验和生活智慧。这种经验和智慧的深厚积累之核心,就是一个"仁"字。礼仪是中华先民尊崇的生活方式,礼义是中华先民追求的精神价值④。所以孔子并不看重玉帛、钟鼓这些礼制的外在表现形式,而是要求认真体会礼制设置的精神实质。这个精神实质就是"仁",即他所强调的"人而不仁,如礼何? 人而不仁,如乐何?"⑤"礼"(包括乐)是用来体现"仁"的工具和手段,"仁"是施行礼制形式的目的和价值。人们应该在习礼、行礼的具体实践中去体会、领略"仁"的精神所在。以"仁"为核心的生命经验和生活智慧,是中华先民在数千年的历史行程中历经风雨淘洗而沉淀下来的宝贵财富,岂能轻言弃之? 古人曾以"仁义礼智信"为"五常","仁"居其首,其中必然蕴含着今天值得挖掘、继承和发扬的多方面价值。举其荦荦大者,略述如下:

第一,"仁者爱人":德治主义仁政对于社会公德的借鉴意义。

在德治主义仁政的政治模式中,统治阶级及其代表人物获得执政资格的首要条件,就是自身必须具有很高的道德修养,方能获得被统治者的认同和拥护:"为政以德,譬如北辰,居其所而众星拱之。"⑥然后才能要求老百姓也遵守一定的道德规范:"道之以德,齐之以礼,(民)有耻且格。"⑦这就是说,要使老百姓的一切行为符合法律条文的规定并有廉耻心,是以执政者的"为政以德"为前提的。在孔子看来,一个威权横行、规则淆乱、说谎成风、贪腐频发的环境中,老百姓不可能够独善其身,守纪遵法。此乃古今一理、中外皆同之大规律。因此他说:"恭则不侮,宽则得

① 习近平:《习近平谈治国理政》,第 171 页。
② 亨利·基辛格著、胡利平等译:《论中国》,"前言"Ⅻ,北京:中信出版社,2012 年。
③ 基辛格:《论中国》,第 3 页。
④ 葛金芳:《中华礼制内在凝聚力的学理资源及其现实挑战》,《中原文化研究》2014 年第 4 期;又见《新华文摘》2014 年第 21 期。
⑤ 刘宝楠:《论语正义》卷三《八佾》,北京:中华书局,1990 年,第 81 页。
⑥ 刘宝楠:《论语正义》卷二《为政》,第 37 页。
⑦ 刘宝楠:《论语正义》卷二《为政》,第 41 页。

众,信则人任焉,敏则有功,惠则足以使人",又说"能行五者于天下,为仁矣"①。概而言之,这五项统治者必备的施政技能便是庄重、宽容、诚信、勤勉及惠人,这就是德治主义仁政的五项特质。《国语》载周定王八年刘康公聘于鲁归,定王问鲁大夫孰贤,康公答:"宽肃宣惠,君也。敬恪恭俭,臣也。宽所以保本也,肃所以济时也,宣所以教施也,惠所以和民也。本有保则必固,时动而济,则无败功,教施而宣则遍,惠以和民则阜。若本固而功成,施遍而民阜,乃可以长保民矣,其何事不彻?"②此说大致与孔子相同。所以古人有言:"礼义修明,则君子怀之。故礼及身而行修,礼及国而政明。能以礼扶身,则贵名自扬,天下顺焉,令行禁止,而王者之事毕矣。"③当然,这些德治主义仁政的特质,需要道德的支撑,在严格的规范下施政,其根本目的就是要达到"博施于民而能济众"④的理想境界。孟子继承了孔子的仁政观念,他更为强调以民为本,甚至说过"民为贵,社稷次之,君为轻"⑤。孟子对"施仁政于民"有过明确解释:"王如施仁政于民,省刑罚,薄税敛,深耕易耨;壮者以暇日修其孝悌忠信,入以事其父兄,出以事其长上。"⑥因为"万乘之国行仁政,民之悦之,犹解倒悬"⑦,这种"亲亲而仁民,仁民而爱物"⑧的施政方式,即是获得人民全力拥戴的前提条件,更可起到"制梃以挞秦、楚之坚甲利兵"⑨的强国御敌的作用⑩。荀子则进一步提出"从道不从君,从义不从父,人之大行"⑪的道德原则。显然,以孔孟等儒家前辈思想建构起来的中华传统礼制,深刻地印上了德治主义原则的胎记。

　　若从源头即社会土壤而言,这种理念原本是先秦族群社会普遍存在的血缘亲情关系的天然反映,具有历史正当性。这种以家庭、家族、宗族为基本组织的族群社会被当代新儒家的代表人物杜维明称为"熟人共同体"。有学者认为,西周的宗法共同体就是以小共同体为特征的族群"封建"体制。在这样的"族群"社会中,"由'天生的'血缘亲情推出人性本善,由伦理上的长幼尊卑推出一种'人各亲其亲、长

---

① 刘宝楠:《论语正义》卷二《阳货》,第 683 页。
② 徐元诰:《国语集释·鲁语上》,北京:中华书局,2002 年,第 69—70 页。
③ 许维遹校释:《韩诗外传集释》卷五,北京:中华书局,1980 年,第 189 页。
④ 刘宝楠:《论语正义》卷七《雍也》,第 248 页。
⑤ 焦循:《孟子正义》卷二八《尽心下》,北京:中华书局,1987 年,第 973 页。
⑥ 焦循:《孟子正义》卷二《梁惠王上》,第 66—67 页。
⑦ 焦循:《孟子正义》卷六《公孙丑上》,第 186 页。
⑧ 焦循:《孟子正义》卷二七《尽心上》,第 949 页。
⑨ 焦循:《孟子正义》卷二《梁惠王上》,第 67 页。
⑩ 被清人列入"伪古文尚书"的《五子之歌》中有"民惟邦本,本固邦宁",这种思想来源当很早,上引周定王八年刘康公之语也提及"本固""事彻(彻,成也)"。孔安国传、孔颖达正义,黄怀信整理:《尚书正义》卷七《五子之歌》,上海:上海古籍出版社,2007 年,第 264 页。
⑪ 荀子:《子道》,梁启雄著:《荀子集释》第 29 篇,北京:中华书局,1983 年,第 393 页。

其长,则天下太平'的政治秩序。"①这也是费孝通在《江村经济》中所说的"差序格局"。在这种基于血缘关系的小共同体中,由长者(族长)主导的权利义务之间的关系,表现为权和责相统一,即"父慈、子孝,兄良、弟弟,夫义、妇听,长惠、幼顺,君仁、臣忠"②。显然,这是一种对君臣父子双方都有约束力的权利义务关系,不是专制主义暴政而是德治主义仁政思想,是德治、仁政与民本紧密结合的产物。因此,"君君、臣臣、父父、子子"的原初含义是君要像个君,臣要像个臣;父要像个父,子要像个子,各安其位,各行其责。所以,从原生儒家的君权、父权中推不出后世"三纲五常"中绝对专制的理念来。显而易见,德治主义仁政推导出的民本思想,以及"恭"、"宽"、"信"、"敏"、"惠"等思想资源,对于今天的社会公德的提升,对各种从业人员而言,肯定具有建设性的借鉴意义。

第二,"内圣外王":伦理本位的中华传统礼制是弘扬社会主义核心价值观的深厚资源。

如果我们转换一下视角,将内圣视为人的道德修养境界,将外王视为国家强盛,那么,"内圣外王"这一古典模式在今天仍有一定的借鉴价值。

若就基本色彩而言,浸润于中华传统礼制中的主要是儒家伦理。正是以儒家伦理为主体的中华传统伦理之延绵发展,为中国赢得了"文明古国"的历史荣耀。以孔孟为代表的儒家伦理,从"仁者爱人"、"克己复礼"之思想立意出发,构建出一套以温煦的家庭人伦为核心的道德要求,并外推到政治伦理领域,构建出"内圣外王"的理想模式,通过修身、齐家、治国、平天下等一系列环节的推进,把个人美德伦理和政治责任伦理,整合为一个自足的逻辑体系,希望每个社会成员都能达到"穷则独善其身,达则兼济天下"之道德境界。在孔孟所处的列国争霸、"杀人盈野"的春秋战国时代,这种温文尔雅的道义逻辑不免到处碰壁,屡遭拒斥。但在建设市场经济与和谐社会的当今中国,其中的精义与社会主义核心价值观颇有重叠吻合的部分。

例如"天下兴亡、匹夫有责"的家国情怀与责任意识,与"富强"、"爱国"等观念一脉相承。"人而无信,不知其可也"③的诚信意识,与市场经济的"诚信"为本和契约精神不谋而合。"不义而富且贵,于我如浮云"④的道德自律和规矩意识,与"公正"、"法治"之理念遥相呼应。"朝闻道,夕死可矣"的超越性追求,对于科学探索精神和创新意识的培养大有助益。"极高明而道中庸",秉持允当适度、不偏不倚的处事原则,可以疗治非此即彼的两极化思维,与现代社会的多元文化并存共荣、相互

①　秦晖:《传统十论》,上海:复旦大学出版社,2003年,第172页。
②　孙希旦:《礼记集解》卷二二《礼运》,北京:中华书局,1989年,第606—607页。
③　刘宝楠:《论语正义》卷二《为政》,第67页。
④　刘宝楠:《论语正义》卷八《述而》,第267页。

匹配。"己所不欲,勿施于人"①,"己欲立而立人,己欲达而达人"②,与"诚信"、"友善"等规范性要求息息相通。"君子之事亲孝,故忠可移于君",这种从内在德性演化为政治伦理的观点,也能与现代社会培养爱家爱国人才契合。概而言之,中华传统礼制的这些宝贵遗产,既具备现代化的潜质,又与人类所认可的价值息息相通。

第三,寻根认祖,增强民族认同,提高民族自信心,是弘扬礼制现代价值的重要途径。

近年来,随着我国综合国力的强盛,中华民族在世界上的地位有了明显提高,许多在大陆之外生活的华人、华裔回乡寻根认祖十分普遍。尤其是每年炎、黄祭典,吸引着众多海外华人、华裔来朝拜自己的祖先。其实,中华传统礼制本身就有这种祭祖归宗的传统,作为个人、个体家庭或家族要祭祖归宗,而作为中华民族则极为重视对炎黄的祭祀。炎帝又称为神农氏,据传他创制耒耜、教民种五谷、治麻为布,制作陶器,等等。因此,炎帝与黄帝被共同尊奉为中华民族人文初祖,是中华民族的奠基者。中国自古以农立国,因此"亲祀神农"③成为统治者礼敬祖先、宣示正统的极为重要内容。尽管我们目前无法知晓炎黄祭祀始于何时,然据《国语》载:"有虞氏禘黄帝而祖颛顼,郊尧而宗舜。夏后氏禘黄帝而祖颛顼,郊鲧而宗禹。商人禘喾而祖契,郊冥而宗汤。周人禘喾而郊稷,祖文王而宗武王。幕,能帅颛顼者也,有虞氏报焉……凡禘、郊、祖、宗、报,此五者,国之典祀也"④,《太平御览》也称"汲郡冢中竹书言:'黄帝既仙去,其臣有左彻者,削木为黄帝之像,帅诸侯朝奉之'"⑤,显然,祭祀炎黄作为国家祀典起源甚早。实际上,这一祀典之所以历代均奉行不辍,是因为它起到了民族认同、宣示政权合法性的重要作用。

"炎黄"作为中华民族的一个认同标识,历代以中华为国者都自动归宗认祖,即使是少数民族统治者也不例外。东晋十六国时,北方少数民族进入中原,创立国家,有不少声称是炎黄子孙。慕容廆本为鲜卑族,其子慕容皝创立前燕,自认"其先有熊氏之苗裔"⑥,前秦也自称"其先盖有扈氏之苗裔"⑦,是中华正统苗裔。南北朝

① 刘宝楠:《论语正义》卷一五《颜渊》,第 485 页。
② 刘宝楠:《论语正义》卷七《雍也》,第 249 页。
③ 《旧唐书》卷二四《礼仪志四》,北京:中华书局,1975 年,第 913 页。
④ 徐元诰:《国语集释·鲁语上》,第 159—161 页。
⑤ 李昉等:《太平御览》卷七九《皇王部四》,上海:上海古籍出版社,2008 年影印本,第 756 页。
⑥ 《晋书》卷一八《载记八》,北京:中华书局,1974 年,第 2803 页。有熊氏为黄帝之族,据《史记》卷一《五帝本纪》《正义》云:"黄帝有熊国君,乃少典国君之次子,号曰有熊氏,又曰缙云氏,又曰帝鸿氏,亦曰帝轩氏。"北京:中华书局,1959 年,第 2 页。王国维校:《水经注校》卷二二上《洧水》:"或言(新郑)县,故有熊氏之墟,黄帝之所都也。"上海:上海人民出版社,1984 年,第 703 页。
⑦ 《晋书》卷一一二《苻洪载记》,第 2867 页。《史记》卷二《夏本纪》"太史公曰":"禹为姒姓,其后分封,用国为姓,故有夏后氏、有扈氏、有男氏、斟寻氏、彤城氏、褒氏、费氏、杞氏、缯氏、辛氏、冥氏、斟戈氏。"第 89 页。

时，建立北魏的鲜卑族自述"昌意少子，受封北土，国有大鲜卑山，因以为号"①，建立北周王朝的宇文泰声称"其先出自炎帝神农氏"②。而与宋并立的辽朝，也自称"辽之先，出自炎帝，世为审吉国"③。无需追究这些少数民族统治自述世系是否确切，但他们建立王朝后之所以如此声称，其实质是对"中华民族"的认同。实际上，中华民族也正是在各族的交往、交融中成长起来的。

如果说炎黄祭祀是寻中华民族之根，那么祭祀先圣先师的释奠礼则是寻中华传统文化之根。据《礼记》："凡学，春官释奠于其先师，秋冬亦如之。凡始立学者，必释奠于先圣、先师"④。最初释奠祭祀的是学行造诣高的人，并非祭奠儒家创始人孔子。到汉高祖十二年十一月，刘邦"行自淮南还。过鲁，以大牢祠孔子"⑤，开启了以太牢祭祀孔子的先河，此后释奠便以祭祀孔子及其他儒家学者为准。孔子是中国乃至是世界上最伟大的学者之一，他创立的儒家思想在中国古代有着极其重要的地位，因此后世祭祀孔子的释奠礼实际上是对中华文化的认同与宣扬。当今不少海外华人、华裔到曲阜参与祭孔，确实有认同中华传统文化的意味，因此这种祀典同样也能起到团结海外华人、华裔的作用。

至于儒家伦理中较为缺乏的自由、法治、人权等现代社会所必备的理念，在深化改革、扩大开放的过程中，在建立完善的社会主义市场经济和民主政治的实践中，自会一点一滴地生长起来，我们对此当有信心。因为建立社会主义核心价值观的指导思想是马克思主义。马克思、恩格斯的《共产党宣言》中明确宣示，共产主义社会"是自由人的联合体"，"在那里，每个人的自由发展是所有人的自由发展的条件"⑥。这是马克思主义创始人对自由理念的认同。中共"十五大"提出"依法治国"的理念，"十八大"强调的"四个全面"战略思想，又将"全面依法治国"包蕴其中。这是执政党对现今法制的认同。党和国家领导人多次宣示："我们将大力推动经济社会发展，依法保障人民享有自由民主和人权，实现社会公平正义，使 13 亿中国人民过上幸福生活。"⑦这是对民主与人权理念的认同。所以，在社会主义核心价值观中，已经鲜明地标示了民主、法治、自由、平等这些理念的当代价值。

---

① 《魏书》卷一《序纪》，北京：中华书局，1974 年，第 1 页。《史记》卷一《五帝本纪》："颛顼之父曰昌意，昌意之父曰黄帝"，第 49 页。

② 《周书》卷一《太祖纪》，北京：中华书局，1971 年，第 1 页。

③ 《辽史》卷二《太祖纪下·赞》，北京：中华书局，1974 年，第 24 页。

④ 孙希旦：《礼记集解》卷二《文王世子》，第 559—560 页。

⑤ 《汉书》卷一下《高帝纪下》，北京：中华书局，1962 年，第 76 页。

⑥ 《马克思恩格斯选集》（第 1 卷），北京：人民出版社，1995 年，第 294 页。

⑦ 胡锦涛 2006 年在美国耶鲁大学的演讲。

三、中华传统礼制的现代性转换
——寻求中华传统礼制的新生机制

可以肯定的是,积淀深厚的中华传统礼制和礼乐文明是构建社会主义核心价值的丰富资源,但又不是拿来就能用的,更不能滥用,必须经过现代性转换这个重要环节。正确的态度亦即科学的态度,应当是摈弃文化虚骄和文化自卑这种两极化思维,既充分肯定以儒家文明为核心的东亚智慧创造出辉煌灿烂之古典文明的历史事实,更要认真探讨儒家文明和东亚智慧未能顺利导出现代文明的内在缘由。也就是说,中华传统礼制之现代价值的发展与弘扬,必须经过现代性转换这个环节。只有在现代性这个时空坐标中守望本土传统,同时又以现代性为标准审视、转换并汲取古典文化精义,然后才有可能使中华传统礼制在新的时代条件下重获新生!我们认为,中华传统礼制现代性转换应抓住如下几个环节:

首先,中华传统礼制重获新生的首要条件是与君主官僚政体和专制权力做彻底剥离,使之成为一种更为纯粹的学理阐述和伦理规范,而非宰制性的意识形态说教。

如前所述,礼之本质便是人与人(民族与民族、国家与国家)交往时的规范与准则。就其本质而言,它是可能而且可以为现代社会服务的。然而我们也非常清楚,以儒家思想为基础的中华传统礼制,是农业文明的产物,而农业文明土壤上生长出来的传统礼制,连同礼教礼俗,在长时期中又被历代王朝的统治者用作压制臣民、维系一姓之天下的施政工具,例如"三纲五常"、"三从四德"、"君尊臣卑"、"官尊民卑"、"存天理、灭人欲"等教条成为主宰民众的思想意识。这是自20世纪初"新文化运动"和"五四运动"以来,从陈独秀、李大钊到胡适、鲁迅纷纷批判封建礼教之正当性所在。作为中国文化的先知先觉者,他们对封建礼教的激烈批判和深刻揭露,成为推动中国走出中世纪的重要助力,有助于民族觉醒和社会进步。因此,如果不将两千余年来专制政体加在传统礼制身上的压制人性的种种规范做一番细致而恰当的剥离,对中华传统礼制作一番解构,那么它所具有的中国智慧之伦理精神和道德理想就不可能在当下发挥其正面的构建作用。因为今天的中国社会从整体上看已经跨入现代工业化社会的门槛,经济市场化、政治民主化、文化多元化是最为基本的社会现实,今天的人们自然应当自觉破除传统礼制所内蕴的意识形态迷障,与权力、专制做彻底切割,回归理性,回归礼之本质,进而融入社会各阶层的日常生活中去。只有如此,中华传统礼制才能真正起到提升道德修养、融洽现代人际关系、增进社会和谐等功效。反之,不能与中华传统礼制的封建质核彻底决裂,而企望利用它来重新塑造国人道德,那不过是盲人骑瞎马而已。

其次,就中华传统礼制的立足基点来看,应当实现从共同体本位向个人本位转型。

　　共同体有大小之分。就中国而言,小共同体是指家庭、家族、宗族等人数有限的共同体,也被称为"熟人共同体";"大共同体"是指以民族、国家为单位的社会群体组织,也被称为"陌生人共同体"。在孔孟所处的先秦时期,儒家伦理提供的是以小共同体为本位的道德诉求和行为规范,亦即要求个人行为规范符合小共同体的利益诉求。到了600年后的汉代中叶,汉武帝采纳董仲舒《天人三策》、"独尊儒术"之后,儒家礼制又逐渐被改造为以国家为本位的规制体系,要求个人行为规范符合国家这个大共同体的利益诉求。有学者指出:儒家的正义观"来自于个人的自我观照与深刻的道德意识,它意味着一种超乎一般的正义准则之上的人生准则,是一种个人的而非社会的道德标准"①。亦即儒家思想是以大、小共同体为本位,向其成员提出的一套规范性要求,抹杀了个人合理的诉求与利益。而当代伦理则强调在不违背社会公德的前提下,同时注重公民以个人权利、自由、尊严等价值和利益为基点,向社会提出多种正当诉求,要求社会制度设计和基本结构的安排为个人价值的实现提供条件和保证②。实际上,在现代性视野中,每个公民的尊严、自由和价值就是国家的尊严、自由和价值。换言之,国家在保障每个公民的尊严、自由和价值的基础上,必将赢得自身的尊严、自由和价值,实现整体文明程度的提高。

　　其三,从中华传统礼制的形态特征来看,应当实现从贵贱有别的差序格局向以独立、平等为核心特征的公民伦理转型。

　　在古代中国,无论是家族本位的小共同体,还是国家本位的大共同体,其共同特征是等级分明的"差序格局"。先秦有所谓"天有十日,人有十等。下所以事上,上所以共神也"③之说,孔子也强调:"民在鼎矣,何以尊贵? ……贵贱无序,何以为国?"④董仲舒强调:"贵贵尊贤,而明别上下之伦,使教亟行,使化易成,为治为之也"⑤,《朱子语类》载黄义刚问"夷狄之有君"一章,朱熹回答:"只是一意。皆是说上下僭乱,不能尽君臣之道,如无君也。"⑥显而易见,从先秦以来的数千年中,从原生儒家到宋明新儒家,他们主张并信服差序格局与等级伦理,而差序格局与等级伦理是培养不出现代公民道德的。因为现代伦理以平等为首要原则,"自启蒙运动以降的数百年中,人类社会逐步形成的价值共识是,每一个个体,无论是贫是富,品德

①　唐士其:《儒家学说与正义观念——兼论与西方思想的比较》,《国家政治研究》2003年第4期。
②　参见柳平生《当代马克思主义经济正义理论及其实践价值》,北京:社会科学文献出版社,2005年,第5—6页。
③　杨伯峻:《春秋左传注》昭公七年,北京:中华书局,1981年,第1284页。
④　杨伯峻:《春秋左传注》昭公二十九年,第1504页。
⑤　董仲舒著、苏舆义证:《春秋繁露义证》卷八《度制》,北京:中华书局,1992年,第232页。
⑥　黎靖德编:《朱子语类》卷二五,北京:中华书局,1986年,第611页。

好坏,地位高低,都具有与他人相等的价值,都应受到相同的待遇,享受同等的权利"①。虽然儒家伦理中包含着丰富深厚的私德资源,但很少包含公民、公民社会和公民伦理等现代因素。如要成为现代社会共同生活之准则依据,必须摈弃差序格局与等级伦理,通过现代性转化来缩短这个时空差距。唯一可行的做法是,必须引入以"公民"权利为核心的现代价值理念。反过来说,以"公民"权利为核心的现代价值理念,也只有在中华传统礼制这个基盘之上,才有可能逐步生长、茁壮起来,才能培养出符合现代社会的公民道德。由于以"公民"权利为核心的价值理念最早产生于率先进入现代社会的西方世界,这就涉及如何正确借鉴、汲取域外文明之精华的问题了。

其四,以充满自信的姿态与域外文明交流互鉴,是中华传统礼制充实丰富其当代形态的关键环节。

经过数千年岁月的无情淘洗,有不少文明已经消失在历史尘霭之中,但当代世界仍然是一个多元文明的格局。每一个经历了岁月淘洗的文明,均有其独特的存在理由和价值担当。中华文明和当代世界各大文明一样,既然能够历经数千年的淘洗而存在到今天,必然有其独特的坚守和独到的价值。与此同时也必须看到,自世界进入近代社会以来的数百年间,中华民族已经落后于世界前进的步伐。晚清士人冯桂芬(1809—1874)在1861年就已经指出,中西之间存在着巨大差距:"人无弃材不如夷,地无遗利不如夷,君民不隔不如夷,名实不符不如夷,船坚炮利不如夷,有进无退不如夷。"②当然他对中华民族并未丧失信心,力主正视差距,迎头赶上:"始则师而法之,继则比而齐之,终则驾而上之。自强之道,实在乎是。"③郑观应、郭嵩焘、容闳、严复等文化先驱更是提出了中华民族的"自强之路",包括"以工商立国"、"行君主立宪",以及开报馆、兴学堂、派遣留学生等一系列实践性方案。向西方学习,这是自近代以来先进人士的一致呼声。马克思主义的传入中国,本身也是向西方学习的产物。

从历史事实来看,中华文明从来就没有拒绝过对域外文明的学习和采纳,在世界多元格局中,中华传统礼制以道德的实践性、异质的包容性和体系的开放性三大特性而使自己立于不败之地④。中古时期印度佛教的东传、汉唐时期与域外文明的交融,近代以来利玛窦等传教士到徐光启、严复等人对西学书籍的翻译、引入,都极大地丰富了中华文明的内涵。特别是1978年改革开放以来,中国重新向世界敞

① 柳平生:《当代马克思主义经济正义理论及其实践价值》,第9页。
② 冯桂芬:《校邠庐抗议》,上海:上海书店,2002年,第49—50页。
③ 冯桂芬:《校邠庐抗议》,第49—50页。
④ 汤勤福对中华礼制在世界复杂多元格局中的地位有较详细的论述,参见《世界多元文化格局与中华礼制的当代位置》,《中原文化研究》2014年第4期。

开大门,不仅极大地增进了对域外世界的了解,而且加速了对域外先进文明的汲取,从而加快了自身的发展步伐。同时,一带一路又促使我们更快地走向世界,加强了与世界各国、各种文明的交流,在传播中华文明的同时也吸收着世界文明,这也是不争的事实。

若从源头上看,中华文明原本就是中原农耕文明与周边游牧文明互补融合的产物。自秦汉以降,中原农耕民族与周边游牧民族发生过无数次战争。刀光剑影中,无数生命、财产灰飞烟灭;但在更多的时段中,和平共处、经济交流、文化互补、民族融合仍是主流。当然战争本身也是古代文明之间互补交融的一种形式,不过代价甚大。在此过程中,游牧民族博采农耕文明的成就,加速了发展进程,提升了文明程度,促使自身的社会形态发生飞跃性变化。与此同时,中原农耕文明学习游牧民族粗犷强悍的精神品格,充作自身的"复壮剂和补强剂"[1]。农耕文明的理智、文德与游牧文明的强悍、开放相融相合,不仅造就了气象万千的大唐盛世,而且使中华文明闻名于世。农耕文明与游牧文明在长期的交往中,以迁徙、融合、互市、战争、和亲为中介,方才汇成今日气势恢宏的中华文明之全貌。

放宽历史视野,还可以看到,世界各国文明自古以来就是多元并存的状态,并处在交流互动之中。无论东亚文明还是西方文明,实际上都是历史上多种文明交流互鉴、相交互融的产物。当代西方文明中,既有古希腊、罗马文明的因素,也有近代以来德、法等国的宗教改革、启蒙思潮的因素;既有近代以来工业革命科技革命的成果,也有东方,特别是中国四大发明、科举制度的影响。在东亚文明中,既有中国诸子百家传统的底色,也有来自印度次大陆的佛教浸润;既有吸收了佛学认识论成果的宋明理学,也有近代以来与西学对话而产生的新文化运动。

特别是改革开放以来,中华民族现代转型的脚步明显加快。以规模化生产和市场经济、民族国家和民主政体、完备法制和公民社会为核心要素的现代性构架依稀成型。同时以科学精神、人文精神、法治精神和高水准的道德诉求为核心要素的精神性追求也在日渐增长。甚至可以说,市场经济、民主政体、法治社会等只是现代性的基础架构,支撑这个架构的恰恰是其内蕴的科学理性、人文精神和道德诉求这些精神性要素。

毋庸讳言,自15世纪地理大发现以来,显著改变人类思维观念、改变人类生产方式和生活方式,以及改变社会组织方式和政治体制的种种现代性成就,大多皆为欧美西方国家所创发。前已述及,建立在发达农耕经济基础上的中华传统礼制,此时已经落后于世界历史的演进大势。由于君主专制政体的重重束缚和农业自然经济向工商业文明的转型迟缓,中国长期徘徊于曾经辉煌过的中古文明阶段。在现

---

[1] 冯天瑜:《中华文化生成史》(上册),武汉:武汉大学出版社,2013年,第335—338页。

代化大潮扑面而来的逼人形势中,近代中国的战略任务就是走出中世纪,走向现代化。经过 20 世纪整整 100 年的痛苦寻觅和曲折探索,到新世纪初中华民族才在整体上跨入现代工业化社会的门槛。坚持以谦虚、诚实的姿态向率先实现现代化转型的域外文明学习,才是加快中华民族自身现代化进程的必由之路。职是之故,中华传统礼制要获得新生机制和焕发青春活力,就必须以更加开放的心态,秉持一种面向全人类的友善态度和良好愿望,真心尊重人类精神生活和文化样态多样化的事实,汲取一切域外文明中包含现代性要素的精华,来补充、丰富、滋养中华民族自身肌体。换言之,与他种文明对话、交流、互鉴,实际上是每一种文明发展演化的动力机制。

中华传统礼制与域外文明的交流互鉴,不仅必要,而且今天看来更为紧迫。因为进入新世纪以来的人类在越来越多的领域中呈现出"命运共同体"的强劲趋势。"由于经济全球化和信息化深入发展,科学技术迅猛进步,世界变得越来越小,俨然成了'地球村',各国相互联系、相互依存、利益交融达到前所未有的程度,共同利益变得越来越广,需要携手应对的问题越来越多,互利合作的愿望越来越强。"①在全球化视野下,地球上的人类已经成为一个命运共同体,需要共同应对气候变化、空气污染、贫富差距、能源安全、恐怖暴力、难民危机等诸多全球性问题。构建利益共同体、命运共同体是世界绝大多数国家的强烈愿望,我国领导人提出的"一带一路"战略构想,就是构建人类命运共同体的具体方案之一。既然要建设人类命运共同体、利益共同体,则必须有一套适用于该共同体各参与方的行为规则和运作机制。这些规则和机制的背后起支撑作用的,则是共同体各参与方共同认可的追求目标和价值取向,例如平等、合作、互利、共赢、自由、权利等等。这是各种文明、各种文化均予以认可和均应认可的出发点。因为"所谓人类共同体,首先是'价值共同体';一个维持稳定的共同体,则应是'价值共享的共同体'"②。作为历时悠久的中华传统礼制,其道德内涵完全可以作为构建共同体大厦的基石之一。

质言之,汉魂唐魄与欧风美雨互摄互融之时,就是中华传统礼制重现青春光彩之日! 而中华智慧与域外智慧交相辉映之时,就是人类加快步伐迈向命运共同体和利益共同体之日!

四、如何达成共识?
——关于中华传统礼制现代价值发掘路径的叩问

我们认为,寻求中华传统礼制现代价值的基本态度,应当是立足于多样性为根

---

① 戴秉国:《坚持走科学发展道路》,《人民日报》2010 年 12 月 6 日。
② 林贤治:《革命寻思录》,北京:中央广播电视大学出版社,2015 年,第 366 页。

本特征的人类文化生态,采用归纳的而非演绎的、综合的而非单一的思维路向,从客观的历史事实和丰富的民间实践中,努力寻找中华民族在数千年礼制生活中沉淀下来的伦理共识和道德品格。具体而言,如下几个途径值得留意。

第一,秉持实践理性精神,既要努力发掘中华传统礼制中具有生命力的恒久价值,更要重视并总结广大民众丰富多彩的礼仪实践。

中华传统礼制追求礼义,追求个人完美的道德修养与精神境界,其终极目标是达到国家、社会、团体、家族乃至个人之间的和谐关系,它不但注重外在的表现形式(礼仪),同时更关注内在的道德(礼义)追求。《礼记·礼运》描述过这样一种大同世界:天下为公、和谐有序、贤能当政、讲信修睦、团结互爱、社会稳定。实际上,中华传统礼制中蕴藏着丰富的人类文明的精华,学术界研究中华传统礼制的根本目的,就是要从中挖掘出一些具有约束力的价值观,不可或缺的行为规范,以及今天仍须遵循的具有根本性的道德准则和伦理规范,为在现实生活中逐步形成一种具有普遍约束力的世俗生活伦理提供借鉴。这种适应现代社会生活的世俗伦理,因其具有丰富的传统伦理资源的支撑,又与社会主义核心价值观相融相合,故能落地生根、茁壮成长。这是因为道德标准和伦理规范本身就存在着两个相辅相成的不同侧面,一是道德是非的理性判断,一是道德实践的价值判断。理性的是非判断自然需要基于学理资源的辨析和论证,而实践中的价值判断则是每个社会成员发自内心的道德感受和行为趋向,中国人一般称之为"良心"和"良知",体现在公民道德规范上,那就是爱国守法、明礼诚信、团结友善、勤俭自强、敬业奉献。

更为重要的是,通过中华传统礼制内蕴之伦理诉求和民族秉性的求证与探寻,固然能为当今人们走出道德失范、礼义缺位的道德困境提供不可或缺的强大助力[1],但是符合现代性要求的新型礼仪礼俗,毕竟要在广大群众建设现代化社会的实践过程中才能逐步形成,"道不可坐论,德不能空谈"[2]。秉持归纳的、综合的思维进路,就必须把理性的是非判断和实践的价值判断结合起来,二者缺一不可。这是因为中华传统礼制中究竟具有哪些今天应当继续发扬光大的恒久价值,归根到底也应当以当代社会大部分人的认可和接受为最终选择标准。诸如爱国、敬业、诚信、友善、仁慈、利他等公民美德和职责,也只有在民众的生活实践中才能成长和扩散开来;富强、民主、文明、和谐的国家和自由、平等、公正、法治的社会,也只有靠民众的共同努力来实现。正如美国社群主义哲学家桑德尔所说:"我们爱的能力和仁慈的能力,并不会因为使用而消耗枯竭,反而会在实践的过程中得到扩散。"[3]著名

---

① 汤勤福:《中华传统礼制的现代价值》,《中国德育》2015年第14期,又见《新华文摘》2015年第20期。

② 《中国青年报》2014年5月5日。

③ 桑德尔:《金钱不能买什么:金钱与公正的正面交锋》,北京:中信出版社,2012年,第87页。

经济学家哈耶克也说过："文明不是靠人的大脑设计出来的,而是从千百万个人的自由努力中生长起来的。"①这就是说,中华传统礼制现代价值的发掘和弘扬,从根本上说,是人民群众在追求理想生活与美好愿景的实践中逐步实现的。

第二,秉持求同存异的态度,在与域外文明交往互鉴的同时,坚持中华民族的主体性品格。

中华传统礼制与域外文明交流互鉴不仅必要,而且必需,此点前已述及。这里要说的是,中华民族在文明交流互鉴中应当秉持的姿态和立场。应该看到,世界上各主体民族和国家在长期的历史发展进程中都形成了具有自身特色的文化传统和价值追求,他们以各自独有的方式参与人类共同的进步事业,为将人类文明推向更加高级的形态做出各自不可替代的贡献。国家有疆域,文明无国界,人类就是在相互学习的过程中不断发展进步的。近代中国落后挨打之时,我们需要深切反省自身的种种不足和致命弱点,应警惕文化虚无主义的侵袭;而在当代中国已经取得举世瞩目的成就时,我们更应警惕文化虚骄思想的蔓延,以谦谨而又平和的态度向域外文明学习。包括中华传统礼制研究在内的更为开放的中国学问,自应纳入全球化视野和人类相互包容、共同进步的框架内,重新省视自身的传统,认真汲取域外文明的精华和优长之处。

不言而喻的是,在向域外文明学习的过程中,我们必须始终坚持中华民族的主体性品格,坚持以我为主,为我所用,决不能邯郸学步! 第一次世界大战结束之后,梁启超和蒋百里、丁文江等人游历欧洲一年有余。梁启超曾在20世纪初激烈地抨击专制君主政体,极力主张向西方文明看齐,而在此次游历中他亲眼目睹先进西方文明同样存在着诸多弊端,并非处处光鲜。他回国后写出《游欧心影录》,希望中国青年尊重爱护中国自身的优良传统,坚守中华民族的主体性品格:"第一步,要人人存在一个尊重、维护本国文化的诚意。第二步,要用那西洋人研究学问的方法研究他、得他的真相。第三步,把自己的文化综合起来,还拿别人的补助他,叫他起一种化合作用,成了一个新文化系统。第四步,把这个新系统向外扩充,叫人类全体都得着他好处。"②这是一百年前中国学人对中华文明的自尊自信和中华民族主体性地位的明确宣示,也是百年来中国学人努力为之奋斗的趋向。

一百多年后,在纪念五四运动一百周年之际,有学者提出:"打碎一切传统共同体与习惯法的激进主义,只能导致社会的解体,只能造就原子化的个人",这种虚无主义和激进主义的错误倾向的恶果之一,就是无法在"脆弱的个体与利维坦式的巨

① 哈耶克:《通向奴役之路》,北京:中国社会科学出版社,1997年,第68页。
② 梁启超:《游欧心影录·节录》,氏著《饮冰室合集》之七《饮冰室专集》,北京:中华书局,1989年,第37页。

型人造共同体之间建立起最起码的防火墙"①。于此可见在各个文明交流互鉴的过程中，坚持中华民族主体性品格是多么重要，在对待传统文化的问题上，革除与传承之际确实是需要认真抉择的。

我们认为，当今社会能够接受的中华新型礼仪，必然是一种既吸收了传统礼制中仍然具有活力的恒久价值部分，又符合当今社会大多数人的利益和发展要求；既与人类共同追求的价值相融相合，又体现中华民族之主体性品格，能造就一大批具有现代道德的公民，即具有中国特色的礼仪规范和行为规范。

事实上，中华文明与其他多种域外文明的确存在着不少伦理观念上的"共识"。这些"共识"可以成为、也应该成为中华新型礼乐文明茁壮成长的"交汇点"和"生长点"，这是在文明交流互鉴中坚持中华民族主体性品格的客观基础。马克思在《1844 年经济学哲学手稿》认为"人"必然具有共同的规定性，是"类存在物"②，有学者归纳出马克思关于人的五个基本属性：具体性、社会性、历史性、规定性和实践性，认为人的本质会随着历史的发展、不断的实践而不断发展着③。这一判断使我们深刻地认识到人的本质，也使我们理解"人"会在实践中不断向成熟圆满迈进，其动力就是人类对真、善、美的不懈追求，这当然也是我们培育现代公民道德的最终目标。由不同族群构成的人类共同体，实际上共享着许多相似相近的道德规范和伦理原则。为省篇幅，此处试举一例言之。

以"仁者爱人"为核心的儒家仁学，其基本精神是将心比心、推己及人。用孔子的话来说，就是"己欲立而立人，己欲达而达人"④，"己所不欲，勿施于人"⑤。用孟子的话来说，就是"不忍人之心"，具体表现为"恻隐之心"、"羞恶之心""辞让之心"和"是非之心"⑥。这些是人区别于动物，人之所以为人的根本特征。古今中外，概莫如是。儒家的"仁爱"观念，与西方基督教的"博爱"观念、印度佛教的"慈悲"观念虽有相异之处，但也有相近之处，那就是以不同的方式表达人的爱心⑦。基督教、犹太教、伊斯兰教、佛教的一些说法与儒家的"仁爱之说"、"忠恕之道"从理念上看的确有相通之处⑧。这些相通之处，无疑可以成为各个文明进行交流、沟通、对话

---

① 戴志勇：《启蒙应予反思，传统有待传承》，《南方周末》2015 年 9 月 10 日。
② 马克思：《1844 年经济学哲学手稿》，《马克思恩格斯全集》（第 42 卷），北京：人民出版社，1979 年，第 95 页。
③ 徐茂华：《浅析马克思关于人的本质思想的属性及其价值》，《人民论坛》2012 年第 20 期。
④ 刘宝楠：《论语正义》卷七《雍也》，第 249 页。
⑤ 刘宝楠：《论语正义》卷十五《颜渊》，第 485 页。
⑥ 焦循：《孟子正义》卷七《公孙丑上》，第 233—235 页。
⑦ 汤一介：《序言》，载万俊人《寻求普世价值》，北京：北京大学出版社，2009 年，第 3 页。
⑧ 魏德东《论作为全球伦理基础的佛教伦理》一文认为犹太教和基督教的"黄金法则"与儒家"己所不欲，勿施于人"相似，也与佛教宣扬的某些观点切合，普遍地存在于世界各大宗教中。参见中国民族宗教网，http://www.mzb.com.cn/html/report/1602256890—1.htm。

的出发点和良好基础。

第三，坚持制度建设为重，营造符合现代社会规范和普遍人性的道德生态环境。

前已述及，中华传统礼制、礼仪与其他文明的伦理道德体系一样，其根本核心就是两个问题，一是做人的底线，即要回答"我是谁"、"应该成为什么样的人"。这是内在的人格修为层次。二是伦理的底线，即要回答"与他人如何相处"，涉及个人如何处理自己与家庭、社会和国家的关系。这是实践的交往层次。无论是个人的人格修养还是人际的实践交往，其伦理观念和道德水平的提升，必然受制于他们所处的经济发展水平、社会政治制度和历史文化传统。渊源深厚的华夏农业文明固然孕育、滋养了积淀丰厚的中华传统礼制，但是当今中国毕竟已经跨入了现代工业化社会的门槛。现代社会以经济自由、政治民主、文化多元和个人独立为基本特征。努力与现代社会的本质特征和种种要求相适应，是中华传统礼制得以新生和重构的关键所在，也是培育现代公民道德的关键所在。分而言之，在观念层面，现代伦理要求以人为本，确立人的基本权利不容剥夺和侵犯的价值观念；在实践层面，现代伦理要求以平等、自由为原则来构建个人与家庭、社会和国家之间的种种关系。质言之，一个可欲的社会制度，为公民美德的健康成长提供了必不可少的道德生态环境；而理性、健康、积极向上的价值理念和伦理规范，也只有在良好的制度环境中才能落地生根，真正内化为人的自觉意识。

兹以爱国主义教育为例。爱国主义事关民族凝聚力和国家软实力，其重要性不言而喻，故而构成社会主义核心价值观的一个重要内容。公民的家国意识和责任担当，在日常生活中首先体现为对当地公共事务和国家大政方针的关心，其次体现在对公民权利和义务的切实履行。无论是环境污染、食品安全和交通拥堵，还是社会治安、官员失职和施政纲要，每一个公民都应该以社会整体利益为重，提出看法、建议、甚至批评，自觉尽公民之责，体现公民之担当。公民对社会公共生活的知情权、参与权和意见表达权，本来就是使自己国家更具活力，使我们的社会更具凝聚力，使我们的生活更加光明的根本性保证。显而易见，造成一个秩序良好、鼓励公民积极参与公共生活、允许民众监督甚至批评政府和政府官员的制度环境，是爱国主义情怀得以茁壮成长、并得到丰富发展的必要条件。这就突显出民主政治体制和公民社会建设的极端重要性。正如桑德尔所说，"经由公民权利和义务的履行，公民美德可以得到建构，而非耗竭……就公民美德而言，要么使用它，要么失去它"①。原因很简单，在一个权力横行、权钱勾结、善恶不分、是非不明的社会空间里，将没有人愿意参与积极的公共生活，家国情怀和责任意识也就不可能健康地成

---

① 桑德尔：《金钱不能买什么：金钱与公正的正面交锋》，第33页。

长起来,想要塑造完美的人格,培养坚强的意志品质,建立良好的人际关系的意愿是无法完成的企望。当然,营造公民美德得以健康成长的制度环境不会一蹴即就,需要我们每一个人的积极参与及持之以恒的努力。

第四,与时俱进,与社会进步和时代潮流的变化相适应。

在不断发展和日趋丰富的实践过程中,认真总结人民群众提升伦理水平和道德修养的新鲜经验和做法,进而从中华传统礼制的古典精义中寻求学理支撑和应对智慧,再从中生发出面对现实需要的感悟和认识,这是每一个理论研究者和实践工作者共同面对的神圣职责。我们说中华传统礼制是个开放的体系,包括两个含义:一是在空间向度上向域外文明开放,通过不同文明之间的沟通、讨论和对话,在相互学习的过程中达成越来越多的共识,将国人引以为骄傲的东方文明体制呈现在世界人民面前;二是在时间向度上向人民群众在创造生活中的道德伦理实践开放,跟上时代前进的步伐,创造出一套适合现代社会生活、能与世界接轨的新礼制体系。中华民族自古以来是讲究礼仪、讲求礼义的民族,如果我们能够深入到民间社会和百姓生活中去,不断汲取和总结人民群众在新的时代条件下提升自己精神生活和道德生活的种种创新之举,必将对中华传统礼制的研究与传承产生极大的推动力量。

在我们看来,构建适应当代中国的新的礼制体系,并非简单恢复旧的礼仪制度或形式,而是首先要认清重建当代中国礼仪价值体系的社会现状。即 21 世纪的当代中国,已经站在更高的历史起点,正在全面深化改革开放、全面依法治国、全面建成小康社会、全面从严治党的道路上迅跑。中国整体上是向工业化社会方向前进,但中国地域广袤,既有面向工业化、信息化的先进体制,也有一些地方确实还残留着农业文明的一些古风。由此,我们既要着眼于现实,又须展望未来,用中华智慧来创建适合当今社会的礼仪价值的新体系。我们深信:一个具有五千年历史的文明古国,一个为人类贡献过四大发明的中华民族,必将带着它深厚的文化积淀,以"和而不同"的精神,融汇中外文明的英华和精义,重新赢得原创性动力,充满自信地汇入势不可挡的全球化浪潮,为人类文明做出新的伟大贡献!

原载于《文史哲》2018 年第 3 期,

《新华文摘》2018 年第 16 期全文转载,

《历史学文摘》2018 年第 2 期转载

“籍田”、“籍礼”三题^①

　　“籍田”及“籍礼”是先秦土地制度及礼制的一项重要内容,史籍对此记载颇丰,历来学者多有论述^②。近年更因新材料的发现,学界就周宣王“不籍千亩”及“籍礼”之功能、“籍田”之性质等问题作了研讨,有了很大推进^③。自然其中亦不乏待发之覆,特别是商代是否存在“籍田”、“籍礼”以及“不籍千亩”与春秋之际土地制度变化之关系问题还有待于进一步研究。本文拟就此略陈拙见,谬妄之处,尚祈方家指正。

一、殷周“籍礼”之异同

　　杨宽先生《“籍礼”新探》^④一文指出,“籍田”原是原始社会末期村社中集体耕作的公有地,其收获用于祭祀、救济、尝新等公共开支;“籍礼”原是村社中每逢某种农业劳动开始前,由首脑带头举行的集体耕作仪式,具有鼓励集体耕作的作用^⑤。此种后来发展为“籍礼”的“耕作仪式”并未直接见载于史乘,杨先生是以海南岛黎人解放前部分地区保存的“合亩”制为立论基础。

　　《淮南子·修务训》曰:“古者,民茹草饮水,采树木之实,食蠃蚘之肉,时多疾病毒伤之害。于是神农乃始教民播种五谷,相土地宜燥湿肥硗高下。”^⑥神农氏亦即炎帝,为“刀耕火种”原始农业时期的部落首领,又号烈山氏。《左传》昭公二十九年:“有烈山氏之子曰柱,为稷。”^⑦贾逵、郑玄皆云“烈山炎帝之号”。《说文》云:“烈,火猛也。”^⑧是炎帝烈山氏之得名即源于其用火烧山之原始耕作方式。每年神

①　与赖少伟合作。

②　可参见李庆东《建国以来井田制研究述评》,《史学集刊》1989 年第 1 期。

③　雷晓鹏:《从清华简〈系年〉看周宣王“不籍千亩”的真相》,《农业考古》2014 年第 4 期;雷晓鹏:《清华简〈系年〉与周宣王“不籍千亩”新研》,《中国农史》2014 年第 4 期;宁镇疆:《周代“籍礼”补议——兼说商代无“籍田”与“籍礼”》,《中国史研究》2016 年第 1 期。

④　杨宽:《“籍礼”新探》,《古史新探》,上海:上海人民出版社,2016 年,第 222—237 页。

⑤　杨宽:《“籍礼”新探》,《古史新探》,第 222—237 页。

⑥　何宁:《淮南子集释》,北京:中华书局,1998 年,第 1311—1312 页。

⑦　阮元校刻:《十三经注疏·春秋左传正义》,北京:中华书局,1982 年,第 2124 页。

⑧　许慎撰、段玉裁注:《说文解字注》,北京:中华书局,2016 年,第 485 页。

农氏率民烧山耕作之前,皆要"相土地宜",察看土地的"燥湿肥硗高下"①。此虽为农业生产之基本经验,然至周代却成为行"籍礼"前准备阶段的一个必要环节,《国语·周语上》载虢文公之言,太史于立春前九日"顺时覛土"②,并将天时与土壤的变化情况报告给稷。

神农氏率民烧山开耕之时,或伴有相关的祀典活动。有学者认为,在尧帝"命羲和钦若昊天,历象日月星辰,敬授人时"③,制订四时历之前,原始先民使用的是"火历",即以"大火"(又名心宿二)在天空中的运行纪时,以确定生产活动④。《周礼·夏官》云:"季春出火,民咸从之;季秋内火,民亦如之。"⑤每年季春,当"大火"星昏见于东方天空时,部落首领将率民烧荒种地,开始一年的农业生产,同时会举行祭祀"大火"星的活动;至季秋"大火"星隐伏,亦即收获之时,也要举行相关祀典。当然,随着农业生产经验的不断积累、技术也不断提高,开耕的时间亦由起初的季春"大火"昏见时提前到后来的立春,周代"籍礼"天子亲耕即在立春"土气震发,农祥晨正"⑥时,而"农祥晨正"或来源于"大火"晨中。在生产力低下的原始社会,部落首领率民开耕应该是要亲力亲为、从始至终的,进入阶级社会,首脑"亲耕"则成为仪式性、象征性的,最终完成耕作的乃是"庶人"。

无论是原始社会末期村社中集体耕作的公有地,还是后来的"籍田",都设有专门的管理人员。《国语·楚语》说颛顼"命南正重司天以属神,命火正黎司地以属民"⑦,"火正"即颛顼帝时专门负责管理村社公有地及处理民事的人员,其名称来源当与"大火"星有关。开耕时举行相关祀典,"火正"自然也要参与。"司地"即"司土",《戠簋》铭文:"王曰:戠,令女(汝)乍(作)司土(徒),官司耤(藉)田。"(《集成》04255)⑧司徒之官的职责,除了"掌建邦之土地之图与其人民之数,以佐王安扰邦国"⑨之外,还负责管理"籍田"。在周代行"籍礼"前,"王乃使司徒咸戒公卿、百吏、庶民"⑩,做好相关准备工作。

---

① 何宁:《淮南子集释》,北京:中华书局,1998 年,第 1312 页。
② 徐元诰:《国语集解·周语上第一》(修订本),北京:中华书局,2002 年,第 16 页。
③ 阮元校刻:《十三经注疏·尚书正义》,北京:中华书局,1982 年,第 119 页。
④ 参看庞朴《"火历"初探》,《社会科学战线》1978 年第 4 期;《"火历"续探》,《中国文化研究集刊》第一辑;《"火历"三探》,《文史哲》1984 年第 1 期;《火历钩沉——一个遗失已久的古历之发现》,《中国文化》1989 年第 1 期。冯时:《中国天文考古学》,北京:社会科学文献出版社,2001 年。
⑤ 阮元校刻:《十三经注疏·周礼注疏》,北京:中华书局,1982 年,第 843 页。
⑥ 徐元诰:《国语集解·周语上第一》(修订本),第 16 页。
⑦ 徐元诰:《国语集解·楚语下第十八》(修订本)第 515 页。
⑧ 中国社会科学院考古研究所:《殷周金文集成》(修订增补本)第三册,北京:中华书局,2007 年,第 2477 页。
⑨ 阮元校刻:《十三经注疏·周礼注疏》,第 702 页。
⑩ 徐元诰:《国语集解·周语上第一》(修订本),第 17 页。

原始村社公有地中的收获物，一般用于祭祀、救济、尝新等公共开支，而进入阶级社会之后，公有地及其收获物的支配权实际上掌握在首领手中。所谓"国之大事，在祀与戎"①，公有地上的收获物主要还是用于祭祀和战争，当然也会作救济、尝新、首领的私人开支之用。"籍田"中出产物的用途亦不外乎此，即"上帝之粢盛于是乎出，民之蕃庶于是乎生，事之供给于是乎在"②，"乃能媚于神。而和于民"③。

夏代有无"籍礼"，文献不足征，殷商甲骨文中则有不少与"耤"有关的卜辞，试列举数条如下：

　　丙辰卜，争贞：呼耤于隹，受有年。（《合集》9504 正）

　　丁酉卜，殻贞：我受甫耤在娟年。三月。（《合集》900 正）

　　己亥卜，贞：命吴小耤臣。己亥卜……观耤。（《合集》5603）

　　己亥卜，贞：王往观耤，延往。（《合集》9501）

　　庚子卜，贞：王其观耤，唯往。十二月。（《合集》9500）

　　弜耤畕旧田，其受有年。（《合集》28200）

由卜辞观之，商代"耤田"涉及的地点有多处，如隹、娟、畕等；亦未见有商王亲耕的情况，而一般只是在一旁"观耤"，或者商王并不亲往，只是"呼"某人"耤"某处；"耤田"之时间有三月、十二月等，并非固定。有鉴于此，宁镇疆先生认为商代可能并不存在类似周代那样专门作为周王向神灵表示虔诚，亲耕并以出产物礼神的功用性"籍田"④。宁先生注意到商周"籍田"之诸多差异，是非常有见地的。然商周"籍田"有异也有同，商代"籍田"上的收获物同样用来祭祀上帝、祖先，商王亲往"观耤"，同样是为了表示对"籍田"的重视及对上帝祖先之虔诚，因此实际上仍属"籍礼"。裘锡圭先生指出，从卜辞看，商王亲自参加的，往往是畕地的农业生产，畕地的收获，也是经常被商王用来祭祀祖先的，商王的亲自参加农业生产，跟周王的"籍田"确实是同性质的⑤。

仅仅指出商周"籍田"存在形式上的改变是不够的，实际上这种改变可看作"殷周变革"在礼仪制度上的重要表现之一。《国语·周语上》记载"籍礼"之详细仪节，冠以"古者"两字，即"籍礼"乃西周的某位先王所设，但并未指明是哪位先王。近年公布的清华简《系年》中有一段记载："昔周武王监观商王之不恭上帝，禋祀不寅，乃

---

①　阮元校刻：《十三经注疏·春秋左传正义》，北京：中华书局，1982 年，第 1911 页。

②　徐元诰：《国语集解·周语上第一》（修订本），第 15—16 页。

③　徐元诰：《国语集解·周语上第一》（修订本），第 21 页。

④　宁镇疆：《周代"籍礼"补议——兼说商代无"籍田"及"籍礼"》，《中国史研究》2016 年第 1 期。

⑤　裘锡圭：《古代文史研究新探》，南京：江苏古籍出版社，1992 年，第 320—322 页。

作帝籍,以登祀上帝天神,名之曰千亩,以克反商邑,敷政天下……宣王是始弃帝籍弗畋,立卅又九年,戎乃大败周师于千亩。"①即说周武王以商王"不恭上帝"为鉴戒,于是设立"帝籍"之礼,并以"帝籍"所产之物祭祀上帝,最终实现了"克反商邑,敷政天下"的目的。这一"帝籍"之礼,当是《国语·周语上》所载的王需亲耕的籍田之礼,与上述商王"观籍"不同。不过,周武王"乃作帝籍"并非是重新开创"籍田"与"籍礼",而是对殷商本就存在的"籍礼"作了比较大的改革而已,同样是为了显示政权的合法性。正如孔子所说:"周监于二代,郁郁乎文哉"②,西周初期的许多制度皆是对商代原有制度的沿革与损益。

《礼记》曰:"殷人尊神,率民以事神,先鬼而后礼"③,商代重视祭祀上帝鬼神,不敢怠慢,至纣王时则"不肯祀上帝"、"弃阙其先神而不祀"④。周武王有鉴于此,对商代原有"籍礼"进行了比较重大的改革,其中最重要的自然是天子率公卿百吏亲耕"籍田",这对上帝神灵的虔诚度要远胜于商王的"观耤"或指派臣下"耤田",同时也起到了很大的劝农作用。另外就是固定行"籍礼"的时间和地点,并制定了比较详细的礼典仪节。"籍礼"之详细仪节见载于《国语·周语上》,杨宽先生将之概括为行礼前的准备、举行"飨礼"、正式举行"籍礼"、礼毕后的宴会、广泛的巡查和监督庶人耕作五个部分⑤。商代"籍礼"本无固定地点,自武王起,周代"籍礼"在一个叫"千亩"的地方举行。《礼记·祭义》曰"昔者天子为藉千亩,冕而朱纮,躬秉耒"⑥,又曰"天子亲耕于南郊"⑦,大概"千亩"这个地方正是在都城南部近郊⑧。商代"籍礼"亦无固定时间,盖周武王时定为立春举行。

二、周代"籍礼"之双重性质

关于西周"籍田"的性质,因其出产物主要用作祭祀品,故有学者称之为"祭祀田",亦有学者将其理解为"国"中"公田"⑨。《吕氏春秋·孟春纪》:"天子亲载耒耜,躬耕帝籍田"⑩,高诱注:"天子籍田千亩,以供上帝之粢盛,故曰帝籍。"⑪清华简《系年》周武王"乃作帝籍"。"籍田"上所生产之物,最主要的用途即祭祀上帝,故称

① 李学勤主编:《清华大学藏战国竹简(二)》,上海:中西书局,2011年,第136页。
② 皇侃:《论语义疏》卷二《八佾》,北京:中华书局,2013年,第64页。
③ 孙希旦:《礼记集解》卷五一《表记》,北京:中华书局,1989年,第1310页。
④ 吴毓江:《墨子校注》卷九《非命上》,北京:中华书局,1993年,第415页。
⑤ 杨宽:《"籍礼"新探》,《古史新探》,上海:上海人民出版社,2016年,第222—237页。
⑥ 阮元校刻:《十三经注疏·礼记正义》,北京:中华书局,1982年,第1597页。
⑦ 阮元校刻:《十三经注疏·礼记正义》,第1603页。
⑧ 宁镇疆:《周代"籍礼"补议——兼说商代无"籍田"及"籍礼"》,《中国史研究》2016年第1期。
⑨ 徐喜辰:《"籍田"即"国"中"公田"说》,《吉林师大学报》1964年第2期。
⑩ 吕不韦著、陈奇猷校释:《吕氏春秋校释》,第2页。
⑪ 吕不韦著、陈奇猷校释:《吕氏春秋校释》,上海:上海古籍出版社,2002年,第13页。

为"帝籍",又往往"廪于籍东南,钟而藏之"①,称"御廪"或"神仓"。"公田"则是维持贵族生计之用,两者收获物的用途和服务对象明显不同,"籍田"具有媚神的特殊功能,是"公田"所不具备的。"籍田"除了出产"上帝之粢盛"之外,更需要在其上举行"籍礼",同时具有事神劝农两层意:"民之蕃庶于是乎生,事之供给于是乎在"②。西周"籍田"是位于都城南郊的一块比较特殊的"公田",专门备为"籍礼"之用,周天子虽然会亲耕其上,然"庶人终于千亩"③。其出产物主要用作祭祀上帝。

从清华简《系年》来看,周武王时设立"籍田"及"籍礼",似乎只是恭敬上帝的一种手段。然《国语·周语上》则曰"民之蕃庶"、"事之供给"均在于此,若不行"籍礼",则"匮神乏祀而困民之财"④。显然,如果"籍礼"仅仅是恭祀上帝的话,不可能会影响到国家、人民之财用,周宣王亦不可能因"不籍千亩"而导致其败于姜氏之戎。显然,其中当还有其他深层原因。

《国语·鲁语下》载孔子之言曰:"若子季孙欲其法也,则有周公之籍矣。若欲犯法,则苟而赋,又何访焉?"⑤季康子想征收田赋,派冉求向孔子请教,孔子认为"古者公田藉而不税",反对征收田赋,说有周公籍田之法可以参照。《左传》定公四年:"聘季授土,陶叔授民,命以《康诰》,而封于殷虚。皆启以商政,疆以周索。"⑥所谓"疆以周索",亦是指周公籍田之法⑦,类于孟子所说的"井田制"。籍田之法将田地划分为公田、私田,把"籍"这种方法推广到公田上来,庶民先公田后私田,无偿在公田上从事劳动,而公田收获物为贵族全部占有。《说文》:"耤,帝耤千亩也。古者使民如借,故谓之藉。"⑧借庶民之力耕种公田,以平民供养贵族,周公籍田之法,本质上是一种劳役地租。

笔者以为,西周"籍礼"中包含"籍田之法",其不仅仅是天子亲耕、恭祀上帝的一种仪式,更是西周重要的赋税制度。正因为如此,故"籍礼"中天子公卿百吏的耕作只是象征性的,而要"庶人终于千亩",天子亲耕仪式完毕之后,又要广泛的巡查和监督庶人耕作。从天子到各级官吏都会出动,分批不断巡查,即所谓"农师一之,农正再之,后稷三之,司空四之,司徒五之,太保六之,大师七之,太史八之,宗伯九

---

① 徐元诰:《国语集解·周语上第一》(修订本),第 20 页。
② 徐元诰:《国语集解·周语上第一》(修订本),第 15 页。
③ 徐元诰:《国语集解·周语上第一》(修订本),第 19 页。
④ 徐元诰:《国语集解·周语上第一》(修订本),第 21 页。
⑤ 徐元诰:《国语集解·鲁语下第五》(修订本),第 207 页。
⑥ 洪亮吉:《春秋左传诂》,北京:中华书局,1987 年,第 812 页。
⑦ 杜预注:"居殷故地,因其风俗,开用其政,疆理土地以周法。"显然,周代籍田是因商之旧。
⑧ 许慎撰、段玉裁注:《说文解字注》,第 186 页。

之,王则大徇"①。若发现庶人没有按要求及时将土地开垦好,"土不备垦"②,将由司寇严加判罪处罚。而且,这种巡查和监督并不止于春耕,在蓐耘、收获时同样会进行。西周"籍礼"约在武王、周公时得到完全确立,成王时继之,《令鼎》铭文曰:"(成)王大糟农于谋田"(《集成》02803)③。显然,"籍礼"自确立时起,便具有礼仪制度和赋税制度的双重性质,因而既能恭祀上帝、劝民于农,亦可确定庶民人数及正常的赋税收入,以便计算提供国家之财用,故曰"媚于神""和于民"④,否则我们将无法理解宣王时籍田之法坏与料民于太原之间的关系⑤。

三、宣王不行籍田之礼的时间及意义

《国语·周语上》载:"宣王即位,不籍千亩",韦昭注:"自厉王之流,籍田礼废,宣王即位,不复遵古也。"⑥"宣王即位,不籍千亩"之时间定在周宣王即位之初,然韦注显然把厉王流放之日起便认作"籍田礼废",宣王即位后,只是"不复遵古",即未恢复籍田之礼。又,今本《竹书纪年》称:"二十九年,初不籍千亩"⑦,此又将"不籍千亩"时间定于宣王二十九年;《史记》曰:"十二年,鲁武公来朝。宣王不修籍于千亩,虢文公谏曰不可,王弗听。"⑧虽未明说"不籍千亩"之时间,然置于十二年"鲁武公来朝"之前。那么,宣王不行籍田究竟为何时?

我们来逐一分析。《史记》仅说鲁武公来朝之年,并非特指该年开始不籍田。今本《竹书纪年》定宣王不行籍田为二十九年,显然与《国语》、《史记》所载矛盾。故笔者颇疑此处"初不籍千亩"之"初"为衍文,因为至今为止所见传世文献或出土数据均无类似记载。至于《国语》所认定宣王即位之初便废籍田,与韦昭称籍田废于厉王被流放之时,两者确需斟酌。厉王被流放,不能行施籍田之礼,自然有可能周代籍田之礼废于此时,但确定于此时,则需过硬资料来印证。清华简的出土,解决了这一问题,《系年》记载:"宣王即位,共伯和归于宋(宗),宣王是始弃帝籍弗

① 徐元诰:《国语集解·周语上第一》(修订本),第 20 页。

② 徐元诰:《国语集解·周语上第一》(修订本),第 20 页。

③ 中国社会科学院考古研究所:《殷周金文集成》(修订增补本)第二册,北京:中华书局,2007 年,第 1472 页。

④ 徐元诰:《国语集解·周语上第一》(修订本),第 21 页。

⑤ 《国语》载仲山父谏曰:"民不可料也。夫古者不料民而知其多少,司民协孤终,司商协民姓,司徒协旅,司寇协奸,牧协职,工协革,场协入,廪协出,是则少多、死生、出入、往来者皆可知也。于是乎又审之以事,王治农于籍,搜于农隙,狝于既烝,狩于毕时,耨获亦于籍,是皆习民数者也,又何料焉?"徐元诰:《国语集解·周语上第一》(修订本),第 24—25 页。

⑥ 徐元诰:《国语集解·周语上第一》(修订本),第 15 页。

⑦ 《今本竹书纪年疏证》,王国维《王国维遗书》第十二册,上海:上海古籍书店,1983 年,第 13 页。

⑧ 《史记》卷四《周本纪》,北京:中华书局,1959 年,第 144 页。

畋。"①"始弃"两字明确指出宣王即位之初才"不籍千亩",正与《国语·周语上》之说法相合。而韦昭可能是想当然地把厉王流放不可能行施籍田与周代废籍田混为一谈了,因为共伯和执政,仍然可以继续行施籍田之礼的,只是到了宣王即位,共伯和须归政于宣王,由宣王行施籍田之礼。因而笔者以为,将周宣王"不籍千亩"之时间定在其即位之初比较可靠。

至于周宣王"不籍千亩"的性质,学者见仁见智并不相同:或以为是废弃助法、改力役地租为物品地租的重要举措②;或以为仅仅是周宣王不再于"籍田"中举行亲耕仪式,并无其他意义③;或以为"弃帝籍弗畋",即是周宣王将"籍田"废弃,从此不再耕种、整治④,不一而足。

按照笔者理解,周代籍田既是一种礼仪制度,又是一种赋税制度,因此宣王不再举行亲耕"籍田",遭到虢文公的极力反对。虢文公认为"民之大事在农",劝民力农是维持国家开支、维系国家安危的关键;因此,前代圣贤极其重视籍田,如此才能"恪恭于农,修其疆畔,日服其镈,不解于时,财用不乏,民用和同"⑤。由此,虢文公强调:"今天子欲修先王之绪而弃其大功,匮神乏祀而困民之财,将何以求福用民?"⑥从虢文公之语可以看出,若要"求福用民",做到国家"财用不乏,民用和同",周王籍田是必需的,反之,则会给国家带来莫大灾难。实际上,《史记·周本纪》在记载虢文公劝戒之语后,紧接着便称"王弗听。三十九年,战于千亩,王师败绩于姜氏之戎"⑦。显然把王师败绩归于周王不籍田。不过,尽管周王行籍田礼确有劝民力农之功用,然把战争失败完全归于不行籍田礼,显然并非不刊之论。其实,宣王不籍田,也是西周王朝晚年具体的历史条件导致的。周孝王、夷王和厉王三朝,与周边西戎、太原之戎、淮夷、玁狁、荆蛮战争不已,尤其厉王"暴虐侈傲"⑧,国内矛盾重重,最终导致变乱,厉王"奔彘",国内由共伯和掌政,然共和十年之后连续五年"大旱"⑨,显然这对国家财政收入产生极大影响,籍田的赋税功能自然下降,对"籍田之法"的破坏是十分明确的事实,赋税制度改革当为必然。应该引起重视的是今本《竹书纪年》所载:"(宣王元年)复田赋。"⑩"复"为免除、解除之意,而此处的"田

① 李学勤主编:《清华大学藏战国竹简(二)》,上海:中西书局,2011 年,第 136 页。
② 参看范文澜主编:《中国通史》第一册,北京:人民出版社,1978 年,第 96 页。
③ 赵光贤:《从周代租税制度说到宣王"不籍千亩"》,《中国经济史研究》1991 年第 3 期。
④ 雷晓鹏:《清华简〈系年〉与周宣王"不籍千亩"新研》,《中国农史》2014 年第 4 期。
⑤ 徐元诰:《国语集解·周语上第一》(修订本),第 15、21 页。
⑥ 徐元诰:《国语集解·周语上第一》(修订本),第 21 页。
⑦ 《史记》卷四《周本纪》,第 144 页。徐元诰:《国语集解·周语上第一》(修订本)所载基本相同,第 21 页。
⑧ 《史记》卷四《周本纪》,第 142 页。
⑨ 参见《今本竹书纪年疏证》,王国维《王国维遗书》第十二册,第 11 页。
⑩ 《今本竹书纪年疏证》,王国维《王国维遗书》第十二册,第 12 页。

赋"是指基于"籍田之法"之上的赋税。宣王继厉王而立,如上所述到共和十年之后国家财政已经出现一定危机,而宣王却免除赋税,实是难以理解之事。笔者猜测,很可能是在"籍田之法"崩溃之际,宣王或许开始采取一种新赋税制度,这种制度当是基于清点"人头"之上的,因此宣王败于千亩后便"料"民于太原,改变了原来以"成"计算田地与人口的方式。由此,籍田从原来具有礼仪制度与赋税制度双重性质,逐渐过渡到仅剩恭祀上帝之"礼"这一个方面了。

原载于《历史文献研究》(总第 40 辑),华东师范大学出版社 2018 年

宋金《礼志》比较研究

关于金朝礼制问题,学界主要有三派意见。一是肯定派,张博泉认为:"金朝实行中原礼制而形成有自己特点的礼","金朝礼制是对唐、宋礼的继承,主要是由五礼而构成的礼制内容。"①但张先生论文重在研析金礼的结构、特点、地位、影响与作用,未能对金朝具体的五礼内容展开深入研讨与论证。杨志刚是否定派:"金朝未形成五礼制度,其对汉礼的吸收是有选择的,重点在朝会、尊号、册谥等内容,但撷取了祭地的部分仪制,并建立了原庙和别庙制度。金朝保留了许多女真族的传统礼俗。"②陈戌国在对比辽金两朝礼制后持折衷态度:"金国礼典亦非全用其本国之俗,而是杂用辽宋之礼。然而,与其说金国之礼近于契丹,毋宁说更近于赵宋。"③显然,专家对有金一代礼制的观点分歧十分明显。

那么,金朝究竟实行的是什么礼制? 在此,笔者拟从比对宋金两正史的《礼志》礼目入手,以判断金朝实施的礼制情况。当然,这还需要用《政和五礼新仪》与《大金集礼》作为参考材料来加以说明④。此处提出一些浅见粗识,以供学界深入研讨之用。

先统计《宋史·礼志》与《政和五礼新仪》的礼目名称如下:《宋史·礼志》吉礼自南郊至群臣家庙共41项,嘉礼自上尊号仪到士庶人婚礼共27项,宾礼自大朝会仪到臣僚呵引之制共23项,军礼自祃祭到救日伐鼓共7项、凶礼自山陵到服纪共11项,全部合计为109项。《政和五礼新仪》吉礼自昊天上帝到时享家庙共41项,嘉礼自受尊号到庶人庶子冠共30项,宾礼自元正冬至大朝会到君臣听御札批答共24项,军礼自命将出征到贺胜捷共5项、凶礼自忌辰君臣进名奉慰到东宫妃为祖父母丧成服共17项,全部合计共117项。实际上,《政和五礼新仪》与《宋史·礼志》有些礼目名称虽有差异,但实际同为一仪,如籍田与耕籍、岳渎与岳镇海渎、天

---

① 张博泉:《金代礼制初论》,《北方文物》1988年第4期。
② 杨志刚:《中国礼仪制度研究》,上海:华东师范大学出版社,2001年,第219页。
③ 陈戌国:《中国礼制史》(宋辽金夏卷),长沙:湖南教育出版社,2001年,第503页。
④ 《政和五礼新仪》虽颁布后实行过一段时间,然很快被中止使用。《大金集礼》也为礼典,是否真正实行亦无旁证资料,不过需要指出,它与《金史·礼志》诸多内容完全相同。为慎重起见,我们仅将宋金两正史的资料作为已实施,而《政和五礼新仪》和《大金集礼》则作为旁证参考。

书九鼎与帝蜼八鼎、养老与养老于太学之类便是。计上重复礼目,两书共 226 项。同样,《金史·礼志》与《大金集礼》两书有的礼目名也有所不同,其实也为一同礼仪。而且,金朝两书的有些礼目名称与《宋史·礼志》、《政和五礼新仪》不同,实际内容完全没有区别。如《宋史·礼志》"先代陵庙"、《政和五礼新仪》是"历代帝王",《金史·礼志》则称"前代帝王",内容没有任何差异。另外,《宋史·礼志》分列南郊与北郊,《政和五礼新仪》分设昊天上帝和皇地祇,而《金史·礼志》合并为"南北郊",自然也与宋代南郊、北郊分立相同。

《金史·礼志》共 11 卷,所列礼目从南北郊(统计分为 2 项)到新定夏使仪共 51 项,诸神杂祠共 9 项,实际列 59 项礼目,其中卷 28 中"仪注"指南北郊仪注,卷 31 "杂仪"主要讲袷享牺牲品物、定晨稞行礼、拜礼等,并非具体礼目,故可忽略不计,因此《金史·礼志》礼目实际 57 项。与《宋史·礼志》相比,实少 52 项,与《政和五礼新仪》相比少 60 项。实际上,《金史·礼志》所缺礼目,在《金史》中可以找出不少实行施行的例证,因此我们有必要对两正史的《礼志》之礼目逐一进行比对,以求得金朝真正实施过的礼仪情况。

一、吉礼

南郊、北郊[①]:《政和五礼新仪》为昊天上帝、皇地祇。《金史·礼志》及《大金集礼》合并为南北郊,故相同。

神州地祇:《政和五礼新仪》称"皇帝祭神州地祇"。宋于夏至日祭方丘、冬至祭神州地祇,而《大金集礼》卷 10 斋戒中有"皇帝夏至日祭方丘",其下有"孟冬祭神州则告太宗、文武圣皇帝庙,余并如圆丘之仪"一语,故除时间稍异外,其礼并无不同。

祈谷[②]:《金史》有"若改用正月上辛,乃祈谷之礼,非郊见上帝之本意也"[③]一例,《金史》《大金集礼》别无记载,此处虽难以确认金朝行过祈谷之礼,但礼官提及此,当亦须关注。

雩祀:金无礼目[④]。章宗泰和四年"五月乙丑,祈雨于北郊。有司请雩,诏三祷岳渎社稷宗庙,不雨,乃行之。"[⑤]金有雩祀明矣[⑥]。

---

① 所列是礼目,不特意指出者均为《宋史·礼志》,出于《政和五礼新仪》礼目则会说明。

② 此列礼目名,以《宋史·礼志》为准,两书均有则列《宋史·礼志》之名;若《宋史·礼志》无,则明确指出为《政和五礼新仪》之礼目名。

③ 《金史》卷九四《夹谷清臣传附襄传》,第 2089 页。

④ 为节省篇幅,称"金无礼目",实指《金史·礼志》及《大金集礼》中无相关礼目,下同。

⑤ 《金史》卷一二《章宗纪四》,第 286 页。

⑥ 笔者于 2017 年 11 月在山西绵山抱腹岩发现金大定十一(?)年五月汾阳军太守王(?)□的《谢雨祭文》碑,显然地方官员祈雨礼是存在的。

五方帝：金无礼目。然《金史·礼志》载"省臣又奏：'前时郊，天、地、配位各用一犊，五方帝、日、月、神州、天皇大帝、北极十位皆大祀，亦当用犊，当时止以羊代'"①。

感生帝：宋沿袭前代有祭感生帝之礼，金无礼目，亦未见记载。

明堂：金无礼目，亦未见记载。

社稷：《金史·礼志》、《大金集礼》均有此礼目。

岳渎：《政和五礼新仪》称为岳镇海渎，《金史·礼志》、《大金集礼》也称岳镇海渎。

籍田：《政和五礼新仪》称耕籍，另有先农，据称"亲耕日，有司享帝神农氏、后稷氏，如常享之仪"②。金无籍田礼目。然金有祭神农、后稷之例，但并非耕籍之时祭之，据《金史·礼志》记载，神农作为"诸前代帝王"③之一受祭，而后稷是祭社稷时作为陪祭，"设太稷、后稷酒罇于坛之上下"④，显然并非一事。另外，太祖登帝位时礼仪中，有"阿离合懑、宗翰乃陈耕具九，祝以辟土养民之意"⑤，也非籍田礼，然"陈耕具"显然与原女真民族渔猎生活不合，当是受汉制影响的结果。

先蚕：《政和五礼新仪》有亲蚕、先蚕两目。金无礼目。

奏告：《金史·礼志》为奏告仪，同。

祈禜：《金史·礼志》亦有祈禜之礼目。

朝日夕月：《金史·礼志》称朝日夕月仪。

荧惑：星名，宋祭之，《政和五礼新仪》有礼目。金无礼目，然《金史·礼志》载"众星三百六十座在内壝之外"⑥，《宋史·礼志》则为"众星三百有六十于内壝之外"⑦，显然，金朝有众星之祀，而荧惑为其中之一，当亦祭之⑧。其他如寿星、灵星等星祭当包括在"众星"之中。

九宫贵神：《金史》载：兴定二年七月"己卯，遣官望祀岳镇海渎于北郊，享太庙，祭太社、太稷，祭九宫贵神于东郊，以祷雨"⑨。

高禖：《金史·礼志》有此礼目。

大火：金无礼目。《金史·礼志》载礼官言："'近代礼九宫贵神、大火星位，犹

① 《金史》卷二八《礼志一》，第708页。
② 郑居中：《政和五礼新仪》卷一二七《享先农》，文渊阁《四库全书》本，第647册，第634页。
③ 《金史》卷三五《礼志八》，第818页。
④ 《金史》卷三四《礼志七》，第805页。
⑤ 《金史》卷三六《礼志九》，第831页。
⑥ 《金史》卷二八《礼志一》，第698页。
⑦ 《宋史》卷九九《礼志二》，中华书局，1985年，第2438页。
⑧ 《金史》中提及荧惑极多，但都非祭祀。《大金集礼》未见提及。
⑨ 《金史》卷一五《宣宗纪中》，第338页。

用《周礼》之说。其天皇大帝、北极二位,固宜用礼神之玉及燔玉也。'上命俱用真玉。"①此处只命用真玉,可见金是祭祀大火的。

祀太乙宫仪:太乙宫即太一宫,《政和五礼新仪》:"前期,太常寺具立春日祀东太一宫散告(原注:立夏、立冬日祀中太一宫,立秋日祀西太一宫,准此。)"②,实是重道家之举。《金史·百官志》有"管勾北太一宫、同乐园二员,正八品,掌守宫园缮修之事"③,《大金集礼》有"大定(阙)年,献言者以南京上清宫、中太乙宫、佑神观、延祥观、葆真观,年深损坏,宜检料修完。从之"④。显然金朝亦有祀太乙宫之举。

祀阳德观仪:《政和五礼新仪》有此礼目,实是重道教之举。金无礼目,亦无记载。

寿星、灵星:见上"荧惑"条考。

风伯雨师:《政和五礼新仪》又祀雷神。《金史·礼志》有风雨雷师之礼目,当无差异。

司中司命司民司禄:按《宋史·礼志》有四者一同祭祀:"立冬后亥日祠司中、司命、司人、司禄"⑤,据《宋史·礼志》记载:"太庙司命、户、灶、中霤、门、厉、行七祀,熙宁八年,始置位版。太常礼院请禘享遍祭七祀"⑥。然《金史·礼志》仅见祭祀司命的记载:仪鸾司"又设七祀司命、户二位于横街之北,道西,东向"⑦,未见祭祀司中、司民(又称司人)、司禄的记载。

司寒:《宋史·礼志》称:"司寒之祭,常以四月,命官率太祝,用牲、币及黑牡、秬黍祭玄冥之神,乃开冰以荐太庙。"⑧《宋史·礼志》在区分大中小祀时称"孟冬祭司寒",所祭时间有不同,实为古制;至神宗元丰改制,规定"出冰祭司寒"⑨。金无礼目。

蜡百神⑩:金郊礼乐歌中有"禋祀肇称,馨香维德。爰暨百神,于昭受职"⑪。既禋祀百神,自然会有蜡百神之仪。

七祀:《金史·礼志》有此礼目,《大金集礼》亦提及七祀。

---

① 《金史》卷二八《礼志一》,第1307页。
② 郑居中:《政和五礼新仪》卷七二《祀太乙宫仪》,第448页。
③ 《金史》卷五七《百官志三》,第708页。
④ 张暐:《大金集礼》卷三七《宫观》,丛书集成新编本,台北:台湾新文丰出版公司,1985年,第361页。
⑤ 《宋史》卷九八《礼志一》,第2425页。
⑥ 《宋史》卷一〇三《礼志六》,第2521页。
⑦ 《金史》卷三〇《礼志三》,第743页。
⑧ 《宋史》卷一〇三《礼志六》,第2518页。
⑨ 《宋史》卷九八《礼志一》,第2426页。
⑩ 百神即各种飞鸟走兽、昆虫鳞羽之类,《宋史》卷一〇三《礼志六》载:"仓龙、朱鸟、麒麟、白虎、玄武,五水庸、五坊、五虎、五鳞、五羽、五介、五毛、五邮表畷、五臝、五猫、五昆虫",第2521页。
⑪ 《金史》卷三九《乐志上》,第893页。

马祖：《政和五礼新仪》为马祖、先牧、马社、马步。金无礼目。

醋神：即厌螟蝗为害而祭之，宋始于庆历中，明确规定"若外州者，即略依禜礼"①，然金朝禜礼大多为祈雨，无祭螟蝗之类，金恐无此礼。

封禅：封禅是改朝换代举行的大典，或因大事而举行，并非每个朝代、每个皇帝都需举行，实际上中国古代仅有秦汉唐宋大一统时期的数位皇帝举行过。金未一统天下，故不进行封禅实属必然。

汾阴后土：宋祠后土于汾阴，然《金史》载：兴定三年八月戊辰，"遣礼部尚书杨云翼祭社稷，翰林侍读学士赵秉文祭后土于河中府"②，所祭地点名称不同，实是一处。汾阴隶属河中府。

庆成军祭后土：《政和五礼新仪》卷 94 也有此礼目。据《宋史》记载真宗大中祥符四年二月"丁巳，黄云随天书辇。次宝鼎县奉祇宫……辛酉，祀后土地祇……建宝鼎县为庆成军"③，神宗熙宁元年五月"戊戌，废庆成军"④。金无礼目。但实际上，汾阴县为西汉时期所置，开元二十一年改宝鼎县，后土祠即在那里。此处称庆成军祭后土，是因为真宗时期改名所致，与汾阴祭后土同。

太清宫：景德四年冬，宋真宗声称梦天神降授天书，故改次年为大中祥符，此后屡有尊神崇道之举，直至大中祥符六年，"亳州父老、道释、举人三千三百十六人诣阙，请车驾朝谒太清宫，宰臣帅百官表请。诏以明年春亲行朝谒礼"⑤。此礼在真宗去世后，仁宗起就淡化了，而徽宗尊崇道教，故崇宁、政和年间又死灰复燃。《金史》也有记载太清宫之祭，集中在章宗承安、泰和年间，如泰和二年十一月"遣使报谢于太清宫"⑥，崇道之心可见，然其礼仪是否相同，不得而知。

天书九鼎：《政和五礼新仪》为帝鼐、八鼎，相同。真宗"崇宁四年八月，奉安九鼎"⑦，此为真宗始创之独特礼仪，金自然无此礼目。

文宣王庙：即释奠礼，《政和五礼新仪》分为释奠文宣王、辟雍释菜、皇太子释奠文宣王、州县释奠文宣王 4 项，《金史·礼志》列有宣圣庙之礼目，其中有"其诸州释奠并遵唐仪"⑧一语，显然大致与《宋史·礼志》所载相当。

皇太子释奠文宣王：此见于《政和五礼新仪》，金无礼目。

武成王庙：《政和五礼新仪》、《金史·礼志》均有此礼目。

① 《宋史》卷一〇三《礼志六》，第 2523 页。
② 《金史》卷一五《宣宗纪中》，第 346 页。
③ 《宋史》卷八《真宗纪三》，第 147—148 页。
④ 《宋史》卷一四《神宗纪一》，第 268 页。
⑤ 《宋史》卷一〇四《礼志七》，第 2537 页。此处"三千三百十六人"当为"三千三百六十人"。
⑥ 《金史》卷一一《章宗纪三》：第 259 页。
⑦ 《宋史》卷一〇四《礼志七》，第 2544 页。
⑧ 《金史》卷三五《礼志八》，第 817 页。

先代陵庙：《政和五礼新仪》称释奠武成王,《金史·礼志》为前代帝王,无甚差异。

诸神祠：据《宋史·礼志》地："自开宝、皇祐以来,凡天下名在地志,功及生民,宫观陵庙,名山大川能兴云雨者,并加崇饰,增入祀典。"[①]《金史·礼志》有诸神杂祠,与宋不同,其祭与其民族兴起有关之神[②]。

宗庙之制：《政和五礼新仪》称太庙,且包括别庙。《金史·礼志》中有"宗庙"一目,卷 33 又有原庙、别庙,《大金集礼》有原庙、别庙之祀[③],《大金国志》卷 33《陵庙制度》亦可参考。宋金宗庙内容大致相同。

坊州朝献圣祖：此礼目见于《政和五礼新仪》,然《宋史·礼志》亦提及[④]。此为北宋祭圣祖赵玄朗之仪,南宋时坊州已失,高宗于绍兴七年九月在临安"朝献圣祖于常朝殿"[⑤]。金朝追谥祖先甚晚,天会十四年八月,在文武百僚、太师宗磐的建议下,太宗才下诏追谥九代祖先,其中有其曾祖父世祖。世祖是金太祖之父,虽追赠为皇帝,然亦未记载具体祭典仪式。直到大定十五年,世宗才追谥他为圣肃皇帝,十六年"四月,诏依奉安睿宗礼,奉安世祖御容于衍庆宫"[⑥]。如此才与宋朝朝献圣祖相当。

禘祫：《金史·礼志》有此礼目,且祭祀时间也大致按照汉制。

时享：《金史·礼志》亦有时享仪,另有朝享一目,所祭内容与宋同。

荐新：《金史·礼志》有相同礼目。

加上祖宗谥号：《金史·礼志》有上尊号,与宋相同。

庙讳：《金史·礼志》中未列庙讳一目,然金章宗泰和元年三月"敕官司、私文字避始祖以下庙讳小字"[⑦],显然此前没有庙讳。《大金集礼》卷 23 有"御名"一目,即为避讳。《金史》中也有不少避讳之例,甚至改易官署名称：大宗正府"泰和六年避睿宗讳,改为大睦亲府"[⑧]。

后庙：《金史·礼志》载：昭德皇后庙"大定二年,有司援唐典,昭德皇后合立别庙,拟于太庙内垣东北起建,从之"[⑨]。

景灵宫：此为安奉宋朝帝王后妃御容之地。金亦有奉安之处,世宗大定二十

---

① 《宋史》卷一〇五《礼志八》,第 2561 页。
② 如长白山、大房山、混同江、泸沟河神等等。
③ 今存《大金集礼》卷二〇、卷二一为原庙,卷二二为别庙。
④ 《宋史》卷九八《礼志一》将其作为大祀。
⑤ 《宋史》卷二八《高宗纪五》,第 532 页。
⑥ 《金史》卷三三《礼志六》,第 789 页。
⑦ 《金史》卷一一《章宗纪三》,第 256 页。
⑧ 《金史》卷五五《百官志一》,第 1240 页。
⑨ 《金史》卷三三《礼志六》,第 797 页。

一年四月"庚戌,奉安昭祖以下三祖三宗御容于衍庆宫,行亲祀礼"①。

　　神御殿功臣配侑:《金史·礼志》有配享功臣礼目,所载以天德二年为最早:"天德二年二月,太庙祫享,有司拟上配享功臣,诏以撒改、辞不失、斜也杲、斡鲁、阿思魁忠东向,配太祖位。以粘哥宗翰、翰里不宗望、阇母、娄室、银术可西向,配太宗位"②,"大定十一年始郊,命宰臣议配享之礼"③。

　　群臣家庙:金无礼目,然《金史》有家庙记载:"承晖起,辞谒家庙"④。然仅见此一例,亦无具体礼仪记载,这种家庙之礼是否为国家规定礼制内容,则无其他旁证史料。

二、嘉礼

　　上尊号仪:《宋史·礼志》上尊号仪并非单指称帝,而是依据司马光所说的"称颂圣德"的加号的仪式。《金史》载阿骨打袭位勃极烈之次年(1114)十一月,吴乞买等劝阿骨打接受尊号,次年"正月壬申朔,群臣奉上尊号。是日,即皇帝位……于是国号大金,改元收国",又载收国二年"十二月庚申朔,谙班勃极烈吴乞买及群臣上尊号曰大圣皇帝,改明年为天辅元年"⑤。此两者均为称帝,并非"称颂圣德"之加号。金朝最早加尊号者是熙宗,"皇统元年正月二日,太师宗干率百僚上表,请上皇帝尊号,凡三请,诏允。七日,遣上京留守裛告天地社稷,析津尹宗强告太庙。十日,帝服衮冕御元和殿,宗干率百僚恭奉册礼"⑥。此即《礼志》所载"皇统元年正月辛丑朔,高丽、夏遣使来贺。庚戌,群臣上尊号曰崇天体道钦明文武圣德皇帝"⑦。

　　上皇太后、皇太妃册宝仪:《金史·礼志》有册皇太后仪,无册皇太妃仪之礼目。《大金集礼》载天德二年册太皇太后礼,其中有"读册读宝官各一,举册举宝官各二"⑧,这是册皇太后的有力证据。那么金朝有无皇太妃册宝仪?回答是肯定的,因为《金史·礼志》明确记载:"又有太皇太后、皇太后、皇后、皇太妃宝"⑨,有宝,理应有册宝礼。金规定礼仪:"其册命中宫、皇太子、太孙,受外国使贺,宴外国使,皆用宫县。"⑩册命中宫,自然包括后、妃。

---

① 《金史》卷八《世宗纪下》,第181页。
② 《金史》卷三一《礼志四》,第761页。
③ 《金史》卷二八《礼志一》,第693页。
④ 《金史》卷一〇一《承晖传》,第2226页。
⑤ 《金史》卷二《太祖纪》,第26页、第30页。
⑥ 《金史》卷三六《礼志九》,第832页。
⑦ 《金史》卷四《熙宗纪》,第76页。
⑧ 张暐:《大金集礼》卷七《妃》"册太皇太妃",第304页。
⑨ 《金史》卷三一《礼志四》,第765页。
⑩ 《金史》卷三一《礼志四》,第888页。

册立皇后仪:《政和五礼新仪》有纳皇后、册皇后两目,《金史·礼志》"奏告仪"中有纳后、册命[1],当与宋朝相同。

册命皇太子仪:《金史·礼志》亦有册命皇太子的礼目,《大金集礼》卷 8 为册皇太子仪。

册皇太子妃仪:即《政和五礼新仪》册太子纳妃。《金史·礼志》无礼目,然《金史》载:"及显宗为皇太子,大定四年九月,备礼亲迎于贞第。世宗临宴,尽欢而罢。是年十一月,显宗生辰,初封为皇太子妃。"[2]太子纳妃与册妃当是两个礼仪。

公主受封仪:《政和五礼新仪》称册帝姬[3]。《大金集礼》卷 9 有册公主仪。

册命亲王大臣仪:《大金集礼》称册命诸王大臣。金无礼目,然金朝当有此仪节,如宣宗至宁元年九月"辛亥,封皇子守礼为遂王,守纯为濮王"[4],故可视为《金史·礼志》阙载。《大金集礼》卷 9 有册亲王仪。

皇子纳夫人:金无礼目。然金朝皇子成亲纳夫人,自当有相应礼仪。

册内命妇:《金史·礼志》:"内命妇应从入庙者俱斋戒一日"[5],有内命妇之称,自有册命之礼,《金史·礼志》脱漏。《大金国志》有册内命妇仪,是为明证[6]。

文德殿宣制:文德殿是宋朝皇帝主要理政之所,金朝则为大安殿[7]。宣制又称宣麻。《金史·礼志》记载"元日、圣诞上寿仪"之中有"行酒,传宣,立饮,讫,再拜,坐","肆赦仪"中有"尚书省委所司设宣制书位于百官班之北稍东,西向"[8];"册皇太子仪"有"侍中承旨,称'有制',皇太子已下应在位官皆再拜,躬身,侍中宣制曰'册某王为皇太子'"[9]。第一例"传宣"即宣制。可见金朝确有宣制仪节。

圣节:《政和五礼新仪》仅载徽宗天宁节上寿。《金史·礼志》有上寿仪,《大金集礼》卷 23 有圣节一目,记载诸帝生辰节名颇详。

诸庆节:始于宋真宗时期。大中祥符元年,宋真宗以天书降而设天庆节,后又设天贶节、先天节、降圣节、天祯节(仁宗改为天祺节)。徽宗时设天应节、宁贶节、元成节、开基节、天符节,主要是崇道教而设。仪节主要内容是张灯结彩、建道场设醮、断屠宰、臣民宴乐、京师然灯、赐宴。此为宋朝特设,金朝无此节庆。

---

① 《金史》卷三一《礼志四》,第 751 页。
② 《金史》卷六四《显宗孝懿皇后传》,第 1524 页。
③ 徽宗改公主为帝姬,故称册帝姬,实同。
④ 《金史》卷一四《宣宗纪上》,第 302 页。
⑤ 《金史》卷三一《礼志四》,第 759 页。
⑥ 宇文懋昭撰、崔文印校证:《大金国志校证》卷三四《内命妇品》有具体内命妇品秩。北京:中华书局,1986 年。
⑦ 根据不同情况,宣制地点或有不同。如肆赦仪宣制则不在大安殿。
⑧ 《金史》卷三六《礼志九》,第 840 页、第 843 页。
⑨ 《金史》卷三七《礼志十》,第 859 页。

宴飨：《政和五礼新仪》分为春秋大宴饮福大宴、曲宴、上巳重阳赐宴、节日赐饮食诸条目，《金史》除有"曲宴仪"外，载有诸多宴飨记载，尤以元日、圣诞、生子、册立、祭祖、拜天、重阳等为多。如董师中受章宗器重，虽年迈留居京师，"每节辰朝会，召入侍宴，其眷礼如此"①，清楚显示出金朝节庆有宴请。宴飨仪节可见曲宴仪。

游观：金朝帝王游观之事多见于记载，如章宗泰和二年正月"庚申，幸芳苑观灯"②；"宣宗尝以元夕欲观灯戏，命乞奴监作"③，"大定二十七年正月，元夕张灯，琉璃珠璎，翠羽飞仙之类不一，至有一灯金珠为饰者。都人男女盛饰观玩，至十八日而罢"，据称"大金之初，皆不晓元夕张灯。己酉岁，有南僧被掠至其阙，遇上元，以长竿引灯球，表而出之，以为戏。太宗见之，大骇，问左右曰：'得非星邪？'左右以实对。时有南人谋变，事泄而诛，故太宗疑之曰：'是人欲啸聚为乱，剋日时立此以为信耳。'命杀之。后数年至燕，颇识之，至今遂盛"④。其他游幸之事颇多，故当有游观一仪。

赐酺：《金史》赐酺仅见海陵王一例："正隆元年三月二十七日，光英生日，宴百官于神龙殿，赐京师大酺一日。"⑤然《大金国志》又载另一例："大定七年正月，赐酺一日……京邑耆老亦会焉，颁赐各有差。"⑥金朝有赐酺明矣。

巡幸：金朝帝王巡幸事颇多，故当有此仪。

养老：《政和五礼新仪》称养老于太学。金无礼目，亦不见有养老记载。

视学：金朝太学于大定六年始置，史籍记载帝王视学事不多，然并非没有，如"太宗幸学，宗宪与诸生俱谒"⑦，此是曾经视学之明证。当然，皇帝亲自释奠宣圣庙，国子监相关官员及学生列队参与祭祀，就不能算是特意视学了。

赐进士宴：《政和五礼新仪》为闻喜宴，实为一事。金朝未见有此礼仪。

幸秘书省：金无礼目，亦未见记载。

进书仪：《宋史·礼志》详细记载进书仪式过程。金朝亦有进书仪，如熙宗皇统元年十二月癸巳"左丞勖进先朝《实录》三卷，上焚香立受之"⑧；皇统八年"八月戊戌，宗弼进《太祖实录》，上焚香立受之"⑨；世宗大定七年八月"癸丑，尚书右丞相

① 《金史》卷九五《董师中传》，第2115页。
② 《金史》卷一一《章宗纪三》，第258页。
③ 《金史》卷一三一《宦者传》，第2809页。
④ 宇文懋昭撰、崔文印校证：《大金国志校证》卷一八《世宗皇帝下》，第250页。
⑤ 《金史》卷八二《海陵诸子传》，第1853页。
⑥ 宇文懋昭撰、崔文印校证：《大金国志校证》卷一六《世宗皇帝上》，第227页。
⑦ 《金史》卷七〇《宗宪传》，第1615页。
⑧ 《金史》卷四《熙宗纪》，第78页。
⑨ 《金史》卷四《熙宗纪》，第84页。

监修国史纥石烈良弼进《太宗实录》,上立受之"①;大定十一年十月"丙寅,尚书左丞相纥石烈良弼进《睿宗实录》"②;章宗明昌四年八月"辛亥,国史院进《世宗实录》,上服袍带,御仁政殿,降座,立受之"③;泰和三年十月"庚申,尚书左丞完颜匡等进《世宗实录》。上降座,立受之"④。凡此诸例⑤,虽进书仪式不甚详悉,仅可见降座、焚香、立受诸仪,显然比宋朝简单得多,然金朝有进书仪则是可以肯定的。

大射礼:《政和五礼新仪》称宴射。射礼是汉制,古已有之。金朝为少数民族建立的政权,金之射柳宴饮带有少数民族礼仪色彩,不尽与汉制相同,另当详述。

乡饮酒礼:乡饮酒礼亦古之遗存,《金史》仅载张彀"改泰定军节度判官,率儒士行乡饮酒礼"⑥。然笔者以为,一个泰定军节度判官举行此礼却载入正史,大概金朝为不常举行之礼,或非国家礼制规定,否则史书不必记载。

赐脤膰:此为《政和五礼新仪》所载礼目,为皇帝亲祠之后一项礼仪。赐脤膰即赐胙。金朝载南北郊终献完毕后,"奉礼郎赞曰'赐胙'"⑦;在完成宗庙、禘祫之礼后,"礼直官曰'赐胙',赞者承传曰'赐胙,再拜',在位者皆再拜"⑧;祭祀岳镇海渎初献完毕后,有"饮福、受胙者不拜"⑨的记载,显然金朝确有汉制赐脤膰之仪。

冠笄礼:《宋史·礼志》有皇太子冠礼(皇子附)、公主笄礼,《政和五礼新仪》分为皇太子冠仪、皇子冠仪、品官嫡子冠、品官庶子冠、庶人嫡子冠、庶人庶子冠。今存之《金史·礼志》及《大金集礼》无太子、公主冠笄礼仪,也未载品官庶人子弟冠仪,当为脱漏或亡佚。《金史》记载大致可看出金朝实行冠笄礼。如金初名臣宗翰之弟宗宪"兼通契丹、汉字。未冠,从宗翰伐宋,汴京破,众人争趋府库取财物,宗宪独载图书以归"⑩;"施宜生字明望,邵武人也。博闻强记,未冠,由乡贡入太学"⑪;夹谷谢奴"通女直、契丹大小字及汉字。既冠,随其父见太祖,命佩金牌,总领左翼护卫"⑫;天会中,"(贾)少冲甫冠,代其叔行,虽行伍间,未尝释卷"⑬;王去非"一女

① 《金史》卷六《世宗纪上》,第139页。
② 《金史》卷六《世宗纪上》,第150页。
③ 《金史》卷一〇《章宗纪二》,第230页。
④ 《金史》卷一一《章宗纪三》,第261页。
⑤ 《金史》还记载《章宗实录》、《宣宗实录》等书,但未记载具体礼仪。
⑥ 《金史》卷一二八《张彀传》,第2770页。
⑦ 《金史》卷二八《礼志一》"仪注",第707页。
⑧ 《金史》卷三〇《礼志三》"时享",第747页。
⑨ 《金史》卷三四《礼志七》,第812页。
⑩ 《金史》卷七〇《宗宪传》,第1615页。
⑪ 《金史》卷七九《施宜生传》,第1786页。
⑫ 《金史》卷八一《夹谷谢奴传》,第1817页。
⑬ 《金史》卷九〇《贾少冲传》,第2000页。

及笄,去非为办资装嫁之"①。从这些记载来看,显然金朝有冠笄礼,然是否与汉制三加之制相同,则不得而知。

婚礼:《宋史·礼志》载公主下降仪、亲王纳妃、品官婚礼、士庶人婚礼 4 项,《政和五礼新仪》除称帝姬外,其他大致同此,然又多皇子纳夫人一项。《金史·礼志》《政和五礼新仪》均失载婚礼礼目。婚礼自是人生必经之礼仪,金朝自然不会没有,只是失载而已。问题是金朝实行的是何种婚礼。汉制婚礼有六礼:纳采、问名、纳吉、纳徵、请期、亲迎。《金史》记载至少有其中三种:"大定二十三年,章宗为金源郡王,行纳采礼"②,"明日,徒单公弼尚息国公主纳币,赐六品以上宴于庆和殿"③,世宗子允恭大定"四年九月,纳妃徒单氏,行亲迎礼"④。这里的纳采、纳币(纳徵)、亲迎,显然可见女真贵族受汉制婚礼的影响。当然,《金史》记载的是皇亲国戚之婚礼,自然品官、士庶也会有相应礼仪。惜史无明载,不知品官、士庶婚礼具体礼仪究竟如何。然有条史料甚可关注:《大金国志》有"官民婚聘财礼仪"⑤一条,具体规定了从一品官到中下户百姓的婚聘数量限止,显然出金朝仍然对士庶婚礼有所规范。

三、宾礼

大朝会仪:"宋承前代之制,以元日、五月朔、冬至行大朝会之礼。"⑥金亦有大朝会:"其隶太常者,即郊庙、祀享、大宴、大朝会宫县二舞是也"⑦;"凡遇大礼、大朝会,则有内外立仗"⑧,显然金朝有大朝会之礼仪。

月朔视朝:此载于《政和五礼新仪》。《金史》载:章宗承安三年十二月"辛亥,诏诸亲王、公主每岁寒食、十月朔听朝谒兴、裕二陵,忌辰亦如之"⑨,"每月朔朝,则先集是月秩满者为簿,名曰阙本,及行止簿、贴黄簿、并官制同进呈,御览毕则受而藏之"⑩。《大金集礼》卷 40 有朔望仪。

常朝仪:《金史》:宣宗时曾"以时暑,免常朝"⑪,《大金集礼》卷 40 有常朝仪,

---

① 《金史》卷一二七《隐逸传》,第 2749 页。
② 《金史》卷六四《章宗钦怀皇后传》,第 1526 页。
③ 《金史》卷九二《徒单克宁传》,第 2050 页。
④ 《金史》卷一九《世纪补》,第 411 页。
⑤ 宇文懋昭撰、崔文印校证:《大金国志校证》卷三九《杂色仪制》,第 501 页。
⑥ 《宋史》卷一一六《礼志十九》,第 2743 页。
⑦ 《金史》卷三九《乐志上》,第 881 页。
⑧ 《金史》卷四一《仪卫志上》,第 922 页。
⑨ 《金史》卷一一《章宗纪三》,第 262 页。
⑩ 《金史》卷五五《百官志》,第 1218 页。
⑪ 《金史》卷一六《宣宗纪下》,第 352 页。

称"天眷二年五月十三日,详定内外制度仪式所定到常朝及朔望仪式下项,勅旨准奏"①。此即《金史·礼志》所载:"天眷二年五月,详定常朝及朔、望仪,准前代制,以朔日、六日、十一日、十五日、二十一日、二十六日为六参日。后又定制,以朔、望日为朝参,余日为常朝。"②"准前代制"说明是依据唐宋规定。

入阁仪:据《宋史·礼志》:"唐制:天子日御正衙以见群臣,必立仗。朔望荐食陵寝,不能临前殿,则御便殿,乃自正衙唤仗由宣政两门而入,是谓东、西上阁门,群臣俟于正衙者因随以入,故谓之入阁。五代以来,正衙既废,而入阁亦希阔不讲,宋复行之。"③显然此仪亦是时行时断。《政和五礼新仪》有紫宸殿望参、垂拱殿四参、紫宸殿日参、垂拱殿日参、崇政殿再坐、崇政殿假日起居诸礼目,大致说来,紫宸殿、崇政殿、垂拱殿为宋代皇帝最为重要的日常朝参听政之处,群臣进入自有入阁仪。金朝当然也有日常朝参听政之处,紫宸殿是其中之一,因此也有入阁仪。《金史·礼志》"常朝仪卫"云:"皇帝出阁则分立合阁之外,导引至殿,皇帝升座则降阶以俟,入阁然后放仗。"④尽管金朝没有那么多区分,但有入阁仪却是可以肯定的,"常朝仪"条考证可以参考。

明堂听政仪:金朝无明堂,故无明堂听政仪。

御楼肆赦仪:《金史·礼志》亦有肆赦仪,《大金集礼》卷24有御楼宣肆,故其实质相同。

皇太子正至受贺仪:《金史·礼志》称皇太子元正冬至受朝臣贺,宋金皇太子元正所受贺词相同,为"元正首祚",其仪式过程大致相同。然未见冬至受贺仪。

皇太子与百官师保相见仪:《政和五礼新仪》为皇太子与师傅保相见仪。《金史·礼志》有皇太子与百官相见仪,但无宋朝相见时行乐的记载。又,《大金集礼》有"大定二十三年十二月二十一日准奏,皇太子三日一次于承华殿尚书省启事(原注:续奉圣旨,只于集贤殿视政。),皇太子见宰执、师少,并用已定仪礼。"⑤金朝设太子太师、太子太傅、太子太保,正二品;太子少师、太子少傅、太子少保,正三品⑥。皇太子既有师傅,自当有此仪,是否与宋相同则不得而知。

朝仪班序:即合班之制,是确定官员朝会、晋见排位先后重要仪式。《大金集礼》卷31有班序:"天眷二年五月十三日,奏定朝参仪式内,亲王、宗室已命官者,年十六以上,并赴起居。宗室随文武官班,亲王班退,即引文武百寮以次入,并见谢辞

---

① 张暐:《大金集礼》卷四〇《朔望常朝仪》,第368页。

② 《金史》卷三六《礼志九》,第840—841页。

③ 《宋史》卷一一七《礼志二十》,第2765页。

④ 《金史》卷四一《仪卫志上》"常朝仪卫",第928页。

⑤ 张暐:《大金集礼》卷八《守国仪》,第312页。

⑥ 宇文懋昭撰、崔文印校证:《大金国志校证》卷三三《宫师府》也载太子师傅官名。

等班列。"①不班序可以确认,然班序情况是否与宋相同,亦无史料明证。

百官转对:金无礼目。《金史》载承安四年二月"壬申,谕有司,自三月一日为始,每旬三品至五品官各一人转对,六品亦以次对。台谏勿与,有应奏事,与转对官相见,无面对者上章亦听。"②

百官相见仪制:金无礼目,然史有明文:世宗"大定二年十一月九日,拟到百官并宫官相见仪,勅旨准奏"③。章宗大定二十九年十一月(已继位,未改元),"御史台奏:'故事,台官不得与人相见。盖为亲王、宰执、形势之家,恐有私徇。然无以访知民间利病、官吏善恶。'诏自今许与四品以下官相见,三品以上如故"④。此"故事"当为已有成例,即之前有官员相见之规定。某些具体仪式,如张行简奏称"今尚书省宰执上日,分六品以下别为一班揖贺,宰执坐答揖,左右司郎中五品官廷揖,亦坐答之……伏请宰执上日令三品以下官同班贺,宰执起立,依见三品官仪式通答揖","下尚书省议,遂用之。宰执上日,三品以下群官通班贺,起立答拜,自此始"⑤。此亦可见原有相见礼仪及改变后情况。

录周后、录先圣后:宋承后周,故立周后,金朝无此仪自当必然。金朝除录孔子后裔外,未见录其他先圣后裔。

群臣朝使宴饯:据《宋史·礼志》载:"太祖、太宗朝,藩镇牧伯,沿五代旧制,入觐及被召、使回,客省赍籨赐酒食","群臣出使回朝,见日,面赐酒食……群臣贺,赐衣;奉慰,并特赐茶酒,或赐食。外任遣人进奉,亦赐酒食,或生料。自十月一日后尽正月,每五日起居,百官皆赐茶酒,诸军分校三日一赐。冬至、二社、重阳、寒食,枢密近臣、禁军大校或赐宴其第及府署中,率以为常"⑥。《金史》载大臣作"藩镇牧伯"赐宴记载甚少,但并非没有,如"时左丞相夹谷清臣北御边,措画乖方,属边事急,命(夹谷)襄代将其众,佩金牌,便宜从事。临宴慰遣,赐以貂裘、鞍山、细铠及战马二"⑦;"会(李)愈迁同知西京留守,过阙复上言,以为'前表傥可采,乞断自宸衷',上纳用焉。自是,命五年一宴赐,人以为便"⑧。《大金国志》有一条资料甚为重要:大定五年,"元帅仆散忠义、副元帅纥石烈志宁来朝,国主宴之于正隆殿,赐金帛有差"⑨。显然,驻外重要将领回到国都,皇帝会设宴款待的。至于节日赐宴,

① 张暐:《大金集礼》卷三一《班序》,第351页。
② 《金史》卷一一《章宗纪三》,第249页。
③ 张暐:《大金集礼》卷八《杂录》,第313页。
④ 《金史》卷九《章宗纪一》,第212—213页。
⑤ 《金史》卷一〇六《张暐传附张行简传》,第2330—2331页。
⑥ 《宋史》卷一一九《礼志二十二》,第2800—2801页。
⑦ 《金史》卷九四《夹谷清臣传附襄传》,第2088页。
⑧ 《金史》卷九六《李愈传》,第3129页。
⑨ 宇文懋昭撰、崔文印校证:《大金国志校证》卷一六《世宗皇帝上》,第226页。

实是不胜其多。

朝臣时节馈廪：按《宋史·礼志》记载是大臣生日、或于元正、立春、冬至、寒食、重阳、三伏等节按官衔等级赐物，有羊、酒、米、面、时物等。金朝未见时节馈廪之事。

外国君长来朝、契丹夏国使副见辞仪、金国使副见辞仪、诸国朝贡：《政和五礼新仪》分为蕃国主来朝、紫宸殿大辽使朝见、紫宸殿正旦宴大辽使、紫宸殿大辽使朝辞、崇政殿假日大辽使朝见、崇政殿假日大辽使朝辞、高丽国进奉使见辞、夏国进奉使见辞、海外进奉蕃客见辞、交州进奉使见、宜州西南蕃黎州等处进奉人见辞等11项，而《金史·礼志》仅见外国使人见仪、朝辞仪和新定夏使仪注3项。金朝有宋、夏、高丽等使节往来，故朝贡仪、宴外国使等礼仪当会存在。金熙宗时天会十三年"十二月癸亥，始定齐、高丽、夏朝贺、赐宴、朝辞仪"①。显然，金朝与诸国交往之礼仪亦甚为齐备②。

群臣上表仪：天德二年册唐殷国妃、岐国太妃礼毕，"文武百僚以次出。皇太后常服乘舆，各还本宫，引导如来仪。文武百僚诣东上阁门拜表贺皇帝，退"③。《金史》记载拜表甚多，此不赘引。

宰臣赴上仪：《开元礼》称任官初上相见之仪。宋制则明确指宰相、亲王、使相及牧守赴官衙、属官奉迎之仪节。金朝未见记载。然既是官衙长贰履职，属下自然会有一种礼仪奉迎，只是史失载尔。

朝省集议班位：此为集议班位。《金史》记载集议事亦不少：如大定七年"因以有益贫穷猛安人数事，诏左司郎中粘割斡特剌使书之，百官集议于尚书省"④；正大二年八月"上以军民不和、吏员奸弊，诏四品以下、六品以上集议于尚书省，各述所见以闻"⑤。既召不同品位之官员集议，当然有一定之班位秩序，然未见其班序究竟如何。

臣僚上马之制：即臣僚御路上马之制，指臣僚上朝下朝及赴诸府衙的礼仪规定。金朝未见有此礼仪。

臣僚呵引之制：即武臣出节呵引之制，指节度使、节度观察留后、观察使、防御使、诸州刺史、诸卫将军等武臣出行威仪呵引开道之制。金朝未见此仪。然有国都呵引回避的记载："中都警巡使张子衍与邦基姻家，子衍道中遇皇太子卫仗，立马市门不去伞，卫士诃之，子衍以鞭鞭卫士诃己者。御史台劾奏子衍，邦基见台官为子

---

① 《金史》卷四《熙宗纪》，第70页。
② 这里仅从整体讲与国外交往之礼，不考虑宋与沙洲、海外进贡番客之类特殊交往之礼。
③ 《金史》卷三七《礼志十》，第857页。
④ 《金史》卷八八《唐括安礼传》，第1964页。
⑤ 《金史》卷九《章宗本纪一》，第223页。

衍求解，及入见显宗，求脱子衍罪。诏削子衍官两阶。邦基坐削官一阶，出为同知西京留守事"①，这是明显一例。

群臣听御札批答：此出于《政和五礼新仪》。此仪大致是宰相及百官立班讫，"知东上阁门官于班前西向立，宣曰'有制。'王公以下再拜。宣讫，捧箱近前。宰相至执政官展请，讫。引赞官捧御札或批答于东上阁门阶上，南向立，搢笏，宣读，讫，降阶，西向立。三公以下再拜，搢笏，舞蹈，再拜退"②。金朝有类似礼仪。据《大金集礼》载皇统五年二月二日施用新宝诏，称"施用新宝仪注，系降御札"，"其日，百官公服于常朝殿门外祗候立班……阁门使唱曰：'御札。'百官再拜。阁门使搢笏，就箱中取御札以授宣读官。宣读官搢笏读毕，百官皆再拜"③。

四、军礼

祃祭：《政和五礼新仪》有命将出征仪，然金朝未见此仪。

阅武：《金史》载"又以亲卫马军，旧时所选未精，必加阅试"④，"凡镇防军，每年试射，射若有出众，上等赏银四两，特异众者赏十两银马盂"⑤，显然都是阅武之谓。《大金国志》载："大定十年正月，祀南郊。望日，大射于燕山之北，大阅兵师，五日而罢。"⑥这段史料充分说明金朝有阅武之仪。

受降、献俘：《宋史·礼志》合并述之，《政和五礼新仪》称皇帝御楼受蕃王降仪。《金史·礼志》载"天会六年(1128)，以宋二帝见太祖庙"⑦，此即金朝有献俘仪，然不知其仪究竟如何。

田猎：《金史·礼志》有田猎礼目。金朝帝王田猎记载颇多，此不赘。

打球：金朝一直有球类活动来习武强体，金世宗大定八年四月"戊申，击球常武殿，司天马贵中谏曰：'陛下为天下主，系社稷之重，又春秋高，围猎击球危事也，宜悉罢之。'上曰：'朕以示习武耳。'"⑧值得注意的是，金朝击球往往在射柳之后，此袭辽礼而来。然金击球为习武则无可怀疑。

救日伐鼓：《政和五礼新仪》称命朔伐鼓。金朝亦有此仪式：大定"二年正月戊辰朔，日食，伐鼓用币，上不视朝，减膳彻乐"⑨，又称"世宗大定二年正月戊辰朔，日

---

① 《金史》卷九《杨邦基传》，第　页。
② 郑居中：《政和五礼新仪》卷一四七《群臣听御札批答仪》，第 668 页。
③ 张暐：《大金集礼》卷三〇《舆服下》，第 347 页。
④ 《金史》卷四四《兵志》，第 1000 页。
⑤ 《金史》卷四四《兵志》，第 1007 页。
⑥ 宇文懋昭撰、崔文印校证：《大金国志校证》卷一七《世宗皇帝中》，第 236 页。
⑦ 《金史》卷三〇《礼志三》，第 727 页。
⑧ 《金史》卷六《世宗纪上》，第 141—142 页。
⑨ 《金史》卷七四《宗望传附宗京传》，第 1708 页。

食,伐鼓用币,命寿王京代拜行礼。为制,凡遇日月亏食,禁酒、乐、屠宰一日”①。

贺胜捷:此为《政和五礼新仪》所载。金朝也有贺捷之礼:宣宗兴定五年“十一月癸未,陕西东路行省报安塞堡败夏人之捷……壬辰,太子、亲王、百官表贺安塞堡之捷”②,故金朝贺捷之礼可以确认。

五、凶礼

山陵:金无礼目,然金朝当然有山陵之仪。《金史》明确记载海陵王贞元三年“十一月乙巳朔,梓宫发丕承殿。戊申,山陵礼成”③。另外,《大金国志》卷33有《陵庙制度》一目,可参见。金有此礼仪当无可疑。

忌辰群臣进名奉慰:此《政和五礼新仪》礼目。金朝帝王忌日有祭拜、废务、禁屠等礼仪,未见进名奉慰礼仪。然大臣卒却有之,史称章宗泰和三年“七月壬申,朝献于衍庆宫。乙亥,定大臣薨百官奉慰礼”④。此为大臣死后的奉慰礼。实际上,帝后去世及忌日亦有奉慰礼,大定二十一年二月“戊子,妃以疾薨。诏允成、允蹈、允济、允德皆服衰经居丧。己丑,皇太子及扈从臣僚,奉慰于芳明殿。辛卯,留守官平章政事唐括安礼、曹王允功等上表奉慰”⑤。

忌辰群臣诣景灵宫:此亦《政和五礼新仪》礼目。《宋史·礼志》称:“神御殿,古原庙也,以奉安先朝之御容……太祖神御之殿七:太平兴国寺开元殿、景灵宫”⑥云云。金亦有奉安御容之所,称衍庆宫事,两者性质相同。《金史》载世宗大定三年“十月一日,摄太尉特进平章政事兼太子太师定国公臣完颜宗宪率百官赴衍庆宫行礼”⑦,十七年正月“戊申,诏于衍庆宫圣武殿西建世祖神御殿,东建太宗、睿宗神御殿”⑧。

园陵:《政和五礼新仪》称诸陵。《金史》载哀宗正大八年“九月丙申,慈圣宫皇太后温敦氏崩,遗诰园陵制度务从俭约”⑨。金有升祔、奉安、奉迁、封祀、请谥、营修庙寝诸事,均有“奏告”,显然是吉礼。《大金集礼》“皇后卤簿”注有“并具园陵门”⑩,然现存《大金集礼》并不分门,“园陵”内容亦不见存,显然已经亡佚。

① 《金史》卷二〇《天文志》,第421页。
② 《金史》卷一六《宣宗纪下》,第359页。
③ 《金史》卷五《海陵王纪》,第105页。
④ 《金史》卷一一《章宗纪三》,第261页。
⑤ 《金史》卷六四《元妃李氏传》,第1523页。
⑥ 《宋史》卷一〇九《礼志十二》,第2624—2625页。
⑦ 《金史》卷三二《礼志五》,第781页。
⑧ 《金史》卷七《世宗纪中》,第166页。
⑨ 《金史》卷一七《哀宗纪上》,第383页。
⑩ 张暐:《大金集礼》卷二八《仪杖下》,第343页。

濮安懿王园庙、秀安僖王园庙：濮安懿王为英宗生父、秀安僖王为孝宗生父，都因子入继登帝位而被封，特置园庙。金无入继为帝事，故无此礼。

庄文景献二太子攒所：庄文太子为孝宗之子，景献太子是宁宗之子，攒所即临时殡葬之所。《金史》载宣宗至宁三年一月"乙酉，皇太子薨。二月……壬辰，上临奠皇太子殡所"①。乙酉至壬辰凡 8 天，当非正式安葬，故此殡所亦为临时安厝之所。还有更为明确的太子厝所例。大定二十五年六月庚申，皇太子允恭薨，时世宗在上京，虽下令遣使诣京师致祭皇太子，"命皇太子妃及诸皇孙执丧。并用汉仪"，然直到九月己酉世宗才返回上京，"是日，上临奠宣孝皇太子于熙春园"②，显然，熙春园当为太子厝所无疑。

上陵：《金史》载诸帝上陵事甚多，不胜枚举。兹仅举一例："帝（世宗太子允恭）事世宗，凡巡幸西京、凉陉，及上陵、祭庙、谒衍庆宫，田猎观稼，拜天射柳，未尝去左右。"③

忌日（群臣私忌附）：《宋史·礼志》载："唐初始著罢乐、废务及行香、修斋之文。其后，又朔望停朝，令天下上州皆准式行香。天祐初，始令百官诣阁奉慰。"④金朝于先帝、后忌日，有禁屠、禁乐、废务诸事，如皇统元年"七月癸卯，以景宣皇帝忌辰，命尚食彻肉"⑤。章宗明昌"三年春正月乙巳朔，以皇太后丧，不受朝。丙辰，以孝懿皇后小祥，尚书省请依明昌元年世宗忌辰例，诸王陪位，服惨紫，去金玉之饰，百官不视事，禁音乐屠宰。从之"⑥。至于群臣私忌，史亦有明证。章宗明昌元年三月丁丑，"制内外官并诸局承应人，遇祖父母、父母忌日并给假一日"⑦，可见宋金忌日并无多大差异。

外国丧礼及入吊仪：《政和五礼新仪》称讣奏。此仪分为诸国帝王（后妃）去世遣使告哀仪、向诸国通报金朝帝王（后妃）去世及诸国使入吊金朝去世帝王（后妃）仪。《金史》记载讣奏事颇多，如诸国君王去世通报金朝之事，海陵王正隆四年"十二月乙卯，宋遣使告母韦氏哀"⑧；章宗明昌二年十一月"庚寅，夏国嗣子李纯佑遣使来讣告"⑨；哀宗正大"三年十月，夏人告哀，遣中大夫完颜履信为吊祭使"⑩。金

① 《金史》卷一四《宣宗纪上》，第 306 页。
② 《金史》卷八《世宗纪下》，第 189—190 页。
③ 《金史》卷一九《世纪补》，第 415 页。
④ 《宋史》卷一二三《礼志二十六》，第 2888 页。
⑤ 《金史》卷四《熙宗纪》，第 77 页。
⑥ 《金史》卷九《章宗纪一》，第 220 页。
⑦ 《金史》卷九《章宗纪一》，第 214 页。
⑧ 《金史》卷五《海陵本纪》，第 110 页。
⑨ 《金史》卷一〇《章宗纪二》，第 230 页。
⑩ 《金史》卷三八《礼志十一》，第 870 页。

遣使向诸国告哀例,如天会"十三年正月己巳,太宗崩。庚午,即皇帝位。甲戌,诏中外……癸酉,遣使告哀于齐、高丽、夏及报即位,仍诏齐自今称臣勿称子"①。诸国遣使赴金吊丧例,张暐子行简"章宗即位,转修撰,进读陈言文字,摄太常博士。夏国遣使陈慰,欲致祭大行灵殿。行简曰:'彼陈慰非专祭,不可。'廷议遣使横赐高丽,'比遣使报哀,彼以细故邀阻,且出嫚言,俟移问还报,横赐未晚。'"②至宁元年"九月,宣宗即位,边吏奏:'高丽牒称,嗣子未起复,不可以凶服迎吉诏,又不可以草土名衔署表。'礼官议:'人臣不以私恩废公义,宜权用吉服迎诏,署表用权国事名衔。俟高丽告哀使至阙,然后遣使致祭、慰问及行封册。'制可。"③

诸臣丧葬等仪:据《宋史·礼志》记载有皇帝问疾、车驾临奠、辍朝之制、举哀挂服、辍乐、赙赠、诏葬、追封册命、定谥诸项内容。《政和五礼新仪》分为临奠吊丧、品官丧仪,实与之同。临奠吊丧包括皇帝临奠诸王以下丧、皇帝遣使吊诸王以下丧、皇帝遣使奠诸王以下丧和皇帝遣百僚会丧4类。品官丧仪包括初终、小敛、大敛、成服、吊赙、启殡、葬、祭后土、虞、小祥、大祥、禫、祔、闻丧、奔丧、三殇、改葬诸内容。笔者在《金史》中查到成服、吊赙、小祥、大祥、禫、祔、改葬这几个关键环节,尽管丧仪或与宋朝有所不同,但这些环节可证实金朝所行是汉制丧仪。《大金集礼》卷32为辍朝,记载因大臣丧而辍朝、废务、临奠、赠赙、禁乐、百官祭奠等项,除未载具体的品官丧仪外,其余内容也与《宋史·礼志》《大金集礼》差不多。兹举《金史》数例以证之。世宗"大定十九年十一月七日,改葬昭德皇后。前后各一日不视朝、废务。自来凡遇妃主、大臣薨逝及出葬,并辍朝、废务"④。此虽是改变原来规定,然可见金朝曾长期实行的大臣丧而辍朝、废务规定。金朝大臣丧,车驾临奠事不少。如海陵王"正隆六年,思忠薨,年七十三。海陵深悼惜之,亲临奠,赙赠加等,赐金螭头车,使者监护,给道路费"⑤。"赙赠加等"说明当时大臣丧后赙赠有一定之规,然海陵王因思耨盌温敦思忠之功而予以增加。仆散揆于章宗"泰和七年二月,薨。讣闻,上哀悼之,辍朝,遣使迎丧殡于都城之北。百官会吊,车驾临奠哭之,赙银一千五百两、重币五十端、绢五百疋,其葬祭物皆从官给。谥曰武肃"⑥。

士庶人丧:《政和五礼新仪》称庶人丧仪。此为对士庶丧后之规定。《金史·礼志》、《大金集礼》未见具体规定,然《金史》有贫无葬地者国家予以安葬之事。

赈抚:此见于《政和五礼新仪》,记载各地因水旱虫灾等赈济的集众宣诏仪式。

---

① 《金史》卷四《熙宗纪》,第70页。
② 《金史》卷一〇六《张暐传附行简传》,第2329页。
③ 《金史》卷一三五《外国传下》,第2888页。
④ 张暐:《大金集礼》卷三二《辍朝》,第353页。
⑤ 《金史》卷八四《耨盌温敦思忠传》,第1883页。
⑥ 《金史》卷九二《仆散揆传》,第2070—2071页。

按一般情况分析，赈济表示皇恩浩荡，当有集众宣诏事。然《金史》虽有众多赈济事，但无集众宣诏记载。兹阙疑。

问疾：此亦见于《政和五礼新仪》，记皇帝遣使问诸王（帝姬）以下疾、中宫遣使问诸王（帝姬）以下疾、东宫遣使问诸王（帝姬）以下疾。问疾亦称视疾，《金史》记载颇多。章宗明昌二年十二月"甲辰，幸太傅徒单克宁第视疾"[1]；泰和二年"四月庚辰，幸升国长公主第问疾"[2]；四年正月"庚午，幸豫王永成第视疾"[3]。

服纪：服纪即丧服制度。《宋史·礼志》载服丧各种期限、夺情之制、公除与祭、杖期降服之制等项内容。而《政和五礼新仪》自中宫为诸王以下丧举哀到东宫妃为祖父母丧成服共 8 项，均为中宫或东宫妃服纪之事，显然并非服纪全部。金朝世宗时有明确服制记载：大定十九年十月"辛亥，制知情服内成亲者，虽自首仍依律坐之"[4]，此"服"即服丧之意，这一服制是汉制而非女真之制。大定八年"二月甲午朔，制子为改嫁母服丧三年"[5]，大定二十五年"六月甲寅，帝（世宗子允恭）不豫。庚申，崩于承华殿……诏妃徒单氏及诸皇孙丧服并如汉制"[6]。这些记载明确说是用汉制。汉制的服纪名称亦见于《金史》所载，世宗大定年间规定贵戚乘舆之制："皇家小功以上、太皇太后皇太后大功以上、皇后期亲以上、并一品官、及官职俱至三品以上者，障泥许用金花"[7]；大定二十五年四月"丁丑，宴宗室、宗妇于皇武殿，大功亲赐官三阶，小功二阶，缌麻一阶，年高属近者加宣武将军"[8]，这里的大功、小功、缌麻、期亲，均为汉制服纪的名称。

六、结论

经过上述逐条考释，我们先进行数量统计：《金史·礼志》《大金集礼》与《宋史·礼志》《政和五礼新仪》礼目相比，吉礼部分缺祈谷、感生帝、明堂、籍田（藉田）、先蚕、先农、亲蚕、阳德观、司中司命司民司禄（金有司命之祭）、马祖先牧马社马步、醮神、封禅、天书九鼎、皇太子释奠文宣王、群臣家庙（金仅一例）14 项。嘉礼部分缺高宗内禅、诸庆节、养老（养老于太学）、赐进士宴（闻喜宴）、幸秘书省、大射仪、乡饮酒礼（金仅一例）6 项。宾礼部分缺明堂听政仪、录周后、录先圣后、朝臣时节馈廪等、臣僚上马之制、臣僚呵引之制 6 项。军礼部分缺祃祭（命将出征）1 项。凶礼

① 《金史》卷九《章宗纪一》，第 216 页。
② 《金史》卷一一《章宗纪三》，第 258 页。
③ 《金史》卷一二《章宗纪四》，第 267 页。
④ 《金史》卷七《世宗纪中》，第 174 页。
⑤ 《金史》卷六《世宗纪上》，第 141 页。
⑥ 《金史》卷一九《世纪补》，第 415 页。
⑦ 《金史》卷四三《舆服志上》，第 974 页。
⑧ 《金史》卷八《世宗纪下》，第 188—189 页。

缺濮安懿王园庙、秀安僖王园庙、忌辰群臣进名奉慰、士庶人丧礼（庶人丧仪）、赈抚5项。《宋史·礼志》《政和五礼新仪》礼目共有226项，《金史·礼志》和《大金集礼》共缺33项，占14.60％①。如果扣除宋朝特有或诸朝不太常用的礼仪，如封禅、天书九鼎、高宗内禅、录周后、濮安懿王园庙、秀安僖王园庙之类礼目，那么所缺比例将会低得多②。

从上述逐条考证与统计可得出以下几点结论：

其一，《宋史·礼志》《政和五礼新仪》所载之礼仪，金朝大致都有实施过。即使不考虑金朝文献亡佚缺失，仍能说明金朝礼目与宋朝礼目差异甚少③。换句话说，宋代所行礼仪，在金朝大多都实施过了。且《金史·礼志》礼目排序与《宋史·礼志》基本相同。《金史·礼志》之所以没有这些礼目，除脱漏原因外，元人修史时故意不撰述也是重要原因。

其二，金朝模仿或说移植汉制礼仪始于太宗时期，但君主缺乏主动性④，而主动移植汉制当始于熙宗朝⑤，如上尊号、朝参仪、忌日禁忌、进书仪、用宝仪之类，但毕竟所行汉制礼仪不多。金朝大规模制订汉制礼仪应该说从海陵王开始，《金史·乐志上》提到的《贞元仪》便是当时制订礼仪的成果，《大金集礼》是在其基础上改易修订的⑥。世宗、章宗两朝则按照汉制礼典而集大成，他们大规模地改易相关礼仪，尽可能按照唐宋礼典实施，因此，金朝实施汉制五礼当得益于世、章两宗。即使说金朝某些礼仪与宋制有所不同，这也不奇怪，因为即使在宋朝，各个皇帝所行礼仪也有很大区别的。

其三，金朝吉礼中与农业有关者均无礼目，如祈谷、籍田、先农、亲蚕、先蚕，这或与金朝建立者为渔猎民族有关。宋有明堂礼仪，金朝也未见记载。然从"卷二四随朝拜历日诏"、"外路迎拜历日诏"诸条有关颁历的礼目来看，透露出与明堂相关的信息，也反映出金朝对农业方面的某些礼仪细节。又如上所列举的太祖即位"陈耕具"、《金史》中有还有许多皇帝"观稼"事例，亦可看成金朝入主中原后，逐渐重视农业生产的证据。

---

① 此还不排除金朝有祭司命、乡饮酒礼等有少量例证的礼目。

② 扣除此6项，为11.95％。若将唐宋礼目相比较，也不会少于这一比例。

③ 其实，《宋史·礼志》与《政和五礼新仪》礼目也不尽相同。这些不同，也可说是各朝各代的礼仪变化。

④ 金朝初诸多礼仪为汉臣建议而设，如最为重要的祭太庙之祀，金世之初亦无之。据《大金国志》卷三三《陵庙制度》载"金国不设宗庙，祭祀不修。自平辽后，所用宰执大臣多汉人，往往告以天子之孝在乎尊祖，尊祖之事在乎建宗庙。若七世之庙未修，四时之祭未举，有天下者可不念哉。金主方开悟，遂立太庙。追海陵王徙燕，再起太庙，标名曰衍庆之宫，奉安太祖、太宗、德宗"。第473—474页。

⑤ 熙宗朝有详定内外制度仪式所，见《大金集礼》卷四〇《朔望朝参仪》。据《金史》卷八三《张浩传》："天眷二年，详定内外仪式"，故可断定该详定内外仪式所置于天眷二年。第1862页。

⑥ 据笔者统计，今存《大金集礼》提及《贞元仪》达27处，这也说明《贞元仪》已有相当规模。

其四，一些应该具有的皇朝礼仪，金朝阙而不载，当是史料缺佚所致。如官吏、士庶婚礼、冠笄礼、朝臣时节馈廪、士庶人丧礼，这当是每个王朝都应当有的，但在《金史·礼志》《大金集礼》中均未记载，其实应该是有这些礼仪的①。

其五，宋朝特有礼仪如祭祀天书九鼎、高宗内禅仪、录周后、濮安懿王园庙、秀安僖王园庙等等，金朝自然不会设立此类礼目，其情可愿。

其六，可能是由于金朝特殊的地理位置而不设的礼仪。宋开冰祭司寒，可能是因为国都开封之夏需要以冰驱暑，而金朝有五京，海陵王之前的皇帝都居住于上京，海陵后诸帝虽居住于燕京，但常在夏天出关避暑、巡视，似无必要藏冰，故不祭司寒亦可理解。至于宋朝诸神祠所载一些神祠，与地方性有关，故金朝亦不可能有宋代地方性礼仪②。

综而言之，金朝绝大多数礼仪都与宋朝相同或相似③，且五礼俱全，因此笔者以为金朝实行的应该是汉制的五礼制度。实际上，由于元修《金史》取舍不依五礼秩序，加之《大金集礼》亡佚颇多，因而被人误以为没有实行五礼制度④。

原载于《史学集刊》2018 年第 4 期

---

① 据《大金国志》卷三五《官民婚聘财礼仪》，显然可见金朝有婚礼的规范。第 501 页。
② 金朝亦有地方性神祠的祭祀，如长白山、混同江之类。
③ 金朝实施之礼仪，自然也包含着某些女真族、契丹族因素，此当另文详述。
④ 有学者指出金朝礼制承辽而来。如果这个观点能够成立，那么辽朝实行的是五礼制度，载于《辽史·礼志》甚明，金朝当然也是五礼制度了。

秦晋之间：五礼制度的诞生研究

　　吉凶宾军嘉"五礼"体系是适应大一统封建王朝的集权礼制体系，它诞生于西晋[①]，这是学界共识[②]。然五礼制度研究存在着诸多尚未解决的问题。例如，从中国礼制与政治史、学术史相互关系的角度思考，先秦自西周实行分封制，形成所谓天子之礼、诸侯之礼、大夫之礼、士之礼，为何到西晋最终形成以"五"为名的吉凶宾军嘉五礼制度？明确记载"五礼"为吉凶宾军嘉五礼的是成书于战国时期的《周礼》[③]，而秦汉时期明确提到五礼体系为吉嘉宾军凶者是汉武帝时期的孔安国，为何直到西晋时这一体系才尘埃落定？《周礼》是"天子之礼"，为何在秦皇汉武时不能据以建立集权礼制体系？既然五礼体系适应封建统一帝制，为何从其萌芽到最终诞生，需要经历了几个世纪？秦与西汉都是皇权高度集中的封建王朝，历经百余年，为何产生不了适应自己统治的五礼体系？五礼体系诞生的曲折的历程说明了什么问题？

　　显然，研究中国礼制变迁，五礼制度诞生问题显得极其重要，需要加以解决。因此笔者拟从礼制本身出发，结合政治与学术两个方面来研讨秦晋之间"五礼"制度诞生的历程，抛砖引玉，以求教于学界同仁。

一、"五礼"出现或与五行有关

　　司马迁在《史记·封禅书》中引用了《尚书》"修五礼、五玉"一语，但未作解释，大致与司马迁同时代的孔安国认为"五礼"便是"吉、凶、宾、军、嘉之礼"[④]，这是至

[①]　杨志刚最早提出"以'五礼'形式撰制礼仪，始于西晋"，这一说法得到梁满仓先生认同并作了详细考证。杨志刚：《中国礼仪制度研究》，上海：华东师范大学出版社，2001年，第157页；梁满仓：《魏晋南北朝五礼制度考论》，北京：社会科学文献出版社，2009年，第13页。

[②]　战学成《五礼制度与〈诗经〉时代社会生活》认为礼的体系化："从夏至周，礼经历了由简趋繁的过程，周代五礼的形成，标志着礼的日益体系化和走向完备化。"北京：中国社会科学出版社，2014年，第12页。战学成将周代之礼说成是五礼，且是体系化、完备化，并与政治及社会生活密切联系，实是不多见之说。此可能作者未能深究三《礼》，对学界现有成果了解不多所致。

[③]　学界对《周礼》成书时间的看法不一，然《周礼》在战国已成书，最终修定于汉初大致是可以肯定的。

[④]　孔安国传、孔颖达疏：《尚书正义》，上海：上海古籍出版社，2007年，第82页。《后汉书》卷九七《祭祀志上》则载光武帝巡狩岱岳祭文，其中也引用"修五礼五玉"，梁刘昭注"修五礼"云："孔安国《书》注曰：'公、侯、伯、子、男朝聘之礼。'范宁曰：'吉、凶、宾、军、嘉也。'"刘昭所引孔安国语恐怕有误。北京：（转下页）

今所见最早明确解释成吉凶宾军嘉五礼者,而且把它看成是一种礼制体系。东汉便有不同说法。马融(79—166)沿袭孔说,认为此"五礼"是指吉凶宾军嘉五礼,马融弟子郑玄(127—200)则认为是公侯伯子男朝聘之礼,即把五礼说成是五等贵族应当遵行的仪则。但无论是孔安国、马融或郑玄,都没有引证什么可靠资料来证明自己的说法,仅是作了一个判断而已。东汉之后到清朝乾嘉时,学者们或孔或郑,大致沿袭这两种说法。道光咸丰之时,邵懿辰提出"五礼"是指父子、兄弟、夫妇、君臣、朋友节文仪则。当代学者刘起釪在比较戴震与邵懿辰的观点之后,说戴震认为五礼"非吉凶军宾嘉五礼,甚确。说为公侯伯子男之礼,甚误",他赞成邵懿辰提出的"父子、兄弟、夫妇、君臣、朋友五品之人所行之节文仪则"①。其中,孔安国、马融之说难以成立,因为无论现存可靠的秦统一之前文献还是已出土的简牍资料,均无吉凶军宾嘉"五礼"之记载,即使是儒家先贤孔子、孟子或后来的荀子也没有"五礼"的提法,显然当时不存在一个五礼体系,因此孔、马之说完全可以排除。郑玄与邵懿辰之说,也都没有可靠资料可以证实或证伪,故难以判断孰是孰非。

实际上,五礼体系的诞生经过了一个非常漫长的过程,期间与政治、学术纠缠交革,尤其与阴阳五行说关系极其密切,这是需要进行比较详细梳理的。

庞朴先生认为:阴阳与五行本属两种不同的文化体系,经过了长期的发展,才最终走到了一起②。据陈德述研究,"五行"最初之名为"五材",即五种物质材料③。《国语·郑语》中史伯(西周末期,生卒年不详)称:"夫和实生物,同则不继。以他平他谓之和,故能丰长而物归之。若以同裨同尽乃弃矣。故先王以土与金、木、水、火杂,以成百物。"这是最早明确的"五行"记载。《左传》襄公二十七年有"天生五材,民并用之,废一不可"④,杜预注:"金、木、水、火、土也。"众所周知,阴阳与五行结合在一起大致是战国中期,以稷下学宫学者所著的《管子》为代表。白奚认为:《管子》论述到阴阳五行思想,各篇侧重不同,反映的思想也不相一致。如《水地》和《地员》"只见五行而不见阴阳",《水地》有"'五色'、'五味'、'五量'、'五藏(五脏)'、'五内'等五行条目",《地员》有"'五色'、'五味'、'五音'、'五臭'等五行条目",《幼官》、

---

① (接上页)中华书局,1965年,第3168页。杨志刚《中国礼仪制度研究》认为"'五礼'之名最早见于《尚书》和《周礼》。《尚书·尧典》:'舜修五礼。'孔安国传:'修吉、凶、宾、军、嘉之礼。'上海:华东师范大学出版社,2001年,第156页。杨先生称最早见于《尚书》没有问题,但说《周礼》则有问题,因为《周礼》显然要晚得多。有学者认为:《周礼》包含先秦内容,但最终修定于汉初。参见彭林《〈周礼〉主体思想与成书年代研究》(增订版)第七章,北京:中国人民大学出版社,2009年。
① 顾颉刚、刘起釪:《尚书校释译论》,北京:中华书局,2005年,第142页。引文用当今之字。
② 庞朴指出:"阴阳五行之作为中国文化的骨架,是从战国后期到西汉中期陆续形成的。在此之前,阴阳自阴阳,五行自五行,各有分畛"。氏著《阴阳五行探源》,载《庞朴文集》第1卷,济南:山东大学出版社,2005年,第312页。
③ 陈德述:《略论阴阳五行学说的起源与形成》,《西华大学学报》2014年第2期。
④ 襄公二十七年即公元前546年,属于春秋时期。

《四时》、《五行》、《轻重己》等四篇则是比较成熟的阴阳五行家作品[①]。学界基本上都认同《管子》一书是战国稷下学宫学者们的著作,大约在战国中期。实际上,自战国中期开始,阴阳五行思想影响极大,许多事物都以"五"命之,如《管子》中除上述提及的"五色"等外,还有五官、五虑、五味、五欲、五谷、五粟、五祀、五钟、五乡、五州、五政、五德、五教、五刑、五兵、五务等等,一些医书、天文著作中也有许多物事以"五"为名,如五脉、五俞、五逆、五星,等等。

由此,笔者推测:五礼之所以用"五"为名,可能与儒家学者接受五行观念有着关系[②]。尽管目前很难找出确切根据,但从战国中期之后阴阳五行流行,并且当时许多事物大多以"五"来命名描述,再加上《尚书·尧典》"修五礼"之说,那么在描述"礼"时也用"五"为名,则十分可能。郭店楚简中《五行》属于思孟学派著作[③],此"五行"指仁、义、礼、智、圣,而非阴阳五行之"五行"。《五行》中有"圣,知礼乐之所由生也,五□□□也"[④],整理者云:"简文'五'与'也'之间约残缺三至四字,据下文'四行之所和也'一段,可拟补为'行之所和'或'行所和',今暂定为缺四字"[⑤],此将礼乐与道德的"五行"相关联,或与阴阳五行之"五行"有联系,也许便是后人将礼分为"吉凶宾军嘉"五礼之思想源头。既然可以将礼乐与道德的五行相关联,何尝不可将礼乐与阴阳之五行相结合?实际上,已有学者对此作了新的解释:"学者多以为思孟所言'五行'仁、义、礼、智、圣和传统说的'五行'金、木、水、火、土无关。我觉得子思倡言的'五行',如章太炎指出的,实与金、木等'五行'相联系,而其'圣'之一行,尤为远本《洪范》的确证。"[⑥]

此并非是臆说。已有学者找出甲骨文中"癸酉贞帝五",指出殷商时期祭祀礼仪中已有五行萌芽:"甲骨文中的'帝五',指的是五方帝。可以看出五行观念虽然还处于萌芽阶段,但至少已露端倪。"[⑦]《月令》成于战国时期黄河中下游地区诸侯国太史之手[⑧],其中也出现了与五行密切关联的"太暤"、"炎帝"、"黄帝"、"少暤"、"颛顼"五方帝,并且天子一年之中需遍祀五方帝于明堂。这些都充分暗示着后世

①　白奚:《中国古代阴阳与五行说的合流——〈管子〉阴阳五行思想新探》,《中国社会科学》1997 年第 5 期。

②　庞朴认为:"五行思想的一个很大特色,是普遍性。从卜辞中的五方记录开始,到《吕氏春秋·十二纪》构造成一个庞大的五行体系为止,整个先秦时期,几乎很少有哪个思想家不谈五行;所差别的,只是分量的多寡和方面的不同而已。"氏著《五行思想三题》,载《庞朴文集》第 1 卷,济南:山东大学出版社,2005 年,第 282 页。

③　《郭店楚墓竹简·前言》,北京:文物出版社,1998 年,第 1 页。

④　《郭店楚墓竹简·五行》,第 150 页。

⑤　《郭店楚墓竹简·五行》,第 153 页。

⑥　李学勤《从简帛佚籍〈五行〉谈到〈大学〉》,《孔子研究》1998 年第 3 期。无关说自然不能认同,但肯定有关,目前尚无更多确切的根据,有待更多资料来证实。

⑦　沈建华:《从甲骨文圭字看殷代仪礼中的五行观念起源》,《文物》1993 年第 5 期。

⑧　汤勤福:《〈月令〉祛疑》,《学术月刊》2016 年第 10 期。

五礼制度与五行的密切关系。正如冯友兰先生所说："阴阳五行家以传统的术数为资料，以五行观念为基础，用以解释他们所日常接触到的一些自然现象和社会现象。他们由此虚构了一个架子。在他们的体系里面，这是一个空间的架子，也是一个时间的架子，总起来说，是一个世界图式。"[①]阴阳五行家可以以此来构建"自然现象和社会现象"，那么，战国中期之后的儒家吸收阴阳五行思想来建构属于"社会现象"之礼制，也是完全可能的。

值得强调的是，战国中后期没有出现属于吉凶宾军嘉"五礼"之名，郭店简便是明证之一。当时的"五礼"之说，应该还不是后世所说的吉凶宾军嘉之五礼。杨志刚认为："'五礼'之说可能起于春秋、战国，至西汉武帝时已趋流行。"[②]杨说大约是依据《尚书·尧典》所说"修五礼、五玉"一句。如果确实如此，杨先生的结论显然难以接受。笔者以为上溯到春秋，似太远，还需要更多资料来印证。当然，说汉武帝时已趋流行吉凶宾军嘉五礼之说，于史有据。但将《尧典》"修五礼"理解为吉凶宾军嘉五礼，那么就完全错误了。严可均所辑《嘉礼尊铭》中有"帝戠再嘉礼乍壶陣，用荐神保是享，佳休于永世"[③]，这里明确出现了"嘉礼"一词，尽管这一嘉礼并非后世五礼之嘉礼，但至少"嘉礼"一词已经出现。《仪礼》也有嘉礼的记载："仆为祝，祝曰：'孝孙某，孝子某，荐嘉礼于皇祖某甫，皇考某子。'"[④]此嘉礼也非后世五礼之嘉礼，嘉可解释为"好""佳"之意。《仪礼》有"宾礼"[⑤]一词；《左传》襄公三年《传》有"寡人之言，亲爱也；吾子之讨，军礼也"，此军礼亦非后世之五礼中的军礼。由此可见，战国中后期曾出现过吉凶宾军嘉某些礼名[⑥]，虽都不是后世五礼中的吉凶宾军嘉之礼，但它们的出现，为后世创制五礼礼名提供了命名基础。

其实，当时称礼之数量并不限于"五"，《大戴礼记》有九礼之说："冠、昏、朝、聘、丧、祭、宾主、乡饮酒、军旅，此之谓九礼"[⑦]；《礼记·王制》中还有六礼之说："司徒修六礼以节民性"，"六礼：冠、昏、丧、祭、乡、相见"[⑧]。郑玄以为《王制》为西周之前所作，然早有学者指出为误。孙希旦《礼记集解》据《汉书》载，文帝"使博士诸生刺《六经》中作《王制》，谋议巡狩封禅事"[⑨]，认为《王制》当成于西汉，"郑氏见其与《周

① 冯友兰：《三松堂全集》第 7 卷，郑州：河南人民出版社，2000 年，第 437 页。
② 杨志刚：《中国礼仪制度研究》，第 156 页。
③ 严可均辑：《全上古三代秦汉三国六朝文》卷一三，北京：中华书局，1958 年，第 99 页。
④ 郑玄注、贾公彦疏：《仪礼注疏》卷二四《聘礼第八》，上海：上海古籍出版社，2008 年，第 743 页。先秦出现某些与后世五礼相合的礼名，两者并不同。《仪礼》有"饗礼"、"献礼"、"介礼"、"主人礼"、"宾酬主人礼"、"馈食之礼"等等，也有"宾礼""嘉礼"之类，显然并非五礼体系。
⑤ 郑玄注、贾公彦疏：《仪礼注疏》卷九《乡饮酒第四》有"拜，如宾礼"，第 215 页。
⑥ 文献不足征，有待今后更多出土资料来证实。
⑦ 方向东撰：《大戴礼记汇校集释》卷一三《本命》，北京：中华书局，2008 年，第 1292 页。
⑧ 郑玄注、孔颖达疏：《礼记正义》卷一三《王制》，北京：北京大学出版社，2000 年，第 471、509 页。
⑨ 《汉书》卷二五上《郊祀志上》，北京：中华书局，1962 年，第 1214 页。

礼》不尽合,悉目为夏、殷之制,误矣"①。此议甚是。然孙希旦解释说:"礼之在国者其别多,故总之以五礼,而冠、昏、乡皆属于嘉礼;礼之在民者其别少,故分之为六礼,而冠、昏、乡各为一礼"②,实为其臆说。

又《礼记·祭统》"礼有五经,莫重于祭",郑玄认为此指"礼有五经,谓吉礼、凶礼、宾礼、军礼、嘉礼也。莫重于祭,谓以吉礼为首也"③。历来注家秉此注释,甚少怀疑。然郑玄之说值得怀疑,亦应考虑同在《礼记》中的其它说法,如:

> 故朝觐之礼,所以明君臣之义也。聘问之礼,所以使诸侯相尊敬也。丧祭之礼,所以明臣子之恩也。乡饮酒之礼,所以明长幼之序也。昏姻之礼,所以明男女之别也。

> 孔子曰:"郊社之义,所以仁鬼神也。尝禘之礼,所以仁昭穆也。馈奠之礼,所以仁死丧也。射乡之礼,所以仁乡党也。食飨之礼,所以仁宾客也。"

前一段出自《经解》,有朝觐、聘问、丧祭、乡饮酒、昏姻五种礼;下段出自《仲尼燕居》,是孔子回答言游问礼的解说,有郊社、尝禘、馈奠、射乡、食飨五种礼。显然,汉代礼家所辑《礼记》,其说亦非一律,其原因当为诸篇成书时间不同,且混杂汉代学者之说,这说明"五礼"之说尚在酝酿过程中,郑玄定为吉凶宾军嘉尽管可以自成一说,但未必正确。

二、秦朝建立天子之礼的努力

全面评价秦始皇功过,不是本文所要解决的问题。在此仅讨论秦朝对大一统历史条件下的集权的天子之礼建设问题。

尽管成书于战国中后期、修定于汉初的《周礼》已经明确声称"惟王建国,辨方正位,体国经野,设官分职,以为民极"④,要求建立天子之礼,在礼制体系上明确提出了"五礼"之说,但据传世文献记载,直至秦灭亡,并没有出现象后世那么完整的吉凶军宾嘉"五礼"体系⑤。《史记》在归纳秦至汉初礼制时称:"至秦有天下,悉内六国礼仪,采择其善,虽不合圣制,其尊君抑臣,朝廷济济,依古以来。至于高祖,光有四海,叔孙通颇有所增益减损,大抵皆袭秦故。自天子称号下至佐僚及宫室官

---

① 孙希旦:《礼记集解》卷一二《王制第五之一》,北京:中华书局,1989 年,第 309 页。

② 孙希旦:《礼记集解》卷一四《王制第五之三》,第 398—399 页。

③ 郑玄注、孔颖达疏:《礼记正义》卷四九《祭统》,第 1570 页。

④ 郑玄注、贾公彦疏:《周礼注疏》,北京:北京大学出版社,1999 年,第 1—5 页。

⑤ 秦始皇晚年焚书坑儒,换句话说,在焚书坑儒前,应该流传着《周礼》,这也是当时儒家据以制礼的根据之一。

名,少所变改。"①司马迁对秦汉初礼的归纳,重要者有数点:一是秦统一之后"悉内六国礼仪";二是"采择其善";三是有不合圣制之处;四是目的为"尊君抑臣",强调礼之等级;五是汉制虽对秦礼有所改易,但"大抵皆袭秦故"。因此大致可以判断的是,"悉纳六国礼仪"是指诸国礼仪有所不同,故秦统一后兼容并包,并不存在一个比较完善的某种礼制体系;汉初礼乐制度是沿袭秦代为多②,汉初没有五礼制度,那么秦朝自然也不会有五礼制度。

尽管秦王朝没有制订出五礼制度,但秦始皇统一天下后,在礼制建设上是采取了不少"尊君抑臣"的集权措施,他也听取过儒家有关礼制建设的许多意见。如上尊号时,丞相王绾、御史大夫冯劫、廷尉李斯等曾"与博士议",最终采"皇帝"之号,其"命为'制',令为'诏',天子自称曰'朕'"。皇帝一词未见于先秦儒家经典,然三皇五帝、前代圣贤之说则是儒家津津乐道者,故确实皇帝之号实是儒家"与时俱进"的表现,体现出儒家思想家为封建专制政权服务、为建立尊君抑臣的礼制体系的一种思想上的转变。又,"追尊庄襄王为太上皇",虽未明确说与博士议,但博士参与其间当无须怀疑。据杜佑《通典》载:"国子博士:班固云,按六国时,往往有博士,掌通古今",原注:"又曰:博士,秦官,汉因之"③。这种掌通古今、顾问应对之官,在秦虽不专用儒家之人,然主要是儒家人士、并参与议政议礼则可以肯定的,故王国维指出"秦博士亦议典礼政事,与汉制同矣"④。更应当强调的是,凡涉及礼制变革内容者主要属于儒家的博士,如"二十八年,始皇东行郡县,上邹峄山。立石,与鲁诸儒生议,刻石颂秦德,议封禅望祭山川之事"⑤。显然,至少秦统一之初,儒家在秦礼制建设上起过一定作用。美国学者柯马丁在分析秦始皇巡游各地刻石纪功时指出:"石碑上所见到的文本系列、文本组现象,可以解释为礼仪化政治表征语境中的一种传统手段。正如青铜器、石磬铭文所表明的那样,与某一特定情境、地点、物质载体相结合的'原始'文本的观念,实际上并不适用于古代中国的礼仪背景。"⑥柯马丁指出这些刻石是"礼仪化政治表征语境中的一种传统手段",颇有见地,也说明这些刻石是始皇在建立大一统王朝礼制的努力。事实上,从今存七篇始皇刻石

①　《史记》卷二三《礼书》,北京:中华书局,1959 年,第 1159—1160 页。

②　先秦礼与乐紧密结合,施礼行乐,融为一体。班固《汉书·礼乐志第二》在谈到汉乐时也称:"大氐皆因秦旧事焉",即强调汉乐对秦乐的沿袭关系。第 1044 页。

③　杜佑:《通典》卷二七《职官九》,北京:中华书局,1988 年,第 765 页。

④　王国维:《汉魏博士考》,《观堂集林》卷四,北京:中华书局,1961 年,第 176 页。

⑤　《史记》卷六《秦始皇本纪》,第 242 页。

⑥　柯马丁:《秦始皇石刻:早期中国的文本与仪式》,上海:上海古籍出版社,2015 年,第 107 页。

纪功铭文来看①,体现"统一"语境比比皆是:

> "灭六暴强"、"壹家天下"(《峄山刻石》②)
> "初并天下"、"既平天下"(《泰山刻石》)
> "尊卑贵贱,不踰次行"、"六合之内,皇帝之土"、"人迹所至,无不臣者"
> (《琅邪台刻石》)
> "烹灭强暴"、"周定四极"(《之罘立石》)
> "禽灭六王,阐并天下"(《(之罘)东观立石》)
> "皇帝奋威,德并诸侯,初一泰平"(《碣石刻石》)
> "平一宇内"、"皇帝并宇"(《会稽刻石》)

可见,"大一统"是建立这些礼制性建筑的基调,体现了秦始皇建立大一统集权礼制
与法制的渴望与愿景。与巡游刻石紧密联系在一起的封禅制度,也体现国家统一
的意志,并对后世起到深刻影响。

实际上,秦统一后建立的礼仪制度,除上述巡游刻石、封禅、称皇帝、追尊太上
皇等等礼仪之外,始皇还有许多其他建立统一国家的礼制活动,最重要者当为体现
国家权力合法性的郊天制度。郊祀制度起源甚早,至少在周王朝时已有祭祀上帝
的"郊"礼,据学者研究,大致按照周初规定,除周王有郊祭上帝权力外,鲁国也被允
许进行郊祭③,其他诸侯国则无郊祀权力。秦统一后在雍五時举行郊天之礼,开启
了统一国家和郊祀制度,加之汉武帝时创制后土祠(祭地),大一统的国家郊祀天地
制度从此确立,这对后代郊祀天地有着深远的影响。

有学者指出,秦统一后国家祭祀有两个主要特征,一是以名(山)为祠、時的神
祠为主要祭祀对象,二是祭祀对象地理分布广泛④,六国故地的名山大川被秦朝纳
入国家祀典,是"为了表示宇内的混一"⑤。其中有些是沿袭原来秦国的国家祭祀,

---

① 《史记》载《泰山刻石》以下六篇,无《峄山刻石》。李兆洛《骈体文钞》卷一载7篇,本文引证篇名据此,文字
　 参照《史记》。其称《峄山刻石》"此文《史记》独不载。然其词固非后人所能伪也"。上海:上海书店出
　 版社,1988年,第1页。
② 宋人赵彦卫《云麓漫抄》卷三称:"秦始皇二十八年,即帝位之三年也,东行上峄山,立石颂秦德。自泰山
　 至会稽,凡六刻石,《史记》皆载其词,惟不著峄山刻。观其语皆相类,三句辄一换韵。"郑州:大象出版社,
　 2013年,第121页。
③ 郊祀上帝见于《尚书·金縢》、《左传》哀公十三年、《礼记》中的《礼器》、《礼运》、《明堂位》等文献,《诗·鲁
　 颂·閟宫》等。文献中也有用"类"表示,如《尧典》"肆类于上帝"、《泰誓》"受命文考,类于上帝"均是。春
　 秋时,秦、楚等国也进行过郊天,但属于僭越。
④ 田天:《秦汉国家祭祀史稿》,北京:生活·读书·新知三联书店,2015年,第12页。当脱一"山"字。
⑤ 杨英:《祈望和谐——周秦两汉王朝祭祀的演进及其规律》,北京:商务印书馆,2009年,第266页。

有些是将六国祭祀权收归己有,也有新创制者①。当然,这些祭祀中,有体现儒家思想的祭祀,也有采纳方士之言的祭祀。

秦二世大致循始皇建立礼制的思路,继位当年他便"东巡碣石,并海南,历泰山,至会稽,皆礼祠之,而刻勒始皇所立石书旁,以章始皇之功德"②。二世还下诏"增始皇寝庙牺牲及山川百祀之礼。令群臣议尊始皇庙"③。

客观地说,秦始皇建立大一统封建王朝礼制主要内涵是儒家的,绝不是法家的,更不是其他如阴阳家或方士的。如果不承认这一点,那么我们就无法理解后世王朝大多激烈地批评所谓"暴秦",但为何又大量吸纳或说沿袭秦朝的许多体现帝王之尊的礼仪措施!

当然,我们也不必夸大秦始皇对儒家的"好感",其实始皇只是让儒士们参与国家大一统礼制建设,他们的建议只是"备顾问"而已,真正决定权仍牢牢掌握在自己手中,这也充分体现出大一统王朝集权礼制构建中,反映出皇帝集权的特质。《史记》有段重要资料:

> 即帝位三年,东巡郡县,祠驺峄山,颂秦功业。于是征从齐鲁之儒生博士七十人,至乎泰山下。诸儒生或议曰:"古者封禅为蒲车,恶伤山之土石草木;埽地而祭,席用菹秸,言其易遵也。"始皇闻此议各乖异,难施用,由此绌儒生。④

"即帝位三年",当在秦始皇三十年左右。始皇没有听从儒生们看法,但并没有黜退他们,显然只是征求他们意见,备为参谋而已。又如始皇"至湘山祠。逢大风,几不得渡。上问博士曰:'湘君何神?'博士对曰:'闻之,尧女,舜之妻,而葬此。'于是始皇大怒,使刑徒三千人皆伐湘山树,赭其山"⑤,三十三年"始皇置酒咸阳宫,博士七十人前为寿"⑥。此均可见秦始皇以博士(当然包括儒家)以备顾问的态度。尽管秦始皇晚年曾"焚书坑儒",然备顾问的博士仍未退出秦朝的历史舞台。从汉初一些儒家学者保存或传授儒家学术来分析,似乎秦焚书坑儒并不彻底⑦,儒家不绝如缕。

众所周知,始皇更相信阴阳、方术之士,故秦朝设立许多神祠进行祭祀,这体现

---

① 具体可参见田天、杨英两书。
② 《史记》卷二八《封禅书》,第1370页。
③ 《史记》卷六《秦始皇本纪》,第266页。
④ 《史记》二八《封禅书》,第1366页。
⑤ 《史记》卷六《秦始皇本纪》,第248页。
⑥ 《史记》卷六《秦始皇本纪》,第254页。
⑦ 汉初到武帝时期,有关儒家的著述屡有出现,这是见于史书记载之事,由此反证秦焚书坑儒并未真正"消灭"儒家乃至其他诸子学问。

了阴阳家、方士的影响或说作用①，如此，以儒家思想为基础的大一统的封建礼制建设便会受到迟滞。同样，始皇之后，秦二世乃至西汉初中期的帝王们，大多对此迷恋不堪。尽管汉始肇基，儒学稍有复兴，朝廷也先后立了不少经学博士，然而这些博士对皇帝的影响远不及那些方士②。因此，我们得出以下结论：秦祚不长，然能够初步建立起尊君抑臣的统一国家的一些礼仪，这些礼制大多也为后世所承袭。西汉前期皇帝实沿袭秦朝创制的礼制。但秦与汉初皇帝过于迷信阴阳、信任方士，因此在大一统集权礼制建设中，他们只能扮演为一个匆匆过客，而最终将这一重任交由后代来完成。

实际上，宋人王应麟曾论述过秦制对后世的影响："三代以亡，遭秦变古，后之有天下者一切用秦，虽有欲治之主，牵于时俗，安于苟简而已。"③王氏之语，一是强调三代礼制之弘大，有今不如古之叹；二是指出秦礼为中国古代礼制发展中一大变化，后世帝王只是因循秦之礼制。尽管王氏十分敏锐地发现秦统一是中国古代礼制发展的重大界线，但称"一切用秦"，显然夸大了秦礼的作用。不过，王氏指出自秦统一之后"变古"改制，后世只是沿袭其开创之路发展的观点则是应该肯定的，因为王氏看出秦建立的大一统专制集权礼制对后代王朝的深刻影响，后世礼制是沿袭秦礼发展而来。王应麟在具体叙述历代礼制变迁时并未罗列秦朝礼制情况，只引《汉书·叔孙通传》"愿颇采古礼与秦仪杂就之"一语，仅仅显示出"秦仪"与"古礼"（主要是儒家传承之礼）不甚吻合、汉礼又沿袭秦礼的事实。当然，我们可以从汉高祖祀北畤（黑帝），"悉召故秦祀官，复置太祝、太宰，如其故仪礼"④中看出汉袭秦制的基本史实。实际上，秦朝统一，始皇并未建立一整套完善的礼制，仅是开创大一统王朝集权礼制之始也，然而后世王朝沿袭始皇开创之制，最终完成了封建专制主义的礼制体系。

三、西汉为何建立不起天子之礼

我们已经指出，没有充分证据证明先秦已经出现"吉凶宾军嘉"五礼，但相关礼名已经产生。秦朝虽实现了统一，初步建立了一些礼仪，但它国祚短暂而未能最终建立起来一套大一统礼仪制度。尽管如此，我们仍不能低估其影响。

问题在于：既然五礼体系是大一统封建专制王朝最为合适的礼制，如果说秦

---

① 参见《史记》卷二八《封禅书》。
② 可参见《史记》卷二八《封禅书》、《史记》卷一二《孝武本纪》等。
③ 王应麟：《玉海》卷六八《礼仪》，扬州：广陵书社，2007年，第1279页。
④ 《汉书》卷二五上《郊祀志上》，第1210页。

国祚短暂而不能建立起这套体系,为何西汉二百余年仍未能建立呢?

要创制一整套封建王朝的礼制体系,至少需要三个前提条件,一是帝王的意志,二是学术发展的基础,三是客观的国内外政治局势。三者密切相关,缺一不可。我们先从秦朝情况入手分析。

秦始皇统一中国,从其本身而言,确有建立一整套封建王朝礼制体系的愿望,其在礼制建设方面的一切活动,是基于尊君抑臣、围绕着"大一统"而展开,因此,秦之礼制非常重视天子礼的建设。然而,就当时的学术发展基础和客观的政治局势来看,条件并不成熟。且不说北方匈奴威胁并未消除,就国内政治局势来说,秦的统一并没有完全消解六国反对势力,加之始皇采取严厉的法家为核心的统治政策,企图以高压来平定诸国反对势力,实际上反而导致对立情绪日趋高涨。在这种局势之下,想要创制完整的大一统封建王朝的礼制体系确实比较困难。加之始皇晚年采取"焚书坑儒"手段,发泄私愤,禁锢私学,信任阴阳、方术之士,其儒学的学术氛围已被破坏。二世在位时间更短,国内矛盾极其尖锐,其虽能沿袭始皇一些礼制,然创制新礼制体系谈何容易!再从学术发展基础方面来看,秦始皇虽"悉内六国礼仪,采择其善",虽不合圣制,但只要符合"尊君抑臣"的专制体制,他都会吸纳。然而列国礼制各自为政,并不统一,创制怎样的礼制才符合封建专制的大一统王朝的理论还没有出现,因此,短暂的秦王朝在这样的基础上想一蹴而就地创建完善的礼制体系是根本不可能完成的任务。

秦末项刘之争,尤其是项羽屠城焚宫,对先秦以来学术文化(当然包括儒家学术)的摧残极其严重。西汉之初,国家掌握图典确实大为减少。但儒学并未绝迹,据《史记》载:"及高皇帝诛项籍,举兵围鲁,鲁中诸儒尚讲诵习礼乐,弦歌之音不绝,岂非圣人之遗化,好礼乐之国哉?"①显然儒学至少在鲁地仍有较广的传授。汉初名儒叔孙通是鲁人,"降汉,从儒生弟子百余"②,也可证明鲁地儒学并未绝迹。《史记·儒林传》载汉初鲁人申公、及其师齐人浮丘伯入见高祖;伏生原为秦博士,通《尚书》,秦焚书时,"伏生壁藏之",汉初"教于齐鲁之间"。显然,虽经秦焚书坑儒,齐、鲁儒学未绝,甚至还可以说儒学流传仍有一定规模③。因而无须赞同汉后诸儒夸大焚书坑儒灾难之说④。汉初儒学有一定规模,若及时兴学,情况自然会有所好转。然汉初高祖不重礼仪,黄老之术泛滥,帝王宁信方士而不信儒学,实是丧失一

---

① 《史记》卷一二一《儒林传》,第 3117 页。
② 《史记》卷九九《刘敬叔孙通传》,第 2721 页。
③ 《史记》卷一二一《儒林传》能够撰写出西汉儒学传承情况,亦可证明儒学传承不绝如缕。
④ 《史记》卷一二一《儒林传》就批评秦始皇焚书坑儒:"及至秦之季世,焚《诗》《书》,坑术士,《六艺》从此缺焉。"第 3116 页。

个极佳的恢复儒家学术的机遇①。不过,高祖对天子之礼乃有极大兴趣,史称汉初"群臣饮酒争功,醉或妄呼,拔剑击柱",叔孙通制礼之后,"御史执法举不如仪者辄引去。竟朝置酒,无敢讙哗失礼者。于是高帝曰:'吾乃今日知为皇帝之贵也。'"②可见,汉初儒家承袭秦儒之余脉,为维护皇权及帝王绝对权威方面与秦朝一脉相承,也就是说,礼制中天子之礼日趋重要。

《史记》载高祖至武帝时儒学传承情况甚详,大致说来便是武帝之前"不任儒者",武帝之后则儒家受到重视,"天下之学士靡然乡风矣"③。实际上,高祖到武帝时的政局还有一些影响五礼制度诞生的原因。一方面,匈奴边患长期得不到解决,尽管和亲政策一度缓和军事上的压力,但汉政府所受的压力仍然极大,这一问题直到武帝中晚期才得以解决。另一方面,由于高祖分封同姓王,渐而尾大不掉,乃至出现国中之国,最终爆发了吴楚七国之乱,想要建立大一统的礼仪制度,这也是极大障碍。此事也到雄才大略的武帝时才最终解决。另外,武帝即位,窦、王两太后掌控朝政,丞相窦婴、太尉田蚡等人曾议立明堂,想摆脱窦太后掣肘,然次年(建元二年,前139年)窦太后发动宫廷政变,"婴、蚡以侯家居"④,"废明堂事"⑤,迫使赵绾、王臧自杀,直到建元六年(前135年)窦太后死,武帝才真正控制朝政。此后,武帝集中力量解决国内外问题,一是加强中央集权,彻底解决诸侯王问题,二是彻底解决匈奴边患问题。在学术上,他赞同董仲舒"罢黜百家,独尊儒术"的建议。武帝在解决匈奴问题上,花费了极大力量,直到元狩四年(前119年)才基本完成这一任务,而文景之时积聚下来的财富消耗殆尽。武帝统治时期,由于需要大量财富来支撑他解决匈奴问题,他起用桑弘羊,先后推行算缗、告缗、盐铁官营、均输平准、西北屯田等一系列措施,千方百计地搜刮财富,扩大财政收入,但也导致天怒人怨,矛盾重重。当然武帝重视儒学,在礼制建设上也起过相当作用⑥,皇权威严在汉武时代

---

① 西汉初年重黄老之学,虽然儒学不再成为禁学,儒家学者也可正大光明地传授学问,也可以在一定程度上参与到政治之中,然而他们并未获得帝王重视与重用。陆贾在高祖之时曾撰《新语》、贾山在文帝时著《至言》,都在于批判秦朝、法家,总结秦朝二世而亡的经验教训。贾谊虽在文帝时担任博士、太中大夫,他的《过秦论》虽比陆贾、贾山观点更为深刻,但仍然是基于总结秦亡的经验教训。不过,贾谊还提出"改正朔,易服色制度,定官名,兴礼乐"(《汉书》卷四八《贾谊传》,第2222页。),但遭到周勃、灌婴等人反对而贬为长沙王太傅,后改为梁怀王太傅,却又因梁怀王坠马而死,他伤心至死,未能一展宏图。
② 《史记》卷九九《叔孙通传》,第2722—2723页。
③ 《史记》卷一二一《儒林传》,第3117—3118页。
④ 《汉书》卷五二《窦婴田蚡传》,第2379页。
⑤ 《汉书》卷八八《儒林传》,第3608页。
⑥ 《汉书》卷六《武帝本纪·赞》称:"汉承百王之弊,高祖拨乱反正,文景务在养民,至于稽古礼文之事,犹多阙焉。孝武初立,卓然罢黜百家,表章《六经》。遂畴咨海内,举其俊茂,与之立功。兴太学,修郊祀,改正朔,定历数,协音律,作诗乐,建封禅,礼百神,绍周后,号令文章,焕焉可述。"第212页。尽管汉武帝确实在创建礼制上做过许多工作,但笔者以为《汉书》仍有夸大武帝在礼制建设上功绩的倾向。

也获得极大发展①。不过,他中晚期更重视方士,儒学也没有真正获得"独尊"而迅速发展。可见,汉武帝之前数代皇帝不喜欢或忽视儒学,而武帝时最有可能建立这一大一统的礼制,但武帝没有真正花费精力来制订统一国家的完整的礼制②,错失了最好的机遇。

有学者指出:"西汉中前期,儒生在国家祭祀中的影响力未必胜于方士。直到西汉中后期的礼制复古运动,他们才真正对国家祭祀产生决定性的影响……儒家礼学彻底掌控国家祭祀之后,方士在国家祭祀中的身份才最终改变。"③这一说法有一定道理。西汉前数帝崇信方士,是导致未能建立真正适应大一统政权礼制的重要原因之一。

武帝之后的昭、宣、元、成、哀数帝,外戚势力逐渐强大,中央集权削弱,尽管某些皇帝进行过礼制创建,但受制于各种政治势力与外戚的掣肘,汉王朝又失去了建立统一王朝礼制的机会。当然,不能说昭帝之后数帝没有获得过礼制建设的某些成功。如汉初下诏诸侯国建立宗庙,实际包含着"非刘氏王者天下共击之"④的含义,以显示大一统一姓王朝的权威,但也隐藏着分裂因素,不利于专制集权礼制的建立。但到元帝永光四年(前40年),汉王朝情况发生变化,于是下诏:"明王之御世也,遭时为法,因事制宜。往者天下初定,远方未宾,因尝所亲以立宗庙,盖建威销萌,一民之至权也。"⑤"一民之至权"正说明天下一统、集权皇帝的政治诉求。这一年,元帝以"庶子不祭祖"为由,废除诸侯祭祀宗庙的权力,将祭祀权收归己有,完成了体现专制帝王集权己手的一项重要礼仪。

从学术层面来说,学界基本的看法是,汉初在一些儒家学者中流传的主要是士礼,涉及天子礼、诸侯礼、大夫礼极少⑥,五礼建设的理论并未出现。因此,尽管汉初数帝进行过许多礼制建设⑦,但直至武帝之前,没有五礼理论的"吉凶宾军嘉"礼

---

① 文、景时期,诸侯国竟然能举兵反叛,说明皇权受到挑战。而汉武时则无此现象,他以推恩令、酎祭宗庙等手段,极大地削弱了诸侯王势力。他创置后土祠,亲自祭祀,显示了皇权的威严。

② 《史记》卷一二一《儒林传》提到武帝下诏欲制礼,显然武帝也想进行礼制建设,然并未全力以赴地制订新的五礼体系。

③ 田天:《秦汉国家祭祀史稿》,第9页。

④ 《汉书》卷九七上《外戚传上》,第3939页。

⑤ 《汉书》卷七三《韦贤传》,第3116页。

⑥ 关于汉代制礼,杨天宇《郑玄三礼注研究》说:"《仪礼》仅17篇,而其中《既夕礼》为《士丧礼》的下篇,《有司》为《少牢馈食礼》的下篇,实际只有15篇。这15篇所记又大多为士礼,只有《觐礼》记诸侯朝觐天子而天子接见来朝诸侯之礼,算是涉及到天子之礼,这对于已经实现了天下大一统的西汉王朝来说,欲建立一整套朝廷礼制,显然是不够用的。"天津:天津人民出版社,2007年,第145页。杨先生所言甚是,然其著侧重研究郑玄《三礼注》,未能对大一统礼制深入研讨,实为可惜。

⑦ 汉初,"叔孙通为太常,定园陵、宗庙及高祖庙。奏《武行》、《文始》、《五行》之舞。武行者,高祖所作,以象天下乐已行,武以除乱也。文始舞者,本舜韶舞也,高祖更名文始。五行舞者,本周舞也,秦始皇更名五行舞"(荀悦:《前汉纪》卷五,四部丛刊本。更名时间可参考《汉书》卷二二《礼乐志二》。)。　(转下页)

制体系是不可能出现的。到武帝之世，孔安国或是看到《周官》才把"修五礼"解释成"吉凶宾军嘉"[①]，不过，这不是完整的五礼理论体系，最多说是初步勾勒出五礼理论的框架。何况刚现身的《周官》还属于古文经，并未受到帝王与博士们的重视。

四、西汉末年到东汉：建立天子之礼的努力与曲折

既然孔安国已经明确提到"吉凶宾军嘉"五礼，《周官》也有记载，为何武帝乃至稍后却建立不起这一五礼体系？甚至连以"五礼"为名的著作都没有出现[②]？这就要从当时的今文经与古文经的学术争论说起。

有关经学之今文与古文之争，学界研究非常透彻，无须多论。但大致与礼制相关可作如下叙述。其一，西汉初儒学复兴是在批判暴秦的基础上发展起来的[③]，汉初所重视的《礼记》与《仪礼》，实属士礼体系。其二，西汉儒学复兴，以今文经为代表，立于官府，设置博士，《周官》《春秋左传》为代表的古文经虽然在武帝时出现，但不受官方支持，藏之秘阁或流传于一些士大夫之间。其三，今文经传承讲究师法与家法，日趋繁琐，墨守成规，创新不足。

如果深入研究经学与礼制发展关系，我们可以发现秦晋间经学发展，从汉初儒学复兴后，礼学有四个明显转折，一是汉武帝时已经废除挟书令，独尊儒学，古文经始出，出现了传统礼学重视道德转向到道德、政治并重的趋势；二是新莽时期刘歆利用古文经为王莽代汉服务，使古文经得以立为官学，开始全面创制基于"国家层面"上的尊君抑臣的天子之礼的体系；三是郑玄合今古文经为一体，注三礼，完善天子之礼的内涵，奠定了礼制侧重政治的新局面；四是王肃批判郑玄，使经学再次形成新派系，促进了礼学的深入发展。

西汉后期外戚势力壮大，尤以王氏为最。哀帝于元前一年九月去世，无子嗣。

（接上页）高祖之父去世，高祖"令诸侯王皆立太上皇庙于国都"（《汉书》卷一下《高帝纪下》，第 68 页），惠帝"令郡诸侯王立高庙"（《汉书》卷二《惠帝纪》，第 88 页），先秦礼制有天子立宗庙的记载，而诸侯、大夫、士只在自己封地立各己直系父祖之庙，并没有立"天子"宗庙的规定，因此，汉高祖与惠帝令诸侯王在郡国立"国家级"之庙是自我作古之举，并不符合先秦礼制，显然西汉伊始就开始对礼制有所更易，但并不属于五礼体系。

① 《史记》卷一二《孝武本纪》："上与公卿诸生议封禅。封禅用希旷绝，莫知其仪礼，而群儒采封禅《尚书》、《周官》、《王制》之望祀射牛事"，显然《周官》一书为大臣们所知，孔安国能见到当有可能。第 473 页。

② 《汉书·经籍志》礼类典籍有：《礼古经》五十六卷，《经》十七篇，《记》百三十一篇，《明堂阴阳》三十三篇、《王史氏》二十一篇、《曲台后仓》九篇、《中庸说》二篇、《明堂阴阳说》五篇、《周官经》六篇、《周官传》四篇、《军礼司马法》百五十五篇、《古封禅群祀》二十二篇、《封禅议对》十九篇、《汉封禅群祀》三十六篇、《议奏》三十八篇，无一以"五礼"命名，这充分说明当时五礼并没有形成体系。但也应该清醒地认识到，这种新的体系正在酝酿之中，《军礼司马法》便是后世军礼的始祖，五礼具体的礼仪正在酝酿与发展之中。

③ 参见吴雁南等《中国经学史》第一章第一节，福州：福建人民出版社；北京：人民出版社，2010 年，第 37—42 页。

元帝之后王政君在皇帝驾崩当天即起驾至未央宫,收回传国玉玺,并下诏让其侄子王莽出任大司马。不久,王莽拥立九岁的平帝,代理国政。元始元年,王莽接受安汉公称号,食禄二万八千户,升任"四辅"之首位,大权独揽。王莽在礼制方面做过不少改革,如平帝元始五年,王莽提出一整套帝王祭天的南郊礼仪,这就是著名的"元始仪"。有学者指出,元始仪的建立,"最终确立了南郊祭祀制度的地位。秦以来神祠祭祀为主体、空间分布广泛的国家祭祀制度,至此终结"①。在我们看来,王莽确立南郊祭祀制度,是尊君抑臣、伸张皇权的重要措施,这是建立天子大权独揽的礼制方面的重要表现。此后历朝历代,南郊祭祀成为帝王们最为热衷与关切的兴奋点,其原因也在于此。初始元年(8 年)十二月初一,王政君交出传国玉玺,举王莽为皇帝,改国号为新。

实际上,王莽本人是古文经学者,精于礼学,而其最得力的帮手刘歆也是古文经大家,为王氏政权的诞生与稳固出谋划策,刘歆所依据的便是宣扬天子之礼的《周礼》。

众所周知,《周礼》原名《周官》,属古文经②,学界一般都认为出于景、武之时。武帝时,河间王上献朝廷,藏之秘府③。成帝时,刘向校理秘阁图书,著于《别录》。哀帝时,其子刘歆撰成《七录》,到王莽摄政,改名《周礼》,置于"经"的地位,立于学官,并依此进行改制。为何《周礼》在百余年后大放光芒? 为什么王莽改制要依据《周礼》? 据专家们考证,《周礼》一书虽非周公所著,但包含着西周、春秋、战国某些资料,也包含着"整理者的思想倾向及政治主张,更具有一些理想制度的设置和理想政治的内容"④。换句话说,《周礼》是有秦统一天下之后一些理想制度的设置和理想政治的内容,自然,这与春秋战国时期天下分裂是不可同日而语的,代表着历史发展的趋向。从西汉伊始,官学以今文经一统天下,之后出现古文经深遭排斥,毫无地位可言。今文经推重《仪礼》,侧重士礼,自然与一统天下、皇权独尊的政治诉求不甚吻合。而属于古文经的《周礼》则是讲天子建官设职,实为天子之礼⑤,完全适应大一统之政治局面,也隐伏着提升皇权威严的需要,身为古文经学家的王莽

① 田天:《秦汉国家祭祀史稿》,第 4 页。
② 《汉书》卷五三《景十三王传》"献王所得书皆古文先秦旧书,《周官》、《尚书》、《礼》、《礼记》、《孟子》、《老子》之属",皆经传说记,七十子之徒所论"。第 2410 页。
③ 司马迁身为太史,能接触皇家图书,当看过《周官》,《史记》中多次提到《周官》则是明证。然一般人则难以一睹其书。贾公彦曰:"至孝武帝时,始开献书之路,既出于山岩屋壁,复入秘府,五家之儒,莫得见焉。"郑玄注、孔颖达疏:《礼记正义》卷一《曲礼》,第 6 页。
④ 姜广辉:《中国经学思想史》(第 2 卷),北京:中国社会科学出版社,2003 年,第 234 页。
⑤ 古代官制本身便是一种礼制,汉代出现许多有关官制的著述,实际就是礼。后世亦然,如永瑢等《四库全书总目》卷九四《御定资政要览》"盖治天下者,治臣民而已矣。使百官咸提躬饬行以奉其职守,万姓咸讲让型仁以厚其风俗,则唐虞三代之治不过如斯"。北京:中华书局,1965 年,第 795 页。清人唐晏甚至声称:"古之治天下者,无所谓法也,礼而已矣。"《三国两汉学案》,北京:中华书局,1986 年,第 323 页。

改其名为《周礼》、升其为"经",列之学官,实为必然。

但是,王莽改制没有成功,新朝也仅延续了十余年便失败了。就礼制变革来说,有学者指出:"从王莽当政时起,天子礼开始成为礼学的重点"①,其表现即刘歆为王莽操办了许多礼制改革:修明堂、筑辟雍、立后土、改革官制等等,大都与提升天子威信、加强皇权有关,换句话说,这一切都是基于"国家层面"上的礼制创制。然而,要建立一整套大一统封建王朝的礼制并非这么容易。即使随着西汉儒学的复兴与崛起,但儒生仍然停留在解释先秦儒家圣贤言论的层面,而儒生们拥有的典籍中没有"天子礼",只有士礼,故西汉王朝要建立一套完整的并获得经今文学家们认可的新礼制是不现实的,因为两者存在着不可调和的矛盾。因此,"因时制宜"②、重新创制一套新礼制是一条可行的出路。汤志钧先生指出:"'稽古礼文'的礼制建设并未因儒学的重入宫廷而变得轻而易举。这一方面是因为它本身的复杂和微妙,加剧了建设的困难程度,另一方面也和当时的客观形势有关。秦汉战乱以来,虽已经过几代人的努力,有了不少的建树,但由于整个封建君主集权的国家尚处于草创和巩固阶段,大部分礼制当然更是疏阔简陋,少有定制,甚至一些关系到国家政治和意识形态基本特征的重要制度也很不完善。"③显然,礼制建设并非一蹴而就,而传统士礼的影响在圣人的光环下仍显得十分耀眼,冲破士礼而直追天子礼,确实并不容易。

尽管随着新莽政权垮台,《周礼》也退出学官舞台,然而到东汉初,古文经《周礼》仍受重视,较为流行④。东汉光武、明、章诸帝都欣赏古文经,这一时期出现的马融、郑玄、贾逵都属古文经名家。值得强调的是,这些学者已非固守古文经一途,而是开始综合或说融汇今古两派观点,使解经切入现实政治,提出了更为适应历史发展潮流的观点。《隋书》曾指出:"至王莽时,刘歆始置博士,以行于世。河南缑氏及杜子春受业于歆,因以教授。是后马融作《周官传》,以授郑玄,玄作《周官注》。"⑤礼学家们的这些变化,是与建立天子之礼完全合拍的。

东汉建国后,创建新礼制的活动便开始了。习《庆氏礼》的博士曹充受到光武

①　姜广辉:《中国经学思想史》(第2卷),第199页。

②　《汉书》卷七三《韦贤传》,第3116页。《韦贤传·赞》引班彪之语:"汉承亡秦绝学之后,祖宗之制因时施宜。自元、成后学者蕃滋,贡禹毁宗庙,匡衡改郊兆,何武定三公,后皆数复,故纷纷不定。何者?礼文缺微,古今异制,各为一家,未易可偏定也。"这段话说出了西汉初年礼制建设的无奈。元、成之后,则开始大力制订新礼制。第3130页。

③　汤志钧等:《西汉经学与政治》,上海:上海古籍出版社,1994年,第239页。

④　参见杨天宇《周礼译注》"前言",上海:上海古籍出版社,2004年,第21—27页。

⑤　《隋书》卷三二《经籍志一》,第925页。王葆玹《今古文经学新论》第三章第五节已指出杜子春非刘歆"里人"。然杜氏是其学生,传其《周礼》学,当无疑。北京:中国社会科学出版社,1997年。

信任,他提出"五帝不相沿乐,三王不相袭礼,大汉当自制礼,以示百世"①的观点,体现出要求制订适应时代的新礼制的思想主张,获得光武认可。曹充曾"从巡狩岱宗,定封禅礼,还,受诏议立七郊、三雍、大射、养老礼仪",巡狩、封禅、七郊、三雍都能体现天子之礼的威严,是符合当时帝王集权需要的。其子曹褒"少笃志,有大度,结发传充业,博雅疏通,尤好礼事。常感朝廷制度未备,慕叔孙通为汉礼仪,昼夜研精,沈吟专思,寝则怀抱笔札,行则诵习文书,当其念至,忘所之适"②。元和二年,章帝下诏修礼,可见他也有制一代之制的设想。据史记载,章和元年曾令曹褒制订过《汉礼》:

> 令小黄门持班固所上叔孙通《汉仪》十二篇,勅褒曰:'此制散略,多不合经,今宜依礼条正,使可施行。于南宫、东观尽心集作。'褒既受命,乃次序礼事,依准旧典,杂以《五经》谶记之文,撰次天子至于庶人冠婚吉凶终始制度,以为百五十篇,写以二尺四寸简。其年十二月奏上。帝以众论难一,故但纳之,不复令有司平奏。会帝崩,和帝即位,褒乃为作章句,帝遂以《新礼》二篇冠。擢褒监羽林左骑。永元四年,迁射声校尉。后太尉张酺、尚书张敏等奏褒擅制《汉礼》,破乱圣术,宜加刑诛。帝虽寝其奏,而《汉礼》遂不行。

从这段记载可以看出,尽管章帝期盼曹褒制"一代之制",但实际上"依准旧典"的新礼仍是"冠婚吉凶终始制度",又"杂以《五经》谶记之文",充分说明当时虽有制订一代之制的愿望,但学术思想的准备还没有完成。显然,无论是曹充"立七郊、三雍、大射、养老礼仪",还是曹褒"冠婚吉凶终始制度",制作的礼制仍非完整的五礼体系③。

实际上,到东汉之时,今文经学者治学繁琐的陋习已极其严重,受《五经》谶记影响甚大,若不纠偏正缪,那么是不可能产生新的礼学思想体系的。正如范晔所称:"汉兴,诸儒颇修艺文;及东京,学者亦各名家。而守文之徒,滞固所禀,异端纷纭,互相诡激,遂令经有数家,家有数说,章句多者或乃百余万言,学徒劳而少功,后生疑而莫正。郑玄括囊大典,网罗众家,删裁繁诬,刊改漏失,自是学者略知所归。"④这里说明两点,一是东汉伊始,今文经繁琐、固执己见,谶讳迷信影响深重,难以为当时集权政治服务,不可能完成创建天子之礼的重任;二是古文经学者走今

---

① 《后汉书》卷三五《曹褒传》,第 1201 页。
② 《后汉书》卷三五《曹褒传》,第 1201—1202 页。
③ 《后汉书》卷三四《梁松传》亦有"与诸儒修明堂、辟雍、郊祀、封禅礼仪",仍可视为单篇独文式的礼仪,第 1170 页。
④ 《后汉书》卷三五《郑玄传》"论",第 1212 页。

文经老路自然毫无希望。因此,到了东汉末年,郑玄融会今古文,创立新说,不但使传统经学获得新生,而且可以为当时集权政治服务,成为创建新礼制体系的理论基础。

当然,并非郑玄第一个出场与今文经学争斗,早在西汉末年刘歆就与他们交过手了,然以失败告终。杨天宇指出:西汉后期今文、古文之争"以刘歆所代表的古文经学派的失败而告终,刘歆也被下放到地方做官去了。但这次争论除博士们所谓'以《尚书》为备,谓左氏为不传《春秋》'之说,略带学术性质,并没有涉及任何具体的学术问题。且当时的博士都甚浅陋,大多没有见过古文经,更谈不上有所研究,故'不肯置对',宜其然也。至于博士们一致反对古文经的根本原因,则是为了垄断利禄之途,不愿古文经学派出来跟他们争饭碗、争仕途"①。而自东汉光武帝始,古文经学派崛起,"今古文之争,已成为道统之争(谁更能传孔子之道)、学术之争,与西汉末年的今古文之争,性质已迥然不同"②。显然,此时双方之争已带有"理论"色彩。如果进一步说,今古文之争,还有经学发展是否能适应历史发展趋势之问题。

有学者认为:"郑玄将《周礼》提升为三《礼》之首的时候,他实际上作了一项意义极大的变革,即把传统的礼学的重点转向了政治制度之学。如果说刘歆之使士礼过渡为以天子礼为主,是中国礼学的一大转折,那么郑玄将礼学变成政治制度之学便是更大的转折。"③这一说法有道理。实际上,礼学本身便是"政治之学",无论是先秦还是两汉都如此,只不过先秦时期比较重视"道德"这个层面,到郑玄时则极大地突出了"政治层面"而已。况且刘歆以《周礼》为王莽登基与改制服务,便是属于"政治之学"的注脚。当然,这一观点所强调的刘歆与郑玄是礼学是两大转折,则是完全正确的。

在我们看来,郑玄初步构建了大一统的封建礼制理论体系,但并未完成秦晋间礼学转变的整个工作,其实,魏晋之间礼学还有一次重要变革,这便是王肃对郑玄礼学的批判④。当然,这应该从礼学内部变迁及其政治需求两者上来考量。

---

① 杨天宇:《郑玄三礼注研究》,第 41 页。吴雁南也称:今文经学"为了捍卫自身的利禄之路,必然同古文经学形成两军对垒之势"。《中国经学史》,第 117 页。

② 杨天宇:《郑玄三礼注研究》,第 45—46 页。

③ 姜广辉:《中国经学思想史》(第 2 卷),第 200—201 页。

④ 皮锡瑞对古文经大家刘歆、王肃评价不高:"两汉经学极盛,而前汉末出一刘歆,后汉末生一王肃,为经学之大蠹。歆,楚元王之后;其父向,极言刘氏、王氏不并立。歆党王莽篡汉,于汉为不忠,于父为不孝。肃父朗,汉会稽太守,为孙策所窘,复归曹操,为魏三公。肃女适司马昭,党司马氏篡魏,但早死不见篡事耳。二人党附篡逆,何足以知圣业!而歆创立古文诸经,汩乱今文师法;肃伪作孔氏诸书,并郑氏氏亦为所乱。歆之学行于王莽;肃以晋武帝为其外孙,其学行于晋初。"(皮锡瑞:《经学历史》五《经学中衰时代》,北京:中华书局,1959 年,第 159—160 页。)皮氏之语是基于"正统"观念之上,自不必加以理会,然皮氏指出刘、王两人在经学历史上产生过重要影响则是不错的,可以看出两者都是经学发展历史上的关键人物。

汉末到魏晋之际,郑康成之学基本统治地位,"郑君党徒遍天下,即经学论,可谓小统一时代"①。如西晋之时,所立经学博士十九人,除《公羊》《穀梁》《论语》,其余并是郑学②。但到曹魏中后期③,则受到王学挑战。王肃为曹魏名儒王朗之子,又是司马昭之岳父,晋武帝司马炎之外祖父。据史书记载,"肃善贾、马之学,而不好郑氏,采会同异,为《尚书》《诗》《论语》《三礼》《左氏》解,及撰定父朗所作《易传》,皆列于学官。其所论驳朝廷典制、郊祀、宗庙,凡百余篇"④。晋武帝时能够制作成体制宏大、符合于封建王朝统治的五礼体系也就是历史的必然了。

遗憾的是,王肃的许多著作并未流传至今⑤,我们也无法直接获知他对五礼的具体见解。不过,王肃对郑玄礼学的批判仍有较多学者进行了论述⑥,但无论学者们观点如何,有一点是可以肯定的,王肃对郑玄的批判,形成了经学内部不同的新派别,促进了礼学的发展,成为五礼制度的产生的重要条件之一;同时也可以看出由于王肃当时的政治地位与经学地位,使其礼学在曹魏晚期到西晋曾一度有取代郑学的趋势,影响颇大⑦。尽管王肃批判郑玄,但他没有反对郑玄的"五礼"学说,只是反对郑玄所持的关于礼仪的一些具体观点,这一点是值得注意的。实际上,此后各朝有关五礼某些具体礼仪的争论,或引郑玄、或据王肃,但都不反对五礼体系,其原因也便在此。自然,随着西晋灭亡,在政治上与晋王朝密切相关的王学便退出太学,东晋经学除王朗《易》学外,其余都立郑学博士。

---

① 皮锡瑞:《经学历史》五《经学中衰时代》,第151页。

② 具体参见马宗霍、马巨《经学通论·经学简史》,北京:中华书局,2011年,第261页。

③ 据杨天宇考证,王学立于学官,"不早于嘉平年间",参见《郑玄三礼注研究》,第171页。

④ 《三国志》卷一三《王肃传》,北京:中华书局,1982年,第419页。

⑤ 王肃著作今不存,无法详知其观点。今人李振兴搜遗抉微,著《王肃之经学》一书,对郑、王学术异同作了迄今为最为详尽的对比。上海:华东师范大学出版社,2012年。

⑥ 参见杨华《论〈开元礼〉对郑玄和王肃礼学的择从》(《中国史研究》2003年第1期)、郝虹《王肃反郑是经今古文融合的继续》(《孔子研究》2003年第3期)、乐胜奎《王肃礼学初探》(《孔子研究》2004年第1期)、任怀国《试论王肃的经学贡献》(《管子学刊》2005年第1期)、李传军《魏晋禅代与"郑王之争"——政权更迭与儒学因应关系的一个历史考察》(《孔子研究》2005年第2期)、张焕君《从郑玄、王肃的丧期之争看经典与社会的互动》(《清华大学学报》2006年第6期)、郭善兵《魏晋皇帝宗庙祭祖礼制考论》(《平顶山学院学院》2007年第1期)、王继训《论汉末经学的反复:以郑玄、王肃为例》(《管子学刊》2007年第1期)、郝桂敏《王肃对郑玄〈诗〉学的反动、原因及学术史意义》(《社会科学辑刊》2008年第1期)、户瑞奇《王肃反郑的历史原因及其意义》(《安徽文学》2009年第3期)、郝虹《三重视角下的王肃反郑:学术史、思想史和知识史》(《史学月刊》2012年第4期)、程兴丽《郑玄、王肃〈书〉学之争考辨》(《古籍整理研究学刊》2014年第1期)、刘丰《王肃的三〈礼〉学与"郑王之争"》(《中国哲学史》2014年第4期)、巴文泽《关于王肃经学思想的两点新解》(《中国哲学史》2014年第4期)、郭善兵《郑玄、王肃〈礼记注〉比较研究》(《泰山学院学院》2015年第4期)、宁镇强《郑玄、王肃郊祀立说再审视》(《历史研究》2014年第5期)、马楠《马融郑玄王肃本〈尚书〉性质讨论》(《文史》2016年第2期)、陈赟《"以祖配天与郑玄褅论的机理》(《学术月刊》2016年第6期)等。

⑦ 王学在曹魏立于学官,博士主王学者甚多。至魏晋禅代,极为重要的郊庙之礼,"一如宣帝所用王肃议",《晋书》卷一九《礼志上》,北京:中华书局,1974年,第584页。

杨天宇曾批评郑玄注《三礼》，其中提到两条甚可注意。一是郑玄坚信《周礼》是周公所制作，二是郑注《三礼》的目的是很明确的，"他要把他的社会政治思想，包括封建的等级观念和伦理道德观念，都体现在他的经《注》里，特别是体现在对礼义的阐发中"①。显然，郑玄注《三礼》是当时人的思想观念的反映，代表着大一统王朝初建时期要求皇权集中、等级分明、伦理鲜明的时代特色。

由于郑玄之礼学对后人影响极大②，作为三礼之首的《周礼》又被他确认为周公所作，那么其中提及的吉凶宾军嘉"五礼"当然成为大一统王朝构建礼制的标准，王肃反对郑玄，丰富了五礼制度的理论，西晋统一后出现五礼体系也成为最终的结果。

五、秦晋之际五礼诞生的启示

综上所述，五礼制度是适应大一统王朝的天子之礼，它不可能出现在统一王朝之前，也不可能万世永存。从秦晋时期各种制度包括礼制的变迁，实际与当时社会"适时改制"思想密切相关，是时代变化的必然要求。

秦下焚书令前，丞相李斯便声称："五帝不相复，三代不相袭，各以治，非其相反，时变异也。"③汉初，高祖与叔孙通议制礼，叔孙通说出一段非常著名的话："五帝异乐，三王不同礼。礼者，因时世人情为之节文者也。故夏、殷、周之礼所因损益可知者，谓不相复也。臣愿颇采古礼与秦仪杂就之。"④显然，叔孙通将礼称之"因时世人情为之节文者"，实是中的之语。汉武帝元朔六年六月诏称"五帝不相复礼，三代不同法，所繇殊路而建德一也"⑤。宣帝曾称"汉家自有制度，本以霸王道杂之，奈何纯任德教，用周政乎！且俗儒不达时宜，好是古非今，使人眩于名实，不知所守，何足委任？"⑥大有抛弃俗儒之倾向。其实，汉代出现"七十子后学者所记"⑦的《记》百三十一篇，其中《乐记》称"五帝殊时，不相沿乐；三王异世，不相袭礼"⑧，这在汉代流行，显然已被上至皇帝、下至学者的相当一部分人接受。自然也有一部分不接受者，他们受到许多思想家们的批评。如"希世度务制礼，进退与时变化，卒

---

①　杨天宇：《郑玄三礼注研究》，第 210 页。

②　刘师培曾说：郑玄"著述浩富，弟子众多，故汉魏之间盛行郑氏一家之学"。氏著《刘申叔遗书》，南京：江苏古籍出版社，1979 年，第 467 页。

③　《史记》卷六《秦始皇本纪》，第 254 页。

④　《汉书》卷四三《郦陆朱刘叔孙传》，第 2026 页。

⑤　《汉书》卷六《武帝纪》，第 173 页。

⑥　《汉书》卷九《元帝纪》，第 277 页。

⑦　《汉书》卷三〇《艺文志》，第 1709 页。

⑧　郑玄注、孔颖达疏：《礼记正义》卷三七《乐记》，第 1272 页。

为汉家儒宗"[1]的叔孙通,在召集鲁国儒生修礼时,有两儒生不愿参加,叔孙通斥其"不知时变"[2]之鄙儒。

当然,仅说时变势异的客观条件是不够的,一种制度的产生还有许多具体条件。就五礼制度产生而言,至少需要三个前提条件,帝王的意志、学术发展的基础和国内外政治局势,三者缺一不可。就秦汉大一统而言,是存在建立五礼制度的条件的,但秦始皇到汉武帝之前的历代皇帝,大多信任方术之士,儒家学者仅是"备顾问"而已,学术思想层面上准备远远不够。自然,汉初同姓诸侯林立,也构成对建立五礼制度的威胁,加之匈奴扰边,政局不稳,也是阻碍建立五礼制度建立的因素。汉武帝对外抗御匈奴,对内集权己身,独尊儒术,建立五礼制度的条件逐渐成熟。然武帝与汉初诸帝类似,迷信方士,又好大喜功,极力开边,虽已获得《周礼》,然束之高阁,遂与建立五礼制度的历史机遇失之交臂。武帝之后的今古经文学之争,促进了学术思想的发展,尤其是古文经的崛起,刘歆、郑玄、王肃等人推崇的《周礼》,代表着当时一部分知识分子的适时改制的一种治世理想[3],为五礼制度的诞生奠定了基础。因为《周礼》开篇便云:"惟王建国,辨方正位,体国经野。设官分职,以为民极"[4],这种体现时代要求的建立一统之国的政治秩序已深深融入了汉代学术思想之中,五礼制度的诞生只是时间问题了。郑玄对《周礼》的注释,虽然王肃对郑氏有一些批评,但对"五礼"则未见有不同意见[5]。不过,郑玄所处的时代仍然不适应五礼制度的出现,因为汉末党锢之祸引起国内各种尖锐的矛盾,随着军阀崛起,混战割据局面的出现,是产生不了大一统五礼制度的。然而,晋武帝结束了割据局面,重新创建了一个大一统王朝[6],他本人又有创制新礼制体系的意愿,加之郑、王等人礼学思想已臻成熟,因而适应大一统封建王朝的五礼制度便破土而出了。

由此我们可以看出,即使是一种符合历史发展潮流的制度的产生确实需要诸

---

① 《史记》卷九九《刘敬叔孙通传》,第 2726 页。

② 《汉书》卷四三《郦陆朱刘叔孙传》,第 2027 页。

③ 范祖禹曰:"天地之有四时,百官之有六职,天下万事,备尽如此。如网之在纲,裘之挈领,虽百世不可易也。人君如欲稽古以正名,苟舍《周官》,臣未见其可也。"此将《周礼》对治世作用说得极其清楚了。范祖禹:《唐鉴》卷二,《丛书集成新编》本,第 400—401 页。

④ 郑玄注、贾公彦疏:《周礼注疏》,第 2—5 页。郑注云:"正宗庙、朝廷之位"、"极,中也。令天下之人各得其中,不失其所"。

⑤ 李振兴《王肃之经学》第四章第一节"周礼王氏注佚文考释"仅辑得一条,第 568 页。当然,王氏注释有大量遗漏,但未见前代学者引王肃在五礼上与郑玄不同的看法,因此,笔者以为郑王在"五礼"解释上并无不同。姜广辉概括郑玄《三礼注》的最主要特点有三:一是以《周礼》为核心而释"礼",二是重《春秋》之义,三是称引纬书以注三《礼》。还认为其它特点也有三个方面:一是推重"吉凶宾军嘉"的五礼体系,二是以汉制相比拟,三是申述礼乐的意义。显然,尽管王肃对郑玄之说有所异议,但并未反对"吉凶宾军嘉"的五礼体系。姜广辉:《中国经学思想史》(第 2 卷),第 490—514 页。

⑥ 西晋虽也进行分封,但与西汉有所不同。西汉允许诸侯王设置宗庙进行祭祀,显现为一种分裂的态势,而西晋不允许诸侯王进行宗庙祭祀,集权于中央王朝。因此西晋是适宜于建立大一统五礼制度的时代。

多具体的历史条件,不创造好相应条件,是难以成功的。五礼制度的创建便是一项例证。因为没有相应的学术思想上的准备,不具备合适的国内外政治条件,单凭帝王一己之愿,是无法产生真正创制出符合历史发展趋势的制度,任何托古改制或不合时宜地改制都不会成功的。

原载于《学术月刊》2019 年第 1 期,

《高等学校文科学报文摘》2019 年第 2 期摘录,

《中国社会科学报》2019 年 6 月 10 日摘录

宋真宗"封禅涤耻"说质疑

——试论真宗朝统治危机与天书降临、东封西祀之关系

大中祥符元年正月,天降黄帛于皇宫左承天门南鸱尾上,于是,一场天书降临、东封西祀的闹剧拉开了帷幕。宋人对真宗这一大崇道教、劳民伤财的做法大加批评,即把这场闹剧认作是真宗崇道的结果。现代学者在承认这一观点的基础上,力图寻找更为具体的动因,即探索此事件背后的真宗的目的。有学者认为是真宗在澶渊之盟后,需要涤耻而虚构的事件①;有人反对涤耻说,认为是真宗"以盛大规模的封祀礼仪来证明赵宋皇权合法性、合理性和权威性,而且也是礼治社会整合和调适统治阶级政治秩序、强化意识形态和构建精神信仰的一场思想运动"②,还有人认为真宗"用'东封西祀'的'神道设教'方式来重塑政权和君王权威,巩固统治和统一思想,实现'两个凸显'的政治目的",即"凸显赵氏王朝'正统'地位和华夏文明中心地位的显著用意"③。这些观点自然都找到了某些史料来作证,也说出一定道理。但在我们看来,此事尚需再加深入研讨。

一、诸说质疑

其实冷静思考一下:如果真是真宗欲大崇道教,为何他继位后不马上开始崇兴道教④?为何在其继位十年后才突然有"天书降临",于是乎东封西祀、大修宫观,祥瑞连连?显然,说真宗是由于崇道教而蓄意制造天书降临、大修宫观、东封西祀显得比较勉强。那么是不是出于真宗为了涤耻、或者说是为了证明赵宋皇权合法性、合理性和权威性,乃或是神道设教之类的目的?笔者认为还需要细加研究。

众所周知,有宋立国,太祖、太宗兄弟对道教有一定的信仰⑤,采用较为和善的政策,保护或建造过道教宫观,但大多只是局限在"宗教"信仰层面进行祈禳求福这

---

① 汤其领:《涤耻封禅与北宋道教的兴盛》,《河南大学学报》1995 年第 3 期。王德忠:《王旦与天书封禅及其时代特征》一文有类似观点,《东北师大学报》2008 年第 4 期。

② 何立平:《宋真宗"东封西祀"略论》,《学术月刊》2005 年第 2 期。

③ 闫化川:《论宋真宗时期的"东封西祀"》"提要",山东大学 2008 年硕士论文。

④ 真宗继位时已经年近 30 岁了。

⑤ 李攸:《宋朝事实》卷七《道释》:"建隆初,太祖遣使诣真源祠老子,于京城修建隆观。"丛书集成新编本,第 656 页。太宗时也建过太一宫、灵仙观、上清太平宫,参见王应麟《玉海》卷一《郊祀》,第 1821 页。

一范畴①,并没有上升到国家制度的政治层面上。真宗当皇帝十年后突然对道教大感"兴趣",与王钦若等人一唱一和,于是天书降临、建造玉清昭应宫、东封泰山、西祀汾阴,乃至修订国家礼典,包容道教科仪某些因素,拉开了宋政府与道教蜜月的序幕。

这当然与澶渊之盟后真宗心理变化有极大关系,但笔者并不太赞同涤耻说。如果真是出于涤耻目的,那么为何景德四年王钦若"度上厌兵",试探地提出"以兵取幽蓟,乃可刷此耻"时,真宗却推托"河朔生灵,始得休息,吾不忍复驱之死地"②,为何没有任何直接与辽决战的勇气?如果能够举全国之力与辽决一死战,即使不能挣回脸面,至少也显得真宗有点"雪耻"的骨气。因而可以判断出真宗心理并不在于涤耻,也不是真正在乎签订澶渊之盟后给了多少"岁币"。至于说要"证明赵宋皇权合法性、合理性和权威性"和"强化意识形态和构建精神信仰的一场思想运动"。这种观点也难以服人。因为赵宋王朝已经经过太祖太宗两代,不再需要证明其赵宋皇权"合法性、合理性和权威性",而把天书降临及建宫观乃至封祀之举说成是真宗"强化意识形态和构建精神信仰的一场思想运动",确实把真宗的"思想境界"说得太高了些。至于认为真宗此举是"凸显赵氏王朝'正统'地位和华夏文明中心地位的显著用意"的观点,我们认为更难以成立。因为北宋继后周而来,占据中原地区及全国绝大部分地区,且建都于当时中华传统文化的核心区域,赵氏王朝"正统"地位已无必要去争,更无需"凸显"其华夏文明中心。其实,契丹族建立的辽国一直尽力维护着本民族的文化③,从来没有打算与赵宋王朝争夺华夏文明中心地位,当时也不存在与宋朝争正统地位问题④,因而这种似是而非的观点难以成立。倒是作者提到的"用'东封西祀'的'神道设教'方式来重塑政权和君王权威,巩固统治"一语确实令人深省,启发了我们去进一步思考。在我们看来,这应该是指重塑真宗政权和真宗个人的权威而言,以实现巩固真宗统治的目的,而非泛指重塑整个"赵宋王朝"的权威。笔者认为,真宗采用天书降临、兴修宫观、东封西祀的连续剧式闹剧,实际是其摆脱自身统治危机的手段。下试为述之。

---

① 马端临:《文献通考》卷七七《郊社考十》称:"太祖、太宗时,凡京师水旱稍久,上亲祷者,则有建隆观、大相国太平兴国寺、上清太一宫;甚,则再幸。或撤乐减膳,进蔬馔。"(北京:中华书局,2011 年,第 2392 页。)李焘:《续资治通鉴长编》卷二六,太宗雍熙二年"六月己卯,诏两街供奉僧于内殿建道场。上谓宰相曰:'今兹夏麦丰稔。比闻岁熟则民多疾疫,朕恐百姓或有灾患,故令设此,未必便能获佑,且表朕勤祷之意云。'"北京:中华书局,1995 年,第 596 页。

② 李焘:《续资治通鉴长编》卷六七,真宗景德四年十一月庚辰,第 1506 页。

③ 辽朝维护本民族文化,在礼制方面,很少采纳中原的五礼制度,而是维护本民族的礼仪,从来没有与宋王朝争什么正统地位或华夏传统。

④ 刘浦江认为辽朝的中国观(正统论)始于兴宗重熙十一年(1052)与宋交往中对称南北朝。即使如此,也不表示已与宋王朝争正统。《德运之争与辽金王朝的正统性问题》,《中国社会科学》2004 年第 2 期。

二、廷美之废与元佐发狂

我们认为：从太宗即位后到真宗当皇帝之前，赵宋政权就存在着统治危机。

先说太宗长子。太宗长子元佐是元德皇后所生的，"太平兴国中，出居内东门别第，拜检校太傅、同中书门下平章事，封卫王，赴上于中书。后徙居东宫，改赐今名，加检校太尉，进封楚王"①。元佐封楚王在太平兴国八年十月，但入居东宫时间史书未能详载。按照史书记载顺序，应该理解为元佐先封卫王、入居东宫、再改名封楚王。

入居东宫，自然可以视为太宗有将元佐作为继承人培养的目的。不过需要强调的是，元佐入居东宫时并没有册为皇太子，即并非是法定储君。这样就存在一个问题，不是太子，自然不能入居东宫；而元佐以王的身份入居东宫，实在不合礼法。笔者以为：其中史家"曲笔"之余义确需发掘。

那么为何太宗会做出这种不符礼法的事？说白了，就是元佐被动地卷入了太宗与其四弟廷美的储位之争的矛盾旋涡之中。《宋史》有一段极为重要的记载：

> 初，昭宪太后不豫，命太祖传位太宗，因顾谓赵普曰："尔同记吾言，不可违也。"命普于榻前为约誓书，普于纸尾书云"臣普书"，藏之金匮，命谨密宫人掌之。或谓昭宪及太祖本意，盖欲太宗传之廷美，而廷美复传之德昭。故太宗既立，即令廷美尹开封，德昭实称皇子。德昭不得其死，德芳相继夭绝，廷美始不自安。已而柴禹锡等告廷美阴谋，上召问普，普对曰："臣愿备枢轴以察奸变。"退复密奏："臣忝旧臣，为权幸所沮。"因言昭宪太后顾命及先朝自懑之事。上于宫中访得普前所上章，并发金匮得誓书，遂大感悟。召普谓曰："人谁无过，朕不待五十，已尽知四十九年非矣。"辛亥，以普为司徒兼侍中。他日，太宗尝以传国之意访之赵普，普曰："太祖已误，陛下岂容再误邪？"于是廷美遂得罪。凡廷美所以遂得罪，普之为也。②

治宋史者对此段记载当极为稔熟。如果这一记载确是信史③，那么廷美之所以获

---

① 《宋史》卷二四五《楚王元佐传》，北京：中华书局，1985年，第8694页。

② 《宋史》卷二四四《魏王廷美传》，第8669页。应该理解为昭宪太后、太祖曾与太宗口头说过传位之顺序事，否则太平兴国四年，太宗不会对德昭说"待汝自为之，赏未晚也"的话。不过可以肯定的是，太宗却不知道有誓书藏于金匮之中。

③ 有学者认为此史料不可信，不存在金匮之事。然从廷美、德昭屡受太宗打击之事来看，此事当有。否则太宗不会因军中欲立德昭而对他说"待汝自为之，赏未晚也"，也不会有人告廷美欲行取代之"阴谋"，置其死地而后快了。故笔者认为此事当有。

罪,当与皇位继承有关,因为按昭宪太后排定的传位顺序是:太祖传太宗,太宗传廷美,廷美传德昭①。

然而这一切都随着太宗权力的巩固而发生了变化。先是德昭被斥自杀,太平兴国"七年三月,或告秦王廷美骄恣,将有阴谋窃发。上不忍暴其事,遂罢廷美开封尹,授西京留守。赐袭衣、通犀带,钱千万缗,绢、彩各万匹,银万两,西京甲第一区"②。为何廷美因骄恣罢开封尹,太宗却赐以钱财甲第?真是太宗"不忍暴其事"吗?显然还存有疑问。廷美骄恣当会有之,"将有阴谋窃发"或为莫须有之罪名。廷美受贬,实际已经暗示太宗要排斥廷美的继承权。

但此事仍未结束,赵普再告廷美与卢多逊"交通"③,卢多逊下御史狱,廷美亲属被剥夺公主、驸马号,其他有关的官吏相继受到严厉惩处,而廷美则被监视居住。赵普再次落井下石,教唆知开封府李符上奏,以廷美谪居西洛非便为由要求驱逐他,最终太宗"顺应"舆论,诏降廷美为涪陵县公,房州安置,廷美之妻也被剥夺楚国夫人号④。其实,只要看一下太宗对德昭的态度,那么就可以清楚地了解太宗对廷美处置的必然性:德昭于太平兴国"四年,从征幽州。军中尝夜惊,不知上所在,有谋立德昭者,上闻不悦。及归,以北征不利,久不行太原之赏。德昭以为言,上大怒曰:'待汝自为之,赏未晚也!'德昭退而自刎。"⑤显然,太宗对"有谋立德昭"极为愤慨,也曲折地反映出太宗的传位之心结。而"德昭不得其死,德芳相继夭绝,廷美始不自安"⑥,这说明了廷美已经深深感觉到自己所处的危险境地。

不过,上面叙述在时间还很模糊不清,因此还需要梳理一下时间。

按照史书记载,太宗了解昭宪顾命之事是太平兴国六年九月丙午,五天后,"以普为司徒、兼侍中"⑦,即赵普恢复了宰相之职⑧。赵普是在与卢多逊的权力斗争中不利,于是借柴禹锡告发廷美之机,主动表示"臣愿备枢轴以察奸变",向太宗表忠心,并密告昭宪顾命,太宗才获得金匮,得知太后与太祖曾背着他写下传位约誓书⑨。而柴禹锡告发当在六年九月丙午之前⑩,但据柴禹锡本传则载:"告秦王廷美

---

① 太祖四子:长子滕王德秀,次子燕懿王德昭,三子舒王德林,四子秦康惠王德芳。德秀、德林皆早亡。
② 《宋史》卷二四四《魏王廷美传》,第8666页。李焘《续资治通鉴长编》卷二三记载略同。
③ 赵普与卢多逊不和,卢氏却与廷美关系极佳,又身居高位,排斥赵普。
④ 参见《宋史》卷二四四《魏王廷美传》,第8668页。
⑤ 据《宋史》卷二四四《燕懿王德昭传》:第8676页。
⑥ 《宋史》卷二四四《魏王廷美传》,第8669页。
⑦ 李焘:《续资治通鉴长编》卷二二,太宗太平兴国六年九月丙午,第500页。
⑧ 李焘明确称赵普"复入相,乃六年九月辛亥",李焘:《续资治通鉴长编》卷二二,太宗太平兴国七年四月辛亥,第495页。
⑨ 口头之语或可置之不理,然白纸黑字则难以抵赖。
⑩ 李焘:《续资治通鉴长编》卷二二,太宗太平兴国六年九月丙午,第500页。

阴谋,擢枢密副使"①,柴氏任枢密副使却在太平兴国七年四月甲子②,两者似有矛盾。但根据史料大致可还原事件过程:柴禹锡告发在六年九月,太宗"隐忍不发",也未赏赐禹锡;九月丙午太宗获知金匮之事,六天后即"壬子,秦王廷美乞班赵普下,从之"③。当然,廷美想以此举来自保。七年三月,罢廷美开封尹。四月甲子,柴禹锡授枢密副使,赏其告密之功。而"赵普既复相,卢多逊益不自安。普屡讽多逊令引退,多逊贪权固位,不能自决。会普廉得多逊与秦王廷美交通事,遂以闻。上怒,戊辰,责授多逊兵部尚书,下御史狱"④。下卢多逊御史狱在太平兴国七年四月戊辰,即赏柴禹锡的四天之后。太宗诏文武常参官集议朝堂,议后"诏削夺多逊官爵,并家属流崖州;廷美勒归私第;赵白、阎密、王继勋、樊德明、赵怀禄、阎怀忠皆斩于都门外,籍其家财"⑤,不久又驱逐廷美至房陵。

回过头来要讲元佐。苏辙曾记载道:"楚王元佐,太宗之长子,将立为嗣,坚辞不肯,欲立太祖之子,由此遂废,故当时以为狂,而实非狂也。"⑥这段话被杨仲良否定,杨氏称:"《龙川别志》言:太宗将立元佐为嗣,元佐辞,欲立太祖之子,由此遂废。按:太祖二子,德昭卒于太平兴国四年八月,德芳卒于六年三月。而元佐以七年七月出阁,时太祖之子无存者矣。元佐虽封卫王,盖未尝有建储之议也。九年正月,廷美死,元佐乃发狂,其发狂固不缘辞位。《别志》误矣。司马光《日记》载宋敏求云:'廷美之贬,元佐请其罪,由是失爱。'《日记》盖得其实矣。"⑦宋敏求与司马光同年生(真宗天禧三年),苏辙则小他们20岁,大致是同一时代之人。那么如何理解这两段记载? 其实,苏辙记载称元佐坚辞不肯当太子,"欲立太祖之子"确实是错误,因为德昭、德芳先后去世,太祖已无子存世。然苏辙当是"笔误",因为其父在仁宗时任著作佐郎,协修《太常因革礼》,时苏辙随父居京;苏辙本人在仁宗末年参加殿试,受到司马光、范镇、蔡襄等大臣赏识,虽因言论政事过于激切而未入高第,但仍被委以试秘书省校书郎。况且苏辙与朝廷大臣交往颇多,所撰《龙川略志》、《龙川别志》两书,撰写了不少亲身经历及闻见前朝事迹,根据苏辙的这种经历,不可能

---

① 《宋史》卷二六八《柴禹锡传》,第9221页。

② 《宋史》卷四《太宗纪一》载:太平兴国七年四月甲子,"如京使柴禹锡为宣徽北院使兼枢密副使",第68页。《续资治通鉴长编》卷二三,太宗太平兴国七年四月甲子载有"翰林副使杨守一为东上阁门使,充枢密都承旨。守一即守素也,与禹锡同告秦王廷美阴谋,故赏之"。第515页。另一可能是柴禹锡又与杨守一告发廷美勾结卢多逊。从柴氏人品来看,他是个热衷于密告的小人,最终连太宗也不相信他了。

③ 李焘:《续资治通鉴长编》卷二二,太宗太平兴国六年九月壬子,第502页。即赵普复相次日,廷美要求居赵普之下。或许廷美或已了解太宗与赵普相谈之语,否则不会马上自动"乞班"于赵普之下。

④ 李焘:《续资治通鉴长编》卷二二,太宗太平兴国七年四月丙寅,第516页。

⑤ 《宋史》卷二四四《魏王廷美传》,第8668页。

⑥ 苏辙:《龙川别志》卷上,北京:中华书局,1982年,第71页。

⑦ 杨仲良:《皇宋通鉴长编纪事本末》卷九《诸王事迹》,哈尔滨:黑龙江人民出版社,2006年,第94页。

不知道太宗欲立元佐时德昭、德芳已经去世之事实,同时也应当知道废黜在外的廷美,按昭宪太后嗣位顺序是有资格当皇帝的。故笔者以为此是笔误,若写"昭宪之子"则完全没有问题了。"由此遂废"是指元佐与太宗在立储问题上产生了激烈的冲突,"失爱"于太宗。故苏辙称"当时以为狂,而实非狂也"。笔者猜测苏氏之意:太宗拟立元佐,而元佐则坚持让位于其叔廷美,这一举动被时人认作是"发狂"之举,其实元佐并不是"狂"。也可以理解为:太宗逼死德昭、废黜廷美,正是要让自己儿子继位,而元佐却不领情!这种举动类似于发"狂"。史书明确记载:"廷美死,元佐遂发狂"[①],苏辙应当是了解元佐真正发狂时间的。值得回味的是,苏辙这段话讲到此便结束了,而其言外之意倒是值得好好领会的。故苏氏与宋氏两者记载都没有错,只不过各持一端罢了。至于杨氏所说"九年正月,廷美死,元佐乃发狂,其发狂固不缘辞位"也没错,指出了元佐宁愿冒着失爱于其父的危险,而坚持要让廷美继位,当廷美去世,元佐"梦想"破灭,受到这一极大刺激而发狂。不过,杨氏似乎误解了苏辙之语[②]。

　　倒是李心传所记一段话存在问题:"楚王元佐,太宗之长子,将立为嗣,坚辞不肯,欲立太祖之子,由此遂废。故当时以为狂,而实非狂也。按《国史》,太平兴国四年,太祖长子武功郡王德昭暴薨。六年,其弟荥阳公德芳继卒。明年,宰相赵普如京使柴禹锡告秦王廷美与卢多逊交通,言涉不顺,坐是废死房陵,于是太祖子弟尽矣。其年,太宗乃封长子元佐为卫王。明年,进封楚王。又三年,元佐以病狂纵火废。此时太祖诸子之卒久矣。(原注:或曰元佐请秦王之罪,忤上旨,因得心疾也。)"[③]李氏前面一段是抄苏辙之语,中间是查《国史》德昭、德芳卒年,但称廷美"坐是废死房陵,于是太祖子弟尽矣。其年,太宗乃封长子元佐为卫王"出现了问题。因为李焘记廷美死于雍熙元年正月乙丑[④],《宋史》也称"雍熙元年,廷美至房州,因忧悸成疾而卒,年三十八。"[⑤]而四个月前的太平兴国八年十月戊戌,"卫王德崇改名元佐",同月"己酉,元佐进封楚王"[⑥]。正与上举《宋史》"封卫王,赴上于中书。后徙居东宫,改赐今名,加检校太尉,进封楚王"一段相合。如果《长编》与《宋史》记载无误的话,封卫王、居东宫、改今名、封楚王是同一年,那么我们可以判定李心传称廷美去世之年元佐封卫王,明年进封楚王实是大误;按照此推算,"又三年"即雍熙四年元佐焚宫也被推迟了两年,亦误。

①　《宋史》卷二四五《楚王元佐传》,第 8694 页。
②　杨氏这段话,被胡三省抄入《通鉴注》中。
③　李心传:《旧闻证误》补遗,北京:中华书局,1981 年,第 65—66 页。
④　李焘:《续资治通鉴长编》卷二五,太宗雍熙元年正月乙丑,第 572 页。
⑤　《宋史》卷二四四《魏王廷美传》,第 8668 页。
⑥　李焘:《续资治通鉴长编》卷二四,太宗太平兴国八年十月戊戌,第 555 页。

按照李焘的记载,可以断定元佐入居东宫在太平兴国八年十月戊戌(十六日)到己酉(二十七日)之间的十天之中。太宗如此快让元佐入居东宫,虽未宣布其为太子,然明确表示出要堵塞廷美继位之路,让自己儿子继位的决心。也正由于太宗让元佐入居东宫,廷美深感危机来临,才会"忧悸成疾",并于雍熙元年正月去世。这短短的三个月的变化,确实让元佐如坐火山之上,其实,当初廷美谪迁涪陵居住,"元佐独申救之"①,这段史料当是元佐入居东宫之后事。元佐之所以能"独申救之",这与其坚持让廷美继位的思想完全一致。遗憾的是,廷美在三个月之后便去世了,极其严酷的事实沉重地打击了元佐,这是压垮他、促使他发狂的最后一根稻草!这也反证元佐入东宫在雍熙元年廷美死之前,因为元佐发狂,太宗自然不可能让他再入居东宫的。元佐发狂,史称"至以小过操挺刃伤侍人",到"雍熙二年,疾少间,帝喜,为赦天下"。②尽管元佐"疾少间",然太宗仍视其为病人,故这年九月重阳日内宴,太宗以元佐之疾新愈而未叫其赴宴,元佐忿恨殿堂,醉酒纵火烧楚王宫而被废为庶人、均州安置③。在太宗眼里,元佐继位之路已经断绝。

三、真宗继位与元佐养晦

元佐被废,太宗又垂意次子元僖,"以元僖为开封尹兼侍中,改今名,进封许王,加中书令"④,遗憾的是,元僖于淳化三年十一月暴毙,太宗赠其皇太子。按理说,德昭、廷美先后去世,太宗完全扫清了障碍,可以不必考虑廷美和德昭因素,完全具备预立太子的可能与条件,不但他既没有立已入居东宫元佐为皇太子,元僖也未立为太子,直到元僖去世后才赠皇太子。不立元佐自然还能解释,因为他曾坚持让位廷美,且不久又患病发狂了;但不立元僖似可说明太宗对金匮约誓书仍所有忌讳之心——因为至少大臣中有了解昭宪太后及太祖对传位的安排!

这里再分析一下元僖死后,太宗数子立储的可能性。太宗共九子:元佐被废,元僖、元亿先后去世,但太宗仍还有元侃(即赵恒)、元份、元杰、元偓、元偁、元俨六子可供选择,其选择余地甚大。按照顺序,当是元休继位。太平兴国八年十月封王时,德昌改名元休(即真宗),"端拱元年,封襄王,改元侃。淳化五年九月,进封寿王,加检校太傅、开封尹",一年后,即"至道元年八月,立为皇太子,改今讳,仍判府事"⑤,赵恒立为太子的一年半后,太宗薨,赵恒继位。

太宗虽解决了传位己子,但他没有解决传位留下的矛盾,史书记载非常清楚:

① 《宋史》卷二四五《楚王元佐传》,第8694页。
② 《宋史》卷二四五《楚王元佐传》,第8694页。
③ 据本传,元佐"行至黄山,召还,废南宫,使者守护",实际上在太宗眼中已不再对元佐抱有什么希望了。
④ 《宋史》卷二四五《昭成太子元僖传》,第8697页。
⑤ 《宋史》卷六《真宗纪一》,第103—104页。

初，太宗不豫，宣政使王继恩忌上英明，与参知政事李昌龄、知制诰胡旦谋立楚王元佐，颇间上。宰相吕端问疾禁中，见上不在旁，疑有变，乃以笏书"大渐"字，令亲密吏趣上入侍。及太宗崩，继恩白后至中书召端议所立。端前知其谋，即绐继恩，使入书阁检太宗先赐墨诏，遂锁之，亟入宫。后谓曰："宫车晏驾，立嗣以长，顺也，今将奈何？"端曰："先帝立太子政为今日，岂容更有异议！"后默然。上既即位，端平立殿下不拜，请卷帘，升殿审视，然后降阶，率群臣拜呼万岁。（原注：王继恩等谋废立，《实录》、《国史》绝不见其事迹，盖若有所隐讳。今据《吕诲集·正惠公补传》及司马光《记闻》增修，补传所载，比之《记闻》尤详也。）①

此事司马光亦有记载：

太宗疾大渐，李太后与宣政使王继恩忌太子英明，阴与参知政事李昌龄、殿前都指挥使李继勋、知制诰胡旦谋立潞王元佐。太宗崩，太后使继恩召宰相吕端，端知有变，锁继恩于阁内，使人守之而入。太后谓曰："宫车已晏驾，立嗣以长，顺也，今将何如？"端曰："先帝立太子，正为今日。今始弃天下，岂可遽违先帝之命，更有异议？"乃迎太子立之。②

显然，元佐与真宗之生母李太后当时主张立楚王，获得王继恩、李昌龄、胡旦等大臣的支持，且用"立嫡以长不以贤"的古训来向吕端发难。不过，吕端早"疑有变"，果断采取措施，才使赵恒当上了皇帝。即使真宗即位时，吕端还不放心，定要升殿审视后才率群臣呼万岁。这记载虽十分简单，但如李焘所注："王继恩等谋废立，《实录》、《国史》绝不见其事迹，盖若有所隐讳"，显然这场继位斗争是十分激烈的，国史都已经有所篡改。也正是如此，真宗即位后，王继恩、李昌龄、胡旦等人都受到贬职或流放的惩处。

这就是说，即使真宗继位了，其正当性仍存在问题的。实际上，在中国古代，患有严重疾病而继位者比比皆是，况且元佐之"疾"并没有想象的那么严重：

（六月）甲辰，以皇兄元佐为左金吾卫上将军，复封楚王，听养疾不朝。上

---

① 李焘：《续资治通鉴长编》卷四一，太宗至道三年三月，第862—863页。
② 司马光：《涑水记闻》卷六，北京：中华书局，1989年，第121页。

始欲幸元佐第，元佐固辞以疾，曰："虽来，不敢见也。"由是终身不复见。①

真宗即位，起为左金吾卫上将军，复封楚王，听养疾不朝，再加检校太师、右卫上将军。②

上段史料出于《续资治通鉴长编》，下段出于《宋史·楚王元佐传》，但《宋史》缺少了关键的后面的话。因为太宗去世在三月，六月真宗就封其兄元佐为左金吾卫上将军、复楚王封爵，按道理说，元佐当感激涕零、深谢皇恩浩荡，为何固辞以疾不见？又为何"由是终身不复见"？此史家曲笔深意自可想见：元佐当已经知道其母之意，且以其弟继位为恨③！按元佐还位于廷美之思想的发展脉络，他认为真宗当皇帝就是不合法！因此，我们可以看到，此后真宗不断给元佐加官晋爵，但元佐深以为忌，韬光养晦，但他却是一个非常慎重的人：

平居不接人事，而事或预知。帝尝遣术士管归真为醮禳，左右未及白，元佐遽曰："管归真至矣。"④

这段史料至少有几个方面的信息，一是元佐"养疾"在家，被排除在政治圈之外；二是虽"不接人事"，但朝廷之事"或预知"；三是其疾早已痊愈⑤。元佐在恢复王爵之时，思路非常清晰，不愿再与自己同胞兄弟见面，以示自己立场，那么就不存在还在患病的问题，而且此后所有记载到元佐的史料，没有提及他心疾复发！那么，真宗派术士为他醮禳有什么必要呢？至于元佐竟然马上能够知道是谁来了，一方面说明元佐确实无病，同时可看出真宗派遣术士醮禳的目的无非是为了监视元佐。事实很清楚：如果元佐病未痊愈，仍需"在家养病"，那么就不可能"预知"朝廷事，如果他马上辨别出管归真到来，那么说明他没有病！更须注意的是，称元佐"平居不接人事，而事或预知"，即他仍有获取朝廷政事的渠道与了解政事的能力，也证明朝廷中确实还有支持元佐的力量存在⑥，也正由于此，真宗才需要对他处处提防。

① 李焘：《续资治通鉴长编》卷四一，太宗至道三年六月甲辰，第867页。
② 《宋史》卷二四五《楚王元佐传》，第8694页。
③ 无论元佐是想让位于廷美或德昭之后，还是自己想当皇帝，都不会对真宗继位抱有好感，因此他才会终生不见其弟。真宗继位时，廷美之子德钧、德钦、德润、德文、德愿、德存均在，德昭子惟正、惟吉、惟忠、惟和也在。
④ 《宋史》卷二四五《楚王元佐传》，第8694页。
⑤ 元佐火烧宫室是对太宗不满，是酒后所为，并非是发病所为。同时，史书中没有记载此后元佐有发病之事。
⑥ 实际上，焚宫起因是太宗请诸子赴宴，以元佐有病而没请他，因此元佐在醉酒情况下焚烧自己宫室。史书没有讲焚烧导致多大损失，大致可以判断局限于元佐楚王宫，乃或可以认为是其中一部分房（转下页）

这不是笔者猜测,这有充分史料可以证明:

> 楚王元佐生辰,遣中使赐以宝带。使还,具言王感恩状。王平居不接人事,而事或预知。上尝命道士管归真为设醮禳,家人未及白而曰:"管归真至矣。"上因言:"此非为邪所惑故耶?"又言:"王平居亦无他,但不束发,不喜见妇人,间阅书属文,召其子允升等置酒交谈,或心神不宁,则举措有异,言语无节,盖本由惊悸所致也。"①

真宗对其兄真是"关心备至",屡加官赐物、派术士上门设醮祈福,但"使还,具言王感恩状",说明真宗想了解元佐的一举一动,说更清楚一些,就是密察暗防。而"王平居亦无他"一语显示出真宗确实对元佐实行严密监控;而元佐"间阅书属文,召其子允升等置酒交谈",也说明他思维正常;至于"或心神不宁,则举措有异,言语无节"当是他深深感到随时降临之危机的神态!因此他以"不束发,不喜见妇人"之怪异之举,"平居不接人事"来韬光养晦,避免遭受飞来横祸;又,"禁中火,元佐表停奉禀助完宫阙"②,显然元佐以这些来避灾求福。

四、真宗丧子与澶渊之盟

从真宗即位来看,他确实面临着某种"危机":尽管元佐没有直接与他争夺皇位,至少元佐的存在对他是个潜在的威胁③。

这不是一种猜想,只需要分析一下真宗后嗣及真宗的一些行为,便可以大致看出问题来:"真宗六子:长温王禔,次悼献太子祐,次昌王祗,次信王祉,次钦王祈,次仁宗。禔、祗、祈皆蚤亡"④。据《宋会要辑稿》载:"温王禔,元符三年三月追赐名,赠太师、尚书令,封温王。昌王祗,元符三年三月追赐名,赠太师、尚书令,封昌王。信王祉,元符三年三月追赐名,赠太师、尚书令,封信王。钦王祈,元符三年三月追赐名,赠太师、尚书令,封钦王。"⑤这几位皇子直到哲宗元符三年时才被追封,说明禔、祗、祉、祈都夭折于襁褓之中,若是年龄稍大,那么他们死后,真宗肯定会赠予封号的。

(接上页)屋。不管怎么说,太宗废元佐的理由不充分,因此太宗病危时,李太后及部分大臣就愿意支持元佐称帝。而恢复元佐之位自然有"立嫡以长不以贤"之古训,这当然是极为过硬的理由。

① 李焘:《续资治通鉴长编》卷六八,真宗大中祥符元年正月乙亥,第1521—1522页。
② 《宋史》卷二四五《楚王元佐传》,第8694页。
③ 按照宋初皇位传承,可以兄弟相继,并未规定一定是父子相承。因此理论上说,即使元佐本人不继位,其后裔仍有继位权力。
④ 《宋史》卷二四五《悼献太子祐传》,第8706页。
⑤ 徐松辑:《宋会要辑稿》帝系一,上海:上海古籍出版社,2014 第36—37页。

值得注意的是悼献太子。《宋史》称："悼献太子祐，母曰章穆皇后。咸平初，封信国公。生九年而薨，追封周王，赐谥悼献。仁宗即位，赠太尉、中书令。明道二年，追册皇太子"①，明道是仁宗年号，因此这一赐封本身不在真宗朝。而且《宋史》称悼献太子咸平初封信国公的记载当有误，因为《续资治通鉴长编》载咸平五年十一月郊祭天地后，"己酉，以皇子元（玄）祐为左卫上将军，封信国公"②。然深受真宗宠爱的玄祐却身体不好，"上忧之，屡设斋醮祈禳"，但仍然于咸平六年四月辛巳卒，年仅"九岁，追封周王，谥悼献"，据称，"后十五日，王子生两月者亦不育，上乃取宗室子养之宫中。"③玄祐与其弟在半个月内先后去世，确实给真宗一个沉重打击，因为从真宗欲想传位己子的话，此时已经没有亲生儿子了，他只能将就地取宗室之子养育于宫中。

仁宗是真宗第六子，"母李宸妃。大中祥符三年四月十四日生。章献皇后无子，取为己子养之"。④换言之，从悼献太子祐卒到仁宗生，其间长达七年真宗没有亲生之子，只是宫中养宗室之子，尽管史书未说此宗室之子是谁，但至少说明真宗已有传位的思考。更须值得注意的是，在真宗有亲生子嗣之时，并没有大臣提议建储，这说明当时皇位并没有确定必须由真宗亲生之子来继承。而当真宗亲生之子全部亡故之际，元佐却有三子允升、允言、允成，且都已长大成人，这不能说不对真宗的帝位传承形成一种威胁。这不是臆测，这在大中祥符元年下诏修昭应宫时表现得非常清楚：

> 初，议即宫城乾地营玉清昭应宫，左右有谏者。帝召问，谓对曰："陛下有天下之富，建一宫奉上帝，且所以祈皇嗣也。群臣有沮陛下者，愿以此论之。"⑤

这段史料非常重要，但未见学者引用。众所周知，玉清昭应宫是天书降临后，为存放天书而建的道宫，然深知真宗之心的丁谓却说："建一宫奉上帝，且所以祈皇嗣也"，不是充分证明真宗的无子求嗣心理及感到的威胁吗？

事实上，咸平六年的丧子之痛，自然对真宗而言是个重大打击，但次年他又遇到辽军南下的麻烦事。

景德元年八月"边臣言契丹谋入寇"之时，真宗最初也企望对辽战争中打个大

---

① 《宋史》卷二四五《悼献太子祐传》，第 8707 页。
② 李焘：《续资治通鉴长编》卷五三，真宗咸平五年十一月己酉，第 1163 页。
③ 李焘：《续资治通鉴长编》卷五四，真宗咸平六年四月辛巳，第 1190 页。李焘此段记载后称："周王既薨，真宗取宗室子养之宫中。范镇云当考。"
④ 《宋史》卷九《仁宗纪一》，第 175 页。
⑤ 《宋史》卷二八三《丁谓传》，第 9567 页。

胜仗来确立自己的权威,因此"诏镇州所屯河东广锐兵及近南州军先分屯兵并赴定州",九月还信誓旦旦地表示"朕当亲征决胜"[1],而实际上他并无这一胆量。闰九月,辽国大举南下进攻,真宗在王钦若等人的劝诱下,北上亲征的誓言已变成"南幸""西迁"计划:

> 先是,寇准已决亲征之议,参知政事王钦若以寇深入,密言于上,请幸金陵,签书枢密院事陈尧叟请幸成都。上复以问准,时钦若、尧叟在旁,准心知钦若江南人,故请南幸,尧叟蜀人,故请西幸,乃阳为不知,曰:"谁为陛下画此策者?罪可斩也。今天子神武,而将帅协和,若车驾亲征,彼自当遁去,不然,则出奇以挠其谋,坚守以老其众。劳逸之势,我得胜算矣,奈何欲委弃宗社,远之楚、蜀耶!"上乃止,二人由是怨准。[2]

在寇准的坚持下,真宗不得不同意亲征。尽管宋辽之间战火越来越旺,但真宗一拖再拖,直到十一月庚午才勉强"亲征"。

所幸的是,真宗到澶州后,宋军击伤辽军主帅挞览而致其死亡,辽军大为受挫,宋军侥幸获胜,但真宗最终仍以割地赔款的方式议和。显然,真宗亲子在咸平六年全亡,景德元年在与辽战争中因签了城下之盟而威信受挫,其统治威望确实受到打击,真宗需要以一种方式来"摆脱"这种危机。当然,真宗此种危机心理,自然可以用雪景德四年澶州之耻来解释,因为这是真宗无法解开的心结——这一"耻辱"已严重地损害了自己的统治权威,加之无亲生之子,皇位继承也受到严峻的挑战!王钦若也正是看到这一点,在试探真宗有无决心与辽决战后,才提出进行封禅来提高真宗威望的建议,王钦若的建议果真被真宗马上接受了。于是,在真宗与王钦若共同的策划下,上演了一场"天书"降临的闹剧。显然,真宗并非是"崇道"、雪耻而导演这一场天书降临和封禅的闹剧,而是因为感受到自身的统治危机而利用了道教!

五、东封西祀与危机解决

历来研究真宗天书降临事件都把这一事件说成是"突然"产生的孤立事件,最多也称之是为雪耻而虚构的事件,实际并非如此。真宗之所以"想到"利用天书降临的办法来解决自身的危机,其实在宋朝有"光荣"的传统,即早在真宗利用天书事件之前,宋朝政府已经有此经验,利用过所谓"神"的传语来为自己政治服务。

---

① 李焘:《续资治通鉴长编》卷五七,真宗景德元年八月甲戌、九月丁酉,第1253、1256页。
② 李焘:《续资治通鉴长编》卷五七,真宗景德元年闰九月癸酉,第1267页。

真宗大中祥符年间受命将整理好的道藏"就杭州监写本"①的张君房,是一位对道教颇为迷恋的官员②,他撰写过道教著作《云笈七签》。在此书中,张君房特意撰写了《翊圣保德真君传》,记载了太宗潜邸以及北征太原之时,"真君"多次托道士张守真传言,并称极为灵验。《宋会要辑稿》也记载"太宗太平兴国二年闰七月,诏以帝在晋邸日,尝有神告之应,特封显圣王,别建祠宇,春秋奉祀,仍立碑以纪其事"③,这个神祠便是要册湫神祠。张君房的记载被不少比较正统的宋代学者加以转录,如李焘、李攸、杨亿、邵博④等等。且不说张君房所作的传是否真实,但至少在宋人记载中,这位有预知能力的"真君"确实存在,在史书及一些碑志都有记载。如徐铉《大宋凤翔府新建上清太平宫碑铭》:"粤御历之元祀,有神降于凤翔府盩厔县之望仙乡。其象不形,其言可纪。盖玄帝之佐命,禺强之官联,真位参于紫微,灵职分于井钺。其称述则儒玄之奥旨,其敷演则禳禬之严科。"⑤这里所说的"有神降于凤翔府盩厔县之望仙乡"言之凿凿,似乎实有其事。这也是后来张君房记载的根据之一。

或许仅凭这一条资料难以使人信服真宗天书降临事件与太宗时期这一"神"之间的密切联系,那么李攸提供了更为明确的材料,在太平兴国年间,"凡真君所降语,帝(太宗)命宰相王钦若编次之,为三卷,藏于秘阁,仍赐本宫"⑥。可见,正是这位与真宗共同策划天书降临事件的王钦若,在太平兴国年间非常深入地参与到太宗与神接触的事件之中,这难道不能说明真宗天书下降事件的由来吗? 由此我们也似乎可以了解真宗为何于大中祥符诏命王钦若校编道藏的原因了。

无论是要册湫神还是真君,都是太宗利用来为自己政治服务的。显然,这一传统到真宗这里发扬光大了。尽管王钦若与真宗策划了天书降临及封禅泰山,但宋朝提议封禅并非是王钦若首先发明的。在太平兴国八年六月"兖州太山父老及瑕邱等七县民四千一百九十三人诣阙请封禅"⑦,被太宗拒绝了。次年"夏四月乙酉,

① 李焘:《续资治通鉴长编》卷八六,真宗大中祥符九年三月丙午,第1976页。
② 王得臣称:"集贤张君房,字尹方,壮始从学,逮游场屋,甚有时名。登第时年已四十余,以校道书得馆职。"王得臣:《麈史》卷中《学术》,上海:上海古籍出版社,1979年,第37页。
③ 徐松辑:《宋会要辑稿》礼二,第1048页。
④ 可参见李焘《续资治通鉴长编》卷一七、李攸《宋朝事实》卷七《道释》、杨亿《杨公谈苑·黑杀将军》、《玉海》等等。其中李焘记载后有一段明确的注释:"此据《国史·符瑞志》";邵博《邵氏闻见后录》卷一则称"并出《国史》",显然当时已经被载入官方记载。北京:中华书局,1983年,第2页。至于《湘山野录》等书也有记载,不过他们还不属于正统的严肃的史家。
⑤ 徐铉:《大宋凤翔府新建上清太平宫碑铭》,《全宋文》卷三三(第2册),上海:上海辞书出版社、合肥:安徽教育出版社,2006年,第335页。
⑥ 李攸:《宋朝事实》卷七《道释》,第659页。
⑦ 李焘:《续资治通鉴长编》卷二四,太宗太平兴国八年六月己酉,第548页。

泰山父老千余人复诣阙请封禅"。戊子,群臣上表请封禅[①],太宗虽然答应了,但因
"乾元、文明二殿灾,诏停封禅"[②]。真宗景德四年十一月,殿中侍御史郑湘也请封
禅,但在宰相王旦反对下,真宗也只能悻悻地推辞道:"朕之不德,安能轻议。"[③]真
宗不是谦虚,他确实当政十年来乏善可陈。同时从王旦反对后真宗所言,可看出真
宗统治的权威性并不高。然而在王钦若的劝诱和真宗收买下[④],到年底,王旦放弃
了原持立场,不再反对。可以说,自景德四年十一月郑湘建议封禅起,真宗为摆脱
自身统治的危机,想尽一切办法要以天书降临来愚弄天下,以进行封禅来摆脱自身
危机的,到年底收买王旦成功,其政治目的才总算达到了。次年正月,真宗向大臣
们讲了自己于一个多月前梦见神人称有天书降临,并称神人命令在正殿内进行黄
箓道场一个月,用以迎接天书。如此,真宗用天书降临之手法来宣扬、提高自己统
治的"神圣性",因为神人之所以给真宗授天书,可以"证明"真宗统治是由"神"授予
并加以保护的。换句话说,这样的统治是不容任何人怀疑其合法性、正统性和权威
性的。

但是,真宗还要解决这个"神"是谁、与宋王朝有什么关系的问题,如果解决不
好,可能会引起大臣们群起而攻之。而真宗身边有被大臣们称之"五鬼"的王钦若、
丁谓、林特、陈彭年、刘承珪,为真宗演戏出谋划策。刘承珪在这一问题策划了一场
好戏,立有"大功"[⑤]:

> 先是,有汀州人王捷者,咸平初贾贩至南康军,于逆旅遇道人,自言姓赵
> 氏。是冬再见于茅山,命捷市铅汞炼之,少顷成金。捷即随至和州诸山,得其
> 术,又授以小镮神剑,密缄之,戒曰:"非遇人主,切勿轻言。"捷诣阙求见不得,
> 乃谋以罪名自达。至信州,佯狂大呼,遂坐配隶岭南。未几,逃至京师,官司捕
> 系,阁门祇候谢德权尝为岭南巡检,知捷有异术,为奏请得释,乃解军籍。刘承
> 珪闻其事,为改名中正,得对龙图阁,且陈灵应,特授许州参军,留止皇城廨舍,
> 时出游廛市。常有道人偶语云:"即授中正法者,司命真君也。"承珪遂筑新堂,

---

① 李焘:《续资治通鉴长编》卷二五,太宗太平兴国九年四月乙酉,第576页。
② 《宋史》卷一一四《礼志七》,第2527页。
③ 李焘:《续资治通鉴长编》卷六七,真宗景德四年十一月庚辰载王旦反对之语曰:"封禅之礼,旷废已久,若
　非圣朝承平,岂能振举?"此暗示真宗没有具备封禅的功、德,实际可视为大臣对真宗的评价,暗示着真宗
　统治权威受到怀疑。因为真宗如有权威,那么就不需要经过王旦同意,也不需要用美酒、宝珠来收买王
　旦,此刚好反证真宗统治权威受到挑战。第1507页。
④ 《宋史·王旦传》载真宗召王旦品尝美酒,然后又赐尊酒,王旦回府后发现里面是珍珠。
⑤ 刘承珪后改名承规,《宋史》有传,其死后,真宗赐其忠肃之号,"甚嗟惜之,遣内臣与鸿胪典丧,亲为祭文。
　玉清昭应宫成,加赠侍中,遣内侍邓守恩就墓告祭"。宫成后遣官就墓地告祭,充分说明承珪在修宫事上
　的"功绩"。《宋史》卷四六六《刘承规传》,第13610页。

乃以景德四年五月十三日降堂之纱帱中，戴冠佩剑，服皆青色，自是屡降。中正常达其言，既得天书，遂东封，加号司命天尊，是为圣祖。凡瑞异，中正必先以告。辛卯，授中正左武卫将军致仕，给全俸，赐第通济坊，恩遇甚厚。①

王捷是否真从赵姓道士那里学到炼金术并不重要，重要的是刘承珪发现了王捷（改名为中正）"具有"与"神"沟通、传言的法术，从而解决了真宗所要"证实"的"神"身份——司命真君！由司命真君传达天书，自然可以为自己统治正统性、合法性和权威性提供保障，因为司命真君既然降天书只给真宗一人，无疑是赵宋任何子弟所不具备的"绝对正统"的表现。这一记载中的"景德四年五月"甚可关注，因为这正是真宗苦思冥想要解决自身统治正统性、权威性的关键时刻，刘承珪帮助真宗解决了这一难题，于是次年便有天书降临之事。

但此事还未结束，当大中祥符三年四月皇子（即后来的仁宗）诞生后，真宗于五年十月再次"获得托梦"，明确赵姓圣祖的身份：

> 上梦景德中所睹神人传玉皇之命云："先令汝祖赵某授汝天书，将见汝，如唐朝恭奉玄元皇帝。"望日夜，复梦神人传天尊言："吾坐西，当斜设六位。"即于延恩殿设道场。是日，五鼓一筹，先闻异香，少顷，黄光自东南至，掩蔽灯烛。俄见灵仙仪卫，所执器物皆有光明，天尊至，冠服如元始天尊。又六人皆秉圭四人仙衣，二人通天冠、绛纱袍。上再拜于阶下。俄有黄雾起，须臾雾散，天尊与六人皆就坐，侍从在东阶。上升西阶，再拜。又欲拜六人，天尊令揖不拜。命设榻，召上坐，饮碧玉汤，甘白如乳。天尊曰："吾人皇九人中一人也，是赵之始祖，再降，乃轩辕皇帝，凡世所知少典之子，非也。母感电梦天人，生于寿邱。后唐时，七月一日下降，总治下方，主赵氏之族，今已百年。皇帝善为抚育苍生，无怠前志。"即离坐，乘云而去。及曙，以语辅臣，即召至殿，历观临降之所，又召修玉清昭应宫副使李宗谔、刘承珪，都监蓝继宗同观。②

显然，真宗把赵姓圣祖称作"天尊"，上升到人皇九人之一、轩辕氏，并称圣祖嘱托他"善为抚育苍生，无怠前志"，突显了君权神授的意义，暗示着自己统治是受赵氏祖先之神的授权！而早已被收买的王旦马上恭贺："陛下款奉上真，亲承宝训，兹□殊异，简册所无。"③尽管王旦所说"简册所无"似乎含有没有根据之意，但话中又说真

---

① 李焘：《续资治通鉴长编》卷七一，真宗大中祥符二年二月庚寅，第1593—1594页。李攸《宋朝事实》卷七《道释》亦有相应记载，第657页。
② 李焘：《续资治通鉴长编》卷七九，真宗大中祥符五年十月戊午，第1797—1798页。
③ 徐松辑：《宋会要辑稿》礼五一，第1885页。

宗"款奉上真,亲承宝训",无疑是迎合了真宗所说的话,至此,真宗与王旦思想上完全达到了一致,也彻底解决了太宗传位给真宗的合法性问题,堵塞了元佐乃至其子通向帝位之路。

诚然在大中祥符三年李宸妃生子之后,真宗已经稍舒一口气,但他毕竟不敢冒然立太子,而现在再次梦见圣祖传言"抚育苍生,无怠前志",确认了真宗传位统绪的合法性,顺理成章,天禧二年九月他理直气壮地立赵桢为皇太子:"壬申,皇太子谒玉清昭应宫、景灵宫"①,以此向祖宗宣告已立皇太子,真正解决了帝位传承统绪、解除了真宗心头之患②。值得补充的是,天禧三年十一月"甲戌,皇太子言,于玉清昭应宫建殿置经藏,以资圣筭。功毕,有诏褒答,赐殿名曰长生崇寿"③。赵桢时年9岁,恐怕还不足以提出如此"重大"的建议,此当是真宗一伙幕后操刀,欲提升皇太子的光辉形象的一次拙劣表演。

可见,透过真宗"崇道"假象,可以看出这一连串"崇道"之举都是真宗为了摆脱自身权威受到损害、统治的合法性受到挑战的危机,他为了传承帝位的合法性而导演了天书下降,道教则是被真宗利用来宣示自己正统性、合法性、权威性的工具,并非道教"主动"渗透到国家礼仪大典之中去的。

当然,在澶渊之盟后,虽然宋辽之间不复有大战,此后真宗的东封西祀,解决了自身的统治危机,局势稍有安定的趋势,然有识之士对真宗东封西祀之批判却存诸史册。司马光记载"家居不仕"的邢惇,真宗召对治道而不答,问其原因,邢惇称:"陛下东封西祀,皆已毕矣,臣复何言?"真宗除其官,然当他死后,竟然发现真宗之敕"与废纸同束置屋梁间"④。显然这是最强烈的无声抗议!王栐记载国初"金银之价甚贱。至东封西祀,天书降,天神现,而侈费寖广,公卿士大夫是则是效,而金银之价亦从而增"⑤。洪迈也批评真宗时东封西祀、胡作非为,"一时邪谀之臣,唱为瑞应祺祥",表彰"孙宣公奭独上疏争救"⑥之壮举。马端临撰《文献通考》引《三朝符瑞志》,称:"天禧以前草木之瑞,史不绝书,而芝草尤多,然多出于大中祥符以后。东封西祀之时,王钦若、丁谓之徒,以此导谀,且动以万本计,则何足瑞哉"⑦。朱熹一针见血地指出:"真宗东封西祀,糜费巨万计,不曾做得一事。"⑧显然,太宗

---

① 李焘:《续资治通鉴长编》卷九二,真宗天禧二年九月壬申,第 2125 页。

② 两年后,乾兴元年正月戊午,真宗去世,享年 55 岁。

③ 李焘:《续资治通鉴长编》卷九四,真宗天禧三年十一月甲戌,第 2172 页。

④ 司马光:《涑水记闻》卷五,第 103 页。

⑤ 王栐:《燕翼诒谋录》卷二,北京:中华书局,1981 年,第 14 页。

⑥ 洪迈:《容斋三笔》卷七《孙宣公谏封禅等》,上海:上海古籍出版社,1978 年,第 493 页。司马光《涑水记闻》卷六亦载相似内容,第 113 页。

⑦ 马端临:《文献通考》卷二九九《物异考五》,北京:中华书局,2011 年,第 8163 页。

⑧ 黎靖德编:《朱子语类》卷一二七《本朝一》,北京:中华书局,1986 年,第 3044 页

真宗与神对话、交接，开启了宋代帝王装神弄鬼一途，以伪造天书、东封西祀、与神对话等等手法，以证明自己"代天行道"，来解决统治合法性或政治危机等问题，明显地偏离了正确的应有的施政轨道。尽管随着大中祥符三年真宗后宫再次产子，这场统治危机终于获得解决，但给宋政府带来政治上的恶劣影响和经济上的沉重负担，导致财政失衡、天怒人怨、民心尽失，最终促成了北宋走向积贫积弱的局面。历史已经把真宗钉在了耻辱柱上，成为警醒人们的反面教员。当然，真宗东封西祀还涉及到建造京师道教两宫问题，才能更加深入探讨宋政府是如何挥霍民财，使国家深陷于政治、经济危机之中的。不过，这个问题自当另加研讨了。

原载于《河北大学学报》2019 年第 2 期，
人大复印资料《历史学》转载

人神之际：古代中国五帝祭祀的变迁（上）

　　在古代中国，国家祭祀中一直有祭天、祭宗庙、祭先代帝王等礼仪仪式，这些敬天祭祖的仪式成为维系着一家一姓政权之合法性与权威性，是显示等级制度合理性的必要手段，也被当成维护国家政权、保护国人利益的佑国护民的重要象征。在古代中国众多的国家祭祀中，五帝祭祀无疑是一项十分突出的祭祀仪式，这一祭祀的演化过程涉及郊祀、祭宗庙、明堂、祭先代帝王，也与雩祀、迎气礼、感生帝、方所祭祀密切相关，其流变极为复杂，体现出古代中国祭祀演化的某些重要特点，因此值得仔细梳理与深入研究。

　　五帝是中国最早的王朝夏建立者的先祖，在历代有不同说法，但本文不拟考订五帝何指①，而是从中国礼制史上五帝祭祀对象这一"整体"出发来研究问题，以期思考五帝祭祀的演变究竟蕴含着什么深层的意义。

一、春秋之前：方所祭祀中的五帝

　　夏朝无任何文献资料保存至今，早在春秋时期，孔子便有三代之礼不足徵之叹，因此要从文献中探研其祭祀之情况自然是缘木求鱼。考古学虽然给我们提供了一些古人祭祀（夏王朝乃至更早）的实物证据，自然可以确认存在着祭天、祭祖乃至祭先代圣王（或部落酋长）的祭礼，但很难确证其祭祀参与对象、参与方式、祭仪过程、具体仪式等，因此无法判断其祭祀情况究竟如何②。自然，我们可以信心满满地声称从后世的某些记载中来加以推测，然而这些推测肯定与当时情况有很大差异，只能是"疑似"存在过的史实。比如说，夏之后的商周似乎给我们提供了解决问题的一丝可能，因为殷商有甲骨文、两周有金文，载录种种祭天、祭祖、祭神灵之礼仪③，遗憾的是，这些最多能认定的是商周情况，而不能确证是夏乃至先夏时期

---

① 　关于五帝具体研究情况，可参见付希亮《中国五帝研究综述》一文，载《渭南师范学院学报》2017 年第 5 期。

② 　比如在红山文化遗址发现的女神像及其他人像碎片、龙形与斧形玉器等器物中，可以看到祭天、祭祖仪式的存在，但无法具体判断他们的仪式如何进行。

③ 　常玉芝《商代周祭制度》指出：商人除祭祀自然神外，"有先公、先王、先妣等宗主神，还有'上帝'这个至上神"。北京：中国社会科学出版社，1987 年，第 1 页。晁福林《夏商西周的社会变迁》一书中载有种种祭祀，北京：北京师范大学出版社，1996 年，第 405—409 页。

的情况。就我们论文主旨研讨的五帝来说,商周资料是无法确认夏乃至先夏时期有无五帝祭祀、祭仪究竟如何。不过,众多考古发现及研究表明,夏乃至先夏时期已经存在着祖先崇拜这种祭祀,同时存在着祭天(至上神)及祭其他诸种之神。祖先崇拜、至上神崇拜和多神崇拜,与中华先民的生活密切相关,既是凝聚先民族群的重要手段,也是后世祭祖、祭神之源,是中华礼仪形成之初的极其重要的组成部分。

商周保存下来的金甲文使我们可以探讨当时的祭祀情况[①],但是,有无五帝祭祀呢? 许子滨先生在阐述商周禘祭时曾归纳其大势:"今所知者,禘礼历殷周至春秋而不衰,其因革损益之痕迹,亦可据甲骨金文所载,略窥一二。殷商之时,禘祭是殷王一年中任何一个季节都可以举行的一种祭典,其祭祀之对象非常广泛,除先公先王等人鬼外,还包括了上天以外的其他神祇,其祭祀之方式分特祭与合祭两种。西周甲文曾出现过郊祭之禘。西周金文,甚少记载举行禘祭之事……从铭文所见,西周时期,禘祭是周王以至诸侯贵族不限时节的祭礼,其祭祀之对象仅限于祖考,且皆行于祖庙。其祭祀之方式也有合祭、特祭之分,然合祭者仅及上三代。"[②]如果这一说法是正确的话,那么殷周不存在后世意义上的五帝祭祀。

然而我们认为,尽管殷周不存在后世意义上的五帝祭祀,但至少从春秋时期开始出现了祭祀"先王"这一仪式,因为这是有文献史料根据的。《左传》襄公十一年秋之盟书载:"或间兹命,司慎、司盟,名山、名川,群神、群祀,先王、先公,七姓十二国之祖,明神殛之,俾失其民,队命亡氏,踣其国家。"[③]这里的先王、先公区分得非常明显,先王是周王朝已逝之圣王,先公当是本诸侯国之先祖。襄公十一年即公元前561年,离平王东迁(公元前771年)约210年,换句话说,至少东周时期存在先王祭祀,甚至还可以推测东周这一祭祀是继承西周而来的。

不过,即使东周乃至西周存在先王祭祀,但不等于当时已经有了五帝祭祀体系。因为从传世文献看,五帝作为上古圣王的一个"整体",在先秦时并非一开始就在同一时间受到祭祀的。传世文献中,五帝中最早被祭祀者当是大暤、黄帝。《左传》载鲁僖公二十一年(公元前639年):"秋,诸侯会宋公于盂……任、宿、须句、颛臾,风姓也,实司大暤与有济之祀,以服事诸夏。"[④]"司大暤与有济之祀"一语明确

---

① 宋镇豪主编的《商代史》,其中有多卷对商代礼制与礼俗进行细致、深入的研讨,值得参考。北京:中国社会科学出版社,2010年。

② 许子滨:《〈春秋〉〈左传〉禘祭考辨》,氏著《〈春秋〉〈左传〉礼制研究》,上海:上海古籍出版社,2012年,第192—193页。

③ 杨伯峻:《春秋左传注》(修订本),襄公十一年,北京:中华书局,1981年,第989—990页。

④ 杨伯峻:《春秋左传注》(修订本),僖公二十一年,第427—428页。

说明祭祀大皡。祭祀对象有严格标准,《国语·鲁语上》载臧文仲祭海鸟,展禽认为:"祀,国之大节也,而节,政之所成也,故慎制祀以为国典。今无故而加典,非政之宜也……圣王之制祀也,法施于民则祀之,以死勤事则祀之,以劳定国则祀之,能御大灾则祀之,能捍大患则祀之",除此之外均不能祀,如"黄帝能成命百物,以明民共财……故有虞氏禘黄帝而祖颛顼"①。显然,上古之人认为有功有德的先辈才可受到祭祀②,除此都不当祭,因此需要"慎制祀以为国典"。臧文仲与晋文公同时代,晋文公在位时间是公元前636—前628年。从这两例,大致可以看出春秋时期祭祀大皡及黄帝的情况。需要强调指出的是,上述无论是大皡还是黄帝,都是"人",并非是"神"。

司马迁《史记》载"秦灵公作吴阳上畤,祭黄帝"③。有人据此认为黄帝之祀始于秦地,显然这是错误的。灵公继位是公元前424年,比上述展禽提到黄帝受祭要晚2个世纪。况且,黄帝一直活动在中原地区,被视为华夏之祖,而秦灵公时之秦国,被中原诸国看作西鄙小邦,贬之为西戎。当然,灵公作上畤祀黄帝,是将自己融入华夏系统之手段,从民族融合角度来思考自然也是值得肯定的。同时可以看出,华夏族之文化已经传播到"西鄙小邦",既是中原华夏族文化的扩散,也反映出"西鄙小邦"认同华夏文化的历史趋势。

为什么黄帝受人祭祀? 究其原因应当是《国语》所记黄帝"能成命百物,以明民共财"之功绩。黄帝确实是中国历史上一位伟人。史载以黄帝为五帝之始④,且被认为是有史以来第一位可以清楚纪年的圣王⑤。据称,黄帝姓公孙,名轩辕,为少典之子,"生而神灵,弱而能言,幼而徇齐,长而敦敏,成而聪明"⑥,其出身高贵,为人聪慧,年长游历颇广,逐荤鬻、败炎帝、作都邑、置师设官,使"万国和",又封禅获鼎、迎日推策、顺天遂地、教植五谷,其功至伟⑦。加之"黄帝考定星历,建立五行,起消息,正闰余"⑧,"与炎帝之后战于阪泉,遂王天下。始垂衣裳,有轩冕之服,故

---

① 徐元浩:《国语集解·鲁语上》,北京:中华书局,2002年,第154—159页。
② 当时有"三不朽"之说。
③ 《史记》卷二八《封禅书》,北京:中华书局,1959年,第1364页。
④ 司马迁《史记·五帝本纪》首记黄帝。刘涛认为《周礼》中的五帝是统称,《〈周礼〉中所见天神祭祀考论》第一章第二节,吉林大学2014年博士论文。
⑤ 司马迁称:"余读谍记,黄帝以来皆有年数。稽其历谱谍终始五德之传,古文咸不同,乖异。夫子之弗论次其年月,岂虚哉! 于是以《五帝系谍》、《尚书》集世纪黄帝以来讫共和为《世表》。"《史记》卷一三《三代世表》,第488页。司马迁之语可以《左传》"自颛顼以来,不能纪远,乃纪于近"一语证之。
⑥ 《史记》卷一《五帝本纪》,第1页。
⑦ 《史记》卷一《五帝本纪》,第6页。
⑧ 《史记》卷二六《历书》,第1256页。

天下号曰轩辕氏"①,其作舟车②、撰医书③、作乐律④、制历法⑤、造棺椁⑥、完善八卦⑦、创星官之书⑧,几乎古代重要发明都归功于黄帝。同时,他有"二十五子,其得姓者十四人"⑨,上古颛顼、高辛、尧等圣君都是黄帝后裔。尽管这些说法或来自传说,不能尽信,但古人把黄帝视为上古有丰功伟绩之圣王确凿无疑,这些传奇色彩使黄帝至少在春秋中后期已经被祭祀,并在历史的发展过程中,其影响从中原地区不断向四周扩大,上述地处西鄙的秦灵公建立上畤便是明证。同时从黄帝受祭可以看出,上古人们在选择祭祀对象时首先考虑其德行与功绩,五帝祭祀的形成正是这一原因导致的。

必须强调指出:上述黄帝祭祀与后世根据五行理论而来的方所祭祀中的黄帝不可同日而语。所谓方所祭祀,是将上古五位先王与东南西北中五个地理位置结合起来,认为他们是主导或说保佑一方之"先代圣王"⑩,乃至将他们视为"神"来加以祭祀。其实,一般意义上的方所祭祀则远远早于依五行理论而来的方所祭祀,如甲骨文中就有四方祭祀,所祭对象是四方神灵,这是商代多神崇拜的特点之一,现已获得众多专家的证实⑪。但更需进一步指出的是,甲骨文与《尚书》、《诗》等传世

---

① 《汉书》卷二一下《律历志下》,北京:中华书局,1962 年,第 1012 页。

② 班固云:"昔在黄帝,作舟车以济不通,旁行天下,方制万里,画壄分州,得百里之国万区。"《汉书》卷二八上《地理志上》,第 1523 页。

③ 史称淳于意"传黄帝、扁鹊之脉书"。《史记》卷一五《扁鹊仓公传》,第 2794 页。

④ 班固称:"五声之本,生于黄钟之律……律以统气类物,一曰黄钟,二曰太族,三曰姑洗,四曰蕤宾,五曰夷则,六曰亡射。吕以旅阳宣气,一曰林钟,二曰南吕,三曰应钟,四曰大吕,五曰夹钟,六曰中吕。有三统之义焉。其传曰,黄帝之所作也。黄帝使泠纶,自大夏之西,昆仑之阴,取竹之解谷生,其窍厚均者,断两节间而吹之,以为黄钟之宫"云云。《汉书》卷二一上《律历志上》,第 958—959 页。

⑤ 元凤三年,太史令张寿王上书言:"历者天地之大纪,上帝所为。传黄帝《调律历》,汉元年以来用之。今阴阳不调,宜更历之过也。"《汉书》卷二一上《律历志上》,第 978 页。

⑥ 史称"棺椁之造,自黄帝始"。《后汉书》卷三九《刘赵淳于江刘周赵传》,北京:中华书局,1965 年,第 1314 页。

⑦ 《汉书》载:"自伏戏(羲)画八卦,由数起,至黄帝、尧、舜而大备。三代稽古,法度章焉。"《汉书》卷二一上《律历志上》,第 955 页。

⑧ 范晔称:"轩辕始受《河图斗苞授》,规日月星辰之象,故星官之书自黄帝始。"《后汉书》卷一《天文志上》,第 3214 页。

⑨ 《史记》卷一《五帝本纪》,第 9 页。

⑩ 殷商祭祀时,也祈祷有血缘关系的祖先保佑自己,但这些受祭祖先不是"神灵",而是"人鬼",更不存在后世的方所祭祀意味。况且后世方所祭祀的五帝,不要求与自身王朝有直接血缘关系。

⑪ 胡厚宣:《释殷代求年于四方和四方风的祭祀》,《复旦学报》1956 年第 1 期;赵晓明、宋芸、乔永刚、宋秀英:《甲骨文中的四方》,《山西农业大学学报》(社会科学版)2008 年第 4 期;杨华:《上古中国的四方神崇拜和方位巫术》,《南京师范大学文学院学报》2011 年第 1 期;蔡哲茂:《甲骨文四方風名再探》,《甲骨文与殷商史》,上海:上海古籍出版社,2013 年。许恰《〈诗·大田〉等篇所见"四方祭祀"考辩》,《重庆三峡学院学报》2013 年第 6 期。

文献中的方所祭祀并没有出现黄帝祭祀①。五方祭祀中黄帝祭祀是出现在战国五行观念诞生之后②。战国时期成书的《月令》中出现的五方帝分别是大皞、炎帝、少皞、颛顼和黄帝,赋予五种颜色,显然《月令》已初步具有"五行"的观念③,而此前并无上述五位先代帝王姓名的说法。实际上,至少从传世典籍中可以看出,青、赤、白、黑四帝的祭祀出现很晚,战国时期关东六国也未见遍祭五方帝的记载。《史记》载:

> 二年,东击项籍而还入关,问:"故秦时上帝祠何帝也?"对曰:"四帝,有白、青、黄、赤帝之祠。"高祖曰:"吾闻天有五帝,而有四,何也?"莫知其说。于是高祖曰:"吾知之矣,乃待我而具五也。"乃立黑帝祠,命曰北畤。有司进祠,上不亲往。④

显然,曾一统天下的秦国化了数百年也只祭四帝⑤,而众人还"莫知其说",直到楚汉相争时才由高祖立黑帝祠凑满五帝,且"上不亲往",正说明五方祭祀虽有其说,然实行程度与范围究竟如何,还确实需要客观分析与判断。同时也可以看出,在相当长的一段时间内,黄帝仅是五帝之一,并未显出比其他诸帝更为重要的迹象。更值得强调的是,当时方所祭祀中的黄帝等五帝相当长一段时间内都是"人",是各有功德之先代圣王,去世后升为人格"神",虽具有主导或保佑一方的功能,但还没有上升到"至上神"的神圣地位⑥。

有学者指出:"'五帝'的指称有很多,如'五天帝'、'五人帝'、'五色帝'、'五方帝'等"⑦,即将五天帝等名称视为同一事物,这不甚准确。实际上,五帝在不同场合下有不同的表述概念:从人神角度说,分为五天帝、五人帝;从方所、颜色角度说

---

① 沈建华认为甲骨文已有五行观念,参见氏著《从甲骨文圭字看殷代仪礼中的五行观念起源》,《文物》1993年第5期。

② 即使说五行学说有个形成过程,但应当说时间上可略向前推移一些时间,当不会前移到夏商西周时期,因为在甲骨文、金文资料中未发现明确的后世那样的五行资料。即使在成书于战国时期的《月令》中,所载也仅是"四立日迎郊"之礼,"中央土"无迎祀之礼,这说明《月令》受到五行影响,虽有方位五色,但五行之说仍不甚完备,从中可以看出它沿袭商周的四方祭祀观念的影子。商周的四方祭祀不带"色",而后世五行祭祀中的五帝则有方位之色,这是有很大不同的,亦可看出五行观念发展的过程。

③ 参见拙作《〈月令〉祛疑》,《学术月刊》2016年第3期。

④ 《史记》卷二八《封禅书》,第1378页。

⑤ 据《史记·封禅书》称"唯雍四畤",第1376页。四畤具体为:文公(公元前765—716年在位)祭赤帝、德公(公元前677—676年在位)祭白帝、宣公(公元前675—651年在位)祭青帝、秦自(公元前424—415年在位)灵公祭黄帝后,前后长达六七百年。

⑥ 按照后世尤其是郑玄的说法,五帝出自"天"。然至少汉武帝时,还认为黄帝是人,只是"仙化"而去,参见《史记》卷一二《武帝本纪》,第467—468页。

⑦ 陈中浙、刘钊:《儒家"六天"说辨析》,《孔子研究》2002年第3期。

是五方帝、五色帝;从五行角度说是五行帝、五精帝①。至于作者认为五天帝是郑玄之见,五人帝由王肃提出,五色帝是五时迎气之说,认为五方之色配帝是依《郊特牲》孔颖达疏"冬至圆丘用苍璧,夏正郊天用四圭有邸。其五时迎气,东方用青圭,南方用赤璋,西方用白琥,北方用玄璜,其中央无文,先师以为亦用黄琮,熊氏以为亦用赤璋"②为据而来,"它们真正相对应的时间可能是汉后唐前的魏晋时期",即作者认为五帝是依孔疏才有方色,认为可能产生于魏晋时期,这一结论明显有误。因为五色与五方迎气之说密切相关,如上所述,早在《礼记·月令》中已经出现,五方所祭之玉,称仓玉(春)、赤玉(夏)、白玉(秋)、黄玉(季夏戊已)、玄玉(冬),其色与青圭、赤璋、白琥、玄璜颜色相同;《大宗伯》说得更为明确:"以玉作六器,以礼天地四方:以苍璧礼天,以黄琮礼地,以青圭礼东方,以赤璋礼南方,白琥礼西方,以玄璜礼北方",除"天"之外,是四方加上黄琮(地),显然孔疏方色之说是依《大宗伯》而来,可见上述认为五方之色配帝形成于魏晋时期的观点是明显错误的。更为重要的是,五帝虽可用五天帝、五人帝、五色帝、五方帝等来替代,然在不同朝代,五天帝、五人帝是分开使用的,不可视为同一事物。如唐代就存在这种情况,武德初实行四孟祭祀,其中"孟夏之月,雩祀昊天上帝于圆丘,景帝配,牲用苍犊二。五方上帝、五人帝、五官并从祀,用方色犊十"③,显然将五方帝与五人帝严加区分的,并不是"同指"一物,此处的五方上帝是感生帝,是来自五德始终说之"神",而五人帝是"人",即先代圣王,这与殷人祭先祖应当毫无二致。

先秦时将黄帝视为"人"而非"神",此非笔者臆说,《大戴礼记》有《五帝德》篇,载孔子学生宰我问孔子道:"昔者予闻诸荣伊令,黄帝三百年。请问黄帝者人邪?抑非人邪?何以至于三百年乎?"孔子明确回答说,黄帝是少典之子,"生而神灵,弱而能言,幼而慧齐,长而敦敏,成而聪明",因其功绩突出、德行高尚,故"生而民得其利百年,死而民畏其神百年,亡而民用其教百年,故曰三百年"④。此处"神"字是用

---

① 五精在先秦为中医之名,指心、肺、肝、脾、肾之精气,后又演化为五星之精。汉儒取谶纬之说,认为五精帝实为五行精气之神,从五德始终说,则历朝感应五行相生相克而兴衰,故有感应帝之说,即《隋书》卷七《礼仪志二》所谓"自古帝王之兴,皆禀五精之气"(第139页)。杜佑《通典》卷四二《礼二》云:"五帝则各象其方气之德"(北京:中华书局,1988年,第1164页),故在南郊祭天中往往与星座放在一起祭祀。五精星之名可参见《史记》卷二七《天官书》之《索隐》云:"《诗含神雾》云五精星坐,其东苍帝坐,神名灵威仰,精为青龙之类是也。《正义》黄帝坐一星,在太微宫中,含枢纽之神。四星夹黄帝坐:苍帝东方灵威仰之神;赤帝南方赤熛怒之神;白帝西方白昭矩之神;黑帝北方叶光纪之神。五帝并设,神灵集谋者也。""四星夹黄帝坐",显然抬高了黄帝地位。第1300页。

② 郑玄注、孔颖达疏、龚抗云整理:《礼记正义》卷二五《郊特牲》,北京:北京大学出版社,1999年,第894页。

③ 《旧唐书》卷二一《礼仪志一》,北京:中华书局,1975年,第820页。

④ 王聘珍:《大戴礼记解诂》卷七《五帝德》,北京:中华书局,1983年,第117—119页。

《易·系辞》"利用出入,民咸用之谓之神"①的意思,显然,孔子并未将黄帝视为"神",而是视其为活生生之先代圣王。孔子之观点在战国时期广为流传,《五帝德》便是重要证据。实际上到西汉时,还有儒家学者视黄帝为"人",汉武帝时董仲舒著《春秋繁露》,其中有云:"黄帝之先谥,四帝之后谥何也? 曰:帝号必存五,帝代首天之色,号至五而反,周人之王,轩辕直首天黄号,故曰黄帝云。帝号尊而谥卑,故四帝后谥也。"②这里虽强调黄帝功绩至伟,然确实将其视为人帝。司马迁作《五帝本纪》,也把黄帝视为上古圣王,并未视为"神"。

二、秦至两晋:人、神变化中的五帝

秦统一时间短暂,明确记载祭某位圣王的资料甚少,如秦始皇三十七年巡游中"行至云梦,望祀虞舜于九疑山……上会稽,祭大禹"③,然而传世典籍中却没有明确记载秦王朝祭祀黄帝的资料。但实际上,战国时期秦雍四帝(白、青、黄、赤)即含有对黄帝的祭祀,秦雍四帝是方所之帝,是"人帝"。这里必须强调的是:秦雍四帝并非起于同时,且处于不同地点,大致以四方对应四色,"体现了'诸侯方祀'"④,因此,这种祭祀是根据不同节气而祭的分祭,而非放在一起的五帝合祭。同时,战国秦雍四帝是完全平等的诸帝祭祀,将四帝视为具有保佑一方之"功能"的含义,从这个意义上来说,东汉之后的五郊迎气中的五帝祭祀便与此有极大关系。

汉代之后变化就极大了。汉高祖二年入关,即增补以黑帝,"命曰北畤"⑤。如此,形成与《月令》记载相似的依五行、五德、符运相对应的雍五帝系统⑥,其祭祀对象等级也无两样。实际上,刘邦祭黄帝要早于立祠祭黑帝。刘邦起兵于沛时,"祠黄帝,祭蚩尤于沛庭,而衅鼓旗。帜皆赤,由所杀蛇白帝子,杀者赤帝子,故上赤"⑦。这段史料带有传奇色彩,记录了刘邦起兵之初祠祭黄帝、祭蚩尤,衅鼓染旗,最终成就汉之天下。众所周知,汉高祖一统天下,崇尚黄、老思想,此后,吕后及数代皇帝均对黄、老思想极为崇拜,就国家祭祀体系而言,并未改变刘邦定下的"雍五畤"的祭祀内容,五畤仍分祀于方位,并没有突出黄帝之祀。史书记载,文帝十五年,"赵人新垣平以望气见上,言长安东北有神,气成五采。于是作渭阳五帝庙",十六年"四月,上郊祀五帝于渭阳五帝庙……谋议巡狩、封禅事。又于长门道北立五

---

① 王弼注、孔颖达疏、卢光明、李申整理:《周易正义》卷七上《系辞上》,北京:北京大学出版社,1999 年,第 339 页。
② 董仲舒著、苏舆义证:《春秋繁露义疏·三代改制质文二十三》,北京:中华书局,1992 年,第 200 页。
③ 《史记》卷六《秦始皇本纪》,第 260 页。
④ 杨英:《祈望和谐——周秦两汉王朝祭礼的演进及其规律》,北京:商务印书馆,2009 年,第 249 页。
⑤ 《史记》卷二八《封禅书》,第 1378 页。
⑥ 杨英:《祈望和谐——周秦两汉王朝祭礼的演进及其规律》,北京:商务印书馆,2009 年,第 310 页。
⑦ 《史记》卷八《高祖本纪》,第 350 页。

帝坛"①。这些史料有两点亟需注意：一是无论渭阳五帝庙还是五帝坛，都是五帝合在一处祭祀，这是中国历史上五帝合在一起祭祀最早最为明确的记载；二是黄帝仅是其中受祭者之一，与其他四帝没有等级差别。

武帝立，次年(元光二年)"上初至雍，郊见五畤。后常三岁一郊"②，祭祀十分正常③，也未突出黄帝之祭。元鼎四年(公元前 113)又遇郊祀之岁，有人建议立泰一而上亲郊之，武帝疑而未定，齐人公孙卿迎合武帝好大喜功、佞仙求寿心理，讲了一段黄帝得宝鼎于宛朐，上有鼎书云"汉兴复当黄帝之时。汉之圣者在高祖之孙且曾孙也"，强调"宝鼎出而与神通，封禅。封禅七十二王，唯黄帝得上泰山封"，说得武帝心潮澎湃："嗟乎！吾诚得如黄帝，吾视去妻子如脱躧耳"，"乃拜卿为郎，东使候神于太室。"④自此开始，黄帝之祭虽未分祭，然其份量显然超过其他四帝："上遂郊雍，至陇西，西登空桐，幸甘泉。令祠官宽舒等具泰一祠坛，坛放薄忌泰一坛，坛三垓。五帝坛环居其下，各如其方，黄帝西南，除八通鬼道。"⑤此记载值得注意的有三点：一是称泰一之祀列五帝配飨，即五帝开始于一处"配祀"；二是四帝仅说"各如其方"，而特别指出黄帝位于西南⑥；三是五帝不仅在各地有祠所进行分祭，在泰一坛上也有了祭祀之处，但不是后世郊天之坛上的配飨；四是五帝祭祀与术数开始结合。这是五帝祭祀的重大变化⑦。元封元年十月，武帝"北巡朔方，勒兵十余万，还祭黄帝冢桥山"⑧。这又是一大变化。自秦祭黄帝于吴阳上畤(今陕西省陇县西南)，而此次则是于桥山(今陕西省黄陵县城北)祭黄帝冢⑨，显然突出了黄帝在五帝中的地位。宣帝时，"又立五龙山仙人祠及黄帝、天神、帝原水，凡四祠于肤施"⑩，尽管增加了肤施黄帝祠，但泰一五帝之享、各地五帝之祠同样存在，同时可看出，其他四帝并未增立祠，黄帝地位进一步提高。到成帝建始二年(公元前31)，五帝祭祀起了重大变化。丞相匡衡、御史大夫张谭以"雍鄜、密、上、下畤，本秦

----

① 《资治通鉴》卷一五，文帝十五年、文帝十六年，北京：中华书局，1956 年，第 501 页。
② 《史记》卷一二《孝武本纪》，第 452 页。下有对五畤注曰："案：五畤者鄜畤、密畤、吴阳畤、北畤。先是文公作鄜畤，祭白帝；秦宣公作密畤，祭青帝；秦灵公作吴阳上畤、下畤，祭赤帝、黄帝；汉高祖作北畤，祭黑帝：是五畤也。"第 453 页。
③ 三岁一郊为常祀。
④ 《史记》卷一二《孝武本纪》，第 467—468 页。
⑤ 《史记》卷一二《孝武本纪》，第 469 页。
⑥ 其实黄帝位于西南也是"如其方"，无须叙述。这里特意指出，应该是有深意的。
⑦ 据《汉书》卷二五《郊祀志下》：元鼎"五年十一月癸未始立泰一祠于甘泉，二岁一郊，与雍更祠，亦以高祖配，不岁事天，皆未应古制。"显然，武帝立泰一坛五帝陪祀与各地雍祠是更替进行的。第 1264 页。
⑧ 《史记》卷一二《孝武本纪》，第 472—473 页。
⑨ 《史记》卷一二《孝武本纪》载"上曰：'吾闻黄帝不死，今有冢，何也？'或对曰：'黄帝已仙上天，群臣葬其衣冠。'"显然，武帝祭黄帝冢与黄帝不死而上仙有关。第 473 页。
⑩ 《汉书》卷二五下《郊祀志下》，第 1250 页。

侯各以其意所立"①为由,仅保留郊祀时五帝配飨,其余五畤及陈宝祠及其它杂祠一切奏罢,其中包括武帝时的"薄忌泰一、三一、黄帝"②之祭。然而,由于出现了所谓的灾异,大臣们认为这是变动祭祀导致的,于是又恢复了雍五畤③。元帝时,王莽执掌大权,其欲取代汉王朝,便伪托自己是黄帝之后④,平帝元始五年,王莽以"五帝兆居在雍五畤,不合于古"为由,奏请将五畤迁入京城:

> 分群神以类相从为五部,兆天墬之别神:中央帝黄灵后土畤及日庙、北辰、北斗、填星、中宿中宫于长安城之未墬兆;东方帝太昊青灵勾芒畤及雷公、风伯庙、岁星、东宿东宫于东郊兆;南方炎帝赤灵祝融畤及荧惑星、南宿南宫于南郊兆;西方帝少皞白灵蓐收畤及太白星、西宿西宫于西郊兆;北方帝颛顼黑灵玄冥畤及月庙、雨师庙、辰星、北宿北宫于北郊兆。

所称"奏可,于是长安旁诸庙兆畤甚盛矣"⑤。这段记载需要注意的是,五方帝祭祀不但与"色"结合,而且出现了黄灵、青灵、赤灵、白灵和黑灵的说法,五帝祭祀与术数结合更趋紧密,这是前代所没有的事⑥。同时,"长安旁诸庙兆畤甚盛"一语透露出王莽所祀五方帝是分祭而非合祭,同样也不是郊天坛上的陪祀。实际上,这还可以从王莽创制的元始仪来证实:

> 《(三辅)黄图》载元始仪最悉,曰:"元始四年,宰衡莽奏曰:'帝王之义,莫大承天;承天之序,莫重于郊祀。祭天于南,就阳位;祠地于北,主阴义。圆丘象天,方泽则地。圆方因体,南北从位。燔燎升气,瘗埋就类。牲欲茧栗,味尚清玄。器成匏勺,贵诚因质。天地神所统,故类乎上帝,禋于六宗,望秩山川,班于群神……天子亲郊天地。先祖配天,先妣配地,阴阳之别。以日冬至祀天,夏至祀后土,君不省方而使有司。六宗,日、月、星、山、川、海,星则北辰,川

---

① 《汉书》卷二五下《郊祀志下》,第1257页。
② 《汉书》卷二五下《郊祀志下》,第1257页。
③ 据《汉书》卷二五下《郊祀志下》载,成帝南郊时,"大风坏甘泉竹宫,折拔畤中树木十围以上百余",南郊之次年,"匡衡坐事免官爵。众庶多言不当变动祭祀",故恢复畤祭。按照武帝时定下的郊、雍更替祭祀之规矩,那么最多废祀了一次。第1258页。
④ 《汉书》卷九八《元后传》载:"孝元皇后,王莽之姑也。莽自谓黄帝之后,其《自本》曰:黄帝姓姚氏,八世生虞舜。舜起妫汭,以妫为姓。至周武王封舜后妫满于陈,是为胡公,十三世生完。完字敬仲,犇齐,齐桓公以为卿,姓田氏。十一世,田和有齐国,二世称王,至王建为秦所灭。项羽起,封建孙安为济北王。"第4013页。
⑤ 《汉书》卷二五下《郊祀志下》,第1267—1268页。
⑥ 《汉书》卷二五下《郊祀志下》载平帝元始五年王莽奏章,提及五色"灵",虽然不能确定是王莽首创,但至少可以看出五帝祭祀中术数因素更趋浓厚的情况。

即河,山岱宗,三光众明山阜百川众流淳污皋泽,以类相属,各数秩望相序。'于是定郊祀,祀长安南北郊,罢甘泉、河东祀。①

这里没有方所五帝身影,只见"禋于六宗"的记载。禋于六宗出于《尚书·虞书·舜典》,然自汉以来对六宗解释不一,俞正燮称有"古文说二,今文说二,郑古文说又一,今所传孔古文说又一"②,王莽改制依靠刘歆,故大致可判定此"六宗"当非刘向的"六神说"。王莽建新、改号始建国,黄帝祭祀又有新变化,王莽自称:

> 伏念皇初祖考黄帝,皇始祖考虞帝,以宗祀于明堂,宜序于祖宗之亲庙。其立祖庙五,亲庙四,后夫人皆配食。郊祀黄帝以配天,黄后以配地。以新都侯东弟为大祳,岁时以祀。家之所尚,种祀天下。姚、妫、陈、田、王氏凡五姓者,皆黄、虞苗裔,予之同族也。③

王莽妄称黄帝为始祖,立专庙祭祀,郊祀以黄帝配天。王莽所祭黄帝实承续先秦庙制而来,大致可归入国家祭祀中的宗庙祭祀,然它与秦汉时期雍祀、泰一坛中的五帝陪祀完全不同。因为陪祀五帝中的黄帝是方所之帝(中央帝),并非以"先祖"身份受祀,而王莽所祭黄帝则视为祖先之"人帝"。王莽自称为黄帝之后来抬高自己身价,其实并非孤例,如"蜀王,黄帝后世也"④便是明显一例。然而作为宗庙祖先的黄帝祭祀仅昙花一现,随着王莽新朝倒台,它自然退出历史舞台。

东汉郊天是五帝之祀中十分重大的变化。史称光武帝"立郊兆於城南",据李贤注引《续汉书》:"制郊兆于洛阳城南七里,为坛,八陛,中又为重坛,天地位皆在坛上。其外坛上为五帝位,青帝位在甲寅,赤帝位在丙巳,黄帝位在丁未,白帝位在庚申,黑帝位在壬亥。其外为壝,重营皆紫,以象紫宫。"⑤显然,这里明确在郊天坛上设置方所五帝配飨之位,与王莽元始仪所置南郊坛"禋于六宗"完全不同。明帝时方所五帝之祀进入明堂配飨:"永平二年正月辛未,初祀五帝于明堂,光武帝配。五

---

① 《后汉书》卷九七《祭祀志上》,第3158页。
② 俞正燮:《癸巳类稿》卷一《虞六宗义》,沈阳:辽宁教育出版社,20001年,第6页。按照俞正燮所记,大致有伏胜、马融"天、地、春、夏、秋、冬"说,欧阳、大小夏侯"天地四方"说,孔光、刘歆"乾坤六子(水、火、雷、风、山、泽)"说,刘向"六神(五帝、太一)"说,贾逵"天宗三(日、月、星)地宗三(河、海、岱)"说,郑玄"星、辰、司中、司命、风师、雨师"说,刘劭"太极冲和之气"说,张迪"六帝(太昊、炎帝、黄帝、少昊、颛顼、帝喾)"说,王肃"四时、寒暑、日、月、星、水旱"说,张髦"祖考三昭三穆"说,司马彪"天宗、地宗及四方之宗"说,高闾"六祀(社稷及五祀)"说,孝文帝"皇天大帝与五帝"说等。
③ 《汉书》卷九九中《王莽传中》,第4106页。九庙具体情况可见《汉书》卷一《王莽传下》。
④ 《史记》卷一三《三代世表》,第506页。其实,南北朝时期少数民族政权自认是黄帝之后者亦常有之。
⑤ 《后汉书》卷一上《光武帝纪上》,第27页。

帝坐位堂上,各处其方。黄帝在未,皆如南郊之位。光武帝位在青帝之南少退,西面。牲各一犊,奏乐如南郊。"①可见,汉明帝时黄帝等五帝不但配飨郊祀,还进入了明堂之祀,这种祭祀方式常被后世王朝所沿袭。然而需要声明的是:东汉光武、明帝之祀方所五帝,仍是"人帝"而非"天帝",后世所沿袭者则有所不同。

方所五帝之祀理论上在东汉末年有了最为关键的变化,其标志是郑玄注经引入五精帝之说:"太微宫有五帝星座","五帝所行,同道异位,皆循斗枢机衡之分,遵七政之纪,九星之法"②,"东宫苍帝,其精为苍龙。南宫赤帝,其精为朱鸟。西宫白帝,其精白虎。北宫黑帝,其精玄武","春起青受制,其名灵威仰。夏起赤受制,其名赤熛怒。秋起白受制,其名白招拒。冬起黑受制,其名汁光纪。季夏六月火受制,其名含枢纽","镇,黄帝含枢纽之精,其体琁玑,中宿之分也"③,可见五帝含"精"为天神(故称五精帝),加以昊天上帝,便是"六天"(六天说),即上帝与五帝均为天神。不过,与其他四星相比,郑玄更突出黄帝的重要性:"含枢纽之精,其体琁玑中宿之分也"。显然,郑玄吸收了谶纬神学之思想资料,将其与传统礼制中方所五帝祭祀紧密结合,将五帝由"人帝"转变为"天神",同时保存了方所内容。其实,郑玄注《礼记》未采纳其师马融观点,而是取《春秋纬》太微宫五帝星座、其精为神之说,其中也确实能看出他受到董仲舒"三统说"影响的痕迹。董仲舒三统说的核心在于黑、白、赤是王朝更替顺序,一个王朝只能秉一统,三统相替而行。故秦有尚黑之说。然三统说实由战国阴阳五行家"五德始终说"演化而来,五德始终说强调五行循环相胜,夏、殷、周更相替代便是依据五德循环而兴衰的。孔颖达曾说:"《书》传曰:'天子存二王之后,与己三,所以通天三统,立三正。'郑《驳异义》云:'言所存二王之后者,命使郊天,以天子礼祭其始祖受命之王,自行其正朔服色,此之谓通天三统。'是言王者立二王后之义也。"④郑玄虽讲的是立二王后,然言意之下政权交替实由"天"意,即政权的合法性来源于天命,这为后世感生五帝的出现埋下了伏笔。需要补充的是,郑玄的理论实际上是混合了天帝与人帝,既是对经今文学的一种批判,又是对它的一种继承。说其是批判,是因为郑玄否定了方所五帝仅是人帝的观点,将五帝上升到"天神"(五精帝)的高度;说其是继承,他又肯定了方所五帝所具有的方位、色帝观点,并赞同五德始终、三统相继的历史观念。

西晋立国,始定五天帝配飨。《太平御览》引《晋起居注》称武帝泰始元年十二月议郊祀与明堂配飨,五经博士孔晁议曰:"王者郊天,以其祖配周公;以后稷配天于南郊;以文王配五精上帝于明堂。经典无配地文,魏以先妃配,不合礼制。周配

① 《后汉书》卷九八《祭祀志中》,第 3181 页。
② 《春秋运斗枢》,安居香山等辑:《纬书集成》,石家庄:河北人民出版社,1994 年,第 713、710 页。
③ 《春秋文曜钩》,安居香山等辑:《纬书集成》,第 662 页。
④ 毛亨传、郑玄笺、孔颖达疏:《毛诗正义》,北京:北京大学出版社,1999 年,第 1555 页。

祭不及武王,礼制有断。今晋郊天,宜以宣皇帝配;明堂,宜以文皇帝配。"①此处五精上帝即五精帝,为天帝,即明堂配飨五天帝。

　　然郑玄的观点受到武帝之外祖父王肃的批判。王肃不同意郑玄将太微宫五帝(即青帝、赤帝、白帝、黑帝和黄帝等五精帝)都称为"天帝"的观点,他采纳《家语》解释,认为太暤、炎帝、黄帝、少暤、颛顼为五帝,是上古确然存在的圣王,即"五人帝"。也就是说,王肃坚持传统儒家的观点,反对谶纬神学观点。有学者指出:"郑玄'六天'说与王肃等的'一天'说都认可昊天为天之体,分歧在于对五帝的态度上。郑玄以五帝属天,故可称五帝为'五天帝'或'五天神',而王肃等则以五帝属人,故五帝就成了五人帝或五人神。"②这一分析是正确的。值得进一步指出的是,郑、王观点不一,其实质是视五帝为神还是人的问题,因此采纳六天说还是一天说是泾渭分明之两途,它涉及国家祭祀中最为重要的郊祀大礼,故成为后世礼家们争论的焦点之一。事实上,郑玄的六天说确实在理论上存在着问题,王肃一天说相对较为平实。然而郑玄将方所五帝也称为"天帝",提升了它们的地位,这与封建专制政权的"君权神授""五德始终"相对应,因此更能获取古代学者们的认同,这也就是后世多采郑玄说而废弃王肃说的真正原因。

　　泰始二年,"群臣又议:'五帝,即天也,五气时异,故殊其号。虽名有五,其实一神。明堂南郊,宜除五帝之坐,五郊改五精之号,皆同称昊天上帝'"③,武帝从之。这里"群臣"之议,实际就是武帝外祖父王肃的"一天说"。《晋书》所载更为清楚:"泰始二年又除明堂南郊五帝座,同称昊天上帝,一位而已。又省先后配地之祀。"④也就是说,泰始二年将五帝视同为天帝,故南郊、明堂只祭天帝(昊天上帝)一位。"是年十一月,有司又议奏:'古者丘郊不异,宜并圆丘方泽于南北郊,更修治坛兆。其二至之祀,合于二郊。'帝又从之,一如宣帝所用王肃议也。"⑤然此事并未结束,因为早在司马昭任晋王时,"命荀顗因魏代前事,撰为新礼……成百六十五篇,奏之。太康初,尚书仆射朱整奏付尚书郎挚虞讨论之",虞表增损之后,"以元康元年上之。所陈惟明堂五帝、二社六宗及吉凶王公制度,凡十五篇。有诏可其议"⑥。那么挚虞所定五帝祭礼如何? 有无变化? 据《晋书》载:"后虞与傅咸缵续其事,竟未成功。中原覆没,虞之《决疑注》,是其遗事也。逮于江左,仆射刁协、太

---

①　李昉:《太平御览》卷五二七《晋起居注》,石家庄:河北教育出版社,1994年,第6册,第182页。

②　陈赟:《郑玄"六天"说与禘礼的类型及其天道论依据》,《陕西师范大学学报》2016年第2期。

③　《宋书》卷一六《礼志三》,北京:中华书局,1974年,第423页。

④　《晋书》卷二七《五行志上》,北京:中华书局,1974年,第813页。

⑤　《宋书》卷一六《礼志三》,第423页。

⑥　《晋书》卷一九《礼志上》,第581—582页。

常荀崧补缉旧文,光禄大夫蔡谟又踵修其事云。"①也就是说,挚虞在荀顗新礼基础
上修订之礼,也是个半成品,故挚虞与傅咸又重新修订,可惜没有完成。那么挚虞
所修订之新礼在五帝配飨上是什么观点? 史称:

> 挚虞议以为:"汉魏故事,明堂祀五帝之神。新礼,五帝即上帝,即天帝也。
> 明堂除五帝之位,惟祭上帝……昔在上古,生为明王,没则配五行,故太昊配
> 木,神农配火,少昊配金,颛顼配水,黄帝配土。此五帝者,配天之神,同兆之于
> 四郊,报之于明堂。祀天,大裘而冕,祀五帝亦如之。或以为五精之帝,佐天育
> 物者也。前代相因,莫之或废,晋初始从异议。《庚午诏书》,明堂及南郊除五
> 帝之位,惟祀天神,新礼奉而用之。前太医令韩杨上书,宜如旧祀五帝。太康
> 十年,诏已施用。宜定新礼,明堂及郊祀五帝如旧仪。"诏从之。②

这是挚虞在晋怀帝时上的奏议,史称"时怀帝亲郊。自元康以来,不亲郊祀,礼仪弛
废。虞考正旧典,法物粲然"③。上述挚虞之议中,所称汉魏祭明堂五帝之神即五
帝为"五天帝"之意,这里的"新礼"是挚虞修订的荀顗的新礼,认为五帝是天帝,故
泰始二年改祭昊天上帝一位,五帝成为五人帝,即视为前代圣王。挚虞认为"昔在
上古,生为明王,没则配五行……前代相因,莫之或废,晋初始从异议"。挚虞说的
"晋初始从异议"即晋初从王肃之议,视五帝为五人帝。"前太医令韩杨上书,宜如
旧祀五帝。太康十年,诏已施用",即该年改回配飨五帝旧制,又回到五天帝轨道
上。那么后面"宜定新礼,明堂及郊祀五帝如旧"中的"新礼"是什么新礼? 当然不
是荀顗之"新礼",也不是太康十年改回"旧祀"的"新礼",更非《庚午诏书》实行的
"新礼",应当是要求改变《庚午诏书》不配飨五帝、等待怀帝批准之"新礼",因此称
"明堂及郊祀五帝如旧"。从五帝性质来看:荀顗所定五帝实为五天帝,泰始二年
改为五人帝,太康十年恢复五天帝,怀帝庚午又改回五人帝,永嘉末挚虞要求改回
五天帝,坚持自己元康元年(291)奏上之《新礼》的观点。总之,泰始二年(266)到太
康十年(289)共23年罢五帝配飨,太康十年至庚午(永嘉四年、310)共21年实行五
帝配飨,怀帝永嘉共六年,因此废五帝配飨当甚短暂。愍帝即位到西晋灭亡仅三
年,又恢复五帝配飨。显然,西晋一代,五帝配飨与废罢的时间大致相当。

太康十年诏实际还涉及明堂配飨晋王朝先帝问题,《晋书》记载:

① 《晋书》卷一九《礼志上》,第582页。
② 《晋书》卷一九《礼志上》,第587页。
③ 《晋书》卷五一《挚虞传》,第1426页。《晋书》及《资治通鉴》均未载怀帝郊祀,故不详郊祀是何年。

（太康）十年十月，又诏曰："《孝经》'郊祀后稷以配天，宗祀文王于明堂以配上帝'。而《周官》云'祀天旅上帝'，又曰'祀地旅四望'。望非地，则明堂上帝不得为天也。往者众议除明堂五帝位，考之礼文不正……宣帝以神武创业，既已配天，复以先帝配天，于义亦所不安。其复明堂及南郊五帝位。"①

这里"往者众议除明堂五帝位，考之礼文不正"，其中至少包括韩杨（当然可能也包括挚虞）之看法，然韩杨等人议究竟在什么时间、有哪些观点，史载不详。但可以确认的是，晋武帝于太康十年十月（离武帝去世仅半年②）恢复了原来南郊、明堂配飨五帝之仪（即承认五帝是天帝），郊祭配飨五帝与宣帝，明堂配飨五帝，取消了文帝司马昭配飨③。

晋室东迁，郊祀大礼自需制订。《宋书》称晋元帝太兴元年（318）"始更立郊兆。其制度皆太常贺循依据汉、晋之旧也"④，《晋书》更明确声称"其制度皆太常贺循所定，多依汉及晋初之仪"⑤。这里的"晋初之仪"当是武帝时采纳王肃的祭祀规定，即视五帝为前代圣王，废罢配飨，故史称"三月辛卯，帝亲郊祀，飨配之礼一依武帝始郊故事。是时尚未立北坛，地祇众神共在天郊"⑥。明帝欲建北郊，然未成而薨。成帝咸和八年"追述前旨，于覆舟山南立之"⑦，始定郊天以五帝配飨。至太元十二年（387）五月，孝武帝诏令议郊祀、明堂配飨之礼，西晋初关于五帝为五天帝、还是五人帝又被提出，祠部郎徐邈认为："检以圣典，爰及中兴，备加研极，以定南北二郊，诚非异学所可轻改也。谓仍旧为安"，他强调"明堂所配之神，积疑莫辨……若上帝者是五帝，经文何不言祀天旅五帝，祀地旅四望乎？人帝之与天帝，虽天人之通谓，然五方不可言上帝，诸侯不可言大君也。书无全证，而义容彼此，故泰始、太康二纪之间，兴废迭用矣"⑧，侍中车胤之议同徐邈。这里可看出，徐邈强调东晋"中兴"已经对郊祀、明堂之礼"备加研极"，"五方不可言上帝"，因此"谓仍旧为安"，即不改变元帝视五帝为五人帝的观点。就现存史料来看，大致东晋一代以五帝为五人帝。实际上，东晋未建明堂，史称"江左以后，未遑修建"⑨，那么五人帝仅在郊

---

① 《晋书》卷一九《礼志上》，第584页。
② 《宋书》卷三三《五行志四》称晋武帝"太熙初，还复五帝位"，当误。第951页。
③ 西晋初年宣帝、文帝分别配享郊祀、明堂，是承曹魏明帝太和元年"郊祀武帝以配天，宗祀文帝于明堂以配上帝"而来，显然曹魏并非废明堂五帝配享。《晋书》卷一九《礼志上》，第582页。
④ 《宋书》卷一六《礼志三》，第424页。
⑤ 《晋书》卷一九《礼志上》，第584页。《宋书》修撰早于《晋书》。
⑥ 《晋书》卷一九《礼志上》，第584页。
⑦ 《晋书》卷一九《礼志上》，第584页。
⑧ 《宋书》卷一六《礼志三》，第452—453页。
⑨ 《晋书》卷一九《礼志上》，第587页。

祀中配飨而已。沈约称:"元帝绍命中兴,依汉氏故事,宜享明堂宗祀之礼。江左不立明堂,故阙焉"[1],便是明证。

　　归纳而言,两晋时期祭祀的五帝是五天帝(五精帝)还是五人帝是有较大反复的,西晋大致两者时间相当,而东晋则以五人帝为主。

原载于《河北学刊》2019 年第 5 期

---

[1]　《宋书》卷一六《礼志三》,第 424 页。

人神之际：古代中国五帝祭祀的变迁（下）

三、南北朝至隋：五天帝制的完全确立

南北朝时，南朝刘宋、萧齐两朝对礼典似不甚措意，故《隋书·礼仪志》述南北朝修礼典大势从萧梁始讲："梁武始命群儒，裁成大典。吉礼则明山宾，凶礼则严植之，军礼则陆琏，宾礼则贺玚，嘉礼则司马褧。帝又命沈约、周舍、徐勉、何佟之等，咸在参详。陈武克平建业，多准梁旧，仍诏尚书左丞江德藻、员外散骑常侍沈洙、博士沈文阿、中书舍人刘师知等，或因行事，随时取舍。"①于北朝，《隋书》称："后齐则左仆射阳休之、度支尚书元修伯、鸿胪卿王晞、国子博士熊安生，在周则苏绰、卢辩、宇文敬，并习于仪礼者也，平章国典，以为时用。高祖命牛弘、辛彦之等采梁及北齐《仪注》，以为五礼云。"②这当然是讲礼典修撰，但并不能说刘宋、萧齐在五帝祭祀毫不涉及，恰恰相反，两朝均有相关资料保存下来，稍加辨析就可得出结论。

刘宋建国，武帝于永初元年遣"皇太子拜告南北郊。永初二年正月上辛，上亲郊祀"③，孝武帝大明五年"明堂肇建，祠五帝"④，此后，刘宋郊祀、明堂大致依礼进行，史称"明堂配帝，间岁昭荐"⑤，应该说郊祀、明堂之祀不废。然由于史料匮乏，刘宋初到孝武帝前的30余年中五帝以什么身份配祀尚无明确记载。至孝武帝孝建二年议乐，左仆射王宏奏章提及明堂五帝之事："《孝经》称'严父莫大于配天'，故云'郊祀后稷以配天，宗祀文王于明堂，以配上帝'。既天为议，则上帝犹天益明也。不欲使二天文同，故变上帝尔。《周礼》祀天之言再见，故郑注以前天神为五帝，后冬至所祭为昊天。"⑥显然王宏是持郑玄五天帝说。孝武大明三年九月，尚书右丞徐爰议郊祀地理位置，主张"宜移郊正午，以定天位"，博士司马兴之、傅郁、太常丞

---

① 《隋书》卷六《礼仪志一》，北京：中华书局，1973年，第107页。
② 《隋书》卷六《礼仪志一》，第107页。
③ 《宋书》卷一六《礼志三》，北京：中华书局，1974年，第426页。
④ 《宋书》卷一六《礼志三》，第434页。
⑤ 《宋书》卷一六《礼志三》，第431页。
⑥ 《宋书》卷一九《乐志一》，第544—545页。

陆澄并同爰议,"乃移郊兆于秣陵牛头山西,正在宫之午地"①。徐爰之议虽未涉及五帝,然从后面史事中可看出当时南郊是有五帝配飨。大明五年始营建明堂,九月,有司提出南郊、明堂、庙祭用牲问题,祠部郎颜觊议:"祀之为义,并五帝以为言。帝虽云五,牲牢之用,谓不应过郊祭庙祀。宜用二牛",显然五帝在祭祀之例。大明"六年正月,南郊还,世祖亲奉明堂,祠祭五时之帝,以文皇帝配,是用郑玄议也"②。所谓用郑玄议,即郑氏在注《月令》时明确认为:"大飨,徧祭五帝",包括昊天上帝为六天帝。可见孝武帝大明三年、六年两次南郊都以五天帝配飨。明帝泰始二年十一月有诏南郊,时任黄门侍郎的徐爰也参议其中③,现存资料虽未涉及有无五帝配飨,然从上述史料中可以推测是以五天帝配飨的。

萧齐代宋于宋顺帝昇明三年四月,然七月齐高帝便与大臣商讨郊祀之事。史称:"建元元年七月,有司奏:'郊殷之礼,未详郊在何年? 复以何祖配郊? 殷复在何时? 未郊得先殷与不? 明堂亦应与郊同年而祭不? 若应祭者,复有配与无配? 不祀者,堂殿职僚毁置云何?'"其中右仆射王俭议郊祀配飨,认为:"今大齐受命,建寅创历,郊庙用牲,一依晋、宋",然诏明堂再详议,群臣不敢断,诏"依旧"④,即沿袭晋宋旧制未变。建元四年三月,武帝即位,"其秋,有司奏:'寻前代嗣位,或仍前郊年,或别更始,晋、宋以来,未有画一。今年正月已郊,未审明年应南北二郊祀明堂与不?'"此即改元是否进行郊祀,武帝诏令八座丞郎博士议,尚书令王俭认为:"明年正月宜飨祀二郊,虔祭明堂,自兹厥后,依旧间岁。"诏"可"⑤。武帝永明二年又议郊祀、明堂,主要围绕着郊祀与明堂是否同日而祀问题,众说纷纭,然亦议及五帝配飨。在明堂祭祀时间上,兼太常丞蔡仲熊批评曹魏侍中郑小同所撰《郑志》误解郑玄之意,蔡氏提及郑玄注《月令》季秋"大飨,徧祭五帝",即持郑玄五天帝说;尚书陆澄则称:"挚虞《新礼》议明堂南郊间三兆,禋天飨帝共日之证也",但他强调"又上帝非天,昔人言之已详"⑥,陆澄显然认为明堂所祀"上帝"非天帝,五帝当为五人帝。陆氏所说"上帝非天"当非明堂所行之礼,因为至少有两条史料可以明确证明萧齐明堂配飨之五帝是五天帝。一是明帝建武二年旱,有司议雩祭依明堂。祠部郎何佟之据《周礼·司巫》、《礼记·月令》及郑玄注,认为"雩,吁嗟求雨之祭也。雩帝,谓为坛南郊之旁,祭五精之帝,配以先帝也……今筑坛宜崇四尺,其广轮仍以四为

---

① 《宋书》卷一四《礼志一》,第 346 页。
② 《宋书》卷一六《礼志三》,第 434 页。李延寿《北史》卷六《宇文愷传》载大明五年营建明堂、设五帝位事,称出自《宋起居注》。第 2146 页。
③ 《宋书》卷一六《礼志三》,第 431 页。
④ 《南齐书》卷九《礼志上》,北京:中华书局,1972 年,第 118、120、121 页。
⑤ 《南齐书》卷九《礼志上》,第 121、122 页。
⑥ 《南齐书》卷九《礼志上》,第 125 页。

度,径四丈,周员十二丈,而四阶也。设五帝之位,各依其方,如在明堂之仪。皇齐以世祖配五精于明堂,今亦宜配飨于雩坛矣。"①此议获得明帝同意。"皇齐以世祖配五精于明堂"明确指出萧齐将五帝视为五精帝,即五天帝。另一条是反证材料出于《梁书》,梁武帝召何胤为特进、右光禄大夫,遣领军司马王果宣旨谕意,何胤与王果有一段对话:

> 胤因谓果曰:"吾昔于齐朝欲陈两三条事,一者欲正郊丘,二者欲更铸九鼎,三者欲树双阙……圆丘国郊,旧典不同。南郊祠五帝灵威仰之类,圆丘祠天皇大帝、北极大星是也。往代合之郊丘,先儒之巨失。今梁德告始,不宜遂因前谬。卿宜诣阙陈之。"果曰:"仆之鄙劣,岂敢轻议国典,此当敬俟叔孙生耳。"②

可见,何胤在萧齐时曾反对南郊祠灵威仰之类五天帝,然未果,何氏强调是当时之失,故至此旧事重提,然被王果婉言拒绝。可见萧齐与梁初明堂均配飨五天帝③。但五帝之配飨在梁武帝时有一些变化,据《隋书·礼志》载:天监七年,武帝依博士陆玮、明山宾等人所议,定天地之祭为一献之礼;十一年,据八座奏:"五帝之义,不应居坎。良由齐代圆丘,小而且峻,边无安神之所。今丘形既大,易可取安。请五帝座悉于坛上,外壝二十八宿及雨师等座,悉停为坎",即停二十八宿等配飨,五帝则祭于坛上;"十七年,帝以威仰、魄宝俱是天帝,于坛则尊,于下则卑。且南郊所祭天皇,其五帝别有明堂之祀,不烦重设。又郊祀二十八宿而无十二辰,于义阙然。于是南郊始除五帝祀,加十二辰座,与二十八宿各于其方而为坛。"④显然,天监十七年南郊罢五天帝配飨,然明堂五天帝配飨则照旧。此终梁世未变。

　　如上所述,陈朝初建,承梁之旧,"或因行事,随时取舍",然从此中亦可知陈朝随事取舍,是有一些变化的。那么在郊祀与明堂配飨五帝方面有什么变化呢?据《隋书》记载,陈朝郊祀亦沿袭梁制,为南北二郊,永定二年南郊,"以皇考德皇帝配,除十二辰座,加五帝位,其余准梁之旧"⑤,大致是恢复了梁天监十七年罢废的五天帝配飨之制,同时依许亨之奏,恢复三献仪式。宣帝时以南北二郊卑下,更议增广,然久而不决,直至太建十一年,尚书祠部郎王元规提出郊坛具体尺寸,朝臣会议后获,"诏遂依用";而"后主嗣立,无意典礼之事,加旧儒硕学,渐以凋丧,至于朝亡,竟

---

① 《南齐书》卷九《礼志上》,第127—128页。
② 《梁书》卷五一《何胤传》,北京:中华书局,1973年,第736—737页。
③ 《隋书》卷六八《宇文恺传》称:"梁武即位之后,移宋时太极殿以为明堂。"第1593页。
④ 《隋书》卷六《礼仪志一》,第111页。
⑤ 《隋书》卷六《礼仪志一》,第111页。

无改作"①。

《隋书》总结南北朝郊丘之制时称区分出这两种不同的观点:"一云:祭天之数,终岁有九,祭地之数,一岁有二,圆丘、方泽,三年一行。若圆丘、方泽之年,祭天有九,祭地有二。若天不通圆丘之祭,终岁有八。地不通方泽之祭,终岁有一。此则郑学之所宗也。一云:唯有昊天,无五精之帝。而一天岁二祭,坛位唯一。圆丘之祭,即是南郊,南郊之祭,即是圆丘。日南至,于其上以祭天,春又一祭,以祈农事,谓之二祭,无别天也。五时迎气,皆是祭五行之人帝太皞之属,非祭天也。天称皇天,亦称上帝,亦直称帝。五行人帝亦得称上帝,但不得称天。故五时迎气及文、武配祭明堂,皆祭人帝,非祭天也。此则王学之所宗也。梁、陈以降,以迄于隋,议者各宗所师,故郊丘互有变易。"②尽管在学术层面有宗郑宗王之别,然从上述自刘宋到陈朝郊祀、明堂实际配飨来看,除梁武帝时短暂罢废五天帝配飨,应该说南方四朝绝大多数时间都配飨五天帝,虽有学者宗奉王学,然五人帝未获行用。

北朝至隋郊祀大致也沿袭汉晋旧制,采纳南北郊之制。北魏道武帝天兴二年正月行南郊,"五精帝在坛内,壝内四帝,各于其方,一帝在未……其后,冬至祭上帝于圜丘,夏至祭地于方泽,用牲币之属,与二郊同"③。显然北魏建国之初便行用南郊以五天帝配飨的制度。明元帝"泰常三年,为五精帝兆于四郊,远近依五行数。各为方坛四陛,埒壝三重,通四门。以太皞等及诸佐随配。侑祭黄帝,常以立秋前十八日。余四帝,各以四立之日"④。这也是以五天帝配飨。不过需要指出的是,北魏南郊以方坛,与汉晋南朝之制不同,因为汉制南郊以圆丘,北郊祭地才用方泽,这或许是北魏的"民族特色"吧。北魏明堂之制实施很晚,至孝文帝太和十年九月"诏起明堂",然实未营建,到十五年四月"己卯,经始明堂,改营太庙",同年十月,"明堂、太庙成"⑤。此为平城之明堂。孝文帝迁都洛阳后未重建明堂,故袁翻曾称:"迁都之始,日不遑给,先朝规度,每事循古"⑥。到宣武帝延昌三年"十有二月庚寅,诏立明堂"⑦,此为营建洛阳明堂,然宣武帝时并未建成,直到孝明帝正光元年,"明堂、辟雍并未建就",源子恭上书指出:"世宗于是恢构……乃访遗文,修废典,建明堂,立学校,兴一代之茂矩,标千载之英规。永平之中,始创雉构,基趾草昧,迄无成功",究其原因,"配兵人,或给一千,或与数百,进退节缩,曾无定准,欲望

① 《隋书》卷六《礼仪志一》,第 113 页。
② 《隋书》卷六《礼仪志一》,第 107—108 页。
③ 《魏书》卷一八之一《礼志一》,北京:中华书局,1974 年,第 2734—2735 页。
④ 《魏书》卷一八之一《礼志一》,第 2737 页。
⑤ 《魏书》卷七下《高祖纪下》,第 161、168 页。
⑥ 《魏书》卷六九《袁翻传》,第 1538 页。
⑦ 《魏书》卷八《世宗纪》,第 215 页。

速了，理在难克……所给之夫，本自寡少，诸处竞借，动即千计。虽有缮作之名，终无就功之实。"①此议虽获孝明帝赞同，然直至孝昌二年才下诏营缮，当时"议者或言九室，或言五室，诏断从五室。后元叉执政，复改为九室，遭乱不成"②。可见，洛阳明堂并未修成。

北齐则与北魏不同，南郊以圆丘，史称："以孟夏龙见而雩，祭太微五精帝于夏郊之东。为圆坛，广四十五尺，高九尺，四面各一陛。为三壝外营，相去深浅，并燎坛，一如南郊。于其上祈谷实，以显宗文宣帝配。青帝在甲寅之地，赤帝在丙巳之地，黄帝在己未之地，白帝在庚申之地，黑帝在壬亥之地。面皆内向，藉以藁秸。配帝在青帝之南，小退，藉以莞席，牲以骍。其仪同南郊"，其郊祀由"皇帝初献，太尉亚献，光禄终献。司徒献五帝，司空献日月、五星、二十八宿，太常丞已下荐众星"③。北周"祭祀之式，多依《仪礼》……祀昊天上帝，祭皇地祇及五帝、日月、五星、十二辰、四望、五官，各以其方色毛"④，故秦蕙田认为："北周郊丘之祭大率与齐同，而郊坛之制各异"⑤，即祭祀略同，而坛制有些不同。上述有关北齐北周的引文出于《隋书》，但《隋书》未明确北齐北周究竟何时实行郊祀以五精帝配飨，然从北齐北周两朝都来源于北魏看，大致可以判断北齐北周自有南郊便以五精帝配飨。隋朝南郊亦以五帝配飨，"其牲，上帝、配帝用苍犊二，五帝、日月用方色犊各一，五星已下用羊豕各九"⑥。

南北朝时的明堂之制，诸朝略有不同，如"陈制，明堂殿屋十二间。中央六间，依齐制，安六座。四方帝各依其方，黄帝居坤维，而配飨坐依梁法"⑦；北魏于平城营建明堂，据史载："高祖外示南讨，意在谋迁，斋于明堂左个"⑧，此当为《周礼》所载之五室之制，非《大戴礼记》九室十二堂制。迁都后，袁翻曾建议"明堂五室，请同周制"⑨，当是依据平城五室制。"后齐采《周官·考工记》为五室，周采汉《三辅黄图》为九室，各存其制，而竟不立。"⑩

隋开皇初，牛弘"奏征学者，撰《仪礼》百卷。悉用东齐《仪注》以为准，亦微采王俭礼"⑪，即主要沿袭北齐之礼，稍采南朝之礼，不过隋礼并未传承下来。史称隋开

①　《魏书》卷四一《源子恭传》，第 933—934 页。
②　《隋书》卷六八《宇文恺传》，第 1593 页。
③　《隋书》卷六《礼仪志一》，第 127、114 页。
④　《隋书》卷六《礼仪志一》，第 115、116 页。
⑤　秦蕙田：《五礼通考》卷八，文渊阁《四库全书》本，第 135 册，第 292 页。
⑥　《隋书》卷六《礼仪志一》，第 116 页。
⑦　《隋书》卷六《礼仪志一》，第 121 页。
⑧　《魏书》卷一九中《任城王传》，第 464 页。
⑨　《魏书》卷六九《袁翻传》，第 1538 页。
⑩　《隋书》卷六《礼仪志一》，第 121 页。
⑪　《隋书》卷八《礼仪志三》，第 156 页。

皇、大业年间,诏议明堂之制,然亦众言纷纭,未能一致,"终隋代,祀五方上帝,止于明堂,恒以季秋在雩坛上而祀"①,但五帝配飨则无不同。此是北朝至隋的郊祀、明堂之制,所配飨均为五天帝。

需要注意的是,北周武帝保定元年正月"甲寅,祠感生帝於南郊"②,这是南郊中首次祭祀感生帝(亦称感帝)的明确时间,据称北周"南郊,以始祖献侯莫那配所感帝灵威仰于其上"③。北齐也祭感生帝,《隋书》有记载,然时间不明④。《宋史》载:"感生帝,即五帝之一也。帝王之兴,必感其一。北齐、隋、唐皆祀之,而隋、唐以祖考升配,宋因其制"⑤一语,其中脱漏北周祭感生帝事,北周亦有祖宗配飨。

祭祀感生帝近承郑玄五精帝说,远接先秦感生说,与禘祭配飨之制相配合。郑玄五精帝说与"君权神授""五德始终"相对应,认为政权交替实由"天"意,即政权的合法性来源于天命,如此,它必然会带来"感生帝"之说。所谓感生帝,即皇帝的祖先感受五天帝之一的精气而降生,肇始王朝,实际深受五行相生相克、五德始终的影响,因此,每一王朝所祭祀的感生帝都是前一王朝感生帝的"克星",如此也体现出后一王朝的正统地位。虽说北周北齐始有感生帝之说,但"感生说"并不始于北周北齐,早在先秦便有此说法。不但传世文献中有感生的记载,出土简牍同样有类似记载,如上海博物馆藏战国楚简中的《子羔》,记载了子羔与孔子的对答,述及禹、契、后稷的感生传说⑥。谶纬中也有帝王"感生"故事,如《瑞应图》"大虹竟天,握登见之,意感生帝舜于姚墟"之类,此无需赘述。北周北齐始启感生帝之祭,为隋唐宋诸王朝继承,详参后述。

有关北魏五帝祭祀,还有数事需要指出。一是元会朝堂设座。孝文帝太和十五年八月诏曰:"《礼》云自外至者,无主不立。先朝以来,以正月吉日,于朝廷设幕,中置松栢树,设五帝坐。此既无可祖配,揆之古典,实无所取,可去此祀。又探策之祭,既非礼典,可悉罢之。"⑦明堂、南郊设五帝座虽有之,然亦罢废⑧,朝堂元会设五帝座确实前无记载,此当为北魏自创之礼,只是不详何时开始。二是南郊用牲之色。太和中孝文帝曾称:"圜丘之牲,色无常准,览推古事,乖互不一。周家用骍,解

---

①　《隋书》卷六《礼仪志一》,第 122 页。

②　《周书》卷五《武帝纪上》,北京:中华书局,1971 年,第 64 页。

③　《隋书》卷六《礼仪志一》,第 116 页。

④　《隋书》卷六《礼仪志一》载"祀所感帝灵威仰于坛,以高祖神武皇帝配。礼用四圭有邸,币各如方色"。第115 页。

⑤　《宋史》卷一〇〇《礼志三》,北京:中华书局,1985 年,第 2461 页。

⑥　马承源主编:《上海博物馆藏战国楚竹书》(二),上海:上海古籍出版社,2002 年,第 184—199 页。

⑦　《魏书》卷一八之一《礼志一》,第 2748 页。

⑧　郑玄依《春秋纬》,认为除昊天上帝外,"五行精气之神"亦为天帝,故有六天帝之说,郊祀设祭位。西晋武帝时,王肃批判六天说,以为"五帝"非天帝,其采纳《家语》解释,认为太皞、炎帝、黄帝、少皞、颛顼为五帝,即"五人帝",武帝纳之,诏"明堂、南郊,宜除五帝之座,五郊改五精之号,同称昊天下帝"。

言是尚。晋代靡知所据",“秘书令李彪曰：‘观古用玄,似取天玄之义,臣谓宜用玄。至于五帝,各象其方色,亦有其义。’帝曰：‘天何时不玄,地何时不黄,意欲从玄。’"①三是五郊迎气②。宣武帝时,太常卿刘芳对当时所置五郊迎气提出意见,认为“所置坛祠远近之宜,考之典制,或未允衷"③。五郊迎气始见《月令》记载,但《月令》虽提及五帝、五方、五色,然五方如何迎五气、里数多少、如何配飨等事均不明。其制至东汉始详,《后汉书》云：董钧“博通古今,数言政事。永平初,为博士。时草创五郊祭祀,及宗庙礼乐,威仪章服,辄令钧参议,多见从用,当世称为通儒"④。此处“五郊祭祀”下有注曰：“《续汉志》曰：‘永平中,以《礼仪谶》及《月令》有五郊迎气,因采元始中故事,兆五郊于洛阳四方,中兆在未,坛皆三尺。’"未是方位,在中央,对应黄色,东晋大儒贾逵云：“中兆,黄帝之位,并南郊之季,故云兆五帝于四郊也。"⑤东汉至东晋诸儒解释大致相同,其中王肃说得比较清楚：东郊八里因木数、西郊九里因金数、南郊七里因火数、北郊六里因水数,中郊在西南五里因土数,这便是五郊迎气,五、六、七、八、九又与《易》、五行相关,五郊迎气之五帝既有方所祭祀和顺时令色彩,更与谶纬密切相关,然其祭祀对象体现的是地方“保护神”的色彩,可归属五天帝,历代相同⑥。由上述数例可见,北魏礼制似与汉晋之制有差异,“晋代靡知所据”明确表现出孝文帝不愿遵用晋制。

归纳以上所述,南北朝至隋的五帝之祀发展趋势中,南朝循晋之旧,无所改易,实祭五天帝。北朝至隋,出现了祭感生帝一说,此混融了郑玄五精帝说和先秦感生说,即五天帝与五人帝,这与北朝重黄帝轩辕氏及三皇五帝之统密切相关,在郊祀、明堂、禘祭及迎气之仪中均有五帝身影。

四、唐代之后：确立人神分途的郊祀与明堂制度

唐代是中国传统礼制发展的极为重要的时期,也是礼典编纂最为鼎盛的时期。就礼学发展的本身而言,这也是历史的必然。因为从魏晋到唐是一个从军阀混战不已的“乱世”到大唐盛世的转变过程,从社会稳定角度而言,封建专制主义国家政权为巩固自己的统治,自然需要制订出一系列符合自身统治的制度,这当然也包括礼典。从礼学发展本身来看,“自晋至梁,继令条缵。鸿生巨儒,锐思绵蕝,江左学

---

① 《魏书》卷一八之一《礼志一》,第 2752 页。
② 张鹤泉先生对东汉、两晋南北朝五郊迎气有极深入的研究,参见氏著《东汉五郊迎气祭祀考》,《人文杂志》2011 年第 3 期；《两晋南朝迎气祭祀礼考》,《南京晓庄学院学报》2017 年第 2 期；《北魏迎气祭祀礼试探》,《河北学刊》2017 年第 3 期。
③ 《魏书》卷五五《刘芳传》,第 1223 页。
④ 《后汉书》卷七九下《董钧传》,北京：中华书局,1965 年,第 2577 页。
⑤ 《后汉书》卷七九下《董钧传》,第 2577 页。
⑥ 东汉之后,大多数国家都有五郊迎气之祭祀,虽祭祀地点、祭祀仪式略有不同,但祭祀对象毫无二致。

者,髴髣可观"①,虽出现了名噪一时的王肃礼学,但实际上王学随着晋王朝的倒台而风光不再,最终没能取代郑玄礼学,那么礼学的发展也自然要求出现一个超越郑学的理性要求。因此我们可以看到,自隋朝建立起大一统国家,这一发展趋势变得非常明显,史称:"隋氏平陈,寰区一统,文帝命太常卿牛弘集南北仪注,定《五礼》一百三十篇。炀帝在广陵,亦聚学徒,修《江都集礼》。由是周、汉之制,仅有遗风。"②遗憾的是,隋祚短暂而未能完成这一历史任务,这一历史责任就落在大唐肩上。

就礼制而言,随着唐王朝建立与统一,统治者对礼学思想上的掌控和礼典制作日趋迫切,在这一历史条件下,中国礼制史上的重大变革、发展时期来临了。从礼学思想上说,唐初由孔颖达领衔的礼学专家们衡评郑王、择优汰劣,自太宗开始,到高宗时期最终完成了《五经正义》这部巨著,大致结束了汉末到魏晋以来经学纷争的局面,开创了国家礼学一统天下的趋势,这在礼学发展史上占据了突出的地位。从具体礼典编纂来说,唐代先后编纂而成的贞观、显庆和开元三部大礼典及其他各种官颁礼典,充分说明唐代礼学昌明的盛况。尽管三部大礼典在具体礼仪上有变化、有抵牾,甚至在郑学、王学中摇摆,但整体上说是沿着一个方向发展,是日趋完善的礼制体系。

就唐代五帝配飨问题而言,仍然围绕着郊祀、明堂五帝是用郑玄说还是王肃说而展开的③,学界对唐代五帝(五方帝、五人帝)问题已有很好的研究④,无需置喙。

参与奉敕编纂《五经正义》的孔颖达等一批学人,面对自汉代以来经学内部纷争、门户之见横陈的局面,他们摒弃南学、北学的偏见、广采博览、兼容百氏,既保存前说,又提出新见解,议论也相对较为公允,因而《五经正义》成为官方权威之说,成为科举考试的标准。《五经正义》对六天说与一天说有详细解说,载于《郊特牲》篇之首,孔颖达曰:"郑氏以为天有六天,丘、郊各异,今具载郑义。兼以王氏难郑氏,谓天有六天,天为至极之尊,其体秪应是一。而郑氏以为六者,指其尊极清虚之体,其实是一;论其五时生育之功,其别有五:以五配一,故为六天。"⑤郑玄之说既有经学依据,又有来自战国五行思想,再混合汉代谶纬家、乃至道教学说,故郑氏将黄帝含枢纽等五帝与"天皇大帝"(即昊天上帝)合为六天,就当时客观的历史条件与人们认识水准来说,其说有历史的必然性,也有相当的受众基础,同时,将五帝称为

---

① 《旧唐书》卷二一《礼仪志一》,北京:中华书局,1975年,第816页。
② 《旧唐书》卷二一《礼仪志一》,第816页。
③ 杨华认为《开元礼》许多条目是对依从郑学的《贞观礼》和推崇王学的《显庆礼》进行了择从才形成的。氏著《论〈开元礼〉对郑玄和王肃礼学的择从》,《中国史研究》2003年第1期。
④ 杨华:《论〈开元礼〉对郑玄和王肃礼学的择从》,《中国史研究》2003年第1期;吴丽娱:《从经学的折衷到礼制的折——由〈开元礼〉对五方帝的处理所想到的》,《文史》2017年第4期。
⑤ 郑玄注、孔颖达疏:《礼记正义》卷二五《郊特牲》,北京:北京大学出版社,1999年,第892页。

"天帝",更能显示出封建专制政权的权威性与合法性,自然也符合帝王的政治需要,因此郑氏之说广获流传。唐宋之间普遍认为郑玄"六天之说,后世莫能废焉"①,元人袁桷也引胡宏说:"郑氏六天,本于谶纬,攻之者虽力,而卒莫敢废。"②而王肃看重《易》学,从元气一元论的思想出发,认为五帝为五人帝,是黄帝之子孙,而非五天帝,力求破除谶纬之说。有学者认为王肃经学有义理化倾向③,我们认为是有相当道理的。郑王两者在哲学思想上的不同,最终导致他们在五帝认识上的差异。那么,唐代究竟采纳五人帝还是五天帝? 究竟有什么变化? 兹略作申述。

据《旧唐书·礼仪志一》载:唐武德初郊祀"五方上帝、日月、内官、中官、外官及众星,并皆从祀",此五方上帝为五天帝无疑,这是沿袭隋代而来的。贞观时,明堂仍以高祖配五天帝,到永徽二年"又奉太宗配祀于明堂,有司遂以高祖配五天帝,太宗配五人帝"。显然,永徽以一代两帝同配明堂,分别配祀五天帝、五人帝的做法是一种"创新"之举,调和了郑王之说。然到显庆元年六月,太尉长孙无忌与礼官声称:"历考前规,宗祀明堂,必配天帝,而伏羲五代,本配五郊,预入明堂,自缘从祀。今以太宗作配,理有未安。伏见永徽二年七月,诏建明堂,伏惟陛下天纵圣德,追奉太宗,已遵严配。时高祖先在明堂,礼司致感,竟未迁祀,率意定仪,遂便著令。乃以太宗皇帝降配五人帝,虽复亦在明堂,不得对越天帝,深乖明诏之意,又与先典不同",他们认为这种依据郑玄"以祖、宗合为一祭,又以文、武共在明堂,连裱配祀,良为谬矣",要求改为"奉祀高祖于圆丘,以配昊天上帝",太宗"祀于明堂,以配上帝",这又回复到五天帝一途。显庆二年七月,礼部尚书许敬宗与礼官又上奏,认为"祠令及新礼,并用郑玄六天之议,圆丘祀昊天上帝,南郊祭太微感帝,明堂祭太微五帝"的做法不对,要求"四郊迎气,存太微五帝之祀;南郊明堂,废纬书六天之义",即要求回复到五天帝和五人帝分祀的轨道,获得皇帝赞同而附于礼令。高宗乾封元年下诏"依郑玄义祭五天帝,其雩及明堂,并准敕祭祀"④,即郊祀、明堂统一为配飨五天帝。但此举遭到奉常博士陆遵楷、张统师等人批评,乾封二年诏令又重申"自今以后,祭圆丘、五方、明堂、感帝、神州等祠,高祖太武皇帝、太宗文皇帝崇配,仍总祭昊天上帝及五帝于明堂。"⑤高宗去世后,情况发生变化,垂拱元年,武则天听从

---

① 王溥:《唐会要》卷九上《杂郊议上》,北京:中华书局,1955年,第143页。此条内容被欧阳修采入《新唐书》卷一三《礼乐志三》中。

② 袁桷《进郊祀十议状》,陈得芝、邱树森、何兆吉:《元代奏议集录》(下),杭州:浙江古籍出版社,1998年,第24页。

③ 朱伯崑认为:"曹魏时期的经学大师王肃,乃古文经学派的集大成者。其《周易注》,继承了费氏易的传统,注重义理,以《易传》的观点解释经文,排斥今文学派和《易纬》解易的学风,不讲互体、卦气、变卦、纳甲等。"氏著《易学哲学史》第1册,北京:华夏出版社,1994年,第246页。

④ 以上参见《旧唐书》卷二一《礼仪志一》,第820—826页。

⑤ 王溥:《唐会要》卷九上《杂郊议上》,第149—150页。

凤阁舍人元万顷等人建议，"郊丘诸祠皆以三祖配"①，即以高祖、太宗、高宗一同配祀。永昌元年九月，武则天敕："天无二称，帝是通名。承前诸儒，互生同异，乃以五方之帝，亦谓为天。假有经传互文，终是名实未当，称号不别，尊卑相浑。自今郊祀之礼，惟昊天上帝称天，其余五帝皆称帝。"②显然永昌元年将昊天称天，五帝称帝，即为五人帝，非五天帝了。圣历元年司礼博士闾仕谞、班思简等奏："郑（玄）所谓告其帝者，即太昊等五人，告其神者，即重黎等五行官。虽并功施于民，列在祀典，无天子每月拜祭告朔之文……郑所谓告其时帝者，即太皞等五人帝，此又非也。何者？郑注惟言告其时帝，及其神配以文王、武王，不指言天帝、人帝。但天帝、人帝并配，五方时帝之言，包天人矣。既以文王、武王作配，则是并告天帝、人帝。诸侯受朔于天子，故但于祖庙告，而受行之。天子受朔于上天，治宜于明堂，告其时之天帝、人帝，而配以祖考也。"③闾、班之说，是从理论上强调了对天帝、人帝的区分。

玄宗开元期间是唐礼一大变革关键。开元十一年，玄宗罢三祖同配，回复高祖单独配祀，同时对武则天"郊祀之礼，惟昊天上帝称天，其余五帝皆称帝"的做法不赞同。在开元二十年编成的《大唐开元礼》中，郊祀、明堂都有五方帝配飨④，这五方帝是神，是天帝，不是人帝，因为该礼典中明确还有与五方帝不同的五帝（五人帝）。《大唐开元礼》卷一《序例上》中"季秋大享明堂，祀昊天上帝，以睿宗大圣真皇帝配坐。又以五方帝、五帝、五官从祀"一条，其下注曰："右按大唐前礼，祀五方帝、五帝、五官于明堂；大唐后礼，祀昊天上帝于明堂。准《孝经》曰：'郊祀后稷以配天，宗祀文王于明堂以配上帝。'先儒以为天是感精之帝，即太微五帝，此即皆是星辰之例矣。谨按：上帝之号皆属昊天，郑康成所引皆云五帝。《周礼》曰：'王将大旅上帝，张毡。'案：设皇邸，祀五帝，张大次、小次。由此言之，上帝之与五帝自有差等，岂可混而为一乎"⑤；在明堂祭祀中，也明确记载"天帝之馔升自午陛，配帝之馔升自卯陛，五方帝、五帝之馔各由其陛升。"⑥这里五方帝、五帝是对称的，五方帝是天帝，五帝是人帝。配帝即唐代配祀之帝，他们配飨是有理论根据，即《孝经》中记载的"宗祀文王於明堂以配上帝"。有意思的是，这里出现的天帝、五方帝是"神"，配帝、五帝则是"人"。这一改变极具意义，影响深远，秦蕙田略有夸张地称"《唐书·礼乐志》称萧嵩等撰定《开元礼》，虽未能合古，而天神之位别矣。至二十年，萧嵩等

① 《旧唐书》卷二一《礼仪志一》，第830页。
② 王溥：《唐会要》卷九上《杂郊议上》，第150页。
③ 王溥：《唐会要》卷一二《飨明堂议》，第286—288页。
④ 参见《旧唐书》卷二一《礼仪志一》。《大唐开元礼》也有明确的五人帝、五方帝的记载。北京：民族出版社，2000年，
⑤ 萧嵩等：《大唐开元礼》卷一《序例上》，第14—15页。
⑥ 萧嵩等：《大唐开元礼》卷一《皇帝大享于明堂》，第77页。

定礼而祖宗之配定矣。岂不信哉！自汉以后千余年间，为注家所惑，郊丘天帝配位，乖舛互异，至不可究诘。即贞观定礼以后，而乾封之祀感帝，垂拱之三帝并祀，不旋踵而袭谬。至《开元礼》成而大典秩如矣。后世虽时有损益，然大纲率不外此，是古今五礼一大关键也"①。值得注意的是，《大唐开元礼》卷十二到卷二十一分别皇帝或有司祭祭青帝、赤帝、黄帝、白帝和黑帝之礼，即将原来合祀的五帝，回归到郑玄之说出现之前的方所祭祀的人帝上去了。这一区分人、神祭祀方式影响直到元代。

　　玄宗后诸帝大致遵循《大唐开元礼》，郊祀五帝则为五方帝，即保佑一方的五天帝，明堂配飨五帝实为五人帝。如代宗初，归崇敬议祭五人帝不称臣云：

　　　　太昊五帝，人帝也，于国家即为前后之礼，无君臣之义。若于人帝而称臣，则于天帝复何称也？议者或云："五人帝列于《月令》，分配五时。"则五神、五音、五祀、五虫、五臭、皆备五数，以备其时之色数，非谓别有尊崇也。②

这里的太昊五帝便是五人帝。不过笔者仅发现一条资料似乎不能完美解释：德宗贞元元年诏中称"郊祀之义，本于至诚。制礼定名，合从事实，使名实相副，则尊卑有伦。五方配帝，上古哲王，道济烝人，礼著明祀"③。此明确讲的是郊祀之礼。虽说郊祀确有五方帝与五帝配飨，但称之上古哲王的"五方配帝"，究竟是指五方帝还是指五位先代圣王之五帝，费人猜详。因为若是人帝，不当称"五方配帝"；若与开元礼一致的五方帝，那么就不能称为"人帝"，两者矛盾无法统一。此尚祈高明教之。

　　五代时王朝更替迅速，于礼制建设上确实乏善可陈，然从点滴资料上可以看出沿袭的痕迹。如后梁太祖曾下诏，要求"其近京灵庙，宜委河南尹，五帝坛、风师雨师、九宫贵神，委中书各差官祈之"④。这里明确有五帝坛，显然是方所祭祀方式。又称："周广顺三年九月，南郊，礼仪使奏：'郊祀所用珪璧制度，准礼，祀上帝以苍璧，祀地祇以黄琮，祀五帝以珪璋琥璜琮，其玉各依本方正色，祀日月以珪璋，祀神州以两珪有邸。其用币，天以苍色，地以黄色，配帝以白色，日月五帝各从本方之色，皆长一丈八尺'"⑤云云，这里祭五帝"各依本方正色"也强调是方所祭祀形式。更为重要的是，后周编纂《大周通礼》，是依据唐代礼制而来：周显德五年六月"命

①　秦蕙田：《五礼通考》卷一《圜丘祀天》，文渊阁《四库全书》本，第 135 册，第 317 页。
②　《旧唐书》卷一四九《归崇敬传》，第 4016 页。
③　《旧唐书》卷二一《礼仪志一》，第 844 页。
④　《旧五代史》卷七《太祖纪》，第 108 页。
⑤　《旧五代史》卷一四三《礼志下》，第 1910—1911 页。

中书舍人窦俨参详太常雅乐。十一月,翰林学士窦俨上疏论礼乐刑政之源,其一曰:'请依《唐会要》所分门类,上自五帝,迄于圣朝,凡所施为,悉命编次,凡关礼乐,无有阙漏,名之曰《大周通礼》,俾礼院掌之'"①。依《唐会要》编次《大周通礼》礼乐内容,可见其沿袭唐代之礼。

宋代自然也沿袭唐代定下人、神分祀的体系,但又加以完善。例如,宋代除在昊天上帝外,五帝中区分出五人帝与五方帝,前者为以黄帝为核心的上古五帝,五方帝(灵威仰、赤熛怒、含枢纽、白招拒、叶光纪)则依方所来确定,被视为天帝②,除配飨南北郊(分别祭昊天上帝、皇地祇)外,又各在国门之外有专坛祭祀,用于每年四立日、土黄日迎气祭祀。当然五方帝中必有感生帝,因为感生帝是"五帝之一也。帝王之兴,必感其一。北齐、隋、唐皆祀之,而隋、唐以祖考升配,宋因其制"③。宋代感生帝是赤帝,故南郊之后又当单独祭赤帝④。

就圆丘(圜丘)祭祀而言,五方帝、五人帝自宋初就配飨了。景德四年翰林学士晁迥等言:"按《开宝通礼》:圜丘,有司摄事,祀昊天、配帝、五方帝、日月、五星、中官、外官、众星总六百八十七位;雩祀、大享,昊天、配帝、五天帝、五人帝、五官总十七位"⑤云云,可见宋初情况。《政和五礼新仪》继承了这一传统,如卷二载"冬日至祀昊天上帝,设位于坛上,北方,南向。以太祖皇帝配,其位东方,西向。天皇大帝、五方帝、大明、夜明、北极九位在第一龛。北斗、天一、太一、帝座、五帝内座、五星、十二辰、河汉、内官等神位五十四座,在第二龛"⑥。这里明确有五方帝和五帝(五人帝)。正由于区分出五方帝与五人帝,而五方帝又可用于五郊迎气,因此在《政和五礼新仪》中有"皇帝祀五方帝仪"三卷和"祀五方帝仪(有司行事)"一卷,而五帝(五人帝)失去了迎气作用,礼典中就不再有专门的祭祀篇目了,它仅是南郊或五郊迎气时配飨从祀而已,故《宋史》称"冬至祀昊天上帝于圜丘,以五方帝、日、月、五星以下诸神从祀。又以四郊迎气及土王日专祀五方帝,以五人帝配,五官、三辰、七宿从祀。"⑦应该说基本准确的。

---

① 《旧五代史》卷一四五《乐志下》,第 1936 页。
② "《开元礼义罗》云:'帝有五坐,一在紫微宫,一在大角,一在太微宫,一在心,一在天市垣。'即帝坐者非直指天帝也。又得判司天监史序状:'天皇大帝一星在紫微勾陈中,其神曰耀魄宝,即天皇是星,五帝乃天帝也……窃惟《坛图》旧制,悉有明据,天神定位,难以跻升,望依《星经》,悉以旧礼为定。"《宋史》卷九九《礼志二》,第 2436 页。
③ 《宋史》卷一《礼志三》,第 2461 页。
④ 乾德元年曾在南郊为赤帝设座,二年从太常博士聂崇义奏罢,撤座从祀。
⑤ 《宋史》卷九九《礼志二》,第 2437 页。按:马端临《文献通考》卷七一《郊社考四》与《宋史》同。然李焘《续资治通鉴长编》与此略有不同,无五方帝,五天帝称五天,五人帝称五帝。卷七六,真宗大中祥符四年十二月甲寅,北京:中华书局,1992 年,第 1744—1745 页。
⑥ 郑居中:《政和五礼新仪》卷二《序例·神位》,文渊阁《四库全书》本,第 647 册,第 138 页。
⑦ 《宋史》卷一《礼志三》,第 2459—2460 页。

辽朝礼制建设相对比较落后,至今也未保存礼典,相关典籍记载的资料也甚少,其具体祭祀五帝不明。金朝五礼制度相对完备,且大多沿袭宋制①,其南郊配飨中有五方帝②,《大金集礼》亦明确有五方帝记载③,然无明堂之祭。金朝虽无"五人帝"之称,却有五帝祭祀的记载。章宗泰和三年,朝臣称:"三皇、五帝、禹、汤、文、武皆垂世立教之君,唐、宋致祭皆御署,而今降祝板不署,恐于礼未尽。不若止从外路祭社稷及释奠文宣王例,不降祝板,而令学士院定撰祝文,颁各处为常制。"④此奏获章宗诏准,五帝作为前代圣王祭祀列入祭典受祀。这一祭前代帝王之礼,至少在金中期就出现了,规定三年一祭。不过,五帝是分别在各地受祭:伏羲于陈州、神农于亳州、轩辕于坊州、少昊于兖州、颛顼于开州。辽金两朝不行五郊迎气之礼,故于国门外无祭坛。

据《元史·郊祀志》称:"元之五礼,皆以国俗行之,惟祭祀稍稽诸古。"⑤确实,元朝礼制非常看重本民族之礼,对汉族礼制不甚重视,然在吉礼(以各种祭祀为主要内容)上却在一定程度上加以利用,用以宣示国家政权的合法性,以及表现出他们对祖宗的尊崇。

元朝兴起于漠北,原有与中原地区传统的礼制不同的拜天之礼,不过,元朝拜天帝后都参与,宗戚助祭,洒马湩,用来显示报本反始之意。宪宗二年八月,"以冕服拜天于日月山",又采纳孔元措建言,合祭昊天后土,以太祖、睿宗配飨。世祖至元十二年十二月,以受尊号,遣使豫告天地,按照唐、宋、金旧仪于国阳丽正门东南七里建立祭台,设昊天上帝、皇地祇位二,行一献礼。这便是元朝南郊仪式最初情况,显得十分简陋。至元三十一年,成宗即位,始于都城南七里建南郊坛,四月甲辰遣司徒兀都带率百官为大行皇帝请谥于南郊,此为告天请谥之始。大德六年春三月庚戌,合祭昊天上帝、皇地祇、五方帝于南郊,遣左丞相哈剌哈孙摄事,"为摄祀天地之始"⑥。显然,至少自成宗起,元朝南郊开始以五方帝配祀。武宗至大三年正月曾拟定北郊从祀及朝日夕月礼仪,然未果。该年十一月丙申,有事于南郊,以太祖配,五方帝日月星辰从祀。仁宗延祐元年四月,太常寺臣请立北郊,仁宗未准奏,北郊之议遂辍。至顺元年十月,文宗亲祀南郊昊天上帝,以太祖配。"世祖混一六合,至文宗凡七世,而南郊亲祀之礼始克举焉"⑦,可见,元朝南郊祭天以有司摄事

---

① 参见拙作《宋金〈礼制〉比较研究》,《史学集刊》2018 年第 3 期。
② 《金史》卷二八《礼志一》,北京:中华书局,1975 年,第 698 页。
③ 张暐:《大金集礼》卷三八《沿祀杂录》,丛书集成新编本,第 318 页。
④ 《金史》卷三五《礼志八》,第 819 页。
⑤ 《元史》卷七二《祭祀志一》,北京:中华书局,1976 年,第 1779 页。
⑥ 《元史》卷七二《祭祀志一》,第 1781 页。
⑦ 《元史》卷七二《祭祀志一》,第 1792 页。

为主,至文宗时才进行亲祀。元末,顺帝也曾亲祀。

元朝南郊祀昊天上帝,"其从祀圜坛,第一等九位。青帝位寅,赤帝位巳,黄帝位未,白帝位申,黑帝位亥,主皆用柏,素质玄书"①,其位置及币色与汉制传统南郊并无不同。值得指出的是,元朝南郊主要用于即位、受尊号、册后、册太子、为大行皇帝请谥之类告祭,且大多是有司摄事,而于礼制规定的每年冬至南郊则不太多,故史称:"南郊之礼,其始为告祭,继而有大祀,皆摄事也,故摄祀之仪特详。"②至于北郊,元朝自"仁宗延祐五年,乃即二郊定立坛壝之制"③,此"二郊"便指元朝之南郊与北郊,然其北郊祭祀情况不详。

元朝对黄帝祭祀中还有一个现象值得关注,即三皇庙祭祀。三皇五帝庙,始设于天宝六载正月。玄宗制曰:"三皇五帝,创物垂范",故置三皇五帝庙进行祭祀。至七载五月,又诏:'三皇以前帝王,宜于京城内共置一庙,仍与三皇五帝庙相近,以时致祭。天皇氏、地皇氏、人皇氏、有巢氏、燧人氏,其祭料及乐,请准三皇五帝庙,以春秋二时享祭'"④,并置官管理⑤。唐人三皇祭祀,是将他们作为前代圣王来祭祀的,并非天神,这与《大唐开元礼》将五帝作为人帝祭祀相同。不过,三皇庙虽为国家祭礼之一,但唐代三皇庙资料极其缺乏,故其祭典仪式、管理方式、行用范围只能阙疑待考。宋代有关三皇庙祭祀资料更为罕见,无论在《宋史》或其他史籍,以及礼典中均未载三皇庙祭祀,故宋代三皇庙当非国家礼典规定之祭祀对象。笔者仅查到一条相关资料,是晚宋隆州井研人(今四川井研)牟巘(1227—1311)撰的《三皇庙疏》,其中称:"昔三皇天地同符,为民立命。《河图》《易》画,分阴而分阳;《药录》《灵枢》,载生而载育。千万世实蒙垂祐,十三科各务精能。其在吾邦,盍彰显祀,日来月往,栋挠梁倾……用是惕然,谂于识者。捐赀多助,壮观一新"⑥云云,此庙当在井研,建立已久且已破败,其希望有识者损赀助修,应是当地私立庙祀。文中所称"《药录》《灵枢》"是医书,即宋代将三皇当作医祖来祭祀。元初并无三皇庙祭祀之仪,据《元史》记载,成宗"元贞元年,初命郡县通祀三皇,如宣圣释奠礼。太皞伏羲氏以勾芒氏之神配,炎帝神农氏以祝融氏之神配,轩辕黄帝氏以风后氏、力牧氏之神配。黄帝臣俞跗以下十人,姓名载于医书者,从祀两庑。有司岁春秋二季行

① 《元史》卷七二《祭祀志一》,第 1794 页。
② 《元史》卷七二《祭祀志一》,第 1792 页。
③ 《元史》卷七六《祭祀志五》,第 1903 页。
④ 王溥:《唐会要》卷二二《前代帝王》,第 430 页。
⑤ 《新唐书》卷四八《百官志三》称天宝六载于太常寺下置三皇五帝庙署。周绍良、赵超《唐代墓志汇编续集》咸通 078 载唐思礼长子为三皇五帝庙令,广明 001 载陈讽次子授三皇五帝庙丞。显然类同于县级职。
⑥ 牟巘:《三皇庙疏》,曾枣庄、刘琳主编:《全宋文》卷八二九六(第 356 册),第 25 页。

事,而以医师主之"①。据何梦桂大德三年撰写了《建德路新创三皇庙记》,称"三皇庙,国朝所以祀羲、农、黄帝为医家祖也……国都既有庙祀,州郡礼仪祀殆遍天下,此郡犹或缺焉,不可"②,距元贞元年仅数年时间,似地方上行用颇广。仁宗延祐"六年秋八月,议置三皇庙乐,不果行"③,顺帝至正十年九月"祭三皇,如祭孔子礼……乃敕工部具祭器,江浙行省造雅乐,太常定仪式,翰林撰乐章,至是用之"④。从这些史料大致可以判断元朝三皇庙祭祀起于成宗元贞元年,是作为医圣来祭祀的,并且在郡县一级通祀,顺帝至正十年亲祀,已配有乐章。与宋朝相同的是,元代三皇庙祭祀是作为医祖来祭祀的,不同的是元朝三皇庙遍于州县。元朝三皇庙与唐代并无直接的承袭关系,元朝派"医师主之"与唐代以三皇五帝令、丞管理不同,因此其主祭者或有不同。不过,元代在州县均设三皇祭祀,扩大了三皇影响,这是元代对三皇五帝祭祀上的一个突出的方面,也从一个侧面印证了《元史》所称"惟祭祀稍稽诸古"。

　　朱元璋早在争夺天下之时便以驱逐"异族"为号,以恢复汉制作为鼓动民众反抗蒙元统治的手段,因此"明太祖初定天下,他务未遑,首开礼、乐二局,广征耆儒,分曹究讨",开始了"五礼"重建。至"洪武元年命中书省暨翰林院、太常司,定拟祀典。乃历叙沿革之由,酌定郊社宗庙议以进"⑤。明太祖之所以如此以礼制建设为急务,实是出自他对蒙元政权礼制的贬视、厌恶心理。在他看来,元政权"昧于先王之道,酖溺胡虏之俗"⑥,所行用"实非华夏之仪,所以九十三年之治,华风沦没,彝道倾颓"⑦。因而太祖认为必须彻底抛弃元朝礼仪,重续先圣倡导的礼制,重建五礼制度,以恢复圣贤之道。太祖的这一礼制思想,基本奠定了明代礼制的基调。具体体现在五帝祭祀上,自明初就有了极大的更动。《明史·礼志》载洪武元年中书省臣李善长等人《郊祀议》⑧,这一奏议极为重要,故摘录稍多:

　　　　王者事天明,事地察,故冬至报天,夏至报地,所以顺阴阳之义也。祭天于南郊之圜丘,祭地于北郊之方泽,所以顺阴阳之位也……自秦立四时,以祀白、

① 《元史》卷七六《祭祀志五》,第1902页。
② 何梦桂:《建德路新创三皇庙记》,曾枣庄、刘琳主编:《全宋文》(第358册)卷八二九六,上海:上海辞书出版社;合肥:安徽教育出版社,2006年,第151页。
③ 《元史》卷六八《礼乐志二》,第1699页。
④ 《元史》卷四二《顺宗纪五》,第889页。
⑤ 《明史》卷四七《礼志一》,北京:中华书局,1974年,第1223页。
⑥ 《明太祖实录》卷三九,洪武二年二月丙寅,北京:中华书局,2016年,第783页。
⑦ 朱元璋:《御制大诰》卷首《御制大诰序》,《续修四库全书》第862册,第243页。
⑧ 《明太祖实录》卷三载:"洪武元年二月壬寅朔,中书省臣李善长、傅瓛、翰林学士陶安等进《郊社宗庙议》",奏议名称不同。第507页。

青、黄、赤四帝。汉高祖复增北畤，兼祀黑帝。至武帝有雍五畤，及渭阳五帝、甘泉太乙之祠，而昊天上帝之祭则未尝举行。魏、晋以后，宗郑玄者，以为天有六名，岁凡九祭。宗王肃者，以为天体惟一，安得有六？一岁二祭，安得有九？虽因革不同，大抵多参二家之说……由汉历唐，千余年间，皆因之合祭。其亲祀北郊者，惟魏文帝、周武帝、隋高祖、唐玄宗四帝而已。宋元丰中，议罢合祭。绍圣、政和间，或分或合。高宗南渡以后，惟用合祭之礼。元成宗始合祭天地五方帝，已而立南郊，专祀天。泰定中，又合祭。文宗至顺以后，惟祀昊天上帝。今当遵古制，分祭天地于南北郊。冬至则祀昊天上帝于圜丘，以大明、夜明、星辰、太岁从祀。夏至则祀皇地祇于方丘，以五岳、五镇、四海、四渎从祀。①

李善长等人的郊祀奏议，实出于太祖要求："卿等其酌古今之宜，务在适中，定议以闻"②，其批郑是王出自太祖圣断。洪武元年十月，太祖下诏停祀五帝，南郊只祭昊天上帝，北郊仅祀皇地祇。也就是说，明初就抛弃五天帝说，将五帝恢复成上古圣王。在郊祀停五帝配飨同时，洪武元年三月，太祖下诏"以大牢祀三皇"③。洪武三年遣使访先代陵寝，礼官考其功德昭著者，有伏羲、神农、黄帝、少昊、颛顼等36位，"各制衮冕，函香币。遣秘书监丞陶谊等往修祀礼，亲制祝文遣之。每陵以白金二十五两具祭物。陵寝发者掩之，坏者完之。庙敝者葺之。无庙者设坛以祭。仍令有司禁樵采。岁时祭祀，牲用太牢"④，至洪武四年，所受祭前代圣王有所变动，最终定为36位。这一停一祭之间，体现出太祖对五帝性质的认识，即将他们视为先代圣王。实际上，太祖对此做得非常彻底，凡礼制中涉及五帝者，或罢去，或更革。如五郊迎气之礼被罢去，即五方帝不再受祭祀；在祭太社中也以其他方式来取代，洪武四年建太社坛，"取五方土以筑。直隶、河南进黄土，浙江、福建、广东、广西进赤土，江西、湖广、陕西进白土，山东进青土，北平进黑土"⑤，虽有方所"五色"，然不祭方所五帝。雩礼至少在商朝就出现了⑥，目的是祈雨，禳灾求吉，是历代必不可少之礼。自古以来雩礼受到统治者们的高度重视，长盛不衰，如《大唐开元礼》等礼典将雩礼排在南北郊和祈谷之后，明堂礼之前，显然可见雩礼之重要性。然"明初，凡水旱灾伤及非常变异，或躬祷，或露告于宫中，或于奉天殿陛，或遣官祭告郊庙、

---

①　《明史》卷四八《礼志二》，第1245—1246。《明太祖实录》所载极详，可参考。

②　《明太祖实录》卷三：洪武元年二月壬寅，第507页。

③　《明太祖实录》卷三一，洪武元年三月癸酉，第536页。

④　《明史》卷五《礼志四》，第1291—1292页。

⑤　《明史》卷四九《礼志三》，第1268页。《明史》中没有五郊迎气之礼。

⑥　陈絜《卜辞中的禜祭与柴祭》指出卜辞中的"禜"是种祐、求雨求年成为主的祭祀。《中原文化研究》2018年第2期。秦蕙田《五礼通考》卷二二称：雩礼虽然出现很早，但建立雩坛则在齐梁间，祭祀对象出现了五天帝、五人帝。文渊阁《四库全书》本，第135册，第575页。

陵寝及社稷、山川，无常仪"，不祀五帝，直至嘉靖九年筑"雩坛于圜丘坛外泰元门之东，为制一成，岁旱则祷，奉太祖配"[1]，毫无五帝身影。同样，带有五行色彩的感生帝也退出了历史舞台。太祖恢复五帝前代圣王的身份，影响极其深远，不但明代不再视五帝为天帝，就连清代也沿袭不变。

明代基本上没有大臣向皇帝要求祭祀五方帝，甚至视五郊迎气配帝之说为奇谈怪论，予以批判。于慎行批评郑玄六天说："《礼》曰：'以禋祀祀昊天上帝。'此天也，郑玄以为，天皇大帝者，耀魄宝也。《礼》曰：'兆五帝于四郊。'此五行精气之神也。郑玄以为：青帝灵威仰、赤帝赤熛怒、黄帝含枢纽、白帝白招拒、黑帝汁光纪者，五天也。由是有六天之说。纬书之凿，视道家图篆之文殆有甚矣……六天之说，即汉之五畤，使五行之吏进而并于有昊，说之最谬者矣。"[2]陆容批评宋儒："宋朝最多名臣硕儒，而其制礼亦多难晓。如祭天于圜丘，而从以五方之帝，则凡本乎天者，无不在矣。又有所谓感生帝之祭，感生，谓如以火德王，则祀赤帝也。祭地于方泽，而从以岳镇海渎，则凡丽乎地者，无不在矣。"[3]

清郊祀配飨天神，于"顺治初，定云、雨、风、雷。既配飨圜丘，并建天神坛位先农坛南，专祀之"，"十七年，敕廷臣议合祭仪，奏言仿《明会典》"[4]，故未将五帝列入配飨。祭皇地祇也无五帝配。社稷坛之制仿明代，于"祭大社、大稷，奉后土句龙氏、后稷氏配。祭日，帝亲莅，坛上敷五色土，各如其方"[5]，也无五帝配飨，此沿袭明代之制。清朝有历代帝王之祭，"初，明祀历代帝王，元世祖入庙，辽、金诸帝不与焉"，康熙十七年"增祀商中宗、高宗，周成王、康王，汉文帝，宋仁宗，明孝宗。而辽、金、元太祖皆罢祀"，至六十一年又谕："帝王崇祀，代止一二君，或庙飨其臣子而不及其君父，是偏也。凡为天下主，除亡国暨无道被弑，悉当庙祀。有明国事，坏自万历、泰昌、天启三朝，神宗、光宗、熹宗不应崇祀，咎不在愍帝也"，基于此，朝臣议增143位帝王受祀[6]，也就是说，除了个别帝王外，都受到了祭祀，自然五帝也仅仅是其中五位"先朝皇帝"而已，比之前代圣王下降多矣。秦蕙田作《五礼通考》，搜罗宏富，他批评郑玄六天说，认为"其病总在谓天有六而天帝为二"[7]，又云："王氏郊丘之说甚是，至以五帝为人帝，以冢土为方丘，俱误"，又云："文衡赵汸《论周礼六天书》：'郑康成三禘、五帝、六天，纬书之说，岂特足下疑之，自王肃以来莫不疑之。而

① 《明史》卷四八《礼志二》，第1257页。
② 于慎行：《谷山笔麈》卷七《经子》，北京：中华书局，1984年，第70—71页。
③ 陆容：《菽园杂记》卷一，北京：中华书局，1985年，第118—119页。
④ 《清史稿》卷八三《礼志二》，北京：中华书局，1997年，第2513、2504页。
⑤ 《清史稿》卷八三《礼志二》，第2516页。
⑥ 《清史稿》卷八四《礼志三》，第2525—2527页。
⑦ 秦蕙田：《五礼通考》卷一，文渊阁《四库全书》本，第135册，第140页。

近代如陈、陆、叶诸公,其攻击亦不遗余力矣。"①这可代表当时一般学者的看法。尽管清代学者中确实也有赞同郑玄六天说者,然在当时政治与学术氛围之中,也只能湮没无闻。

五、简短结语

古代中国重视礼制,其祭祀对象有天神、地祇、人鬼三者,其中人鬼主要是王朝祖先、历史贤人功臣及其他人等。五帝原为三代上古圣王,祭祀之初是作为"人"受祭的,但在发展过程中,不断地被神化,尤其受到五行学说及谶纬影响,乃至变为五行之精、太微之神。其祭祀也从最初的单个祭祀到五位合享,而且进入国家祭典最高等级的郊祀、明堂礼中,长期获得配飨资格。当然,随着时代变迁,五帝在明初重大礼典中失去了配飨资格,又重新恢复"人"的资格而受祭祀。如果我们拓开一步来看,古代中国许多受祭的"神祇""人鬼",无论是列于国家礼典中的合法祭祀,或是出于民众信仰的民间"淫祀",大多都经历过人、神这样一条演化路径,这一现象值得我们深思。

在五帝从"人"到"神"再到"人"的演化过程中,我们可以看到:中国古代礼制中的国家祭祀确实有强大的"制造"能力,利用国家掌控的权力将人升格为神,用以宣示国家政权的合法性、封建等级制度的合理性,以此"教化"芸芸众生,企望建立一套合于自己统治要求的社会制度,这在当时也无可厚非。其实民间信仰也同样具备强大的塑造能力,也能将"人鬼"塑造成"神祇"。然而,针对这些传统礼仪或礼俗,我们如何来判断其当代价值与合理地改造与利用这些资源,则是需要我们认真思考与仔细辨析的。因为任何一项古代传承而来的制度或者礼仪,它只能是适合当时社会现实的一种制度,不可能万古不变地传承。中国古代礼制与古代中国农业文明有着极其紧密的联系,是"时代产物",而不可能是万世准则,当我们进入现代化的工业文明新时代时,就必须对它们进行现代化转换,发掘和求取其合理的有现代价值的因素,以便为建立新的现代化体制提供借鉴或取用。

原载于《河北学刊》2019年第6期

---

① 秦蕙田:《五礼通考》卷五,第226页。

唐代玄元皇帝庙、太清宫的礼仪属性问题

中华礼制自诞生以来一直有祖先崇拜的传统，这种祖先崇拜便是祭祖礼，它与祭天、祭地合为祭祀的三大祭祀对象，这便是吉礼的内容，是国家祭祀最为重要的方面。隋唐两宋当然也不会例外。道教从源头上来说，它并不以崇拜祖先为基点，而是求长生、求成仙为主要目的。因此，道教从源头上来说与中华礼制并不合拍。然而，在唐朝道教对国家礼制的渗透中，出现了一种非常特殊的现象，即道教宫观祭祀带有某种祭祖性质，因而有必要对此加以研究。

一、玄元皇帝庙并非太庙

唐玄宗开元二十九年令两京及诸州设"圣祖"玄元皇帝庙[①]，这是唐代道教史上一件大事，涉及诸多问题。

这里先辨析开元设立玄元皇帝庙是否具有太庙性质。太庙祭祀是帝王祖先崇拜的主要体现，它有严格的礼制规定。首先是对太庙所设置的地点有严格的规定。按照古已有之的庙祭之礼，太庙必须设置于国都，它属于国家礼典中最为重要的祭祀内容之一。贞观九年，太宗欲在龙兴之地太原为高祖设庙，但遭到儒臣们的强烈批评。如深明礼制的颜师古声称"究观祭典，考验礼经，宗庙皆在京师，不欲下土别置"，指出郡国造庙"爰起汉初，率意而行，事不稽古，源流渐广，大违典制"，故他强调太宗拟设高祖庙是"增立寝庙，别安主佑，有乖先古，靡率旧章"[②]。颜氏观点非常明确：国家设立的宗庙（即太庙）只能在京城，地方设庙则离经叛道。由于大臣反对，太宗便停止在太原设高祖庙。需要注意的是，玄宗设玄元皇帝庙时，除两京外，诸州均有设置，这与设置皇帝太庙的常例就完全不同。何况唐朝在高祖时已设立了太庙，作为中央政府，庙外设庙自然是不可取的，是违制的。如果将它视为郡

---

① 后改名为太清宫。

② 颜师古：《太原寝庙议》，李昉：《文苑英华》卷七六三，北京：中华书局，1966 年，第 4004 页。刘昫《旧唐书》卷二六《礼仪志六》文字略异，北京：中华书局，1975 年，第 993 页。

国庙,那么它也违反自古以来的设庙原则,类似于违制的汉初轻率之举①。

其次,太庙对祭主及陪祭有严格规定。至少自西周以来的礼制,太庙主要祭祀对象是自太祖(或始祖)以下的若干代皇帝及其配偶②,而且大宗与小宗、太祖与始祖都混淆不得。郑玄注《曾子问》"大庙火"云:"大庙,始祖庙。宗庙皆然,主于始祖耳"③,大庙即太庙,其祭主即始祖,这是指天子之庙。按照郑玄说法:"大祖,始封之君。始祖者,感神灵而生,若稷、契也。"④这都是说大宗。而小宗,郑玄注《丧服小记》"别子为祖"条有明确解说:"诸侯之庶子,别为后世为始祖也","为'祖'者,别与后世为始祖,谓此别子子孙为卿大夫,立此别子为始祖"⑤,显然,此始祖并非是大宗"天子"、"诸侯"之始祖⑥。

我们先看李唐设太庙情况。《唐会要》有李唐建太庙的明确记载:"武德元年六月六日,立四庙于长安通义里,备法驾,迎宣简公、懿王、景皇帝、元皇帝神主,祔于太庙,始享四室。"⑦《资治通鉴》载武德元年六月"己卯,祔四亲庙主。追尊皇高祖瀛州府君曰宣简公;皇曾祖司空曰懿王;皇祖景王曰景皇帝,庙号太祖,祖妣曰景烈皇后;皇考元王曰元皇帝,庙号世祖,妣独孤氏曰元贞皇后;追谥妃窦氏曰穆皇后"⑧。也就是说,李唐初建,太庙仅祭高祖李熙以下四代。

李唐认老子(老君)为"祖"也始于高祖时:"武德三年五月,晋州人吉善行于羊角山见一老叟,乘白马朱鬣,仪容甚伟,曰:'谓吾语唐天子,吾汝祖也。今年平贼后,子孙享国千岁。'高祖异之,乃立庙于其地。"⑨羊角山是否遇老叟另当别论,但高祖认老子为祖先确有其事,反映其攀比前代圣人,以此抬高李唐政权神圣性之心

---

① 西汉分封同姓王,允许他们在郡国设庙,与古制不合,因此深受后人批评。魏晋南北朝时,一些北方少数民族政权最初的太庙有立于国都之外者,这与他们原来游牧民族习俗有关,与汉族礼制规范有差异。但他们立国中原之后,吸收汉族礼制,大多将太庙设于国都。

② 各朝代具体祭祀祖先的数目有不同,有实行五庙制,有实行七庙制,然以七庙制为主,即主祭是七位先祖。如遇帝王去世后祔庙时太庙已满七位,便需要将前面供奉者撤去一位放入夹室或其他地方,称为祧。

③ 郑玄注、孔颖达疏:《礼记正义》卷一八《曾子问》,北京:北京大学出版社,2000年,第591页。

④ 郑玄注、贾公彦疏:《仪礼注疏》卷三〇《丧服》,上海:上海古籍出版社,2008年,第917页。

⑤ 郑玄注、孔颖达疏:《礼记正义》卷三二《丧服小记》,第963页。

⑥ 诸侯相对于天子而言亦为小宗,然西周鲁国等具有特殊地位的诸侯国祭始祖与周王相同。

⑦ 王溥:《唐会要》卷一二《庙制度》,北京:中华书局,1955年,第292页。据《旧唐书·高祖纪》载:高祖为"凉武昭王暠七代孙也。暠生歆。歆生重耳,仕魏为弘农太守。重耳生熙,为金门镇将,领豪杰镇武川,因家焉。仪凤中,追尊宣皇帝。熙生天锡,仕魏为幢主。大统中,赠司空。仪凤中,追尊光皇帝。皇祖讳虎,后魏左仆射,封陇西郡公,与周文帝及太保李弼、大司马独孤信等以功参佐命,当时称为'八柱国家',仍赐姓大野氏。周受禅,追封唐国公,谥曰襄。至隋文帝作相,还复本姓。武德初,追尊景皇帝,庙号太祖,陵曰永康。皇考讳昞,周安州总管、柱国大将军,袭唐国公,谥曰仁。武德初,追尊元皇帝,庙号世祖,陵曰兴宁"。第1页。

⑧ 《资治通鉴》卷一八五,唐高祖武德元年六月己卯,北京:中华书局,1956年,第5794页。

⑨ 王溥:《唐会要》卷五〇《尊崇道教》,第865页。羊角山在今山西浮山县境。

理。需要强调的是,高祖尽管认老子为先祖,但并未将老子作为始祖迎祭于太庙,而是另立老君祠于羊角山①,此祠当属于道教性质②。然终高祖之世,未见有老君入太庙的记载。需要注意的是,唐初仍以亳州老君庙为祖庭。如太宗贞观十一年七月"丙午,修老君庙于亳州,宣尼庙于兖州,各给二十户享祀焉"③;高宗乾封元年"二月己未,次亳州。幸老君庙,追号曰太上玄元皇帝,创造祠堂;其庙置令、丞各一员"④。两段史料都可看出太宗与高宗是以亳州老君庙为祖庭的,与前代尊亳州老君庙为祖庭没有不同。

贞观九年,太宗命有司详议太庙制度。据《唐会要》记载,谏议大夫朱子奢认为:"诸侯立高祖已下,并太祖五庙,一国之贵也。天子立高祖已上,并太祖七庙,四海之尊也……伏惟圣祖在天,山陵有日,祔祖严配,大事在斯。宜依七庙,用崇大礼",岑文本等人也依据"天子三昭三穆,与太祖之庙而七",要求立七庙,"制从之。于是增修七庙,始崇祔宏农府君(重耳),及高祖神主,并旧四室为六室焉"。原注有:"初议欲立七庙,以凉武昭王为始祖,太子左庶子于志宁以为武昭远祖,非王业所因,不可为始祖,竟从之。"⑤显然,朱子奢虽然提及"圣祖在天",实际上当时太宗与诸大臣都未将老君作为"始祖"。有唐一代每次议庙制,始祖、太祖究竟为谁,大臣们有不同意见,但从未见将老君视为"始祖"的观点⑥。需要注意的是,贞观十一年七月修亳州老君庙,也没有把老君请入太庙。从这一态度可以看出太宗仍未将老子视为始祖。

高宗乾封元年三月,追尊老君为太上玄元皇帝,至武后永昌元年则改回称老君,中宗神龙元年二月四日,恢复太上玄元皇帝尊号,但均未见有迎老君或玄元皇帝入太庙的记载,也未见特意在京师设置老君庙或玄元皇帝庙的记载。显然李唐至中宗时都仅承认李耳为"圣祖",而非始祖。

二、开元设玄元皇帝庙的性质

到玄宗时情况发生了变化。开元二十九年五月,玄宗称梦见老子,故"令图写

---

① 李吉甫:《元和郡县图志》卷一二"老君祠"条:"其年,敕遣通事舍人柳宪立祠,因改县为神山。"北京:中华书局,1983年,第338页。
② 笔者至今未发现羊角山老君祠内塑像或画像情况,也未查到陪祭情况,其性质难以判断。但吉善行为道士,似认定道教性质为宜。
③ 刘昫等《旧唐书》卷三《太宗纪下》,第48页。
④ 刘昫等《旧唐书》卷五《高宗纪下》,第90页。
⑤ 王溥:《唐会要》卷一二《庙制度》,第292—293页。
⑥ 据笔者所见,睿宗李旦明确承认过"玄元皇帝,朕之始祖",但不是君臣议庙时说的,况且他并未将老君迎入太庙祭祀,显然也是口头说说而已。参见李旦《令西城昌隆公主入道制》,周绍良总主编:《全唐文新编》卷一八,长春:吉林文史出版社,2000年,第238页。

真容,分布天下"①,诏令"两京及诸州各置玄元皇帝庙一所,并置崇玄学"②。天宝元年正月,陈王府参军田同秀声称:"玄元皇帝降于丹凤门之通衢,告赐灵符,在尹喜之故宅",玄宗遣使赴函谷故关令尹喜台西得之,"于是置玄元皇帝庙于大宁坊西南角,东都置于积善坊临淄旧邸。"③这是李唐政权明确在京师设置玄元皇帝庙的记载。

　　既然玄元皇帝庙设在国都,那么就有必要辨析该庙与太庙(宗庙)的关系,以确认其性质。我们认为:玄元皇帝庙与太庙无关,是不同性质的两种祭祀系列。

　　或许有人会认为,既然李唐皇帝认定老君(玄元皇帝)是其祖先,那么设立该庙可以认定为"家庙"性质,属于一个系列的祭祀。其实这样的说法并不能站住脚。因为皇帝(天子)的家庙便是太庙,至少从西晋建立五礼体系后,中原王朝(包括南朝政权)不存在国都的太庙之外再设立家庙的问题,也找不出这样的例证。其次,退一万步说,即使暂且承认玄元皇帝庙具有"家庙"资格,那么这一家庙除了祭老君之外,还需要祭祀其他先祖,但实际上玄元皇帝庙没有其他李唐先祖的神主或圣容陪祭④,却雕刻玄宗及李林甫、陈希烈像置于其中,一般家庙无"生人"陪祀的先例。这也反证玄元皇帝庙并非家庙性质。另外,如果把玄元皇帝庙等同汉代设太庙、郡国庙一样,那么至少在京师不应当单独立庙,而应该将其迎入太庙祭祀。换句话说,玄宗必须把太庙中供奉的七位先祖中挑出其中一位。然而事实并非如此。同时,地方玄元皇帝庙作为祭祀先祖之地(郡国庙),那么也应当有已去世皇帝陪祀。由此可见,尽管玄宗口口声声称老君为"圣祖",事实上从礼制角度来看,并未把"圣祖"列入始祖(先祖)祭祀,换句话说,玄元皇帝庙之性质不能归类于太庙祭祀⑤。

　　其实,玄宗确实从未将老君视为始祖,因为他心中另有始祖:"昔契敷五教,殷以为祖,稷播百谷,周以配天。况咎繇迈种,黎人怀德,我之本系,千载弥光,敬追尊为德明皇帝。"⑥咎繇即皋繇,《汉书·古今人表》列为第 2 等。其追尊德明皇帝事,《资治通鉴》系于天宝二年三月壬子。显然,玄宗是把皋繇视为与殷奉契、周奉稷一

<hr>

① 王溥:《唐会要》卷五〇《尊崇道教》,第 865 页。

② 《旧唐书》卷二四《礼仪志四》,第 925 页。

③ 王溥:《唐会要》卷五〇《尊崇道教》,第 865 页。

④ 《旧唐书》卷一八下《宣宗纪》载:"东都太庙者,本武后家庙,神龙中中宗反正,废武氏庙主,立太祖已下神主祔。安禄山陷洛阳,以庙为马厩,弃其神主,而协律郎严郢收而藏之。史思明再陷洛阳,寻又散失。贼平,东京留守卢正己又募得之。庙已焚毁,乃寄主于太微宫。"这可见玄元皇帝庙(太清宫、太微宫)均不设唐代诸帝神主。第 614 页。

⑤ 诸州设玄元皇帝庙与汉代郡国庙实际有差异,因为汉代高祖入太庙,所设郡国庙亦祭高祖,而玄元皇帝并未入太庙,也不祭去世的皇帝。

⑥ 宋敏求编:《唐大诏令集》卷七八,玄宗:《追尊先天太皇德明兴圣皇帝等制》,北京:商务印书馆,1959年,第 442 页。

样的李唐始祖,而老君显然不是玄宗心目中的始祖。

既然玄元皇帝庙不属于太庙祭祀系列,即不是"家庙"系列,那么它的性质究竟如何? 我们认为开元二十九年玄宗设立玄元皇帝庙,属于中国古代"先圣祭祀"性质。

"圣祖"老子是道家创始人,道教亦奉为列祖之一,因此,为"圣祖"立庙符合古代礼制为"先圣"立庙原则,尊其为"玄元皇帝"也不违反后世赐先圣美谥的惯例。实际上,玄元皇帝庙之性质与文庙祭孔子、武庙祭姜太公①毫无二致,都属于先圣祭祀之例。只不过老君姓李,与李唐同姓,故认祖后获得"皇帝"这一尊号。

我们还可以从其他方面来论证它是先圣祭祀。例如,玄宗当时规定两京及诸州各置玄元皇帝庙一所,并置崇玄学,这就与文宣王庙设太学一样②,与唐代庙学体系完全吻合③,因而可证是先圣祭祀。有区别的是,文宣王庙崇儒,玄元皇帝庙崇道。

玄宗以"圣"字取名,打了一个擦边球④! 这一"圣"字又与天宝元年二月二十日(丙申)一段史料可以互证:

> 丙申,诏:《古今人表》,玄元皇帝升入上圣。⑤

按《古今人表》分 9 等:上上圣人、上中仁人、上下智人、中上、中中、中下、下上、下中、下下愚人,而老子属第 4 等。孔子与夏禹、商汤、周文王、周武王、周公等人属第 1 等⑥,颜渊、闵子骞、皋繇等属第 2 等,宰我、子贡等属第 3 等,显然老子等第不高。勅中所说按照《汉书·古今人表》将"玄元皇帝升入上圣","上圣"即上上圣人,即玄宗视老君与孔子等"上上圣人"一样,如此来抬高圣祖老子的地位。需要强调的是,在唐之前许多著述中,已经谈论到夏、商、周乃至后世诸朝始祖之事,列入《汉书·古今人表》中的周公、孔子从未被称之始祖迎入过哪朝的太庙,但作为先圣则历代奉行不辍。直至唐初,唐人还说过"汉魏以来,取舍各异,颜回孔子,互作先师,宣父周公,迭为先圣"⑦。事实上,高祖武德二年六月诏于国子学立周公、孔

① 王溥:《唐会要》卷二三《武成王庙》:"开元十九年四月十八日,两京及天下诸州,各置太公庙一所,以张良配享,春秋取仲月上戊日祭。"第 435 页。
② 地方上孔庙亦与学密切关联。崇玄学规定两京与各州生徒人数,与太学、州县学有生徒数规定一样。
③ 作为帝王祭祀先祖的太庙则不可能设学。由此也可证明玄元皇帝庙与太庙(家庙)并非同一性质。
④ 玄宗之所以称之为"圣祖"而不称其"始祖",正说明他无法改变唐自高祖时立下以景皇帝李虎为太祖的"规矩",不具备"确定"圣祖为始祖的权力与能力。
⑤ 《旧唐书》卷二四《礼仪志四》,第 926 页。
⑥ 第 1 等还有太昊、宓羲、少昊、颛顼、帝喾、神农、轩辕、尧、舜。
⑦ 王溥:《唐会要》卷三五《褒崇先圣》,第 636 页。

子庙，七年二月还亲临释奠，以周公为先圣，孔子为先师①。到太宗贞观二年（628），经房玄龄、朱子奢等人的奏请，才确定以孔子为先圣、颜回为先师的释奠礼的定制②。由此可见，将老君升格为上圣，建祠祭祀，是符合唐初先圣祭祀的礼制规范的。尽管唐廷将玄元皇帝视为圣祖，但从立庙祭祀来看，并非是以"先祖"身份立庙的，而是以道家"先圣"身份立庙，在我们看来，先圣祭祀决不能等同于国家礼典中的祖先祭祀，两者是不同性质的祭祀。

　　最后还需要分辨上面提及的贞观年间太宗拟设高祖庙之事。实际上，太宗虽欲在太原建高祖庙，但遭到反对，于是只得"许其奏，即日而停"③，即放弃修筑了④。然而《新唐书·地理志三》却载龙门县有"高祖庙，贞观中置"⑤一语。此庙确实存在，那么就需要考虑是不是太宗下诏设置的问题。我们认为该庙不是太宗所设，因为上引"即日而停"已经充分说明太宗并未设置高祖庙。其实，如果真是太宗下令所设，必然在《太宗实录》中留有记载，五代依唐代实录修《唐书》时当应看到，如此大事理应记载于史。然而在《旧唐书》并无记载，那么可视为《太宗实录》无此记载，因而欧阳修之说值得怀疑。这一判断，我们还可以从旁证资料来加以印证：李吉甫所著《元和郡县图志》是唐代最为重要的地理典籍，也未载录龙门县有高祖庙⑥。据笔者所见，在现存资料中，最早记载高祖庙者当是宋初乐史，其著《太平寰宇记》卷四六载："唐高祖庙，在禹庙南绝顶上，画作行幸仪卫之像，盖义宁初义旗至此处也。故万春县，唐武德五年割龙门县置，属泰州。贞观十七年废泰州，地入龙门县。"⑦《太平寰宇记》虽提及高祖庙，但并未说此庙是贞观年间设置。《新唐书》可能把"贞观十七年废泰州，地入龙门县"一语，误说成是贞观年建庙时间了。况且，《新唐书》所载之高祖庙不在太原，而在"义宁初义旗至此处"的龙门县（今山西省河津市西）。如果不是太宗下令修筑的，极有可能是地方官员拍马溜须而建，其性质

---

① 《新唐书》卷一五《礼乐志五》，北京：中华书局，1975 年，第 373 页。高明士也指出，唐代武德七年以前实行周孔二圣制，参见氏著《唐代东亚教育圈的形成》，台北："国立"编译馆，1994 年，第 189 页。

② 王溥：《唐会要》卷三五《褒崇先圣》略云："贞观二年十二月，尚书仆射房玄龄、国子博士朱子奢建议云：'……庠序置奠，本缘夫子……历代所行，古人通允。伏请停祭周公，升孔子为先圣，以颜回从享。'诏从之。"第 635—636 页。又，《新唐书》卷一五《礼乐志五》略云："贞观二年……乃罢周公，升孔子为先圣，以颜回配。"第 373 页。

③ 王溥：《唐会要》卷一六《庙议下》，第 344 页。《旧唐书》卷二六《礼仪志六》、《资治通鉴》卷一九四均有明确记载。

④ 此语出于会昌六年太常博士顾德章有关东都太庙修废之奏章中，顾氏引述太宗停建高祖庙事，证明太宗没有再建高祖庙。

⑤ 《新唐书》卷三九《地理志三》，第 1000 页。

⑥ 笔者翻检《册府元龟》、《太平御览》及唐代笔记，未查到太宗立高祖庙的记载。

⑦ 乐史：《太平寰宇记》卷四六《河东道七》，北京：中华书局，2007 年，第 962 页。

实与普通地方神祠无异,并非是国家祭祀应该包括的内容①。

三、玄元皇帝庙设置时间及性质转变

那么,玄元皇帝庙是否一直是先圣祭祀? 其性质后来有无改变? 我们认为需要从玄宗设置玄元皇帝庙的时间谈起。据《旧唐书·玄宗纪》载:

> 二十九年春正月丁丑,制两京、诸州各置玄元皇帝庙并崇玄学,置生徒,令习《老子》、《庄子》、《列子》、《文子》,每年准明经例考试。②

就这条史料来看,玄宗初置玄元皇帝庙与文宣王庙无异:两京及诸州各置玄元皇帝庙一所,附置崇玄学,令生徒习《老》《庄》等道家著作而未提其他道教著作③,每年准明经例考试,崇玄学中的生徒如同国子学、郡学学习儒家著述的生徒一样,能以明经入仕④,这一记载显然只有道家气息而无道教气息。

不过,开元二十九年正月癸未朔,并无丁丑日。宋人似乎看出时间有问题,如《新唐书·选举志》称:"二十九年,始置崇玄学,习《老子》、《庄子》、《文子》、《列子》,亦曰道举。其生,京、都各百人,诸州无常员。官秩、荫第同国子,举送、课试如明经"⑤,《玉海》抄录此段,下有注"则崇玄学之肇于此"⑥,两书均未说具体时间⑦。其实,《旧唐书·礼仪志四》载:"开元二十九年正月己丑,诏两京及诸州各置玄元皇帝庙一所,并置崇玄学。其生徒令习《道德经》及《庄子》、《列子》、《文子》等,每年准明经例举送。"⑧己丑实为正月初七⑨,这是玄宗下诏设置玄元皇帝庙的时间。

---

① 只有列入国家礼典或帝王明令祭祀的神祠才属于官方祭祀的对象。地方官员在地方上祭祀神祠,并不一定都列入国家礼典或受帝王之令祭祀的,因此还需要区分这些祭祀何者属于国家祭祀,何者不属于国家祭祀,不能笼统地称各级政府祭祀的便是国家祭祀。且"画作行幸仪卫之像"更不类宗庙祭祀。
② 《旧唐书》卷九《玄宗纪下》,第 213 页。
③ 其他记载有学道教著述的暗示。
④ 据杜佑《通典》卷五九《选举三》称:生徒"京、都各百人,诸州无常员。"北京:中华书局,1988 年,第 356 页。
⑤ 《新唐书》卷四四《选举志上》,第 1164 页。
⑥ 王应麟:《玉海》卷一一二《唐崇玄学》,南京:江苏古籍出版社;上海:上海书店出版社,1987 年,第 2067 页。
⑦ 欧阳修、宋祁:《新唐书》卷四八《百官三》"宗正寺"注解:"开元二十五年,置崇玄学于玄元皇帝庙"(第1252—1253 页),胡三省注:《资治通鉴》卷二一五天宝五年四月庚寅条:"开元二十五年,置崇玄学于玄元皇帝庙"(第 6871 页),显然是沿袭之误。据《册府元龟》卷五三《帝王部》载开元"二十八年五月,帝谓宰臣曰:'朕在藩邸,有宅在积善里东南隅。宜于此地置玄元皇帝庙及崇玄学。'"(南京:凤凰出版社,2006 年,第 560—561 页。)以此证之,开元二十五年尚未建玄元皇帝庙,何来置崇玄学于玄元皇帝庙? 此实为设玄学博士事,《资治通鉴》卷二一四载开元二十五年"春,正月,初置玄學博士"。第 6826 页。
⑧ 《旧唐书》卷二四《礼仪志四》,第 925 页。
⑨ 《旧唐书》点校者均未对《玄宗纪》丁丑这个错误时间作出纠正。另外,《旧唐书》及《玉海》又有开元二十五年设崇玄学于玄元皇帝庙的记载,此实将设置玄学博士时间误为设置崇玄学时间。

其实，史书中设置玄元皇帝庙还有另外一个时间，《新唐书》载：

> 玄宗既已定《开元礼》，天宝元年，遂合祭天地于南郊。是时，神仙道家之说兴，陈王府参军田同秀言："玄元皇帝降丹凤门。"乃建玄元庙。①

《新唐书》称建玄元皇帝庙在天宝元年田同秀声称见玄元皇帝降丹凤门之后。田同秀见"玄元皇帝"事，《旧唐书》系于天宝元年正月甲寅，正月丁未朔，甲寅当为初八，《资治通鉴》亦系田同秀之言在天宝元年正月甲寅②。然《唐会要》系于"天宝元年正月七日"③。其实《旧唐书》有这样的记载："天宝元年正月癸丑，陈王府参军田同秀称于京永昌街空中见玄元皇帝，以'天下太平，圣寿无疆'之言传于玄宗，仍云桃林县故关令尹喜宅傍有灵宝符。发使求之，十七日，献于含元殿。于是置玄元庙于太宁坊，东都于积善坊旧邸。"④换句话说，田同秀看到"玄元皇帝降丹凤门"在癸丑（初七），次日奏告玄宗。需要强调指出的是，这是第二次下诏，诏中明确了京、都置庙的具体地点。

但从开元二十九年正月玄宗"制两京、诸州各置玄元皇帝庙并崇玄学"，到次年正月正式决定在长安太宁坊和东都积善坊旧邸建造玄元皇帝庙，由于史料匮乏，我们无法了解这一年中玄元皇帝庙选址、集材乃至生徒招取、祭奠等一系列问题。但可以知道的是，玄宗于天宝元年二月"辛卯，亲享玄元皇帝于新庙"⑤，这一新庙当是长安太宁坊之玄元皇帝庙。自正月初八下置庙到二月十五日（辛卯）亲享新庙，一共才39天，因此太宁坊之玄元皇帝庙完全有可能象东都积善坊旧邸一样来改建的，而非重新建造。依此推测，开元二十九年正月己丑玄宗诏令两京及诸州置玄元皇帝庙，到天宝元年二月十七日间，即使没有新建玄元皇帝庙，可能也有临时祭祀玄元皇帝的场所。

天宝元年二月二十日（丙申）又是一个重要转变的时间节点。这天玄宗诏升老君为"上圣"，而诏改"庄子号南华真人，文子号通玄真人，列子号冲虚真人，庚桑子号洞虚真人。改《庄子》为《南华真经》，《文子》为《通玄真经》，《列子》为《冲虚真经》，《庚桑子》为《洞虚真经》。"⑥这一资料可以清楚看出，在玄宗君臣的推动之下，具有"先圣"性质的道家玄元皇帝庙已开始转化为道教宫观。从先圣道家祭祀到道

①　《新唐书》卷一三《礼乐志三》，第337页。
②　《资治通鉴》卷二一五，唐玄宗天宝元年正月甲寅，第6852页。
③　王溥：《唐会要》卷五〇《尊崇道教》，第865页。
④　《旧唐书》卷二四《礼仪志四》，第926页。
⑤　《旧唐书》卷九《玄宗纪下》，第215页。
⑥　《旧唐书》卷二四《礼仪志四》，第926页。

教祭祀的过程正式完成的标志,是老子升为上圣、庄子等人封为道教之"真人",道家的著述易名为道教的经典。到天宝二年三月,玄宗干脆"改西京玄元庙为太清宫,东京为太微宫,天下诸郡为紫极宫……(九月)辛酉,谯郡紫极宫改为太清宫"①,至此,连"庙"的称呼都抹掉了,完全用道教宫观名称来供奉"圣祖"。这是玄宗时期玄元皇帝庙的第一次重大转折。

第二次重大转折出现在天宝八年之后,《旧唐书》载:

> (天宝)八载六月,玉芝产于大同殿。先是,太白山人李浑称于金星洞仙人见,语老人云,有玉版石记符"圣上长生久视"。令御史中丞王鉷入山洞,求而得之。闰六月四日,玄宗朝太清宫,加圣祖玄元皇帝尊号曰圣祖大道玄元皇帝,高祖、太宗、高宗、中宗、睿宗尊号并加"大圣"字,皇后并加"顺圣"字。五日,玄宗御含元殿,加尊号曰开元天宝圣文神武应道皇帝。大赦。自今已后,每至禘祫,并于太清宫圣祖前设位序昭穆。太白山封神应公,金星洞改嘉祥洞,所管华阳县改为真符县。两京及十道一大郡,置真符玉芝观。②

这段史料中,不但可见玄宗从高祖到他本人都加尊号,还将"太白山封神应公","两京及十道一大郡,置真符玉芝观",而且"每至禘祫,并于太清宫圣祖前设位序昭穆",确实极大地抬高了圣祖地位,将尊崇道教推向了高潮。必须指出的是,此时太清宫性质虽仍属道教宫观,但是,玄宗同时加"圣祖"尊号与高祖以下诸帝尊号,并规定"于太清宫圣祖前设位序昭穆",似有"认祖归宗"的味道,朝着"太庙"祭祀方向迈进了一大步,因此这又是太清宫祭祀性质重大转变表现之一。到天宝九年十一月己丑,"制自今告献太清宫及太庙改为朝献,巡陵为朝拜,告宗庙为奏,天地享祀文改昭告为昭荐,以告者临下之义故也",十年正月"壬辰,朝献太清宫。癸巳,朝飨太庙。甲午,有事于南郊,合祭天地,礼毕,大赦天下。太庙置内官,供洒扫诸陵庙"③。至此,将太清宫"告献"改为"朝献"④,使它完全具备与太庙的同等地位。从礼制角度来看,玄宗以"制"的形式规定的郊祀顺序:先朝献太清宫,次朝飨太庙,次南郊,然后大赦天下。太清宫祭祀进入了南郊这一国家重大礼制中去,而且规定

---

① 《旧唐书》卷九《玄宗纪下》,第216—217页。

② 《旧唐书》卷二四《礼仪志四》,第927页。

③ 《旧唐书》卷九《玄宗纪下》,第224页。

④ 杜佑:《通典》卷四七《礼七》:"九载七月,制曰:'承前有事宗庙,皆称告享。兹乃临下之辞,颇亏尊上之义。静言斯称,殊未允。自今以后,每亲告献太清太微宫,改为朝献,有司行事为荐献。亲告享庙,改为朝享,有司行事为荐享。亲巡陵改为朝拜,有司行事为拜陵。应缘诸事告宗庙者,并改为奏。其郊天后土及诸祝文云'敢昭告'者,并改为'敢昭荐'.'"显然,原来对宗庙称告享,对太清宫称告献,有所不同。第1317页。

朝献太清宫列在太庙之前,极大地抬高了圣祖之地位。这一礼仪顺序大致沿袭至唐末没有多少改变①。

从玄元皇帝庙到太清宫的变化,充分体现出玄宗对"圣祖"老子祭祀的看法的变化:从传统礼制中的道家先圣祭祀转化为道教教主的祭祀,同时又将这一教主认作圣祖,从礼制上认定其具备"先祖"身份,并规定在太清宫序昭穆,至此太清宫"兼有道教宫观与皇家宗庙的双重性质"!

应当强调的是,玄宗这一做法确实不符合传统礼制,然而却没有遭到类似太宗设高祖庙时那样的反对。究其原因,初设玄元皇帝庙属于道家先圣祭祀,自然群臣不会反对,而后来的太清宫中的"圣祖"只要不迎奉至太庙之中,将圣祖作为道教教主加以祭祀,即使在其面前序昭穆,那么并不严重违反传统礼制,如此就维护了传统礼制中太庙祭祀的"纯洁性";而被称为圣祖,则抬高了唐代帝王"圣裔"的血统,于礼无妨②,两全齐美!

四、从享祀仪式看太清宫的属性

据元人骆天骧《长安志》引:"《礼阁新仪》曰:开元二十九年,始诏两京及诸州各置玄元皇帝庙一所,依道法醮。"③按此记载,初置玄元皇帝庙时是按道教醮仪行事的。不过需要指出的是,始诏建玄元皇帝庙,即尚未建成,自然不存在实施过道教醮仪。正式见于记载的享祀是天宝元年二月辛卯:"亲享玄元皇帝于新庙",即玄元皇帝新庙于天宝元年建成,玄宗有过亲享仪式。据《天宝改元制》记载:"可以来月十五日祔玄元皇帝庙,十八日享太庙,二十日有事於南郊。宜令中书门下与礼官等,即详定礼仪,具录闻奏。"④这里对自玄元皇帝庙到南郊礼仪,要求中书门下与礼官等详定奏闻,显然已经将玄元皇帝庙的礼仪纳入国家礼典规范中去了。不过,其亲享仪式究竟如何,史无明据。

天宝二年三月,玄宗改西京玄元皇帝庙为太清宫后,其祭祀仪式尚有蛛丝马迹可寻,《旧唐书》载:

---

① 《旧唐书》卷二一《礼仪志一》:"穆宗问礼官:'南郊卜日否?'礼院奏:'伏准礼令,祠祭皆卜。自天宝已后,凡欲郊祀,必先朝太清宫,次日飨太庙,又次日祀南郊。相循至今,并不卜日。'从之。"第845页。

② 帝王抬高自己血缘地位,在历史上属于"正常"行为,如王莽称帝时自称是黄帝后裔,南北朝时少数民族帝王也声称自己是炎黄后裔。唐高宗于乾封元年亲赴亳州谒老君庙,"追号曰太上玄元皇帝",实际上该处庙已名为太上玄元皇帝庙,因此玄宗只是在两京与天下诸州遍设而已,故群儒当亦不会视其为太庙。

③ 骆天骧:《类编长安志》卷五《宫观》,北京:中华书局,1990年,第138页。四库全书本《长安志》称"依道法设醮"。

④ 玄宗:《天宝改元制》,周绍良总主编:《全唐文新编》卷二四,长春:吉林文史出版社,2000年,第308—309页。

初，太清宫成，命工人于太白山采白石，为玄元圣容，又采白石为玄宗圣容，侍立于玄元之右。皆依王者衮冕之服，缯彩珠玉为之。又于像设东刻白石为李林甫、陈希烈之形。及林甫犯事，又刻石为杨国忠之形，而瘗林甫之石。及希烈、国忠贬，尽毁瘗之。①

这里的太清宫即玄元皇帝庙，庙中曾设玄元圣像，旁有玄宗像及一些大臣像侍立，惜无具体仪式②。同卷另有记载：

十载正月，有事于南郊，于坛所大赦。制："自今已后，摄祭南郊，荐献太清宫，荐享太庙，其太尉行事前一日，于致斋所具羽仪卤簿，公服引入，亲授祝版，乃赴清斋所。"③

"四孟月祭，尊为九宫贵神，礼次昊天上帝，而在太清宫太庙上。用牲牢、璧币，类于天地神祇。"玄宗亲祀之。如有司行事，即宰相为之。④

这里所说："太尉行事前一日，于致斋所具羽仪卤簿，公服引入，亲授祝版，乃赴清斋所"、"用牲牢、璧币，类于天地神祇"，都没有采纳道教醮仪⑤，还是属于比较典型的传统仪式。德宗贞元时王泾奏上的《大唐郊祀录》卷九《荐献太清宫》⑥有详细记载，可关注者有几点：其一，与上述《旧唐书·礼仪志四》相比，多了"行香"仪节。行香原是佛教仪节，然到魏晋南北朝时期道教已经采纳，此可视为采纳道教仪节。其二，"图肃宗真容"确有其事⑦，其像为石刻，带有道教意味⑧。其三，"今上在位，四时有事郊庙，皆先朝谒，令道士洒扫焚香也"，今上指德宗，令道士洒扫焚香，明确

---

① 《旧唐书》卷二四《礼仪志四》，第 927 页。
② 太庙陪祀为历代皇帝功臣，玄元皇帝庙陪祀则为玄宗君臣，此与太庙明显不同。
③ 《旧唐书》卷二四《礼仪志四》，第 928 页。
④ 《旧唐书》卷二四《礼仪志四》，第 929 页。
⑤ 从目前所见资料来看，当时享祀太清宫似未采纳道教科仪。
⑥ 王泾：《大唐郊祀录》卷九《荐献太清宫》，北京：民族出版社，2000 年，第 788 页。刘昫《旧唐书》卷二四《礼仪志四》大致相同。
⑦ 高彦休：《唐阙史》卷下《太清宫玉石像》："长安重建太清宫，琢玉石为玄元皇帝真像，雕镌之丽，不类人工。列太常乐悬，服天子衮冕。次又以玉石雕成玄宗、肃宗二圣真容于殿之东室。"《唐五代笔记小说大观》本，上海：上海古籍出版社，2000 年，第 1361 页。玄宗像毁于伪齐时期："阜昌五年四月，以许青臣为殿前太尉，折毁景灵宫，得真宗玉石像，碎为二十八段。"据宇文懋昭撰、崔文印校证：《大金国志校证》卷三一《齐国刘豫录》，北京：中华书局，1986 年，第 437 页。
⑧ 佛教早有塑像，但佛教传入中国后，道教也采纳塑像之举，其时当在南北朝时期。据《隋书》卷三五《经籍志四》云："太武始光之初，奉其书而献之。帝使谒者，奉玉帛牲牢，祀嵩岳，迎致其余弟子，于代都东南起坛宇，给道士百二十余人，显扬其法，宣布天下。太武亲备法驾，而受符箓焉。自是道业大行，每帝即位，必受符箓，以为故事，刻天尊及诸仙之象，而供养焉。"北京：中华书局，1973 年，第 1093—1094 页。

指出道士在郊庙祭祀过程中的主要任务不过"洒扫焚香"之类。其四,太清宫有御斋和斋院,御斋是供皇帝所用,而斋院供陪祭公卿和道士所用。其五,荐献之馔以素位雅洁之物,朝献行三献、上香之礼;其拜跪之节,亦与郊庙之仪相同。其六,初置太清宫,"有司草仪,用祝策以行事",后"以非事生之礼"而改为青词,并为恒式。显然,这种朝献还是以传统礼仪为主,但确实含有一定的道教因素,如道士所居斋院、行香、朝谒前"令道士洒扫焚香"①。需要强调的是,在郊庙前的朝献中不含有醮仪是肯定的,这与《旧唐书》记载吻合。至于荐献采用"素位雅洁之物",倒是道教所提倡的不血食的观念,只不过是皇帝于道观中举行仪式,自然要"尊重"道教而已。还需要补充的是,这里讲的是朝献仪节,而平时在某些特定时间的道教活动,自然当举行醮仪,完全是道教科仪,但这与国家祭祀无关。约生活于唐末的高彦休曾记载道:"明皇朝,崇尚玄元圣主之教,故以道举入仕者,岁岁有之。诏天下州府立紫极宫,度道流为三元朝醮之会。"②所谓"三元朝醮之会",即每旬初举行的醮斋仪式,故太清宫确有道教仪式存在,但它不属于国家祭典。

当然,还值得注意的是,王泾《大唐郊祀录序》并非国家颁布的礼典:

> 微臣谬参绵蕞,久历岁时,每仰丝纶,辄书故实,谨集历代郊庙享祀之要,及圣朝因革沿袭之由,伦比其文,各标篇目,裁为《大唐郊祀录》十卷。其中义有同异,皆随文注释;神位升降,并写而为图;祝史陈告之词,工歌大雅之什,亦俱编於次。谨诣光顺门随表封进。伏望颁诸东观,庶有补於将来,上表陛下教敬之原,下伸微臣蚁术之望。无任屏营恳款之至。③

此序中自称"朝散郎前行、河府密县尉、太常礼院修撰",属礼官无疑,然"伏望颁诸东观,庶有补於将来"一语却明确了它是"私修"性质,不是国家诏修或正式颁布的礼典。当然,此书仍是根据唐朝相关礼仪因革沿袭而撰,是具体行用的礼仪,其内容则可视为国家礼典内容。从上述所引明显看出,就太清宫朝献仪式而言,确实没有太多道教科仪因素,直到武宗会昌元年,大臣奏章中仍称:"今太清宫荐告,皆用朝谒之仪"④。显然,我们不必夸大太清宫中的道教因素,因为作为主要仪式的朝献确实没有包含太多的道教因素。尽管如此,作为一所道教宫观,所采纳礼仪为传统享祀之仪,确实与其他宗教场所不同,这是必须要注意的。

---

① 《旧唐书》卷九《玄宗纪下》:"太庙置内官,供洒扫诸陵庙",太庙由内官洒扫,与太清宫用道士洒扫不同。第224页。
② 高彦休:《唐阙史》卷下《太清宫玉石像》,第1361页。
③ 王泾:《〈大唐郊祀录〉序》,载《大唐郊祀录》,第728页。
④ 王溥:《唐会要》卷五《尊崇道教》,第868页。

据《旧唐书》载，代宗、德宗、宪宗、穆宗、敬宗均荐献过太清宫。文宗曾下令停止此项荐献，开成三年五月乙亥诏："诸道有瑞，皆无得以闻，亦勿申牒所司。其腊飨太庙及飨太清宫，元日受朝奏祥瑞，皆停。"①此诏规定腊飨太庙、飨太清宫、元日受朝奏祥瑞"皆停"。文宗到僖宗朝未见荐献太清宫的记载。昭宗一继位，便于"龙纪元年十一月丁未，朝献于太清宫；戊申，朝享于太庙；己酉，有事于南郊，大赦"②。此是昭宗朝荐献太清宫唯一记载。昭宗薨于天祐二年四月，哀宗继位，五月庚午，勅所司定当年十月九日有事郊丘，六月辛卯，太微宫使柳璨奏："前使裴枢充宫使日，权奏请玄元观为太清宫，又别奏在京宏道观为太清宫，至今未有制置。伏以今年十月九日，陛下亲事南禋，先谒圣祖庙。宏道观既未修葺，玄元观又在北山，若车驾出城，礼非便稳。今欲只留北邙山上老君庙一所，其玄元观请拆入都城，于清化坊内建置太微宫，以备车驾行事"，诏从之。"十一月丙辰，(朱)全忠自正阳渡淮而北……丁卯，至大梁。时哀帝以此月十九日亲祠圜丘，中外百司，礼仪法物已备。戊辰，宰相已下，于南郊坛习仪。而裴迪自大梁回，言全忠怒蒋元晖、张廷范、柳璨等谋延唐祚，而欲郊天、改元。元晖、柳璨大惧……十二月庚戌，勅：'朕以谬荷丕图，礼合亲谒郊庙，先定来年正月上辛用事。今以宫闱内乱，播于丑声，难以惭恧之容，入于祖宗之庙。其明年上辛亲谒郊庙宜停。'"③显然，哀帝曾打算南郊前荐献太清宫，只是害怕朱全忠而不敢进行。

总而言之，唐代玄元皇帝庙祭祀与国家太庙祭祀不是一回事，因此它与传统的祖先崇拜并不完全吻合。就玄宗立两京玄元皇帝庙而言，其初是先圣崇拜的产物，与祭祀孔子毫无二致，只不过玄宗炫耀老子为"圣祖"而已。从玄元皇帝庙转而向太清宫的演变，说明它既然不是太庙祭祀，因而只能朝着"道教线路"发展而成为道教宫观。但是，玄宗诏令于玄元皇帝前序昭穆、太清宫与太庙祭祀置于南郊大礼过程之前，最终使道教科仪渗透到国家礼制之中。对唐代帝王来说，可以把"老子"当作自己"圣祖"炫耀而感到无上光荣，对那些坚持儒家传统的官员而言，也能心安理得地接受这一不伦不类的祭祀，从这点来说，太清宫祭祀才带有国家祭祀与道教祭祀的"双重属性"。

原载于《史林》2019 年第 6 期

① 《资治通鉴》卷二四六，唐文宗开成三年五月乙亥，第 7934 页。

② 王溥：《唐会要》卷九《杂郊仪下》，第 197 页。

③ 王溥：《唐会要》卷九《杂郊仪下》，第 199 页。又见于《旧唐书》卷二下《哀宗纪》。

集权礼制的变迁阶段及其特点

自秦统一,中华传统礼制进入了集权礼制时期。集权礼制阶段是中华传统礼制演化中一个完整的发展时期。它以大一统专制主义的中央集权为政治基础,以小农经济为经济基础,以儒家思想为理论基础,以五礼为形式,以伸张皇权为主要内容的国家礼仪制度。集权礼制可分为四个发展阶段:自秦统一到隋是形成阶段;唐宋则为鼎盛阶段;元明清(道光之前)是衰变阶段;道咸以降到民国是向近现代礼制的转型阶段。

一、集权礼制的诞生与初步发展

就中华礼制发展的礼制形态而言,秦汉之后的国家礼制为集权礼制。秦汉到隋朝是集权礼制形成阶段,中国封建帝制的国家礼制——"五礼"制度——在此时期形成。"五礼"是中国古代成熟的封建国家礼制的核心内容。

秦王嬴政自公元前 246 年继位,在位共 37 年。公元前 221 年,他消灭了齐国,统一了天下,建立起一个地域广袤、中央集权的封建专制大帝国。秦朝礼制传承自春秋战国时期的秦国无可置疑。但统一之后的秦朝礼制,有着更为明显的专制集权的色彩。秦始皇尽管没有抛弃儒家,但对法家更有兴趣①,可以说他是主要利用儒法两家建立起适应大一统专制政权的礼仪制度。

秦朝虽然二世而亡,但秦朝仍然在礼制建设上有重大创造。《通典》载:"秦平天下,收其仪礼,归之咸阳,但采其尊君抑臣,以为时用。"②此说确然,秦统一之后,搜集六国礼仪,选择有关"尊君抑臣"加强皇权的内容来创制新礼,体现出实用主义、功利主义的特色,集权专制色彩极其明显。如秦以皇帝为号,皇帝之"命为'制',令为'诏',天子自称曰'朕'",而臣下给皇帝之书称"上书","上奏",强调了君尊臣卑之意③。这种体现君主专制集权特色的礼制,被后世王朝原封不动地继承

---

① 汤勤福:《秦晋之间:五礼制度的诞生研究》,《学术月刊》2019 年第 1 期。
② 杜佑:《通典》卷四一《礼序》,第 1120 页。
③ 《史记》卷六《秦始皇本纪》,第 236 页。裴骃《集解》引蔡邕曰:"陛,阶也。所由升堂也。天子必有近臣立于陛侧,以戒不虞。谓之'陛下'者,群臣与天子言,不敢指斥,故呼在陛下者与之言,因卑达尊之意也。上书亦如之。"第 237 页。

下来。始皇泰山封禅,强调"四守之内,莫不郡县,四属八蛮,咸来贡职"①,将中央集权神圣化,用以证明自己政权的合法性,也开启了后世一些皇帝的封禅之途。秦有祭天之礼,所谓"雍有四畤"就是四季于四方祭祀四帝②。其他祭祀颇为繁杂,许多内容也被后世所继承。秦始皇又以十月为岁首,十月初一为朝贺日,并以秦为水德,故衣服旄旌节旗以黑色为高贵③,所谓"王者易姓受命,必慎始初,改正朔,易服色,推本天元,顺承厥意"④,这种颁正朔、宣天命以及大朝会形式均为后世王朝所继承,影响极其深远。秦实行郡县制,其长贰均由皇帝委任,加强了对地方控制,这一制度也沿袭到清代。在丧葬之礼方面,史载:"始皇初即位,穿治郦山,及并天下,天下徒送诣七十余万人,穿三泉,下铜而致椁,宫观百官奇器珍怪徙臧满之。令匠作机弩矢,有所穿近者辄射之。以水银为百川江河大海,机相灌输,上具天文,下具地理。以人鱼膏为烛,度不灭者久之。"⑤其墓规模巨大⑥,远超臣下墓葬,体现出皇权之威权。帝陵之制也为后世继承之。可见,秦虽短祚,但所制订礼仪是为皇帝至高无上的权威和地位服务的,是为了加强专制主义中央集权体制服务的,这一礼制在中国封建社会中延续了 2000 余年。

楚汉相争,刘邦最终取得胜利,建成了大一统的汉王朝。西汉初年,虽说儒家开始复兴,但流传于世的残篇断简主要是以《仪礼》为代表的士礼,先秦时行用的天子至大夫之礼几乎不见踪影。尽管自高祖开始的汉初诸帝都崇尚黄老之学,但是他们不能不感受到以儒家思想为基础建立起来的礼制,对提高帝王之尊贵有着无可替代的功效。即使藐视儒家的高祖,在叔孙通建立一套礼仪之后,他也感叹道:"吾乃今日知为皇帝之贵也"⑦。实际上,史书明确记载,"至于高祖,光有四海,叔孙通颇有所增益减损,大抵皆袭秦故"⑧,显然汉初继承了秦朝的礼制遗产。

应该承认,两汉在礼制建设上仍有很高的建树,对封建专制主义政权的集权礼制建设是有突出贡献的。比如随着汉朝儒家全面复兴,儒家学者"推《士礼》而致于天子之说"⑨,协助帝王构建起自上而下的集权礼制,这在中国礼制史上有着至关重要的地位。许多重大礼仪向着专制集权方向发展,如叔孙通为高祖制订的大朝会礼,武帝继秦始皇之后再次举行封禅大典,都影响都巨大。元帝以"庶子不祭祖"

① 杜佑:《通典》卷五四《吉礼・封禅》,北京:中华书局,1988 年,第 1508 页。
② 至汉高祖时增加到五方,与五行对应。
③ 《史记》卷六《秦始皇本纪》,北京:中华书局,1959 年,第 237 页。
④ 《史记》卷二六《历书》,第 1256 页。
⑤ 《史记》卷六《秦始皇本纪》,第 265 页。
⑥ 袁仲一:《秦始皇陵考古纪要》,《考古与文物》1988 年第 5、6 期。
⑦ 《史记》卷九九《叔孙通传》,第 2723 页。
⑧ 《史记》卷二三《礼书》,第 1159 页。
⑨ 《汉书》卷三〇《艺文志》,第 1710 页。

为由,废除诸侯祭祀宗庙的权力,将祭祀权收归己有,完成了专制帝王集权己手的一项重要礼仪。平帝元始五年颁布的南郊礼仪,即著名的"元始仪",也深刻地影响着后世。其实,与礼制建设相比,两汉更为重要的贡献在于礼学理论的发展。大致说来,两汉礼学理论的发展有三个明显转折,一是汉武帝时已经废除挟书令,独尊儒学,古文经始出,传统礼学从重视道德转向到道德、政治并重;二是新莽时期刘歆利用古文经为王莽代汉服务,古文经立为官学,开始利用它全面创制基于"国家层面"上的新礼制体系;三是郑玄合今古文经为一体,奠定了礼制重政治的新局面。这三个转折大致为新礼制体系的诞生打下了扎实的基础。到三国时期,王肃批判郑玄,使经学再次形成新派系,促进了礼学的深入发展,到西晋武帝时五礼制度正式诞生了[①]。

五礼制度自西晋诞生之日起,便成为后世撰述礼典的样板。更重要的是五礼的核心思想是尊君贬臣,体现帝王独尊、集权的意志,这是完全与封建专制政体吻合的,这也是五礼制度能够延续 2000 余年的关键所在。实际上,自西晋建立五礼制度之后,后世礼典的撰述大致形成了套路,没有实质性的变化。如吉礼中最为重要的郊祀制度为历代帝王所继承,即便坚持民族传统的元朝统治者,也最终认同了郊祀祭天的礼仪。同样,吉礼中宗庙祭祀,虽历代具体庙数有多寡,祭祀对象有所不同,具体仪式也略有差异,但他们都认定宗庙必须祭祀,认为它是宣示正统王朝世系传承的重要的礼制仪式。嘉礼中的婚礼、军礼中的阅武、受降、救日伐鼓、凶礼中的服制及具体丧葬仪式,历代都不同程度地保留着。这说明这种集权礼制是最适合封建专制主义政体的礼制。

当然也应当看到,秦汉至隋朝时期,是中原地区的汉族与周边少数民族激烈冲突的时期,同时也是民族大融合时期。从整体上说,少数民族在中原地区建立了政权,在与汉族交往中,他们许多有民族特色的礼仪、礼俗逐渐融入中华礼制体系中去,成为中华传统礼制发展的重要动力,也可以说更加完善了中华传统礼制,奠定了后世王朝兼容并包的礼制发展方向。有学者指出:孝文帝的改革主要针对北魏政权内多民族共存的实际和多种制度共存、错综复杂、不能划一的实际而进行的,他的礼制改革摈弃一些鲜卑族内容,他的"礼制改革基本上是以一个轴心展开的。这个轴心就是周典化体制,其核心是'稽参古式,宪章旧典'、'齐美于殷周'"[②],"周典化"体制实际是汉式礼制体系。陈寅恪先生也指出,隋虽承北周而来,但其礼仪却主要依据萧梁与北齐[③]。实际上,北周武帝通过借鉴北齐礼仪,也直接或间接地

---

①　汤勤福:《秦晋之间:五礼制度的诞生研究》,《学术月刊》2019 年第 1 期。

②　李书吉:《北朝礼制法系研究》,北京:人民出版社,2002 年,第 2 页。

③　陈寅恪:《隋唐制度渊源略论稿》,北京:生活·读书·新知三联书店,2000 年,第 13 页。陈先生举例,隋放弃北周前期复古、迂怪的舆服制度,直接吸收了北齐的汉化成果。氏著,第 52—59 页。

吸收了东晋南朝礼制发展的新成果。隋朝建立后，文帝"《开皇礼》以北朝特别是以北齐为主而稍采梁、陈是完成可以肯定的"①，然不能否认《开皇礼》仍保留北周部分礼仪，并未完全抛弃北周武帝礼制。高明士先生指出，周、隋（文帝）时代宗庙制度一脉相承；金子先生则证明，就郊祀等国家大典而言，北周武帝礼制对隋唐礼制的影响确实非常明显②。显然，北周武帝所创立的新礼制已经汇入了中原汉族礼制发展序列之中了。因此，可以把隋朝礼制视为南北朝礼制余绪。

总之，就秦汉至隋朝时期而言，可以看出创建五礼体系的历史过程。这一阶段有非常典型的意义，也有着非常重要的参考价值。因为先秦时期行用的天子礼、诸侯礼、大夫礼和士礼的创建过程，由于传世文献资料非常有限，我们无法确切了解这一礼制体系的创建过程及遇到的问题。而秦汉至隋朝创建适应封建大一统专制集权政权的新礼制体系的过程，则可以从保存至今的文献资料中大致勾勒出来。在这演化过程中，我们也清楚地看出，魏晋南北朝时期许多少数民族政权在中原地区建立政权后，也逐渐采纳汉式礼制，其原有的一些礼制内容或弃用消亡，或融入汉式礼制之中。

二、集权礼制的辉煌时代

大唐盛世开启了集权礼制的历史新纪元，即集权礼制的成熟阶段，五礼制度的创制达到鼎盛。唐宋鸿篇巨制的礼典和以宋代理学家为代表的礼学理论，是唐宋阶段的双璧。

唐高祖基本沿袭隋朝礼制。至贞观三年，太宗下诏修礼，至十一年完成了《贞观礼》（亦称《大唐新礼》或《大唐仪礼》），开创了唐代礼制革新的历程。遗憾的是，隋代《开皇礼》《仁寿礼》《江都集礼》及唐代《贞观礼》均已不存，无法细致地研讨它们的区别。然从《旧唐书》记载的房玄龄等人对禘祭、神州、封禅以及"皇太子入学及太常行山陵、天子大射、合朔、陈五兵于太社、农隙讲武、纳皇后行六礼、四孟月读时令、天子上陵、朝庙、养老于辟雍之礼，皆周、隋所阙，凡增多二十九条。余并准依古礼，旁求异代，择其善者而从之"③来看，虽语焉不详，但非常明显可以看出《贞观礼》已在一些重大礼仪上有补充、有改制④。有补充即使礼典更加严密，有改制便是在前代礼典基础上加强了突出了皇权和大一统因素，奠定了唐宋两代礼制修撰

① 吴丽娱主编：《礼与中国古代社会》（隋唐五代宋元卷），北京：中国社会科学出版社，2010年，第10页。

② 高明士：《皇帝制度下的庙制系统——以秦汉至隋唐作为考察中心》《台湾大学文史哲学报》第40期，1993年，第55—96页）及金子修一前引文。

③ 《旧唐书》卷二一《礼仪志一》，北京：中华书局，1975年，第817页。

④ 吴丽娱主编：《礼与中国古代社会》（隋唐五代宋元卷）认为："《贞观礼》既是古典的结束，又是新典的开始。"第27页。

的基调。

这一阶段国家礼典重要者,如唐代《贞观礼》《显庆礼》《大唐开元礼》,宋代则有《开宝礼》《太常因革礼》《政和五礼新仪》及《中兴礼书》,礼典之多,规模之大,礼目之全,礼仪之丰富,都远远超过前代。对唐宋国家礼典,目前学术界研究成果较为丰硕①。就现存礼典来看,《大唐开元礼》和《政和五礼新仪》是其中代表。两书篇帙巨大、构建精密、礼仪繁琐,可谓中国古代礼制史上之最,自然也代表着中国古代礼典撰述的最高水准。从唐宋礼典内容来分析,可以清楚地看出,主要内容是围绕着帝王及其亲属的礼仪展开的,吉、嘉、军、宾、凶五礼主体是帝王及其亲属的内容,即使提及臣民,大多是他们向帝王致礼的内容,如群臣诣阙上表、赐酺之类;在百官相见仪制、或丧葬、服制中附带提及一些臣民的内容。这里可以充分看出唐宋礼典确实是为封建专制集权政体服务的,体现出尊君贬臣色彩。而宋代理学家的礼学理论,已经摆脱汉唐的疏释式的解经倾向,认为礼制是"天理之节文,人事之仪则"②,将天理与礼紧密地结合在一起。程朱一派提出"礼即理也"的命题,从本体论的高度来阐发礼制的精神实质,其理论水准达到了有史以来的新高度,也是整个中国封建社会中礼学理论水平最高的时期。自宋以后,礼学思想缺乏创新精神,很少有较为明显的发展,而是基本沿袭宋儒理论亦步亦趋。需要补充的是,由于唐宋帝王崇信佛道,中华传统礼仪在个别仪节出现佛道内容,佛道仪式也逐渐渗透进中华传统礼制之中,这与秦汉至隋朝礼制有明显区别的重要方面。

当然,唐宋政权在建立国家层面的礼制体系的同时,也开始将礼制向基层百姓逐渐扩散,这也是中国古代礼制史上的一个重大转折,与隋之前完全不同。唐代礼典已经出现有关普通百姓的婚礼内容的规定,而宋代则更多出现有关普通百姓的礼仪规定,如宋代不但对庶民百姓婚礼作出相关规定,在凶礼方面同样也有一些具体规范。需要指出的是,唐宋两代士大夫对礼制向百姓的普及十分积极,唐代的吉凶书仪、宋代司马光《书仪》和朱熹《家礼》是这方面的代表。唐宋时期礼制下移还体现在各级官员进行的礼仪教化工作,大致可从以下诸方面来进行观察:首先,地方官基本都是能做到遵行祀典、定期举行祭礼,对民众进行示范。也有不少地方官在推行祀典之外,积极禁绝民间杂祠淫祀陋习,甚至不惜用严刑来对那些邪神妖祠进行打击。对那些在地方上影响较大、且对政权没有直接危害的神祠,地方政府会

---

① 高明士:《中国中古礼律总论:法文化的定型》,台北:元照出版公司,2014年,第181—216、231—269页。吴丽娱《关于〈贞观礼〉的一些问题——以所增"二十九条"为中心》,《中国史研究》2008年第2期,第37—55页。史睿:《〈显庆礼〉所见唐代礼典与法典的关系》,收入高田时雄编:《唐代宗教文化與制度》,京都:京都大學人文科學研究所,2007年,第115—132页。张文昌:《制礼以教天下——唐宋礼书与国家社会》,台北:台湾大学出版中心,2012年。还有不少博士、硕士论文。

② 黎靖德:《朱子语类》卷六,北京:中华书局,1986年,第101页。

申报朝廷予以封赐,进行规范,使其完善与合法化。其次,地方官以旌奖孝悌志行,纠绳不孝悖礼来对民众进行教化。唐宋皆有旌表孝子贤孙的机制,地方官积极劝奖孝悌忠义贞节,同时通过奏请朝廷对孝子贤孙贞女烈妇等进行旌表或物质奖励,企望乡间百姓仿效之,真正改变地方礼制氛围,从而达到以礼导民的功效。再次,从民众最为基本的礼仪入手进行教化。例如对婚丧嫁娶等最为基本或说常见的礼仪入手规范,不许违礼逾制,达到对民教化的目的。实际上,宋代国家礼典中对庶民礼文仪制已有明确规定,对庶人婚丧等礼文仪制的修订和规范日趋具体和详细,地方官员依据礼典导民化俗、教民以礼。一些士大夫也致力于教化百姓,如北宋蓝田吕氏家族编的《乡约》,便对百姓日常礼仪、习俗进行规范,影响极大。朱熹强调"礼即理",将礼制天理化。他撰写了《家礼》一书,向普通民众普及礼仪。他一生关注着当时民间婚丧嫁娶祭祀礼仪,批判陋习俗行,强调要依礼施行礼仪。唐宋时期,随着地方州县儒风盛行,地方官员致力于推行礼仪,过去那种只在庙堂之内的礼仪逐渐为民间百姓所熟知,也开始在基层社会之中形成遵礼讲礼的良善礼俗。

需要补充的是,宋代并非是一个统一封建帝国,北宋与契丹族建立的辽国、党项族建立的西夏鼎立,南宋则与女真族的大金对峙。然而,正由于宋与辽、夏、金的对峙与交往,促进了汉式礼制向少数民族政权的传播,这些少数民族政权程度不同地采纳了汉式五礼制度[1],这既使中华传统礼制纳入新的血液,也促进了少数民族政权的长足发展。

总之,唐宋时期的礼制在中国礼制史上有着举足轻重的地位,中华传统礼制也发展到鼎盛时期。这一阶段中,汉族与少数民族的礼制水乳交融,相互影响,共同发展;国家礼典撰述鸿篇巨制层出不穷,理学的高度发展完成了礼学思想的哲学化,也使礼制的学术层次有了提高和完善,礼制的下移促进了礼仪的传播,这一切共同组成唐宋时期礼制的盛世乐章。

三、集权礼制的衰落阶段

元明清时代是集权礼制走向衰弱的阶段。

元朝崛起于漠北,取代宋朝而成为中华之主。元朝统治政策和文化传统与汉族国家有着极大差异,它采取民族分治的政策,强调"为治之道宜各从本俗"[2],采取"治汉人必以汉法,治北人必以北法"[3]的策略,将国内民族分为四等,实行不同的管理。这种胡汉分治的措施实是落后的"夷夏之别"观念的翻版,因此遭受到时

---

[1]　汤勤福:《宋金〈礼志〉比较研究》,《史学集刊》2018 年第 4 期。

[2]　《元史》卷一六四《杨恒传》,北京:中华书局,1976 年,第 3853 页。

[3]　胡祗遹:《胡祗遹集》卷二一《政事》,长春:吉林文史出版社,2008 年,第 448 页。

人的批评："元朝自混一以来,大抵皆内北国而外中国,内北人而外南人。以至深闭固拒,曲为防护,自以为得亲疏之道"①,这一批评是公允而客观的。

保留民族文化并非错误,但元朝在文化政策上显得非常保守。成吉思汗说："有一天我的子嗣们放弃了自在的游牧生活,而住进用污泥造成的房屋,那就是蒙古人的末日了!"②元朝并不热衷于与汉文化的交流,视中华礼制如同弊履。且不说尚未统一天下的成吉思汗、太宗窝阔台及定宗、宪宗诸人,即使与汉文化有较多接触并统一全国的世祖忽必烈,也轻视儒家文化。自世祖起到元亡长达 90 年中开科取士 16 次,取进士仅 1100 余人。被时人称为缔造大元王朝的第一汉臣的刘秉忠③,世祖仅评价道："其阴阳术数之精,占事知来,若合符契,惟朕知之,他人不能得与闻也。"④显然世祖不赞赏刘氏的儒学⑤,而是看重其阴阳术数。儒学所处的境地十分尴尬。尽管儒士赵复、姚枢等人也大力推崇理学,传播儒家文化及中华礼学,但效果并不佳,元朝所行用的许多礼仪仍保持着相当多的本民族因素。此举荦荦大者如下。

中原王朝建立政权的首务是确立国号和年号,以彰显自己的合法性与神圣性。然元朝自成吉思汗起,沿袭原来"用十二支辰之象(如子曰鼠儿年之类)"纪年⑥,没有年号。忽必烈登位前夕,刘秉忠强烈要求："因新君即位,颁历改元"⑦,元朝才始有年号。至于国号,成吉思汗建大蒙古国(Yeke Mongghol Ulus),音译为"也可蒙古兀鲁思",汉文献中称"大朝"⑧。忽必烈即位后,汉族大臣认为："圣朝统接三五,以堂堂数万里之区宇,垂六十年,大号未建,何以威仰万方,昭示后世"⑨。因此世祖同意"建国号曰大元"⑩,但是,在蒙古文献中,仍然沿用"大蒙古国",坚持其民族立场。

郊祀是中原王朝宣示政权合法性的重大礼仪,南郊祭天配祖,亲祀以显示尊天敬祖之意,政治意味极其浓烈。但蒙古族原有长生天崇拜,也就是所谓的"祭天"礼,元朝"长生天"礼与汉式礼制中的郊祀祭天之礼不同。有学者指出,《元史·祭祀志》称"元兴朔漠,代有拜天之礼。衣裳尚质,祭品尚纯,帝后亲之,宗戚助祭",是

① 叶子奇:《草木子》,北京:中华书局,1959 年,第 55 页。
② 札奇斯钦:《蒙古文化与社会》,台北:台湾商务印书馆,1987 年,第 18 页。
③ 苏天爵:《元朝名臣事略》卷七《太保刘文正公》,北京:中华书局,1996 年,第 111 页。
④ 苏天爵:《元朝名臣事略》卷七《太保刘文正公》,第 123 页。
⑤ 刘氏兼具儒释道,精通天文、术数。
⑥ 王国维:《〈黑鞑事略〉笺证》,《王国维遗书》第 14 册,上海:上海古籍出版社,1983 年,第 4888 页。
⑦ 《元史》卷一五七《刘秉忠传》,第 3691 页。
⑧ 萧启庆:《说"大朝":元朝建号前蒙古的汉文国号》,收入氏著《内北国而外中国:蒙元史研究》,北京:中华书局,2007 年。
⑨ 王恽:《秋涧先生大全集》卷八六《建国号事状》,《四部丛刊初编》本,第 21 册,69A。
⑩ 《元史》卷七《世祖纪四》,第 138 页。

混淆了蒙古人的"拜天之礼"和"祭天之礼"①。其言良是。其实,宪宗即位次年八月,"始冕服拜天于日月山"②,这是元帝的首次祭天礼,无论在时间、地点还是仪节的安排上,都是纯蒙古式的拜天仪式③。世祖一生共举行3次祭天礼:中统二年四月为即位,至元十二年十二月为受尊号,至元十三年五月是平宋④。其中两次按蒙古"国礼"举行,仅是受尊号时在汉臣强烈要求下依唐代天地合祭形式举行,但具体礼仪又有减杀,体现出世祖对中华传统礼仪并不太愿意接受的心态。汉臣王恽曾委婉地批评过世祖,认为祭天是"对越上帝,与三五同功,并接数千岁之统于上,新万方耳目于下,使王道明而坠典兴,天地察而上下顺"⑤的盛世之举,然世祖未予理睬。世祖之后,尽管大臣们屡有亲祀南郊的建议,然直到至顺元年文宗才勉强亲行之,故史称"自世祖混一六合,至文宗凡七世,而南郊亲祀之礼始克举焉"⑥,言意之下不无遗憾之意。此距元朝建国已70年,离元亡仅38年。

元朝帝王"祖宗祭享之礼,割牲、奠马湩,以蒙古巫祝致辞,盖国俗也"⑦。蒙古"元君立,另设一帐房,极金碧之盛,名为斡耳朵。及崩即架阁起。新君立,复自作斡耳朵"⑧。斡耳朵即宫帐,类似汉地皇帝的皇宫。不同的是,国君死,斡耳朵成为他后妃之宫帐,作为祭祀之陵寝,另外每年定时在大都的烧饭院中对已故皇帝进行祭祀⑨,所行祭典仍为蒙古族传统仪式,"用马一,羊三,马湩,酒醴……掘地为坎以燎肉,仍以酒醴、马湩杂烧之。巫觋以国语呼累朝御名而祭焉"⑩。

元朝宗庙未遵行汉式礼制,且其庙制受到政治影响,极其混乱。中原王朝大多按照《礼记·王制》的说法:"天子七庙,三昭三穆,与大祖之庙而七。"⑪蒙古族原来逐水草而居,居无定所自然没有必要建筑永久性祭奠场所。忽必烈定都后并未造宗庙,已逝诸帝神位供奉在中书省瑞像殿,祭祀在中书省,"礼毕,神主复藏瑞像殿"⑫。鉴于此,汉族大臣奏请依汉制建立太庙,获得世祖同意。至元元年,太庙建

① 阿尔丁夫:《从史籍看十三世纪蒙古"拜天之礼"和所拜之"天"》,《广播电视大学学报》2013年第2期。元人王祎《王忠文公集》卷一二《日月山祀天颂并序》载:"然国俗本有拜天之礼,衣冠尚质,牲品尚纯,帝后之宗戚助祭,非此族也,不得与焉。报本反始之意,可谓出于至诚者矣。"北京:中华书局,1986年,第318页。
② 《元史》卷七二《祭祀志一》,第1781页。
③ 马晓林:《元代国家祭祀研究》,第68页。
④ 《元史》卷七二《祭祀志一》,第1781页。
⑤ 王恽:《秋涧先生大全文集》卷九二《郊祀圜丘配享祖宗奏状》,第23册,2A。
⑥ 《元史》卷七二《祭祀志一》,第1792页。《永乐大典》卷五四五六引《经世大典》载亲祀始末。
⑦ 《元史》卷七四《祭祀志三》,第1831页。
⑧ 叶子奇:《草木子》卷之三下《杂制篇》,第63页。
⑨ 高荣盛:《元代"火室"与怯薛/女孩儿/火者》,收入氏著《元史浅识》,南京:凤凰出版社,2010年。
⑩ 《元史》卷七七《祭祀志六》,第1924页。
⑪ 郑玄注、孔颖达疏:《礼记正义》卷一二《王制》,北京:北京大学出版社,1999年,第382页。
⑫ 《元史》卷七四《祭祀志三》,第1831页。

成。按照汉式庙制规定,供奉于宗庙者应该当过皇帝,然世祖定七室之制,自西向东分列诸神主①,既无左昭右穆之制,又将成吉思汗及四子、世祖的两兄一并迁入。显然太庙有名无实,不过是模仿汉制供奉神主的蒙古族祭拜祖先的场所。从祭祖而言,显然摆脱了"斡耳朵"形式,具有蒙汉混融的特点。这种同堂异室、西向为上的格局,到武宗时遭到废除,实行太祖居中、左昭右穆的庙制。然从庙室数来看,最多时为十二室,元末才定下十一室之制。这都不符合汉式庙制。

上述年号、国号、郊祀天地、宗庙之祭和庙制等重大礼仪,元朝行用者具有民族特色,自然可看出元朝对中原礼制兴趣不大。故有汉臣感叹道:"祖宗建国以来,七八十年,每遇大礼,皆临时取具,博士不过循故事应答而已。"②尽管元朝不重视汉式礼制,但不是说他们没有修撰过礼典,见于书目者有《国朝集礼》(赵瑨)③、《元太常集礼稿》《元集礼》《元续集礼》④,只是目前均未保存下来,甚至有些连具体卷数也不太清楚。

尽管元朝统治者顽强地保持着民族礼仪,但行用主要限于少数民族上层贵族,对普通汉族官员及民众并未强行要求他们行用蒙古族礼仪,这可以从《元典章》礼制部分看出来。例如,元朝初年对汉人礼俗不予干涉,后来开始禁止违礼或一些恶俗。如婚礼方面"嫁娶禁约邀栏"⑤、"革去诸人拜门"⑥等等,大致依从朱熹《家礼》所提倡的议婚、纳采、纳币、亲迎、妇见舅姑、庙见、婿见妇之父母七个步骤,还具体规定了聘财、筵会⑦。在丧葬礼制方面,"禁丧葬纸房子"、"禁约焚尸"、"禁送殡迎婚仪从"等⑧,丧葬禁宴饮、停丧不葬⑨,还颁布五服图⑩,强调"三年之丧,古今通制"⑪,有丁忧终制及夺情起复的严格规定。《元典章》中有关礼制的条文当然是为

① 以西为上的东汉同堂异室制,曾受到朱熹批评,认为不符合古礼。刘晓认为:"蒙古族尚右,神主坐北朝南,西为右,故以西为上。"吴丽娱主编:《礼与中国古代社会》(隋唐五代宋元卷),北京:中国社会科学出版社,2016 年,第 364 页。

② 《元史》卷一八三《李好文传》,第 4216 页。

③ 黄虞稷《千顷堂书目》卷二载李好文《太常集礼》五十卷、王守诚《续编太常集礼》三十一册、《太常至正集礼》二十册;卷九又补脱脱木《太常续集礼》十五册,然未提及《国朝集礼》一书。大约明代就未见此书了,故《清通典》卷二九及卷四五分别载有李好文等人之书,却无《国朝集礼》一书的记载。

④ 杨士奇:《文渊阁书目》卷一。

⑤ 邀栏又称邀拦,即中途阻拦,乞取财物。

⑥ 陈高华等点校:《元典章》卷三《礼部三》,天津:天津古籍出版社,2011 年,第 1052、1050、1051 页。

⑦ 陈高华等点校:《元典章》卷一八《户部四》"婚姻",第 611 页。

⑧ 陈高华等点校:《元典章》卷三《礼部三》,第 1061、1066、1062 页。

⑨ 陈高华等点校:《元典章》卷三《礼部三》,第 1076 页。

⑩ "五服著令,见于通制、国朝典章、至元新格"。吴㺄:《丹墀对策科大成》卷一五《刑书》"八议",国立公文书馆内阁文库藏钞本。转引自《〈元典章·礼部〉校定和译注》(三),《東方學報》第八三册,京都,2008 年,第 239 页。《至元新格》于至元二十八年(1291)颁布。

⑪ 陈高华等点校:《元典章》卷一一《吏部五》,第 392 页。

了贵贱等级制度，但也需要指出它强调化民成俗是"王道之始，宜令所司表率敦劝，以复淳古"①，这种维持社会秩序，维护基本的汉式礼制的做法，仍是唐宋以来的"礼下庶民"的发展趋势，对礼制的传播确实有一定作用。

元统治者钟情本民族礼仪，这是他们的选择自由，无可厚非，然而故意与汉族礼仪严加区分则不值得肯定，因为这不利于中华文化的发展，与唐宋礼制相比，其汉式礼制因素大为降低，礼仪程式出现了严重的衰退。

朱元璋起兵反元，高举华夷之别的旗号，以争得"正统权"与民心。从历史主义的角度来分析，朱氏此举也无须多加苛求，当然这种"排夷"的意识并非是正确的观念。

朱元璋认为"华风沦没，彝道倾颓"②，强调是"元氏废弃礼教，因循百年，而中国之礼变易几尽"③。在他看来，元朝"胡礼"应当废弃，重新恢复汉式礼制。这一看法代表着明初一大批汉族官僚、士大夫的观点。从整体上看，明朝礼制向着专制主义的集权方向迅速发展，其礼制突出的有几个方面：

其一，恢复汉制，革除"胡俗"。朱元璋自称"虽起自布衣，实承古先帝王之统"，是"率中土之士，奉天逐胡"④，以恢复汉制。早在吴元年二月，朱元璋便设立律、礼、诰三局，规定"礼局以究礼仪"⑤，开始着手制礼活动。洪武二年，太祖诏修礼书，声称"宋朝家法甚有好处，但文过其中，武备有不及"，因此"军政当取法于唐，典礼当取法于宋"⑥，要求修礼大臣"参考古今制度以定一代之典"⑦。次年九月成《大明集礼》50卷⑧。该书以"五礼"为纲，虽涉及礼仪颇丰，也整饬划一，然成书仓促，缺漏及不足非常明显，故书成之后不断修补完善。在清除"胡礼"方面，洪武元年二月，"诏复衣冠如唐制"⑨，十一月规定命妇冠服"不许仍用胡俗服两截短衣"⑩。洪武五年五月，诏令集议冠服定制，"务复古典，以革旧习"⑪。丧葬方面，太祖声称

① 陈高华等点校：《元典章》卷二《圣政一》，第67页。

② 朱元璋：《御制大诰》卷首《御制大诰序》，《续修四库全书》本，第862册，第243页。

③ 《明太祖实录》卷八〇，洪武六年三月甲辰，台北："中央"研究院历史语言研究所，1963年，第1449页。

④ 《明太祖实录》卷三一，洪武元年四月戊申，第549页。

⑤ 过庭训：《本朝分省人物考》卷五二《宋濂》，《续修四库全书》本，第534册，第419页。黄佐：《翰林记》卷一二《开局纂修事始》，《丛书集成新编》本，第30册，第430页。

⑥ 宋濂等编：《皇明宝训》卷三《论治道》，《皇明修文备史》，《北京图书馆古籍珍本丛刊》本，第8册，第34页。

⑦ 《明太祖实录》卷四四，洪武二年八月庚寅，第875页。

⑧ 《明太祖实录》卷五六，洪武三年九月乙卯，第1113页。

⑨ 《明太祖实录》卷三〇，洪武元年二月壬子，第525页。

⑩ 《明太祖实录》卷三〇六下，洪武元年十一月甲子，第693页。

⑪ 孔贞运辑：《皇明诏制》卷一，《续修四库全书》本，第457册，第559—560页。

"近世狃于胡俗，或焚之而投骨于水"①，因此加以禁止，又定官民丧服之制。洪武修礼以革除夷风胡俗为核心，几乎涉及唐宋五礼全部仪节，尽管部分复古式的礼制不合时用，但显现太祖"以定一代之典"②的价值取向。

其次，加强皇权，实施教化。明太祖力图牢牢掌握制礼话语权，以突现皇帝才是制礼的终极权威。一般说来，封建帝王虽执掌制礼权，但缺乏足够的礼学知识，只能依靠礼学素养深厚的儒臣来制礼。而儒臣往往打着圣贤旗号来进行修礼活动，因此制礼话语权实际上下移到儒臣手中。为了掌握话语权，太祖对墨守"周礼"进行制礼的儒臣予以严厉批评。洪武七年，太祖以"致斋供三牍，所费太侈"③而否定了礼部依《周礼》考定的缩食礼。显然，太祖将皇权凌驾于周制之上。其他如丧服、祭祀、庙制都大胆突破周制束缚，也以己意进行改易。如改建太庙采用"正殿同堂异室"之制，数庙并为一庙，以"异室"来代替"异庙"，从而废弃自周朝延续近3000年之久"都宫之制"；同时对太庙祭仪也做出调整，采用"四时之祭皆行合享之礼"④。太祖一系列的做法，实际是要建立皇权的权威，牢牢掌握制礼话语权。

朱元璋力图恢复传统的礼教制度，重塑礼教秩序。他认为："礼者，美教化而定民志"⑤的重要功能，可以"移风善俗，礼为之本；敷训导民，教为之先"⑥。早在洪武三年，太祖明令纠正世间"僭侈"现象："闾里之民，服食居处与公卿无异，而奴仆贱隶往往肆侈于乡曲，贵贱无等，僭礼败度，此元之失政也。"⑦六年又"申禁教坊司及天下乐人，毋得以古先圣帝明王、忠臣义士为优戏，违者罪之"⑧。显然，太祖以礼教化百姓，不许"贵贱无等，僭礼败度"，禁止非议先圣明王、忠臣义士，体现其加强对民众进行严厉的思想控制。

其三，贵贱有序，等级分明。朱元璋曾说："古昔帝王之治天下，必定礼制以辨贵贱，明等威"⑨，明确表白制礼便是维护贵贱等级秩序。《大明集礼》以皇帝之礼为主，又涉及王国之礼、群臣之礼及庶民之礼，明确规定不同等次之人有不同礼遇，不允许违礼逾制。尽管修礼之初并未分封诸王，但太祖创制出一套王国之礼，显然

① 黄瑜：《双槐岁钞》卷一《禁水火葬》，《北京图书馆古籍珍本丛书》本，第 67 册，北京：书目文献出版社，1988 年，第 657 页。元朝曾下令禁止火葬，然收效不大，民间礼俗一时难以改易。

② 《明太祖实录》卷四四，洪武二年八月庚寅，第 875 页。

③ 《明太祖实录》卷八九，洪武七年五月甲午，太祖言："《周官》之法不行于后世多矣，惟自奉者乃欲法古，其可哉！"第 1578 页。

④ 《明太祖实录》卷一一〇，洪武九年十月己未，第 1821 页。

⑤ 《明太祖实录》卷七三，洪武五年三月辛亥，第 1336 页。

⑥ 《明太祖实录》卷二〇二，洪武二十三年己酉，第 3025 页。

⑦ 《明太祖实录》卷五五，洪武三年八月庚申，第 1076 页。

⑧ 《明太祖实录》卷七九，洪武六年二月壬午，第 1440 页。

⑨ 《明太祖实录》卷五五，洪武三年八月庚申，第 1076 页。

已经打算实行分封制,以此藩屏中央,同时将皇权延伸到地方,进一步强化对地方的控制。太祖规定,王国宗子及庶子皆得立庙进行五祀与宗庙之祭,然均限以始封者为始祖,按等级降杀。中央太庙与王国宗庙构成一个等级分明,层次丰富的朱姓王朝的祖先祭祀系统[①]。王国参照中央朝贺之仪,正旦、冬至及千秋节,国中文武官向亲王、王妃致贺,行八拜礼[②]。另外,《大明集礼》规定社稷分为国家社稷、王国社稷、郡县社稷、诸里社稷四级,礼有降杀[③]。这些都是依据尊卑贵贱的等级降杀,既彰显朱明王朝的皇族血统,又区分出级差,构建成贵贱有序、等级森严的礼制秩序,与前代相比,确实强化了专制集权政体下的礼制[④]。

永乐至嘉靖之前,对洪武礼制进行过一些修订。大致说来,祭礼、军礼、宾礼变动很少,嘉礼、凶礼变动较多。据《大明会典》载,先后制订了洪武丧仪、上尊谥仪、葬祭仪、忌辰朝仪、皇太孙冠礼、皇太子妃册立仪、进实录仪、有司鞭春仪、上尊号仪、经筵仪、午朝仪、上徽号仪、东宫出阁讲学仪、诸王读书仪、进玉牒仪、皇后丧礼等,也更定了皇妃丧仪、皇太后丧礼、亲王、亲王妃、公主、郡王、世子以下丧仪[⑤]。这些创制之礼或更定之礼,总体上是继承洪武之制的。

嘉靖时期的国家礼仪有了大变革,充分体现出专制主义皇权政治对礼制变迁的影响。嘉靖以旁支入继皇位,不愿继嗣孝宗,挑起了"大礼仪之争"。在这一过程中,嘉靖为让生父入宗庙受祭,采取在京师另建"世庙"奉祀生父兴献王、恢复南北郊分祀制度等措施,逐步提高生父祭祀等级,到十七年九月正式上"献皇帝庙号睿宗。遂奉睿宗神主祔太庙,跻武宗上"[⑥],最终使生父"称宗入庙"[⑦]。在这场大礼仪之争之中,他提拔附和己意的官员,不惜用罢免首辅杨廷和来杀鸡儆猴,以夺俸、廷杖来处罚反对自己的大臣。就集权专制而言,嘉靖比洪武有过之而无不及!

嘉靖之后,穆宗对嘉靖礼制有所厘正,简化礼仪。此后诸帝在礼制上虽有所更革增减,然大致沿袭了嘉靖礼制,专制主义集权态势也没有任何改变。其实朱元璋对礼法关系有精彩之论:"非礼则无法,若专法而无礼,则又非法也。所以礼之为用,表也;法之为用,里也"[⑧],明朝这种"明礼以导民,定律以绳顽"[⑨],其目的便是加强专制统治,维护朱明江山。明朝专制集权在中国封建社会中确实是比较突出的,

---

① 明代郡国设庙类似于汉初。
② 《明太祖实录》卷一三六,洪武十四年三月乙未,第 2152—2153 页。
③ 《明太祖实录》卷一一九,洪武十一年六月壬戌,第 1937 页。
④ 吴恩荣、赵克生:《明代王国庙制的演进及礼制特点》,《江海学刊》2014 年第 5 期。
⑤ 此处礼目大致根据课题组成员赵克生、吴恩荣整理重新加以归纳。
⑥ 《明史》卷一七《世宗纪一》,北京:中华书局,1974 年,第 228 页。
⑦ 《皇明诏令》卷二一《明堂礼成诏》,《四库全书存目丛书》本,第 432 页。
⑧ 朱元璋:《明太祖集》卷四《礼部尚书诰》,合肥:黄山书社,1991 年,第 64 页。
⑨ 刘惟谦等撰:《大明律》卷首《御制大明律序》,《续修四库全书》本,第 365 页。

对士大夫思想管控非常严厉①。明朝推崇程朱理学,以此来"统一"思想。成祖命胡广等人编成《五经大全》《四书大全》和《性理大全》,在学术领域实行专制统治,在这种政治文化格局下,士人读经只注重前人注疏,思想上则难以创新,因此经学日渐疏陋,学术价值甚为低下②。在这种态势之下,礼学思想自然难以获得发展。

明亡清继,思想文化、政治氛围没有改变,清朝仍然实行严厉的思想管控,尤其康雍乾三朝,知识精英们在高压之下,只得转向饾饤之学,思想界沉闷抑郁,因此在礼学思想上甚少突破,从中也可悟出集权礼制走向没落的思想原因。

清朝的礼制建设大致可分为三个阶段,顺治入关前行用满族固有的礼制而形成带有地方色彩的民族礼制。顺治入关后到乾隆朝修成《大清通礼》前是其礼制发展阶段,表现为吸收明代汉式礼制,力图建立有满汉特色的礼制体系,绍续中华传统礼制的"礼统",从而汇入中华传统礼制的主流之中。《大清通礼》修订及完成后到道光前为第三阶段,表示清政权最终完成了满汉合璧的清代礼制,形成有自身特色的集权礼制体系③。显然,清朝在对待汉式礼制上,与元朝明显不同。

天命十一年九月,努尔哈赤去世,其子皇太极继立,次年改元天聪④。天聪十年四月,"祭告天地,行受尊号礼,定有天下之号曰大清,改元崇德,群臣上尊号曰宽温仁圣皇帝,受朝贺⑤。"祭告天地,行受尊号礼"明显受到汉式礼制的影响。实际上,太祖努尔哈赤和太宗皇太极统治时期,其礼制可以大清建国分为前后两个时期,前一时期行用以后金政权为中心的带有浓厚民族特色的等级性礼仪,与中原汉族政权的国家礼制差异极大。从现存《满文老档》所载天命、天聪两朝的礼仪来看,大致有称汗礼、元旦庆贺礼仪、君臣、官民相见礼、祭葬等礼,有祭纛拜天和大阅等军礼,也有服饰、仪仗之规范。尽管已经存在尊卑等级规定,但其仪制与汉式礼制有较大差异,只能视为受汉式礼制影响。例如,天聪前期是四大贝勒共同理政时期,所谓三大贝勒"礼与汗同"⑥便是指当时情况。元旦庆贺,三大贝勒与大汗并坐,到天聪六年大汗才"南面独坐"。汗国之礼带有浓厚的家族色彩,如大汗元旦要"以兄礼至大贝勒家拜之"⑦,汗之妻及诸福晋也要拜见大贝勒,"汗降座旁立,从福晋遂仅向大贝勒行礼"⑧。显然这与汉式皇权独尊的礼仪有很大区别。汗国的抱见礼也具有满族特色,分为遥拜、近拜叩首、抱见诸环节,行用于叩拜同族尊长、将

---

① 如用文字狱来镇压不同政见者。
② 郭素红:《明初经学与〈大全〉的敕修》,《求索》2007 年第 10 期。
③ 清代礼制区分为三阶段为课题组成员赵克生、吴恩荣之观点。笔者同意并采纳这一观点。
④ 天聪共 9 年,后改元崇德,八年八月皇太极去世,世祖即位,年号顺治。
⑤ 《清史稿》卷三《太宗纪二》,北京:中华书局,1977 年,第 55 页。
⑥ 《满文老档》,天聪元年八月十八日,北京:中华书局,1990 年,第 865 页。
⑦ 《满文老档》,天聪六年正月初一,第 1188 页。
⑧ 《满文老档》,天聪六年正月初二,第 1189 页。

领凯旋归国、大汗出迎外藩等场合,汉式礼仪并无此仪。

崇德改元,大清礼制有所改易。史载大臣之语曰:"今非昔比,圣汗既受尊号,正大位,古帝王之制,不可不遵"①,也就是要求皇太极改汗国之礼为帝王之礼。崇德之后借鉴汉式礼制,改定或制定了大量礼仪,改定者有即位、祭天、祭太庙、祭堂子、庆贺、服饰、仪仗、军礼等,新创有祭太庙、封爵、册封、迎诏、京官回避仪、官员仪从、命妇车制及祭孔等礼,还创建王国礼、藩国礼及婚礼、丧礼等②,奠定了大清帝国礼制的基础。例如,即位新制规定,即位当天群臣要"祭太祖庙,诵读祝文"③,次日,圣汗"率诸大臣祭太祖、太后宗庙"④,类同汉礼传统。祭祀太庙、皇陵行一跪三叩礼,三上香,奉帛酒,行三跪九叩礼⑤,祭天也设立天坛作为专门场地,与汉式礼仪相似或相同。崇德元年始祭孔子,"更依旧制,复以颜子、曾子、子思、孟子配享"⑥,与汉族政权崇儒毫无二致,显然可见满族政权认可了儒家礼乐文化。

当然,崇德改制虽借鉴汉式礼仪,但仍带有比较明显的满族礼仪特点。如祭礼局限于天、太庙、堂子、孔子四者,没有汉式礼制中祭天地、宗庙、社稷、天神地祇直到岳镇海渎的祭祀体系,仪节也十分简陋,没有汉式礼制从斋戒、视牲到迎神、三献、饮福、受胙、送神一整套奠献仪节。至崇德制定的冠服体系中镶嵌东珠,金佛头、项圈之类均是汉式礼仪所无,皇后、亲王、郡王、贝勒仪仗也保存某些民族风格⑦。总之,崇德改制是满族政权逐渐向汉式礼制过渡的重要时期,虽说顺治入关后借鉴明朝礼制进行全面的礼制革新,但自天命以来、尤其是崇德改制后的某些民族色彩的礼仪形式仍然有所保留,奠定有清一代的满汉合璧的礼制形态。

清军入关之初,当时"兵务方殷,衣冠礼乐,未遑制定……姑依明式,速制本品冠服,以便莅事"⑧。然而大清国迅速由地方性政权成长为全国性帝国,如此广袤的地域上有众多的汉族子民,为稳定政局,建立有效统治,清朝采取部分直接继承明朝礼制的方式来,以便迅速获得汉族子民们的认可与遵行。

清入关前后的礼制实是满汉礼仪相混。如跪拜礼,明以拜叩礼为主,帝后朝贺、郊祀、宗庙等重大典礼皆行三次四拜,共十二拜,其次行二次四拜,见皇帝则行五拜三叩头礼。清入关前行用跪叩礼,分一跪一叩、一跪三叩,三跪九叩不同等级。如清顺治元年九月奉安太祖帝后、太宗神主于太庙,先行四跪四叩头礼,三献礼后,

---

① 《满文老档》,崇德元年五月初八,第1457—1458页。

② 此处礼目大致据据课题组成员赵克生、吴恩荣整理重新加以归纳,笔者略补。

③ 《满文老档》,崇德元年四月十一日,第1427页。

④ 《满文老档》,崇德元年四月十二日,第1427页。

⑤ 《满文老档》,崇德元年七月十四日,第1538—1539页。

⑥ 《满文老档》,崇德元年八月初六日,第1561页。

⑦ 参见《清史稿》卷一〇五《舆服志四》相关内容。

⑧ 《世祖章皇帝实录》卷六,顺治元年七月己亥,北京:中华书局,1985年,第68页。

再行四跪四叩头礼①,此为满族礼,但有汉式初献、亚献、终献三献仪节。十月定鼎燕京,南郊祭天地也采用三献,三上香,行四跪四叩头礼②。十一月冬至祀天,则基本是照搬嘉靖祀天礼仪,为三上香、三献,迎神、受胙、送神各行四拜礼,尽管未以太祖配享、从祀也缺五星、二十八宿,但明显看出清初礼制向汉式的变迁③。

实际上,自顺治开始的礼制改革,清王朝基本制礼思路是:凡不涉及关键或敏感问题,尽可能遵用明制。如一般仪节采用明制,但在跪拜上却仍以跪叩礼为主。大则祭天地、社稷、太庙、陵寝,其他如上尊号、徽号、颁诏、册封、朝贺、庆节、耕藉、进表等礼,其仪节过程大多采用明朝之礼,有配位者也类如明制,但行用满族跪叩礼④。如世祖登极,告祭南郊行三献之礼,迎神、送神行四跪四叩头礼,即位时行三跪九叩头礼。

在遵用明制过程中,清朝也有个过程。如在天地之祭的分合上,清入关初沿用嘉靖分祀之制,顺治十七年四月下诏合祀,世祖亲诣行礼⑤。但次年圣祖继位后,立即罢去合祀之制,重新恢复分祀制度⑥。无论是合祀还是分祀,实际都是汉式礼仪。清朝原无祈谷、雩祀、太岁、先医、启圣祠、先圣先师等祀,入关后依明朝之礼行用。当然,那些清朝特有之礼予以保留,如摄政王仪、堂子、定南武壮王祠、满洲跳神仪等清朝特有祭典,均行满洲之礼。入关前没有的一些重大礼仪,一般移植明朝之相关礼仪,如登基、郊祀之类;其他礼仪则参照明朝之礼进行重定,如婚礼,皇帝纳后行汉式礼仪,但皇室诸王或满族贵族仍行满洲的纳币、合卺、昏燕之礼,汉族大臣及庶民行用汉族的六礼。在凶礼方面,清军入关前夕,朝廷"定诸王以下官民人等祭葬礼"⑦,顺治元年十二月,又"定宫中丧制。凡大丧,宫中守制二十七个月"⑧,类似汉式丧礼。其他如进书、颁历、乡饮酒、进春则行用明朝二叩八拜之礼。《清史稿》称"其祀典之可稽者,初循明旧,稍稍褒益之"⑨,大致得之。清朝军礼在乾隆之前仍具有满族特色。明朝天子亲征,在圜丘祭告天地,宗庙、社稷,"祃祭旗纛,所过山川皆行祭告。师还,奏凯献俘于庙社,以露布诏天下,然后论功行赏"⑩。清朝天

①　《世祖章皇帝实录》卷八,顺治元年九月壬子,第89页。

②　《世祖章皇帝实录》卷九,顺治元年十月乙卯,第91—92页。

③　《世祖章皇帝实录》卷一一,顺治元年十一月丁未,第109—110页。

④　顺治朝曾在祭礼中行用过拜叩礼,此后诸帝也在少量礼仪中保留拜叩礼,但总体上说行用跪叩礼。甚至拜、跪、叩混用。如《(康熙)大清会典》卷四〇《皇太后宫三大节朝贺仪》中,命妇至皇太后宫,行六拜三跪三叩头礼。

⑤　《世祖章皇帝实录》卷一三四,顺治十七年四月己酉,第1040页。

⑥　《圣祖仁皇帝实录》卷一,顺治十八年正月乙丑,《清实录》第4册,第44页。

⑦　《世祖章皇帝实录》卷三,顺治元年正月己酉,第43页。

⑧　《世祖章皇帝实录》卷一二,顺治元年十二月壬戌,第114页。

⑨　赵尔巽:《清史稿》卷八二《礼志一》,北京:中华书局,1976年,第2484页。

⑩　申时行等:《(万历)大明会典》卷五三《亲征》,《续修四库全书》本,第790册,第121页。

子亲征或命将出征一般不拜天,偶尔在堂子里祭之。如命将出征,口宣满、蒙、汉三体敕书、授印、行三跪九叩头礼①。凯旋,皇帝亲自出迎,先拜天,行三跪九叩礼,出征将士行三跪九叩,其统兵将帅行抱见礼②,俱有满族特色。至于乐,清朝力推满洲之乐,并未接受明制之乐。在服饰方面,清朝仍保留浓厚的满族因素,尤其是颁布薙发令,强制汉族民众剃发,显示其礼制的专制色彩。清朝统治者在一些重大礼仪中强调"满族"礼仪色彩,采用满文与满语。如顺治四年太岁、城隍及孔子、关圣俱用汉式礼仪,顺治下旨:"致祭著遣满官,并用满官赞礼,祝词用满文"③。清初有些满族原有的礼仪,甚至不允许汉族官员参与其间。满汉礼仪在统治者心上中的地位一目了然。

乾隆年间完成《大清通礼》,宣示完成了帝国礼乐制度的重新塑造,将带有明显民族特色的大金汗国礼制,演变成满汉合璧的大清帝国礼制。《大清通礼》中吉礼基本为承袭明礼,另有《钦定满洲祭神祭天典礼》载满族祭礼,"与《大清通礼》相辅而行"④,即祭祀是满汉兼用。《大清通礼》中的丧礼,仪节基本采用汉式之礼,皇帝大丧从小殓、大殓、成服、哭临至终丧除服都与明朝丧礼相同,但百日不薙发,初祭、大祭、月奠、百日祭等行用入关前满族礼仪⑤。宗室与满洲贵族则允许采用满洲礼俗,不过,其中赐谥、启奠、祖奠、遣奠、小祥、终丧等采纳汉礼⑥。在冠服方面,自顺治入关后强行推行薙发,作为判断民众顺逆的标志,因此《大清通礼》没有冠礼。在服饰上,乾隆二十四年修成《皇朝礼器图式》使清朝礼器、冠服等制度趋于定型。书中有冠服4卷,服饰主要是满洲式样,与汉式不同。从《清史稿·舆服志》的记载来看,帝后及太后、贵妃、皇子、亲王等冠服均分冬制、夏制,冬冠以貂狐之皮为之,夏冠织玉草或藤竹丝为之,饰以东珠、珍珠、宝石、珊瑚、猫睛石等,又有朝珠、孔雀翎之制,皆是满族之制⑦。清朝祭天配祖礼仪也与明朝及明之前汉族政权不同,汉族政权祭天配祖一般以太祖,很少配两位先祖,然清朝则是列圣遍配。咸丰之前,一度配享自太祖至道光八位先祖,咸丰去世,遗命"嗣后郊祀配位历亿万年,总以三祖五宗为定,自朕躬而下不复举行"⑧。清朝太庙之制也带有满族色彩。汉式太庙,太祖居中,左昭右穆,并实行祧庙制度,即满七庙后除太祖太宗不祧外,其余诸帝以次祧出。明朝继唐宋之制。清则采取百世不祧之制,即所有已逝先帝都在太庙供

① 《清史稿》卷九《礼志九》,第2658、2659、2661、2662页。
② 《世祖章皇帝实录》卷二一,顺治二年十月癸巳,第184页。
③ 《世祖章皇帝实录》卷三一,顺治四年三月丁卯,第257页。
④ 允禄等:《钦定满洲祭神祭天典礼》卷首,文渊阁《四库全书》本,第657册,第624页。
⑤ 来保等:《大清通礼》卷四五《丧礼》,文渊阁《四库全书》本,第655册,第441—462页。
⑥ 来保等:《大清通礼》卷四九《丧礼》,第493—497页。
⑦ 《清史稿》卷一〇三《舆服志二》,第3033—3063页。
⑧ 《文宗显皇帝实录》卷三,道光三十年二月己巳,《清实录》第40册,第89—90页。

奉,排列以"前殿自太祖高皇帝以下七世皆南向,自宣宗成皇帝以下三世皆分东西向"①。凡诸帝之后并祔。需要指出的是,汉族政权一般恪守嫡后祔庙之制,即元配皇后才能祔享太庙,一帝一后②,清朝则不拘于此,太宗、世祖、世宗、高宗、仁宗、文宗俱祔二后,圣祖、宣宗更多至四后③。这些变化,既显示清朝礼制带有满族色彩,又显现皇权的提升。

要之,元代拒绝汉式礼制,民族色彩极其浓厚,与中原王朝礼制体系格格不入。有明一代则弃元礼不用,在加强专制集权的前提下直追汉晋唐宋礼制,尤其是嘉靖时变革礼制,专制色彩愈趋浓烈。清入关前主要是大金汗国礼制,民族色彩较为浓厚。入关后逐渐吸纳汉式礼制,至乾隆时修成《大清通礼》,宣示完成了帝国礼乐制度的重新塑造,完成了满汉合璧的大清帝国礼制。当然,有清一代制从总体上说是继承了明朝的遗产,明代五礼中众多礼仪均被清朝吸纳入自己的五礼体系,仪节也基本仿照,然而清代又保存少量有民族特色的礼仪。需指出的是,在专制主义体制下,清朝完全继承了前代礼制集权专制的特质,它没有也不可能跳出集权礼制的巢窠。

四、晚清民国时期礼制的艰难转型

道咸以降,西方列强以坚船利炮打开中国大门,西风东渐,中华传统礼制遭遇到极其激烈的冲击与面临着严酷的危机。到20世纪初,随着中国殖民化趋势的加深,中西文化碰撞越趋激烈,到大清龙旗黯然降下,民国政府建立,中华传统礼制面临着更为严峻的挑战。应当看到,近代中国面对的西方文明,不是古代中国的各地少数民族文明或西域文明,而是一种整体超越农业文明的工业文明。近代中国文化面对的西方文化,不是万方来朝时期的欧洲中世纪的野蛮愚昧的文化,而是经过人文主义熏陶和文艺复兴洗礼、经历了宗教改革与近代工业化锤炼的整体超越中华传统文化的先进文化。近代中国面对的西方国家,是有着丰富殖民经验、实力远超中华帝国的军事强国。就此而言,随着中华帝制的衰弱,基于农业文明基础上、依赖封建专制帝制生存的中华传统礼制面临着生死存亡关头。

其实,自乾隆礼仪定型后,直到道光之前,清朝在礼制上虽有少量调整,但是基本上没有什么大的变更。然道光之时面临的国际形势大变,国家遭受生死危亡之际,清廷曾拟修订礼制来宣示自己"改道易辙",以争取民心,史称"德宗季叶,设礼

---

① 《宣统政纪》卷二一,宣统元年九月乙卯,《清实录》第60册,第387页。
② 宋代一些皇帝较特殊,有一帝二后,一帝三后,但常是因元配皇后废黜,其他皇后配祀,其后元配平反再入祀,形成一帝多后情况。
③ 《清史稿》卷九二《礼志十一》"凶礼";卷八六《礼志五》"宗庙之制"。

学馆,博选耆儒,将有所缀述。大例主用《通礼》,仿江永《礼书》例,增《曲礼》一目。又仿宋《太常因革礼例》,增《废礼》、《新礼》二目,附《后简》。未及编订,而政变作矣"①。这种换汤不换药的礼制变革不可能获得赞同,其礼也未修成。当然,在列强的压力下,晚清在宾礼上已有所变革,向西方礼仪靠拢②。

1907年,面临内忧外患的清政府勉强同意"宪政改革",下令设礼学馆修订礼制,企图通过赓续《大清通礼》来挽回败亡命运。1909年正式开馆,礼学馆总理陈宝琛领衔上奏修订礼制凡例19条,拟定了体例、方式与范围,强调皇帝拥有修礼权与裁定权,以三纲五常为宗旨,依据《通礼》五礼体例,增删《通礼》的内容,如将堂子祭祀编入祭礼、增加皇太后和皇帝万寿大礼、增加冠礼、厘定各省的神灵祭祀、修改乡饮酒礼、增加五服、丧服图、制定士庶通用的民礼,等等。这一奏章显然偏离"仿行宪政"的原旨,实际是在"礼制修订"的幌子下来维持集权礼制的继续行用。即使如此,仍受到保守派的攻讦,曹元忠批评道:"今之宪法并非《周礼》所谓'宪法',与礼更无涉矣。尚何礼书、宪法合订之有哉!"③曹氏认为礼与法的修订不是一回事,因此无需重修礼制来适应法,他认为此举"非惟不知礼也,抑且不知宪法孰甚"④。清政府的"宪政改革"修礼活动,是封建专制政权最后的挣扎,也是封建专制国家修礼活动的终结。

民国伊始,要求摈抛专制主义的集权礼制、重新修礼的呼声日益强烈。不过,在如何修改问题上,各人表达的声音是不同的,乃至还有借尸还魂,大搞旧礼复辟,袁氏帝制复辟便是典型例证。有学者对近现代知识分子进行分析,指出:"对中俗西化持有保留肯定态度的人居多数,李大钊、蔡元培、梁漱溟、胡适,甚至主张'中国本位文化'的陶希圣等人都是如此,只是在'量'上有多有少。"⑤

实际上,民初要求改变专制主义的集权礼制、重新修礼已有一定的思想基础。晚清时,西方传教士与晚清出使西方的中国使节都对西方礼节作过介绍,编译出版过《西礼须知》、《戒礼须知》和《泰西礼俗新编》,较为详细地介绍西洋礼俗。熊月之指出:"两本《须知》和《泰西礼俗新编》的出版,标志着西方礼俗知识较为全面地介绍进中国。"⑥三本书的出版,为中华礼制吸收西方礼仪作了有力的思想铺垫。编译《泰西礼俗新编》的刘式训留学法国,曾任驻法、德、俄使馆的翻译兼参赞,民国初

---

① 《清史稿》卷八二《礼志一》,第2484页。

② 尤淑君《宾礼到礼宾》一书对道咸之后的外交礼仪作了非常深入的研讨,可参见。北京:社会科学出版社,2013年。

③ 曹元忠:《礼议》卷上《礼书不当与宪法合订议》,《民国时期经学丛书》(第三辑)第29册,台北:文听阁图书有限公司出版,2009年,第3A—5A页。

④ 曹元忠:《礼议》卷上《礼书不当与宪法合订议》,第3B页。

⑤ 李少兵:《民国风俗西化的几个问题》,《史学月刊》1994年第4期。

⑥ 熊月之:《晚清中国关于西方礼俗的论辩》,《学术月刊》2008年第8期。

任北京政府外交部次长。他在该书"序言"中称:"西人犹是人耳,其立于人世也,父子兄弟夫妇朋友,若男若女,各有权利,各有义务,本乎情,准乎理,历千百年之沿革变迁,以成彼族今日之风气习惯焉,在我视之,诚以彼为有异,在彼视之,亦以我为有异,而其风气习惯之本乎情,准乎理,则彼我一致也。"①此说较为客观。孙宝琦为《泰西礼俗新编》写序,甚至认为西方礼仪可比隆三代:"吾华人士,徒震惊欧土之富强,末由辨其礼俗政教而妄加訾议,目为异类,盖犹是排外之陈见",盼望"知礼之君子,诚能上考古经,旁参俗尚,别辑专书,流行于世,上翊国家之政教,下资童蒙之服习"②。茅海建认为晚清思想革命的主体是包括众多官员在内的清朝最高精英层,"他们代表着那个时代学术的主流,代表着知识的最高阶层,也是思想影响力最大的团体"③。此说当不谬。从借鉴西方礼制来构建近现代新礼制体系来看,这些晚清大臣及开明人士顺应时代潮流,开风气之先,为民国礼制改革奠定了思想基础。

清末民国,对旧礼改造的各种主张层出不穷。有从宗教角度立说的:"要改造社会,必得改造礼制。要改造礼制,必得先转移一般人的观念……据我个人的意见,在这时代,在这中国的地方,若是有人提倡研究基督教,可算是最合宜的了"④。这种推行基督教礼制的设想,当然不会获得国人的普遍认同。也有以进化论、西化论来立论,称"风俗之变,几无日不睹……一切礼仪,非自然所应需,未有不败者也"⑤。如戴季陶说:"吾国自海通以来,国家既不能不成为国际间之一员,则国民亦不能不成为文明国民中之一人。固有之道德精神,自必须保持发扬,而一切人民公私生活之仪节,亦必须随世界文化之进展,而求其改良进步。"⑥戴季陶虽称"改良进步",其实是基于进化论上的"西化"的委婉表达。

南京临时政府则从具体改革上表达了对旧礼制的态度。成立之当天,内务部发告示规定:"国民服制,除满清官服应行禁止穿戴外,一切便服悉暂照旧"⑦,走出了改革旧礼仪的第一步。3月底,临时政府答复湖北祭文庙事:"查民国通礼,现在尚未颁行。在未颁以前,文庙应暂时照旧致祭,惟除去拜跪之礼,改行三鞠躬,祭服

---

① 刘式训:《自序》,《泰西礼俗新编》,上海:中新书局,光绪三十一年(1905),第1页。
② 孙宝琦:《序》,《泰西礼俗新编》,上海:中新书局,光绪三十一年(1905),第1—2页。
③ 茅海建:《重新审视晚清的思想革命》,《东方早报》2016年3月6日第A03—A04版。
④ 怀新:《礼制与基督教》,《生命》(北京)1920年第2期,第1—4页。
⑤ 章太炎:《章太炎全集·译文集》,上海:上海人民出版社,2015年,第33、41页。光绪二十四年(1898),《昌言报》刊登英国斯宾塞尔(今译斯宾塞)的文章,署名"湘乡曾广铨采译、余杭章炳麟笔述"。
⑥ 戴季陶:《学录录》,载《戴传贤选集》,台北:"中华民国"各界纪念国父百年诞辰筹备委员会,1965年,第295页。
⑦ 《内务部关于一律剪发暂不易服的告示》(1912年1月1日),辛亥革命武昌起义纪念馆、政协湖北省委员会编:《湖北军政府文献资料汇编》,武汉:武汉大学出版社,1986年,第721页。

则用便服。其余前清祭典所载,凡涉于迷信者应行废止。"①另一文件则允许祭孔子、关帝、先农坛、岳武穆、周濂溪、贺文忠公,强调"民国首建,祀典宜隆。然必功德在民,方足以享庙食。其有关于迷信及涉于满清一家之崇奉者,似于共和时代不宜存在……礼节俟由中央规定。其余各祠庙均应停止,以节糜费"②。临时政府曾拟于内务部下设礼教局,主持礼制改革③。遗憾的是,政权易手袁世凯,临时政府革旧布新工作未遑展开就夭折了。尽管如此,短短3个月间已经实施改革礼制工作,这是值得肯定的。

　　自袁世凯当上总统起到张作霖为止,北京政府首脑走马灯式地更换,礼制"改革"成为他们复辟、集权己手的工具。袁氏操纵礼制编订会(后更名礼制馆),先后编成《祀天通礼》《祭祀冠服制》《祭祀冠服图》《祀孔典礼》《关岳合祀典礼》《忠烈祠祭礼》《相见礼》,成为其复辟集权的工具。袁氏祭孔、祭天、即位,一幕幕复辟大戏都行用旧式跪拜礼④,旧礼复辟活动达到高潮。袁氏失败后,新任国务总理段祺瑞下令废止袁氏所制之礼。其后,段祺瑞先后操纵的修订礼制处与礼制编纂会、曹锟授意加快编制《中华民国礼制》(草案)、张作霖设置的"礼制馆",都无疾而终。甚至军阀孙传芳也制订过不伦不类的"投壶新仪",着手组建"江苏省修订礼制会",企图"由江浙而推行于全国,移风易俗"⑤,制礼成为北洋军阀们的掌中玩物。

　　1928年6月8日北洋政府垮台,同月21日,南京政府成立"礼制服章审定委员会",开始了制订新礼历程,到1937年11月迁渝为止,在礼制改革上做过一定工作。例如,1929年4月16日议决《文官制服礼服条例》,规定"制服用中山装"⑥,此后还颁布过警察、检查官、律师、铁路、学生、陆军及航空系列的服饰制度,这些都程度不同地实行过。南京政府还讨论制定国徽、国花方案。在婚丧礼方面,1930年颁布中西并用的《婚丧仪仗暂行办法实施细则》⑦,1932年特令重拟"婚丧礼制条例",并于1933年5月初步完成草案。公祭礼方面,1935年7月,上海特别市执行委员会拟订"公祭礼节暨追悼会仪式"奉准备案,1937年6月颁布《公祭礼节》。在

①　《南京临时政府内务部教育部关于改革文庙祭典习俗致武昌黎副总统等电》,辛亥革命武昌起义纪念馆、政协湖北省委员会编:《湖北军政府文献资料汇编》,第717页。

②　《鄂省临时议会关于鄂省祭祀祠庙的决议》,辛亥革命武昌起义纪念馆,政协湖北省委员会编:《湖北军政府文献资料汇编》,第718页。

③　《南京临时政府内务承政厅及各局办事规则·礼教局章程》(1912年),中国第二历史档案馆编:《中华民国史档案资料汇编》第2辑,南京:江苏人民出版社,1981年,第42页。

④　1906年,两广总督岑春煊明确下令废除臣僚行跪拜礼。民国临时政府也明令禁止。

⑤　王锐:《1926年南京制礼事件述论——兼论身处其中的章太炎》,上海市档案馆编:《上海档案史料研究》第21辑,上海:上海三联书店,2016年,第25—45页。

⑥　1936年2月,蒋介石下令把中山装作为公务员统一制服。

⑦　《南京市婚丧仪仗暂行办法施行细则》(1930年),中国第二历史档案馆编:《中华民国史档案资料汇编》第5辑第1编《文化1》,南京:江苏古籍出版社,1994年,第438—439页。

乐典改革上,1937 年 3 月内政部、教育部共同设立"乐典编订委员会",然并未取得太多成果。这是南京政府迁渝前的改革礼制工作的主要成果①。尽管南京政府颁布过一些法令来推行礼制改革的成果,但由于积重难返,加以欠缺执行力度,故政府官员承认"时过境迁,遵行的实在不多"②。甚至有些礼仪制订还存在着许多旧仪痕迹。1929 年 5 月进行孙中山移葬南京的"奉安大典"便是典型一例。奉安大典是传统与现代礼仪结合的国家葬礼,如缠黑纱、鞠躬等具体仪制上与普通追悼会一致,但奉安大典采用陵墓、祭堂、奉安之名称,殡葬、护祭等核心环节及场面,都与传统的帝王丧葬基本相似,只是杠夫从帝制时代的 128 人减到 108 人,因此"从形式上来看,它反映了帝制时代丧葬文化传统在近代时期的延续";从功能上来看,这场丧葬政治运作与中国传统帝王丧葬相似,具有"鲜明'党化'色彩的仪式空间,其政治文化功能日益彰显"③。显然,要驱逐旧的集权礼制的等级制,真正实现平等的新礼制,实是举步维艰。

抗战期间,国民党政府于 1943 年 8 月召开"礼制谈话会",参加者为有关部门工作人员;11 月在重庆北碚温泉举行礼制讨论会,由戴季陶主持,约请 30 余人,历时 10 天进行礼制研讨,此即著名的"北泉议礼"④。会议成果是制订出贯串戴季陶思想的《中华民国礼制》(草案),这是中国近代以来国家层面上的最大规模的一次制订礼制活动。抗战胜利后,国民政府行政院再次修订《中华民国礼制》(草案),至1946 年冬大致拟定,名为《中华民国通礼》(草案)。此草案也受到戴季陶思想的影响。这两部礼制一脉相承,都依五礼分类,然根据社会需要,斟酌古今中外,设定名目⑤。从具体内容看,专制集权体系下的以皇帝为中心的礼制体系被打破,设置了一些符合时代变迁的新礼,具体仪式也大幅度作了简化。戴季陶是三民主义的忠实信徒,对中国传统文化的态度比较保守派,在礼制改革方面属于温和的改良派,试图从民族固有文治传统中开拓出中华民国融入并自立于现代世界的制度与精神要素⑥。实际上,戴氏既夸大了礼治的作用,又将传统的旧礼内容塞入新仪体系之

---

① 张致文:《南京"国民政府"时期的"制礼"大事纪》,http: //mp. sohu. com/profile? xpt = cXVlbGlzaHV5dWFuQHNvaHUuY29t。

② 焦易堂:《对于礼制服章的意见:二十四年十月七日在中央国府联合纪念周讲演》,《中央周报》1935 年第 385 期,第 7 页。

③ 李恭忠:《中山陵:一个现代政治符号的诞生》,《中国研究》2006 年春之卷,第 117 页。

④ 张涛、汤勤福:《试论近代国家制礼机构及其现代价值》,《河北学刊》2015 年第 2 期。

⑤ 《本馆动态·民国通礼草案》,《礼乐半月刊》1947 年第 1 期,第 8 页。

⑥ 滕峰丽:《民国时期的三民主义:戴季陶思想研究(1909—1928)》,郑州:河南大学出版社,2012 年,第 28—39、78—94 页;刘文丽:《激变时代的选择:戴季陶政治思想研究》,北京:首都师范大学出版社,2015,第 161—175 页。

内。如规定父母之丧三年；夫妻之丧一年，服丧期内停止婚嫁，显然沿用古制①。婚仪包括议婚、纳币、请期、戒宾、亲迎、成婚、合卺、谒见、飨妇、礼宾、谒祖、见舅姑②，也几乎是旧婚仪的翻版。总之，这两个草案虽然正式发布，显然未能完成制礼的除旧纳新的工作，没有正确地完成中华传统礼制的现代性转换，颁布《中华民国通礼》(草案)标志着传统的五礼制度的终结。我们承认南京政府《中华民国通礼》(草案)带有一定近代工业文明的因素，但总体上看，不但它仍然以传统五礼为标目，同时也含有较多集权礼制的因素，乃至保留某些旧礼仪，改革并不彻底，因此并没有完成中华传统礼制的真正转型③。有学者指出："就民国前期国家仪式的具体变化而言，民初始终围绕国家制度'民主共和'进行操演，虽然有时候只是表面遵循'民主共和'原则，实际上可能主张'威权'……国家仪式也只在民国初年出现短暂'辉煌'成效后，即走入困境，国家仪式有时或遭遇议论或部分回归传统。"④这"部分回归传统"正是民国礼制未走出集权礼制的真实写照。

原载于《华东师范大学学报》2020年第1期

---

① 军事委员会侍从室第二处主任陈布雷签呈机秘(乙)第59319号(1943年8月31日)；《周钟岳、陈布雷等呈礼乐制作报告及礼制服制草案办理情形》(1943年8月21日～1944年4月1日)；《礼制服制草案》，《国民政府档案》，台湾"国史馆"藏，档案号：001—051600—0002。
② 婚礼、丧礼具体仪节载于《妇女共鸣》第24期(1930年)，第24—28页。
③ 杨志刚《中国礼仪制度研究》认为"北泉议礼"的失败，标志着中国传统"五礼"体系的终结。上海：华东师范大学出版社，2001年，第250页。
④ 郭辉：《民国前期国家仪式研究》，北京：中国社会科学出版社，2013年，第268页。

宋代御容供奉与玉清昭应宫、京师景灵宫的礼仪问题

自真宗建成玉清昭应宫和景灵宫后,北宋京师两宫(玉清昭应宫、景灵宫)就成为御容供奉重要场所,许多重大礼仪活动都涉及它们,因此在宋代礼制史上是个十分重要的研究课题。对这两个宫观所采纳礼仪问题,学界也有不少研究[①],大多数学者都认为它以国家礼仪为主,道教科仪不起重要作用。这无疑是正确的。但我们认为还有许多问题没有深入研讨或根本没有研究过,因此极有必要加以仔细研讨。例如,两宫观(包括其他供奉宫观)与原庙关系、诸帝在此举行的礼仪活动的变化及其性质等等。在此,我们补充论述一些相关问题及礼仪的具体细节,以供学界参考。

一、原庙与宋代御容供奉

首先辨析御容供奉与原庙关系。原庙是相对于太庙而言的纪念祖先之场所,始见于西汉:"及孝惠五年,思高祖之悲乐沛,以沛宫为高祖原庙",南朝刘宋裴骃注释道:"谓'原'者,再也。先既已立庙,今又再立,故谓之原庙。"[②]但是,这种庙外立庙的做法早在汉代就受到广泛的批判,因为立原庙不合古制。实际上在宋之前,尽管象唐代等少数王朝立过原庙外,很少有王朝违礼而立原庙。宋朝立国后,虽未直接称之原庙,但御容供奉之宫观实际与原庙密切相关,值得进一步研讨。

所谓御容供奉,是在宫观中设立专门一殿,供奉已殁父母或其他帝后,在宋朝被称之神御殿。但需要说明的是,并非供奉御容一开始便是属于原庙性质,这是需要细加分析的。史载太祖"乾德六年,就安陵旧城置院建殿,设宣祖、昭宪太后像"[③]。这开启了宋朝供奉御容之先河。然有关宣祖御容供奉及祭奠仪式的史料未能保存至今,因此我们无法了解其祭奠仪式的情况。不过可以肯定,太祖所设之

---

①　汪圣铎:《宋朝礼与道教》,《国际宋代文化研讨会论文集》,成都:四川大学出版社,1991 年,收入氏著《宋代社会生活研究》;汪圣铎、刘坤新:《从道教内道场看宋朝的政教关系》,《史学集刊》2010 年第 4 期;吴羽:《唐宋道教与世俗礼仪互动研究》;刘兴亮:《论宋代的御容及奉祀制度》,《历史教学》(下半月刊)2012 年第 3 期;等等。

②　《史记》卷八《高祖纪》裴骃集解,第 393 页。

③　徐松辑:《宋会要辑稿》礼一三,第 718 页。

院便是奉先资福院,属佛寺无异。如果没有新资料的发现,那么太祖在寺院中供奉父母,实属追荐祈福之事,与普通士庶在家里设置先人牌位进行祭典没有什么性质上的差异。太宗朝未见供奉御容之事。真宗继位之年的八月就下诏,将启圣禅院之法堂改作永隆殿,用以"奉安太宗圣容。内侍杨继密董役,翰林内供奉官僧元蔼摹写。咸平二年九月,殿成,以僧道威仪、教坊乐导迎赴殿"①,真宗还亲自祭奠。从这一记载来看,供奉御容场所在佛教寺院,史料中也看不出真宗采用的是不是国家礼典规定的礼仪,尤其称"以僧道威仪"为言,似乎它是佛道追荐祈福之类仪式,与国家礼制格格不入。那么,是不是可以判断真宗启圣禅院供奉御容就是采用佛道追荐仪式? 我们认为还需要细加研究。这里先罗列真宗时期供奉御容的情况,以表格列之:

真宗供奉御容一览表

寺观或殿名	下诏或供奉时间	供奉对象	出　　处
启圣禅院永隆殿	至道三年八月	太宗	《辑稿》礼一三
凤翔府上清太平宫②	咸平三年八月	太宗	《辑稿》礼一三
南京鸿庆宫圣祖殿③	大中祥符七年正月	太祖、太宗	《辑稿》礼一三
扬州建隆寺章武殿④	景德二年八月丙戌	太宗	《宋史·真宗纪二》
西京应天禅院兴先殿	景德四年二月	太祖	《辑稿》礼一三
玉清昭应宫二圣殿	大中祥符五年十一月	太祖、太宗	《辑稿》礼一三
应天府归德殿	大中祥符七年正月	太祖、太宗	《辑稿》礼一三
西京应天禅院西院	天禧四年	太宗	《辑稿》礼一三

真宗供奉御容,所供奉地点许多都与被供奉者生平有关,如西京为太祖诞生之地,故供奉在西京应天禅院。太宗于太平兴国中征伐并州,故在并州崇圣寺供奉其御容。扬州建隆寺在建隆二年正月被太祖确定为行宫,其间"旧有太宗御榻",故应寺僧之请,设御容供奉。太平宫则是由于太宗在太平兴国六年十一月从道士张守

---

① 徐松辑:《宋会要辑稿》礼一三,第 718 页。

② 具体殿名不详。

③ 鸿庆宫供奉之殿名称曾改过,据《宋史》卷一四《礼志七》称:大中祥符七年真宗"至应天府朝拜圣祖殿,诏号曰鸿庆宫,仍奉安太祖、太宗像"(第 2538 页),故知时称圣祖殿。《续资治通鉴长编》卷一五九载:庆历六年十二月"丙辰,命入内押班张惟吉等修南京鸿庆宫三圣御容殿"(第 3855 页),故知仁宗时改称三圣御容殿。此殿后火灾毁去,称神御殿,乃是统称,非殿名。

④ 《宋史》卷一九《礼志十二》,第 2625 页。

真之请，"诏封太平宫神为翊圣将军"①，故真宗在太平宫供奉太宗御容。不过，真宗时期供奉御容所采取礼仪的资料非常罕见，但似乎通过一些点滴资料可以看出供奉礼仪的大致情况：

> 景德四年十月，诏以西京太祖诞辰之地，建太祖影殿，起应天禅院，一如启圣院例。②
>
> 景德四年，奉安太祖御容应天禅院，以宰臣向敏中为奉安圣容礼仪使，权安于文德殿。百官班列，帝行酌献礼，卤簿导引，升彩舆进发，帝辞于正阳门外，百官辞于琼林苑门外。遣官奏告昌陵毕，群臣称贺。③
>
> （大中祥符三年正月）壬戌，诏自今谒启圣院太宗神御殿，如祫庙之礼，设褥位，西向再拜，升殿，酌酹毕，归位，俟宰相焚香讫，就位，复再拜，永为定式。④
>
> （大中祥符七年十月）诏扬州长吏正、至、朔、望朝拜建隆寺太祖神御殿。⑤

前两条均说应天禅院供奉太祖之事。第一条称"一如启圣院例"，似乎是采取"僧道威仪"而可归类到佛道追荐祈福之中，但第二条资料就相对清晰一些，因为其中确实涉及到较多礼制信息。"百官班列，帝行酌献礼"，应该说类似太庙祭祀之礼了。加之"卤簿导引，升彩舆进发"，遣官奏告昌陵及表贺环节，也与太庙祭祀礼仪相似。第三条资料更为重要，因为真宗下诏把谒太宗御容主要仪节作了规定，把它规定为与国家礼制中"祫庙之礼"一样，其主要祭奠仪节都是国家礼典所载内容。第四条资料十分明确要求以"正、至、朔、望朝拜建隆寺太祖神御殿"，也符合国家礼典祭祀时间的规定。显然，保守地说，至少到真宗时，供奉御容虽在寺观，也含有追荐祈福的含义，但主要仪节则是国家礼典中的仪式⑥，尤其是大中祥符三年正月的规定，确认了御容供奉在国家礼典中的地位、具体形式及祭奠时间。

那么，宋初三朝这些供奉御容是否为原庙？这不尽然，因为规定祭奠的仪式与宋初三朝君臣对原庙的认定是两回事，这是需要区分开来的。现存史料中，宋初三朝君臣们从未认为供奉御容的宫观便是原庙。即使真宗修建了玉清昭应宫和景灵宫，其中玉清昭应宫曾供奉圣祖及太祖太宗像，景灵宫供奉圣祖像，但真宗从未说

---

① 李焘：《续资治通鉴长编》卷二二，太宗太平兴国六年十月壬戌，第 506 页。太宗之诏见《宋大诏令集》卷一三五《封翊圣将军诏》（太平兴国六年十一月壬戌），第 473 页。

② 徐松辑：《宋会要辑稿》礼一三，第 717 页。

③ 《宋史》卷一九《礼志十二》，第 2625 页。

④ 李焘：《续资治通鉴长编》卷七三，真宗大中祥符三年正月壬戌，第 1651 页。

⑤ 李焘：《续资治通鉴长编》卷八三，真宗大中祥符七年十月丁巳，第 1898 页。

⑥ 此不包括平时的追荐仪式，如道教采取醮仪、佛教使用超度，那是佛道仪式。同时，祭奠时，佛道威仪仍然包含在内，只是不占主要地位而已。

过这便是原庙。到真宗去世时,仁宗将真宗遗容放在真宗出生地的景灵宫供奉,这也与原庙之说无涉①。实际上,真宗去世后,仁宗君臣也不认可供奉御容就是原庙。这里有必分析仁宗嘉祐三年十二月欲建郭皇后影殿事:

> 是月,诏于景灵宫建郭皇后影殿。翰林学士欧阳修言:"景灵宫自先朝以来崇奉圣祖,陛下又建真宗皇帝、章懿太后神御殿于其间,天下之人皆知陛下奉先广孝之意,然则此宫乃陛下奉亲之所。今乃欲以后宫已废追复之后,建殿与先帝、太后并列,渎神违礼,莫此之甚,伏乞特赐寝罢,以全典礼。"诏送礼院详定。礼院言:"臣等看详,诸寺观建立神御殿,已非古礼。先朝崇奉先帝、太后,示广孝思,犹依仿西汉原庙故事。今议立郭皇后影殿,于礼无据,难以奉行。"其事遂寝。②

史载是月郭皇后暴薨,仁宗提出要在景灵宫建郭皇后影殿,欧阳修认为供奉真宗及皇后,只是仁宗之孝心,虽依稀仿照西汉原庙,然情有可原。但景灵宫既非原庙,现在提出立郭皇后影殿则于礼无据,是"渎神违礼"之举。仁宗自知理亏,只得作罢。显然,仁宗君臣都没有认可景灵宫便是原庙,因为是原庙的话,建郭皇后影殿自然是理所当然的。同时可以看出,到仁宗朝为止,儒臣们对供奉生身父母以尽孝是理解并宽容的,并没有提出过激烈的反对意见。或许他们认为:宋朝数帝供奉生身父母之类举动,与其他士庶祭奠父母性质上没有什么不同。至于平时祭奠时采用佛道等宗教性质仪式也予以理解,因为士庶也会采用佛道道场来追荐祈福的。

二、宋代御容供奉溯源

顾炎武《日知录之馀》卷四有《御容》条目,载:

> 《旧唐书》:"唐武宗会昌五年十月乙亥,中书奏:'池水县武牢关,是太宗擒王世充、窦建德之地,关城东峰有二圣塑容,在一堂之内,今缘定觉寺例合毁拆,望取寺中大殿材木,于东峰以造一殿,名曰昭武庙。'从之。③

---

① 到仁宗时,京师一些宫观已供奉太祖、太宗,真宗三帝御容,似有原庙规制。但要强调的是,仁宗并不是将其作为原庙而供奉真宗御容。如景灵宫是真宗出生地,因而仁宗加以供奉。因此后来欧阳修说景灵宫"依仿"是西汉原庙,原因也在这里。
② 李焘:《续资治通鉴长编》卷一八八,仁宗嘉祐三年十月,第4532页。
③ 《日知录之馀》卷四《御容》,顾炎武撰、黄汝成集释:《日知录集释》,石家庄:花山文艺出版社,1990年,第2007—2008页。此处点校者未校出错误。

顾氏称此条从《旧唐书》而来,即采自卷18《武宗纪》,其文为:

> 十月乙亥,中书奏:"汜水县武牢关是太宗擒王世充、窦建德之地,关城东峰有二圣朔容,在一堂之内。伏以山河如旧,城垒犹存,威灵皆盛于轩台,风云疑还于丰沛。诚宜百代严奉,万邦式瞻。西汉故事,祖宗尝行幸处,皆令邦国立庙。今缘定觉寺例合毁拆。望取寺中大殿材木,于东峰以造一殿,四面置宫墙,伏望名为昭武庙,以昭圣祖武功之盛。委怀孟节度使差判官一人勾当。缘圣像年代已久,望令李石于东都拣好画手,就增严饰。初兴功日,望令东都差分司官一员荐告。"从之。①

然无论顾氏称"池水县"还是《旧唐书》称"汜水县"都是错误的②。武牢关即虎牢关,亦称成皋关、古崤关、汜水关,在今河南省荥阳市汜水镇,唐初属汜水县(治今河南省荥阳市西北汜水西之西关)。武则天时"先于汜水得瑞石,因改汜水县为广武县"③。"中书"所奏之语,实出同中书门下平章事、兼门下侍郎李德裕所说④。需要指出的是,供奉二圣(高祖、太宗)塑像的定觉寺是佛寺,由于史料不足,我们无法了解供奉采纳的具体礼仪是佛教礼仪还是国家礼仪。其实,除佛寺中供奉帝王像外,道教宫观也有供奉者,如:

> 东都太微宫修成玄元皇帝、玄宗、肃宗三圣容,遣右散骑常侍裴章往东都荐献。⑤
>
> 初,太清宫成,命工人于太白山采白石,为玄元圣容,又采白石为玄宗圣容,侍立于玄元之右。⑥

---

① 《旧唐书》卷一八上《武宗纪》,北京:中华书局,1975年,第606—607页。
② 《唐会要》文字略异:"会昌五年七月,中书门下奏:'孟州汜水县武牢关,是太宗擒王世充、窦建德之地。关城东峰,有高祖、太宗像,在一堂之内。伏以山河如旧,城垒犹存,威灵皆畏于轩台,风云疑还于丰沛,诚宜百代严奉,万邦所瞻。西汉故事,祖宗所尝行幸,皆令郡国立庙。今缘定觉寺理合毁拆,望取寺中大殿材木,于东峰改造一殿,四面兼置垣墙。伏望号为昭武庙,以昭圣祖受功之盛。兴功日,望令差东都分司郎中一人荐告,至毕功日,别差使展敬。'制'可。'"此处称"汜水县"为正确者。然称"会要五年七月",与《旧唐书》不同。《唐会要》卷一二《庙制度》,北京:中华书局,1955年,第298—299页。
③ 《旧唐书》卷二四《礼仪志四》,第925页。
④ 李德裕:《会昌一品集》卷一《请立昭武庙状》,《丛书集成新编》本,第693页。李德裕奏状无时间,故无法判定《旧唐书》"十月"与《唐会要》"七月"何者为误。
⑤ 《旧唐书》卷一八上《武帝纪》,第609页。
⑥ 《旧唐书》卷二四《礼仪志四》,第927页。

尽管此处称"荐献",仍未足说明是采纳何种礼仪。地方上亦有供奉帝王圣容的记载:

> (孟知祥长兴五年)六月,往大慈寺避暑,观明皇、僖宗御容,宴群臣于华严阁下。①

此处称孟知祥在大慈寺观玄宗、僖宗的御容,当为地方上纪念二帝避难入蜀而为之,非国家礼典规定。张君房《云笈七签》载:

> 亳州真源县太清宫,圣祖老君降生之宅也。历殷周至唐,而九井三桧宛然常在。武德中,枯桧再生。天宝年再置宫宇。其古迹,自汉宣、汉桓增修营葺,魏太武、隋文帝别授规模,边韶、薛道衡为碑以纪其事。唐高祖、太宗、高宗、中宗、睿宗、明皇六圣御容,列侍于老君左右。②

太清宫除有老子塑像外,还有唐六帝之圣容,合为"七圣容",此御容均为塑像。这可以《旧唐书》所载为旁证:永泰七年五月"辛卯,徙忻州之七圣容于太原府之紫极宫"③。此虽非亳州太清宫之七圣御容,然此处称七圣容可"徙"至紫极宫,当为塑像无疑。

上述数例均为"塑像"圣容,那么唐代有无"绘像"圣容? 回答是肯定的。如:

> 左丞相张说退谓学士孙逖、韦述曰:"尝见太宗写真图,忠王英姿颖发,仪表非常,雅类圣祖,此社稷之福也。"④
> 陈闳,会稽人也。善写真及画人物士女,本道荐之于上国。明皇开元中,召入供奉。每令写御容,冠绝当代。⑤

第一段为《旧唐书》中所载,可见唐初便有御容写真。第二段为唐人朱景玄《唐朝名画录》所记,此书罗列唐代善写真者如阎立本、王维、程修己、李仲昌、李俶、孟仲辉、梁洽等等,可见当时写真图像亦是时人所好,十分普遍。唐人朱景玄曾记"郭令公

---

① 张唐英:《蜀梼杌》卷下,郑州:大象出版社,2014年,第52页。
② 张君房《云笈七签》卷一一七《亳州太清宫老君挫贼验》,《四部丛刊》本。
③ 《旧唐书》卷一一《代宗纪》,第299页。
④ 《旧唐书》卷一《肃宗纪》,第239页。
⑤ 朱景玄:《唐朝名画录》,文渊阁四库全书本,第369页。

婿赵纵侍郎尝令韩幹写真,众称其善。后又请周昉长史写之,二人皆有能名"①,即是典型一例。

其实,唐代人物的塑像写真可以追溯到南北朝隋代时佛寺道观造像。隋文帝开皇二十年十二月"辛巳,诏曰:'佛法深妙,道教虚融,咸降大慈,济度群品,凡在含识,皆蒙覆护。所以雕铸灵相,图写真形,率土瞻仰,用申诚敬……敢有毁坏偷盗佛及天尊像、岳镇海渎神形者,以不道论。沙门坏佛像,道士坏天尊者,以恶逆论'"②,此诏"雕铸灵相,图写真形"便是指塑像、图形两类,当然这是指佛道之像而非指世俗人物之像。唐代圣容及普通士大夫图形写真当是沿袭前代佛道之像而来,且在唐代开始流行。唐末五代时图像人物乃至形塑造圣容也见于记载:

> (陈)岌兄儒,本黄巢之党,寻降朝廷,授以饶州。光启三年,率其部伍,自饶厅事直指衙门而出,人无预知者。且诫其下曰:"我自弃他郡,州人无负我者,有杀掠者斩。"由是市不易肆。既而径趋衢州,知州玄泰迎于郊。儒诘之曰:"玄宗御容安在?"泰泣曰:"使君不见容矣。"时信安有玄宗铜容,泰毁之,故以是为责,遂斩之,而自据焉。③

> 及(梁)太祖遇弑,(寇)彦卿追感旧恩,图御容以奠之。每因对客言及先朝旧事,即涕泗交流。④

> (阎)晋卿忧事不果,夜悬(后汉)高祖御容于中堂,泣祷于前,迟明戎服入朝。内难既作,以晋卿权侍卫马军都指挥使。北郊兵败,晋卿乃自杀于家。⑤

显然,五代时不但地方上供奉帝王御容,士大夫家亦可自行图写御容藏之⑥。至于普通士大夫图形写真,可见当时一些书画著述的记载。值得强调的是,宋代御容供奉便是在这基础上发展而来的,不过,它已经成为国家礼仪的组成部分;同时,宋代御容供奉这一礼仪被后世王朝后继承,影响极其深远。

---

① 朱景玄:《唐朝名画录》,第364页。
② 《隋书》卷二《高祖纪下》,北京:中华书局,1973年,第45—46页。
③ 钱俨:《吴越备史》卷一上《武肃王上》,武林掌故丛书,第31页。
④ 《旧五代史》卷二《寇彦卿传》,北京:中华书局,1976年,第278页。
⑤ 《旧五代史》卷一七《阎晋卿传》,第1412页。
⑥ 蜀太后徐氏《丈人观谒先帝御容》"圣帝归梧野,躬来谒圣颜。旋登三径路,似陟九嶷山。日照堆岚迥,云横积翠间。期修封禅礼,方俟再跻攀。"(彭定求等编:《全唐诗》(增订本)卷九,北京:中华书局,1960年,第81页)李远《赠写御容李长史》:"玉座尘消砚水清,龙髯不动彩毫轻。初分隆准山河秀,乍点重瞳日月明。宫女卷帘皆暗认,侍臣开殿尽遥惊。三朝供奉无人敌,始觉僧繇浪得名。"(彭定求等编:《全唐诗》(增订本)卷五一九,第5933页。)

三、景灵宫与御容供奉的礼制化

仁宗继位后,在京师及各地供奉历代先祖御容之举甚多。如即位之后马上奉安太祖、太宗御容于南京鸿庆宫,天圣元年二月供奉真宗御容于京师景灵宫,同年三月又奉安真宗御容于西京应天院,七月奉安真宗御容于玉清昭应宫安圣殿,十月又奉安真宗御容于洪福院,等等。尤其是天圣元年七月"己酉,初幸启圣禅院朝拜太宗神御,前在谅闇,用礼仪院奏,但遣辅臣酌献也"[①]。这里"前在谅闇,用礼仪院奏,但遣辅臣酌献"极为重要,因为真宗大中祥符三年规定"如袷庙之礼"只是仿照国家礼典中某种礼仪的话,仁宗此举不但完全认同真宗的祭奠仪节规定,并由礼仪院负责具体的礼仪活动了,说明他更加主动地把御容供奉融入国家礼制体系之内。

当然仁宗的这种做法,并不能获得一些坚持礼制传统的大臣们认同。仁宗康定三年"南京言鸿庆宫神御殿火,侍御史方偕引汉罢原庙故事,请勿复修。诏罢修神御殿,即旧基葺斋殿,每醮则设三圣位而祠之,瘗旧像于宫侧"[②]。方偕引汉罢原庙故事,但并没有认为供奉御容等同于汉代原庙,只是强调这种类似"原庙"祭祀的御容供奉不合传统礼制,因此反对修复。仁宗下诏修葺斋殿,缩小了规模,又规定"每醮则设三圣位而祠之",说明当时君臣仍然没有把供奉御容作为原庙祭奠,如果是原庙祭奠,那么必须修复。上述提及的欧阳修反对在京师景灵宫建郭皇后影殿,也提到"犹依仿西汉原庙故事",含有御容供奉不是汉代原庙之意。持这种观点并非仅是他们两人。仁宗嘉祐七年,内臣吴知章为图恩赏,以寿星像易真宗像而拓展宫观之地,史称"欲张大事体,广有兴修",司马光对此进行了批判,此略作删节引之:

> 陛下天性仁孝,以为崇奉祖宗,重违其请,遂更画先帝御容,以易寿星之像,改为崇先观。知章既得御容,倚以为名,奸诈之心,不知纪极,乃更求开展观地,别建更衣殿及诸屋宇将近百间,制度宏侈,计其所费踰数千万,向去增益,未有穷期。臣等窃以祖宗神灵之所依,在于太庙木主而已。自古帝王之孝者,莫若虞舜、商之高宗、周之文武,未闻宗庙之外,更广为象设,然后得尽至诚也……后至汉氏,始为原庙,当时醇儒达礼者靡不议之。况画御容于道宫佛寺,而又为寿星之服,其为黩也甚矣。且又太祖、太宗御容在京师者,止于兴国寺、启圣院而已,真宗御容已有数处,今又益以崇先观,是亦丰于昵也,无乃失尊尊之义乎! 原其所来,止因知章妄希恩泽,乃敢恣为诬罔,兴造事端,致陷朝

---

① 李焘:《续资治通鉴长编》卷一二,仁宗天圣二年七月己酉,第2364页。
② 李焘:《续资治通鉴长编》卷一二七,仁宗康定元年六月乙未,第3018页。

廷于非礼。今既奉安御容，难以变更，若只就本观旧来已修屋宇，固足崇奉，所有创添，伏乞一切停寝，并劾知章诬罔之罪，明正典刑。①

司马光坚持古礼传统，借批判吴知章来反对仁宗扩修宫观，强调扩修会"陷朝廷于非礼"，甚至提出"未闻宗庙之外，更广为象设，然后得尽至诚"的观点，显然把供奉御容以尽孝也加以批判了。在司马光看来，这种不伦不类的御容供奉既违反礼制，"失尊尊之义"，又"丰于昵"，奢费钱财，是难以容忍的，因此要求"所有创添，伏乞一切停寝"。司马光提出对吴知章"明正典刑"，实际暗含着对仁宗的强烈批判。司马光之言，充分说明时人对供奉御容是否属于原庙有着非常明确的看法。

宋朝将御容供奉作为原庙始于神宗元丰五年十一月，史称：

> 癸未，上朝享景灵宫，宰臣、百官陪祠殿下，先诣天兴，次遍诸殿，至继仁殿，哀恸久之。先是，祖宗神御殿分建于诸寺观，上以为未足以称严奉之义，乃酌原庙之制，即景灵宫建十一殿，每岁孟月朝享，以尽时王之礼。及是，宫成，奉安礼毕，初朝享也。②

"酌原庙之制"而建十一殿来供奉御容，实施"朝享"之礼，说明神宗始将景灵宫正式视作原庙性质。规定"每岁孟月朝享，以尽时王之礼"，则表明将这一原庙制度制度化。自此，将原来的御容供奉，转而作为原庙祭奠而纳入国家礼制体系之中，这成为宋朝一般御容供奉与原庙祭奠的分界线。

宋人对此也有过论述，邵伯温称："元丰中，神宗仿汉原庙之制，增筑景灵宫"③，王得臣也说"神宗广景灵宫为原庙，逐朝帝后前后各一殿，咸有名"④，他们都把神宗作为原庙的创始人。神宗在祭奠体制上的改变，被宋朝后世帝王所遵循，因此，神宗之后有关原庙的各种议论极多，但已经无法改变既成事实，此就不再展开论述了。

归纳上述所论，宋初出现的御容供奉，最初被视为帝王"尽孝"之举而被容忍，其奉安仪节主要是国家礼典所规定的仪式，到神宗元丰五年，酌原庙之制而扩建景灵宫为十一殿，使御容供奉转而成为原庙祭奠，成为国家礼制体系中一项重要的祭祀活动。

① 李焘：《续资治通鉴长编》卷一九七，仁宗嘉祐七年九月己未，第4780—4781页。
② 李焘：《续资治通鉴长编》卷三三一，神宗元丰五年十一月癸未，第7969页。
③ 邵伯温：《邵氏闻见录》卷二，北京：中华书局，1983年，第17页。
④ 王得臣：《麈史》卷上《国政》，《全宋笔记》第一编，第8页。

四、太清宫与御容供奉的礼仪

与御容供奉密切相关的宫观还有太清宫与玉清昭应宫①。可以说，朝谒太清宫又与玉清昭应宫供奉御容关系非同一般，因为两者都供奉着"圣祖像"——尽管唐玄宗太清宫中所供奉的圣祖是其"远祖"老子，而宋真宗玉清昭应宫里尊崇的圣祖则是"赵"姓天尊②，两者并不相同。但正由于两者都归属于"道教"宫观，因而产生了密不可分的"联系"。也就是说，真宗既要从道教获得某些自己想得到的东西，太清宫里供奉着的唐朝圣祖老子是绕不过的圣人。

如前所述，太清宫是唐玄宗崇道的产物，在京城和各地都设立玄元皇帝庙。其中京师玄元皇帝庙供奉"圣祖像"及玄宗本人像，天宝二年改为太清宫，九月又改谯郡（治谯县，今安徽亳州市）的紫极宫改为太清宫，即当时有两个太清宫，但它们都属于道教宫观。唐朝灭亡，自然这一象征李唐王朝合法性的宫观也不会受到重视了，到宋初时太清宫只是一个道教地方宫观，并不起眼。随着真宗大中祥符年间天书降临③、举行封禅大典和建造玉清昭应宫、雕塑圣祖像，煽动着士庶道教的热情高涨，导致亳州（即唐代谯郡）太清宫地位急骤上升，史称："大中祥符六年，亳州父老、道释、举人三千三百十六人④诣阙，请车驾朝谒太清宫，宰臣帅百官表请。诏以明年春亲行朝谒礼。"⑤真宗亲谒亳州太清宫，徽宗也于"靖康元年正月己巳，诣亳州太清宫，行恭谢礼"⑥。因此，朝谒太清宫写入宋朝礼典，成为比较重要祭典，即成为国家礼制的一个组成部分。

关于玉清昭应宫、景灵宫等宫观奉安、朝谒具体仪式问题，学者们作过一定的研究⑦，然还有辨析待补的余地。

---

① 玉清昭应宫在仁宗初毁废，时间不长，故除景灵宫外，太清宫是主要的御容供奉场所。
② 大中祥符五年，真宗"再梦"这一神人时，神人自称向他传达天尊之语，这一天尊是人皇九人之一、赵之始祖、轩辕氏，用此来抬高了赵宋的地位，以便与李唐抬举的老子等量齐观。也正由于此，大中祥符八年七月"丙辰，王钦若准诏讨阅道藏赵氏神仙事迹，凡得四十人，诏画于景灵宫之廊庑"。连那些毫不相干的赵姓道士都抬出来印证赵宋"不逊于"李唐。李焘：《续资治通鉴长编》卷八五，大中祥符八年七月丙辰，第 1940 页。
③ 李焘：《续资治通鉴长编》卷六八载：真宗大中祥符元年二月"乙巳，以天降书遣使告凤翔府太平宫、亳州太清宫、舒州灵仙观"。第 1526 页。
④ 《宋史》人数误。李焘：《续资治通鉴长编》作"三千三百六十人"。卷八一，真宗大中祥符六年七月己酉，第 1842 页。《宋会要辑稿》礼五一、杨仲良《皇宋通鉴长编纪事本末》卷二〇《谒太清宫》与《续资治通鉴长编》相同。
⑤ 《宋史》卷一〇四《礼志七》，第 2537 页。
⑥ 《宋史》卷二二《徽宗纪四》，第 417 页。
⑦ 可参见汪圣铎《宋朝礼与佛教》（《学术月刊》1990 年第 5 期，收入氏著《宋代社会生活研究》）；吴羽《唐宋道教与世俗礼仪互动研究》等。

　　需要强调的是,有些研究这一问题的学者没有区分奉安仪式与朝谒①仪式,混淆了两者在仪制上有差异。实际上,奉安与朝谒两者在仪制上最大差异是奉安时由皇帝委任专门的奉安使、副使,专程迎接圣像御容,同时还委任奉安礼仪使,均有专门的仪制。如"景德四年二月,诏以西京太祖诞辰之地,建太祖影殿,起应天禅院,一如启圣院例。天禧元年五月,以宰臣向敏中为奉安太祖圣容礼仪使,权安于文德殿。百官立班,皇帝行酌献礼毕,卤簿仪仗、道门威仪、教坊乐张引导,升彩舆进发,入内都知张景宗都大管勾。皇帝辞于正阳门外,百官辞于琼林苑门外。遣左谏议大夫戚纶奏告昌陵毕,群臣称贺"②。大中祥符六年,"建安军铸玉皇、圣祖、太祖、太宗尊像成,以修玉清昭应宫使丁谓为迎奉使,修宫副使李宗谔副之;北作坊使、淮南江浙荆湖都大发运使李溥为都监"③,"上衮冕朝拜,群臣朝服,陈玉币、册文酌献。具大驾卤簿,自宫城东出景龙门至玉清昭应宫,大礼等五使前导,载像以平盘辂,上加金华盖之饰,以'迎真'、'迎圣'、'奉圣'、'奉宸'为名。每乘二内臣夹侍,其缨辔马色,玉皇、圣祖以黄,太祖、太宗以赤。上具銮驾,先由宫城西出天波门,就宫门望拜,权设幄奉安,择日各升本殿"④。又如,天禧元年,癸亥"以枢密使王钦若为奉安太祖圣容礼仪使,赞导乘舆。乙丑,自禁中奉圣容赴文德殿,备仪卫、教坊乐前导。丙寅,上服靴袍,酌献,礼毕,奉以升彩舆而行,具卤簿、鼓吹、道释威仪。上出次奉辞,群臣拜辞于琼林苑门外。奉安日,上不视朝。"⑤仁宗时,"天圣元年二月,以冯拯为奉安真宗御容礼仪使,酌献、奉辞、迎导、奏告,并如奉安太祖圣容之制"⑥,"奉安太祖于滁州天庆观瑞命殿,太宗于并州资圣院统平殿,真宗于澶州开福院信武殿,各以辅臣为迎奉使副,具仪仗导至近郊,内臣管勾奉安,百官辞观门外"⑦。显然,奉安要委任奉安使副、奉安礼仪使,而朝谒则不需要奉迎使副,也不需要奉安礼仪使,更不需要帝王郊迎仪式。其次,奉安往往伴有大赦,而一般朝谒则无大赦。

　　值得注意的是,无论是奉安还是朝谒,有"酌献、奉辞、迎导、奏告"等仪式环节⑧,同时,由于是在宫观内举行,故均备道释威仪,在正式祭典前与其他鼓吹、教坊同时进行相关仪式。

　　就我们所见,目前研究玉清昭应宫或景灵宫具体礼仪的成果来看,尽管初步描

---

①　恭谢与朝谒基本相同。

②　徐松辑:《宋会要辑稿》礼一三,第 717 页。《宋史》卷一九《礼志十二》记载较为简单,第 2625 页。

③　李焘:《续资治通鉴长编》卷八,真宗大中祥符六年三月乙卯,第 1821 页。

④　李焘:《续资治通鉴长编》卷八,真宗大中祥符六年五月己巳,第 1825—1826 页。

⑤　李焘:《续资治通鉴长编》卷八九,真宗天禧元年五月癸亥、乙丑,第 2062 页。

⑥　徐松辑:《宋会要辑稿》礼一三,第 717 页。

⑦　李焘:《续资治通鉴长编》卷一七四,仁宗皇祐五年三月甲子,第 4203 页。

⑧　吴羽指出朝谒还有鸣鞭,当是。参见氏著《唐宋道教与世俗礼仪互动研究》,第 85 页。

述了两宫的一些礼仪,但似乎过于笼统,无法了解前后礼仪的变化,同时也没有区分出两宫礼仪上的差异。

玉清昭应宫存在时间不长,仁宗朝已焚毁,其仪究竟如何,其他典籍似未见记载。我们发现保留在《太常因革礼》卷七四《荐献玉清昭应宫》可能是仅见保留相对完整的仪制,且明确称是大中祥符六年之事,因此极其重要,故不烦繁琐将其迻录于下:

仪曰:前一日,尚舍直长设大次于朱曦门外道北,南向,随地之宜。尚舍奉御铺御座黄道褥位如仪。守宫设文武侍臣次于大次之侧,随地之宜。又设公卿斋次及文武官次,文官在左,武官在右,俱相向,东方南方朝集使次,于文官之南。东方南方蕃客,又于其南,俱每等异位,重行西向北上。西方北方朝集使次于武官之南,西方北方蕃客,又于其南,俱每等异位,重行东向北上。(原注:诸州使人,分方各于朝集使之后。)又设馔幔于太初殿东阶下,又设燎炉于殿之东南。太乐令设宫架之乐于殿廷,东方西方,磬虡起北,钟虡次之。南方北方,磬虡起西,钟虡起西,钟虡次之。设十二镈钟于编架之间,各依辰位。立雷鼓于北架之内道之左右,植建鼓于四隅,置柷敔于架内。(原注:柷在左,敔在右。)诸工人各位于架后,东方西方,以北为上;南方北方,以西为上。(原注:太常卿押乐如常仪。)又设歌钟歌磬于太初殿上前楹间,北向,磬虡在西,钟虡在东。其执鲍竹者,立于阶间,重行北向,相对为位。(原注:凡架皆展而编之也。)右校清扫宫之内外,郊社令积柴于燎炉,奉礼郎设皇帝版位于丹墀上东阶之东,西向。又设亚献三献位于龙墀上东阶之东,又设公卿版位于殿东阶下沙墀内,西向。设望燎位于龙墀之上稍西,南向。又设皇帝解剑脱舄位于丹墀东阶之东,西向。设御史位于殿下西东,南向,设监礼博士位于殿下东南,西向。设奉礼郎位于乐架东南。赞唱礼生在南差退,并西向。又设叶律郎位二,一位于太初殿上西阶之西,一位于乐架西北,俱东向。又设太乐令位于乐架之间,设太常卿押乐位于乐架之北,俱北向。设从祀官文官以九品已上位于执事位之南,东方南方朝集使于文官之南,东方南方蕃客又于其南,俱每等异位,重行西向北上。设武官九品已上位与文官相对。西方北方朝集使于武官之南,西方北方蕃客又于其南,俱每等异位,重行东向北上。(原注:其诸州使人,各分方位于朝集使之后。)设酒罇之位,太尊、著尊、牺尊、山罍各二,在太初殿东南,北向。象尊、壶尊、山罍各二,在殿下丹墀之上,北向,俱西上。设御罍洗于版位之西南,北向,罍在洗东,篚在洗西,南肆。(原注:篚实以巾爵。)设亚献三献罍洗于本位之西南,北向。设玉币篚于太初殿上尊坫之所。又设皇帝饮福位于殿之上玉皇大天帝座之南,北向,又次东稍南。设亚献三献饮福位,北向。执尊罍篚幂者于尊罍篚幂之后。①

其后,分别记载了誓戒、告洁点馔、车驾赴宫、奉玉币、荐馔、望燎诸具体环节的仪制。其中"奉玉币"大致如下:

> 礼生引司空诣东阶,行扫除于上,行乐架于下,讫,引复位。太常博士上祀仪使并太常卿立于御幄之前,次引侍中版奏请中严。少顷,又奏外办。皇帝服衮服以出。(原注:公卿及从祀官并朝服,京官公服陪位。)礼仪使俯伏跪奏,称礼仪使具官臣某言,请皇帝行礼,奏讫,俯伏,兴。太常卿前导,殿中监进镇圭……礼仪使前引皇帝,《隆安》之乐作,诣东阶下褥位,解剑脱舄,升自东阶。侍中中书令已下,及左右侍卫之官,量人数从升。(原注:下皆准此。)皇帝升殿,乐止,诣玉皇大天帝座前,北向立,登歌作《灵安》之乐。礼仪使奏请皇帝搢圭,跪上香,三上香……皇帝上香讫,侍中跃然进,皇帝受玉币,(原注:凡授物皆搢圭,跪奉讫,执圭,俯伏,兴。)北向奉玉皇大天帝座前,讫,执圭俯伏,兴。又奏请皇帝再拜,拜讫,登歌乐止。礼仪使前导皇帝,乐作,皇帝降自东阶,佩剑纳舄,还版位,西向立,乐止。

从记载内容看,完全是国家礼典中式样,毫无道教气息。其实,整个记载甚至连佛道两字都未提及。

上述玉清昭应宫是大中祥符六年仪制,尽管它是非常珍贵的资料,但毕竟还不是大中祥符七年宫成最初的仪制,宫成之后,会与初献有所差异。

史载大中祥符七年十一月,真宗"命礼官著令,凡郊祀即荐献,或亲告,仪如郊庙,用素馔。帝衮冕,宰臣朝服、靴,祀则公服。又遣官分享、宿奠。每上元亲朝拜。凡入宫,御马鸣鞭止延祥门外,乘舆止朱曦门外。内侍非执事不升殿,迎拜者不呼万岁。除翰林仪鸾使二人、入内内侍省、两省都知押班、御带阁门祇侯四人、供奉官十五人外,余立朵殿上。车驾至朱曦门幄次,步升殿。设位于太初殿之丹墀,宣制使、摄礼仪使前导。若时诣宫则不设罍洗,共道②。大祀,各有青词,馔具。二圣殿词止称嗣皇帝,不言皇考。设两圭有邸,像如真仙之制"③。这条资料非常重要。"命礼官著令"说明大中祥符七年由国家礼仪官署制订具体仪制,而六年初献仪制却未说由礼官著令,可能是因为玉清昭应宫尚未完全建成,因此称文中数处称"随

---

① 欧阳修:《太常因革礼》卷七四《荐献玉清昭应宫》,第341—342页。
② 疑脱"路"字。
③ 陈智超:《宋会要辑稿补编》之《太一宫》,第26—27页。

地所宜",大致按照文武区分左右两列来进行仪式,人数较多,场面大约比较拥挤。皇帝"升殿"致祭时"侍中中书令已下,及左右侍卫之官,量人数从升",而七年则明确规定执事内侍、翰林仪鸾使、入内内侍省、两省都知押班、御带阁门祗侯、供奉官若干人陪同升殿祭祀。由此看来,大中祥符六年之朝献仪节不甚规范,而大中祥符七年由礼官制订的仪节更符合礼典,更趋于规范。

朝献玉清昭应宫后,"回仗赴景灵宫"①行礼。《太常因革礼》卷七四《荐献景灵宫》内容是摘自《礼阁新编》。《礼阁新编》是仁宗天圣五年十月太常博士、直集贤院、同知礼院王皞所编。其文为:

> 大中祥符九年,景灵宫成。诏:自今皇帝亲祀,皆前二日行荐献之礼,有司遂具仪注以闻。其仪与玉清昭应宫相类,今不录。所异者,玉清宫神则玉皇大天帝,景灵宫则圣祖天尊大帝。玉皇则太尊、著尊、牺尊、山罍各二。在太初殿上东南,北向。象尊、壶尊、山罍各二,在殿下丹墀之上,北向西上。圣祖则著尊、牺尊、象尊、壶尊各二,在天兴殿上东南,北向。玉清昭应宫有丹墀龙墀,景灵宫无此。玉清昭应宫设大次于朱曦门外,设版位于丹墀上。亚献终献版位于龙墀上,行事公卿版位于殿东阶下沙墀内,设望燎位于龙墀上,设皇帝解剑②位于丹墀东阶之东,西向。景灵宫设次于天兴殿庭东序,设皇帝版位于东阶之东,设亚献终献版位于次东稍南,行事公卿版位稍东次南。设望燎位于殿之东,南向,皇帝解剑③位于东阶之下,西向。④

这是属于最为原始的景灵宫朝献仪制的记载。首先需要指出的是,上述记载两宫仪制都是首次荐献的仪制⑤。从记载内容看,两宫所供酒罇上虽相同,但景灵宫无磬虡、钟虡等乐架。实际上,早在大中祥符七年六月就"诏自今玉清昭应宫、景灵宫亲荐,皆备乐,用三十六虡"⑥,两者没有不同,只是《太常因革礼》缺载而已。但得注意的是,三十六虡是国家最为重要的礼仪大朝会所采用的,可见其祭奠规格之高。其次,由于玉清昭应宫焚毁未重修,而景灵宫在神宗时扩建为十一殿,供奉历代御容,使之升格为原庙,这就使景灵宫成为皇帝祭拜御容的主要场所。徽宗时又建景灵西官,原来景灵宫易名为景灵东宫,东西两宫分别供奉历代先祖御容。北

① 欧阳修:《太常因革礼》卷七四《荐献玉清昭应宫》,第348页。
② 疑脱漏"脱舄"两字。
③ 疑脱漏"脱舄"两字。
④ 欧阳修:《太常因革礼》卷七四《荐献景灵宫》,第393页。
⑤ 大中祥符六年朝献玉清昭应宫,时尚未完全建成。
⑥ 李焘:《续资治通鉴长编》卷八二,真宗大中祥符七年六月辛酉,第1879页。

宋灭亡,东西景灵宫均被金朝捣毁。

赵构南下,建立南宋,曾于建炎元年下令在江宁建景灵宫,然未能建成。绍兴四年二月"癸卯,诏权以射殿为景灵宫,四时设位朝献"①,这是权宜之计。到绍兴十三年二月,始诏建景灵宫于临安,该年冬十月建成,奉安历朝帝后神御,然总体规模不大,因此自建成之后仍陆续扩建。到绍兴二十一年九月,又下诏扩景灵宫,才形成较大规模②。

五、御容供奉礼仪与佛道关系

从具体仪制来看,大中祥符九年仪制是最初的仪制,尽管它具备誓戒、告洁点馔、车驾赴宫、奉玉币、荐馔、望燎诸环节,如果与徽宗时期《政和五礼新仪》所记载的朝献景灵宫来比,那么它就相对简陋了一些。《政和五礼新仪》有陈设、省馔、车驾自大庆殿诣景灵宫、奉玉币、荐馔、望燎,卷一一四《皇帝朝献景灵宫仪》有时日、斋戒、陈设、朝献景灵东宫、朝献景灵西宫,大致是景灵东宫和景灵西宫各一天。这是徽宗时期比较完善的仪制,显然与真宗初立景灵宫时的仪制有所不同。到南宋,随着政局的稳定,朝献景灵宫成为非常繁琐复杂的一项祭祀活动,《中兴礼书》分六卷详细记载景灵宫相关仪制及变化过程。大致说来,南宋景灵宫、万寿观、会圣宫及章武殿共供奉"祖宗神御共三十九位"③,因此景灵宫祭奠礼仪需两天完成,"第一日诣前殿圣祖天尊大帝并中殿诸帝神御前行礼,第二日诣前殿元天大圣后并诸后神御前行礼。所有万寿观、会圣宫、章武殿圣像神御,俟第一日皇帝行礼毕,依礼例差侍从官分诣行礼"④。

我们再从两宋玉清昭应宫和景灵宫御容供奉与道释仪式关系作一分析。

大中祥符七年十月玉清昭应宫建成,真宗便大肆张扬,"赐酺,在京五日,两京三日,诸州一日"⑤,十一月"诏玉清昭应宫每岁正月朔望,许士庶焚香"⑥。在具体施行迎奉御容之礼时,道释威仪登堂入室,融入其间:"先是,丁谓等自建安军奉玉皇、圣祖、太祖、太宗四像,各御大舟,迎奉使副分侍玉皇、圣祖,都监于太祖、太宗舟检校。舟上设幄殿,皆有内侍主供具。夹岸黄麾仗二千五百人,鼓吹三百人。别列舟十艘,载门旗、青衣、弓矢、殳义⑦、道众、幢节。所过州县,道门声赞,鼓吹振作,

---

① 《宋史》卷二七《高宗纪四》,第509页。
② 可参见《宋史》、《建炎以系年要录》。
③ 徐松辑:《中兴礼书》卷一六《景灵宫二》,第405页。
④ 徐松辑:《中兴礼书》卷一六《景灵宫二》,第404页。
⑤ 李焘:《续资治通鉴长编》卷八三,真宗大中祥符七年十月甲子,第1899页。
⑥ 李焘:《续资治通鉴长编》卷八三,真宗大中祥符七年十一月癸卯,第1903页。
⑦ "殳义"当误。李攸《宋朝事实》卷七《道释》作"殳叉"(第657页)、杨仲良《皇宋通鉴长编纪事本末》卷一八《建玉清昭应宫》作"殳戈"(点校本错。第272页。)。当以《宋朝事实》为是,《宋史·仪卫志》记载宋代仪杖中均为殳叉,无"殳戈"。

官吏出城十里,具道释威仪音乐迎拜。"①显然,真宗在迎奉御容时是采纳了释道仪式的。但根据《太常因革礼》卷七四《荐献玉清昭应宫》中"车驾赴宫"中规定:"鼓传如仪,不鸣鼓吹,不得喧哗",也就是说皇帝赴宫过程中鼓吹之类是备而不用,那么佛道威仪虽在其中,也只能备而不用。这是奉迎御容与朝献不同的地方。

徽宗崇道是有目共睹,史称"徽宗崇尚道教,制郊祀大礼,以方士百人执威仪前引,分列两序,立于坛下"②。这里的方士,便是指道士。然在《政和五礼新仪》中竟然未见采用道释威仪,十分奇怪,其原因尚有待深入研讨。当然,并不是说徽宗时期从未用过道释威仪,其实,徽宗与其他宋代帝王一样,在许多礼目中都采用过道教仪式的,在祈禳(祈雨、祈雪、消灾)、圣节、本命年道场等中表现得最为突出。

《中兴礼书》中有关景灵宫仪制分别为告迁、奉安、款谒景灵宫仪、四孟朝献景灵宫等,对各种仪制都有详细规定。南宋神御原供奉在承元殿,需要告迁,然后到景灵宫奉安。绍兴十三年九月十八日礼院奏:"奉安合用僧道,欲乞每殿各差三十人。前一日昼夜互作法事"③,获得高宗批准。因此告迁前一日,"威仪僧道并仪卫乐人,更互作法事、作乐排立。礼仪使早晚上香如常仪,告迁,权奉安。"④正式告迁之日,"僧道作法事,钧容直作乐,前引扶侍"⑤,然后正式告迁,直至皇帝跪拜上香,太常卿奏礼毕,"輂官擎捧神御腰舆进行次,前导官退。皇帝服常服乘舆还内。"然后由礼仪使往来照管,"宰执、使相、宗室、南班官于行宫北门外奉迎神御,再拜讫,班首诣香案前擂笏,三上香,讫,执笏退,复位,立以下再拜,讫,分左右骑导焦耳、班直、亲从官等扈卫,僧道作法事,钧容直作乐,前引至景灵宫棂星门外"⑥。显然,告迁前一日、告迁到奉安景灵宫整个过程,释道身影都在其中出现,采纳释道仪式是非常清楚的事实,与真宗时没有不同。

那么朝献时是否采纳释道威仪?回答是肯定的:"百官赴景灵行香,僧道分为两序,用其威仪咒语。初,僧徒欲立道流右,且云僧而后道,至交讼久之。秦桧批其牍云:'景灵、太乙,实崇奉道教之所,道流宜居上。'至今定为制云。绍翁以为祖宗在天之灵,必不愿歆于异教,且市井髡簪之庸人,宜皆斥去。近者,淳祐进书,例用僧道铙鼓前导,朝廷有旨勿用,盖得之矣。惜未施于原庙。"⑦这里非常明确地证明了南宋朝献时释道礼仪在国家礼制中施行的情况,这就与上述"鼓传如仪,不鸣鼓

---

① 李焘:《续资治通鉴长编》卷八,真宗大中祥符六年五月辛丑,第1825页。
② 《宋史》卷一四《礼志七》,第2543页。
③ 徐松辑:《中兴礼书》卷一六《景灵宫二》第405页。
④ 徐松辑:《中兴礼书》卷一六《景灵宫二》第405页。
⑤ 徐松辑:《中兴礼书》卷一六《景灵宫二》第407页。
⑥ 徐松辑:《中兴礼书》卷一六《景灵宫二》,第407页。
⑦ 叶绍翁:《四朝闻见录》乙集《景灵行香》,第106页。

吹,不得喧哗"有所不同。

另外还有一点不同,即真宗时规定宫观采用素洁之馔,不用荤腥不用酒,然南宋则不同,规定每位神御圣像前供荤素牙食盘和酒果若干,只有"昊天上帝、圣祖天尊大帝、元天大圣后位前合用素馔礼料"[1]。

总之,北宋到南宋御容供奉上采纳释道威仪及供奉之物上,是存在一些不同的。

原载于《河北大学学报》2020 年第 3 期

---

[1]　徐松辑:《中兴礼书》卷一六《景灵宫二》第 406 页。

点校本《宋史·礼志》错误的归类研究

　　《宋史》成书仓促，产生极多错误，历来为学者诟病。中华书局组织专家进行校勘，纠正了很多错误，给读者阅读此书带来极大的帮助，但确实还存在不少错误之处。笔者在研究《宋史》中 28 卷的《宋志》时，也发现点校本存在的问题，现整理归类，以便读者正确理解《宋志》的内容。

　　笔者将点校本出现的问题归纳为以下几类：

　　第一，原本不误，点校后产生错误。

　　点校本"《吕氏月令》，一岁之间八荐新物"①，实误。若《月令》出于《吕览》，当点为"吕氏《月令》"，显然，《宋志》原本不误，点校后出了问题。同样，点校本"淳祐五年二月十二日，进孝宗光宗两朝御集、《宁宗实录》及《理宗玉牒》《日历》"②，实际标点当为"理宗《玉牒》《日历》"。

　　另一种标点出现错误与上述两例不同。如《宋志》载神宗元丰"四年十月，详定郊庙奉祀礼文所言：'近诏宗祀明堂以配上帝，其余从祀群神悉罢。今祈谷、大雩犹循旧制，皆群神从祀，恐与诏旨相戾。请孟春祈谷、孟夏大雩，惟祀上帝，以太宗皇帝配，余从祀群神悉罢。又请改筑雩坛于国南门，以严祀事。'并从之"③。"余从祀群神悉罢"后当用引号，"以严祀事"后之引号当除去。因"又请"当为另一奏请，不当用引号一并括入。"并从之"亦即两事也，故知《宋志》并不误，点校失误，导致两事混为一事。

　　上述仅是标点后出现的问题，其实点校本还存在误改原文出现新的错误。如《宋志》载"高宗建炎三年，奉安神主于温州，权用酒脯"④，《中兴礼书》则载为"建炎四年十月四日，权太常少卿郑士彦奉诏，差护从宗庙神主迎奉往温州奉安，为礼器未备，每遇月朔五飨，权用酒脯行礼"⑤，两者时间有差异。考《建炎以来系年要

---

① 《宋史》卷一〇八《礼志十一》，北京：中华书局，1977 年，第 2603 页。其他典籍亦有如此点校，均误。
② 《宋史》卷一一四《礼志十七》，第 2715 页。
③ 《宋史》卷一〇〇《礼志三》，第 2458 页。
④ 《宋史》卷一〇八《礼志十一》，第 2601 页。
⑤ 徐松辑：《中兴礼书》卷一〇一《时享太庙别庙一》，续修四库全书本，第 385 页。

录》、四库本《宋史》均作"建炎四年"①。而中华书局点校本有校勘记,称原为"高宗建炎四年",而据《宋会要辑稿》)、《文献通考》等书改之②,即原来文本是"建炎四年"。笔者以为《中兴礼书》为最原始记载,而《建炎以来系年要录》又早于《文献通考》,《宋志》原作"建炎四年"未误,实为校勘者误改。自然,有不同记载可在校勘记中说明。

类似错误还有一些,此不赘言。

第二,原本错误,点校后仍存在错误。

《宋志》确实存在许多错误,点校本改正了其中相当部分,然存在着改后仍误的情况。如《宋志》载:"元丰详定所言:'……《开元享礼》:为瘗坎于坛之壬地"③云云。《续资治通鉴长编》称"《开元礼》飧为瘗埳于坛之壬地"④,《玉海》、《续资治通鉴长编纪事本末》所载相同⑤。《文献通考》载较详:"《开元礼》:'享先蚕,为瘗埳于坛之壬地。'"⑥唐代无《开元享礼》一书,显然,点校本既失校,又将《开元享礼》作书名,大误。

又如《宋志》称"时朝散大夫康熙亦援倪思所著合宫严父为言"⑦。《宋史全文》载:理宗淳祐三年"十月甲午,先是,知婺州陈康熙奏事,乞举严父配天之典,久未决"⑧云云,《浙江通志》"知婺州军"有宋人陈康熙⑨。《宋志》作"康熙",漏其姓,点校本失校。又,《合宫严父书》为倪思所著,《鹤山先生大全文集》载《显谟阁学士特赐光禄大夫倪公墓志铭》载倪氏所著书,其中有《合宫严父书》五卷⑩。《宋志》"所著合宫严父"后漏一"书"字,校勘者亦未校出,且无书引号。

《宋志》"正衙常参"一目中有"诸司勒留官新受者,京朝官改赐章服者,致仕、责授、降授、并谢(原注:行军副使仍辞。)"⑪。据《宋会要辑稿》载:"诸司勒留官新授

---

①　李心传:《建炎以来系年要录》卷三八,建炎四年十月癸酉,台北:文海出版社,1980年,第1414—1415页;《宋史》卷一〇八《礼志十一》,第134页。

②　《宋史》卷一〇八《礼志十一》,第2610页注4。校勘记所称可参见徐松辑《宋会要辑稿》礼17之37,北京:中华书局,1957年,第705页;马端临:《文献通考》卷九八《宗庙考八》,北京:中华书局,1986年,第893页。

③　《宋史》卷一〇二《礼志五》,第2494页。

④　李焘:《续资治通鉴长编》卷三一八,元丰四年十月丁卯,北京:中华书局,1992年,第7682页。

⑤　王应麟:《玉海》卷七七《景德祀先蚕》,扬州:广陵书社,2007年,第1419页;杨仲良:《续资治通鉴长编纪事本末》卷七九《详定郊庙礼文下》,北京:北京图书馆出版社,2003年,第2579页。

⑥　马端临:《文献通考》卷八七《郊社考二十》,第797页。

⑦　《宋史》卷一〇一《礼志四》,第2494页。

⑧　《宋史全文》卷三三,第2251页。

⑨　《浙江通志》卷一一五《职官五》,文渊阁《四库全书》本,第522册,第105页。

⑩　魏了翁:《鹤山先生大全文集》卷八五《显谟阁学士特赐光禄大夫倪公墓志铭》,《四部丛刊》本,第12页A。

⑪　《宋史》卷一一六《礼志十九》,第2753页。

者,京朝官改赐章服者,致仕、责授、降授者并谢(原注:行军副使仍辞。)"①,可知《宋志》"降授、并谢"间脱一"者"字,点校当补"者"字,去掉顿号,然点校本既失校,又误用标点。《宋志》又载"建隆元年,太祖平泽、潞,仍祭祆庙、泰山、城隍,征扬州、河东,并用此礼"②中,"祭祆庙"实误。《宋会要辑稿》、《文献通考》均作"祭祓庙"③。祓为古代除灾祈福仪式,又称祓除。而祆为波斯拜火教神名,祆庙即即拜火教祆神之庙。《宋志》原文误,点校者未能辨识亦误。《宋志》"册命亲王大臣之制"一目中有"银师子香合"④的记载,其实这是"银香"、"师子香"两种香料之合,《宋志》原脱一"香"字,点校本将其视为一物,点校后仍误。

另外,点校本在改正《宋志》之误时又产生新的错误。如《宋志》载:"又以七月一日圣祖降日为先天节,十月二十四日降延恩殿日为降圣节,休假、宴乐并如天庆节。"⑤此处"十月"原作"十二月",点校本根据《宋会要辑稿》礼 57 之 30、《事物纪原》卷二改之⑥。今查《事物纪原》乃为"卷一"⑦。《宋志》原有误,点校本校改为"十月"是正确的,然注释却出错。无独有偶,《宋志》载:"元丰六年,详定礼文所言"⑧一段,点校者对"元丰六年"有校注,称《续资治通鉴长编》、《宋会要辑稿》"分别系于元丰元年八九两月"⑨,实际上,《宋会要辑稿》原文段并无具体纪年⑩。

点校本类似错误还有,限于篇幅就不再举例了。

第三,不明史事、史源而点校出错。

点校本有些失误是不明史事或史源而产生的。如《宋志》称"真宗咸平二年八月,太常礼院言:'今年冬祭画日,以十月六日荐享太庙。按《礼》,三年一袷,以孟冬。又《疑义》云:三年丧毕,遭禘则禘,遭袷则袷。宜改孟冬荐享为袷享。'"⑪《宋志》所载《疑义》即《礼疑义》,共 52 卷,萧梁周舍所著,见《隋书·经籍志》、《旧唐书·经籍志》及《新唐书·艺文志》⑫。《宋会要辑稿补编》所载十分明确:"真宗咸

---

① 徐松辑:《宋会要辑稿》仪制 4 之 1 至 2,第 1899 页。

② 《宋史》卷一〇二《礼志五》,第 2497 页。

③ 徐松辑:《宋会要辑稿》礼 14 之 5,第 589 页;马端临:《文献通考》卷八九《郊社考二十二》,第 816 页。

④ 《宋史》卷一一〇《礼志十四》,第 2669 页。

⑤ 《宋史》卷一一二《礼志十五》,第 2680—2681 页。

⑥ 《宋史》卷一一二《礼志十五》,第 2682 页注 6。

⑦ 高承:《事物纪原》卷一《先天》,北京:中华书局,1989 年,第 12 页。

⑧ 《宋史》卷九八《礼志一》,第 2429—2430 页。

⑨ 《宋史》,2432 页注 4。参见《宋会要》礼 26 之 10 至 11,第 1008—1009 页;李焘:《续资治通鉴长编》292,元丰元年九月乙酉、己丑等。

⑩ 徐松辑:《宋会要辑稿》仅称"九月十四日",前为徽宗大观元年八月七日日诏。尽管点校者可以把此段认作"元丰元年九月"事,但《宋会要辑稿》毕竟未明确载明时间。

⑪ 《宋史》卷一〇七《礼志十》,第 2579 页。

⑫ 两《唐书》均作 50 卷。

平二年八月二十日,太常礼院言:'准今年冬季祠祭画日,以十月六日荐飨太庙。按《礼》,又宗庙三年一祫,以孟冬……又按《礼疑义》云:三年丧毕,遭禘则禘,遭祫则祫。本院参详,宜改将来孟冬荐享为祫享。'"①《宋志》可能根据官修《会要》而来,所载当漏一"礼"字,致使书名不全。点校本虽当作书名,然未明其书究竟为何,并未校出。

《宋志》又载咸平"三年五月……移幸琼林苑,登露台,钩容直奏乐,台下百戏竞集,从臣皆醉"②。据《宋会要辑稿》载:咸平三年"五月十三日……移幸琼林苑,登露台,钩容直奏乐于台下,阛阓百戏竞集……帝欢甚,从臣皆醉"③。阛为市垣,阓为市之外门,阛阓即市肆之代称。故"台下"一词当从属于上句,点校本之误实由史源未明所致。

《宋志》载:"癸丑,有司设仗卫、宫县于坛下,帝服衮冕,御封禅坛上之寿昌殿受朝贺"④,《续资治通鉴长编》载:"癸丑,有司设仗卫、宫悬于朝觐坛下……上服衮冕,御坛上之寿昌殿受朝贺。"⑤实际上,两处标点均误,封禅坛(朝觐坛)上何来寿昌殿?《玉海》引《会要》:"西京大内……延春殿北曰武德殿,明福门之西曰金銮殿(原注:唐曰太极。),其次寿昌殿、玉华、甘露、长寿、乾阳、嘉兴殿"⑥,可见,寿昌殿实为大内一处宫殿。《宋志》照抄此句,前一"上"改为"帝"字,后一"上"未改,将"御封禅坛"与"寿昌殿受朝贺"先后两件事混为一谈,而标点者不明其源而点校失误。

第四,标点不妥。

点校本标点出现差误亦有不少。如"既享,大宴,号曰饮福,自宰臣而下至应执事及乐工、驭车马人等,并均给有差,以为定式"⑦。《续资治通鉴长编》载:"壬申,以南郊礼成,大宴广德殿,号曰饮福宴。自是为例。"⑧此外,《宋朝事实》、《玉海》、《文献通考》、《皇朝编年纲目备要》、《宋史全文》等亦载之⑨,但均无"自宰臣而下至

---

① 徐松辑、陈智超整理:《宋会要辑稿补编》,全国图书馆文献缩微复制中心,1988 年,第 857 页。
② 《宋史》卷一一三《礼志十六》,第 2697 页。
③ 徐松辑:《宋会要辑稿》礼 52 之 5,第 1556 页。
④ 《宋史》卷一〇四《礼志七》,第 2533 页。封禅坛当为朝觐坛之误。
⑤ 李焘:《续资治通鉴长编》卷七〇,大中祥符元年十月癸丑,第 1572—1573 页。
⑥ 王应麟:《玉海》卷一五八《西京大内》,第 2899—2900 页。李攸:《宋朝事实》卷一一《仪注一》:"癸丑,御朝觐坛,肆赦",然未提有到寿昌殿受贺事,丛书集成初编本,第 191 页。
⑦ 《宋史》卷九九《礼志二》,第 2441 页。
⑧ 李焘:《续资治通鉴长编》卷四,干德元年十一月壬申,第 109 页。
⑨ 李攸:《宋朝事实》卷四《郊赦一》,第 52 页;王应麟:《玉海》卷九三《饮福宴》,第 1702 页;马端临:《文献通考》卷七一《郊社考四》,第 643 页;陈均:《皇朝编年纲目备要》卷一,北京:中华书局,2006 年,第 17 页;佚名:《宋史全文》卷一,哈尔滨:黑龙江人民出版社,2005 年,第 37 页。

应执事及乐工、驭车马人等,并均给有差"一语,此当为修史者概括之语,然亦有根据①。不过,点校本混淆了两事,前者为饮福宴,后者为亲祠赐胙赏赐数量"有差"的情况,故其中用逗号有误。又,"太庙司命、户、灶、中溜、门、厉、行七祀,熙宁八年,始置位版"②,"太庙"后当加上冒号为佳。"庆历仪,自张良、管仲而下依旧配享,不用建隆升降之次。"③"庆历仪"即《庆历祀仪》,当加书名号,"庆历仪"三字后当用冒号。

第五,混淆两事物为一事,出现标点错误。

《宋志》将两事当作一事,将两物作一物,点校者不明具体事物,出现标点错误。

把两事当作一事者,如《宋志》载:"皇祐二年三月,仁宗谓辅臣"④云云,这段话是仁宗君臣讨论亲祀圜丘、明堂事,时间自皇祐二年二月起至四月,《续资治通鉴长编》《宋会要辑稿》所载时间十分明确⑤,《太平治迹统类》《宋史全文》所载文字与《宋会要辑稿》大致相同⑥。因此,《宋志》仅称"皇祐二年三月",将数月之事混在一起,显然有误。

把两物当作一物也有不少例证,如《宋志》载有"绯彩罗延寿带"⑦,《宋会要辑稿》作"绯罗、彩罗延寿带"⑧,"绯罗""彩罗"实为两物,《宋志》误,点校本失校并出现标点错误。

第六,标点不统一与当断不断。

如对一些正职副职之间的标点上,点校本存在不统一的情况。如"奉册使副"⑨实为正职、副职两官,即奉册使与奉册副使,故"使副"之间当用顿号分开。其实,点校本有时也在中间以顿号分开,因此标点前后不统一。点校本类似情况颇多,如"枢密使副"、"册宝使副"、"诸司使副"之类均有不统一的情况。

点校本也存在当断不断的问题。例如两个官署未加区分,不使用标点而使它们合为一个官署。如"礼部太常寺"⑩中间不加顿号,这就变成一个官署,其实,点

---

① 徐松辑:《宋会要辑稿》载元丰四年十一月十日载详定郊庙奉祀礼文所言中有"本朝亲祠赐胙,自宰臣等而下之至祝官,虽有多少之差,而无贵贱之等",下有具体赏赐数量,此为明证。参见礼14之51,第613页。

② 《宋史》卷一〇三《礼志六》,第2521页。

③ 《宋史》卷一〇五《礼志八》,第2556页。

④ 《宋史》卷一〇一《礼志四》,第2465页。

⑤ 李焘:《续资治通鉴长编》卷一六八,皇祐二年二月乙亥、三月戊子,第4034页;四月丁巳、乙丑,第4037页;徐松辑:《宋会要辑稿》礼24之1至2,第900页。

⑥ 彭百川:《太平治迹统类》卷七《皇祐明堂之议》,文渊阁《四库全书》本,第408册,第190—191页;《宋史全文》卷九上,第429—430页。

⑦ 《宋史》卷一一二《礼志十五》,第2681页。

⑧ 徐松辑:《宋会要辑稿》礼57之31,第1607页。

⑨ 《宋史》卷一〇二《礼志五》,第2487页。

⑩ 《宋史》卷一〇六《礼志九》,第2575页。

校本有时也在中间加顿号分开。

也有对两件事物之间不加标点问题。如"册宝"①实为两件事物,点校本有时以顿号分开,有时则不分开,并不统一。

第七,失校。

点校本失校甚多,此仅举数例:

"有司请登封日圜台立黄麾仗,至山下坛设权火"②,"权火"实为"爟火"之误③,点校本失校。《宋志》又有"后魏商绍长乐子"④的记载,《容斋随笔》、《宋会要辑稿》、《文献通考》均作"殷绍",据钱大昕考订,此处乃避宣祖讳⑤。《宋志》避讳未改回,而点校本失校。《宋志》记载婚礼"奉迎"时使者曰:"今月吉日"⑥,实为"令月吉日"。令月吉日为古代典籍常见之词,点校本未校出。

《宋志》又载:崇宁"五年……礼部尚书徐铎又言……四年十二月,复翼祖、宣祖庙,行奉安礼,惟不用前期誓戒及亚、终献之乐舞焉。"⑦《宋志》称"五年"当误⑧。《宋大诏令集》、《中兴礼书》、《宋会要辑稿》等均载此诏于"崇宁三年"⑨。徐铎在崇宁二"试礼部尚书",崇宁三年为"礼部尚书"⑩,四年卒,王宁代为"修奉使"⑪,故"崇宁五年"徐铎实无可能参与讨论。其实,《宋志》下文尚有"四年十二月"之事,可判断"五年"当有错误,而这一明显的错误,点校本未校出。

上面概括地罗列了中华书局点校本7个方面的错失,也举了一些例证,笔者以为,在使用点校本这些内容时必须对这些问题予以重视,以便正确理解《宋史·礼志》的内容。

---

① 《宋史》卷一〇八《礼志十一》,第 2606 页。

② 《宋史》卷一〇四《礼志七》,第 2531 页。

③ 徐松辑:《宋会要辑稿》礼 22 之 7 至 8,第 886 页;李焘:《续资治通鉴长编》卷六九,大中祥符元年五月庚辰,第 1545 页。

④ 《宋史》卷一〇五《礼志八》,第 2552 页。

⑤ 钱大昕:《廿二史考异》,上海:上海古籍出版社,2004 年,第 984 页。

⑥ 《宋史》卷一一〇《礼志十四》,第 2659 页。

⑦ 《宋史》卷一〇六《礼志九》,第 2576—2577 页。

⑧ 顾吉辰发现此处有误,但未能据实订正。详见氏著:《宋史考证》,上海:华东理工大学出版社,1994 年,第 271 页。

⑨ 佚名:《宋大诏令集》卷一三八《复九庙诏》、《复翼祖宣祖庙诏》,北京:中华书局,1997 年,第 491—492页;《中兴礼书》卷九九《祫享太庙三》,第 381 页;徐松辑:《宋会要辑稿》礼 15 之 55 至 56,第 678—679页。四库存目丛书史部第 3 册收录题为李焘所著的《续资治通鉴》,其中称崇宁三年十月"定庙制,复翼祖、宣祖",参见卷一五,济南:齐鲁书社,1997 年,第 142 页。

⑩ 徐松辑:《宋会要辑稿》职官 68 之 6,第 3911 页;选举 28 之 32,第 4693 页。

⑪ 马端临:《文献通考》卷九四《宗庙考四》,第 853 页。

两宋国家礼制与佛教礼仪关系[①]

孔子称:"安上治民,莫善于礼"[②],因为礼具有"经国家,定社稷,序民人"[③]之功能,故历来受到统治者的重视,宋代自然也不例外。宋人认为礼制是极其重要的,欧阳修、苏轼、张㭿都曾引管子曰:"礼义廉耻,国之四维;四维不张,国乃灭亡"[④]一语,强调"礼"维系国家安危的重要性。自然,中华传统礼制是以儒家思想为基础的,但是,随着佛道两教影响的扩大,儒家之礼受到佛道影响日益突出,佛道对中华传统之礼的渗透更趋加强。就唐宋而言,唐代佛教虽然兴盛,但唐代皇帝大多崇道抑佛,虽民间信仰者不少,然在国家层面,它对中华传统礼制影响不大,没有正式渗透到国家礼典之中去,相比之下,宋代佛教则对礼典有较多渗透。本节拟对宋代国家礼制与佛教关系作一研讨,以期梳理清佛教与宋代国家礼制之间的关系[⑤]。

一、两宋帝王对佛教的扶植

两宋帝王对佛教大多予以正面肯定,明确批评或禁止者甚少[⑥]。太祖对佛教予以容忍是史有明文的,他乾德五年七月下诏:"禁铜以来,天下多辇佛像赴京销毁。顾惟像教,民所瞻仰。忽从镕废,有异修崇。应诸道州府有铜像处,依旧存留。

---

① 此文与王志跃合作。王志跃原提供 7000 余字初稿,现作重大改动与补充,达 17000 余字。

② 李隆基注、邢昺疏:《孝经注疏》卷六《广要道》,北京:北京大学出版社,1999 年,第 42 页。

③ 杨伯峻编著:《春秋左传注》卷一,北京:中华书局,1981 年,第 76 页。

④ 司马光:《资治通鉴》卷二九一,显德元年四月庚申,北京:中华书局,2004 年,第 9510 页。苏轼:《苏轼文集》卷三二《乞罢税务岁终赏格状》,曾枣庄、舒大刚主编:《三苏全集》,北京:语文出版社,2001 年,第 168 页。李心传《建炎以来系年要录》作"礼义廉耻,国之四维;四维不张,何以为国",卷一八四,绍兴三十二年二月丁卯,北京:中华书局,2013 年,第 3560 页。

⑤ 关于佛教与宋代礼制关系问题,已有学者作了一些研究。如汪圣铎《宋朝礼与佛教》(《学术月刊》1990 年第 5 期),然该文仅叙述了佛教对宋朝礼制的一些渗透,未谈到国家的态度。此外,雷闻《郊庙之外——隋唐国家祭祀与宗教》(北京:生活·读书·新知三联书店,2009 年)、皮庆生《宋代民众祠神信仰研究》(上海:上海古籍出版社,2008 年)、王美华《唐宋礼制研究》(东北师范大学 2004 年博士学位论文)等部分涉及国家礼制与佛教关系。

⑥ 李心传:《建炎以来系年要录》卷一三四,绍兴十年正月癸卯,"温州僧清了者,与其徒自言上尝赐之以诗。上谓宰执曰:'朕不识清了,岂有赐诗之理? 可令温州体究,恐四方传播,谓朕好佛。朕于释老之书,未尝留意,盖无益于治道。'秦桧曰:'陛下垂思六经,而不惑于异端,真帝王之学也。'"第 2499 页。然高宗未禁止佛道,在一定程度上还有取于佛教。

此后不得以铜为像。"①太宗则声称："浮屠氏之教有裨政治"②,予以赞赏。真宗更为明确说道："至于道释二门,有助世教,人或偏见,往往毁訾,假使僧、道士时有不检,安可废其教耶?"③南宋孝宗曾作《原道辨》,"大略谓三教本不相远,特所施不同,至其末流,昧者执之而自为异耳。以佛修心,以道养生,以儒治世可也,又何惑焉",孝宗此文获得臣下叫好,史浩甚至吹捧道:"陛下圣学高明,融会释、老,使之归于儒宗,末章乃欲以佛修心,以道养生,以儒治世,是本欲融会而自生分别也⋯⋯望陛下稍审定末章,则善无以加矣"④,刑部侍郎程泰之也称颂之,于是易名《三教论》。上述表明:宋代皇帝对佛教予以肯定,是政治上、思想上对它最为重要的支持,这为佛教礼仪对国家礼制进行渗透奠定了基础。

实际上,两宋帝王对佛教的支持并不是仅停留在口头上,在行动上也表现得非常充分。尽管由于国家财政收入的原因,宋代帝王们在一定程度上对佛教的扩张也进行控制,例如严禁私度,控制僧尼数量,但没有抑制和废弃佛教,反而给予一定数量的度牒,并未严格控制百姓剃度出家,甚至在国家财政遭遇困厄时还售卖度牒。除此之外,自太祖时起"禁毁铜佛像"⑤,大部分帝王还允许舍民居为寺院,允许官民将田地财产施舍给寺院。两宋帝王们还常常给予一些有德行高僧名号,赐予寺院匾额,乃至赏赐财物,屡加优待⑥。

两宋帝王在政治上扶植佛教突出地表现在将佛道两教高层人士(僧道官)编入国家官秩序列,早在太祖之时,他对僧道高层人士"或加紫衣、师号"⑦,允许他们参与国家一些政治活动。《宋史·职官志》也明确记载四方馆使主管"郊祀大朝会,则定外国使命及致仕、未升朝官父老陪位之版,进士、道释亦如之"⑧,可见道释有其位置。在御楼肆赦仪中,"有司设百官、亲王、蕃国诸州朝贡使、僧道、耆老位宣德门

---

① 佚名:《宋大诏令集》卷二二三《存留铜像诏》(乾德五年七月丁酉),北京:中华书局,1962年,第860页。
② 李焘:《续资治通鉴长编》卷二四,太平兴国八年十月甲申,北京:中华书局,2004年,第554页。
③ 李焘:《续资治通鉴长编》卷六三,景德三年八月乙酉,第1419页。
④ 李心传:《建炎以来朝野杂记》(乙集)卷三《原道辨易三教论》,北京:中华书局,2000年,第544页。
⑤ 《宋史》卷二《本纪二》,北京:中华书局,1977年,第26页。
⑥ 参见徐松辑《宋会要辑稿》"道释"部分。上海:上海古籍出版社,2014年。
⑦ 《宋史》卷一一四《礼志十七》,第2704页。唐代偶见赐释氏紫衣事,如普济《五灯会元》载唐代文帝赐圭峰宗密禅师紫衣、僖宗赐石霜山庆诸禅师紫衣,然并未将释氏编入国家官秩序列。唐赐道冠紫衣并授予官秩见于杜光庭《历代崇道记》:"武德三年,诏晋阳道士王远知授朝散大夫,并赐镂金冠子、紫丝霞帔,以预言高祖受命之征也。太宗又加远知银青光禄大夫,并远知预言之故也。羽衣人赐紫衣,自兹始也。"(董诰等编:《全唐文》卷九三三,北京:中华书局,1983年,第9715页)然两《唐书》王远知本传均未载武德、贞观赐职事。《旧唐书·高宗纪》则载追赐已故王远知为太中大夫。据《唐会要》,武德、贞观时朝散大夫当为从五品下,银青光禄大夫为从三品,若高宗时才追赐从四品上的太中大夫,则知杜光庭称太宗加王远知银青光禄大夫为不实之词。由此推知,武德三年赐朝散大夫事亦可疑。
⑧ 《宋史》卷一六六《职官志六》,第3936页。

外"①。这也体现释道在政治序列中的具体位置。

　　我们还可以举出许多例证,如《宋会要辑稿》载:"(绍兴)十四年十一月三日,诏:'文武百僚诣景灵宫诸殿行香,如值雨或地湿润,分东西廊上立班。宰执并就东廊立班,僧道并于东廊授香。'"②这载于《仪制》中的"群官仪制",僧道立班于东廊,显然有其班序。《四朝闻见录》也载:"百官赴景灵行香,僧道分为两序,用其威仪咒语。初,僧徒欲立道流右,且云僧而后道,至交讼久之。秦桧批其牍云:'景灵、太乙,实崇奉道教之所,道流宜居上。'至今定为制云。"③尽管这是行香前后秩序,却也反映出佛道是有其班序的。另有更为明确的例证:

　　　　宣和崇尚道教,黄冠出入禁闼,号"金门羽客",气焰赫然,林灵素为之宗主。道官自金坛郎至太虚大夫,班秩与庭臣同。灵素初除金门羽客、通真达灵元妙先生,视中大夫。后驯擢至太中大夫、冲和殿侍晨,视两府。道官同文官,编入杂压,仍每遇郊恩,封赠父母。④

　　"道官同文官,编入杂压",这里因是叙述林灵素,故讲道官,实际上僧官同于道官,也是编入杂压之中的,因此,僧道厕入班序是毫无可疑之事,这充分体现出他们在国家政治序列中是有其位置的,宋代帝王给予他们的政治待遇是非常高的。

　　宋代诸帝还经常临幸佛寺,太祖"幸大相国寺、封禅寺者各五"⑤,真宗更是佛寺之常客,咸平二年九月,"幸开宝寺、福圣院。是后,二寺临幸者凡十有四"⑥,咸平三年九月,"幸大相国寺。是后再幸者九"⑦。两宋其他帝王行幸寺庙也是常事。君主频频驾临,无疑会极大地提高这些佛寺的地位及影响力。当然,帝王们临幸寺院,往往给予他们各种赏赐。宋代礼制规定:"所幸寺、观,赐道、释茶帛,或加紫衣、师号。"⑧实际上,宋政府还在制度上对佛教的赏赐是有过具体规定的,仁宗景祐三年,"诏阁门详定车驾幸宫、观、寺、院支赐茶绢等第"⑨,此便是明证。两宋皇帝行

————————————

①　《宋史》卷一一七《礼志二十》,第2773页。

②　徐松辑:《宋会要辑稿》仪制五,第2394页。

③　叶绍翁:《四朝闻见录》(丙集)卷三《景灵行香》,北京:中华书局,1989年,第106页。

④　周煇著、刘永翔校注:《清波杂志校注》卷三《林灵素》,北京:中华书局,1994年,第106页。赵与时《宾退录》卷一称"神霄凝神殿侍宸"。上海:上海古籍出版社,1983年,第4页。佚名《大宋宣和遗事》同《宾退录》(《万有文库》本)。然今存徽宗《改定道阶等御笔手诏》中明确称"冲和殿侍晨",故知作"侍宸"当误。

⑤　《宋史》卷一一三《礼志十六》,第2695页。

⑥　《宋史》卷一一三《礼志十六》,第2697页。

⑦　《宋史》卷一一三《礼志十六》,第2697页。

⑧　《宋史》卷一一四《礼志十七》,第2704页。

⑨　《宋史》卷一一三《礼志十六》,第2697页。

幸各地时,若"道、释以威仪奉迎",亦"悉有赐"①。

两宋政府还不惜耗费巨资兴建佛寺,史书中多有记载。如宋初所修开宝寺塔,"所费亿万计,前后踰八年"②,兴建鹅湖佛殿,曾巩曾言:"今是殿之费,十万不已,必百万也;百万不已,必千万也;以累累而千万之不可知也。"③不过,对于耗巨资兴修佛寺,自然会遭到一些大臣的反对,如王禹偁上书说:"臣愚以为国家度人众矣,造寺多矣,计其费耗,何啻亿万!先朝不豫,舍施又多,佛若有灵,岂不蒙福?事佛无效,断可知矣。"④其他如司马光、朱熹等人都明确表示反对宋政府耗巨资建佛寺,大量剃度僧尼,强调建寺庙、侍奉佛祖是白白浪费钱财,于国家毫无益处。这些议论正可反证两宋政府对佛教的大力扶持。

当然,正像学者指出的那样,就宋王朝来说,"给予佛教一个适度发展的条件,但决不许其过度膨胀或走向惑众邪途,以危害国家中央集权的实力,这是从宋代开国以来就定下的基本原则。历代帝王在掌握的尺度上虽有宽严之分,但这个原则没有变更"⑤。因此,虽然宋朝诸帝在政治、经济等方面给予了佛教不少的扶持,但这种扶持是基于利用其为自己服务的,决不允许它对国家统治产生一丝危害。

二、国家礼制对佛教礼仪的吸纳

两宋时期国家礼制对佛教礼仪的吸纳,可以从以下几个方面来阐述。

其一,国家礼典中明确吸收佛教礼仪因素。当然,国家某些礼典吸收佛教因素并非自宋代开始,但宋代在前代基础上更多地增加佛教因素则可以肯定。唐代寺庙甚多,佛教施报观念广泛流行,故唐代帝王在国忌日行香于寺庙、佞佛祈福之举已列入国家礼典。如唐武宗会昌五年:"秋七月庚子,敕并省天下佛寺。中书门下条疏闻奏:'据令式,诸上州国忌日官吏行香于寺,其上州望各留寺一所,有列圣尊容,便令移于寺内;其下州寺并废。其上都、东都两街请留十寺,寺僧十人。'"⑥换句话说,原来令式早已规定国忌日行香于寺庙是国家礼制规定,即使会昌灭佛仍然保留。需要注意的是,唐代在寺庙行香,自然需要依据佛教礼仪行事,但仅限于国忌日,佛教礼仪并不涉及其他国家礼仪活动。

宋代不仅"凡帝后忌辰,用道、释作法事"⑦,甚至还渗透到其他国家举行的礼

---

① 《宋史》卷一一四《礼志十七》,第2704页。

② 李焘:《续资治通鉴长编》卷三〇,端拱二年八月丁巳,第686页。

③ 曾巩:《元丰类稿》卷一七《鹅湖院佛殿记》,文渊阁《四库全书》本,第1098册,第519页。

④ 王禹偁:《上真宗论军国大政五事》,赵汝愚:《宋朝诸臣奏议》卷一四五,上海:上海古籍出版社,1999年,第1651页。

⑤ 杜继文:《佛教史》,南京:江苏人民出版社,2006年,第407页。

⑥ 《旧唐书》卷一八上《武宗纪上》,北京:中华书局,1975年,第604—605页。

⑦ 《宋史》卷一九《礼志十二》,第2624页。

仪之中。如真宗天禧元年五月"癸亥,以枢密使王钦若为奉安太祖圣容礼仪使,赞导乘舆。乙丑,自禁中奉圣容赴文德殿,备仪卫、教坊乐前导。丙寅,上服靴袍,酌献,礼毕,奉以升彩舆而行,具卤簿、鼓吹、道释威仪"①,这是奉安圣容仪。景灵宫仪及诸陵上陵仪,"则宰相率百官行香,僧、道士作法事,而后妃六宫皆亦继往"②。丧礼自然也会考虑行用释道之仪,如高宗丧祭之礼一度也打算行用释道之仪③。叶绍翁曾感叹道:"近者,淳祐进书,例用僧道铙鼓前导,朝廷有旨勿用,盖得之矣。惜未施于原庙。"④显然,这些道释威仪、僧道作法事都是礼制明文规定之事,充分证明宋代礼典中吸收道佛教因素远远超过唐代。

其二,将佛寺作为祈告或恭谢地点。宋代国君在国家出现旱涝等自然灾害时,帝王亲往佛寺祈祷也常见记载,如太宗"至道二年三月十五日,以岁宿戒,亲诣诸寺观祈雨"⑤,真宗咸平元年"五月七日,幸相国寺焚香祷雨"⑥,神宗"熙宁元年正月,帝亲幸寺观祈雨"⑦。至于遣使至佛寺进行各种祈祷更是普遍⑧。这些祈禳活动,无非是希冀佛教神明显灵,帮助国家消灾赐福。另外,在明堂、禘祫等大礼后,国君也需要至佛寺恭谢,元祐四年明堂礼毕,哲宗"诣景灵宫及诸寺观行恭谢礼"⑨,嘉祐四年禘祫礼结束,仁宗"诣诸观寺行恭谢礼"⑩,都反映了国家礼典吸收佛教因素这一事实。

其三,特殊时期需要佛寺开启道场。如元祐七年,诏:"太皇太后本命岁……在京宫观寺院,开建道场七昼夜"⑪,即是为庆祝太皇太后本命岁而开启道场的。钦宗即位,诏"若乾龙节,仍就佛寺建道场一月,一依祖宗旧法"⑫,此不仅说明钦宗生日需要佛寺开启道场,其先祖也是如此。此外,为太后、太皇太后或上皇祝寿、庆生或祈福等礼,也需要佛寺开启道场。至于丧事忌辰作佛教法事,典籍记载颇多,此不赘。有时宋代帝王甚至作出令人难以理解的举动,如天圣六年四月星灾,仁宗命僧道禬禳于文德殿,殿中侍御史李纮大为不解,奏曰:"文德殿,布政会朝之位,每灾

① 李焘:《续资治通鉴长编》卷八九,真宗天禧元年五月癸亥,第2062页。
② 李心传:《建炎以来朝野杂记》(甲集)卷二《太庙景灵宫天章阁钦先殿诸陵上宫祀式》,第70页。
③ 《宋史》卷一三《乐志五》记高宗升祔时,"礼部言:'今虞祔之行,纯用古礼,导引神主,自有卫仗及太常鼓吹,而杂用道、释,于礼非经,乞行蠲免。'诏从其请。"第3045页。
④ 叶绍翁:《四朝闻见录》(乙集)《景灵行香》,第106页。
⑤ 徐松辑:《宋会要辑稿》礼一八,第950—951页。
⑥ 徐松辑:《宋会要辑稿》礼一八,第951页。
⑦ 《宋史》卷一〇二《礼志五》,第2501页。
⑧ 参见徐松辑《宋会要辑稿》礼一八,"祈雨"、"祈雪"、"祈晴"、"祷灾异"等记载,其它典籍记载也非常多。
⑨ 《宋史》卷一〇一《礼志四》,第2472页。
⑩ 《宋史》卷一〇七《礼志十》,第2582页。
⑪ 《宋史》卷一〇二《礼志五》,第2502页。
⑫ 志磐撰、释道法校注:《佛祖统纪校注》卷四七,上海:上海古籍出版社,2012年,第1115页。

异軷聚緇黄赞呗于间,何以示中外?"①国家施政之大殿,竟然开设道场,这种举动确实令人惊异。

其四,将祖宗神御(御容)置于寺院。宋代诸帝效仿唐代,将已故皇帝御容置入寺院,然后进行祭祀,既显示孝思,又强化国家政权的神圣性和继任皇帝统治的合法性。史载:"凡七十年间,(诸帝)神御在宫者四,寓寺观者十有一。"②其中,太平兴国寺、应天禅院西院、扬州建隆寺及滁州大庆寺置有太祖神御,而启圣禅院、并州崇圣寺及西院则置有太宗神御③,四时祭典,亲自观瞻,史不绝书。

其五,宋朝国丧或大臣丧需要寺院声钟。唐代礼典及两《唐书》《唐六典》《唐会要》均未见国丧声钟的记载,而宋代国丧声钟始于真宗景德年间,史称"景德二年,开封府言:'文武官亡殁,诸寺击钟未有定制。欲望自今大卿监、大将军、观察使、命妇郡夫人已上,即据状闻奏,许于天清、开宝二寺击钟,其声数旋俟进止,自余悉禁。'从之。"④如嘉定末,宁宗死,礼部太常寺奏:"检会国朝故事,城内外诸寺院共声钟二十五万杵,乞依典故令临安府吉报声钟……从之。"⑤重要大臣及其他一些重要人物丧,亦有声钟的记载,如"杨存中薨,孝宗令诸寺院声钟"⑥,《癸辛杂识》载,贾似道母秦、齐两国贤寿夫人胡氏薨,"声钟五百杵"⑦。显然,宋代国丧声钟是完全不同于唐代的融入佛教因素的新礼仪。

宋代国家礼典吸收佛教因素,说明了国家政权对佛教影响力的判断,由此才会采取各种方式将其某些因素融入到国家礼典之中。但问题不仅是国家政权对佛教方面有着浓厚的"兴趣",其实,伴随着佛教日益世俗化的步伐,佛教徒开始从泛泛地提倡救度众生,转向实际地"忠君爱国",积极参与国家事务,表现出对政治的前所未有的热忱。与前代那种以避世为主的消极修行方式相比,宋代佛教势力大至对国家军政事务,小至民间普通百姓日常生活都积极干预,以此来拓展自身势力,加强生存能力。这里举一段典型的帝王与禅师互动的例证:

> 元丰五年,神宗皇帝下诏,辟相国寺六十四院为八禅二律,召师为慧林第一祖。既至,上遣使问劳。阅三日,传旨就寺之三门为士民演法。望日,召对

① 李焘:《续资治通鉴长编》卷一〇六,仁宗天圣六年四月庚寅,第2472页。
② 《宋史》卷一〇九《礼志十二》,第2621页。
③ 《宋史》卷一二五《礼志二十八》,第2625页。
④ 《宋史》卷一二五《礼志二十八》,第2918页。王辟之:《渑水燕谈录》卷五《官制》:"京师品官之丧用浮屠法击钟,初无定制,景德中,令文臣卿监、武臣大将军、命妇郡夫人以上,许于天清、开宝击钟,至今为例。"北京:中华书局,1981年,第62页。
⑤ 徐松辑:《宋会要辑稿》礼三,第1410页。
⑥ 《宋史》卷一二四《礼志二十七》,第2911页。
⑦ 周密:《癸辛杂识》前集之《贾母饰终》,北京:中华书局,1988年,第48页。

延和殿。问道赐坐,师即跏趺。帝问:"卿受业何寺?"奏曰:"苏州承天永安。"帝大悦,赐茶。师即举盏长吸,又荡而撼之。帝曰:"禅宗方兴,宜善开导。"师奏曰:"陛下知有此道,如日照临,臣岂敢自怠。"即辞退。帝目送之,谓左右曰:"真福慧僧也。"后帝登遐,命入福宁殿说法。[①]

可见,神宗对圆照禅师青眼有加,企望禅师能有所作为,而禅师则恭谦礼敬,极力奉迎,自称为"臣",声称神宗之语"如日照临",双方之"合拍"显得亲密无间!帝王与释徒一拍即合,自然使佛教威仪更多地渗透到国家礼典之中了。

三、佛教威仪在五礼上的体现

就礼制方面而言,佛教势力突出地表现在对五礼制度的全面渗透,因此在五礼具体仪制上都有明确的体现。

吉礼方面。主要体现在封禅、后土、祀太清宫等重大礼典上。真宗欲举行封禅大典的意愿,实际是非常清楚的,然限于封禅乃国之大典,不是无功无德的真宗所可举行的。于是他以"天书"为由曲折地表示出自己的意愿,然羞羞答答、欲盖弥彰,于是导致上至朝廷重臣,下至僧人、道士、父老等数次诣阙请封。徽宗时,僧人再次表现了对封禅大典的热情。史载,"政和三年,兖、郓耆寿、道释等及知开德府张为等五十二人表请东封","优诏不允"[②],"政和四年春正月甲辰,兖州命官学生道释耆老及至圣文宣王四十七代孙孔若谷等诣阙进表,请皇帝行登封之礼",二月丁巳"郓、濮二州命官学生道释耆老等八千六百余人并诣阙进表,请车驾登封太山"[③]。尽管这些诣阙请封事均未应允,但僧人积极参与国家礼制则毋庸置疑。

祀汾阴后土也是国家最为重要的礼仪之一,佛教势力自然也不会等闲视之,乃积极参与其间。史称"真宗东封之又明年,河中府言:'进士薛南及父老、僧道千二百人列状乞赴阙,请亲祠后土'。诏不允。已而,南又请,河南尹宁王元偓亦表请,文武百僚诣东上阁门三表以请",真宗才"诏明年春有事于汾阴后土"[④]。

嘉礼方面。据《宋史·礼志》载,"今后长春节及诸庆节,常参官、致仕官、僧道、百姓等毋得进奉"[⑤]。由此规定可以推知,此前皇帝生日如长春节及诸庆节,僧人曾积极进奉,以示对帝王的尊崇。巡幸是帝王显示权威的重要方式之一,也是礼制的重要内容。宋代帝王巡幸之事多有记载,如太祖曾巡幸西京,"所过州、府,结彩

---

① 释普济:《五灯会元》卷一六《惠林宗本禅师》,北京:中华书局,1984年,第1036页。
② 《宋史》卷一〇四《礼志七》,第2534页。
③ 佚名:《宋史全文》卷一四《宋徽宗》,北京:中华书局,2016年,第953页。
④ 《宋史》卷一〇四《礼志七》,第2534页。
⑤ 《宋史》卷一一二《礼志十五》,第2671页。

为楼,陈音乐百戏。道、释以威仪奉迎者,悉有赐"①。道释以"威仪奉迎",自然有其渗透国家礼典的含义。实际上,在太上皇、太皇太后等人生日时,僧人常以做道场来表示祝贺。前已论及,此不赘述。

宾礼方面。据"有司设百官、亲王、蕃国诸州朝贡使、僧道、耆老位宣德门外"②,可知僧人参与了宾礼中的御楼肆赦礼。史载"凡正、至不受朝,及邦国大庆瑞、上尊号请举行大礼,宰相率文武群臣暨诸军将校、蕃夷酋长、道释、耆老等诣东上阁门拜表,知表官跪授表于宰臣,宰臣跪授于阁门使,乃由通进司奏御"③,则知僧人也参与了国家重大宾礼中的上表仪。

军礼方面。宋代军队出征前要祭北方天王,大致是贯穿北宋初到南宋末的一项礼仪④。北方天王即佛教的护法天神毗沙门天王,他是战争与财富之神。据称毗沙门天王在未来世邪见王毁灭佛教时,会出来护持佛法,他与哪吒太子都具有随军护法之力。显然,宋廷出师祭祀北方天王,是希望自己的军队能够得到其佛教天神庇护而取胜。宋代祭北方天王事例不少,兹选数例以证之。

> (太宗太平兴国五年征河东)遣著作佐郎李巨源即北郊望气坛,用香、柳枝、灯油、乳粥、酥蜜饼、果,祭北方天王。⑤
>
> (真宗)咸平六年,车驾北征,亦用此例。⑥
>
> (高宗绍兴三十一年)十月十九日,诏:"金人败盟,朝廷不得已而兴师,合奏告天地、宗庙、社稷等,令太常寺条具。"寻具到,合奏告天地、社稷、九宫贵神、五福十神、太一差宰执,宗庙差亲王,诸陵、攒宫差宗室节度使及正任以上,行奏告礼;及遣官祭告蚩尤、马祖、北方天王、五岳、四渎、名山大川;并令招讨使行祃祭之礼。并从之。⑦
>
> (孝宗)隆兴二年闰十一月二日,礼部、太常寺言:"讨论沿江祠庙等告祭事,乞依绍兴三十一年指挥礼例","从之……八日,致祷于天地、宗庙、社稷、诸

---

① 《宋史》卷一一四《礼志十七》,第 2704 页。
② 《宋史》卷一一七《礼志二十》,第 2773 页。
③ 《宋史》卷一二〇《礼志二十三》,第 2817 页。
④ 宋代出征祃祭北方天王,可能与唐代有关。李筌《神机制敌太白阴经》卷七《祭文总序》云:"师初出,则祃军之牙门,祷马群厩。蚩尤氏造五兵,制旗鼓,师出亦祭之。其名山大川、风伯雨师,并所过则祭,不过则否。毗沙门神,本西胡法。佛说四天王,则北方天王也。"(《丛书集成新编》本,第 262 页)不过,两《唐书》、《唐会要》等典籍无祭北方天王记载。
⑤ 《宋史》卷一二一《礼志二十四》,第 2829 页。
⑥ 马端临:《文献通考》卷八九《郊社考二十二》,北京:中华书局,2011 年,第 2748 页。
⑦ 徐松辑:《宋会要辑稿》礼一四,第 789 页。

陵、……马祖、蚩尤、北方天王"①。

(宁宗)"开禧二年五月十四日,为兴师,奏告天地、宗庙、社稷、宫观、九宫贵神、五岳、四渎、风伯、雨师、北方天王、马祖、蚩尤"②。

由上可见,从北宋初到南宋宁宗时,出征前祭北方天王是其礼仪惯例,体现出佛教对国家礼典的影响。

受降是军礼之一,其间也能看到佛教的影子。史载"元符二年,西蕃王拢捄、邈川首领瞎征等降,诏具仪注","哲宗崩,枢密院留拢捄等西京听旨。诏罢御楼立仗,但引见于后殿。拢捄一班;契丹公主一班,夏国、回鹘公主次之,瞎征一班,边厮波结并族属次之。应族属首领各从其长,以次起居。僧尼公主皆蕃服蕃拜。并赐冠服,谢讫,赐酒馔横门外"③。自然,此处"僧尼"当是番僧番尼,然他们能够参与受降仪式,说明宋朝礼典允许僧尼参与受降仪式。这一记载可从《宋史》记载看出,"政和初,议礼局上《受降仪》……舍人引降王服本国衣冠诣楼前北向,女妇少西立,僧又少西,尼立于后"④。《宋史》所载《受降仪》,即指西蕃降诚之事⑤。

凶礼方面。追荐祈福、祈禳消灾是佛教宣扬的主要功德,自然佛教在凶礼方面产生影响也就不奇怪的。宋太祖时期应该采用佛教威仪的,史称太宗"开宝三年十月,诏开封府,禁丧葬之家不得用道、释威仪及装束异色人物前引"⑥,说明此前普通丧葬之家曾采用释氏威仪,然在太宗看来这些似乎有逾制之嫌,因此予以禁断。太平兴国七年正月,太宗命翰林学士李昉等制订士庶丧葬制度。李昉等人引唐大历七年,"诏丧葬之家送葬祭盘,只得于丧家及茔所置祭,不得于街衢张设。又长庆三年,令百姓丧葬祭奠不得以金银、锦绣为饰及陈设音乐,葬物稍涉僭越,并勒毁除","其用音乐及栏街设祭,身无官而葬用方相者,望严禁之"⑦,太宗同意此奏。可见,佛教在凶礼方面做道场,超度亡者,这在宋代帝王看来是理所当然之事,也积极地使用到相关事件上去,但不允许僭越等级,逾制设祭。

皇室贵戚当然是可以采用佛教威仪的,司马光《涑水记闻》记至和元年温成皇后出殡,"是日旦发引,陈卤簿、鼓吹、太常乐、僧道,威仪甚盛。皇亲、两府、诸司缘道设祭,自右掖门至奉先院,络绎不绝"⑧。至于一些帝室成员去世后直接将攒所

---

① 徐松辑:《宋会要辑稿》礼一八,第969页。
② 徐松辑:《宋会要辑稿》礼七,第634页。
③ 《宋史》卷一二一《礼志二十四》,第2838页。
④ 《宋史》卷一二一《礼志二十四》,第2838页。
⑤ 徐松辑:《宋会要辑稿》蕃夷六有详细记载,可参见。
⑥ 《宋史》卷一二五《礼志二十八》,第2917页。
⑦ 《宋史》卷一二五《礼志二十八》,第2917页。
⑧ 司马光:《涑水记闻》卷八,北京:中华书局,1989年,第151页。

选在佛寺,自然会采用佛教仪式,如昭慈献烈皇太后的欑所即在泰宁寺①,庄文太子死后,都大主管所言:"太史局官等选到宝林院法堂堪充皇太子欑所"②,这都是帝室成员欑所在佛寺,采用佛教威仪的明证。

宋代在遇到一些自然灾害时,也会采用佛仪式,史载:

> 上(真宗)谓宰相曰:"汴水岁有流尸,至淮而止。然非理死者必有积恶,以罹斯苦。朕思以善缘济之。"乃作《发愿文》,遣工部郎中直集贤院李建中、内殿崇班张承素赍诣泗州,依道释二教设斋醮宣读,及祭溺者。仍照本州每岁择日禁屠宰,就寺观各建道场五昼夜,仍设祭。③

因此,宋人李之彦云:"士君子莫不知崇尚正学,排斥异端。然朝廷及州县间遇旱、涝、凶、荒,非黄冠设醮,则浮屠礼忏。平日排斥异端,至此则倚仗异端"④,显然,在凶礼中佛教礼仪采用非常普遍。

综上所述,宋代国家礼制已带有较为浓重的佛教色彩,五礼制度中采纳佛教威仪史有明文,尽管其中如国忌行香、御容置佛寺之类已见于唐代,然唐代仅限于寺观⑤,而宋代不但在寺观中行香,还明确地将它都纳入其他礼仪之中,显然在国家礼典中加重了佛教因素。当然,这一方面反映了在佛教大为流行的宋代,帝王们企望以拉拢、利用佛教为手段来巩固自己统治,同时也可看出佛教势力力图通过加强对国家礼典的渗透来扩展自己影响力。

四、佛教与国家礼制的矛盾

就总体而言,宋代佛教与国家政权之间呈现的是良性互动。宋朝政府对佛教予以扶植,而佛教则积极予以响应,并对国家礼制产生了一定的影响。然而事物总是一分为二的。佛教与国家礼制之间也存在一定的矛盾,其突出表现是佛教的火葬习俗给儒家礼制与封建统治秩序带来了较大的冲击。那么为何宋代帝王一方面佞佛,另一方面却禁止佛教的某些习俗呢? 归纳起来大致有以下几个方面。

首先,佛教火葬习俗违背儒家丧葬礼制。

---

① 《宋史》卷一二三《礼志二十六》,第 2887 页。
② 《宋史》卷一二三《礼志二十六》,第 2879 页。
③ 李焘:《续资治通鉴长编》卷七九,真宗大中祥符五年十一月丁未,第 1805 页。
④ 李之彦:《东谷所见·异端》,郑州:大象出版社,2017 年,第 6 页。
⑤ 文宗诏曰:"近代已来,归依释老。缘二教以设食,会百辟以行香……其两京天下州府以国忌日于寺观设斋行香,起今已后,并宜停罢",显然在寺观行香是普遍之事。文宗:《禁国忌日设斋行香诏》,董诰等编:《全唐文》卷七三,第 769—770 页。

儒家非常重视丧礼，强调"事死如事生"，主张"入土为安"。如《礼记·祭义》即曰："众生必死，死必归土"①，这种生死观来自儒家观念：

> 乐正子春下堂而伤其足，伤瘳，数月不出，犹有忧色。门弟子问曰："夫子伤足瘳矣，数月不出，犹有忧色，何也？"乐正子春曰："善如尔之问也。吾闻之曾子，曾子闻诸夫子曰：'天之所生，地之所养，人为大矣。父母全而生之，子全而归之，可谓孝矣；不亏其体，可谓全矣。'"②

显然，保全身体完整，这是儒家"孝"的要求。即使去世，同样也需如此。这种"身体发肤，受之父母，不敢毁伤，孝之始也"③的观念，深刻地影响着后世。《公羊传》十九年冬"葬许悼公"，东汉何休引乐正子春伤足事云："今子忘孝之道，子是以有忧色"④，显然是站在儒家立场上作出的解释。唐末朱阅对"死"作了儒学阐发："古者以死为归也，然则岂死者皆得归哉！故有凶肆之徒，压溺而毙；贪暴之辈，刑戮以亡，谓之不得其死。不得其死，是不得所归也！父母全而生之，子全而归之。不亏其身，不辱其亲，是得所归矣。"⑤宋代儒学学者自然也不例外，如贾同曾言："身体发肤，无有毁伤，以没于地，斯之谓归全；古今达礼也。"⑥

然而，佛教自传入中华之后，经过数百年传承，影响极其广泛，对以儒家思想为核心的中华礼制确实形成很大冲击，尤其是火葬习俗，即是对中华传统礼制的丧葬礼有很大挑战。其实，东汉至隋是不允许火葬的，除非是西域诸国来华人员死后才允许依其俗进行火葬，这在史书上有明文记载。而史书所载西汉末至隋的焚尸，均是发泄愤恨的侮辱手段，此略举数例：

> （王）莽怒，欲杀（李）守，（中郎将黄）显争之，遂并被诛，及守家在长安者尽杀之。南阳亦诛通兄弟、门宗六十四人，皆焚尸宛市。⑦
> 使皇甫嵩攻卓弟旻于郿坞，杀其母妻男女，尽灭其族。乃尸卓于市。天时始热，卓素充肥，脂流于地。守尸吏然火置卓脐中，光明达曙，如是积日。诸袁门生又聚董氏之尸，焚灰扬之于路。⑧

---

① 孙希旦：《礼记集解》卷四六《祭义》，北京：中华书局，1989年，第1219页。
② 王聘珍：《大戴礼记解诂》卷四《曾子大孝》，北京：中华书局，1983年，第85页。
③ 李隆基注、邢昺疏：《孝经注疏》卷一《开宗明义》，第3页。
④ 何休解、徐彦疏：《春秋公羊传》，北京：北京大学出版社，2000年，第585页。
⑤ 朱阅：《归解书彭阳公碑阴》，董诰等编：《全唐文》卷九一，第9397页。
⑥ 贾同：《禁焚死》，吕祖谦：《宋文鉴》卷一二五，北京：中华书局，1992年，第1751页。
⑦ 《后汉书》卷一五《李通传》，北京：中华书局，1965年，第575页。
⑧ 《后汉书》卷七二《董卓传》，第2332页。

故河内太守李敏,郡中知名,恶度所为,恐为所害,乃将家属入于海。度大怒,掘其父冢,剖棺焚尸,诛其宗族。①

因舍其众,与数骑北下突阵,不得入,将回趋白木陂,牙门彭世、李千等投之以矛,坠马,斩首脔割之,焚其骨,三军皆称万岁。峻司马任让等共立峻弟逸为主。求峻尸不获,硕乃发庾亮父母墓,剖棺焚尸。②

二年,惠帝遣荆州刺史宋岱、建平太守孙阜救尚。阜已次德阳,特遣荡督李璜助任臧距阜。尚遣大众奄袭特营,连战二日,众少不敌,特军大败,收合余卒,引趣新繁。尚军引还,特复追之,转战三十余里。尚出大军逆战,特军败绩,斩特及李辅、李远,皆焚尸,传首洛阳。③

遣掘王僧辩父墓,剖棺焚尸。④

骠骑长史王平之死未葬,恩剖棺焚尸,以其头为秽器。⑤

显然,这些焚尸都是作为发泄愤恨的侮辱手段的。

中国古代律法典籍传承至今者甚少,尤其是唐之前几乎不存⑥。杜佑《通典》卷一六四《刑法二》载晋、东晋、宋、齐、梁、陈、后魏、北齐、后周、隋诸朝刑法,无焚尸罪,换言之,焚尸不是那些朝代需要解决的法律问题。至唐初,才出现焚烧、肢解或弃尸水中的"诸残害死尸"罪,疏议曰:"弃尸水中,还得不失。髡发,谓髡去其发。伤,谓故伤其尸,伤无大小,但非支解之类。'各又减一等',谓凡人各减斗杀罪二等,缌麻以上尊长唯减一等,大功以上尊长及小功尊属仍入'不睦'。即子孙于祖父母、父母,部曲、奴婢于主者,各不减,并同斗杀之罪,子孙合入'恶逆',决不待时。注云'皆谓意在于恶者',谓从残害以下,并谓意在于恶"⑦,显然,残害死尸罪是必须严惩的大罪。但是,"如无恶心,谓若愿自焚尸,或遗言水葬及远道尸枢,将骨还乡之类,并不坐"⑧。这指特殊情况,即"愿自焚尸"及"远道尸枢"归葬者是允许火葬的。换句话说,只要出自去世者自愿,就可依佛教火葬习俗而火化,佛教礼俗已经攻破中华传统礼制丧礼的防线!至宋代,这种火葬习俗不但依然存在,甚至情况非常严重。其主要表现为两个方面:

一是实行火葬地域广泛,时间长。《东都事略》载太祖建隆三年三月丁亥诏:

---

① 《三国志》卷八《公孙度传》,北京:中华书局,1982年,第252页。
② 《晋书》卷一《苏峻传》,北京:中华书局,1974年,第2630—2631页。
③ 《晋书》卷一二《李特载记》,第3029页。
④ 《梁书》卷五六《侯景传》,北京:中华书局,1973年,第861页。
⑤ 《魏书》卷九六《僭晋司马叡传附德宗传》,北京:中华书局,1974年,第2107页。
⑥ 考古发掘出一些古律简牍,然仍极其匮乏。
⑦ 长孙无忌:《唐律疏议》卷一八《诸残害死尸》,北京:中华书局,1983年,第343页。
⑧ 长孙无忌:《唐律疏议》卷一八《诸残害死尸》,第343页。

"王者设棺椁之品,建封树之制,所以厚人伦而一风化也。近代以来,遵用夷法,率多火葬,甚悖典礼,自今宜禁之。"①可使我们窥得自宋初火葬盛行。虽有禁令,然实际并未令行禁止,禁令如同虚设。神宗熙宁年间,刘挚为黄照写墓志,称:"楚俗死者,焚而委其骨于野"②。高宗时,"民俗有所谓火化者,生则奉养之具唯恐不至,死则燔燕而弃捐之"③,吴越之俗"葬送费广,必积累而后办。至于贫下之家,送终之具,唯务从简,是以从来率以火化为便,相习成风"④。潘畤提举荆湖北路常平茶盐事,所属各县"俗喜焚尸"⑤,孝宗时,林颐叔任罗源主簿,叶适也提到罗源"丧死者焚尸,糜其骨,众薰合和,凌风飘扬,命曰升天"⑥。生活在宁宗、理宗之时的真德秀,也记载了泉州丧葬习俗:"贫窭之家,委之火化,积习岁久,视以为常。"⑦江少虞也称"河东人众而地狭,民家有丧事,虽至亲,悉燔燕取骨烬,寄僧舍,以至积久弃捐乃已,习以为俗"⑧。可知,大致有宋一代,虽有禁令,然火葬习俗并未终止过。从区域上说,上述引文所涉及地区为湖北、两浙、福建、河东等地。此外,据徐吉军先生考察,宋都城汴京、陕西、山东、广东、江西、湖南、四川等地也有火葬的记载⑨。由此可见,火葬习俗在宋代许多地区都出现过。

二是实行火葬的人群涵盖面广。由前文可知,宋代火葬盛行,其原因诚然多样,如贫而难具资葬,地狭人多,亡故远方,等等,但不能否定的是,佛教火葬习俗已深入人心。据《清波杂志》载"浙右水乡风俗:人死,虽富有力者,不办蕞尔之土以安厝,亦致焚如"⑩,《睽车志》载"泉州永春县毗湖村民苏二十一郎为行商,死于外,同辈以烬骨还其家"⑪。这些资料反映当事人都不是因贫穷而火葬。至于士大夫实行火葬的记载也不少见,如渠州人成象,"以诗书训授里中,事父母以孝闻……淳化中,李顺盗据郡县,(成)象父母惊悸而死,烬骨寄浮图舍,象号泣营葬"⑫;"蔡汝拨庶母沈氏卒,汝拨尚幼,父用火葬"⑬,故司马光曾言:"世人又有游宦没于远方,

① 王偁:《东都事略》卷二《本纪二》,《丛书集成三编》本,第776页。
② 刘挚:《忠肃集》卷一三《侍御史黄君墓志铭》,北京:中华书局,2002年,第154页。
③ 《宋史》卷一二五《礼志二十八》,第2918页。
④ 《宋史》卷一二五《礼志二十八》,第2919页。
⑤ 朱熹:《朱熹集》卷九四《直显谟阁潘公墓志铭》,成都:四川教育出版社,1996年,第4760页。
⑥ 叶适:《叶适集·水心文集》卷一六《林正仲墓志铭》,北京:中华书局,1961年,第311—312页。
⑦ 真德秀:《西山文集》卷四〇《泉州劝孝文》,文渊阁《四库全书》本,第1174册,第628页。
⑧ 江少虞:《宋朝事实类苑》卷三二《禁焚尸》,上海:上海古籍出版社,1981年,第413页。
⑨ 徐吉军:《中国丧葬史》,南昌:江西高校出版社,1998年,第425—427页。本节对徐吉军先生的论述多所参照,以下不再一一标明。
⑩ 周煇著、刘永翔校注:《清波杂志校注》卷一二《火葬》,第508页。
⑪ 郭彖:《睽车志》卷三,《宋元笔记小说大观》本,上海:上海古籍出版社,2001年,第4098页。
⑫ 《宋史》卷四五六《孝义传》,第13395页。
⑬ 吴自牧:《梦粱录》卷一五《历代古墓》,郑州:大象出版社,2017年,第245页。

子孙火焚其枢,收烬归葬者。"①甚至皇室成员及士大夫也行火葬。《华阳集》载,嘉祐八年九月二十三日,年仅四岁的皇侄孙赵士𡫏卒,"火而寓骨于都城之西大慈佛祠"②。这是皇室成员火葬记载。宋代火葬的盛行,洪迈不禁叹息道:"自释氏火化之说起,于是死而焚尸者,所在皆然。"③

当然,许多士大夫意识到深入佛教浸润的火葬习俗已危害到传统丧葬礼制,因而起而批判和抵制。如仁宗时陈襄曾上奏章:声称"方今释老二氏之法蠹惑天下,上自王公,下逮民庶,莫不崇信其术,伤风坏教,无甚于兹"④。哲宗时岑象求也上过奏章,强调佛道两教危害道义,而一些士大夫"持善不固,动作有所未正,故惑其言,信其事,恐祸之及其身,而未尝有人以中国礼义之说开其所蔽而然也",他批评"今国家以二圣降诞节及祖宗忌辰,凡有所祷请,无不集缁黄,鼓钟磬铙钹,设幡幢,诵持歌呗,归敬于二教,甚非先王之法也"⑤。实际上,他们大声疾呼并没有引起宋代帝王的赞同,因为帝王们本身也沉湎于佛道两道之中而不可自拔。当然,一些士大夫只能退而求其次,以洁身自好来抵制佛教礼俗。宋祁遗言:"吾殁后……不得作道、佛二家斋醮,此吾生平所志,若等不可违命作之。违命作之,是死吾也"⑥;程颐曰:"某家治丧,不用浮图"⑦;陈衡"平生不喜僧道巫觋诳诱之说,及病,遗戒悉摈不用"⑧;朱熹也明确反对火葬,要求弟子不能循俗"用僧道火化"⑨。典籍中此类记载虽多,然而,这些这些出于维护儒家传统观点的努力,在当时并没有起到多大的引领作用。

其次,火葬给封建统治秩序带来一定冲击。

封建君主极力提倡土葬,其目的是为了用儒家倡导的贵贱有别的丧葬礼制来维持统治秩序,使伦理道德得以不衰。正如宋太祖所言:"王者设棺椁之品,建封树之制,所以厚人伦而一风化也"⑩,表达的即是这层意思。但宋代是中国封建社会商品经济极为发达的时代,封建礼制的丧葬规定使得富而不贵的人家想在丧葬上铺张受到了极大的限制。但佛教的火葬仪式却没有这方面限制,只要丧家有钱,便可大大方方讲尽排场,而且不但不会背上奢侈的罪名,还可以博得"孝"的美誉。其实,宋代已经形成火葬风气,若不依佛教礼俗,甚至还会受到诟病:"今之举天下凡

---

① 司马光:《司马光书仪》卷七,《丛书集成初编》本,第76页。
② 王珪:《华阳集》卷六《宗室右监门率府率墓记》,文渊阁《四库全书》本,第1093册,第445页。
③ 洪迈:《容斋续笔》卷一〇《民俗火葬》,上海:上海古籍出版社,1978年,第374页。
④ 陈襄:《上仁宗乞止绝臣寮陈乞创寺观度僧道》,赵汝愚:《宋朝诸臣奏议》卷八四,第905页。
⑤ 岑象求:《上哲宗论佛老》,赵汝愚:《宋朝诸臣奏议》卷八四,第912页。
⑥ 宋祁:《宋景文公笔记》卷下《治戒》,郑州:大象出版社,2014年,第70—71页。
⑦ 程颢、程颐:《河南程氏遗书》卷一〇《二先生语》见《二程集》第一册,北京:中华书局,1981年,第114页。
⑧ 朱熹:《朱熹集》卷九四《宣教郎致仕陈公墓志铭》,第4786页。
⑨ 黎靖德编:《朱子语类》卷八九,北京:中华书局,1986年,第2281页。
⑩ 王偁:《东都事略》卷二《本纪二》,第776页。

为丧葬，一归之浮屠氏，不饭其徒，不诵其书，举天下诟笑之，以为不孝。"①而一些史籍更是把助人火葬作为美德加以记述，如《梦粱录》即载，杭州某富室对"死无周身之具者，妻儿罔措，莫能支吾，则给散棺木，助其火葬，以终其事"②。如果此种社会风气长期发展，势必会对封建统治秩序造成损害。仁宗时，郑獬著《礼法论》，指出当时佛教礼俗"狃习成俗，沉酣溃烂，透骨髓，入膏肓，不可晓告。此则变吾之丧葬之礼而为夷矣"③。真宗时，贾同也著《禁焚死》，其言曰：

> 奉尸如生，斯之谓事死；身体发肤，无有毁伤，以没于地，斯之谓归全；古今达礼也。夫生而或毁伤之，虽不仁，犹有为也；死而后毁伤之，则其不仁不亦甚矣……今之多焚其死者，何哉？《礼》曰：'新宫火，有焚其先人之弊庐，三日哭。'夫宫庙之兴与庐舍犹然，况自执火而焚其尸者乎？恶不容于诛矣！……呜呼！先王制礼，士大夫奉以立身，推以化民，如之何其苟便易而弃之也！岂独弃礼哉？抑亦举其亲而弃之也。设不幸道远，而贫，未能奉而归；买地而葬之，庐而守之，俟其久也，负骨而归，不亦可乎？……如云世积殃，遗子孙，则虽焚之无益也。根其由，盖始自桑门之教，西域之胡俗也。夫圣王御世，制礼作乐，布决仁义，使天下密如，四夷向化；如之何使夷俗之法，败先王之礼经耶？教天下以不仁耶？
>
> 自先王之礼不行，人心放恣。被释氏乘虚而入，而冠礼、丧礼、葬礼、祭礼，皆被他将蛮夷之法来夺了……丧礼则有所谓七次之说，谓人死后，遇第七日，其魄必经由一阴司，受许多苦。至于七七，过七个阴司，又有百日，有三年，皆经阴司。本是欺罔，愚夫惑其说，遇此时亦能记得父母，请僧追荐，谓之做功德。做功德了，便做羹饭，谓之七次羹饭，随家丰俭。今读书人既辟佛老，不用其说。而于吾礼之中，自不曾尽，朝夕奠无奠，朔望无朔望，饮酒食肉若罔闻，知是夷狄之不若也。葬是顺，火化是大逆。今贫民无地可葬，又被他说火化上天，葬礼亦被夺了。④

这种基于儒家礼教之上的批判，强调夷夏之防，认为大量剃度会导致国家财政损失，抨击佛教徒广占良田，指出火葬对传统礼教而言是重大危害，要求压制佛教，严禁火葬。但是，这些官员们的呼吁其实并没有起到什么作用。正如前面所指出的那样，有宋一代之所以火葬屡禁不止，是由于帝王本身推崇佛教，甚至已经把某些佛教礼俗纳入到国家礼典之中，因此宋朝实质上对佛教采取的是扶持政策，并未

---

① 郑獬：《郧溪集》卷一六《礼法论》，文渊阁《四库全书》本，第1097册，第261页。
② 吴自牧：《梦粱录》卷一八《恤贫济老》，第285页。
③ 郑獬：《郧溪集》卷一六《礼法论》，第261页。
④ 车若水：《脚气集》卷下，郑州：大象出版社，2016年，第241页。

严厉地采取措施。

当然，宋朝帝王某些时候也对佛教采取一些控制或说压制措施，但大多数帝王并未意识到佛教礼俗对政权的危害，也并不在乎这些礼俗融入国家礼典会产生什么影响，而是扶植佛教来为自己政权服务。例如，太宗下过压制佛教的诏令，然当时大臣明确看出"太宗志奉释老"，因为他崇饰宫庙，"建开宝寺灵感塔以藏佛舍利，临瘗为之悲涕。兴国寺构二阁，高与塔侔，以安大像。远都城数十里已在望，登六七级方见佛腰腹，佛指大皆合抱，观者无不骇愕。两阁之间通飞楼为御道。丽景门内创上清宫，以尊道教，殿阁排空，金碧照耀，皆一时之盛观"①。真宗时，陈恕"素不喜释氏，尝请废译经院，辞甚激切"，但真宗则曰："三教之兴，其来已久，前代毁之者多矣，但存而不论可也。"②即使在孙奭转对时婉转地请减修寺度僧，真宗却声称："道、释二门，有助世教，人或偏见，往往毁誉，假使僧道辈时有不检，安可即废也？"③这是非常典型的维护佛道两教的态度。高宗说得更为明确："朕观昔人有恶释氏者，即非毁其教；有好释氏者，即崇尚其徒。二者皆不得中。朕于释氏，但不能使其太盛耳。"④李心传称："淳熙中，寿皇尝作《原道辨》，大略谓三教本不相远，特所施不同，至其末流，昧者执之而自为异耳。以佛修心，以道养生，以儒治世可也，又何惑焉。"⑤甚至在一定程度上压制反佛人士，就在太祖宣布禁止火葬的次年，就发生了"河南府进士李霭，决杖，配沙门岛"的事件，其原因便是"霭不信释氏，尝著书数千言，号《灭邪集》，又辑佛书缀为衾裯，为僧所诉，河南尹表其事，故流窜焉"⑥。哲宗时，"奉议郎、充高密、广平郡王院大小学教授陈并送吏部，与远小监当差遣，以尝上书毁佛道不当故也"⑦。

综上所述，佛教虽然对中华传统礼制、对封建伦理道德有所冲击，但宋代帝王认为佛教总体上不会给国家政治和社会治安带来多少危害，因此，尽管佛教受到那些深受儒家思想影响的士大夫们的批判，但他们仍然默许乃至扶植佛教，故佛教仍然有较大的生存余地，并在当时社会上有相当影响。正由于此，佛教某些礼仪、礼俗渗透到国家礼典之中，要想彻底驱逐佛教影响几乎是不可能之事了。

① 田况：《儒林公议》，郑州：大象出版社，2014年，第93页。
② 《宋史》卷二六七《陈恕传》，第9203页。
③ 徐松辑：《宋会要辑稿》道释一，第9993页。
④ 李心传：《建炎以来系年要录》卷一四九，绍兴十三年六月癸巳，第2816页。
⑤ 李心传：《建炎以来朝野杂记》（乙集）卷三《原道辨易三教论》，第544页。
⑥ 李焘：《续资治通鉴长编》卷七，太祖乾德四年四月丁巳，第169页。
⑦ 李焘：《续资治通鉴长编》卷五六，哲宗元符二年二月丁丑，第12051页。

【华发集】

二　古代史与史学史

民国时期故宫博物院文献馆清代
档案出版物时间订正[①]

　　故宫博物院文献馆(以下简称文献馆),隶属于国立北平故宫博物院,是我国最早成立的国家档案馆[②]。文献馆成立之初,便开始对清代档案进行整理,欲"辑为长编,以存一朝文献。"[③]由于档案数量众多,辑为长编需时颇多,因此,随时将已整理完毕的档案出版,是传布与保存这批档案的最佳选择。从 1928 年起,文献馆开始刊布或出版成系列的档案史料出版物,如《掌故丛编》《文献丛编》《史料旬刊》《军机处档案目录》《清代文字狱档》《清代外交史料(嘉庆、道光朝)》《清光绪朝中日交涉史料》《清光绪朝中法交涉史料》《清宣统朝中日交涉史料》《太平天国文书》等等,受到学界的高度重视。近年来,有学者对此进行了编目,目前问世的有《文献馆时期编辑出版情况一览表》(下简称《一览表》)[④]、《明清档案史料出版物分类表》[⑤]、《清代档案史料书刊目录》[⑥]等;未刊出者有梁继红的硕士论文《故宫博物院文献馆史料编辑研究》[⑦]。此外,还有国家清史编纂委员会档案组整理的《全国清代档案史料出版书目表》(下简称《全国表》)[⑧],中国第一历史档案馆网站登载《史料汇编总目(1930—2003)》(下简称《史料汇编》)[⑨]。这些目录包含文献馆清代档案出版物的出版时间、出版方式、册数、编辑出版者等内容,成为研究清史的重要参考资料。然而编目内容出于众手,前后照抄,未加辨识,加以出版物时隔久远,因此诸编目之间有不少差异或错误,给使用者带来许多困难。

　　数年来,笔者一直在查找相关资料,以期纠正上述诸种目录之错失,以利学者

---

① 本文与庚向芳合作。

② 杨小红:《中国档案史》,沈阳:辽宁大学出版社,2002 年,第 116 页。

③ 故宫博物院图书馆掌故部:《掌故丛编·凡例》1928 年第 1 期,北平:和济印刷局。

④ 中国第一历史档案馆编著:《中国第一历史档案馆馆藏档案概述》,北京:档案出版社,1985 年,第 11—12 页。

⑤ 秦国经:《中华明清珍档指南》,北京:人民出版社,1994 年,第 247—265 页。

⑥ 冯尔康:《清史史料学》,沈阳:沈阳出版社,2004 年,第 469—475 页。

⑦ 梁继红:《文献馆时期出版史料一览表》,《故宫博物院文献馆史料编辑研究》,中国人民大学 2000 年硕士学位论文。

⑧ 邹爱莲、胡忠良、刘兰青:《全国清代档案史料出版书目表》:http://www.qinghistory.cn/qsyj/wxda/daly/2009-11-11/3251.shtml。

⑨ 《史料汇编总目》(1930—2003),http://www.lsdag.com/showinfo.asp?info_id=426。

们研究利用。近来，笔者终于查到上海图书馆珍藏的一批文献馆清代档案出版物，以及1928年开始出版的历年《北平故宫博物院报告》、《故宫博物院文献馆年度工作报告》;《北平故宫博物院文献馆一览》、《国立北平故宫博物院出版物总目》;《故宫博物院文献馆大事表（民国十四年十月至二十五年六月）》(《文献论丛》1936年)、《文献馆刊物一览及出版年月》(《文献丛编》1937年第7辑)等原始档案记录，故依此对上述数种目录进行纠谬补缺。值得强调的是，这些原始档案记录，从史源上讲比较可靠，特别是历年的《北平故宫博物院报告》及《故宫博物院文献馆年度工作报告》，是故宫博物院和文献馆工作的实录，记载十分具体，应该说极为可信。

《全国表》由国家清史编纂委员会档案组整理，《一览表》与《史料汇编》则由第一历史档案馆编制，由于编纂者的学术地位，他们所编的这三种目录确实具有权威性与代表性，具有较为广泛的影响。有鉴于此，笔者拟着重对《全国表》、《一览表》和《史料汇编》中罗列的1928—1949年文献馆出版物的一些错误进行纠正，并补齐它们缺失的相关出版物，以期给学者提供一个比较可靠的参考信息。

《全国表》、《一览表》与《史料汇编》所列书目的错漏情况比较复杂，有再版时间误为初版时间、误记出版时间、时间表述不准确、缺漏出版物等等，下面分类考述。

一、再版时间误为初版时间

1. 《交泰殿宝谱》

《交泰殿宝谱》是清代帝王宝玺的印谱，因此得到文献馆（时为文献部）的高度重视，是最先出版的档案史料。1927年9月拓印[1]，共拓印384本，"于本院周年纪念时，分赠本院助理员，顾问及院中同人"[2]。

《一览表》、《全国表》中均称该书出版于1929年，误。这次影印并非初版，有1929年《北平故宫博物院报告》记载"本年七月，又复影印千本"[3]可证。

另外，该书是"清乾隆十一年，高宗将交泰殿所贮宝玺，加以考正排次，定其数为二十有五，著成宝谱"[4]。《一览表》记为"金25印谱"，"金"当为"全"之误;《全国表》称"全二十五万印谱"，"万"当系"方"之误。

2. 《读书堂西征随笔》(《西征随笔》)

《西征随笔》，清汪景祺著。汪景祺，号星堂，浙江钱塘人，康熙五十三年中举。

---

① 北平故宫博物院文献馆编：《北平故宫博物院文献馆一览》，北平：故宫博物院文献馆，1932年，第3页。

② 《北平故宫博物院报告》1929年，第36页。

③ 《北平故宫博物院报告》1929年，第36页。

④ 国立北平故宫博物院编：《国立北平故宫博物院出版物总目》，北平：国立北平故宫博物院，1936年，第27页。

雍正二年北游陕西,为抚远大将军年羹尧的幕僚。在此期间,汪氏著《西征随笔》二卷。后年羹尧获罪,"雍正以书中讥讽康熙语,责羹尧见知不举,为大逆五罪之一,景祺则照大逆不道律,斩立决"①。该书被抄没后,至清末未见刻本,直至 1927 年 12 月,文献馆在故宫懋勤殿发现该书②。

上海图书馆共藏三种版本的《西征随笔》,上海图书馆《古籍书目查询》中登记的出版时间分别为 1927 年、1928 年、1936 年。但是,该书 1927 年版并未标明出版时间。考《故宫博物院文献馆大事表》,有"1927 年 12 月于宫中档案发见清雍正时汪景祺著西征随笔"③,该书案语中有"丁卯季冬许宝蘅识"④,1927 年农历为丁卯年,显然,该书初版时间应为 1927 年 12 月。

《一览表》、《史料汇编》、《全国表》均载该书出版于 1936 年,这是《西征随笔》第三版时间⑤,而非初版时间。可见,《全国表》、《史料汇编》与《一览表》所载均为错误。

3. 《多尔衮摄政日记》(附《司道职名册》)

《多尔衮摄政日记》与《司道职名册》本为两册书,原藏清内阁大库,清末流落到宫外,"后归宝应刘氏食旧德斋"。《多尔衮摄政日记》"初无名称,以其皆按日记大学士刚林等见多尔衮议政之事,因题曰多尔衮摄政日记"。《司道职名册》是"顺治时物,亦刘氏所藏,为研究清初职官者之重要材料"。这两册书由"刘氏嘱由本院刊行,因为合印一册",于 1933 年 12 月出版⑥。

《一览表》、《史料汇编》与《全国表》均称 1935 年出版,其实这是再版的时间⑦。

二、误记出版时间

1. 《掌故丛编》

《掌故丛编》是文献馆出版的第一种专门登载档案的定期刊物,是文献馆整理清代档案的重要成果。《掌故丛编》共十辑,每辑一册。第一辑 1928 年 1 月出版⑧,

---

① 国立北平故宫博物院编:《国立北平故宫博物院出版物总目》,第 59 页。

② 国立北平故宫博物院文献馆编辑会编:《文献馆大事表》(民国十四年十月至二十五年六月),《文献论丛·附录》,北平:国立北平故宫博物院,1936 年,第 2 页。

③ 国立北平故宫博物院文献馆编辑会编:《文献馆大事表》(民国十四年十月至二十五年六月),《文献论丛·附录》,北平:国立北平故宫博物院,1936 年,第 2 页。

④ 许宝蘅:《汪景祺西征随笔一卷》,汪景祺:《读书堂西征随笔》,北平:故宫博物院图书馆掌故部,1927 年,第 1 页。

⑤ 汪曾祺:《读书堂西征随笔》,北平:京城印书局,1936 年。

⑥ 《多尔衮摄政日记附:司道职名册》,北平:国立北平故宫博物院,1933 年。

⑦ 《多尔衮摄政日记附:司道职名册》,北平:国立北平故宫博物院,1935 年。

⑧ 故宫博物院图书馆掌故部:《掌故丛编·凡例》第一辑,北平:和济印刷局,1928 年。

第十辑 1929 年 11 月出版①。1930 年 3 月，"本馆掌故丛编，前已出至第十辑，现自第十一辑起，改名《文献丛编》第一辑"②。可见，《掌故丛编》出版时间为 1928 年至 1929 年，1930 年已改名《文献丛编》。

《一览表》、《史料汇编》、《全国表》均称《掌故丛编》出版日期为 1930 年，显系误记，当予纠正。

2. 《清代文字狱档》

清代文字狱一直是民国学者较关注的问题，文献馆将军机处档案、宫中所存缴回硃批奏折及实录中有关文字狱的材料，分案编辑。1931 年 5 月出版第一辑③，到 1934 年 10 月共出版九辑④，内容包括雍、乾间 65 起著名文字狱的有关上谕、奏折、咨文、供状等原始资料，是研究清代文字狱的第一手资料。

《一览表》、《史料汇编》与《全国表》均记载该书出版时间为 1936 年，误。

3. 《清太祖努尔哈赤实录》、《清太祖武皇帝努尔哈奇实录》⑤

《清太祖努尔哈赤实录》、《清太祖武皇帝努尔哈奇实录》为清太祖努尔哈赤实录的不同版本，是研究清开国史的珍贵史料，也是研究清官方史学的重要参考文献。

《清太祖努尔哈赤实录》据乾隆重修本排印，该实录"文藻较旧本为胜，而讳饰已多"⑥。1931 年 2 月该书在内阁大库档案中被发现，当月出版⑦。该书封二有"中华民国廿年二月故宫博物院照实录库原本排印"⑧可证。

《一览表》、《史料汇编》与《全国表》称 1933 年出版，均误。

《清太祖武皇帝努尔哈奇实录》成书在《清太祖努尔哈赤实录》之前，"原书藏于内阁大库，红绫装，朱丝阑写本，不著录人名氏及撰修年月……其纪本质实，远胜康乾重修诸本"⑨。该书版权页有"民国二十一年一月出版"⑩，即 1932 年 1 月出版。

《一览表》缺出版时间，《史料汇编》、《全国表》同为 1934 年出版，均误。

---

① 故宫博物院文献部：《掌故丛编》第十辑，北平：和济印刷局，1929 年。
② 故宫博物院文献部：《文献丛编·启事》第一辑，北平：和济印刷局，1930 年。
③ 北平故宫博物院文献馆编：《清代文字狱档》（一），北平：国立北平研究院，1931 年。
④ 北平故宫博物院文献馆编：《清代文字狱档》（九），北平：故宫博物院，国立北平研究院，1934 年。
⑤ 另据《国立北平故宫博物院出版物总目》第 48 页，该书名为《清太祖努儿哈齐实录》，努儿哈奇、努尔哈齐显系努尔哈赤的另外译法，似有失规范。
⑥ 国立北平故宫博物院编：《国立北平故宫博物院出版物总目》，第 48 页。
⑦ 国立北平故宫博物院文献馆编辑会编：《文献馆大事表》（民国十四年十月至二十五年六月），《文献论丛·附录》，北平：国立北平故宫博物院，1936 年，第 4 页。
⑧ 北平故宫博物院文献馆编：《清太祖努尔哈赤实录》，北平：京华印书局，1931 年，封二。
⑨ 国立北平故宫博物院编：《国立北平故宫博物院出版物总目》，第 48 页。
⑩ 北平故宫博物院文献馆编：《清太祖武皇帝努儿哈奇实录》，北平：故宫博物院，1932 年。

4.《清军机处档案目录》

军机处档案,是军机处抄录清代内外章奏及上谕的存稿,主要分为档册与折包两类。《清军机处档案目录》是档册的目录,尤其档名、册数,记载颇详[①]。

上海图书馆所藏该书未标明出版时间。考《文献馆大事表》1930 年 1 月有"清军机处档案目录出版"[②];《文献馆刊物一览及出版年月》有"《军机处档案目录》十九年一月"[③];1930 年《北平故宫博物院报告》在述及文献馆出版丛书情况时说:"本年内出版者,为《名教罪人》、《军机处档案目录》、《雍正不录奏折总目》三种。"[④]因此可确认该书出版于 1930 年 1 月。

《一览表》缺失时间;《史料汇编》、《全国表》均载为 1934 年,出版时间有误[⑤]。

5.《名教罪人》

雍正四年,清世宗以翰林院编修钱名世赠诗谄媚年羹尧有玷名教为由,亲书"名教罪人"匾,令钱名世悬挂于家门,并令在京的大小臣工"由制科出身者"385人,作诗以讽钱名世[⑥]。这些诗经雍正审查,令钱名世刊刻成书,题为《名教罪人》。钱名世一案是清朝文字狱案件中较为奇特的一例,雍正对此案的处理方式彰显了清代皇权对思想的钳制,对后世产生了深远影响。但该书传世极少,文献馆在故宫懋勤殿"封扃綮固"的档箱中,发现 4 册[⑦],遂将雍正上谕列在诗集前作为《按语》予以出版。

上海图书馆藏该书本身并未标明出版时间。考 1929 年《北平故宫博物院报告》有"本馆丛书……第二种为《名教罪人》,目下正在印刷中"[⑧];1930 年《北平故宫博物院报告》说"本年内出版者,为《名教罪人》、《军机处档案目录》、《雍正不录奏折总目》三种"[⑨];《文献馆大事表》亦称 1930 年 4 月"《名教罪人》出版"[⑩];《文献馆刊物一览及出版年月》载"《名教罪人》十九年四月"[⑪]。显然,该书始排版于 1929 年,

① 国立北平故宫博物院编:《国立北平故宫博物院出版物总目》,第 34 页。
② 国立北平故宫博物院文献馆编辑会编:《文献馆大事表》(民国十四年十月至二十五年六月),《文献论丛·附录》,北平:国立北平故宫博物院,1936 年,第 3 页。
③ 《文献馆刊物一览及出版年月》,《文献丛编》第七辑,北平:新新印书局,1937 年。
④ 《北平故宫博物院报告》1930 年,第 29 页。
⑤ 《国立北平故宫博物院文献馆二十三年度工作报告》之《编印事项》并无《清军机处档案目录》出版的记载。
⑥ 国立北平故宫博物院编:《国立北平故宫博物院出版物总目》,第 50 页。
⑦ 国立北平故宫博物院编:《国立北平故宫博物院出版物总目》,第 50 页。
⑧ 《北平故宫博物院报告》1929 年,第 36 页。
⑨ 《北平故宫博物院报告》1930 年,第 29 页。
⑩ 国立北平故宫博物院文献馆编辑会编:《文献馆大事表》(民国十四年十月至二十五年六月),《文献论丛·附录》,北平:国立北平故宫博物院,1936 年,第 3 页。
⑪ 《文献馆刊物一览及出版年月》,《文献丛编》第七辑,北平:新新印书局,1937 年。

正式出版则是 1930 年 4 月。

《一览表》缺失出版时间；《史料汇编》、《全国表》同为 1935 年，当为错误①。

6. 《清乾隆内府舆图》（铜板地图）

该舆图是清代乾隆二十五年铜板印制的全国地图，原名《皇舆全图》，法国人蒋友仁绘制②。此图用梯形投影法绘成，以康熙《内府皇舆全图》为基础，订正了原图关于西藏部分的错误，完成了新疆的实测，扩大了原图范围。它不仅是中国全图，而且是当时最完全的亚洲大陆全图。该图有铜板一百零三方，前有乾隆丙子庚辰御题诗一方。文献馆 1932 年出版该图集时请翁文灏、朱希祖各写序言一篇（每篇 2 页），因此全书共 108 页③。

《一览表》缺失出版时间；《史料汇编》、《全国表》称 1935 年出版，误。

7. 《阿济格略明事件之满文木牌》

1934 年，文献馆整理内阁大库残乱档案时发现了满文木牌 26 块④，字体为老满文与加圈点满文两种。文献馆请国立北平图书馆满文专家李德启，对此木牌进行翻译并加以考证，"知为崇德元年，阿济格略明时记载战地杀敌俘虏及掠获战利品等事"⑤。该书是研究清初历史及满文的重要史料，于 1935 年 5 月出版⑥。

《一览表》、《史料汇编》、《全国表》均称该书出版于 1936 年，误。

三、时间表述不准确

1. 《清代帝后像》

《清代帝后像》是清代帝后的画像及照片，"原为景山寿皇殿藏，有朝服像，有行乐图"⑦。作为当时引人注目的档案，1926 年 12 月已经被提取整理摄影，1929 年 9 月正式出版⑧。《清代帝后像》共 4 册，每册 30 幅图，出版时间分别为 1929 年 9 月、1929 年 11 月、1931 年 8 月和 1931 年 9 月⑨。

《一览表》、《全国表》仅记为 1929 年，并不全面。

另外，《一览表》、《全国表》均将该书称为《历代帝后像》，明显失误。

---

① 《国立北平故宫博物院文献馆二十四年度工作报告》之《编印事项》并无该书出版记载。
② 《北平故宫博物院报告》1931 年，第 34 页。
③ 《清乾隆内府舆图》，北平：故宫博物院，1932 年。
④ 《国立北平故宫博物院文献馆二十三年度工作报告》，1934 年，第 10 页。
⑤ 国立北平故宫博物院编：《国立北平故宫博物院出版物总目》，第 54 页。
⑥ 李德启编译：《阿济格略明事件之满文木牌》，北平：国立北平故宫博物院文献馆，1935 年，封面。
⑦ 国立北平故宫博物院编：《国立北平故宫博物院出版物总目》，第 32 页。
⑧ 国立北平故宫博物院文献馆辑会编：《文献馆大事表》（民国十四年十月至二十五年六月），《文献论丛·附录》，北平：国立北平故宫博物院，1936 年，第 1—2 页。
⑨ 北平故宫博物院编：《清代帝后像》（一、二、三、四），北平：京华印书局、故宫印刷所，1929—1931 年。

2. 《史料旬刊》

《史料旬刊》是文献馆为补充《文献丛编》的不足而出版的定期刊物,在整理档案中"凡属有关文献可供考徵者,随时发见,即行刊布,片鳞只爪,兼容并纳"[①],史料价值极高。1930 年 6 月出版第 1 期,到 1931 年 7 月共出版 40 期[②]。该书的出版时间应记为 1930 年至 1931 年。

《一览表》、《史料汇编》、《全国表》出版时间均称 1930 年起,无终止时间,不够准确。

3. 《清三藩史料》

1931 年 5 月[③],文献馆整理清内阁大库档案,"於东库蒐得康熙间关于三藩事件之文书千余件",多为康熙朝纂修《平定三逆方略》时征集的史料,包括颇多涉及三藩问题的重要史实。文献馆从 1931 年 8 月开始编印,10 月以《清三藩史料》为名,作为《文献丛编》增刊出版了第 1 辑[④],此后连续出版,到 1932 年 9 月出版了第 6 辑[⑤]。因此,《清三藩史料》准确的出版日期为 1931 年至 1932 年。

《史料汇编》漏收该书;《一览表》、《全国表》列为 1931 年,不准确。

4. 《清代外交史料(嘉庆、道光朝)》、《清光绪朝中法交涉史料》

这两套丛书都是从军机处档案中搜集出来的,关于清代嘉庆、道光、光绪时期有关外交的上谕、奏折、照会、电报、书札等文件,是研究清代外交史的重要史料。

《清代外交史料(嘉庆朝)》1932 年 1 月出版第 1 册,到 1932 年 10 月共出版 6 册[⑥]。《清代外交史料(道光朝)》1932 年 11 月出版第 1 册,到 1933 年 5 月共出版 4 册[⑦]。《清光绪朝中法交涉史料》第 1 册于 1932 年 10 月出版,到 1933 年 2 月共出版 11 册[⑧]。

《史料汇编》漏收《清代外交史料》;对《清光绪朝中法交涉史料》记载为 1933 年,不甚准确。《一览表》、《全国表》记载两套丛书的出版时间皆为 1933 年,亦不准确。

四、缺漏的出版物

《一览表》、《史料汇编》、《全国表》收录民国时期文献馆档案出版物甚多,但仍

①　故宫博物院文献馆:《史料旬刊·发刊前纪》第 1 期,北平:京华印书局,1930 年。
②　故宫博物院文献馆:《史料旬刊》第 40 期,北平:故宫印刷所,1931 年。
③　北平故宫博物院文献馆编:《北平故宫博物院文献馆一览》,第 5 页。
④　北平故宫博物院编:《清三藩史料》(一),出版者不详,1931 年。
⑤　北平故宫博物院编:《清三藩史料》(六),出版者不详,1932 年。
⑥　北平故宫博物院编:《清代外交史料》(嘉庆朝,1—6),北平:故宫博物院,1932 年。
⑦　北平故宫博物院编:《清代外交史料》(道光朝,1—4),北平:故宫博物院,1932—1933 年。
⑧　北平故宫博物院编:《清光绪朝中法交涉史料》(1—11),北平:故宫印刷所,1932—1933 年。

有缺漏。现补充如下：

1.《故宫清钱谱》

有清一代，币制更迭，制钱形制极为复杂。币制兴革，可勾勒出"三百年来之治乱兴衰，历历如绘"。清朝灭亡，清代钱币日趋销毁，且故宫所藏清钱，多为"京省各局进呈内府之正品……均属菁华所聚，典制攸关，文献幸存，考证有赖"。因此，文献馆馆员黄鹏霄"爰依朝代之先后，汰其重复，得二百八十四品汇影成谱"，冠名《故宫清钱谱》，于 1937 年出版①。该书是研究我国清代币制史的奠基性文献。

2.《批本处现行事宜》

清朝的批本处为内阁所属机关，主要职能是代批谕旨，属于内廷机构，批本官均用满人。批本处虽为一独立机构，但是所存档案极少，《批本处现行事宜》是研究批本处为数不多的重要文献②。该书于咸丰元年由内阁学士载龄、中书文启合撰刊刻，内容主要有祭祀本章、各部院衙门次序、各部院值日次序、进本批本、回避刑名日期等内容。故宫博物院文献馆于 1937 年影印该书③。

值得补充的是，由于文献馆整理编辑档案工作的特殊性，经常因为发现新的档案而将原定出版计划打乱，因此故宫博物院文献馆相关报告所列档案史料出版时间，有时会与实际的出版时间有所出入。例如：《阿济格略明满文木牌》的出版时间，《故宫文献馆大事表》记为 1935 年 6 月，但该书实际出版时间却是 1935 年 5 月。又如《清代外交史料（嘉庆朝）》第一册，在《文献馆刊物一览及出版年月》中的出版时间为 1931 年 12 月，实际出版时间是 1932 年 1 月。因此，本文主要以出版物上标注的时间为主，另外参阅《北平故宫博物院报告》、《故宫博物院文献馆年度工作报告》以及《故宫博物院文献馆大事表》、《文献馆刊物一览及出版年月》、《北平故宫博物院文献馆一览》、《国立北平故宫博物院出版物总目》等资料为据，尽量用第一手资料来纠正《一览表》、《史料汇编》、《全国表》的失误。自然，这三个目录仍是嘉惠学林的重要文献，即使存在一些失误，仍不影响其学术价值，只是需要经过纠正，以防以讹传讹之憾。

原载于《齐鲁学刊》2010 年第 2 期

---

① 黄鹏霄编：《故宫清钱谱》，1937 年。

② 单士元：《我在故宫七十年》，北京：北京师范大学出版社，1997 年，第 161—163 页。

③ 《国立北平故宫博物院工作报告》1937 年，第 17 页。

论十六国疆界的变动及制约因素^①

任何一政权都有一定的统治区域,把其辖域与其它政权的辖域加以区分的是疆界。在中国中古时期,两个政权的分隔未必有现代意义上严格划分的界线,因此本文所言的"疆界",只是相对意义上分隔两政权间辖域的界限。十六国时期,北方战乱不已,各政权的疆土频频变动,本文侧重考察影响十六国疆界的主要因素。

一、政权间实力的强弱

疆界是分隔相邻两个政权的界限,从地缘政治的角度来看,疆界的变动多与政权间实力强弱有关。陈寅恪先生在研究唐代政治史时提出"外族盛衰之连环性"之说,认识到政权间盛衰的连环作用^②。十六国各政权疆界的变动,也主要与当时政权间实力的强弱变化有关。

十六国各政权的疆土主要是通过军事征服而取得的,而"军旅之后,必有凶年"^③,各政权力量由强到弱的变化,除与其体制等因素有关外,也与当时战乱的环境密切相关。若一政权在战争中能够取胜,不仅疆土会有所扩展,而且也会掠取大量物资以补充战争的消耗。但长期征战而取胜不多、乃至失利,那么,该国以都城为中心的核心区的资源必然为大量损耗,实力就会遭到削弱。孙子曰:"国之贫于师者远输,远输则百姓贫。近师者贵卖,贵卖则百姓财竭。财竭则急于丘役。力屈、财殚,中原内虚于家,百姓之费十去其七"^④,又曰:"其用战也胜,久则钝兵挫锐,攻城则力屈,久暴师则国用不足。夫钝兵挫锐,屈力殚货,则诸侯乘其弊而起,虽有智者,不能善其后矣。"^⑤因此,持久的战争而不能取胜,国力消耗很大,其实力必将削弱,而相邻政权将会"乘其弊"而攻略其地。

十六国时期各政权疆界的变迁,正是在各政权间实力强弱对比与变化中产生

---

① 本文与魏俊杰合作。
② 陈寅恪:《唐代政治史述论稿》,北京:生活·读书·新知三联书店,2001 年,第 321 页。
③ 《汉书》卷六四上《严助传》,北京:中华书局,1962 年,第 2780 页。
④ 孙武撰、曹操等注、杨丙安校理:《十一家注孙子校理》卷上《作战篇》,北京:中华书局,1999 年,第 34—35 页。
⑤ 孙武撰、曹操等注、杨丙安校理:《十一家注孙子校理》卷上《作战篇》,第 30—31 页。

的，此以汉赵、后赵、前秦和后秦疆界的变迁为例来加以说明。

西晋经八王之乱，晋室实力严重削弱，已经无力控御地方，汾水流域的匈奴五部乘势而起，分割晋土。匈奴汉国经刘渊之努力，实力已经得到发展。洛阳、长安被匈奴刘氏所攻时，"怀帝为刘曜所围，王师累败，府帑既竭，百官饥甚，比屋不见火烟，饥人自相啖食。愍皇西宅，馁馑弘多，斗米二金，死者太半。刘曜陈兵，内外断绝，十饼之麴，屑而供帝，君臣相顾，莫不挥涕"①。可见，汉国所以能够攻陷洛阳、长安二京，取有"三河"、"三辅"之地，是因当时晋室已经物资困乏，兵力羸弱，不堪一击。在汉国虽能倾覆二京，但不能灭北边刘琨而占据整个并州，亦不能东取冀州而有之，因当时刘琨与拓拔氏结盟，王浚控有冀州并引鲜卑段氏为援，实力甚强，故汉国远远达不到向北、向东扩张的实力，因而受阻。

匈奴汉国末年频频征战而疆土难有扩张，实力受损，司隶部人因饥荒大量外逃，既而内乱爆发，汉国随之而亡，石勒乘机以取有平阳以东之地。匈奴汉国不能与刘琨、王浚抗衡，而石勒能将刘、王消灭，主要因为这时刘琨、王浚的力量大为削弱。拓拔猗卢因内乱被杀后，拓拔部实力遭到削弱，刘琨因之不能抗衡石勒，遂一战而溃。而鲜卑段氏与王浚的关系破裂后，石勒乘机北袭幽州，俘获王浚。石氏因周边统治力量的削弱而受益，乘势击败敌手，获取大片疆土。石勒都于襄国后，企图夺取黄河以南土地，"时晋征北将军祖逖据谯，将平中原。逖善于抚纳，自河以南多背勒归顺。勒惮之，不敢为寇"②，石勒向南拓土因此受阻。随后，"祖逖既卒，后赵屡寇河南，拔襄城、城父，围谯。豫州刺史祖约不能御，退屯寿春。后赵遂取陈留，梁、郑之间复骚然矣"③。不久，东晋有苏峻、祖约之乱，后赵乘机掠土至淮、汉，后来后赵、东晋大致相峙于此。石勒因洛阳一战而擒刘曜，遂有前赵之地。至此，后赵的疆土基本奠定。

至后赵大乱，前燕乘机占有中原，前秦乘机稳定关中，燕、秦成东西对峙之势。然而前燕至慕容暐时逐渐衰弱，前秦至苻坚时实力则日益强大，前燕有志之士为此痛心疾首，申绍上疏言："百姓穷弊，侵赎无已，兵士逋逃，乃相招为贼盗。风颓化替，莫相纠摄……虚假名位，废弃农业，公私驱扰，人无聊生。"④而此时前秦在王猛在治理下，"人思劝励，号称多士，盗贼止息，请托路绝，田畴修辟，帑藏充盈，典章法物靡不悉备"⑤。燕弱秦强，由此可见。既而前秦伐燕，潞川一战，燕师败绩，秦兵

---

① 《晋书》卷二六《食货志》，北京：中华书局，1974 年，第 783 页。马端临《文献通考》卷二三作"拾饼之麴屑而供御"似更通顺。杭州：浙江古籍出版社，2000 年，第 224 页。

② 《晋书》卷一五《石勒载记下》，第 2738 页。

③ 《资治通鉴》卷九二，晋元帝永昌元年，北京：中华书局，1956 年，第 2909 页。

④ 《晋书》卷一一一《慕容暐载记》，第 2855 页。

⑤ 《晋书》卷一一三《苻坚载记上》，第 2888 页。

入邺,前燕遂亡,其地皆入秦。后赵攻河西受阻,而前秦终取凉土,不仅因长安较之邺城距凉州为近,也与当时前凉政事荒废、实力削弱有关。前秦灭凉前,"(张)天锡荒于酒色,不亲庶务……人情愤怨"①,秦兵来攻,前凉遂亡。苻坚统一北方后,决意灭东晋而一统天下,然兵败于淝水,北方又陷于大乱。

后秦姚苌在前秦国乱后起兵,首先占据岭北地区,鲜卑慕容氏自长安撤出后,姚苌遂取长安而都之。但在姚苌之世,后秦始终在岭北等地与苻登争夺,直至姚兴即位后才消灭前秦的残余力量,遂有向关中以外地区扩张的可能。此时,后秦西面为乞伏部据有秦州大部,北方铁弗部刘卫辰为北魏所灭,南为杨氏据有武都、阴平一带,东部后燕灭西燕后,河东太守柳恭阻河自固,弘农、上洛地区为东晋控有。姚氏首先攻取西秦统治力量比较薄弱的天水、略阳二郡,再破柳恭得河东地,既而东取洛阳以东至陈留之地。与后秦相比,西秦力量比较弱小,姚兴攻陇西,乞伏氏一战而溃,国土入于后秦。而后凉遭秃发氏、沮渠氏频年之伐,无力自固,遂求迎于姚兴,后秦因此得有姑臧之地。东晋在元兴初年有桓玄之乱,后秦乘机掠取汉水以北的大片土地。而西南巴蜀有谯纵之乱,东晋无力控御梁州,汉中空虚,后秦乘势取之。可见后秦疆域的扩张,有不少趁相邻政权力量薄弱之时取得。姚兴对外扩张,首先遇阻于强敌拓拔氏。姚氏企图与拓拔魏争夺平阳,而柴壁一战,后秦大败,再无力向东北扩展疆土。随着赫连夏的崛起,姚秦长期与赫连勃勃周旋于岭北地区,国势日益削弱。西秦因姚氏国衰而复国,其对姚秦西部的骚扰,进一步加剧了姚秦的危机。姚泓即位后,东晋来伐,未等刘裕攻入关中,姚氏宗室内部已乱,赫连氏、仇池杨氏攻其南北,刘裕入长安,后秦遂亡。

由十六国时期诸国的兴亡可见,一政权疆界的变动,与相邻政权政权实力强弱有着密切的关联。当一政权强大之时,周边若有相邻的政权实力受损,该政权就会乘机攻掠而疆界随之向前推移;若双方政权势均力敌,其疆界则维持不变;若相邻政权实力远强于己,侵犯该政权边境,其疆界会逐渐内缩,乃至国亡。

二、边境政治势力的向背

《潜夫论·救边》曰:"昔乐毅以博博之小燕,破灭强齐,威震天下,真可谓良将矣。然即墨大夫以孤城独守,六年不下,竟完其民。田单帅穷卒五千,击走骑劫,复齐七十余城,可谓善用兵矣。围聊、莒连年,终不能拔。此皆以至强攻至弱,以上智图下愚,而犹不能克者何也? 曰:攻常不足,而守恒有余也。"②可见,当敌国来攻之时,边境守帅是守是降直接影响到疆界的变动。十六国时期诸国攻城略地,不少守

---

① 《资治通鉴》卷一四,晋孝武帝太元元年,第3273页。
② 王符著、汪继培笺、彭铎校正:《潜夫论笺校正》卷五《救边》,北京:中华书局,1997年,第259页。

将不战而走,致使敌方大规模向前推进;反之,若边境守将坚守城池,致使敌方难以推进,两国疆界可能维持较长时间。不仅如此,若边郡太守或守将不满于其政权,往往会率众归附于敌国,亦使边境界线发生改变。因此,边境政治势力的向背直接关系到疆界的变动,也是影响十六国疆域变迁的重要因素。

永嘉之乱时,晋南阳王司马模守备关中。永嘉五年,"南阳王模使牙门赵染戍蒲坂(胡注:刘聪在平阳,欲窥关中;蒲坂,兵冲也。),染求冯翊太守不得而怒,帅众降汉,汉主聪以染为平西将军。八月,聪遣染与安西将军刘雅帅骑二万攻模于长安,河内王粲、始安王曜帅大众继之。染败模兵于潼关,长驱至下邽。凉州将北宫纯自长安帅其众降汉。汉兵围长安,模遣淳于定出战而败,模仓库虚竭,士卒离散,遂降于汉。赵染送模于河内王粲;九月,粲杀模"①。顾祖禹言:"赵染以蒲坂降刘聪,而关中从此多故矣。晋亡关中,由于失蒲坂也。"②赵染以蒲坂降汉,遂使关中对于匈奴汉国无险可守,既而北宫纯、司马模相继降汉,长安因而失陷。长安没于匈奴汉国不久,关中地区政治势力连兵抗击:"初,南阳王模以从事中郎索綝为冯翊太守……模死,綝与安夷护军金城麹允、频阳令梁肃,俱奔安定。时安定太守贾疋与诸氐羌皆送任子于汉,綝等遇之于阴密,拥还临泾,与疋谋兴复晋室,疋从之。乃共推疋为平西将军,率众五万向长安。雍州刺史麹特、新平太守竺恢皆不降于汉,闻疋起兵,与扶风太守梁综帅众十万会之。"③永嘉六年四月,"贾疋等围长安数月,汉中山王曜连战皆败,驱掠士女八万余口,奔于平阳"④。自此,长安复归于晋,后晋愍帝得以入都长安,亦赖贾疋等关中势力的拥护。由匈奴汉国得失长安可见,边境政治势力的向背,直接影响到疆界的变动。

匈奴汉国亡后,前后二赵成敌对政权,双方在边境争夺激烈,洛阳地区政治势力的背向,在相当程度上决定了该地区的归属。洛阳初为前赵占据,"赵将尹安、宋始、宋恕、赵慎四军屯洛阳,叛,降后赵。后赵将石生引兵赴之;安等复叛,降司州刺史李矩。矩使颍川太守郭默将兵入洛。石生虏宋始一军,北渡河。于是河南之民皆相帅归矩,洛阳遂空"⑤。宋始等叛变后,刘曜"署其大将军、广平王岳为征东大将军,镇洛阳。会三军疫甚,岳遂屯渑池。石勒遣石生驰应宋始等,军势甚盛。曜将尹安、赵慎等以洛阳降生,岳乃班师,镇于陕城"⑥。可见,前赵洛阳镇将的叛降,对于当时洛阳的归属有很大的影响,而前赵因此失去洛阳及河南郡大部分

---

① 《资治通鉴》卷八七,晋怀帝永嘉五年,第 2767 页。

② 顾祖禹:《读史方舆纪要》卷四一《山西三》,第 1889 页。

③ 《资治通鉴》卷八七,晋怀帝永嘉五年,第 2770 页。

④ 《资治通鉴》卷八八,晋怀帝永嘉六年,第 2780 页。

⑤ 《资治通鉴》卷九一,晋元帝太兴三年,第 2877 页。

⑥ 《晋书》卷一三《刘曜载记》,第 2685—2686 页。

地区。

后赵乱后，慕容霸（按：后称慕容垂。）上言乘势夺取中原，慕容俊言："邺中虽乱，邓恒据安乐（胡注：以前参考，'安乐'当作'乐安'。），兵强粮足，今若伐赵，东道不可由也，当由卢龙；卢龙山径险狭，虏乘高断要，首尾为患，将若之何？"慕容霸曰："恒虽欲为石氏拒守，其将士顾家，人怀归志，若大军临之，自然瓦解。臣请为殿下前驱，东出徒河，潜趋令支，出其不意，彼闻之，势必震骇，上不过闭门自守，下不免弃城逃溃，何暇御我哉！"①其后果如慕容霸所料，慕容氏出师，"邓恒惶怖，焚仓库，弃安乐遁去（胡注：'安乐'当作'乐安'。），与幽州刺史王午共保蓟……燕兵至无终，王午留其将王佗以数千人守蓟，与邓恒走保鲁口。乙巳，俊拔蓟，执王佗，斩之"②。邓恒、王午握有重兵，粮草充足，足以与慕容氏抗衡一段时间，然而相继弃城而逃，前燕遂得幽州之地，顺利出入关塞内外，铁骑驰骋中原。前燕得以顺利占据幽州以南大片地区，与邓恒、王午弃守重镇有直接的关系。

十六国时，陇西和河东地区为诸政权经常争夺之地，当地政治势力的向背关系到该地区的归属。史载："有陇西人李俨，诛大姓彭姚，自立于陇右，奉中兴年号，百姓悦之。（张）玄靓遣牛霸率众讨之，未达，而西平人卫綝又据郡叛。霸众溃，单骑而还。"③其后，前凉虽平定西平之叛，而陇西地区则终为李俨所据，前凉遂失陇西地。张天锡继位后亲自讨伐，李俨求救于苻坚，坚使其将王猛救之，天锡大败，王猛乘势执李俨，前秦遂得陇西地。后秦能得河东，也与此地政治势力向背有关。《晋书·姚兴载记》："慕容永既为慕容垂所灭，河东太守柳恭等各阻兵自守，兴遣姚绪讨之。恭等依河距守，绪不得济。镇东薛强先据杨氏壁，引绪从龙门济河，遂入蒲坂。恭势屈，请降。"④河东柳氏、薛氏、裴氏都是当地豪族，"薛氏在当时是三族之中最具地方豪强性格的一族"，"稷山、龙门、蒲坂线是薛氏的势力范围"⑤，因此薛氏是河东地区重要政治势力，且控制着自河东出入关中的要道，薛氏的向背则关系的河东地区的归属，薛氏引姚秦入河东，柳恭遂不能独守，亦降姚氏，河东随之归后秦。

十六国时，某一政权对外扩张时，相邻政权的太守或边将以郡归降者史不绝书，限于篇幅不再详述。郡守的向背，直接关系到该郡的归属，政权的疆界也可能因郡守向背而发生改变。

---

① 《资治通鉴》卷九八，晋穆帝永和五年，第3092页。
② 《资治通鉴》卷九八，晋穆帝永和六年，第3103页。
③ 《晋书》卷八七《张轨传附张玄靓传》，第2248页。
④ 《晋书》卷一一七《姚兴载记上》，第2977页。
⑤ 毛汉光：《中国中古政治史论》，上海：上海人民出版社，2002年，第133页。

三、地理条件的制约

胡阿祥先生在分析东晋十六国南北朝疆域变动时指出："地理条件的限制作用决定着疆域变动的走向与幅度。"①地理条件在很大程度上制约着十六国的疆域的变迁，高山大河常常成为政权间长时期稳定的疆界，而沙漠戈壁、高寒高原和长江、大河等地理环境则为当时各政权很难逾越的界限。十六国各政权的疆界，除成汉曾一度占据长江以南的宁州地区及涪陵等郡外，其它各政权的疆界都没有跨越长江这条天堑。因此，下面就结合中国长江以北地区山川分布和地理环境的特征，来分析地理条件对十六国疆界的制约作用。

北方各族内迁以后，大多由游牧转为农耕，即使有些部族还保留游牧的传统，但在其统治区内仍有从事农耕的，十六国各政权的疆界达到游牧地带并不多。十六国时期，北部广大的草原地带为拓拔鲜卑所控制②，鲜卑慕容部兼并宇文部后，其疆界可能达到了游牧带的边缘（或农牧交错地带）。在凉州的北部，为大沙漠（大致为今腾格里沙漠和巴丹吉林沙漠地区），五凉政权的疆界很难跨越此沙漠地带。在凉州以南和秦州、益州以西的地区，为高寒的青藏高原地带，紧邻凉州、秦州、益州的高原地带为吐谷浑所控制。后赵、前燕、前秦、后燕和南燕等都东临大海，这些政权的东部边界未有逾越至海外者。因此，十六国各政权的北边一般最远达到大草原、大沙漠的边缘地带，其西边达到青藏高原的边缘，而其东边则临大海，南面则受阻于长江、黄河。至于西域地区，十六国有政权设置郡县的最远地区则为高昌郡，对高昌郡以西的地区控制力度较弱。

顾祖禹亦言："天下之形势，视乎山川……天地位而山川奠，山川奠而州域分，形势出于其间矣。"③因此，山川是划分州域的重要标准。周振鹤先生在分析中国古代政区边界是提出了犬牙相入和山川形便的原则，他认为"山川形便的原则是与边界概念的形成同时出现的"④。山川不仅是政区间划界的原则之一，它也常常成为政权间疆域的界限。十六国时期，河水、淮水、太行山、燕山、南山（即秦岭）等大河高山常为当时政权间的疆界。

黄河是中国北部的第一大河，十六国政权间的疆界常常是以河水为限的。黄河下游并非有长江之天险，但在一段时间内也能成为政权的疆界。石勒在晋愍帝建兴二年（314）袭杀王浚之后，冀州之地除乐陵郡外基本上为后赵所有，而司州之魏郡、广平、阳平、顿丘四郡此时亦为石勒所占，后赵基本以河为界，统有河朔地区。

---

① 胡阿祥：《东晋十六国南北朝之疆域及其分析》，《南京晓庄学院学报》2009 年第 7 期。

② 此分析十六国疆域的变迁，不包括当时拓拔部及吐谷浑等部族的疆土的变动。

③ 顾祖禹：《读史方舆纪要·凡例》，第 1 页。

④ 周振鹤：《中国地方行政制度史》，上海：上海人民出版社，2005 年，第 231 页。

曹嶷取有青州后，"遣使赂石勒，请以河为境，勒许之"①，大河因此成为石勒、曹嶷两政权间的疆界。匈奴汉国亡后，石勒取有平阳以东之地，其疆土"南至盟津，西达龙门，东至于河"②，也是以河为限。前燕南下争夺中原，攻占冀州之地后，便以河与东晋分界，直至东晋济北太守高柱降燕，慕容氏才跨越大河。刘裕北伐后秦，"水军自淮、泗入清河，将沂河西上，先遣使假道于魏"，魏人不许，刘裕引军入河，"魏人以数千骑缘河随裕军西行"③，可见此前后秦与北魏也是以河水为界的。十六国时，黄河流经山陕间（龙门以北）的河段，则为政权的分界线。占据并州地区的匈奴汉国、前燕、西燕、后燕诸政权，皆没有控据朔方之地，这些政权的西部疆界都是以大河为境。建国于朔方的赫连夏，其东部、北部与北魏政权相邻，基本都是以黄河为界④。黄河流经今甘肃省的河段，常成为东西政权的分界线。前凉张瓘曾言其"西包昆域，东阻大河"⑤，显然当时前凉东界为黄河。前赵、后赵、前秦占据河南地后，皆与前凉以河为界。

　　十六国时期，淮水是北方政权向南扩张的极限，而江左政权只有力保淮河，其统治才能够相对安全。因此，南北双方往往在淮河地区形成拉锯状态。后赵在击破李矩以后，大举南侵，"于是司、豫、徐、兖之地，率皆入于后赵，以淮为境矣"⑥。后来，后赵又乘东晋苏峻、祖约之乱时夺有淮水以南淮南郡部分之地，石虎时有曾一度攻陷邾城，陷有淮水南豫州之地，但在淮水流经徐州段仍为后赵与东晋的分界。后赵乱后，中原失控，殷浩北伐，王羲之上笺会稽王，陈述不宜北伐，力主保淮为境，其言："愿殿下更垂三思，解而更张，令殷浩荀羡还据合肥、广陵，许昌、谯郡、梁、彭城诸军皆还保淮，为不可胜之基，须根立势举，谋之未晚，此实当今策之上者。"⑦可见江左政权视淮水一线为其存在之根基。殷浩北伐失利，后又有谢万兵溃，前燕南侵，"汝、颍、谯、沛皆陷"⑧。慕容垂镇梁国后，"帅骑二万，观兵河南，临淮而还"⑨，前燕拓境至淮水，与东晋分境⑩。前燕被苻坚灭后，其地皆入于前秦，前秦因而与东晋以淮为界。苻坚末年，南伐东晋，虽已渡淮，然兵败于淝水，东晋遂收复淮北之地。

---

① 《资治通鉴》卷九一，晋元帝太兴二年，第 2869 页。

② 《晋书》卷一四《石勒载记上》，第 2730 页。

③ 《资治通鉴》卷一一八，晋安帝义熙十三，第 3701—3703 页。

④ 这里除赫连夏占据的蒲坂地区。赫连氏曾占据西河、蒲子，但旋为北魏驱除。

⑤ 《晋书》卷一一二《苻生载记》，第 2874 页。

⑥ 《资治通鉴》卷九三，晋明帝太宁三年，第 2936 页。

⑦ 《晋书》卷八《王羲之传》，第 2096 页。

⑧ 《晋书》卷一一《慕容俊载记》，第 2838 页。

⑨ 《资治通鉴》卷一一，晋穆帝升平四年，第 3181 页。

⑩ 东晋仅与前燕在淮水流经豫州段分界，在淮水以北的徐州地区仍为东晋之地。

　　太行山是处于山西高原和河北平原间、近于南北走向的大山脉,十六国不少政权曾一度以此山为界。石勒都襄国后,取有冀州之地,以太行为界与占据并州的匈奴汉国和刘琨分壤。直至石勒击破刘琨,后赵疆土才跨越太行。前燕占据冀州后,亦以太行山与割据并州的张平分陕,至张平被破后才得有太行以西之地。前秦乱后,西燕都长子,据有并州大部分地区;后燕都中山,跨有冀州、幽州、平州等地。在后燕灭西燕前,二燕分据太行东西。

　　燕山是位于蒙古高原和河北平原间东西走向的山脉,它基本上可视为边塞内外的分界,因此十六国时居于中原的政权也多以其为北边。后赵据有中原,其疆界"北至于塞垣"①,石虎曾大举北征,然终未能取有塞外之地。前燕、前秦、后燕虽然都曾据有卢龙塞内外,但没有占据燕山以北的草原地带,燕山西段基本上还是这些政权的疆界。

　　今之秦岭,古人常称之为南山,有时南山也特指秦岭之终南山段,顾祖禹言"终南、秦岭本一山矣"②。秦岭在中国地理上为南北分界线,这里也常常为分裂时期南北政权的界山。十六国时,仇池杨氏长期据守秦岭西段的山区,称藩于南北政权。前赵时,刘曜曾一度占据仇池而旋有失之,除此之外,前赵称霸关陇,然终未能翻越近在咫尺的南山。成汉据有巴蜀,其北界则至南山。后赵灭前赵后,仍以南山为界。前秦都长安,其前期则据有南山以北的关中,至苻坚灭仇池,南取梁、益之地,才跨越南山而有其南北之地。后秦时,姚氏曾因谯纵乱蜀,汉中空虚,乘机占据汉中,但不久又失汉中,姚虽都长安,南山仍是其难以跨越之地。姚兴遣赵琨、姚嵩讨伐仇池杨盛,天水太守王松忿言于嵩曰:"先皇神略无方,威武冠世,冠军徐洛生猛毅兼人,佐命英辅,再入仇池,无功而还。非杨盛智勇能全,直是地势然也。今以赵琨之众,使君之威,准之先朝,实未见成功。使君具悉形便,何不表闻?"③姚嵩不从,败绩而归。姚秦不能征服其附近仇池政权,是因为仇池凭借地势险绝而与强敌周旋,可见地理条件制约了后秦的扩张。

　　综上述可见,十六国各政权疆界的变动受多种因素的影响和制约,当时各政权间实力强弱的变化是促使疆界发生变动的主要原因,边境政治势力的向背也直接关系到疆界的变动,同时地理条件等客观因素也制约着各政权对外开疆拓土。

原载于《求索》2011 年第 2 期

------

① 《晋书》卷一四《石勒载记上》,第 2730 页。
② 顾祖禹:《读史方舆纪要》卷五二《陕西一》,第 2462 页。
③ 《晋书》卷一一八《姚兴载记下》,第 2996 页。

近 40 年来大陆地区《资治通鉴》研究综述(1983—2011 年)[①]

　　司马光千古名作《资治通鉴》(下简称《通鉴》)历来是中国史学史研究的重点之一,成果众多。宋衍申《〈资治通鉴〉研究概述——为〈通鉴〉修成九百年而作》[②]曾对有关《通鉴》的研究成果作过评述,但所评述成果到 1982 年为止;翟福清《近四十年来台湾〈资治通鉴〉研究概述》一文[③]也介绍了台湾地区有关研究,此后近 40 年来,学术界对《通鉴》仍展开比较深入的研讨,取得了较为丰硕的成果。现分为几个方面对大陆地区有关成果作一综述。

一、校勘与考订方面

　　对《通鉴》进行校勘、考订,历来是一个重点,近 40 年来出了许多成果。

　　时间考订方面,1983 年之前有些学者曾作过一些考订,如陈光崇《〈通鉴·唐纪〉标点本校误》[④]用范祖禹《唐鉴》与中华书局本《通鉴》相校,列出 44 处异同之处,其中包括时间的考订。此后,李裕民《〈通鉴〉魏晋部分记时订误》、《〈通鉴〉隋唐纪记时订误》[⑤]对《通鉴》魏晋和隋唐部分的纪时进行比勘,指出其中存在的错误。张弓《〈通鉴·晋纪〉干支月日订误拾零》[⑥]指出《通鉴·晋纪》中以干支纪月日的 6 处错误。庞天佑《〈资治通鉴〉系年错误六则》[⑦]、邹建达《〈资治通鉴〉系年辨误一则》[⑧]、以及王觅道先后发表的《〈通鉴〉纪事失误举例》、《〈通鉴〉记时纠谬三则》、《〈通鉴〉记时纠谬一则》、《〈资治通鉴〉纠谬三则》、《〈资治通鉴〉纠谬二则》、《〈通鉴〉纪事纠谬二则》、《〈通鉴〉纪时纠谬十则》[⑨]等数文、都就纪时问题展开研讨。吴玉

① 本文与李日升合作。

② 刘乃和、宋衍申主编:《〈资治通鉴〉丛论》,郑州:河南人民出版社,1985 年。

③ 翟福清:《近四十年来台湾〈资治通鉴〉研究概述》,《中国史研究动态》1993 年第 11 期。

④ 陈光崇:《〈通鉴·唐纪〉标点本校误》,《史学史研究》1981 年第 3 期。

⑤ 李裕民:《〈通鉴〉魏晋部分记时订误》,《太原民族学院学报》1988 年第 1 期;《〈通鉴〉隋唐纪记时订误》,《山西大学学报》1992 年第 4 期。

⑥ 张弓:《〈通鉴·晋纪〉干支月日订误拾零》,《中国史研究》1990 年第 3 期。

⑦ 庞天佑:《〈资治通鉴〉系年错误六则》,《湛江师范学院学报》1998 年第 3 期。

⑧ 邹建达:《〈资治通鉴〉系年辨误一则》,《云南师范大学学报》2005 年第 4 期。

⑨ 《〈通鉴〉纪事失误举例》、《〈通鉴〉记时纠谬三则》、《〈通鉴〉记时纠谬一则》、《〈资治通鉴〉纠谬三(转下页)

贵《〈资治通鉴〉疑年录》①以疑年录的形式,共列出《通鉴》纪时上的 888 条疑误之处,该书前言中对《通鉴》正文纪事时间错误的六种情况、八项原因及前人对《通鉴》纪事时间校勘失误的七种问题进行了归纳分析。这是近年来对《通鉴》记时考订方面的最重要成果。

对《通鉴》所载具体史事进行考订,是学者比较关注的方面,也取得相当丰硕的成果。陈仲安《〈通鉴〉记莫折天生二次下陇事考辨》②根据《梁书》、《魏书》、《北齐书》有关记载,指出《梁纪》大通元年所载"莫折天生二次下陇"是错误的。李步嘉《〈通鉴〉记杨难敌事考辨》③据《晋书》、《宋书》、《十六国春秋辑补》的记载,对《通鉴》杨难敌数事进行辨析,断定是《通鉴》混二事为一事而致误。马俊民《唐代民间养马盛衰考——〈资治通鉴〉辨误》④用《新唐书》、《唐律疏议》、《唐会要》、《册府元龟》等史料考证了仪凤三年载魏元忠上书一事后,指出司马光所述"先是,禁百姓畜马,故元忠言之"是错误的,并简要叙述了唐代民间养马的盛衰过程。谭世保《〈资治通鉴〉误合"国师"与"助教"为一职》⑤,指出《通鉴》的混淆国师、助教的错误。裴传永《孙权决计抗曹过程考——从〈建康实录〉、〈资治通鉴〉有关描述说起》⑥对《建康实录》、《通鉴》所载孙权决策抗曹过程的不同进行辨析,认为孙权一开始态度就是明确、坚决的,只是由于急于与群臣商讨对策,致使诸葛亮形成了孙权犹豫不决的错觉。赵君尧《〈资治通鉴〉"围魏救赵"邯郸存降考》⑦指出《通鉴》公元前 353 年"围魏救赵"中的"邯郸降魏"的记载是错误的。姜维公《两唐书及〈资治通鉴〉关于安东都护府记载的不同》⑧认为两唐书与《通鉴》对安东都护府记载不同,不是史事差异,是记载不同时期的都护府。于学义《〈旧五代史〉、〈资治通鉴〉证误各一则》⑨指出中华书局版《旧五代史》卷四三《明宗纪》与《资治通鉴》卷二七七后唐明宗长兴三年记载"后唐明宗李嗣源与契丹主阿保机约为兄弟"的史事是错误的,应与耶律

(接上页)则》、《〈资治通鉴〉纠谬二则》、《〈通鉴〉纪事纠谬二则》、《〈通鉴〉纪时纠谬十则》,分别载于《陕西师范大学学报》2000 年第 2 期、第 3 期,2001 年第 2 期,2002 年第 1 期、第 2 期,2004 年第 1 期、2005 年第 1 期。

① 吴玉贵:《〈资治通鉴〉疑年录》,北京:中国社会科学院出版社,1994 年。

② 陈仲安:《〈通鉴〉记莫折天生二次下陇事考辨》,《武汉大学学报》1983 年第 2 期。

③ 李步嘉:《〈通鉴〉记杨难敌事考辨》,《中国史研究》1984 年第 4 期。

④ 马俊民:《唐代民间养马盛衰考——〈资治通鉴〉辨误》,《天津师大学报》1985 年第 5 期。

⑤ 谭世保:《〈资治通鉴〉误合"国师"与"助教"为一职》,《文史哲》1986 年第 1 期。

⑥ 裴传永:《孙权决计抗曹过程考——从〈建康实录〉、〈资治通鉴〉有关描述说起》,《齐鲁学刊》1998 年第 4 期。

⑦ 赵君尧:《〈资治通鉴〉"围魏救赵"邯郸存降考》,《中国史研究》1990 年第 1 期。

⑧ 姜维公:《两唐书及〈资治通鉴〉关于安东都护府记载的不同》,《古籍整理研究学刊》1990 年第 2 期。

⑨ 于学义:《〈旧五代史〉、〈资治通鉴〉证误各一则》,《史学月刊》1991 年第 2 期。

德光约为兄弟。叶振华《〈资治通鉴〉点校本勘误一则》①认为《隋纪》恭帝义宁元年《考异》记载"刘子玄《唐高祖实录》当作《唐高宗实录》。王雪玲《〈资治通鉴〉刘希光受贿数额勘误》②指出《通鉴》卷二三八所载刘希和受贿二万缗应为二十万之误。穆渭生、侯养民《李白何处识子仪——兼正〈新唐书〉和〈资治通鉴〉地名一误》③考证李白与郭子仪相识之处，并指出《新唐书》和《资治通鉴》中的一处地名错误。郭秀琦《〈通鉴〉所记"除汉宗室禁锢"辨误》④举例论证魏朝未曾对汉宗室实行禁锢，《通鉴》因袭《晋书·武帝纪》"除汉宗室禁锢"的错误。阎爱民《〈资治通览〉"世民跪而吮上乳"的解说——兼谈中国古代"乳翁"习俗》⑤辨析考证了关于"乳翁"这一习俗的记载。此外，傅义《柳玭贬泸考——〈通鉴〉质疑一则》⑥、谢忠明《〈通鉴〉辨误一则》⑦、雷近芳《召齐丘之使者考——〈资治通鉴〉勘误一例》⑧、丁福林《〈资治通鉴〉正误一则》⑨、黄大宏《司马光〈资治通鉴·唐纪〉考异〉一则辨证》⑩、东波《〈魏书〉〈通鉴·梁纪〉勘误各一则》⑪、李云《〈资治通鉴〉史文勘误》⑫、刘玉《〈资治通鉴〉史事一误》⑬也分别纠弹《通鉴》记载之误。吴玉贵《〈资治通鉴〉纪事失误举隅——以突厥史料为例》⑭考证《通鉴》有关突厥史料的一些错误，分为"与编写体例有关的错误"、"粗疏或理解失误造成的错误"、"《考异》的失误"三个方面。

　　对《通鉴》胡注的研究也有一些成果。张焯《〈通鉴〉及胡注勘误一则》⑮认为标点本《通鉴》卷一八四隋恭帝义宁元年中关于"入典六屯"记载是错误的，应以温大雅的《大唐创业起居注》"入典八屯"的记载为准，同时指出胡注也是错误的。华林甫《〈通鉴〉胡注地理失误举例》⑯把《通鉴》胡注中出现的错误归为 11 类，并举例 64

① 　叶振华：《〈资治通鉴〉点校本勘误一则》，《南开学报》1992 年第 3 期。
② 　王雪玲：《〈资治通鉴〉刘希光受贿数额勘误》，《陕西师范大学学报》1996 年第 1 期。
③ 　穆渭生、侯养民：《李白何处识子仪——兼正〈新唐书〉和〈资治通鉴〉地名一误》，《文博》2001 年第 3 期。
④ 　郭秀琦：《〈通鉴〉所记"除汉宗室禁锢"辨误》，《阴山学刊》2001 年第 3 期。
⑤ 　阎爱民：《〈资治通览〉"世民跪而吮上乳"的解说——兼谈中国古代"乳翁"习俗》，《中国史研究》2004 年第 3 期。
⑥ 　傅义：《柳玭贬泸考——〈通鉴〉质疑一则》，《古籍整理研究学刊》1987 年第 1 期。
⑦ 　谢忠明：《〈通鉴〉辨误一则》，《史学月刊》1988 年第 5 期。
⑧ 　雷近芳：《召齐丘之使者考——〈资治通鉴〉勘误一例》，《信阳师范学院学报》1990 年第 2 期。
⑨ 　丁福林：《〈资治通鉴〉正误一则》，《中国史研究》1992 年第 3 期。
⑩ 　黄大宏：《司马光〈资治通鉴·唐纪〉考异〉一则辨证》，《古籍整理研究学刊》2001 年第 1 期。
⑪ 　东波：《〈魏书〉〈通鉴·梁纪〉勘误各一则》，《中国史研究》2002 年第 4 期。
⑫ 　李云：《〈资治通鉴〉史文勘误》，《洛阳大学学报》2003 年第 1 期。
⑬ 　刘玉：《〈资治通鉴〉史事一误》，《首都师范大学学报》2003 年第 6 期。
⑭ 　吴玉贵：《〈资治通鉴〉纪事失误举隅——以突厥史料为例》，《北京联合大学学报》2010 年第 3 期。
⑮ 　张焯：《〈通鉴〉及胡注勘误一则》，《史学月刊》1990 年第 1 期。
⑯ 　华林甫：《〈通鉴〉胡注地理失误举例》，《史学史研究》1995 年第 4 期。

条予以阐释。李国伟、秦竹《〈通鉴〉胡注纠误一例》①指出《通鉴》卷二六七开平三年六月胡注"急趋自西门入"为误注。

二、政治思想、史学思想方面

八十年代初,牛致功②、李之勤③等人对司马光政治思想、立场、历史观问题,基本予以否定,认为司马光撰《通鉴》的指导思想是历史唯心主义,其核心是为封建统治阶级服务,强调他是封建地主阶级保守派,贬低商鞅变法、甚至诬陷和攻击改革派,体现出保守、反对进步的政治立场。此后,既有基本坚持这样观点者,也有提出新见解者。

宸晓红《司马光传统历史观一例》④也认为司马光未能把握某些历史现象的实质,显现其唯心主义的历史观。张玉勤《也评王安石与司马光》⑤认为王安石与司马光存在分歧,司马光因反对王变法被迫退居洛阳而致力于《通鉴》编撰工作,因而他不仅反对王安石变法,而且对历史上的其它变法也予以否定。陈光崇《司马光与欧阳修》⑥对两人在仕宦经历、政治主张和学术思想三个方面进行对比研究,认为他们虽未有书信、诗歌等文字上直接的来往,但不代表两人没有任何交谊,两人的学术思想具有许多相同、相通之处,如"正统"问题、佛教问题、天人关系上等等。当然也有不同见解。周征松《论司马光——纪念司马光逝世九百周年》⑦一文简评司马光一生功过,认为北宋是一个需要被人们理解的时代,司马光是一个需要被人们理解的历史人物。雷家宏观点更为明确,他发表《略谈〈资治通鉴〉对变法革新的史事述评》⑧一文,强调《通鉴》没有忽视对变法的记载、没有歪曲客观史实,而且还肯定了变法人物、积极总结变法经验教训,反驳了那种司马光反对王安石变法并否定历史上的其它变法的观点。

与此相关的是司马光的史学思想。1983 年之前,苏仲翔⑨、陶懋炳⑩曾对司马光的史学思想有过一些论述。1983 年之后,学者们对司马光史学思想进入了较为

---

① 李国伟、秦竹:《〈通鉴〉胡注纠误一例》,《中国历史地理论丛》1998 年第 4 期。

② 牛致功:《从司马光对唐朝几个问题的评论看〈资治通鉴〉的中心思想》,《陕西师范大学学报》1980 年第 3 期。

③ 李之勤:《评〈资治通鉴〉关于商鞅变法的论述——论司马光曲笔之一》,《人文杂志》1980 年第 1 期;《评〈资治通鉴〉关于唐朝实行两税法的论述》,《人文杂志》1982 年第 3 期。

④ 宸晓红:《司马光传统历史观一例》《陕西师范大学学报》1986 年专刊。

⑤ 张玉勤:《也评王安石与司马光》,《陕西师范大学学报》1986 年专刊。

⑥ 陈光崇:《司马光与欧阳修》,《史学集刊》1985 年第 1 期。

⑦ 周征松:《论司马光——纪念司马光逝世九百周年》,《陕西师范大学学报》1986 年专刊。

⑧ 雷家宏:《略谈〈资治通鉴〉对变法革新的史事述评》,《西南师范大学学报》1989 年第 2 期。

⑨ 苏仲翔:《〈资治通鉴〉简论》,《湖北师范学院学报》1981 年第 2 期。

⑩ 陶懋炳:《"鉴前世之兴衰,考当今之得失"——评司马光的史学思想》,《求索》1982 年第 2 期。

深入的探讨。程郁《求实——司马光史学思想最突出的特点》①认为司马光编修《通鉴》体现出求实的目的,这首先反映在直笔写史,同时在治史态度和文风也反映出他求实精神。孙方明《论司马光的史学思想》②一文既批评了司马光的英雄史观、天命论等思想,同时又肯定了司马光"史学鉴借"、"反对正闰之说"等思想,对其在历史编纂学上的贡献给予较高评价。吴怀祺《〈资治通鉴〉的价值和司马光的历史观》③对《通鉴》求通思想、借鉴意识、史料价值、历史文学价值及史学思想进行详细分析。张全明《司马光在〈资治通鉴〉中的"非正统"史观》④从《通鉴》在"纪年"、"君权神授"、"春秋笔法"、"民族关系"等方面所采取的方法,论证司马光"不仅不重视正统论,而且突破了当时已经盛行很久的正统论思想的藩篱","坚持写真求实"。施丁《论司马光的史学思想》⑤认为《通鉴》体现出司马光治史旨趣有三点:探讨治乱兴衰、分析人物品德、为君主提供历史经验的史学思想进行总结与评价。庄昭《〈资治通鉴〉初议》⑥对司马光本人及编修《通鉴》的目的作一介绍,并对司马光史学思想进步性和局限性作了评价。夏祖恩则有不同意见,他的《资治与垂鉴不是做史的宗旨—评司马光的〈资治通鉴〉》⑦一文认为资治与垂鉴是司马光修《通鉴》的宗旨,因而是书在史学思想与理论上没有可以歌颂之处,同时这一作史目的也损害了《通鉴》本身的成就。于瑞桓《司马光的史学思想及其理学精神》⑧从北宋理学思潮的兴角度讨论了《通鉴》的撰述,认为司马光的史学活动和史学思想深刻反映了那个时代的理学精神。

　　有不少学者从《通鉴》的具体史论入手来探讨司马光史学思想的各个侧面。施丁《司马光史论的特点》⑨认为司马光论政中有论史,论史中有论政,并对有关史论或政论进行分析。类似者有王天顺《漫议〈通鉴〉史论》⑩,该文从《通鉴》史论与前史论赞、《通鉴》史论与经筵讲义、《通鉴》史论与温公学术等几个方面阐述了《通鉴》史论在全书中的重要地位和作用。刘小林《从司马光对君臣关系论述看他的辩证史观》⑪通过梳理《通鉴》记载"如何为君"、"如何为臣"、"如何处理君臣关系"三个

①　程郁:《求实——司马光史学思想最突出的特点》,《天津师大学报》1986 年第 2 期。

②　孙方明:《论司马光的史学思想》,《中国人民大学学报》1988 年第 1 期。

③　吴怀祺:《〈资治通鉴〉的价值和司马光的历史观》,《史学史研究》1988 年第 2 期。

④　张全明:《司马光在〈资治通鉴〉中的"非正统"史观》,《西南师范大学学报》1988 年第 2 期。

⑤　施丁:《论司马光的史学思想》,《文史哲》1988 年第 6 期。

⑥　庄昭:《〈资治通鉴〉初议》,《学术研究》1992 年第 3 期。

⑦　夏祖恩:《资治与垂鉴不是做史的宗旨—评司马光的〈资治通鉴〉》,《福建师范大学学报》1994 年第 2 期。

⑧　于瑞桓:《司马光的史学思想及其理学精神》,《山东大学学报》2002 年第 3 期。

⑨　施丁:《司马光史论的特点》,《山东大学学报》2002 年第 3 期。

⑩　王天顺:《漫议〈通鉴〉史论》,《宁夏大学学报》1988 年第 1 期。

⑪　刘小林:《从司马光对君臣关系论述看他的辩证史观》,《广西师范大学学报》1990 年第 4 期。

方面史事,论证司马光具有辩证史观,并探讨其辩证史观形成的原因。陆振兴《〈资治通鉴〉史论体系概说》①从《通鉴》史论内容与史论形式两个方面对其史论体系进行阐述。房鑫亮《评〈资治通鉴〉的史论》②对《通鉴》中的自论、引论进行统计,认为该书重点在两汉晋以后,唐代部分用力尤甚,其史料之翔实可靠,常于著述中熔入自己见解,因此,史论明显减少;而两晋以前因袭较多,故多发议论,以阐明观点,弥补所引著述之不足。姜桂芳《略说〈资治通鉴〉的史评格式》③区分出《通鉴》史评的三种格式,一是摘引前人评论,二是摘引前人评论基础上自己再做评论,三是自己单独评论。李建《论司马光〈通鉴〉史论的内容特点》④认为《通鉴》史论以"礼治"思想为核心来评论历史是非,以君臣为中心来论述致治之道,以"鉴古""考今"为目的来服务于社会现实,以实事求是的态度来评述史事。类似论文还有刘丽丽《〈资治通鉴〉"臣光曰"评介》⑤、周方高《司马光人才思想述论——以〈资治通鉴〉"臣光曰"为中心》⑥等。

铮甫、杨肃《评〈资治通鉴〉褒美吴兢直笔写史》⑦通过《通鉴》生动记载"吴兢直笔写史"之事,分析评价了司马光对史学的贡献。邬国义《〈通鉴〉影射变法问题商榷》⑧一文对胡注产生后形成的司马光以史论的形式影射变法进行了驳斥,作者从编撰时间、史论内容及编撰目的等方面进行了论证。

还有一些文章研讨了司马光思想的其它侧面。崔凡芝《谈司马光的治学》⑨侧重论述司马光的治学思想,认为他讲求诚信、博学多识,精通经学,又灵活变通、不因循守旧,谙熟史学并以经世致用为指导思想,是修成《通鉴》的主要原因。武国权《从〈通鉴·唐纪〉看司马光的反佛教思想》⑩从剖析《通鉴·唐纪》所载佛教史料入手,指出司马光具有明确的反佛思想,并具体分析其三个特点。魏鸿《从〈资治通鉴〉看司马光的边防思想》⑪对他的边防思想分四个方面进行论述。铮甫《汉成帝之死与"荧惑之心"——从〈资治通鉴〉关于天人感应的一则记载谈起》⑫认为该书

① 陆振兴:《〈资治通鉴〉史论体系概说》,《北京大学研究生学报》1991 年第 2 期。
② 房鑫亮:《评〈资治通鉴〉的史论》,《华东师范大学学报》1994 年第 2 期。
③ 姜桂芳:《略说〈资治通鉴〉的史评格式》,《文史杂志》2000 年第 2 期。
④ 李建:《论司马光〈通鉴〉史论的内容特点》,《齐鲁学刊》2002 年第 2 期。
⑤ 刘丽丽:《〈资治通鉴〉"臣光曰"评介》,《河南图书馆学刊》2003 年第 3 期。
⑥ 周方高:《司马光人才思想述论——以〈资治通鉴〉"臣光曰"为中心》,《山东农业大学学报》2004 第 3 期。
⑦ 铮甫、杨肃:《评〈资治通鉴〉褒美吴兢直笔写史》,《西南师范大学学报》1989 年第 1 期。
⑧ 邬国义:《〈通鉴〉影射变法问题商榷》,《中国社会科学院研究生院学报》1991 年第 4 期。
⑨ 崔凡芝:《谈司马光的治学》,《山西大学学报》1985 年第 1 期。
⑩ 武国权:《从〈通鉴·唐纪〉看司马光的反佛教思想》,《社科纵横》2005 年第 1 期。
⑪ 《军事历史研究》2005 年第 2 期。
⑫ 铮甫:《汉成帝之死与"荧惑之心"——从〈资治通鉴〉关于天人感应的一则记载谈起》,《中华文史论坛》1999 年第 1 期。

记载的汉成帝之死一事,反映出司马光的天命论思想。其它还有杨东《从〈资治通鉴〉看司马光的史学通识思想》①、郭学信《论司马光的"史学自觉"意识》②等论文。

孙文泱《〈通鉴〉年代学方法举例》③从《通鉴目录》的作用及《通鉴》的历法划一两个方面对其年代学方法进行分析,认为司马光所采用的方法是正确的,体现出其摆脱了正闰观念,同时也指出在"历法划一"方面的不足之处。

三、编纂方法与参与编纂者方面

对《通鉴》编纂方法的研究历来是热点。大致说来可分两类。

一类是综述性的论文。在七十年代末到八十年代初,陈光崇曾从编写方法、史学成就、及附论等三个方面对《通鉴》进行过分析研讨④;柴德赓则从《通鉴》的作者、史料、编纂方法、评论、胡注及版本等几个方面对《通鉴》进行了比较全面的评价⑤。1983年之后亦有学者在上述研究的基础上另辟蹊径进行研讨。范兆琪《司马光与〈资治通鉴〉》⑥对《通鉴》在体例、内容、取材等方面的优点和局限作了评价。戴继华《〈通鉴〉"总叙法"漫议》⑦认为司马光在总结前人经验基础上创造了"总叙法",介绍了此法的表现形式,并对其影响做了简单评价。黎仕培《〈资治通鉴〉和我国古代编年体史书》⑧简要叙述了《通鉴》的编撰及《通鉴》前后编年体史书发展概况,阐发《通鉴》在我国古代编年史发展过程中的巨大作用和影响。其它还有邱居里《从〈通鉴考异〉看〈通鉴〉的史料来源与选材特点》⑨、曹喜琛、耿建军《〈资治通鉴〉与司马光的史料编纂思想》⑩、任楚威《司马光对编年体史书的创新》⑪、时保吉《〈资治通鉴〉——历史编纂学史上的丰碑》⑫、郭争鸣《略论〈资治通鉴〉对编年体史籍的传承》⑬、韩慕愈《〈资治通鉴〉与应用史学》⑭、张金龙《〈资治通鉴〉是司马光德才与勤奋的结晶》⑮诸文,分别从某一侧面讨论了编纂学方面的相关问题。吴漫

①　杨东:《从〈资治通鉴〉看司马光的史学通识思想》,《云南社会科学》1987年第1期。
②　郭学信:《论司马光的"史学自觉"意识》,《贵州文史学刊》1996年第3期。
③　孙文泱:《〈通鉴〉年代学方法举例》,《首都师范大学》1987年第2期。
④　陈光崇:《〈资治通鉴〉述论》,《历史研究》1978年第11期。
⑤　柴德赓:《〈资治通鉴〉及其有关的几部书》,《史学丛考》,北京:中华书局,1982年。
⑥　范兆琪:《司马光与〈资治通鉴〉》,《史学月刊》1986年第2期。
⑦　戴继华:《〈通鉴〉"总叙法"漫议》同,《文史杂志》1992年第3期。
⑧　黎仕培:《〈资治通鉴〉和我国古代编年体史书》,《安顺师范高等专科学校学报》1994年第3期。
⑨　邱居里:《从〈通鉴考异〉看〈通鉴〉的史料来源与选材特点》,《史学史研究》1985年第3期。
⑩　曹喜琛、耿建军:《〈资治通鉴〉与司马光的史料编纂思想》,《档案学通讯》1986年第1期。
⑪　任楚威:《司马光对编年体史书的创新》,《零陵高等师范专科学校学报》1999年第2期。
⑫　时保吉:《〈资治通鉴〉——历史编纂学史上的丰碑》,《殷都学刊》2001年第3期。
⑬　郭争鸣:《略论〈资治通鉴〉对编年体史籍的传承》,《济宁师专学报》2001年第2期。
⑭　韩慕愈:《〈资治通鉴〉与应用史学》,《石家庄师范专科学校学报》2001年第3期。
⑮　张金龙:《〈资治通鉴〉是司马光德才与勤奋的结晶》,《沧州师范专科学校学报》2002年第4期。

《司马光学风三论》①认为《通鉴》不取《春秋》笔法、立足考参群书和不语神怪,是他取得成就的重要原因。

另一类是某一侧面或从某一具体事例来评价《通鉴》的编纂学。高蕴华《读〈通鉴〉魏晋南北朝各卷》②从"参据史料"、"考证详实"、"史论精当"三个方面,对《通鉴》魏晋南北朝各卷的史料价值给予高度评价。牛致功《〈资治通鉴〉和隋唐史研究》③、王云裳《从汉元帝初元年间纪事看〈通鉴〉系年》④、李锋敏《从〈通鉴〉与两〈唐书〉比较中看〈通鉴〉在研究唐史中的重要地位》⑤诸文分别从某一断代来评述《通鉴》的史料价值。陈舒平《经验世界的推绎——谈司马光写人》⑥、崔岩《以隋唐为例驳"〈通鉴〉不载文人"说》⑦诸文则讨论《通鉴》在写人方面的成就。

一些学者较为关注《通鉴》编辑学的现代价值。任楚威《试论司马光的编辑思想》⑧、胡益祥《司马光的主编作风》⑨、赵连稳《论司马光的编辑思想》⑩等论文揭示《通鉴》对现代编辑学的启示意义。张新民《良史风范千古永存——从〈资治通鉴〉看地方史的编纂》⑪通过论述《通鉴》编纂成功的原因,揭示其对地方史编纂的启示。

也有一些学者讨论了《通鉴考异》的一些问题。王仲荦、郑宜秀《〈通鉴考异〉的史料考订价值》⑫从《通鉴考异》入手,讨论它在保存史料及考证史料方面起到重要作用,实际上也从一个侧面肯定了《通鉴》在史料方面的成就。孙永如《论〈通鉴考异·唐纪〉的史料价值》⑬从保存史料、为研究两《唐书》史源提供线索、校勘有关唐史史料、有助于研究唐代目录学等角度阐述了《通鉴考异·唐纪》的史料价值。王文涛《〈通鉴考异〉著作凡例分析》⑭则把《通鉴考异》近 60 条著作凡例分为四个层次,并对每个层次作一举例分析。王德保《〈通鉴考异〉考辨释例》⑮从《考异》"考辨异说"、"考证谬误"、"保存异说"、"综合众说"等四个方面论述了其体例及考证方

---

① 吴漫:《司马光学风三论》,《南都学坛》2007 年第 3 期。

② 高蕴华:《读〈通鉴〉魏晋南北朝各卷》,《史学史研究》1991 年第 2 期。

③ 牛致功:《〈资治通鉴〉和隋唐史研究》,《史学集刊》1986 年第 3 期。

④ 王云裳:《从汉元帝初元年间纪事看〈通鉴〉系年》,《杭州师范学院学报》1992 年第 5 期。

⑤ 李锋敏:《从〈通鉴〉与两〈唐书〉比较中看〈通鉴〉在研究唐史中的重要地位》,《甘肃高师学报》1996 年第 6 期。

⑥ 陈舒平:《经验世界的推绎——谈司马光写人》,《四川师范大学学报》1988 年第 3 期。

⑦ 崔岩:《以隋唐为例驳"〈通鉴〉不载文人"说》,《洛阳师范学院学报》2003 年第 3 期。

⑧ 任楚威:《试论司马光的编辑思想》,《湖南师大社会科学学报》1993 年第 6 期。

⑨ 胡益祥:《司马光的主编作风》,《晋阳学刊》1990 年第 3 期。

⑩ 赵连稳:《论司马光的编辑思想》,《青海师范大学学报》2004 年第 1 期。

⑪ 张新民:《良史风范千古永存——从〈资治通鉴〉看地方史的编纂》,《贵州师范大学学报》2000 年第 1 期。

⑫ 王仲荦、郑宜秀:《〈通鉴考异〉的史料考订价值》,《史学史研究》1984 年第 2 期。

⑬ 孙永如:《论〈通鉴考异·唐纪〉的史料价值》,《陕西师范大学学报》1986 年第 2 期。

⑭ 王文涛:《〈通鉴考异〉著作凡例分析》,《南华大学学报》2003 年第 2 期。

⑮ 王德保:《〈通鉴考异〉考辨释例》,《南昌大学学报》1998 年第 4 期。

法。王德保还撰写过其它数篇文章,汇成《司马光与〈资治通鉴〉》一书①,涉及到司马光所处的时代与成书的关系、史学观与《通鉴》、从政经验与《通鉴》、文献学成就与《通鉴》、文学成就与《通鉴》、《通鉴》史源等几个方面。类似论文还有吕美泉《〈资治通鉴考异〉二札》②等。

邬国义《〈通鉴释例〉三十六例新发现》③一文很值得一读,作者对学者们忽视了的《通鉴释例》一书的编修、流传予以介绍,并对三十六例逐条进行阐释,该文对研究《通鉴》纪事纪时具有重要参考价值。

对《通鉴》编修分工、有无编纂提纲上,历来意见纷纭。《人民日报》《光明日报》等报刊早在五六十年代先后发表了翦伯赞、卞僧慧、赵贞信、张传玺、李正中、阎简弼、覃保霖等人的文章,对此问题展开了激烈的争论。

近40年来,这一问题仍有不同看法,尤其是刘恕参与编纂问题上。王曾瑜《关于〈资治通鉴〉的几个问题》、《关于刘恕参加〈通鉴〉编修的补充说明》④主要讨论魏晋南北朝部分与五代部分长编编纂者问题。仓修良《〈通鉴〉编修的全局副手刘恕——兼谈〈通鉴〉编修分工的几个问题》、《读司马光〈贻刘道原书〉——再谈刘恕参加〈通鉴〉编修的几个问题》⑤详细论说了刘恕参加《通鉴》编修的问题,并与王曾瑜提出商榷。范兆琪《参与编修〈资治通鉴〉的史学家刘恕》⑥也论述了刘恕参加编修《通鉴》等情况。李明山《刘恕与〈资治通鉴〉的编纂》⑦不但强调刘恕参与了撰述,而且他是"选题酝酿的第一与谋",是编辑《通鉴》"长编"的第一功臣。姜鹏《〈资治通鉴〉长编分修再探》⑧认为"两汉、魏纪长编由刘攽完成,两晋南北朝至隋长编成于刘恕之手范祖禹除了编修唐史长编外,还整理了刘恕遗留的五代史长编"。

对范祖禹等参与编撰《通鉴》者的研讨。七十年代末到八十年代初,曹家琪⑨、陈光崇⑩、袁伯诚⑪曾对范祖禹等人参加编撰事作过一些研讨,此后,周原孙《范祖

---

① 王德保:《司马光与〈资治通鉴〉》,中国社会科学出版社,2001年。

② 吕美泉:《〈资治通鉴考异〉二札》,《史学史研究》1999年第3期。

③ 邬国义《〈通鉴释例〉三十六例新发现》,《史林》1995年第4期。

④ 王曾瑜:《关于〈资治通鉴〉的几个问题》,《文史哲》1977年第3期;《关于刘恕参加〈通鉴〉编修的补充说明》,《文史哲》1980年第5期。

⑤ 《〈通鉴〉编修的全局副手刘恕——兼谈〈通鉴〉编修分工的几个问题》,《历史文献研究集刊》第1辑,1980年第9月,《读司马光〈贻刘道原书〉——再谈刘恕参加〈通鉴〉编修的几个问题》,《杭州大学学报》1981年第3期。

⑥ 范兆琪:《参与编修〈资治通鉴〉的史学家刘恕》,《争鸣》1991年第5期。

⑦ 李明山:《刘恕与〈资治通鉴〉的编纂》,《史学月刊》1993年第4期。

⑧ 姜鹏:《〈资治通鉴〉长编分修再探》,《复旦学报》2006年第1期。

⑨ 曹家琪:《〈资治通鉴〉编修考》,《文史》1978年第5期。

⑩ 陈光崇:《范祖禹与〈资治通鉴〉——读〈范太史集〉札记》,《辽宁大学学报》1980年第6期。

⑪ 袁伯诚:《〈资治通鉴〉编修考证》,《固原师专学报》1981年第2期。

禹与〈资治通鉴〉》①、施懿超《范祖禹与〈资治通鉴〉》②等文也都论述了范祖禹在《通鉴》编修过程中所起到的重要作用,但殊少突破。对其他参与《通鉴》编纂者的研讨论文有彭久松《〈资治通鉴〉五代长编分修人考》③、周征松《〈资治通鉴〉编撰论略——为〈资治通鉴〉成书九百年而作》、《〈资治通鉴编〉撰论略(续)》④等。梁太济《从每卷结衔看〈资治通鉴〉各纪的撰进时间》⑤一文别开生面,它根据《通鉴》每纪结衔的不同,参稽宋代职官制度和涉及司马光官衔的诸种文献,考定诸卷各纪撰进的比较确切的时间。

关于《通鉴》编撰过程中有无编写提纲,上述提及的翦伯赞、卞僧慧、张传玺、曹家琪等人都讨论过这些问题,另外,杨正基⑥也撰文论述,认为"丛目"是《通鉴》的编纂提纲。九十年代则有李立《〈通鉴目录〉浅探》一文⑦,认为《通鉴目录》是编纂提纲,并且有很大价值。

《通鉴》对后世影响,学者一般都倾向于肯定。裴汝诚《司马光长编法与李焘的〈长编〉》⑧阐述了《通鉴》长编法及其产生的影响,作者具体分析了司马光编撰《通鉴》所采取的长编法和在它影响下产生了李焘的《长编》,并指出其在历史编纂学上产生的影响。类似论文还有周荔《论〈资治通鉴〉对中国史籍编纂学的贡献》⑨、吉家友《〈资治通鉴〉在历史编纂学上的贡献》⑩、宋馥香《〈资治通鉴〉编年体史书历史叙事发展的最高峰》⑪、王秀彦《〈资治通鉴〉成就的原因浅析》⑫等。解生祥、孙丽萍《〈资治通鉴〉在金朝的历史地位》⑬则考证了《通鉴》在金朝的地位及产生的影响。李春光《〈资治通鉴〉传入日本及其影响》⑭推测了《通鉴》传入日本的大概时间,并叙述其在日本产生的影响。李玉梅《〈资治通鉴〉与传释学》⑮将《通鉴》与诠释学的关系进行了阐述。

---

① 周原孙:《范祖禹与〈资治通鉴〉》,《社会科学研究》1988年第3期。
② 施懿超:《范祖禹与〈资治通鉴〉》,《史学史研究》1991年第3期。
③ 彭久松:《〈资治通鉴〉五代长编分修人考》,《四川师范大学学报》1983年第1期。
④ 周征松:《〈资治通鉴〉编撰论略——为〈资治通鉴〉成书九百年而作》,《山西师范大学学报》1984年第3期;《资治通鉴编〉撰论略(续)》,第4期。
⑤ 梁太济:《从每卷结衔看〈资治通鉴〉各纪的撰进时间》,《内蒙古大学学报》1997年第5期。
⑥ 杨正基:《〈通鉴〉的提纲和〈通鉴〉的编纂程序》,《中国史研究》1982年第1期。
⑦ 李立:《〈通鉴目录〉浅探》,《晋阳学刊》1992年第6期。
⑧ 裴汝诚:《司马光长编法与李焘的〈长编〉》,《东北师范大学学报》1984年第5期。
⑨ 周荔:《论〈资治通鉴〉对中国史籍编纂学的贡献》,《江苏教育学院学报》1997年第4期。
⑩ 吉家友:《〈资治通鉴〉在历史编纂学上的贡献》,《信阳师范学院学报》1999年第4期。
⑪ 宋馥香:《〈资治通鉴〉编年体史书历史叙事发展的最高峰》,《陕西师范大学学报》2004年第2期。
⑫ 王秀彦:《〈资治通鉴〉成就的原因浅析》,《邢台学院学报》2005年第1期。
⑬ 解生祥、孙丽萍:《〈资治通鉴〉在金朝的历史地位》,《北方文物》1997年第2期。
⑭ 李春光:《〈资治通鉴〉传入日本及其影响》,《社会科学研究》1988年第3期。
⑮ 李玉梅:《〈资治通鉴〉与传释学》,《史学理论研究》1996年第4期。传释学当为诠释学之误。

四、《通鉴》引书数量与标点方面

《四库全书总目提要》卷四七称《通鉴》"采用之书,正史之外,杂史至二百二十二种"。20 世纪 60 年代,易民根据《通鉴考异》所列书目,提出是 329 种[①],80 年代初,蒋见元统计为 342 种[②]。八十年代中期后,引书数量问题引起学者们的商讨,陈光崇认为引文共 359 种[③];高振铎以为是 339 种[④];周征松则统计为 356 种[⑤]。李裕民分析各家之说,最终也认为是 356 种[⑥]。总之,对《通鉴》引书数量众说纷纭,莫衷一是。实际上,准确统计《通鉴》引书是极其困难的,因为《考异》所列书目仅是涉及有关史实才提及的,并非司马光所引书的全部,因而纠缠于此不但很难真正解决引书问题,而且对深入研究《通鉴》并无多少实际益处。

中华书局于 1976 年出了标点本《通鉴》,此后,对该标点本的标点、史实、文字讨论的论文层出不穷。较早关注标点的是吕叔湘,他对标点本《通鉴》提出了一些自己看法[⑦],稍后,黄加浩将标点本的错误分为"当断不断"、"不当断而断"、"断错地方"等 10 类[⑧],并分别举例说明。八十年代后,董志翘《〈资治通鉴〉标点疑误》[⑨]指出了标点本中秦纪、汉纪的 28 例标点疑误;朱玉龙《中华版〈资治通鉴〉辩证 30 例》[⑩]对唐纪、五代部分做了校勘,指出其中包括胡注在内的标点、史实等方面的 30 处疑误。张剑光《标点本〈资治通鉴〉校读札记》[⑪]也对标点本的标点、原文、胡注进行质疑。陈明光《〈标点本〉资治通鉴〉校读札记〉商兑》[⑫]对张剑光一文的两处札记进行商榷。另外还有邱进之《〈资治通鉴〉标点献疑》[⑬]、丁福林《标点本〈资治通鉴〉校读记》[⑭]、张维慎《〈资治通鉴〉标点辨误一则》[⑮]等文章。

---

① 易民:《读〈通鉴考异〉札记三则》,《山东大学学报》1963 年第 4 期。
② 蒋见元:《读〈资治通鉴考异〉》,《华东师范大学学报》1981 年第 2 期。
③ 刘乃和、宋衍申主编:《〈资治通鉴〉丛论》,郑州:河南人民出版社,1985 年。
④ 刘乃和、宋衍申主编:《〈资治通鉴〉丛论》,郑州:河南人民出版社,1985 年。
⑤ 周征松:《〈资治通鉴考异〉所见书目检核——与陈光崇、高振铎二先生商榷》,《山西师范大学学报》1986 年第 3 期。
⑥ 李裕民:《四库提要订误》,北京:中华书局,2005 年。
⑦ 吕叔湘:《〈资治通鉴〉标点琐议》,《中国语文》1979 年第 1、2 期,《关于〈〈资治通鉴〉标点琐议〉》,《中国语文通讯》1979 年第 4 期。
⑧ 黄加浩:《新版〈资治通鉴〉标点浅议》,《温州师专学报》1980 年第 1 期。
⑨ 董志翘:《〈资治通鉴〉标点疑误》,《古代汉语研究》1988 年第 1 期。
⑩ 朱玉龙:《中华版〈资治通鉴〉辩证 30 例》,《安徽史学》1988 年第 3 期。
⑪ 张剑光:《标点本〈资治通鉴〉校读札记》,《古籍整理研究学刊》1992 年第 2 期。
⑫ 陈明光:《〈标点本〉资治通鉴〉校读札记〉商兑》,《古籍整理研究学刊》1992 年第 6 期。
⑬ 邱进之:《〈资治通鉴〉标点献疑》,《四川师范学院学报》1994 年第 1 期。
⑭ 丁福林:《标点本〈资治通鉴〉校读记》,《文教资料》1997 年第 3 期。
⑮ 张维慎:《〈资治通鉴〉标点辨误一则》,《陕西师范大学学报》2001 年第 4 期。

五、史源研究方面

张须《通鉴学》中已经对《通鉴》史源问题略有涉及,然限于各种原因,至今对这一问题的研究仍未得到很好的研究,成果极少。王德保《〈通鉴〉周秦汉纪史源问题》①对《通鉴》周秦汉纪部分与《史记》、《战国策》等有关文献进行比勘分析,以期寻找其史源。其后,王德保《司马光与〈资治通鉴〉》一书中列有专章讨论。汤勤福、张静《〈资治通鉴〉取材〈三国志〉杂论——〈资治通鉴〉(三国部分)史源研究之一》②、汤勤福、张静《〈资治通鉴〉(三国部分)与正史在史实上的差异》③两文围绕《通鉴》三国部分史源作了一些探讨。汤勤福还有《〈资治通鉴〉(三国部分)对正史史料的增补》④、《〈资治通鉴〉隋纪部分对原始史料删省问题的研究》⑤等文。李日升、董敏《〈资治通鉴〉梁纪部分纠缪》⑥对《通鉴》梁纪部分史源进行了考订。硕士论文有张静《〈资治通鉴〉的史源研究(三国部分)》、杨英姿《〈资治通鉴〉的史源研究(东晋部分)》、余璐《〈资治通鉴〉宋纪、齐纪部分编撰及史源情况简论》、李日升《〈资治通鉴〉梁纪部分研究》、吴晓琴《〈资治通鉴〉史源研究(北周至隋朝)》⑦、袁凌杰《〈通鉴考异〉隋唐部分研究》⑧等,比较系统地研究了《资治通鉴》三国至隋朝的史源问题,其中提出一些新问题,作了有益的尝试。

六、存在问题与今后突破方向

通过上述对学界近 40 年来有关《通鉴》研究概况所做的简单回顾,我们可以看出,对《通鉴》的研究确实取得了不少成果,在一定程度上拓宽了研究范围,但仍然存在明显不足,主要表现在以下几个方面:

其一,新开拓的研究范围不广。如史源研究十分薄弱。自然,某些考证性的论文亦可看作对《通鉴》史源的研究,但毕竟不是专门性的史源研究。我们认为,《通鉴》史源研究是一个值得化大力气去研究的课题,史源研究将会为其他研究提供坚实、可信的基础,成为推动其他方面研究进展的动力。当然,开拓新的研究领域,借

---

① 王德保:《〈通鉴〉周秦汉纪史源问题》,《南昌大学学报》2002 年第 2 期。

② 汤勤福、张静:《〈资治通鉴〉取材〈三国志〉杂论——〈资治通鉴〉(三国部分)史源研究之一》,《上海师范大学学报》2005 年第 3 期。

③ 汤勤福、张静:《〈资治通鉴〉(三国部分)与正史在史实上的差异》,《上海师范大学学报》2007 年第 2 期。

④ 汤勤福:《半甲集》,上海:上海三联书店,2010 年。

⑤ 汤勤福、吴晓琴:《〈资治通鉴〉隋纪部分对原始史料删省问题的研究》,《北朝研究》(第六辑),北京:科学出版社,2008 年。

⑥ 李日升、董敏:《〈资治通鉴〉梁纪部分纠缪》,《上海师范大学学报》2006 年研究生论文集。

⑦ 均为上海师范大学硕士学位论文,由汤勤福教授指导。

⑧ 上海师范大学硕士学位论文,由张剑光教授指导。

鉴其他学科的理论来探讨《通鉴》是值得尝试的研究方向，然而也需要仔细考虑这些学科理论对《通鉴》研究的可行性。

其二，选题过于集中，观点大致相似。这主要表现在对司马光思想方面的研究和参与编纂《通鉴》者的研究上，不少论文观点基本相同，所发掘的新资料十分有限，新的结论不多，因此给人重复论述的感觉。

其三，总结性著述的缺失。众所周知，1981 年出版的张须《通鉴学》一书，比较全面地评述了《通鉴》，涉及它在编年体发展史上的地位、编纂过程、史料来源、编纂思想、编纂凡例、相关著作及影响等等方面，初步奠定了"《通鉴》学"研究框架，在学界引起较大反响。40 年过去了，就数量而言，研究《通鉴》的成果也不少，但至今没有出现一部总结性的学术著述，这不能不引起我们的反思。笔者以为，应该着手编写一部高质量的总结性著述，以便使有志于研究《通鉴》的学者可以在此基础上更加深入地进行研究。

原载于《司马光传记文学学术文论选》，中国青年出版社 2019 年。

原名为《近三十年来大陆地区〈资治通鉴〉研究综述》，

发表在《史学史研究》2011 年第 6 期；

后应中国青年出版社邀，补充十年内容。

道统之争与政统之争：两宋时期的一桩公案

一、韩、程道统论：一个虚拟的命题

元丰八年，在儒学发展史上是一个极其重要的时间。该年三月，神宗死，哲宗立，召程颢为宗正卿，然程颢未行而卒。其弟程颐为其撰墓志时称："周公没，圣人之道不行；孟轲死，圣人之学不传。道不行，百世无善治；学不传，千载无真儒。无善治，士犹得以明夫善治之道，以淑诸人，以传诸后；无真儒，则贸贸焉莫知所之，人欲肆而天理灭矣。先生生于千四百年之后，得不传之学于遗经，以兴起斯文为己任，辨异端，辟邪说，使圣人之道焕然复明于世，盖自孟子之后，一人而已。然学者于道不知所向，则孰知斯人之为功；不知所至，则孰知斯名之称情也哉。"①

这就是宋代儒学史上极为著名的"道统论"，此后，为争道统，儒家诸派之间一度展开了激烈的交锋，引出了一桩桩公案。

"道统"是儒学史上一个极为重要的概念，它是指儒学传承的统绪。孟子虽然说过"乃所愿，则学孔子也"②，虽有自命继孔子之学的含义，但并未说孔子如何继尧舜禹之道统以及自己如何继孔子之统绪，因此道统之绪阐述不甚明朗。然至少在唐代，韩愈提出过一个比较明确的道学统绪：尧、舜、禹、汤、文、武、周公、孔子、孟子，他说：

> 博爱之谓仁，行而宜之之谓义；由是而之焉之谓道，足乎己无待于外之谓德。仁与义为定名，道与德为虚位……夫所谓先王之教者，何也？博爱之谓仁，行而宜之之谓义，由是而之焉之谓道，足乎己无待于外之谓德。其德（一作文），《诗》、《书》、《易》、《春秋》；其法，礼、乐、刑、政；其民，士、农、工、贾；其位，君臣、父子、师友、宾主、昆弟、夫妇；其服，麻丝；其居，宫室；其食，粟米、果蔬、鱼肉。其为道易明，而其为教易行也……是故生则得其情，死则尽其哀，郊焉而天神假，庙焉而人鬼飨。曰：斯道也，何道也？曰：斯吾所谓道也，非向所谓

---

① 《宋史》卷四二七《程颢传》，北京：中华书局，1985 年，第 12717 页。
② 杨伯峻：《孟子译注·公孙丑章句上》，北京：中华书局，1960 年，第 63 页。

老与佛之道也。尧以是传之舜,舜以是传之禹,禹以是传之汤,汤以是传之文、武、周公,文、武、周公传之孔子,孔子传之孟轲。轲之死,不得其传焉。①

这是韩氏的道统论,他以继孔孟之道统自居。

但是,对韩氏以道统自居,宋代二程子则不以为然。二程以"道学"、"理学"自我标榜,程颢甚至还说:"吾学虽有所受,天理二字却是自家体贴出来。"②问题在于,虽然二程不同意韩愈有继承道统资格,但他们都深信圣学(即儒学)传承自有道统可寻。上述程颐所称:"周公没,圣人之道不行;孟轲死,圣人之学不传"便是明确证据。只是他们强调自孟子后,圣学道统中断,仅存于儒家经典之中,而程颢则"得不传之学于遗经",于是"使圣人之道焕然复明于世,盖自孟子之后,一人而已",道统得以断而复续。由此,二程将韩愈排斥在道统之外,而将自己置入道统之内。

学术有传承关系,在学术传承过程中,由于学者各自所处的历史条件不同、各人的思想观点不同,即使是同一学派的学者的学术观点也会出现一些变异,这种变异实质上是促进学术的发展内在因素。儒学自然也不例外。自孔子创立儒家学派,此后学者继承孔子学说者多矣,学说纷呈,观点迥异。坦率说,在宋之前,历代学者对儒家思想的丰富与发展都作出过自己贡献,并非只有少数人有资格"正宗"地继承它,这种否认其他学者的"继承权"的观点并不客观。值得强调的是,历代学者对儒家思想的丰富与发展,并不是继不继道统问题,事实上也不存在一个所谓"道统"。

在这里需要分析的是韩愈及二程对"圣学统绪"传承问题的看法。

韩愈鉴于儒学不振、佛老泛滥于世,于是强调儒学是中华唯一正统学术,正如他在《原道》中说的那样圣人之道"非向所谓老与佛之道",而是由尧舜禹一直传到孟子的圣贤之道。但是,韩愈强调的"博爱之谓仁,行而宜之之谓义;由是而之焉之谓道,足乎己无待于外之谓德。仁与义为定名,道与德为虚位",这一仁义为准则,道德为虚位的观点,遭到二程及其门人的批评。

尽管二程也承认:"韩愈亦近世豪杰之士。如《原道》中言语虽有病,然自孟子而后,能将许大见识寻求者,才见此人"③,不过,在二程看来,道即天理,道与天理都是实,"万物皆只是一个天理"④,天理"不为尧存,不为桀亡。人得之者,故大行

---

① 韩愈著,文谠注,王俦补注:《详注昌黎先生文集》卷一一《原道》,《续修四库全书》本,第1309册,第556—559页。
② 程颢、程颐:《二程外书》卷一二《传闻杂记》,《二程集》,北京:中华书局,1981年,第424页。
③ 程颢、程颐:《二程遗书》卷一《端伯传师说》,《二程集》,第5页。
④ 程颢、程颐:《二程遗书》卷二上《元丰己未吕与叔东见二先生语》,第30页。

不加,穷居不损"①,因此,它是个实实在在存在的物事,并非"虚"。由此,二程虽对韩愈力赞儒学,诋诃佛老不无赞赏,但以为韩愈之学不纯,不能入继道统。程氏说道:"韩退之言:'博爱之谓仁,行而宜之之谓义,由是而之焉之谓道,足乎己无待于外之谓德。'此言却好。只云'仁与义为定名,道与德为虚位',便乱说。"②程门高足杨时也批评道"韩子曰:'仁与义为定名,道与德为虚位。'其意盖曰由仁义而之焉,斯谓之道;仁义而足乎己,斯谓之德。则所谓道德云者,仁义而已矣。故以仁义为定名,道德为虚位。《中庸》曰:'天命之谓性,率性之谓道。'仁义,性所有也,则舍仁义而言道者固非也。道固有仁义,而仁义不足以尽道,则以道德为虚位者亦非也"③。

值得强调的是,程颐否认韩愈承继道统,认为孟子之后道统断裂,只是程颢"得不传之学于遗经",强调孟子之后由程颢继承了圣学道统。我们知道,道统确实是儒学中极其重要的一个问题,作为儒家学者研讨它自然有其合理性,然而我们不得不强调,这种道统论确实是虚幻之说。因为韩、程都无法在理论上或事实上证实自己是如何继道统,他人为何不能继道统。

二、熙丰政见之争:道统与学统之争出现的背景

自然,辨析韩、程两者在道统问题上的同异并不是本文的目的,笔者认为要透过程颐提出的"道统"命题,去考察出现这一命题的背景,以了解道统之争与政见之争、学统之争的关系,从而从更深刻的层面来剖析宋代政局的演变以及理学的趋向。

在笔者看来,程颐提出道统命题是有深刻的政治背景的,两宋道统之争,既是政见之争,也是学统之争,它贯穿着神哲之后到南宋高宗时期的百余年,它对程朱理学最终确立"正统"地位有着不可否认的极其关键的作用。

如果说韩愈的道统论是在佛教流行、儒家学者为维护儒学的正统地位而产生的话,那么两宋"道统"之争的出现则是当时政治斗争的反映。如上所述,北宋首先对"道统"问题进行强调的是程颐。实际上,这是熙丰政争的反映。关于熙丰政争,学界研究极多,在此不作论述,笔者仅对当时学术分歧与政争关系作一阐述。

众所周知,王安石创立"新学",其学术观点与二程迥然不同。由于王氏得到神宗的支持,其政大行,其新学也一度独领风骚,风行一时,王氏著述也被作为国子生必读的课本。

二程对王安石新学是极其反感的。前辈学者已经指出程颐的一些观点"其实

---

① 程颢、程颐:《二程遗书》卷二上《元丰己未吕与叔东见二先生语》,第31页。
② 程颢、程颐:《二程遗书》卷一九《杨遵道录》,第262页。
③ 杨时:《龟山集》卷一七《答吴仲敢》,文渊阁《四库全书》本,第1125册,第275页。

是针对王安石新学而说的"①。笔者完全同意这一结论。其实,二程从道统角度对新学进行过激烈的批判:

> 道之不明,异端害之也。昔之害近而易知,今之害深而难辨。昔之惑人也乘其迷暗,今之惑人也因其高明。自谓之穷神知化,而不足以开物成务,言为无不周遍,实则外于伦理,穷深极微,而不可以入尧、舜之道。天下之学,非浅陋固滞,则必入于此。自道之不明也,邪诞妖妄之说竞起,涂生民之耳目,溺天下于污浊,虽高才明智,胶于见闻,醉生梦死,不自觉也。是皆正路之榛芜,圣门之蔽塞,辟之而后可以入道。②

应该指出,上述所称"异端"不仅仅是指佛老,也指与程氏学术观点不同的新学,因为"昔之惑人也乘其迷暗,今之惑人也因其高明。自谓之穷神知化,而不足以开物成务,言为无不周遍,实则外于伦理,穷深极微"一句中,"穷神知化""开物成务"并非是指佛老之学。这并非是作者的臆测,因为程颐还有更为明确的话语反对新学:

> 臣以为今日至大至急,为宗社生灵长久之计,惟是辅养上德而已。历观前古,辅养幼主之道,莫备于周公。周公之为,万世之法也。臣愿陛下扩高世之见,以圣人之言为可必信,先王之道为可必行,勿狃滞于近规,勿迁惑于众口。③

此话讲于哲宗刚上台的元祐元年,显然是针对王安石新政与新学的。

二程的弟子乃至再传弟子们也对新学力加抨击,目之异端邪说,否认王安石有继承道统的权力。如朱光庭在元祐元年,向哲宗上奏称:"息邪说,距诐行,正风俗,明吾尧、舜、禹、汤、文、武、周、孔之道,以开天下之惑"④,杨时也曾对王安石新政、新学大加批判⑤,杨时弟子陈渊甚至称王荆公"于儒者之道未尝深造,故溺焉,而不即悟耳。是以为世大害,自元祐以来世之贤者多攻之"⑥。显然,朱光庭、杨时、陈渊等人批判王安石新政与新学,称其"于儒者之道未尝深造",斥之"为世大害",他们把王安石排斥在道统之外的心态一目了然。如果联系程颐所称其兄"得不传之

---

①　侯外庐等主编:《宋明理学史》(上卷),北京:人民出版社,1984年,第129页。

②　《宋史》卷四二七《程颢传》,第12717页。

③　程颢、程颐:《二程文集》卷七《上太皇太后书》(元祐元年),《二程集》,第542页。

④　赵汝愚:《宋朝诸臣奏议》卷八四,朱光庭《上哲宗乞戒约士大夫传异端之学》,上海:上海古籍出版社,1999年,第908页。

⑤　杨时《龟山集》卷一《上钦宗皇帝》(第七书),第116页。

⑥　陈渊:《默堂集》卷一七《攻王氏一章行状不载墓志载之》,文渊阁《四库全书》本,第1139册,第449页。

学于遗经"一语,程门后学为程氏之学争道统的心态是一目了然的。

对此,北宋末年李若水曾说过一段话,大致可见时人对熙丰交争的看法:"熙丰间王安石以辩诈之才,摇神考之听,假先王之道,行商鞅之术,乃取祖宗良法美意,变弄求新,庙堂纷争,道路窃议,骨鲠大臣如文彦博、韩琦、司马光之徒,亦莫能回其说。于是铨新进小生数十辈之附己者,行新法于天下。又出己意作《三经新义》《字说》以笼学者,以困天下英豪之气。"①李若水虽非二程后学,但他从政争到学术之争作了一个概括,贬王氏,斥新学,其态度是十分明显地尊崇洛学。

其实,从哲宗到钦宗之间,王氏新学并未退出历史舞台。如哲宗之时一些官员主张毁《资治通鉴》版,发司马光等人之冢;徽宗时期,王氏新学一度死灰复燃,据《清波杂志》载:"薛昂、林自之徒为正、录,皆蔡卞之党也,竞尊王荆公而挤排元祐,禁戒士人不得习元祐学术。"②然而随着北宋王朝倾覆,南宋初年起便出现一股彻底清算王氏新学之风③,建炎二年夏,"久阴不解。诏百官(原脱。)执事赴都堂给札,条具时政阙失",司勋员外郎赵鼎言:"自绍圣以来,学术、政事败坏残酷,致祸社稷,其源实出于安石。今安石之患未除,不足以言政"④,于是罢安石配飨神宗庙庭,寻诏以富弼配飨神宗庙庭。从此,新学退出历史舞台,被排除在道统序列之外。

熙、丰至元祐,另一政见、学统之争在二程洛学与以苏轼为首的蜀学之间展开。洛、蜀两派在学术上虽有不同见解,但他们对王安石新学则一致持反对态度。元祐更化,新学受到批判与压制,而洛、蜀两派之间的矛盾则上升为主要矛盾,史称:"初,颐在经筵,归其门者甚众,而苏轼在翰林,亦多附之者,遂有洛党、蜀党之论。二党道不同,互相非毁"⑤,"(王)觌在言路,欲深破朋党之说。朱光庭讦苏轼试馆职策问,吕陶辩其不然,遂起洛、蜀二党之说",王觌后罢为"右司员外郎,未几,拜侍御史、右谏议大夫。坐论尚书右丞胡宗愈,出知润州,加直龙图阁、知苏州"⑥。此为元祐三年事。对王觌罢为外职一事,王存曾在奏疏中称:"去年(元祐二年)因张舜民被贬,自此议论之人分为二党,亦互相诋毁……今虽其势颇沮,而余风未殄。"⑦二党交争,延续至徽钦时期,章奏迭上,不可开交⑧。值得指出的是,洛、蜀之

---

① 李若水:《忠愍集》卷一《上何右丞书》,文渊阁《四库全书》本,第 1124 册,第 669 页。

② 周辉撰、刘永翔校注:《清波杂志校注》卷九《毁〈通鉴〉》,北京:中华书局,1994 年,第 400 页。

③ 两宋之际,一些学者上奏章批判王安石,如吕好问就上过批判王安石的奏章,参见赵汝愚《宋朝诸臣奏议》卷一一九,吕好问《上钦宗论绍述》,第 1312 页。

④ 徐松辑:《宋会要辑稿》礼 11 之 4,北京:中华书局,1957 年,第 556 页。

⑤ 李焘:《续资治通鉴长编》卷四七一,哲宗元祐七年三月丁亥,北京:中华书局,1992 年,第 11240 页。

⑥ 《宋史》卷三四四《王觌传》,第 10943—10944 页。

⑦ 赵汝愚:《宋朝诸臣奏议》卷七六,王存《上哲宗乞明论朋党所在》,第 829 页。

⑧ 可参见赵汝愚《宋朝诸臣奏议》卷七六所录有关朋党的奏疏,《宋史》相关传亦载录一些。其中亦不乏批评王安石者。

争,并非仅是政见之争,其中包含着学统之争,他们互相攻击对方学术的核心问题,如朱熹曾说到洛蜀之争时,蜀学曾攻击洛学核心概念:"东坡所记云:'几时得与他打破这敬字!'"①众所周知,"敬"是程朱一派理论基石之一,苏轼要打破"敬"字,即要彻底批倒洛学,将其排斥在圣贤道统之外。而洛学一系则批评蜀学轻浮放肆,有违圣贤之道,如王觌奏称苏轼"习为轻浮,贪好权利,不通先王性命道德之意,专慕战国纵横捭阖之术……轼胸中颇僻,学术不正,长于辞华而暗于义理"②。后来朱熹亦批评苏轼"平时读书,只把做考究古今治乱兴衰底事,要做文章,都不曾向身上做工夫"③,斥责其"放肆"④之行,对其憎恨不在王氏新学之下:

> 　　熹窃谓学以知道为本,知道则学纯而无邪心,见于行事,发于言语,亦无往而不得其正焉。如王氏者,其始学也,盖欲凌跨扬、韩,掩迹颜、孟,初亦岂遽有邪心哉? 特以不能知道,故其学不纯,而设心造事遂流入于邪。又自以为是,而大为穿凿附会以文之,此其所以重得罪于圣人之门也。苏氏之学虽与王氏若有不同者,然其不知道而自以为是则均焉。学不知道,其心固无所取则以为正,又自以为是而肆言之,其不为王氏者,特天下未被其祸而已。其穿凿附会之巧,如来教所称论成佛、说老子之属,盖非王氏所及。而其心之不正,至乃谓汤、武篡弑而盛称荀彧,以为圣人之徒。凡若此类,皆逞其私邪,无复忌惮,不在王氏之下。⑤

显然,王觌、朱熹把蜀学视为"不通先王性命道德之意"、"学术不正"、"暗于义理"的学问,朱熹甚至称蜀学之害"不在王氏之下",言意之下蜀学不但为学有害,而且为政亦有害,如此也就剥夺了蜀学继承道统的权力,并从政治层面对蜀学进行打击。北宋后期,洛、蜀两派都被禁止传播,尽管南宋之后党禁开放,两派可以自由传播各自学说,但蜀学偏重文词,轻于义理,其后学亦无佼佼者,因此蜀学衰微不振;而洛学则由于杨时到朱熹诸儒的大力推广,成为一时之"显学"⑥。

　　其实,南宋伊始,批王安石已经不再新奇,加之蜀学也萎靡不振,因此洛、蜀、新三学已不是当时儒学诸派争斗的主要焦点,当时诸儒之间道统之争更多的是学争

---

① 　黎靖德编:《朱子语类》卷一三〇,北京:中华书局,1986 年,第 3110 页。
② 　李焘:《续资治通鉴长编》卷四〇八,哲宗元祐三年正月丁卯,第 9923 页。
③ 　黎靖德编:《朱子语类》卷一三〇,第 3113 页。
④ 　黎靖德编:《朱子语类》卷一三〇,第 3109 页。
⑤ 　朱熹:《朱熹集》卷三〇《答汪尚书》,成都:四川教育出版社,1996 年,第 1276 页。
⑥ 　此显学仅指信服而从之者较多、影响大而言,并非指它已经成为统治思想。

而非政争①。这从朱陈之辩、叶适道统论、真德秀、黄震等人对朱熹的推崇便可以看出。陈亮曾说：

> 昔祖宗盛时，天下之士各以其所能自效，而不暇及乎其他。自后世观之，而往往以为朴陋，而不知此盛之极也。其后文华日滋，道德日茂，议论日高，政事日新，而天下之士已不安于平素矣。众贤角立，互相是非，家家各称孔孟，人人自为稷契，立党相攻以求其说之胜。最后章蔡诸人以王氏之说一之，而天下靡然，一望如黄茅白苇之连错矣。至渡江以来，天下之士始各出其所能，虽更秦氏之尚同，能同其谀而不能同其说也。二十年之间，道德性命之说一兴，迭相唱和，不知其所从来。后生小子读书未成句读，执笔未免手颤者，已能拾其遗说，高自誉道，非议前辈，以为不足学矣。世之为高者，得其机而乘之，以圣人之道为尽在我，以天下之事无所不能，能麾其后生以自为高而本无有者，使惟已之向，而后欲尽天下之说一取而教之，顽然以人师自命。虽圣天子建极于上，天下之士犹知所守，吾深惑夫治世之安有此事乎，而终惧其流之未易禁也。②

陈亮所说北宋"众贤角立，互相是非，家家各称孔孟，人人自为稷契，立党相攻，以求其说之胜"，是混合了学统之争与政见之争的；而南宋之初的"二十年之间，道德性命之说一兴"一语，则是指南宋朱、吕诸儒的学术，尤其对"顽然以人师自命"的朱熹表示不满。

笔者认为：就南宋而言，学争仍然在继续，政争则不显于时。究其原因，程氏一系的主要卫道者朱熹，长期不在庙堂，而陈亮也未能入仕，吕祖谦、陆九渊、陈傅良、薛季宣、叶适等人对朱熹的政见提出批评意见并不多见，因此政争不显，而学争则在继续。

吕祖谦虽为朱熹为好友，但朱熹对吕祖谦批评甚多，而吕氏则很少回应。他们同编《伊洛渊源录》，虚构宋代道统传承统绪，朱熹以继道统自命，而吕氏虽未声明自己继道统，但他并非不在意这一道统。这可从其门人之语看出。吕祖谦于淳熙八年去世，其门人的祭文、祭诗中有诸多称颂吕氏继道统之"信息"，兹略举数例：

> 郑唐卿等："先生之学，道统正传。精粗本末，浑然大全。发明经旨，默契昔贤。"

---

① 庆元党禁并非是学争，因为韩侂胄一党虽然打击所谓的"道学"，但他们并未争道统。其他如林栗等人批朱熹，也没有争道统之意。他们之间的争论与道统无关，因此虽是政争，但与熙丰政争、学争不同。

② 陈亮：《陈亮集》卷一五《送王仲德序》，北京：中华书局，1974年，第178—179页。

丁少瞻："孔孟之道，既千载湮没而不明；伊洛之学，又一时兴起而未备，非特与俗而多近，虽欲救时而莫济盛哉。先生出乎斯世，皇帝王霸之道，无所不明；其旨隐显小大之书，无所不揽其粹，以是为天下之师，总学者之会。"

赵煜："道统谁传授？源流易失真。滔滔皆四海，亹亹独斯人。"①

这些吊唁诗文如此称颂吕祖谦，强调吕氏继孔孟道统，乃至号称"亹亹独斯人"，因此我们很难作出吕氏平日会闭口不谈道统继承问题的结论，恰恰相反，应该说吕氏平日与弟子们谈论中也或多或少谈及道统之事，甚至自认为是继孔孟道统者，否则吕氏弟子们的吊唁诗文就难以理解。自然，张栻、吕祖谦、陆九渊诸儒先后去世，而朱熹又以一代宗师为人称颂，故张、吕、陆诸门人与朱熹争道统便不存在可能②。

然而，"为人才气超迈"③、"视毁誉如风而不恤"④、喜讽议品评人物的陈亮则与朱熹爆发过一场有关道统的论辩⑤。这场论辩最终不了了之，但朱熹占据上风则是十分明显的⑥。

叶适之生稍晚于朱熹，两人又有同事之谊，虽学术上并不相同，但两人之间从未产生直接冲突。叶适为人正派，在林栗、韩党攻击朱熹道学时，他曾挺身而出，为朱熹辩白。但他对朱熹自命继道统则有所不满，如前所说，他在文章中表达了自己的观点，亦有继道统的思想倾向。实际上，我们仍可以说，叶适的道统论仍是自北宋以来学统之争的体现。然而，由于朱熹于庆元六年去世，朱熹后学为恢复朱熹名誉而奔波不止，至宁宗嘉定初，朱熹等道学人士已经受到褒赠，至理宗淳祐元年正月，"诏周敦颐、张载、程颐、程颢、朱熹从祀夫子庙庭，黜王安石从祀"⑦，理宗还御制《圣贤十三赞》，"宣示诸生，厘正从祀，隮五贤，黜安石"⑧，景定二年正月，"皇太子释奠于国学，奏请以南轩张栻及东莱吕祖谦从祀大成殿。'上从之"⑨，从而确立了以程朱一系为道学传承的法定统绪，如此，无论何人再作争辩，也难以改变这一法定事实了。

---

① 吕祖谦：《东莱集·附录》卷三，文渊阁《四库全书》本，第 1150 册，第 472 页、第 474 页、第 484 页。另有黄人杰、高元晦、巩叔子、邵津、邵浩等人祭文祭诗，参见同书第 487 页、第 471 页、第 473 页、第 484 页。
② 陆氏去世后，其门人曾与朱熹论辩，然处于下风则是十分明显之事。因此，陆氏门人转而投朱熹为师者有之。
③ 《宋史》卷四三六《陈亮传》，第 12929 页。
④ 陈亮：《陈亮集》卷一八《谢罗尚书启》，第 243 页。
⑤ 参见拙作《有关"朱陈之辩"的几个问题》，《中国哲学》（第 21 辑），沈阳：辽宁教育出版社，2000 年；《道统之辩：再论"朱陈之辩"》，《中国思想与社会研究》（第 1 辑），北京：中国社会科学出版社，2007 年。
⑥ 陈傅良称陈亮"无修辞之功"，参见《陈亮集》卷二一附陈傅良《致陈同甫书》，第 331 页。
⑦ 佚名：《宋季三朝政要》卷二，文渊阁《四库全书》本，第 329 册，第 981 页。
⑧ 王应麟：《玉海》卷一一三《淳祐视太学》，扬州：广陵书社，2007 年，第 2083 页。
⑨ 马光祖、周应合：《景定建康志》卷四七，南京：南京出版社，2009 年，第 2094 页。

三、叶适与朱熹：道统承继顺序的分歧

虽然叶适争学统已经无法改变法定事实，但对朱、叶两人的道统论进行一些比较仍是有意义的，因为这可以看出当时学者的道统论的主要观点究竟如何。笔者曾撰文分别对朱熹、陈亮、叶适的道统论进行过研讨①，故在此略述主要观点。

自二程起，程朱一系儒学家一直推崇子思及孟子；朱熹更将孔子、子思与孟子这一道统视为自己学术理论的生命线，他将周程诸儒归于思、孟这一道统，理所当然地把自己也纳入了这一统绪之中："宋德隆盛，治教休明，于是河南程氏两夫子出，而有接乎孟子之传……然后古者大学教人之法、圣经贤传之指，粲然复明于世。虽以熹之不敏，亦幸私淑而与有闻焉。"②朱熹尊子思与孟子，也就必然重视四书，他甚至排定《大学》《中庸》《论语》《孟子》的次序，并置于六经之前，强调四书是学者入德之门。显然，朱熹抬高了思孟学派的地位。

朱熹对道统有极为明确的论述：

> 盖自上古圣神继天立极，而道统之传有自来矣。其见于经，则"允执厥中"者（笔者按：见《论语·尧曰》），尧之所以授舜也。"人心惟危，道心惟微，惟精惟一，允执厥中"者，舜之所以授禹也。尧之一言，至矣尽矣，而舜复益之以三言者，则所以明夫尧之一言必如是而后可庶几也。③

在朱熹看来，圣学统绪是从尧、舜、禹、汤、文、武、周公、孔子、曾子、子思而到孟子，其传道密诀就是上述 16 字。他一直以此来教育学生，反复阐明这一道统，这在《朱子语类》中极多，此列数例以证之：

> 问窦从周云："如何是伊尹乐尧舜之道？"窦对以"饥食渴饮，凿井耕田，自有可乐"。曰："龟山答胡文定书是如此说。要之不然。须是有所谓'尧舜之道'。如《书》云：'人心惟危，道心惟微，惟精惟一，允执厥中！'此便是尧舜相传之道。"④
> 舜禹相传，只是说"人心惟危，道心惟微；惟精惟一，允执厥中"。只就这心上理会，也只在日用动静之间求之，不是去虚中讨一个物事来。⑤

---

① 参见《有关"朱陈之辩"的几个问题》、《试论叶适的道统论》、《道统之辩：再论"朱陈之辩"》，此三文均收入拙作《半甲集》，上海：上海三联书店，2010 年。
② 朱熹：《大学章句序》，见《四书章句集注》，北京：中华书局，1983 年，第 2 页。
③ 朱熹：《朱熹集》卷七六《中庸章句序》，第 3994 页。
④ 黎靖德编：《朱子语类》卷五八，第 1361—1362 页。
⑤ 黎靖德编：《朱子语类》卷七八，第 2015—2016 页。

《书》曰"人心惟危,道心惟微,惟精惟一,允执厥中":圣贤千言万语,只是
教人明天理,灭人欲。天理明,自不消讲学。[①]

可见,朱熹对这一道统是十分强调的。在他看来,孟子之后这一道统断而不续,到
宋代则由周敦颐继之,他在《书濂溪光风霁月亭》中宣称:"惟先生承天界、系道统,
所以建端垂绪,启佑于我后之人者"[②],称誉他"心传道统,为世先觉"[③]。尽管二程
承认受学于周敦颐,但程颢自称"'天理'二字却是自家体贴出来"、程颐称程颢"得
不传之学于遗经",显然自命直接承继孔孟而否认是继周敦颐而得道统。朱熹之论
明显与二程有差异,因为他明确地把周敦颐作为宋代继孔孟道统之第一人,朱熹与
吕祖谦编纂《伊洛渊源录》,将周氏列入首卷的原因也在这里。说得再清楚一些,程
朱一派对道统的看法本来就有不同看法,但在严格区别天理与人欲,"明天理,灭人
欲"上则是完全一致的。

　　叶适与朱熹的看法有所不同。他认为:虽然"世有差降,德有出入,时有难易,
道有屈伸"[④],但存在着自尧、舜、禹、皋陶、汤、伊尹、文、武、周公到孔子这样一个连
贯的道统次序。汉唐宋代诸儒尊子思、孟子,尤其是宋儒"标颜、曾、孟子为之传,揭
《大学》、《中庸》为之教,语学者必曰:'不如是,不足达孔子之道也。'然后序次不差
而道德几尽信矣"[⑤]。这里可以看出,叶适认为宋儒揭示尧舜禹到孔子的道统系统
的功绩应归于二程、张载、朱熹及吕祖谦等数人,尤其对朱熹"极辨于毫厘之微,尤
激切而殷勤,未尝不为之叹息也。"[⑥]同时,叶适却强烈反对将子思、孟子纳入道统
系统之内。他明确说过:"然自周(公)召(公)既往,大道厘析,六艺之文,惟孔子能
尽得其意,使上世圣贤之统可合。自子思孟子犹有所憾"[⑦],否认思、孟继承道统的
权力。叶适表示:"自孔氏之高弟不足以知之,各因其质之所安而谓道止于如此;况
于后世。"[⑧]即自孔子之后道统就断而未续,如此既排斥了子思、孟子的道统继承
权,也否认宋儒周敦颐、二程、张载、朱熹等人的道统继承权。叶适批评子思、孟子,
将《大学》、《中庸》、《孟子》三书排斥在"经"之外,甚至嘲笑道:"学者不足以知其统
而务袭孟子之迹,则以道为新说奇论矣。"[⑨]自然,叶适批评子思、孟子的某些学术

---

①　黎靖德编:《朱子语类》卷一二,第 207 页。
②　朱熹:《朱熹集》卷八四《书濂溪光风霁月亭》,第 4363 页。
③　朱熹:《朱熹集》卷九九《又牒》,第 5055 页。
④　叶适:《习学记言序目》卷五《总论》,北京:中华书局,1977 年,第 60 页。
⑤　叶适:《叶适集》卷一〇《同安县学朱先生祠堂记》,北京:中华书局,1961 年,第 167 页。
⑥　叶适:《叶适集》卷一〇《同安县学朱先生祠堂记》,第 167 页。
⑦　叶适:《习学记言序目》卷八《经解》,第 105 页。
⑧　叶适:《习学记言序目》卷一七《孔丛子》,第 246 页。
⑨　叶适:《习学记言序目》卷四九《皇朝文鉴三·序》,第 739 页。

观点,反对将他们纳入儒家道统继承人的行列,但并非完全否定子思、孟子,其实叶适对他们仍有许多赞美之词①。笔者以为,夸大叶适"非孟"思想是有欠缺的,但叶适在更多的场合则表示子思、孟子不应继道统也是明显的事实。叶适学生孙之弘也曾明确指出:叶适认为"以孟轲能嗣孔子,未为过也,舍孔子而宗孟轲,则于本统离矣"②。可见,叶适反对的主要是"舍孔子而宗孟子"的观点,实际是批评宋儒中特别尊崇思孟而自命继道统的理学家,即二程朱熹等人,由此也就把程、朱一系排斥在道统之外。叶适也不同意把曾子列入道统之内:"若孔子晚岁独进曾子,或曾子于孔子后殁,德加尊,行加修,独任孔子之道,然无明据。又按曾子之学,以身为本,容色辞气之外不暇问,于大道多所遗略,未可谓至。"③

当然,叶适同样坚信儒家存在着道统:"不能言统纪者固非,而能言者亦未必是也"④,这一道统便是《尚书》所称的"人心惟危,道心惟微,惟精惟一,允执厥中",他强调"道之统纪体用卓然,百圣所同","此道常在,无阶级之异,无圣狂、贤不肖之殊"⑤。显然可见,叶适所谓存在"道统"与二程朱熹等理学家的看法毫无两样。然而叶适与程朱的观点有明显的不同,主要表现在两个方面:其一,二程朱熹一系的理学家强调自己继承了圣学道统,否定其他学者也有继承道统的权力,而叶适则激烈反对之;其二,二程朱熹认为圣学密传便是天理人欲之别,因此他们都赞同汉儒董仲舒提出的"正其谊不谋其利,明其道不计其功"⑥;而叶适则不谈天理人欲,坚持王道功利论⑦。

四、道统继承权:朱、叶的异同

如上所述,朱熹强调孟子之后由周敦颐、二程继承了道统,否认其他学者的道统继承权。对此,叶适批评道:"时诸儒以观心空寂名学,徒默视危拱,不能有论诘,猥曰'道已存矣'"⑧,"古圣贤之微言,先儒所共讲也;然皆曰:'至二程而始明'。凡

---

① 在叶适著作中赞美子思孟子仍不少见,甚至有时仍视孟子为道统继承人,如:"周衰而天下之风俗渐坏,齐晋以盟会相统率;及田氏六卿吞灭,非复成周之旧,遂大坏而不可收,戎夷之横猾不是过也。当时往往以为人性自应如此……而孟子并非之,直言人性无不善,不幸失其所养使至于此,牧民者之罪,民非有罪也,以此接尧舜禹汤之统……此孟子之功所以能使帝王之道几绝复续,不以毫厘秒忽之未备为限断也……而后世学者,既不亲履孟子之时,莫得其所以言之要,小则无见善之效,大则无作圣之功,则所谓性者,姑以备论习之一焉而已。"叶适:《习学记言序目》卷一四《告子》,第206页。
② 叶适:《习学记言序目》附录孙之弘《习学记言序目序》,第759页。
③ 叶适:《习学记言序目》卷四九《皇朝文鉴三·序》,第738—739页。
④ 叶适:《习学记言序目》卷一七《孔丛子》,第246页。
⑤ 叶适:《习学记言序目》卷八《中庸》,第109页。
⑥ 《汉书》卷五六《董仲舒传》,北京:中华书局,1962年,第2524页。
⑦ 汤勤福:《试论叶适的道统论》,《中州学刊》2001年第3期。
⑧ 叶适:《叶适集》卷二五《宋厩父墓志铭》,第490页。

二程所尝讲,皆曰:'至是止矣'。其密承亲领,游、杨、尹、谢之流,而张、吕、朱氏后时同起,交闸互畅,厥义大弘,无留蕴焉。窃怪数十年,士之诣门请益,历阶睹奥者,提策警厉之深,涵玩充溢之久,固宜各有论述,自名其宗,而未闻与众出之以扶翼其教,何哉?岂敬其师之所以觉我,而谦于我之所以觉人软!"①显然,叶适不但批评二程、朱熹,甚至对张栻、吕祖谦等理学家也不无贬词。

在叶适看来:"道者,天下共由之途也。使有人焉,以为我有是物也,将探而取之,而又曰我能得之矣,则其统已离矣。"②显然,叶适认为二程、朱熹等人自命继承了道统,实际上已经离开了道统。自然,叶适也断然否认陈亮所说的汉唐帝王、英雄豪杰也能继承道统的观点。在叶适看来,孔子之后虽然没有具体的人来继承道统,但是道统存在于六经之中,六经始终存在于世,那么道统也就存在于世,而不是朱熹等人所说的儒家道统密传几绝,因此只须从源头六经开始钻研,把握六经的含义,同样能获得儒家道统。可见,叶适对道统的认识近似于陈亮而与程朱不同。

其实,叶适也有继道统者自命的倾向:

> 生于数千载之后,既不及亲见圣人之行事,循其言语动作而可以得其心,与接闻其风声而可以知其人矣,其所以学为圣贤者,独其言在耳。是故孔子录之为经以示后世,其意反复深切,将使学者因是言而求之,而可以得尧、舜、禹、汤、文、武、周公之心,与知其为人而无疑也⋯⋯达者知其言也而至于道,不达者不知也,则众人而已矣,今其载于书者皆是也。③

叶适以为可以通过"学其(圣人)言"而达其道,即能够通过钻研六经来继承圣人的道统,由此,叶适对曾以续六经为己任的王通不无恻隐之心:"以续经而病王氏者,举后世皆然也,夫孰知其道之在焉"④,"善哉乎王通氏,其知天下之志乎!其有能为天下之心乎!何以知之?以其能续经而知之"⑤。对王通的赞美,曲折地体现出叶适欲继道统的心理趋向。

叶适还从学理上对程朱一派进行批判。上文提及,程朱"敬"字工夫是他们学术上最为突出之处,是他们理学体系的最重要基石之一。朱熹继承二程"识道以智为先,入道以敬为本"⑥的观点,强调"'敬'字工夫,乃圣门第一义,彻头彻尾,不可

①　叶适:《叶适集》卷二九《题陈寿老〈论孟纪蒙〉》,第 607 页。
②　叶适:《叶适集》卷二二《故运副龙图侍郎孟公墓志铭》,第 431 页。
③　叶适:《叶适集·别集》卷六《孔子家语》,第 709—710 页。
④　叶适:《叶适集·别集》卷八《王通》,第 743 页。
⑤　叶适:《叶适集·别集》卷八《王通》,第 742 页。
⑥　杨时:《二程粹言》卷上《论学篇》,文渊阁《四库全书》本,第 698 册,第 367 页。

顷刻间断","敬则万理具在"①。叶适则对程朱"以敬为始"的观点予以彻底否定，认为"学必始于复礼，故治其非礼者而后能复。礼复而后能敬……未能复礼而遽责以敬，内则不悦于己，外则不悦于人，诚行之则近愚，明行之则近伪；愚与伪杂，则礼散而事益繁，安得谓无！此教之失，非孔氏本旨也"②。他批评道："近世之学，虽曰一出于经，然而泛杂无统，泂洑失次，以今疑古，以后准前，尊舜文王而不知尧禹，以曾子子思断制众理，而皋陶伊尹所造，忽而不思，意悟难守，力践非实"③。叶适虽未明确指出"近世之学"是何人之学，但显而易见是程朱一派，由此可见叶适认为程朱一派核心观点"非孔氏本旨"，自然也就强调程朱一派没有继承圣学道统的权力。

其实在宋代，王霸之辩与道统问题密切相关，朱熹与叶适在王霸问题上也有诸多不同。众所周知，朱熹严格区分王道与霸道，认为三代行王道，汉唐行霸道，王霸之间便有天理人欲之区分，行王道者便是天理，能得道统；行霸道者为人欲，失去继承道统资格。因此，朱熹与陈亮对此进行过十分激烈的争辩，否认汉唐诸君有继承道统的权力④。

叶适同样认为三代行王道，后世以霸道（叶适也称之霸力）。他认为霸道是"以势力威令为君道，而以刑政末作为治体"，因此，"汉之文宣、唐之太宗，虽号贤君，其实去桀纣尚无几也"⑤。正由于此，叶适批判欧阳修赞美唐太宗："欧阳氏《策问》……其言则虽以三代为是，而其意则不以汉唐为非；岂特不以为非，而直谓唐太宗之治能几乎三王，则三代固不必论矣；故其制度纪纲，仪物名数，皆以唐为是而详著之。以余观太宗之治，曾不能望齐桓之十一也，而何三王之可几哉！然则欧阳氏之学，非能陋汉唐而复三代，盖助汉唐而黜三代者也。"⑥显然，叶适认为三代王道远胜于汉唐霸政，因此对欧阳修"助汉唐而黜三代"极为反感。在他看来，破坏三代的王道是始于管仲而成于商鞅等人："王政（王道政体）之坏久矣，其始出于管仲。管仲非好变先王之法也，以诸侯之资而欲为天子，无辅周之义而欲收天下之功，则其势不得不变先王之法而自为"⑦，而后世"凡为管仲之术者，导利之端，启兵之源，济之以贪，行之以诈，而天下之乱益起而不息"，"数百年之间，先王之政，隳坏亡灭"，"盖王政之坏，始于管仲而成于（商）鞅、（李）斯"⑧，"三代之下，道远世降，本王

① 黎靖德编：《朱子语类》卷一二，第 210 页。
② 叶适：《叶适集》卷一〇《敬亭后记》，第 163—164 页。
③ 叶适：《习学记言序目》卷五《总论》，第 60 页。
④ 参见拙作《有关"朱陈之辩"的几个问题》、《道统之辩：再论"朱陈之辩"》。
⑤ 叶适：《习学记言序目》卷六《国风豳》，第 71 页。
⑥ 叶适：《习学记言序目》卷五〇《皇朝文鉴四》，第 753 页。
⑦ 叶适：《叶适集·别集》卷六《进卷·管子》，第 705 页。
⑧ 叶适：《叶适集·别集》卷六《进卷·管子》，第 706 页。

心行霸政,以儒道挟权术,为申商韩非而不自知"①可见,叶适赞美王道而贬斥霸道,强调三代之后王道废黜,人心散坏,争霸求利,世道衰坏而一蹶不振。就这一点而言,叶适与朱熹相去不远。

　　然而,叶适与朱熹不同的是,叶适强调经世致用的功利之效,笔者概括为王道功利论②。叶适很不满意"古今异时,言古则不通于今"之说,认为这是"摈古于今,绝今于古",因为叶适以为"不言古,则无所斟酌,无所变通,一切出于苟简而不可裁制矣"③。他曾举例道:"(汉)文帝接秦之敝,本欲有所为;惜乎当时无知治明道之士,而其间既已空缺数百年,高则有慕古之迂,卑则有循俗之陋,故其事止于如此。后世去文帝时虽远,然其君臣议论执碍不行处,亦不过如此,盖未见有实能通之者",在叶适看来,"行之可否,百世一理,何论古今哉!"④即王道是放之百世皆为准的绝对真理,只有在王道的基础之上由"知治明道之士""有所为"(即经世致用),那么三代王道是一定可以恢复的。

　　值得注意的是,叶适对"多识前言往行,以畜其德"极感兴趣,这与吕祖谦观点极为相近:

　　　　世方相竞于作,则不知而妄为固亦无怪。自孔子回作为述以开天下,然后尧舜三代之事不至泯绝,性命道德有所统纪。如使作而未已,舍旧求新,无复存者,则人道废坏,散为鬼蜮,又如羲黄之时矣。百圣之归,非心之同者不能会;众言之长,非知之至者不能识;故孔子教人以多闻多见而得之,又著于大畜之《象》曰:"多识前言往行,以畜其德。"⑤

也就是说,要通过对历史经验教训的总结来增长自己德行,如此便能使三代王道得以实现,自尧舜三代的道统"不至泯绝,性命道德有所统纪",显然,叶适的王道功利与道统问题是紧密联系在一起的,与朱熹"明道正谊"的观点有较大差异。

　　叶适曾撰《汉阳军新修学记》一文,其中说道:"考正古今之俗,因野夫贫女之常性,而兴其俊秀豪杰之思,一其趋向,厚其师友,畜其闻知,广其伦类,极夫先王道德之正,文献渊源之远,而一归于性命之粹"⑥,"考正古今之俗","畜其闻知,广其伦类,极夫先王之道德之正,文献渊源之远",正是"多识前言往行,以畜其德"的注脚。显

---

①　叶适:《习学记言序目》卷二八《蜀志》,第402页。
②　汤勤福:《论叶适的历史哲学与功利思想》,《云南社会科学》2000年第1期。
③　叶适:《叶适集·别集》卷一二《法度总论一》,第786页。
④　叶适:《习学记言序目》卷二〇《史记二》,第289页。
⑤　叶适:《习学记言序目》卷一三《述而》,第186—187页。
⑥　叶适:《叶适集》卷九《汉阳军新修学记》,第141页。

然,这种思想接近于吕祖谦在天理论基础上的畜德致用的功利思想,而与陈亮、陈傅良等王霸并用的功利思想有较大差异①。自然,叶适的功利论也与吕祖谦的功利论有差别,这一差别具体说来是吕祖谦还持"霸亦假王"的观点,而叶适则不同意霸道能借王道而行,这在他评论齐桓公、晋文公的功业时已经清楚地表达出来:"修德者以为无事于功,责功者功成而德日削矣。"②显然,他认为追求功利而轻视道德的修养,必然会产生"功成而德日削"的结果,因此霸道不可能借助王道而行。另外也应该强调指出,叶适的以王道为基础的功利思想与朱熹思想也有较大不同。因为朱熹虽然不乏经世致用的思想,尽管在他任官期间也做了大量有实效的事情,但他站在比叶适更为正统的儒家立场上,强烈地反对霸道与功利,要求明确区分义利王霸,反对直接谈论功利③。而与陈亮的王霸义利观点相比,叶适的论述确实是大为逊色。

综而言之,圣学道统是一个虚幻不实的概念。两宋时期的道统之争是发生在儒学内部的争斗,实际含有政见之争与学统之争两个内容,大致说来始于熙丰年间,主要是洛学、蜀学与新学、洛学与蜀学之间的争斗;元祐之后仍存在这些学派的争斗;北宋末年,新学基本上退出争斗舞台;南宋初年蜀学虽一度复苏,但后继乏人而最终退出学统之争。南宋道统之争主要是学统之争而非政见之争,朱陈之辩、叶适的道统论,都是南宋学统之争的重要内容。庆元党禁虽对程朱一系及其他学派进行打击与压制,但宁宗嘉定年间程朱等人恢复名誉及从祀孔庙,程朱学统才被"法定"为圣学正统的传承统绪。程朱一系道统论的核心是否认学术的变异与发展,将所谓的圣学(即儒学)看作是一种隐密传承、私下授受的"秘密武器",从而最终导致一种僵化的、反对一切变革的观念。而后世尊崇程朱一系,无视其他学派,唯程朱马首是瞻,这不仅束缚了儒学思想的进一步发展,反而促使它逐渐走向衰弱,这也是南宋之后儒学几乎停止发展的主要原因。还须指出的是,在南宋朱陈之辩、叶适道统论的阐述中,实际上对活跃当时思想、促进儒学发展是有一定的积极意义的。不过,无论何种道统论都是虚幻不实的、错误的观点。

原载韩国《中央史论》第 34 辑,2011 年;

后收入《王曾瑜先生八秩秩祝寿文集》,科学出版社 2018 年

---

① 参见拙作《朱熹史学在宋代史学上的地位》、《有关"朱陈之辩"的几个问题》等文。

② 叶适:《习学记言序目》卷一二《国语·周语》,第 165 页。

③ 参见拙作《朱熹历史哲学的层次分析》,《朱子学刊》第 2 辑,福州:福建人民出版社,1990 年;《朱熹是个空谈义理的理学家吗?》,《安徽史学》1999 年第 2 期;《朱熹治史价值论阐微》,《江海学刊》1998 年第 5 期。

试论魏晋南北朝江汉、江淮一带蛮夷的北徙[①]

蛮族是魏晋南北朝时期人口最多，分布最广的少数民族，与汉族交往也较为密切。他们居住在江汉、江淮一带及巴蜀、西南等地，这里既有崇山峻岭、长江、蜀道之天险，又有广袤而且富庶的平原丘陵，战略地位极其重要。在魏晋南北朝时期，蛮族在历史舞台上的演出极其丰富多彩，因而是学者们关注的热点问题之一。至今学界对蛮族研究已经取得不少成果，当然，仍存在许多尚待解决的问题。本文拟对魏晋南北朝时期江汉、江淮一带蛮族的北徙情况，以及这一地区民族融合的特点作一初步探讨，不妥之处，敬请方家指正。

一、曹魏时期枏中蛮夷的北徙

"蛮"作为族称，早在先秦时期便出现了，它主要是指处于中原王朝南方的一些少数民族，即"南蛮"[②]。除了蛮这一称呼外，对周边少数民族还分别有"夷"、"戎"、"狄"之类称呼。大致到东汉时期，蛮逐渐演变为对南方或西南少数民族的专称。《后汉书·南蛮传》中将蛮族划分为槃瓠蛮、廪君蛮、板楯蛮三支[③]，《宋书·夷蛮传》将蛮族按地域分为荆、雍州蛮和豫州蛮两支[④]。槃瓠蛮主要居住地区在今湖北、湖南西部到贵州一带，廪君蛮、板楯蛮则主要居住在今四川地区。

东汉末年，王纲解纽，军阀混战，中国历史面临着一场复杂而深刻的变革。建安十三年（208年）曹操南征刘表，占领襄阳，枏中地区尽属曹魏。这里居住着大量"夷"人，据《三国志·朱然传》注引晋人习凿齿《襄阳记》称："枏中在上黄界，去襄阳一百五十里。魏时夷王梅敷兄弟三人，部曲万余家屯此，分布在中庐宜城西山鄢、沔二谷中，土地平敞，宜桑麻，有水陆良田，沔南之膏腴沃壤，谓之枏中。"[⑤]值得注意的是，江汉、江淮地区自秦以来便是"蛮"人所居之处，在东汉亦称"蛮夷"，如《后

---

① 本文与王娟合作。
② 《史记》也有"北蛮"、"百蛮"之记载，北蛮是指北方的少数民族，百蛮则是各少数民族的泛称。
③ 《后汉书》卷八六《南蛮西南夷传》，北京：中华书局，1965年，第2829—2843页。
④ 《宋书》卷九七《夷蛮传》，北京：中华书局，1974年，第2396—2399页。
⑤ 《三国志》卷五六《朱然传》注引《襄阳记》，北京：中华书局，1959年，第1307页。

汉书》便称湖北、湖南西部到贵州一带槃瓠后人为蛮夷,所谓"其后滋蔓,号曰蛮夷"①;《宋书》也称"豫州蛮,廪君后也……北接淮、汝,南极江、汉,地方数千里"②。显然时人对这一地区的蛮、夷并不明确区分,只是当时以地名或其他有特色的事物来区分。如魏晋南北朝诸正史中有"西阳蛮"、"新蔡蛮"、"五溪蛮"等等,便是以地名加以命名;而李特"其先廪君之苗裔也……巴人呼赋为賨,因谓之賨人焉"③,这里以民族语言来加以命名。上引《三国志》粗中"夷王"梅敷实际上亦可称为"蛮王"。因为粗中有夷水,《水经》载"夷水出自房陵,东流注之",郦道元注曰:"夷水,蛮水也,桓温父名夷,改曰蛮水。"④显然,江汉地区粗中梅敷称"夷王"当与夷水有关,而改称为"蛮",是时人认为当地蛮、夷实是同一种族。梅敷有"部曲万家",其社会组织形式似已分解为以"户"为单位的个体小农;"宜桑麻,有水陆良田",说明粗中地区有着较为发达的农业。

三国鼎立确立后,魏、吴两国曾围绕襄阳地区展开了激烈争夺,位于襄阳以南150里的粗中地区必然会成为双方争夺的重要对象。据《三国志·吴主传》载:建安二十五年(220年)秋曹操死后,"魏将梅敷使张俭求见抚纳",接着率"南阳阴、酂、筑阳、山都、中庐五县民五千家来附"⑤。梅敷被称为"魏将",显然在附吴之前,他曾先归附过曹魏政权,然具体何时附魏则由于史料无载而不得而知。梅敷叛魏附吴时,所率"五千家"分别来自阴、酂、筑阳、山都、中庐5县,其中只有中庐属粗中,其余诸县皆在襄阳西北,阴、酂二县更是在沔水以北。梅敷所率领归吴"夷"人超出粗中地区,据此可以推断出梅敷所率的"粗中夷"的活动范围已向北推进,这很可能是建安十三年(208年)曹操占领粗中地区后强迫他们向北迁徙的结果。另据《三国志·三少帝纪》注引《晋纪》载,魏正始二年(241年),"粗中民夷十万,隔在(沔)水南,流离无主"⑥。可知当时粗中夷的大本营仍在沔南(汉水以南)。魏正始七年(246年),"吴寇粗中,夷夏万余家避寇北渡沔"⑦,最终只"斩获数千"⑧,显然魏、吴反复争夺粗中,当地蛮夷、汉人绝大部分选择了附魏北徙。从上述"粗中民夷"、"夷夏"连称中可以看出,当地的蛮夷与汉人杂居,面对魏、吴争夺襄阳的复杂局面时采取了相同的态度和行动。

三国时期除粗中蛮夷外,在江汉之间还有其他不少"蛮人"降魏。如魏将乐进

① 《后汉书》卷八六《南蛮西南夷传》,第2829页。
② 《宋书》卷九七《夷蛮传》,第2398页。
③ 《晋书》卷一二《李特载记》,北京:中华书局,1974年,第3021—3022页。
④ 王国维校:《水经注校》卷二八《沔水注》,上海:上海人民出版社,1984年,第907页。
⑤ 《三国志》卷四七《吴主传第二》,第1121页。
⑥ 《三国志》卷四《三少帝纪》注引干宝《晋纪》,第119页。
⑦ 《晋书》卷一《宣帝纪》,第16页。
⑧ 《三国志》卷四《三少帝纪》,第122页。

镇荆州襄阳时，"南郡诸郡山谷蛮夷诣进降"①，南郡今为湖北江陵，在柤中之南。又据《三国志·曹仁传》可知，魏、吴争夺襄阳，魏曾"徙汉南附化民于汉北"②，这些被徙汉北的"汉南附化民众"中理当包括降魏的南郡蛮夷。另据《三国志·夏侯尚传》载："荆州残荒，外接蛮夷，而与吴阻汉水为境，旧民多居江南。尚自上庸通道，西行七百余里，山民蛮夷多服从者，五六年间，降附数千家。"③夏侯尚在黄初年间（220—226 年）出任荆州刺史，他所开的上庸以西 700 里山道，大致与柤中处于东西平行线上，荆州"外接蛮夷"，当指魏荆州南境与吴、蜀交界地区，这就说明从柤中到上庸以西都有蛮人居住，这些蛮人在江汉之间广阔的东西横断面上发展，并逐渐向北迁徙。

二、两晋时期江汉、江淮蛮族的北徙

《魏书》称蛮族"在江淮之间，依托险阻，部落滋蔓，布于数州，东连寿春，西通上洛，北接汝颍，往往有焉。其于魏氏之时，不甚为患，至晋之末，稍以繁昌，渐为寇暴矣。自刘石乱后，诸蛮无所忌惮，故其族类，渐得北迁，陆浑以南，满于山谷，宛洛萧条，略为丘墟矣"④。据此可知，两晋之际江淮一带蛮族发生了很大变化：其一，至西晋末年，蛮族人口有所增加，并逐渐活跃起来，开始影响到当地的社会秩序；其二，自永嘉丧乱后，蛮族逐渐北徙，"陆浑以南"已成为蛮族的世界。陆浑，今河南嵩县，也就是说，蛮族向北扩张进入了中原地区。两晋之际蛮族为何会向北扩张而进入中原？究其原因，大致有以下几点：

首先，三国时期，江汉、江淮一带为战争之地，这就使得生存于这一地带的蛮民成为了魏、吴、蜀争掠的对象。史称"三国时，江淮为战争之地，其间不居者各数百里，此诸县并在江北淮南，虚其地，无复民户。吴平，民各还本，故复立焉。其后中原乱，胡寇屡南侵，淮南民多南度"⑤。这里所称"诸县"是指历阳、当涂、逡道、钟离等。值得强调的是，这些南渡之民当为汉族编户，而居住在深山幽谷之中的蛮民当未南渡。面对连年的征伐，蛮族诸部虽在酋帅的带领下依照局势发展依违于各政权之间，但是，与战争相伴的生活环境必然不利于人口的繁衍，所以当西晋结束分裂割据并统一全国后，也在一定程度上为生存于江汉、江淮一带的蛮族创造了较为安定的生活环境。如晋武帝平吴后，"割临沮之北乡，中庐之南乡立上黄县，治軑

---

① 《三国志》卷一七《乐进传》，第 521 页。
② 《三国志》卷九《曹仁传》，第 276 页。
③ 《三国志》卷九《夏侯尚传》，第 294 页。
④ 《魏书》卷一一《蛮传》，第 2245—2246 页。
⑤ 《宋书》卷三五《州郡志一》，第 1033 页。

乡"①,这对于一直被作为魏、吴争夺对象的"粗中夷"来说无疑是提供了一个安居乐业的环境。所以经过 30 多年的发展,到了西晋末年蛮族人口自然会"稍以繁昌"。

其次,据《三国志·徐晃传》载,曹操大将徐晃"从征荆州"时,曾"别屯樊,讨中庐、临沮、宜城贼"②。据前文可知,中庐、临沮、宜城正为"粗中夷"的聚居区,这些所谓的"贼"想必以当地的"蛮夷"为主。可见,蛮夷中一直都不乏"寇暴"者,只是由于当时蛮夷人口有限,所以对当地社会秩序所造成的影响也有限,故"不甚为患"。泰始九年(273 年),晋武帝在襄阳设立南蛮校尉,其主要职能就是治理和镇抚荆州境内的蛮夷。及至西晋末年,随着蛮夷人口的增加和西晋政权控制力度的削弱,"寇暴"者的数量必然大为增加。

再次,两晋之际,随着西晋王朝的崩溃,汉民南迁,中原少数民族政权多次南下拓展疆域,东晋政权无力还击,一度退守长江防线③。南北政权争夺长江以北地区,数易其手,他们均无法真正掌控它,稳定它。而此时在河洛、秦雍地区则出现一个汉族人口"真空"期,史称"洛京倾覆,中州士女避乱江左者十六七"④,"自丧乱已来六十余年,苍生殄灭,百不遗一,河洛丘虚,函夏萧条"⑤,"天下丧乱,秦雍之民死者十八九"⑥。尽管我们可以认为其中不无夸大之处,但河洛、秦雍地区汉族人口锐减则是可以肯定的,这便使蛮夷诸部落得以"无所忌惮"地北上,向襄阳、南阳及"陆浑以南"的广大地区迁徙和扩张,以求得更大的生存空间。

同时,中原少数民族政权南下时还大量掳掠人口。当然,这种掳掠并不单单是针对江汉、江淮一带汉人,依照他们绝大多数"饮马江淮,折冲汉沔"⑦的攻掠路线,居于江汉、江淮一带的蛮人,也必然会成为他们俘掠的对象。如永嘉五年(311 年)十月,石勒率军南下"攻掠豫州诸郡,临江而还,屯于葛陂,降诸夷楚,署将军二千石以下,税其义谷,以供军士"⑧。可见,石勒在攻掠江淮地区时,曾降服了大批"夷楚"。然而石勒当时并不准备长期占领所攻克的郡县城邑,所以对当地的"夷楚",采取了署置官爵的怀柔政策,只要求他们供应军粮。但石勒兵锋所到之处,晋王朝的地方行政机构必然被摧毁,郡县官吏非死即逃,这就在一定程度上为当地"夷楚"

① 郦道元撰、陈桥驿校注:《水经注校注》卷二八下《沔水注》,北京:中华书局,2007 年,第 667 页。
② 《三国志》卷一七《徐晃传》,第 528 页。
③ 《晋书》卷六六《陶侃传》载侃语:"我所以设险而御寇,正以长江耳。"第 1778 页。
④ 《晋书》卷六五《王导传》,第 1746 页。
⑤ 《晋书》卷五六《孙楚传附孙绰传》,第 1545 页。
⑥ 《魏书》卷九九《张寔传》,第 2194 页。
⑦ 《晋书》卷一四《石勒载记上》,第 2715 页。
⑧ 《晋书》卷一四《石勒载记上》,第 2715 页。

势力的崛起与扩展创造了有利条件①。这也是西晋末年蛮族势力拓展迅速的另一原因。永嘉六年(312年),石勒挥师北上邺城,大掠江淮民户还北,其中自然有降附蛮夷。《晋书·石季龙载记》称冉闵之乱时:"青、雍、幽、荆州徙户及诸氐、羌、胡、蛮数百余万,各还本土,道路交错,互相杀掠,且饥疫死亡,其能达者十有二三"②,虽然我们无法了解其中蛮民数量,但蛮民被北迁则是无可怀疑之事。

《太平御览》卷363引车频《秦书》说:"苻坚时,四夷宾服,凑集关中,四方种人皆奇貌异色。晋人为之题目,谓胡人为侧鼻,东夷为广面阔额,北狄为匡脚面,南蛮为肿蹄方,方以类名也"③。证之《资治通鉴》所记晋孝武帝太元元年(376年)三月,"秦兵寇南乡,拔之,山蛮三万户降秦",胡注称:"襄阳以西,中庐、宜城之西山,皆蛮居之,所谓山蛮也。宋、齐以后,谓之雍州蛮"④。南乡即南乡郡,在沮中之北。降秦之"山蛮",与"中庐、宜城之西山"之"山蛮"同类无疑,中庐、宜城便是曹魏时期的"沮中夷"居住地。可见,三国时期的沮中夷在魏、吴政权的军事压力下,已有北迁南乡郡者。苻坚攻克南乡郡,有"山蛮"3万户降秦,足见前引《魏书·蛮传》所称刘石乱后北迁诸蛮"满于山谷",绝非虚言。当然这种现象不是突然出现的,而是两晋之际蛮民大量北迁并长期生息繁衍的结果。

三、南北朝时期蛮族的北附

随着两晋之际蛮族人口数量的增加和活动范围的扩大,到了南北朝时期,蛮族几乎已经遍布南北政权交界地带,因而南北政权都急欲利用这股力量⑤作为边境屏蔽。为了赢得蛮族的支持,南北政权都曾以封官授爵的方式来吸引、招徕蛮族首领率众归附。而"郡蛮酋帅"也乐意利用南北矛盾,"互受南北朝封爵"⑥,依违其间。但总体来看,在招徕蛮族方面,北魏更为成功⑦。仅据《魏书·蛮传》所载,自延兴二年(472年)至正光(520—525年)中,南朝境内的蛮族就有13次拥众降魏的事件,其中有3次人数不详,其余10次约有16万余户,以每户5口计,约有80万人⑧。所以,在北魏与南朝宋、齐政权对峙时期,蛮族"北附"是一个十分突出的现象。

---

①　陈再勤:《魏晋南北朝时期南北边境地带蛮族的地理考察》,武汉大学1997年博士学位论文,第6页。

②　《晋书》卷一七《石季龙载记下》,第2795页。

③　李昉等:《太平御览》卷三六三引车频《秦书》,北京:中华书局影印本,1960年,第1672页。

④　《资治通鉴》卷一〇四,晋孝武帝太元元年三月条,北京:中华书局,1956年,第3273页。

⑤　方高峰在《六朝蛮族社会经济试探》一文中认为,蛮族之所以不能组成一个政权,一是蛮族自身水平没有达到这个要求,二是蛮族都在政府郡县统辖范围之内,虽不能完全控制,但已被政府分割,因此也很难大规模联合。方高峰:《六朝蛮族社会经济试探》,《湖南城市学院学报》2003年第1期。

⑥　杜佑:《通典》卷一八七《边防三·南蛮上》序略,北京:中华书局,1988年,第5041页。

⑦　具体原因,笔者将另撰文详论。

⑧　牟发松:《湖北通史·魏晋南北朝史》第八章,武汉:华中师范大学出版社,1999年,第398页。

　　但作为边境屏蔽,蛮族北附后,除了少数上层人物被迁至首都或其他城市外,其余人口一般都只是就地编入新设的郡县,或者仅仅接受郡县的名义,只作就近安置①。如魏泰常八年(423 年),"蛮王梅安率渠帅数千朝京师,求留质子以表忠款。始光(424—427 年)中,拜安侍子豹为安远将军、江州刺史、顺阳公";延兴(471—475 年)中,"大阳蛮酋桓诞拥沔水以北,滍叶以南八万余落,遣使内属。高祖嘉之,拜诞征南将军、东荆州刺史、襄阳王,听自选郡县";魏太和十七年(493 年),"襄阳酋雷婆思等十一人率户千余内徙,求居大和川,诏给廪食。后开南阳,令有沔北之地";景明(500—503 年)初,"大阳蛮酋田育丘等二万八千户内附,诏置四郡十八县"②。梅安留在平城的只有他的儿子,而且不久也被册封后遣回;桓诞的"八万余落"都留在原地,由他自己管理;雷婆思率户内徙后虽曾一度自襄阳迁至北魏南境,但在北魏据有南阳地区后,又被安置在了沔北,与原居住地相近;随田育丘内附的28000 户,被安置在了新置的郡县,而这"四郡十八县"有极大可能是在其所居旧地设置的。可见,蛮族附北后,其居住地的大致范围变动不大,仍被新主安置在南北政权的交界地带。北魏统治者这么做,一方面是因为这些蛮族长期生活在江汉、江淮一带,熟悉当地地形,当与南朝交战时他们可以作为先驱,探敌虚实,或提供军粮,或作为策应,以助军威。如上文谈到的长期活跃于沔水以北、滍叶以南的大阳蛮,在随酋帅桓诞降魏后,曾多次配合魏军作战。太和四年(480 年),孝文帝南伐时,其首领桓诞"请为前驱,乃授使持节、南征西道大都督,讨义阳"③。当时南齐雍、司州边境蛮民"传虏已近,又闻官尽发民丁",亦纷纷起兵④。虽然由于种种原因桓诞此次出征不果而还,但他"请为前驱"与南朝境内蛮民暴动却有着直接的关系。直到魏宣武帝时代,"萧衍每有寇抄,叔兴(桓诞子桓)必摧破之"⑤,可见,在一定时期内大阳蛮为北魏南部边境地区的安定作出了贡献。另一方面,将北附的边境蛮族安置在所居旧地,是为了利用他们在当地的影响力以争取敌境更多蛮民归附。《魏书·蛮传》云:"永平(508—512 年)初,东荆州表□□⑥太守桓叔兴前后招慰大阳蛮归附者一万七百户,请置郡十六、县五十……延昌元年(512 年),拜南荆州刺史,居安昌,隶于东荆。三年(514 年),萧衍遣兵讨江沔,破掠诸蛮,百姓扰动。蛮自相督率二万余人,频请统帅为声势。叔兴给一统并威仪,为之节度,蛮人遂安。其年,萧衍雍州刺史萧藻遣其将蔡令孙等三将寇南荆之西南,沿襄沔上下,破掠诸

①　葛剑雄主编:《中国移民史》第二卷,福州:福建人民出版社,1997 年,第 491 页。
②　以上均出《魏书》卷一一《蛮传》,第 2246 页。
③　《魏书》卷一一《蛮传》,第 2246 页。
④　《南齐书》卷五八《蛮传》,北京:中华书局,1972 年,第 1007 页。
⑤　《魏书》卷一一《蛮传》,第 2247 页。
⑥　《北史》卷九五《蛮传》无此空字,北京:中华书局,1974 年,第 3150—3151 页。

蛮。蛮酋衍龙骧将军楚石廉叛衍来请援,叔兴与石廉督集蛮夏二万余人击走之,斩令孙等三将。藻又遣其新阳太守邵道林于沔水之南,石城东北立清水戍,为抄掠之基。叔兴遣诸蛮击破之"①。可见,襄沔一带蛮人当是两属,他们依违于南北之间。桓叔兴在这些蛮民中颇具影响力,故在危机之时成为他们"频请统率并为声势"的对象,桓叔兴也处置得当,使"蛮人遂安"。北魏通过桓叔兴的招慰获得了襄沔一带更多蛮民的归附,稳定了边境局势,史称"蛮虏协谋,志扰边服,群帅授略,大奸凶丑"②。

当然,除了使用温和的招徕方式使蛮族主动归附外,军事征伐也是迫使蛮族降服的重要手段。北魏自宣武帝后,政治日益腐败,对蛮族举措失当,招致蛮民的反抗。魏景明三年(502年),"鲁阳蛮鲁北燕等聚众攻逼颍川,诏左卫将军李崇讨平之,徙万余家于河北诸州及六镇。寻叛南走,所在追讨,比及河,杀之皆尽"③。北魏政府将战败的蛮民迁徙到遥远的北方,使之背井离乡,自然难以安居,他们的反叛南逃是不可免的,南逃途中,又惨遭杀戮。值得强调的是,这批被强制迁徙的"万余家",迁入地为"河北诸州及六镇",即今河北、山西北部及内蒙古南部,可见其迁入地范围很广,所以不可能同时集中反叛南逃,更不可能被"杀之皆尽"。笔者认为被杀者当是其中南逃的一支,其余分散安置的蛮民应该还是会有不少人留在北方的。其实,根据当时的习惯做法,被俘获掳掠的蛮民中也会有一部分被送往京师,供朝廷赏赐。如魏景明(500—503年)初曾下诏表彰彭城王勰:"自勰之至寿春,东定城戍,至于阳石,西降建安,山蛮顺命,斩首获生,以数万计。"④这些被当作"生口"的蛮民,来自淮南一带,数量在数万以上。

魏孝武帝永熙三年(534年),北魏分裂为东魏和西魏,及继之而起的北齐、北周,与南朝梁形成鼎足之势,在三方对蛮族的争夺中,蛮民多归附西魏。据《周书·异域传上》记载:"大统五年(539年),蔡阳蛮王鲁超明内属";大统十一年(545年),"蛮首梅勒特来贡其方物";西魏废帝(552—553年)初,"蛮酋樊舍举落内附";恭帝二年(555年),"蛮酋宜民王田兴彦、北荆州刺史梅季昌等相继款附"⑤。随着蛮族的相继归附,蛮族地区陆续归入北周的辖境。当然,辖区内蛮民也曾发生反抗暴动,北周政府则出重兵镇压,如北周明帝(557—559年)初,"蛮酋蒲微为邻州刺史,举兵反",李迁哲"遂率兵七千人进击之,拔其五城,虏获二千余口"⑥;武帝保定四年(564年),权景宣别讨河南,"至昌州而罗阳蛮反,景宣回军破之,斩首千级,获生口二千、

---

① 《魏书》卷一一《蛮传》,第 2247 页。
② 《南齐书》卷四《郁林王纪》,第 70 页。
③ 《魏书》卷一一《蛮传》,第 2247 页。
④ 《魏书》卷二一下《彭城王勰传》,第 578—579 页。
⑤ 《周书》卷四九《异域传上》,北京:中华书局,1971 年,第 888 页。
⑥ 《周书》卷四四《李迁哲传》,第 792 页。

杂畜千头,送阙"[1];武帝天和二年(567年),伊娄穆镇压唐州山蛮,"蛮酋等保据石窟一十四处,穆分军进讨,旬有四日,并破之,虏获六千五百人"[2]。直至天和六年(571年),在北周军的多次重兵镇压之下,蛮民损失惨重,才"群蛮慑息,不复为寇矣"[3]。值得注意的是"送阙"一词,实际上说明被送往北方的蛮民是被迫北迁。

四、江汉、江淮一带民族融合的特点及意义

我们在研讨魏晋南北朝时期江汉、江淮一带蛮族北徙中,实际包含着他们与中原汉族及其他少数民族之间的融合问题,因为蛮族在接触汉族与其他少数民族时,不可避免地受到他们的影响,使蛮族自身政治、经济、文化、风俗、习惯等都有了变化,久而久之,蛮汉之间、蛮与其他少数民族之间的融合成为不可避免的趋势。当然,我们也要实事求是地分析这一情况,不能夸大其民族融合的规模与作用。我们认为,魏晋南北朝时期南、北方的民族融合确实有所不同,江汉、江淮一带的民族融合呈现出以下特点:

首先,具有很大的不平衡性和不彻底性。江汉、江淮一带的蛮族原本居住在深山险要之地,两晋之际乘南北政局动荡之机,一大批蛮族走出山险,徙居到邻近的平原、河谷。这些徙居到平原、河谷的蛮族随着生活环境的改善及与汉族的交往、融合,生产力发展水平显著提高。而那些仍居住在山区的蛮族,由于受地理环境所限,仍处于相对封闭的状态,甚至有些蛮族部落没有与汉民族发生太多的交流,因而江汉、江淮一带的民族融合,就广度而言,具有很大的不平衡性。同时,我们知道北魏孝文帝改革,涉及政治、经济、文化、风俗、语言等各个方面。在这种情况下,几支入居中原的少数民族在与汉族交往之中,较为迅速地与汉民族实现了融合,因而黄河中下游地区的民族融合是比较彻底的。而江汉、江淮一带的蛮族与汉民族的融合是一个相对缓慢、渐进的过程,其间没有实施过类似孝文帝那样大规模民族融合措施,同时还有相当一部分蛮族仍身居与世隔绝的深山幽林之中,与汉族接触颇少,故江汉、江淮一带的民族融合,就深度、广度而言是不彻底的,无法与北方民族融合相比。

其次,江汉、江淮一带民族融合的进程呈马鞍形变化。自三国而后,黄河中下游地区诸民族广泛接触,而民族文化的差异导致民族之间激烈地冲突,正是在这种民族冲突之中,民族融合也便由浅及深,一浪高过一浪,直至北魏孝文帝改革之时,将"胡汉融合"推向了高峰。但在江汉、江淮一带,蛮族与汉民族的融合仅出现了两

①　《周书》卷二八《权景宣传》,第479页。
②　《周书》卷二九《伊娄穆传》,第500页。
③　《周书》卷四九《异域传上》,第890页。

个范围较小的高潮期：一是两晋之际，大批蛮族纷纷走出山险，徙居平原，开始与汉民族接触、交往，自然在交往之中也出现一些民族争斗，但规模不大，影响地区不广，可以说民族融合是以一种相对比较温和的方式进行着，上述"蛮汉"、"夷夏"、"民夷"合称则充分证明两者之间的逐渐地融合关系。二是南北朝时期，各政权对蛮族大举用兵，在武力讨伐下把被征服者强行安置或北迁，将他们纳入编户齐民的管理系统中，于是他们被迫与汉民族更加密切地杂居在一起，民族融合区相对扩大，融合速度也比两晋之际快一些。换句话说，无论是留居当地还是北迁蛮民，在两晋之际与南北朝时期民族融合确实相对快一些。

其三，北迁区域的局限性。魏晋南北朝时期，尤其是东晋之后，由于北方战乱频繁，因此北方大族举族南下者往往有之，故北人南下规模大，区域广，到达南方后也分居各地，甚至南方一些政权为他们侨设郡县以安置之。但江汉、江淮一带蛮族地处南北方政权的交界地带，所以他们的北迁具有一个鲜明的特点——真正徙居北方的蛮族大多是作为人质或战俘北上的，而绝大多数蛮族在附北或降北后，北方统治者只是将其就近安置，也就是说他们的实质居住主要空间仍然在江淮、江汉一带，当然也有一部分北上到"陆浑以南"地区。因此江汉、江淮一带蛮族北迁规模及北迁后所居区域无法与北民南迁相比。

尽管江汉、江淮一带蛮族与汉族、其他少数民族之间的融合存有一定的局限性，但这种融合的巨大意义是无可质疑的。

从上述叙述可以了解，魏晋南北朝时期，江汉、江淮一带有大批蛮族或主动北附，或被动北徙，但是他们都毫无例外地逐步成为了国家的编户齐民，在与汉族和北方少数民族接触的过程中相互影响，逐步融合，到了隋朝已与汉族百姓无异[①]，民族的认同悄无声息地进行着。比如，作为人质入北的都是蛮族上层人物，他们一般都被送至北方政权的都城定居，由于受到地域所限，他们和原来部族的联系基本被割断，于是也就很快被当地民族所同化，融入到当地民族之中。如北魏后期的樊子鹄，"代郡平城人。其先荆州蛮酋，被迁于代。父兴，平城镇长史，归义侯"[②]。虽然我们不知道"荆州蛮酋"的后裔樊子鹄是第几代移民，但他的籍贯已被登记为"代郡平城"，失去了"荆州蛮"的地域特质。而且他自孝昌三年（527年）起备受重用，后官至尚书左、右仆射。从樊子鹄的经历和行事已经看不出任何蛮族特征，北魏统治者并不以其祖先为"荆蛮"而歧视他，可见类似樊子鹄的蛮族后裔在长期与北方

---

① 据《隋书·南蛮传》前序载："南蛮杂类，与华人错居……稍属于中国，皆列为郡县，同之齐人，不复详载。"同之"齐人"，也就是同之"齐民"（《隋书》史臣避唐讳改），可见《隋书》认为这一部分被纳入郡县体制的蛮族，久而久之丧失了蛮族特征，完全融合于汉族社会之中，故《隋书》"不复详载"，将他们排除在《南蛮传》之外。《隋书》卷八二《南蛮传》，北京：中华书局，1973年，第1831页。

② 《魏书》卷八《樊子鹄传》，第1777页。

民族的杂居、通婚中已被同化并被认同。而作为俘虏被掠至北方的蛮民,大都已丧失人身自由,沦为"生口",或成为朝廷赏赐官员的礼品,或被安置于内地劳作,由于他们身份特性,活动范围受到极大地局限,加之他们的文化水准较低,所以只能被动地接受北方民族对他们的影响、同化;自然,身份"低贱"的蛮民对北方诸民族的生产和文化产生实质的影响也就微乎其微。另外还须指出,部分蛮民被安置在北方沿边军镇,但南北朝有关典籍却极少反映"蛮族"在沿边军镇的活动状况,应该说这部分戍守军镇的蛮族与当地民族逐渐融为一体。

相对于这些真正徙居北方的蛮族,那些附北或降北后仍活动于江汉、江淮一带的蛮族,在与汉族及其他少数民族的融合过程中所发挥的作用更为明显。他们通过杂居、通婚、商业贸易往来乃至互相争斗等方式,与当地民族,主要是汉族之间产生广泛联系并相互影响,他们一起为长江中下游地区经济的发展做出了贡献。据《宋书》记载:"荆、雍州蛮,槃瓠之后也。分建种落,布在诸郡县。荆州置南蛮,雍州置宁蛮校尉以领之。世祖初,罢南蛮并大府,而宁蛮如故。蛮民顺附者,一户输谷数斛,其余无杂调,而宋民赋役严苦,贫者不复堪命,多逃亡入蛮。"[1]这一记载十分明显地反映出汉、蛮之间的交融情况,自然,这些"逃亡入蛮"的汉人必然会对蛮族的经济、文化、风俗、习惯等都会起到一定影响。因此,我们认为:魏晋南北朝是民族融合的高潮期,而这一高潮期是在两股徙民浪潮的共同推动下出现的。一方面由于北方少数民族南下入主中原,在黄河中下游地区出现了所谓"胡汉融合";另一方面,随着中原汉族政权的衰弱,江汉、江淮一带蛮族乘势北徙,长江中下游地区乃至中原部分地区出现了"蛮汉融合"[2]。如果我们仅看到黄河中下游地区的民族融合,而忽视江汉、江淮地区的民族融合,那么是不全面的。

综上所述,在魏晋南北朝时期,与北民南迁浪潮相呼应,南方也同样进行着一场以蛮族为代表的少数民族的"南民北迁"活动。北方少数民族由北向南,江汉、江淮一带蛮族则由南向北,他们的交集点恰恰是广袤的中原地区,因而可以说南北方诸少数民族从不同方向推动着汉文化与各少数民族文化的交汇、融合与发展,为古老的中华民族的增添了新鲜血液,为"中华一体"观念的形成作出了各自的贡献,共同促使繁荣的隋唐文化的到来。

原载于《江海学刊》2012 年第 3 期

---

① 《宋书》卷九七《夷蛮传》,第 2396 页。
② 这里所说的"胡汉融合"、"蛮汉融合"没有民族歧视的意味,只是为了凸显民族融合的主体双方而采用的一种称呼。

读《与王龟龄》兼论朱熹对王十朋的评价

朱熹与王十朋大致同时，一为声名显赫的宋代理学集大成者，一为南宋绍兴末至乾道间盛有文名的名宦。王十朋学问人品堪称当时一流，他于绍兴二十七年以进士策而钦点状元，之后为官正直，敢于弹劾奸佞之臣而为世人称道，又善于作文写诗，其诗文为时人所重。朱熹早年成名，乾道年间则为创立自己理学思想体系而著书立说，其学生众多，影响颇大。那么，朱熹与王十朋两人有无交往？关系如何？他对王十朋究竟如何评价？这些问题，过去从无学者对此进行过系统研究，因此非常值得探索。

一、《与王龟龄》[①]写作时间

在研究该信前，有必要先将朱熹与王十朋在乾道三年之前的学行情况作一疏释，以便以后展开论述。

王十朋生于政和二年（1112 年），绍兴二十七年（1157 年）廷试独占鳌头。从宦途来说，王十朋总体上一路顺畅，中进士当年就授左承事郎金书建康军节度判官听公事，高宗随即特委其差绍兴府金判。绍兴二十九年腊月任满归家，而仅隔不足二旬便委为秘书省校书郎。三十一年春迁大宗丞，五月去国。次年六月高宗内禅，孝宗即位后马上诏起王十朋知严州，未赴任而召对。隆兴元年春除起居舍人，不久为侍御史，六月因张浚兵败事而辞职归乡。隆兴二年六月起为集英殿修撰知饶州，至乾道元年七月移夔州，三年七月因户部责虚通钱十四万而请免丐祠，然被命移知湖州，九月召对，随即到湖州任。四年八月命知泉州，十月到任[②]。

朱熹走的是另外一条路。他生于建炎四年（1130 年），幼年受到其父朱松影响

---

① 王十朋：《王十朋文集》（下）附录该信，标题为《上待制王梅溪先生书》，信后称"据《太原王氏宗谱》，由王翔鹏整理"，上海：上海古籍出版社，1998 年，第 1158 页。其实，四库全书本《晦庵集》、四部备要本《朱子大全》、四部丛刊本《晦庵先生朱文公文集》、丛书集成本《朱子文集》、1996 年四川教育出版社点校本《朱熹集》均有此文，题名均为《与王龟龄》。然宋魏齐贤、叶棻同编《五百家播芳大全文粹》卷五四有朱晦庵《上王待制书》，除前有"日月具位某敢薰沐裁书再拜以献知府待诏侍郎"一语外，共 1323 字，省少 12 字，因此信中其余文字也略有不同。《王十朋文集》，上海：上海古籍出版社，1998 年，

② 吴鹭山：《王十朋年谱》（下），《温州师范学院学报》1979 年第 2 期。《宋史》卷三八七《王十朋传》许多任职无具体时间，北京：中华书局，1985 年。

颇深,其父亦是理学中人。14 岁时,朱松忧于建州城南之寓舍,病革之际,手自为书,嘱朱熹受学于三先生:屏山刘子羽彦冲、白水刘勉之致中、籍溪胡原仲宪。绍兴十八年(1148 年),朱熹中三甲进士。因此,就年龄而言,王十朋长于朱熹 18 岁;从中进士来说,朱熹则比王十朋早 9 年。然而朱熹并不热衷于仕宦。绍兴二十一年授左迪功郎,泉州同安县主簿,次年七月到任,二十六年七月秩满,冬奉檄走旁郡,次年春还同安,候代不至,罢归。之后以养亲请祠,监潭州南岳庙,在家收徒授学。其实,朱熹虽自幼就受到儒家(理学)思想的深刻影响,但他亦出入道释,兴趣极其广泛。直至绍兴二十三年夏拜见李侗(延平),正式入理学之门。此后,他努力钻研《大学》、《中庸》、《论语》、《孟子》等四书,求喜怒哀乐未发之旨,开始了创建自己理学体系的工作。大致说来,他曾于绍兴二十五年定释奠礼、申请严婚礼,二十九年校定谢上蔡先生语录,孝宗隆兴元年完成了《论语要义》、《论语训蒙口义》,二年成《困学恐闻》①。乾道二年则是朱熹理学思想大有进步之年。是年春,朱熹有"中和之悟"②;刘珙、张栻在潭州校刻二程文集,朱熹参与其事,与他们反复商议;又作《杂学辩》,批判张无垢等人"阳儒而阴释",坚定了自己的理学主张。三年八月赴潭州访张栻,相互研讨理学精义。显然,从官职来说,王十朋远远高于朱熹,且登堂入室,在朝廷参与了许多政事;就理学修为而言,朱熹则深于王十朋。

《与王龟龄》一信正是写于乾道三年底左右③。据笔者查阅,《朱熹集》中仅收录给王十朋的一封书信,未见其他信件。然此信未署具体时间,但从信中所语可以明确考证出写信时间。信中朱熹称:"熹杜门养亲,足以自遣。昨尝一至湖湘,出资交游讲论之益。归来忽被除命,既不敢辞而拜命矣。"朱熹于乾道三年八月出访潭州张栻,十二月除枢密院编修官,故有"一至湖湘"和"归来忽被除命",故知此信最早不超过乾道三年末。

《朱熹集》中所收之信大多较为简略,而此信 1332 字,当属朱熹所写信中的"长篇巨论"。据该信中"昨闻明公还自夔州,抚临近甸,而熹之里闬交游适有得佐下风者,因以书贺之,盖喜其得贤大夫事之;而自伤无状,独不得一从宾客之后,以望大

①　朱熹:《朱熹集》卷七五《困学恐闻序》:是书乃"取夫子路'有闻未之能行,惟恐有闻'之意,以为困而学者,其用力宜如是也。读是书者,以下民为忧而以未能行其所闻为恐,则予将取以辅吾仁焉"。可见朱熹在理学研究之路上又前进了一步。成都:四川教育出版社,1996 年,第 3929 页。

②　朱熹:《朱熹集》卷七五《中和旧说序》,称"乾道己丑之春"忽悟"喜怒哀乐未发之旨",史称"丙戌之悟"或"中和之悟"。丙戌之悟中,朱熹强调"未发为性,已发为心",这是朱熹理学思想一大进步;然他不久又对此有所怀疑,直至乾道五年春才悟出自己旧说专在思虑上用功夫,缺少平日思虑未发时的涵养一段工夫,因而极力抨击"先察识、后涵养",提出"持敬"之说,此为"己丑之悟",其理学思想又大为进了一步。陈来先生对"中和之悟"有所论述,参见陈来《朱熹哲学研究》所附《中和旧说年考》,北京:中国社会科学出版社,1988 年。

③　信中有"十二月,除为枢密院编修待次"一语,故此信不早于十二月,亦可能在次年初。

君子道德之余光也。不意贪缘与其向来鄙妄无取之言皆得彻闻于视听,明公又不以凡陋为可弃,狂僭为可罪,而辱枉手笔,以抵宋倅,盛有以称道"①,显然是王十朋先写信给朱熹,此信即朱熹收到王信后写的回信。

二、朱、王交往

王十朋与朱熹是否相识或相见过?朱熹文集中仅此一封信,王十朋文集中却无给朱熹的信,即他写给朱熹的第一封信今已亡佚,而王十朋接到朱熹回信后是否还有信件往来,自然也无从了解了。下面有必要进一步解析朱、王两人从政轨迹,以便了解朱王交往并深入理解该信内容。

遗憾的是,两人确实没有见过面。王十朋钦点状元后,于绍兴三十年调任秘书省校书郎,到三十一年夏离开临安返回家乡。但朱熹绍兴二十七年春之后,一直以"养亲"为名而请祠在家,二十九年八月朝廷曾召他赴行在,然辞而未赴,终高宗朝未到过临安,自然两人无缘在高宗朝时相见。孝宗立,王十朋于隆兴元年除起居舍人,升侍讲,又除侍御史,曾上疏论史浩八罪,弹劾史正志、林安宅等人,然张浚师败,王十朋自劾,于六月十九日去职返乡。其实隆兴元年朝廷也诏征朱熹,然朱熹辞而不获,有旨趣行,他于该年冬十月至行在,十一月六日,奏事垂拱殿。不过,王十朋已于数月前离开临安。加之李侗于十月十五日亡,朱熹于十一月匆匆而归,直到次年正月赴延平哭李先生。因此,隆兴元年朱熹赴临安,仍未能与王十朋相见。隆兴二年,王十朋以集英殿修撰身份起知饶州,七月初抵鄱阳履职。而朱熹则在乾道元年四月再次至临安,因与执政钱端礼主和不合,复请祠,五月再次差监南岳庙,归。鬼使神差,两人又失之交臂。之后,王十朋自饶州知府移为夔州,至乾道三年七月移知湖州,九月召对赴临安。朱熹则自乾道元年请祠后一直未到过临安,三年七月,崇安大水,朱熹奉檄视水灾,不久又赴潭州访张栻,八月八日抵长沙。十一月六日,偕张南轩登南岳衡山,十九日始离南岳,二十四日于槠州与南轩别,东归。十二月,除为枢密院编修待次。显然,直到朱熹写此信时,两人仍未直接相见。

乾道四年八月,王十朋被命知泉州,十月到任;六年闰五月提举太平兴国宫,离泉州;乾道七年三月为太子詹事,诏赴朝陛对,不久重病返乡,七月丙子卒。乾道四年到七年,朝廷多次征朱熹到临安,然均辞而不赴。显然,终王十朋去世,两位当时名人无缘相见,此实为学界一大不幸之事!

从王十朋与朱熹行迹可以得出结论,朱熹与王十朋未见过面,只是互相仰慕,信件交往而已。

---

① 朱熹:《朱熹集》卷三七《与王龟龄》,第 1626—1627 页。下凡出于此信者不再出注。

三、《与王龟龄》主要内容

尽管王十朋与朱熹未能相见,但并不妨碍两人相互仰慕,通信问好之情。从《与王龟龄》一信中可以得到证明。

全信大致可分五大段。

首段自"熹穷居晚学"起至"则既有所不暇矣"。他首先自谦"穷居晚学,无所肖似,往者学不知方,而过不自料"。紧接着,"天下之士有声名节行,为时论所归者,则切切然以不得见乎其人为叹"一句,表现出自己所想交往之人的为人为官的品行标准。"及其久也,或得见之,或不得见之,而熹之拳拳不少衰也",则作为下文中自己想与王十朋相识的伏笔。接着说自己对欲相识之人眷恋观望毫不松懈:"闻其进为时用,则私以为喜;闻其阨穷废置,则私以为忧",再大笔一转,指出现实令他失望:满足朝文武大臣"言论风旨卒无可称,功名事业卒无可纪者,亦往往而有",而"始终大节真可敬仰者盖无几人",朱熹为此而感叹不已。尽管如此,他表示自己仍然"不敢易其贤贤之心,缓其忧世之志,然亦窃自笑其前日所求于人之重而所以自待者反轻",并与师友"夙夜讲明,动静体察,求仁格物,不敢弛其一日之劳"。

次段自"当是时"起至"于是慨然复有求见于左右之意而未获也"。此段一开头朱熹就明确表明了解到当时人们对王十朋的评价:"当是时,听于士大夫之论,听于舆人走卒之言,下至于闾阎市里,女妇儿童之聚,亦莫不曰天下之望,今有王公也",接着说自己也曾捧读王十朋状元策、奏疏及一些所写文章,明确表示王文"无一言一字不出于天理人伦之大,而世俗所谓利害得丧、荣辱死生之变一无所入于其中,读之真能使人胸中浩然,鄙吝消落,诚不自意克顽廉懦立之效乃于吾身见之",显示朱熹对王十朋品行的肯定与敬仰之情,并表示"慨然复有求见于左右之意而未获",为下段给王十朋写信原因作铺垫。

第三段自"昨闻明公还自夔州"起至"盛有以称道"。此段提到王十朋自夔州调任湖州,说自己乡里有人在王十朋手下做事而"以书贺之,盖喜其得贤大夫事之",此贤大夫便指王十朋。接着"自伤无状,独不得一从宾客之后,以望大君子道德之余光也",指自己无缘见到王十朋。此下"不意夤缘与其向来鄙妄无取之言皆得彻闻于视听,明公又不以凡陋为可弃,狂僭为可罪,而辱枉手笔,以抵宋倅,盛有以称道",指王十朋了解自己学行,写信称颂,并交宋倅转达。宋倅者,地方长官之副手①,联系下文"辄敢复因宋倅相为介绍,致书下执事"一语,即宋倅回湖州时朱熹托他带回此信,故宋倅或为王十朋之副手。然亦无详实史料证之。本段实际表明了朱、王交往的过程及朱熹写本信的原因。

---

① 宋代地方佐贰可称"倅"或"倅贰"。

第四段自"窃惟明公之志"至"明公其必有以裁之"。此段实际写朱熹对王十朋学行的认识，对他的希望，为全信核心。该段"窃惟明公之志，岂非以世衰道微，遗君后亲之论交作肆行，无所忌惮，举俗滔滔，思有以障其横流者，是以有取于愚者一得之虑，因以不求其素而借之辞色也耶？ 明公之志则正矣，大矣，而熹之愚未有称明公之意也。虽然，有一于此，其惟益思砥砺，不敢废其所谓讲明体察、求仁格物之功者，使理日益明，义日益精，操而存之日益固，扩而充之日益远，则明公之赐庶乎其有以承之，而幸明公之终教之也"，是表彰王十朋学行，谦称自己当向王十朋学习、求教。接着笔头一转，表示出自己对王十朋的期望，在朱熹年来，王十朋"以一身当四海士大夫军民一面之责，其一语一默，一动一静之间，所系亦不轻矣"，因此，朱熹认为：王十朋"盛德大业前定不穷，其刚健中正，笃实辉光者固无所勉强"，但百尺竿头尤可向上，即朱熹所引古语"行百里者半九十里"之意，同时强调"况今人物眇然，如明公者仅可一二数，是以天下之人责望尤切，而明公尤不可以不戒。"从"熹又闻之"到"必曰'敦厚崇礼'"，则是朱熹将自己学术核心明白表露出来，强调"盖不如是，则所学所守必有偏而不备之处。惟其如是，是故居上而不骄，为下而不倍，有道则足以兴，无道则足以容，而无一偏之蔽也。熹之区区以此深有望于门下，盖所谓德性、广大、高明、知新者必有所措，而所谓问学、精微、中庸、崇礼者又非别为一事也"。显然，朱熹话中有话，暗指王十朋理学思想并不纯粹，期望他能在尊德性与道问学上狠下工夫。最后以"狂易无取，明公其必有以裁之"作结。

最后一段表示三层意思。第一层提及王十朋在夔州时与成都汪公①相识，指出"此公涵养深厚，宽静有容，使当大事，必有不动声色而内外宾服者。明公相知之深，一日进为于世，引类之举，其必有所先矣"。实际朱熹借汪应辰之事来劝说王十朋当以汪应辰个人修养为榜样，一旦入朝执政，应当有"引类之举"，使朝廷政事有所改观②。第二层意思说自己杜门养亲，日前曾一至湖湘，出访潭州张栻。实际朱熹之语亦有深意，因为朱熹好友张栻是张浚之子，张浚则是王十朋之师，如此一说拉近了两人的距离。第三层说到"归来忽被除命上"，此指十二月自己被委为枢密院编修官，他"不敢辞而拜命矣"，但又说"明公未归朝廷，熹亦何所望而敢前也？ 引领牙纛，未有瞻拜之期，向风驰义，日以勤止。辄敢复因宋倅相为介绍，致书下执事，以道其拳拳之诚"，意思是王十朋尚未调入朝廷，自己不及拜见，只能"向风驰义"，委托宋倅带回书信问候致意。字里行间透露出朱熹期望王十朋能回归朝廷并

---

①　汪应辰，时以敷文阁直学士为四川制置使、知成都府。汪氏亦为当时理学大家，一时名公。

②　朱熹的这种期望，实际早在绍兴末年就直接表示出来，他在《戊申封事》中明确向刚刚继位的孝宗说过："自王十朋、陈良翰之后，宫寮之选，号为得人，而能称其职者，盖已鲜矣。"这一称誉曲折地反映出朱熹希望孝宗重用王十朋等人，对曾为太子詹事的王十朋入朝后发挥其作用表示出深深的期待。朱熹：《朱熹集》卷一一《戊申封事》，第 469 页。

做出一番事业。

四、朱、王通信原因窥测

既然朱熹与王十朋素不相识,为何两人会互致信件? 笔者以为大致有以下几个方面原因。

其一,朱熹敬仰王十朋之高风亮节。

朱熹生性耿直,从不为权势所屈服,他与王十朋一样是主战派。朱熹仰慕为人忠孝、为官有声、立朝有节之人。《与王龟龄》中"天下之士有声名节行,为时论所归者,则切切然以不得见乎其人为叹"便是明证。朱熹代刘珙作《王梅溪文集序》,也称王十朋"大节之伟然者,则不能有以毫发点污也"①。其实,在朱熹平日所写文章或讲学授徒之时,类似以立朝大节、忠义与否来评价历代与当代之人实在太多了。此引数条证之:

> 霍光临大节亦大有亏欠处。②
>
> 晋靖节征士陶公先生隐避高风,可激贪懦,忠义大节,足厚彝伦。③
>
> 观富韩公退居西都时,已尝坐汝州青苗削夺之谴,司马公、吕申公又皆新法异论,得罪有嫌之人,然因事抗章,尽言无隐,不少异于立朝之时。④
>
> 惟赵公孝弟慈祥,履绳蹈矩,为政有循良之迹,立朝着謇谔之风,清节至行,为世标表,固诸公之所逮闻也。⑤
>
> (黄崇)侍读禁中,正色立朝,声烈甚茂。⑥
>
> 王公素刚毅,有大节。方廷争和议时,视秦桧无如也。⑦
>
> 或问:"张安道为人何如?"曰:"不好。如攻范党时,他大节自亏了。后来为温公攻击,章凡六七上,神宗不听,遂除温公过翰林学士,而张居职如故。⑧

上述所引可见朱熹对立朝为官忠义大节的看法,因此,他对王十朋为人为官之奖谕,是促使两人书信交往的重要原因。

---

① 朱熹:《朱熹集》卷七五《王梅溪文集序(代刘共父作)》,第3960页。此虽为代刘珙所作之序,其实表示了朱熹的心声。
② 朱熹:《朱熹集》卷五八《答张仁叔(毅)》,第2942页。
③ 朱熹:《朱熹集》卷九九《又牒》,第5054页。
④ 朱熹:《朱熹集》卷二七《与陈福公书》,第1150页。
⑤ 朱熹:《朱熹集》卷七七《建宁府崇安县学二公祠记》,第4032页。
⑥ 朱熹:《朱熹集》卷九一《金紫光禄大夫黄公墓志铭》,第4634页。
⑦ 朱熹:《朱熹集》卷八一《跋王枢密赠祁居之诗》,第4194页。
⑧ 黎靖德编:《朱子语类》卷一三〇,北京:中华书局,1986年,第3112页。

其二,两人同为理学中人,朱熹期望王十朋能作出一番事业来。

王十朋为紫岩张浚门人,故朱熹引其为"同道"。朱熹不但与张栻交谊甚深,而且对张浚亦颇有好感,曾为张浚写过行状,对其生平大节予以很高评价。王十朋为钦点状元,又曾为太子詹事,受张浚引荐,仕途较为顺畅,因此朱熹期望他能回归朝廷作出一番事业。加之该年八月朱熹赴潭州与张栻相会,自然也会谈及王十朋之事,鉴于王十朋已有来信,朱熹回信亦是必然之事。

实际上,朱熹对绍兴末年到乾道初年朝廷政事十分忧虑,同时又深深地期望能出现转机。《朱子语类》载:"秦老既死,中外望治。在上人不主张,却用一等人物。当时理会秦氏诸公,又宣谕止了。当时如张子韶范仲达之流,人已畏之。但前辈亦多已死。却是后来因逆亮起,方少惊惧,用人才。籍溪胡宪轮对,乞用张魏公刘信叔王龟龄查元章,又一人继之。时有文集,谓之《四贤集》。"①张魏公即张浚,刘信叔是刘錡,查元章即查籥。秦桧死于绍兴二十五年,当时政事并未好转。籍溪卒于绍兴三十二年,其轮对当在绍兴三十年前。因为绍兴二十九年王十朋赋闲在家,次年正月除秘书省校书郎;张浚亦于永州安置,三十一年才诏湖南路任使居住,十月判建康府。从朱熹对胡宪奏对之语的评述可见,朱熹亟盼政局改观,对张浚、王十朋等人抱有期望。

朱熹曾在一封给友人之信中说:"朝政比日前不侔矣,近又去一二近习,近臣之附丽者亦斥去之,但直道终未可行。王龟龄自夔府造朝,不得留,出知湖州,又不容而去。今汪帅来,且看又如何。上以荐者颇力,又熟察其所为,其眷伫少异于前矣。然事系安危,未知竟如何耳。熹无似之踪不足为轻重,然亦俟此决之耳。"②此信正写于乾道三年,信中透露出朱熹对当时朝政直道不行之忧虑,反映出他期望朝政得以改观的心态,也流露出对王十朋"不得留"的深深惋惜。

其三,朱熹希望王十朋在理学修养上更进一步。

如上所述,朱熹期望王十朋作出一番事业,但他信中已经透露出对王十朋理学的看法,即有待于进一步提高个人涵养,因此他驰信告诫,婉转地以汪应辰来说事,希望他加强理学修养并更上层楼。信中第四段中表示得极其清晰,下面笔者还将在评价中展开论述。

其四,王十朋对朱熹理学亦有了解,对他学问人品予以肯定。

王十朋先给朱熹写信,并通过其朱熹"乡里"之人传达信息,以求与朱熹结识。尽管目前此信不存,但从朱熹回信中"盛有以称道"一语可以清楚了解王十朋对朱熹人品学问的敬仰。值得指出的是,王十朋年龄大于朱熹,官职高于朱熹,然能以

① 黎靖德编:《朱子语类》卷一三一,第3163页。
② 朱熹:《朱熹集》卷四〇《答何叔京》,第1869页。

一郡之长先驰信向赋闲在家的朱熹致意,的确显示出他对朱熹的敬重与赞赏。

如前所说,朱熹中进士早于王十朋,也担任过同安主簿,然他潜心研究理学,收徒讲论,在乾道三年时已有一定名声,王十朋是知道朱熹其人其行,《与王龟龄》中"不意夤缘与其向来鄙妄无取之言皆得彻闻于视听"便是明证。而王十朋是绍兴二十七年钦点状元,其进士策流传甚广,朱熹信中说不但读过该对策,也读过王十朋的一些诗文。同时,朱熹是程氏理学三传弟子,王十朋则是张栻之父紫岩张浚的门人,均为理学人士,故双方互有好感并导致通信是完全可信之事。

总之,双方互有好感,且为同道之人,均属主战派,对当时"世衰道微"大为不满,都希望朝政能改道易辙,由此促成双方通信是十分显而易见之事。

五、朱熹对王十朋的评价

如果把《与王龟龄》作为朱熹对王十朋的最终评价,那么是片面的。其实朱熹对王十朋的看法远比信中所说要复杂。大致说来,朱熹对王十朋的评价是从品行、文章、理学诸方面来进行的,其中对其品行与文章予以肯定,而对其理学思想方面并不以为然。兹以朱熹亲自所写之文章或以朱熹弟子所记文字来印证。

其一,充分肯定王十朋人品官品。

朱熹对王十朋的人品是充分肯定的,这既在《与王龟龄》中表现出来,也在他代刘珙写的王十朋文集之序中表现出来。

朱熹在序中指出:"凡其光明正大、疏畅洞达,如青天白日,如高山大川,如雷霆之为威而雨露之为泽,如龙虎之为猛而麟凤之为祥,磊磊落落,无纤芥可疑者,必君子也。而其依阿淟涊,回互隐伏,纠结如蛇蚓,琐细如虮虱,如鬼蜮狐蛊,如盗贼诅祝,闪倏狡狯,不可方物者,必小人也。"他以古人来验证,"于汉得丞相诸葛忠武侯,于唐得工部杜先生、尚书颜文忠公、侍郎韩文公,于本朝得故参知政事范文正公。此五君子者,其所遭不同,所立亦异,然求其心,则皆所谓光明正大、疏畅洞达,磊磊落落而不可掩者也",接着,他认为"太子詹事王公龟龄,其亦庶几乎此者矣"①。在序文中朱熹又说:王氏"为数郡,布上恩,恤民隐,夙夜孜孜,如饥渴嗜欲之切于已。去之日,民思之如父母"②。他也对学生讲过:"王詹事守泉。初到任,会七邑宰,劝酒,历告之以爱民之意。出一绝云:'九重天子爱民深,令尹宜怀恻怛心。今日黄堂一杯酒,使君端为庶民斟!'七邑宰皆为之感动。其为政甚严,而能以至诚感动人心,故吏民无不畏爱。去之日,父老儿童攀辕者不计其数,公亦为之垂泪。至今泉

---

① 朱熹:《朱熹集》卷七五《王梅溪文集序》,第3958页。
② 朱熹:《朱熹集》卷七五《王梅溪文集序》,第3959页。

人犹怀之如父母!"①其实,朱熹对王十朋有深深的期待,他曾向孝宗说过,"自王十朋、陈良翰之后,宫寮之选,号为得人,而能称其职者,盖已鲜矣"②,其奖誉王十朋之心态溢于言表。

朱熹认为王十朋"在朝廷则以犯颜纳谏为忠,仕州县则以勤事爱民为职,内外交修,不遗余力,使君德日跻于上,民生日遂于下,国步安强,隐然真有恢复之势,则公虽云亡,而其精爽之可畏者为无所憾于九原矣"③。"公虽云亡,而其精爽之可畏者为无所憾于九原矣"一语,可以说是朱熹对王十朋一生为人为官的最高表彰。

其二,朱熹对王十朋文章赞誉有加,认为其文气势宏阔,而且是基于其人品之上。

我们知道,王十朋廷试对策,以"揽权"、"中兴"为对,批判铺张浪费、奸佞媚臣,忠言直节,辞意恳切。孝宗登极后,王十朋为侍御史,弹劾史浩等人,直斥史浩"怀奸、误国、植党、盗权、忌言、蔽贤、欺君、讪上"八罪,正气凛然。又上疏主战,以复疆土、雪雠耻为己任,无不以国为重。从这些对策、奏疏中流露出王十朋爱国忧民之情、抨击奸佞媚臣之心,然从文章角度而言,确实气势宏阔,结构谨严。王十朋的散文与诗赋,清新流畅,感情真挚,在当时文坛也颇有盛誉。

朱熹对王十朋的文学才华盛有赞誉。他为王氏文集作序,称王十朋"平居无所嗜好,顾喜为诗,浑厚质直,恳恻条畅,如其为人。不为浮靡之文,论事取极已意",其文"规模宏阔,骨骼开张,出入变化,俊伟神速,世之尽力于文字者往往反不能及",然为诗为文"片言半简,虽或出于脱口肆笔之余,亦无不以仁义忠孝为归,而皆出于肺腑之诚……是以其心光明正大,疏畅洞达,无有隐蔽,而见于事业文章者一皆如此"④。

其实,朱熹在《与王龟龄》一信中明确说自己"得其(指王十朋)为进士时所奉大对读之,已而得其在馆阁时上奏事读之,已而得其为柱史、在台谏、迁侍郎时所论谏事读之,已而又得其为故大丞相魏国公之诔文及《楚东酬唱》等诗读之,观其立言措意,上自奏对陈说,下逮燕笑从容,盖无一言一字不出于天理人伦之大,而世俗所谓利害得丧,荣辱死生之变一无所入于其中,读之真能使人胸中浩然,鄙吝消落,诚不自意克顽廉懦立之效乃于吾身见之"。朱熹还曾对自己学生说过"王龟龄奏议气象大"⑤。他自称为王氏文集作序,是让世人"识其所谓光明正大、疏畅洞达者,言言

---

① 黎靖德编:《朱子语类》卷一三二,第3176页。
② 朱熹:《朱熹集》卷一一《戊申封事》,第469页。
③ 朱熹:《朱熹集》卷七五《王梅溪文集序》,第3960页。
④ 朱熹:《朱熹集》卷七五《王梅溪文集序》,第3959页。
⑤ 黎靖德编:《朱子语类》卷一三九,第3316页。

凛凛,初未尝随死而亡也"①。

从这些评价中可以看出两点:第一,朱熹肯定王十朋文学才华;第二,认为王氏之所以能达到这种高度,是其为人处世的真实表现,是其修养的最终结果。尽管这些评价中不乏朱熹理学思想的因素,但朱熹对王氏的"事业文章"予以充分肯定则是毫无可疑之事。

其三,对王十朋个人修养和理学思想略有不满。

朱熹对王十朋个人修养基本予以肯定。他在为王十朋文集作序时,认为王氏"处闺门居乡党,则又亲亲敬故,隆信义、务敦朴,虽家人孺子,亦皆蔼然有忠厚廉逊之风"②,显然,朱熹是以儒家个人品行修养来评价王氏的。

对当时一些为名利所牵的士大夫,朱熹是深表失望并予以批评,认为这些士大夫个人修养欠缺,缺乏为人立世之志,他曾对学生说过,士大夫贪得患失"只是自家无志。若是有志底,自然牵引它不得。盖他气力大,如大鱼相似,看是甚网,都迸裂出去。才被这些子引动,便是元无气力底人。如张子韶汪圣锡王龟龄一样底人,如何牵得他!"③评价王氏一生,朱熹感叹道:"呜呼!公之必为君子,盖不待孔、孟、尧、舜而知之矣。"④

然而,尽管对王十朋人品官品有盛誉,在为前辈傅自得所写行状中也提到"太守之贤者,如宋公之才、王公十朋、周公葵皆高仰之,待以异礼,而公月不过一诣郡,每留语,谈说道谊而已"⑤,可看出朱熹对王十朋与傅自得"谈说道谊",即谈论理学的赞赏,但对王氏在理学上的修为,朱熹却认为尚欠火候。他明确说过:"王龟龄学也粗疏。只是他天资高,意思诚悫,表里如一,所至州郡上下皆风动。而今难得此等人!"⑥这里的"王龟龄学也粗疏"便是指王氏理学上尚欠火候。

王十朋为紫岩门人,《宋元学案》认为"先生(指王十朋)之学,一出于正,自孔、孟而下,惟韩文公、欧阳公、司马公是师",曾撰"《春秋》《尚书》《论语》解"⑦。据笔者所查,《春秋解》、《尚书解》、《论语解》三书未见宋元诸书目载录,《宋史·艺文志》亦未见,《玉海》、《文献通考》等书也未见提及,与王十朋同时代或稍后之人的文集中亦无蛛丝马迹。宋人对喜解四书五经,以《春秋解》、《尚书解》、《论语解》为名者并不少,尤其大儒朱熹解《春秋》、《尚书》、《论语》时广引博征,然未见谈及王十朋此

① 朱熹:《朱熹集》卷七五《王梅溪文集序》,第 3960 页。

② 朱熹:《朱熹集》卷七五《王梅溪文集序》,第 3959 页。

③ 黎靖德编:《朱子语类》卷一三〇,第 3108 页。

④ 朱熹:《朱熹集》卷七五《王梅溪文集序》,第 3960 页。

⑤ 朱熹:《朱熹集》卷九八《建宁府武夷山冲佑观傅公行状》,第 5020 页。傅自得,字安道。

⑥ 黎靖德编:《朱子语类》卷一三二,第 3176 页。

⑦ 黄宗羲:《宋元学案》卷四四《赵张诸儒学案》,北京:中华书局,1986 年,第 1425 页。《宋史》本传无此三书。

两书,实可证王氏数书在当时并无甚影响。至于《论语解》一书,张栻有《论语解》①
10卷,以张栻对王十朋之了解与交往,此书中竟未一言提及王十朋之解《论语》,朱
熹有多种解读《论语》著作,也对王十朋只字未及。清代大儒朱彝尊《经义考》也未
提及《春秋解》、《论语解》,然说过"王氏十朋《尚书解》,未见,《一斋书目》有"②。因
此,即使王十朋确有《春秋解》等三书,大概也无甚新见解,或许当时没有刊行,因此
在当时乃至后世并没有产生什么影响③。

当然,我们在《王十朋文集》中可以找到一些对经、书的解读,也有一些论述性、
理的文章,如《性论》、《论语三说》、《春秋》、《论语》④等文,仔细研读,与当时一些理
学家或其他学者相比,感到确实没有太多创见。值得强调的是,张浚为绵竹人,《宋
元学案》明确说他是"程、苏再传",即其学混合二程与苏氏蜀学,那么王十朋师承张
紫岩,其学亦可能染此风格,由此朱熹批评"王龟龄学也粗疏"也就容易理解了。

原载于《王十朋诞辰九百周年全国学术研讨会论文集》,线装书局2012年

---

①　四库收录时称《癸巳论语解》。

②　朱彝尊:《经义考》卷八一《书十》,他还引明人何文渊所说"宣德庚戌出守温郡,求得(王十朋)先生文集而
　　缺注释经传之言。"显然明代王十朋解经著作已经罕见,其影响当为不大。文渊阁《四库全书》本,第678
　　册,第119页。

③　文渊阁《四库全书》本《(乾隆)浙江通志》卷二四一有"《春秋解》,万历《温州府志》王十朋撰","《尚书解》,
　　《续文献通考》王十朋撰",卷二四二有"《论语解》,万历《温州府志》王十朋撰",然均不知所据。分别参见
　　第525册,第505页、第496页、第525页。

④　参见《王十朋全集》,第679页、第804页、第981页、第984页。

《六朝事迹编类》探研①

《六朝事迹编类》是南宋张敦颐所撰史地类汇编著作,它着重对六朝古都建康的山川地理、人物史迹乃至自然景观、名胜古迹以及人物轶事进行编类叙述,所述上可追溯至吴越楚汉,下讫北宋,而且在地理范围上对建康周边诸如江乘、句容、溧阳、溧水等县事亦有所涉及,因此它是一部有较高学术价值的典籍。目前已出版了3种点校本,点校者对该书特点和价值作了一定程度的阐述②。论文仅见《〈六朝事迹编类〉考》③、《〈六朝事迹编类〉校补》④及《〈六朝事迹编类〉与〈舆地志〉辑佚》⑤两篇校勘、辑佚类的文章。显然,《六朝事实编类》尚未得到学界的重视与深入地研究,因此,特撰文予以评述,抛砖引玉,以期引起学界重视。

一、张敦颐生平与撰述缘由

《宋史》无张敦颐传,宋元文献中记载亦少,南宋罗愿《新安志》仅在"张敦实"条有如下记载:"婺源,朝散郎,枢密院检详诸房文字,兼皇子庆王府赞读,兄敦颐。"⑥南宋陈振孙《直斋书录解题》中记载《韩柳音辨》时称:"南剑州教授新安张敦颐撰。绍兴八年(1138)进士也。"⑦

从现存史料来看,清人陆心源《宋史翼·循吏传》对张敦颐的记载相对来说较为详细:

> 张敦颐,字养正,婺源人。绍兴八年进士,为南剑州教授,升宣城倅,摄郡
> 事。先是,郡奉朝旨汰养老之卒七百人,一日以不给麦,群噪庭下。敦颐好谕

---

① 本文与刘伟云合作。

② 分别参见王进珊校点本,南京:南京出版社,1989年;张忱石校点本,上海:上海古籍出版社,1995年;王能伟校点本,南京:南京出版社,2007年。

③ 谢巍:《〈六朝事迹编类〉考》,《文献》第16辑,北京:北京图书馆出版社,1983年。

④ 张可辉:《〈六朝事迹编类〉校补》,《南京农业大学学报》2009年第2期。

⑤ 张可辉:《〈六朝事迹编类〉与〈舆地志〉辑佚》,《南京理工大学学报》2010年第5期。

⑥ 罗愿撰,萧建新、杨国宜校著:《〈新安志〉整理与研究》卷八《进士题名》"(绍兴)五年汪应辰榜",合肥:黄山书社,2008年,第251页。

⑦ 陈振孙:《直斋书录解题》卷一六,上海:上海古籍出版社,1987年,第477页。

之,即敕吏曰:"州仓无麦,以常平麦代之。"众谢而退。因密疏为首者七人姓名。白之省,悉从军令。历守舒、衡二州,致仕。所著有《韩柳文音注》、《编年六朝事迹》、《衡阳图志》。

初,敦颐在南剑,与朱韦斋友善,邀与还乡。韦斋以先业已质于人对。敦颐许为赎之。及韦斋卒,敦颐以书慰文公于丧次,而归其田百亩焉。郡人义之。及卒,附祠文公家庙。①

这段文字可粗略看出张敦颐生平一些情况。与其"友善"的朱松,即后来著称于世的南宋理学家朱熹的父亲。张敦颐曾为朱松赎田,可见两人交情匪浅。据此文字,张氏有《编年六朝事迹》一书,但无《六朝事迹编类》,疑两者为一书。

《六朝事迹编类》有序跋,大致可知此书是张敦颐在建康安抚使韩仲通幕府任职时所撰,绍兴三十年(1160)刊刻于建康府学。韩仲通作《序》曰:"新安张养正裒旧史而为《六朝事迹编类》,部居粲然,俾江左三百余年之故实,名布方策;非博雅好古,未易成此书也。"②

张敦颐自序称:

> 余因览《图经》、《实录》,疑所载六朝事迹尚有脱误。乃取《吴志》、《晋书》及齐、宋而下史传,与夫当时之碑记,参订而考之,分门编类,缀为篇目,凡十有四卷。③

显然,张敦颐于此序中指出其编撰《六朝事迹编类》的主要目的,即保存六朝事迹,订正方志、图经中的阙误④。在《六朝事迹编类》成书之前,有关建康的地记图经已经有很多,如《金陵地记》、《建康图》、《金陵图经》、《江宁图经》⑤等皆属此类。建康为六朝古都,因此六朝古迹遗址遍布,但至宋已有不少史迹濒于湮废,难以访求,而方志、图经等亦因以讹传讹,难辨真伪。张敦颐在建康居住多年,同时对六朝史迹又十分精熟,因此才会"疑所载六朝事迹尚有脱误",而取众书与碑记相互参订而著

① 陆心源:《宋史翼》卷二一《循吏四》,北京:中华书局,1991年,第218—219页。明弘治《徽州府志》记载虽较早,但比此简略。
② 韩仲通:《六朝事迹编类序》,《六朝事迹编类》卷首,南京稀见文献丛刊,南京:南京出版社,2007年,第5页。
③ 张敦颐:《六朝事迹编类序》,《六朝事迹编类》卷首,第4页。
④ 张忱石先生认为此书还有一个目的,即张敦颐主张定都建康。然张先生仅凭《六朝事迹编类》一些似是而非之语下的判断,值得商榷。
⑤ 《金陵地记》载于《通志·艺文略》,《建康图》、《金陵图经》、《江宁图经》均被《太平御览》、《太平寰宇记》所引。

此书。

二、《六朝事迹编类》的编纂特点

《六朝事迹编类》"分门编类,缀为篇目,凡十有四卷"①,以六朝事迹为主线,兼及唐、北宋史料。是书分门编次,共 14 门:总叙门、形势门、城阙门、楼台门、江河门、山冈门、屯舍门、谶记门、灵异门、神仙门、寺院门、庙宇门、坟陵门、碑刻门,共计323 个条目。

南宋陈振孙《直斋书录解题》著录为《六朝事迹》二卷,《古今逸史》本、文渊阁《四库全书》本等均作二卷。而道光二十年(1840)张氏宝德堂据曹寅等藏宋钞本翻刻本、光绪十三年(1887)宝章阁仿宋绍兴建康府学本重加校刊本等皆作 14 卷。其实两者内容相同,分卷不同而为异也。

四库馆臣曾对《六朝事迹编类》作过较为可信的评价:"凡十四门,引据颇为详核。而《碑刻》一门,尤有资于考据。惟书以六朝为名,而古迹之中,自南唐以逮于北宋,如丁谓主安石所建,亦具载之,殊失断限。又总叙门内六朝保守一篇,历数自吴以来南朝不可北伐,北伐必败,即侥幸胜亦不能守。盖亦南渡之初力主和议之说者,其识见未免卑懦。然核诸情事,其说亦不为无因。固与《江东十鉴》之虚张形势者,较为切实矣。"②

该书的编纂方式,大致是在每个条目中首先对六朝史迹进行介绍,继而以史籍中的记载辅以说明,并进行排比综考,是者摭采,非者驳正,并时而援引古人诗句以佐之。如"六朝郊社"条记载:

> 终吴之世,未暇礼文。宗庙社稷,不见于史。晋初置宗庙,在吴都城宣阳门外。《舆地志》云:在县东二里。《图经》云:大社大稷坛在县一里。宋、齐而下,时有改易。晋元帝二年作南郊,在宫城南十五里。郭璞卜立之。《舆地志》云:在今县城东南十八里。《图经》云:古南郊坛,在县南十八里。成帝作北郊坛于覆舟山之阳,制度一如南郊。《实录》云:北郊坛在县东八里潮沟后,东近青溪。又按《通典》:宋孝武帝大明三年,移北郊于钟山北原道西。今钟山定林寺山颠有平基二所,阔数十丈,乃其地也。南唐郊坛在长乐乡,去县十二里。遗址尚存,今为藏冰之所。③

---

① 张敦颐:《六朝事迹编类序》,《六朝事迹编类》卷首,第 4 页。
② 永瑢等:《四库全书总目》卷七《六朝事迹编类》,北京:中华书局,1965 年,第 624 页。
③ 张敦颐:《六朝事迹编类》卷一《六朝郊社》,第 42—43 页。

此条目对六朝郊社作了系统的介绍,指出晋初所置宗庙位置在吴都城宣阳门外,继而以《舆地志》《金陵图经》《建康实录》《通典》中的有关记载相互参证,指出六朝宗庙社稷之位置变迁。

该书对一事物进行叙述时,往往大量引证典籍资料,如"形势门"中对"钟阜"阐述便是如此,作者引《金陵图经》《丹阳记》《舆地志》《太平寰宇记》《南史》《旧经》、沈休文《钟山应教》、王荆公《绝句》等等典籍资料①,从而对钟阜地理位置、山石水势、历史沿革、馆阁建筑作了比较完整的叙述。

三、《六朝事迹编类》征引的典籍

张敦颐自称编写此书时"取《吴志》、《晋书》及宋、齐而下史传,与夫当时之碑记,参订而考之,分门编类,缀为篇目,凡十有四卷"②。可知《六朝事迹编类》取材宏富,参考资料众多。张忱石先生认为该书征录自六朝至宋典籍80余种③。然张先生所谓80余种典籍中包括前人赋、文、诗约20余家近百首,当属诗文集之类,除此,笔者统计出其所征引史籍、方志、笔记、碑文、图录、杂记等等典籍共56种,现作表如下:

表　《六朝事迹编类》征引典籍一览表

编号	征引史籍、诗文名称	作者	征引条数	存佚、辑录情况
1	《元石图》④	不详	1	佚
2	《吴实录》	佚名	1	佚
3	《宫室记》	佚名	1	佚
4	《舆地志》	(陈)顾野王	42	佚
5	《建康实录》	(唐)许嵩	48	存
6	《南史》	(唐)李延寿	41	存
7	《图经》⑤	不详	57	佚

---

① 张敦颐:《六朝事迹编类》卷二《钟阜》,第46—47页。

② 张敦颐:《六朝事迹编类序》,《六朝事迹编类》卷首,第4页。

③ 张敦颐:《六朝事迹编类》,张忱石《点校说明》,1995年,第7页。

④ 《隋书》卷三四《经籍志三》有张众《张掖郡玄石图》一卷,高堂隆《张掖郡玄石图》一卷,梁有《晋玄石图》一卷。《旧唐书》卷四七《经籍志下》有张众《张掖郡玄石图》一卷,高堂隆《张掖郡玄石图》一卷。《新唐书》五九《艺文志三》有孟众《张掖郡玄石图》一卷,高堂隆《张掖郡玄石图》一卷,当为异名。《通志》卷六五载《张掖郡元石图》一卷。"元"字当为避讳,然此《玄石图》不知为何种,但肯定已佚。

⑤ 时有《江宁图经》和《金陵图经》,然均佚。

续　表

编号	征引史籍、诗文名称	作者	征引条数	存佚、辑录情况
8	《通典》	(唐)杜佑	4	存
9	《吴录》	(晋)张勃	1	佚。金溪王氏《汉唐地理书钞》辑本。
10	《丹阳记》	(南朝宋)山谦之	5	佚
11	《太平寰宇记》	(宋)乐史	21	存
12	《旧经》	不详	22	佚
13	《文选》	(南朝梁)萧统	2	存
14	《唐书》	(宋)欧阳修等	5	存
15	《江南野史》	(宋)龙衮	2	存
16	《晋记》	(晋)徐广	1	佚
17	《晋书》	(晋)王隐	2	佚
18	《南徐州记》	(南朝宋)山谦之	4	佚。有金溪王氏《汉唐地理书钞》辑本；蒲圻张氏大典辑本。
19	《胜公庙记》	佚名	1	佚
20	《两汉地理志》	不详	1	存
21	《唐会要》	(宋)王溥	1	存
22	《前汉志》①	(东汉)班固	1	存
23	《元丰九域志》	(宋)王存	1	存
24	《江南地志》	(宋)佚名	2	佚。蒲圻张氏大典辑本。
25	《东晋书》	(萧齐)庾铣	2	佚
26	《西晋史》②	不详	1	佚
27	《十道四番志》	(唐)梁载言	1	佚
28	《金陵集》	(宋)陈轩	4	佚
29	《北史》	(唐)李延寿	2	存

---

① 当为《汉书》中的《地理志》。
② 此内容见《晋书》卷五八《周处传》。

编号	征引史籍、诗文名称	作者	征引条数	存佚、辑录情况
30	《三国志》	(晋)陈寿	4	存
31	《北征记》	(晋)伏滔	3	佚
32	《京都记》	(南朝梁)陶季直	1	佚。今有金溪王氏《汉唐地理书钞》辑本。
33	《吴越春秋》	(东汉)赵煜	2	存
34	《摄山栖霞寺碑文》	(陈)江总	4	存
35	《晋书》	(唐)房玄龄等	8	存
36	《方舆地记》	不详	1	佚
37	《六朝杂事》	不详	1	佚
38	《史记》	(汉)司马迁	1	存
39	《江表传》	(晋)虞溥	1	佚
40	《高僧传》	(南朝梁)慧皎	5	存
41	《穷神秘苑》	(唐)焦璐	1	佚
42	《湘山野录》	(北宋)文莹	1	存
43	《真诰》	(南朝梁)陶弘景	1	存
44	《梁书》	(唐)姚思廉	1	存
45	《寺记》	(宋)元绛	2	佚
46	《宝公实录》	不详	1	佚
47	《金陵图经》	不详	1	佚
48	《神录》(《搜神录》)	(晋)陶潜	1	佚
49	《摄山记》	(陈)江总	1	佚
50	《茅山白鹤庙记》	(唐)柳识	1	存
51	《列士传》	(汉)刘向	2	佚。今人熊明辑校本。
52	《五代史》①	(宋)薛居正等	1	存
53	《稽神录》	(宋)徐铉	1	存

---

① 此为《旧五代史》。

续　表

编号	征引史籍、诗文名称	作者	征引条数	存佚、辑录情况
54	《郡国志》	不详	1	佚
55	《宋书》	（南朝梁）沈约	1	存
56	《双女坟记》	（唐）崔致远	1	佚

从上表可见,方志、图经等地理类著作占据主要部分,从征引条数来看,地理类著作总数超过一半,引证超过 20 次者也大多是地理类典籍。

《六朝事迹编类》引《图经》达 57 次。《玉海》解释图经:"图则作绘之名,经则载言之别。"①图经在隋唐时期得到较大发展,北宋一朝也诏令各地绘造图经,因此图经大盛于世。图经不只限于一地,全国性图经也出现了②,其体例和内容均有所发展。学界一般认为《六朝事迹编类》所引《图经》是《江宁图经》。《江宁图经》是记载南京及其周围地区的地志文献,成书时间不详,最早见于《太平御览》卷六五,故当为北宋之前著作。然《宋史·艺文志》不载此书,《直斋书录解题》、《郡斋读书志》等亦未见著录,后世也未再见其名,疑此书已佚③。今人张国淦根据《舆地纪胜》、《景定建康志》、《至正金陵新志》、《大明一统志》四书共辑得 42 条④,然《六朝事迹编类》一书却引此书高达 57 次,可见其资料价值。如在"五马渡"条中,《图经》记载:"在县西北二十三里幕府山之前,晋元帝与彭城等五王渡江处。"⑤这是地理文献中最早对五马渡详细地理位置的确切记载,因此这条资料就显得极为重要。

《六朝事迹编类》对《建康实录》极为重视,引证达 48 次。《建康实录》是现存记述六朝建康古迹的最早著作,记载了建都建康的吴、东晋、宋、齐、梁、陈六朝史实及轶事,现存 20 卷,已有残缺。作者是唐代许嵩,其在《序》中称此书"具六朝君臣行事。事有详简,文有机要,不必备举。若土地、山川、城池、宫苑,当时制置,或互兴毁,各明处所,用存古迹。其有异事别闻,辞不相属,则皆注记,以益见知,使周览而不烦,约而无失者也"⑥。此书虽作于六朝诸史之后,但其中亦保存着不少正史不载的史实和轶事,而且许嵩著书时还多次实地考察。该书也引用了 20 多种方志地记,惜大多已全部亡佚,因此书中保存着的山谦之《南徐州记》、刘澄之《扬州记》、陶

---

① 王应麟:《玉海》卷一四《祥符州县图经》,南京:江苏古籍出版社、上海:上海书店出版社,1987 年,第 274 页。
② 可参见《宋史》卷二〇四《艺文志三》,北京:中华书局,1977 年。
③ 《至大金陵新志》卷五下载《祥符江宁图经》,当非同书。
④ 张国淦:《中国古方志考》,北京:中华书局,1962 年,第 214 页。
⑤ 张敦颐:《六朝事迹编类》卷五《五马渡》,第 73 页。
⑥ 许嵩:《建康实录序》,《建康实录》卷首,上海:上海古籍出版社,1987 年。

季直《京都记》等书中的历史地理资料，常被后世考证六朝史事者所征引。张敦颐编撰《六朝事迹编类》，也大量引用《建康实录》，可见对其重视程度。

除此，《六朝事迹编类》非常重视《舆地志》。元以前作《舆地志》者有二，一为南朝陈顾野王，一为北宋晏殊。有学者经过考证认为《六朝事迹编类》中所引《舆地志》即为顾野王《舆地志》①。这部被称为"中国历史上第一部有资料可研究的地理志专著"②，被引达 42 次，可见张敦颐对其高度重视。唐李延寿所撰《南史》，是有关建都于建康的宋、齐、梁、陈四朝的正史，也属最权威著作之一。张敦颐对其重视，引证达 41 次之多，自然无可非议。至于张氏引《旧经》22 次、引《太平寰宇记》21次，也可看出他对地理类典籍的重视程度。值得补充的是，张氏其他引用次数虽少，也不能说其不重视，只能说相关资料少而已。

另外，需要强调的是，《六朝事迹编类》中所引典籍，至今已经亡佚大半，达 31种之多③，因此，它所保存的资料确实应当引起我们重视。

四、《六朝事迹编类》的学术贡献

《六朝事迹编类》不仅仅是征引众多六朝史迹史事，保存了丰富史料，其实，张敦颐在对搜集资料的整理过程中，可清晰地看出他对六朝史迹史事的整理考证的学术贡献。概括起来说，主要表现在以下三个方面：

第一，搜集六朝古都建康建筑古迹的史料。

《六朝事迹编类》侧重六朝兴废之事，尤详建康周围山川、城阙、楼台、宅舍、寺观、坟陵等方位里程、兴废始末的记述，所采用史料十分丰富，乃至有不少古迹是作者经过亲身实地考察后得出的更为确切的记载。

在《六朝郊社》中，张氏从东晋宗庙社稷所在地说起，指出"晋初置宗庙，在吴都城宣阳门外"。再引"《舆地志》云：在县东二里。《图经》云：大社大稷坛在县一里"④，此后，张氏梳理自宋齐而下的诸朝南郊、北郊地点，引用著作有《舆地志》、《图经》、《建康实录》、《通典》等，指出宋孝武帝北郊之地："今钟山定林寺山颠有平基二所，阔数十丈，乃其地也"，指出"南唐郊坛在长乐乡，去县十二里，遗址尚存，今

---

① 张可辉指出各引书对顾野王《舆地志》所称各有所异：《建康实录》中多次征引《地志》，以之与《六朝事迹编类》中所引《舆地志》相较，发现其内容相当，知《地志》与《舆地志》同；又有《咸淳临安志》等文献征引作"顾野王《舆地志》"、"顾野王《地志》"、"顾野王《舆地记》"、"《舆地记》"等等不一，然实为一书。可参见张可辉《〈六朝事迹编类〉与〈舆地志〉辑佚》，《南京理工大学学报》2010 年第 5 期。
② 李迪：《顾野王〈舆地志〉初步研究》，《内蒙古师大学报》1998 年第 3 期。
③ 其中 5 种有辑本。
④ 张敦颐：《六朝事迹编类》卷一《六朝郊社》，第 42 页。张忱石点校本文字相同。然文渊阁四库本《六朝事迹编类》则云："《舆地志》云：在县东二里。《图经》云：大社大稷坛在县南二里。"似文渊阁本为佳。

为藏冰之所"。① 如此,张氏将六朝郊社的历史沿革情况作了极其系统、明确的说明。其他如对《朱雀门》②、《太平观》③、《乐游苑》④等等,都采纳大量典籍来阐明它们的名称由来、沿革兴废、人物故事,历史渊源等等情况,使读者对此一目了然。

当然,张敦颐还对前人记载中的错误进行考辨,纠正错失,并补充了不少其他史书中所没有的记载。如对檀城的记载,"《图经》云:在县东八里"⑤,张敦颐则根据《建康实录》的记载,考定其"在墅城东八里,非去县八里也"⑥,纠正了《图经》中的错误。又如温峤墓,《建康实录》卷七称在"元、明二陵北幕府山之阳"⑦,张敦颐根据《晋书·温峤传》记载,指出温峤初葬豫章,虽朝廷有意为其造大墓,但因陶侃上表并未迁葬,建康"建平陵北,即是峤妻何氏墓,非峤墓也"⑧。如此,则可避免以讹传讹。

补充前人著述中缺载之资料,张忱石先生已指出《雨花台》、《五马亭》、《南唐兴德庙》等,皆仅见载于此书⑨。其他如卷四《乐游苑》云"宋孝武帝大明中造正阳、林光殿于内"⑩,《宋书》、《南史》中均无此记载。卷一《玉晨观》云"梁武帝天监十三年,陶弘景奏请立朱阳馆"⑪,《梁书》、《南史》亦无记述。诸如此类,皆可补正史之遗缺。

第二,精心辨析六朝史事。

《六朝事迹编类》对六朝史事的辨析确实下了很大工夫。如《南史·宋本纪上》云武帝刘裕为"汉楚元王交之二十一世孙也"⑫,《六朝事迹编类》中《宋武帝》条中则作"楚元王交二十二世孙"⑬。尽管张氏未说明自己史料根据,但清人王鸣盛《十七史商榷》据《宋书·武帝纪上》所载刘氏世系推算,自楚元王交(一世)顺次至刘裕之父翘,得二十一世,因此称刘裕"当为交二十二世孙,今云二十一世者,传写误"⑭。由此可见,《六朝事迹编类》匡正了前史之误。

---

① 均见张敦颐:《六朝事迹编类》卷一《六朝郊社》,第42—43页。
② 张敦颐:《六朝事迹编类》卷三《朱雀门》,第54页。
③ 张敦颐:《六朝事迹编类》卷一《太平观》,第102页。
④ 张敦颐:《六朝事迹编类》卷四《乐游苑》,第64页。
⑤ 张敦颐:《六朝事迹编类》卷三《檀城》,第53页。
⑥ 张敦颐:《六朝事迹编类》卷三《檀城》,第53页。
⑦ 许嵩:《建康实录》卷七,第132页。
⑧ 张敦颐:《六朝事迹编类》卷一三《晋温峤夫人墓》,第124页。
⑨ 张敦颐:《六朝事迹编类》卷首《点校说明》,张忱石点校,第6页。
⑩ 张敦颐:《六朝事迹编类》卷四《乐游苑》,第64页。
⑪ 张敦颐:《六朝事迹编类》卷一《玉晨观》,第102页。
⑫ 《南史》卷一《宋本纪上》,北京:中华书局,1975年,第1页。
⑬ 张敦颐:《六朝事迹编类》卷一《六朝兴废》,第30页。
⑭ 王鸣盛:《十七史商榷》卷五四《楚元王二十一世孙》,北京:中国书店,1987年,第481页。

《潮沟》条云：

> 《舆地志》：潮沟，吴大帝所开，以引江潮。《建康实录》云：其北又开一渎，北至后湖，以引湖水。今俗呼为运渎。其实，自古城西南行者是运渎，自归善寺门前东出至青溪者名潮沟。其沟向东已湮塞，西则见通运渎。按《实录》所载皆唐事，距今数百年，其沟日益湮塞，未详所在。今府城东门外，西抵城濠，有沟东出，曲折当报宁寺之前，里俗亦名潮沟。此近世所开，非古潮沟也。①

显然，张敦颐对古今潮沟的辨析是十分清楚的，也是正确的。

又如陈后主宠妃张丽华的最后处置结果，诸书记载有所不同。张敦颐经过考辨，认为其他记载恐不切合史实，而对《北史·高颎传》所载："及陈平，晋王欲纳陈主宠姬张丽华。颎曰：'武王灭殷，戮妲己。今平陈国，不宜取丽华。'乃命斩之，王甚不悦"②，以为符合事实，因此主张"当以《北史》为正"③。

类似上述例证，在《六朝事迹编类》中甚多，此不再赘述。

第三，精心搜集碑刻资料。

《六朝事迹编类》在搜集碑刻资料上作了很大努力，正如张敦颐自己所言："余因览《图经》、《实录》，疑所载六朝事迹尚有脱误，乃取《吴志》、《晋书》及宋、齐而下史传，与夫当时之碑记参订而考之。"④是书"碑刻门"列有碑刻61方，尽管这些碑刻的内容极为简略，但大致仍有碑名、所在地、碑主名、字、撰写或书写者、立碑时间、碑阴刻字、有无迁徙等情况，这是很有价值的。值得指出的是，张氏补充前人著述中的缺载资料，大多被《景定建康志》、《至正金陵志》等史籍所采纳，从而使这些资料没有再丧失。张忱石先生指出：《六朝事迹编类》中的许多碑刻是南宋一些金石学家所未见，《晋建威将军思平县侯竺使君铭》、《晋建威将军思平县侯竺使君颂》、《齐侍中尚书令巴东献武公碑》、《梁散骑常侍司空安成康王碑》等，在王象之《舆地碑记目》中均未曾著录⑤。并称"清严观《江宁金石记》所载多出古人所未见，但也不及碑刻门所录十之二、三"⑥。张敦颐在搜集碑刻资料方面的贡献确实应予高度评价。

其实，张敦颐在编写该书时，还利用碑志记载来考校史实。如《摄山》条，张氏

---

① 张敦颐：《六朝事迹编类》卷五《潮沟》，第68页。
② 《北史》卷七二《高颎传》，北京：中华书局，1974年，第2489页。
③ 张敦颐：《六朝事迹编类》卷四《三阁》，第63页。
④ 张敦颐：《六朝事迹编类序》，《六朝事迹编类》卷首，第4页。
⑤ 张敦颐：《六朝事迹编类》卷首《点校说明》，张忱石点校，第6页。
⑥ 张敦颐：《六朝事迹编类》卷首《点校说明》，张忱石点校，第6—7页。

先以《太平寰宇记》中的记载指明摄山的地理位置,"周回四十里,高一百三十二丈,东连画石山,南接落星山"①。继而引用陈朝江总《摄山栖霞寺碑》称:"南徐州琅琊郡江乘县有摄山,其状似伞,亦名伞山"②,以进一步说明摄山之地理地貌情况。另外,张氏引用蒋山《头陀寺塔记》中的有关记载来描述"与江潮盈缩增减相应"③的应潮井,引江总《棲霞寺碑》来印证舍宅建寺时间④,等等。张敦颐能采纳碑刻资料来印证史事,充分说明其高超的史识。

综上所述,《六朝事迹编类》是张敦颐史料整理及文献考证思想的反映,在一定程度上反映了宋人在地理汇编类书籍中对魏晋南北朝史的研究,该书保存了大量六朝珍贵的史料,为今人研治六朝史提供了有益的参考。

原载于《魏晋文化研究》,河南人民出版社 2012 年

---

① 张敦颐:《六朝事迹编类》卷六《摄山》,第 79 页。
② 张敦颐:《六朝事迹编类》卷六《摄山》,第 79 页。
③ 张敦颐:《六朝事迹编类》卷五《应潮井》,第 74 页。
④ 张敦颐:《六朝事迹编类》卷一一《棲霞禅寺》,第 105 页。

论方甦生的学术贡献[①]

引言：一位被人遗忘的才华横溢的清史研究学者

方甦生（1903—?）字更生，河北人[②]。1929 年进入故宫文献馆工作。据方甦生《整理档案方法的初步研究》中自述，"甦生服务文献馆，于今六年"[③]，该文写于 1935 年 11 月，因此他应该是 1929 年进入文献馆工作。另据摄制于 1929 年冬到 1930 年初的《故宫文献馆同仁合影》，照片中可见到方甦生[④]，显然方氏于 1929 年已进入文献馆工作[⑤]。据《国立北平故宫博物院职员表》记载：科员方甦生，是年 32 岁[⑥]，由此可推断他是 1903 年生。方氏卒于何年，根据单士元回忆"方君头脑清晰，思路敏捷，惜在抗战胜利之后，积劳成病，壮年逝去"[⑦]，可知方甦生在抗战胜利后因病去世，具体时间则不见其他记载，但可肯定的是，方甦生丧于年富力强的中年。

方甦生英年早逝，实为文献馆的一大损失，也是民国时期清史研究领域的一大损失。时至今日，方甦生的名字已经被遗忘在历史的尘埃中[⑧]。对于这样一位才华横溢的年轻学者，他作出的成就本该名留史册。从 1929 年到 1937 年，方甦生编辑出版了 3 部关于清代内阁大库档案目录的书籍，发表了 7 篇关于清代内阁档案整理、清史研究的论文，具体如下：著作有《清内阁库贮旧档辑刊》（北平：故宫博物

---

① 本文与庾向芳合作。

② 《北平故宫博物院文献馆一览》载："临时书记方甦生，更生，河北，地安门内碾儿胡同三十八号"，1932 年，第 19 页。《国立北平故宫博物院职员表》第 16 页则称方甦生"籍贯北平"。两者都是故宫博物院刊物，但有不同，有待进一步考证。

③ 方甦生：《整理档案方法的初步研究》《国立北平故宫博物院年刊》1936 年，第 75 页。

④ 李松龄：《故宫文献馆同仁合影》，《紫禁城》1989 年 1 期，第 44—45 页。

⑤ 方甦生在文献馆任职之前，似曾在史语所工作。他为中央研究院历史语言研究所编辑了《内阁大库书档旧目》、《内阁大库书档旧目补》。徐中舒《再述内阁大库的档案之由来及其整理》有"让我感谢我们的同事方甦先生，和李光涛先生，他们替我在档案中，寻出了许多重要的材料！"此可作为证明。载《历史语言研究所集刊》第三册，北京：中华书局，1987 年，第 538 页。

⑥ 《国立北平故宫博物院职员表》于 1935 年出版，是年 32 岁，那么应生于 1903 年。第 16 页。

⑦ 单士元：《清代内阁大库档案》，《我在故宫七十年》，北京：北京师范大学出版社，1997 年，第 85 页。

⑧ 至今尚无全面研究方甦生的论文、著述，在一些论述其他学者的论文，或回忆录中偶尔提及，而且并不作为重要的论述对象。

院编印,1935 年)、《内阁大库书档旧目》(北平:中央研究院历史语言研究所,1933
年)、《内阁大库书档旧目补》(上海:商务印书馆,1936 年);论文有《读徐中舒先生
〈内阁档案之由来及其整理〉以后》、《清代档案分类问题》、《整理档案方法的初步研
究》、《清太祖实录纂修考》、《清实录修改问题》、《清史稿后妃传订补》、《清列朝后妃
传稿订补》①。方甦生的研究成果受到沈兼士及陈垣的赞赏。文献馆在同一时期
能够有如此众多学术成果的馆员尚不多见,如果不是早逝,相信方甦生在清史研究
方面会有更大成就。我们认为:方甦生在故宫档案整理、清史研究中有十分突出
的贡献,理应受到重视,并肯定其学术地位。因此,本文拟从方甦生对清代档案史
料及清实录版本研究两个方面,对方氏的学术贡献进行评述。

　　清代内阁大库档案的发现与整理,为清史研究提供了海量的第一手资料,对当
时学者的史料观产生了直接影响。方甦生任职于故宫博物院文献馆,从临时书记
开始一直升任科员②,长期从事清代内阁档案的整理工作。方甦生对清代档案史
料的研究有丰富的实践经验作为基础,他的相关成果是这一时期关于清代档案史
料研究的重要组成部分,具有开创性意义。

　　方甦生能够以现代史学的眼光看待档案史料,始终认为档案整理与历史研究
密切相关,强调"档案是直接史料之一种,可以纠正史籍的谬误,也可以佐证史籍的
真实。同时我们研究某一种专门问题,欲详求实证,在史籍中往往有简略之病,必
由档案中求之。其价值不在图书之下"③。因此他提出整理史料需要有"史识"④。
在此史料观指导下,方甦生能够以档治史,在清史研究方面也取得了丰硕的成果。

一、清代档案史料研究

　　方甦生在文献馆的日常工作就是整理清代内阁大库档案史料,因此他对内阁
大库档案的研究有得天独厚的条件。方氏对内阁大库档案的研究成果也没有辜负
他的良好条件,其中关于满文老档⑤和清代内阁大库书档旧目的整理与研究成就
最为突出。

---

① 这七篇文章分别发表于:《大公报·文学副刊》第 183、184 期,1931 年 1 月 13、20 日;《文献论丛》,1936
　　年;《故宫博物院年刊》,1936 年;《辅仁学志》第 7 卷,第 1,2 合刊,1936 年;《辅仁学志》第 8 卷第 2 期,
　　1939 年;《大公报·图书副刊》第 177 期,1937 年 4 月 5 日;《辅仁学志》第 8 卷第 1 期,1939 年。
② 据 1935 年出版的《国立北平故宫博物院职员表》记载:"科员方甦生,是年 32 岁",第 16 页。
③ 方甦生:《清代档案分类问题》,《文献论丛·论述二》,1936 年,第 27 页。
④ 方甦生、曹宗儒:《读徐中舒先生〈内阁档案之由来及其整理〉之后》,《大公报·文学副刊》183、184 期,
　　1937 年 7 月 13 日、20 日。
⑤ 满文老档存放于内阁大库之中。20 世纪 30 年代,故宫博物院文献馆在清理档案时陆续发现,共 40 册。
　　此处沿用日本学者内藤湖南对盛京藏满洲档的称谓。其实称为"满文老档",实为一种混淆。1969 年,台
　　湾故宫博物院将这 40 册档册影印出版,定名为《旧满洲档》。此处因行文原因沿用"满文老档"。

满文老档是清入关前的满文档册，是研究清朝开国史的重要参考资料，也是民国时期清史研究中最引人注目的档案文献。1931 年故宫博物院文献馆在整理内阁大库档案时，发现了 37 册乾隆朝整理装裱过的档案。1935 年文献馆在整理内阁残乱档案时，又发现 3 册满文档案，这是乾隆朝装裱时所未见者①。这 40 册满文老档现存于台湾故宫博物院。这部分档案的发现与整理，功在文献馆，而将它们介绍给世人并肯定其价值，首推方甦生。

方甦生是最早对满文老档的史料价值进行评述的文献馆学者。他认为满文老档是"盛京旧档之巨擘"，并详细介绍了这些档案所记事件年代，以及档案的用纸及字体，同时还根据文献馆发现的《清太祖武皇帝实录》，对满文老档的文字进行了考证。方氏认为"自女真字失传后，金人之裔遂无文字，文书往来皆用蒙文。天命汗当明之季世，崛起于白山黑水间，乃创为国语"。当时由榜识刚盖、厄儿得溺草创的"'国语'即后来所称之老满文或曰无圈点满文。惟满洲一名为后来所改易，天命、天聪时代实称金国，故文字曰金书或曰金字。此后行文记事，或已渐舍蒙文而用金书。惟事出草创，仅乃具其形，声，规模，应用上犹感不足。榜识达海继之，增为十二字头，始渐可用。天聪六年，又加圈点以析其易于混同之字"。方甦生认为"加圈点满文亦即成为清代应用二百余年之清文也"，之所以用两种文字记录是由于"记事年代先后而渐生变化也"②。

文献馆藏满文老档经过精心的装裱，方甦生依据内阁档案对这些档册的修缮进行了考述。乾隆六年(1741)，因满文老档中字体的复杂，鄂尔泰和徐元梦建议将满文老档中"异乎现体，难于辨认各字，悉行检出"，按照十二字头编成一书，"进呈御览指示后，除内阁存留一部外，其宗室觉罗及国子监各学，各令照缮一部收存。俾后世之人，知国书本源，始于此种文字"③。在编辑字书的同时，这部分档案由于年代久远，已经部分残损，且属于永久储藏之档案，鄂尔泰和徐元梦"拟请逐页以纸衬裱装订收藏"④。满文老档原本因此在乾隆六年(1741)得到装裱、修缮，后又重录保存。

关于满文老档的副本缮写，方甦生引用了乾隆四十年(1775)三月二十日大学士舒赫德等《趋办老档奏折》进行说明："本年二月十二日，奏明将内阁大库恭藏无圈点老档三十七本，交国史馆纂修等官加增圈点，照紧赶办，陆续进呈……查老档原页共计三千余篇，今分页缮录，并另行音出一份，篇页浩繁，未免稽延时日，虽老档卷页前经裱托，究属年久糟旧，恐日久摸擦所关甚巨。必须迅速趋办，敬谨尊藏，

---

① 方甦生：《内阁旧档辑刊叙录》，北平：故宫博物院文献馆，1935 年，第 47 页。
② 方甦生：《内阁旧档辑刊叙录》，第 46—47 页。
③ 方甦生：《内阁旧档辑刊叙录》，第 47 页。
④ 方甦生：《内阁旧档辑刊叙录》，第 48 页。

以昭慎重。"①此处"另行音出一份"的意思是缮录原档时把无圈点满文部分,再用加圈点的文字写一份,而原档是加圈点文字部分也要用无圈点文字再录一份,这两份满文老档,均为 180 本,完整存于文献馆。方甦生在文中并未明确提出缮写满文老档最初的时间为乾隆四十年(1775),据乔治忠考证,满文老档的缮录日期应该为乾隆三十九年(1774)②。但是此处方甦生引用乾隆四十年(1775)舒赫德的奏折,似为此后学术界多将乾隆四十年(1774)作为缮录《满文老档》初始之年的滥觞。

方甦生对金梁在《满洲老档秘录·序》中说"盛京故宫旧藏满洲老档一百七十九册"提出疑问,他考证后认为:盛京崇谟阁藏满文老档之抄录年代,要比文献馆藏两部满文老档年代晚。据文献馆藏《内阁满本堂堂谕档》:"奉阿于中堂谕,现在遵旨再办老档一分,恭送盛京……十月十五日。"方甦生指出"此文前有乾隆四十三年六月堂谕一件,后有四十四年正月一件,此曰十月十五日,可知为四十三年。曰再办老档一分,亦当为百八十册。"方甦生认为金梁所说盛京故宫旧藏满洲老档"虽名老档,实非盛京旧物",且应该为 180 册③。

满文老档自被发现起,就被学界认为是不可多得的珍贵历史文献,在整个中国古代所有少数民族文字的典籍中,以其历史纪实性、内容的丰富性和文献上的原始性而卓然特立④。方甦生对满文档册整理与介绍功不可没,他运用档案以证史实,考证出盛京重谟阁重录满文老档的时间。他对于这部分满文老档的记载,被学界同仁视为"最珍贵之纪载"⑤。

方甦生对于内阁大库档案十分熟悉,他也由此编纂过 3 部清代内阁大库档案目录,并为这些目录分别撰写叙录。这些目录作为研究清代档案史料的学术成果,得到当时学者的高度评价,沈兼士认为《清代内阁库贮旧档辑刊》"纲举目张,有伦有脊,虽作者自觉尚不惬心,然吾国研究档案学之著述,要不得以此编为梯枕"⑥。方甦生为这 3 部目录书撰写的叙录,可视为文献馆最早关于内阁大库档案的学术论文,具有很高的学术价值。下面分别叙述。

《内阁大库书档旧目》、《内阁大库书档旧目补》是中央研究院历史语言研究所

---

① 方甦生:《内阁旧档辑刊叙录》,第 48 页。
② 乔治忠:《清入关前的满文档册及其史学意义》,《中国官方史学与私家史学》,北京:北京图书馆出版社,2008 年,第 135 页。
③ 方甦生:《内阁旧档辑刊叙录》,第 48—49 页。
④ 乔治忠:《清入关前的满文档册及其史学意义》,《中国官方史学与私家史学》,第 149 页。
⑤ 金毓黻:《满文老档考》,《国立沈阳博物院筹备委员会汇刊》1947 年第 1 期,第 1 页。
⑥ 沈兼士:《方编清内阁库贮旧档辑刊序》,《沈兼士学术论文集》,北京:中华书局,1986 年,第 344 页。方甦生在《内阁大库书档旧目叙录》及《内阁大库书档旧目补叙录》的署名皆为方甦,方甦似为方甦生之笔名,同一时期方甦生发表于《大公报·文学副刊》(1931 年 7 月 13 日)的《读徐中舒先生〈内阁档案之由来及其整理〉以后》也署名方甦。

（以下简称史语所）整理内阁大库档案时发现的有关图书著录的档案汇编。方甦生的两篇叙录对了解清代内阁大库书档的收储、变化，以及清代内阁大库的藏书有着非常重要的价值，为后继研究者留下了一份珍贵的研究指南。

《内阁大库书档旧目》《内阁大库书档旧目补》收录了史语所及北京大学研究院所藏的书目旧档 27 种。这些书目档案"原为清代内阁典籍厅收贮或清查内阁大库的清单及档册"①。尽管这些目录多数已经残缺且编制年代不明，方甦生仍然发现了这批书目的价值，"内阁书档旧目，不仅是书目且有许多明清档案之目，虽多数残缺不完，而为明了大库的储藏情形及稽核散佚的史料，这些目录都是重要的材料"②。所以，方甦生逐一考证了 27 部目录档案的成书时间，分析该档案的主要内容及归属，并按照时间先后对这些目录档案进行排序。

由于这些书目残缺的部分各不相同，因此在考证中方甦生运用了自证、旁证和理证等多种方法，根据每部书目中留下的线索，引经据典，旁征博引，并参照了大量的清代档案，为这 27 种档案确定了成书时间。每一种书目档案的考证都可以视为一篇极为精炼的考据文章，显示出方甦生扎实的学术功力。《内阁大库书档旧目》中目六、目七的考证，可视为方甦生此类考证文章的典型。

目六、目七不著编定年月、名称、编制者的姓名，因此"欲精确地考定它的时代，已是难能的事"③，所以需要借助于书目中的书籍。但是这两部书目中仅有书名和本数，并无其他可以提供参考的信息，为考订工作加大了难度。方甦生首先从这两部目录本身入手，认为"二者原本的大小、纸质、字体及格式，都是一样的；而且目六中有'十五日''十六日'，目七中有'十七日'等字样，可为两本互相衔接之证。所以我们断定它虽分订为二，实是一个目录"④。

由于"清内阁藏书中，除掉清代官修、官刻及因纂修、校刊而征集的书籍外，差不多都是明文渊阁所遗之物"⑤，因此方甦生将该目录与明正统间杨士奇等所编《文渊阁书目》及万历间孙能传的等所编《内阁书目》相互比较，根据收书的数量锐减，确定该书目的编定时间应当在《内阁书目》编定后若干年。再将该书目与考定为乾隆十年编制的《清查东大库目录》（即《内阁大库书档旧目》的目十）互校，从《清查东大库目录》收录而不被此书目收录的书名中寻找到线索，即《清查东大库目录》"有《周易折中》、《日讲春秋》、《日讲书经解义》、《授时通考》、《朱子全书》等目，都是

①　方甦生：《内阁大库书档旧目叙录》，《内阁大库书档旧目》，北平：国立中央研究院历史语言研究所编印，1933 年，第 1 页。

②　方甦生：《内阁大库书档旧目叙录》，《内阁大库书档旧目》，第 1 页。

③　方甦生：《内阁大库书档旧目叙录》，《内阁大库书档旧目》，第 4 页。

④　方甦生：《内阁大库书档旧目叙录》，《内阁大库书档旧目》，第 4 页。

⑤　方甦生：《内阁大库书档旧目叙录》，《内阁大库书档旧目》，第 4 页。

清康熙以来的官修书籍,此目中却一本未见。这几种书的刊刻年代,要以《日讲书经解义》为最早,《清宫史卷》二十七说'《日讲书经解义》一部——凡十三卷。康熙十九年校刊'。一部仅仅十三卷的书,若在康熙十九年校刊,不过在二十年或竟在当年就可刊成。今此目尚无这个书名,可知其编定年代,当在这书刊成贮库以前"①。《清查东大库目录》中更有"《日讲四书解义》四本,《四书解义》八本,疑同为一书。据《清宫史》说,系康熙十六年校刊。今此目中亦有《四书解义》三本,另有《大学解义》一本。如果是当时编目的人,把'日讲'两字随便略去的话,那么我们便可悬拟此目为康熙十六年校刊的《日讲四书解义》以后,十九年校刊的《日讲书经解义》贮库以前所编定的"②。

　　虽然基本确定该书目成书于康熙年间,但是方甦生认为这仅是一种孤证③,他又以康熙年间作为出发点,继续求证。他认为从万历到清康熙年间,虽然仅隔百年,但是经过李自成进京、清军入关等变故,内阁书籍的损失非常大。方氏据"王士禛《古夫于亭杂录》说:'国初曹贞吉为内阁典籍,文渊阁书散失殆尽,贞吉检阅见宋椠欧阳修《居士集》八部,无一完者。'王氏所谓国初,当指康熙以前,那时已有'散失殆尽'之感,此目较万历《内阁目》中之书,少了数倍,自是当然的事。谓为康熙间编定,似乎无甚矛盾"④。此外,清代许多次官家修书的时候,都曾征集过参考书,康熙朝当然不能独为例外,"现在由《清宫史》知道康熙年间官家纂修过几部所谓'经学'的书籍,势必征集经部的参考书。此目中著录书名,如《周易启蒙》、《周易会通》、《周易发明》、《书经纂注》、《书经讲贯》、《四书详说》、《四书辨疑》、《四书镜》等,都是文渊阁及《内阁书目》所无。可知不是明文渊阁旧物,而是康熙时为修书参考所征集的。因而可证此目编定于康熙年间。第三,目中有《杨仲弘诗》、《弘化集》两书名,弘字均不避,在消极方面也可知其年代,最晚亦在乾隆以前"⑤。综合上述论证,方甦生得出结论,这两部书档目录"虽未能确断此目年代,但说它是康熙年物,已没有什么不合之处"⑥。

　　方甦生的考证特别注重运用档案史料,使一些单独看起来并无价值的目录串联在一起,互相参照,互相发现,以发掘出这些目录的史料价值。《内阁大库书档旧目补》就是方氏在写完《内阁大库书档旧目》之后,参观北京大学研究院文史部所藏内阁档案,发现了《礼部移送明朝事迹文书挂号簿》、《书档簿册》、《大库书籍档》、

①　方甦生:《内阁大库书档旧目叙录》,《内阁大库书档旧目》,第4页。
②　方甦生:《内阁大库书档旧目叙录》,《内阁大库书档旧目》,第4页。
③　方甦生:《内阁大库书档旧目叙录》,《内阁大库书档旧目》,第4页。
④　方甦生:《内阁大库书档旧目叙录》,《内阁大库书档旧目》,第4页。
⑤　方甦生:《内阁大库书档旧目叙录》,《内阁大库书档旧目》,第5页。
⑥　方甦生:《内阁大库书档旧目叙录》,《内阁大库书档旧目》,第5页。

《应销毁书籍总档》、《西库书档》等书目,他认为上述几部目录与《内阁大库书档旧目》中的一些目录密切关系,随后又加入史语所新发现的《各处奏销黄册收贮大库目录》及《清查东大库分类目录》编成《内阁大库书档旧目补》。在这部书的叙录中,方甦生将该书收入的目录与《内阁大库书档旧目》中的目录互相参照,为确定《内阁大库书档旧目》中收录的 20 种目录的成书年代提供了很好的补充。

方甦生为这两部目录书所做的长篇叙录,为整理内阁大库档案的顺利进行发挥了重要作用,他对于内阁大库书档的考证不仅为后继的研究者提供了研究线索,也提供了研究方法。

方甦生《清代内阁库贮旧档叙录》对内阁大库档案进行了分类与详释。内阁大库档案在文献馆所存的档案中,以历史最悠久、组成内容最复杂而著称。1931 年文献馆整理内阁大库档案,发现了不同时代红本、书籍、表章、实录、圣训、记注、史书及杂项库贮等档旧目百余册,是研究库物来源,及存佚问题的重要参考资料。因此文献馆决定以此为底本,编成《内阁库贮旧档辑刊》,方甦生担任撰写叙录,“凭籍旧档目录之轮廓,以探溯库藏之历史”①。方甦生经过一年时间的辛勤工作,将内阁大库档案的历史渊源彻查清楚。他将内阁大库档案分为六类,第一类是内阁承宣和进呈之文书;第二类帝王言动,国家庶政之当时记载;第三类,官修书籍及其文件;第四类,因修书而征集之参考材料;第五类,内阁日行公事之档案稿件;第六类,盛京移来档案。在每一类的文件之下,又分若干小类。《清代内阁库贮旧档叙录》对每一种档案的来源、内容、运行程式,都进行了引经据典的详细阐述,成为研究清代内阁大库档案之经典之书。

方甦生在《清代内阁库贮旧档叙录》中的另外一大贡献就是对内阁的具体位置进行了考证。内阁大库是清朝中央最重要的档案库之一,它贮藏的档案文献种类之多、数量之巨都是罕见的。但是内阁的具体位置及其在明代的用途却是众说纷纭。徐中舒根据明代孙承泽的《春明梦余录》、清代阮葵生的《茶余客话》,认为内阁大库即明代文渊阁。方甦生则提出自己的看法,认为内阁大库不是明文渊阁,而是明代的内承运库旧址②,并且绘制出一份《明文渊阁位置想象图》,标明内承运库遗址即为今内阁大库,今银库即明文渊阁故地③。

内阁大库是否是文渊阁旧址,至今仍是争论不休的问题。尽管方甦生坦率承认“大库是否即明之内承运库,为改建抑或创建,犹疑问也”④,但他所论也有理有据,且富有想象力,直到今天仍然为论述内阁大库地址的文章中必须提到的一家

---

① 方甦生:《内阁旧档辑刊叙录》,第 3 页。
② 方甦生:《内阁旧档辑刊叙录》,第 2 页。
③ 图见李鹏年《内阁大库——清代最重要的档案库》,《故宫博物院院刊》1980 年第 2 期,第 55 页。
④ 方甦生:《内阁旧档辑刊叙录》,第 3 页。

之言。

二、对清实录的研究

民国时期的清史研究被视为"不古不今之学"①,这一阶段,清史的重要性没有得到普遍认识,在断代史中的地位没有得到承认。从事清史研究的学者较从事其他断代史研究的学者人数少,方甦生是民国时期较早投身清史研究的年轻学者之一,惜因早逝,仅留下几篇论文。但是从这几篇文章,可窥见他对清史研究确有重要贡献,特别是关于清太祖实录的研究成果,在该领域研究中具有开创性和奠基性。方甦生在这几篇论文中利用档案着重考证了两个问题,第一是关于四卷本《清太祖武皇帝实录》为顺治改缮本,第二是关于《清实录》的删削增饰问题,下面分别论述。

清朝官方纂修实录的活动,开始很早,入关前已经纂修《太祖武皇帝实录》。但是此后太祖朝实录屡经修改,"改本的记载,却早经官书及私人著作如开国方略、东华录等书,一再录出,已深入各项史学著作中"②。方甦生为澄清史实,撰写了《清太祖实录纂修考》和《清实录修改问题》。这两篇文章可称为近代研究清太祖实录版本的开山之品,受到史学大家陈垣的重视,均刊载于陈垣任编委会主编的《辅仁学志》。

1931年文献馆整理清内阁档案发现了一种旧实录,"书凡四卷,红绫装,白鹿纸画朱丝阑楷书,半页九行,行二十二字。无序,表,凡例,目录。卷端题:大清太祖承天广运圣德神功肇纪立极仁孝武皇帝实录"③。当时学术界一般认为这就是崇德元年初纂本,但是方甦生用有力的证据论证该书为顺治改写本而非崇德初纂本。

方甦生主要依据下面几点判断该书的成书年代:

第一,世祖实录里,顺治八年闰二月乙亥,韩岱等审议刚林等罪状条云:以擅改国史一案讯刚林,据供:睿王取阅太祖实录,令削去伊母事。遂与范文程、祁充格同改太祖实录……据此可知顺治初年,曾修太祖实录。并有抹去大妃事及私自补载等情事。

第二,此四卷本太祖实录的纸质,纸色,字体,装潢,均与顺治年间所修四十卷本太宗文皇帝实录相同。可知其缮成年代必极相近,似非崇德元年所修原本。

第三,此本汉、满、蒙文本各有三部(文献馆存汉文本一部,满文本一部,蒙文本

---

①　何龄修:《清史研究的世纪回顾与展望》,《五库斋清史丛稿》,北京:学苑出版社,2004年,第3页。

②　方甦生:《清太祖实录纂修考》,《辅仁学志》第7卷1、2期合刊,1938年,第99页。

③　方甦生:《清太祖实录纂修考》,《辅仁学志》第7卷1、2期合刊,第66页。

一部半;以揣度之,蒙文本亦应是三部。)似为分存大内,皇史宬及内院而设,当是入关以后的事。"若崇德元年在关外时,既未建皇史宬,何必各缮三部?"①

此外"从刚林等因擅改实录获罪,可以推知顺治改缮实录,当在睿王摄政时代,而告成似在顺治八年以后。世祖实录十二年四月癸未谕云:太祖武皇帝创业垂统,太宗文皇帝积功累仁……实录业已告成。朕欲仿贞观政要,洪武宝训等书,分类采辑,汇成一编……称为太祖圣训,太宗圣训"②。由是可知太祖实录改缮告成,当在顺治十二年以前。而这次撰太祖圣训,存于内阁大库,书中人名及称谓的译法,与顺治改缮本实录相同,文笔也极相近。足见是与实录相继写成的,可以互为考订时代之证。

方甦生对于《清太祖武皇帝实录》的考证,用档案史料为证据,层次清楚,论证严谨,得出的结论令人信服,直至今天仍对研究者有启发意义③。

对于孟森提出的"清代修改实录为日用饮食之恒事,无一代不改"④,方甦生依据史料对此进行了辩驳。方甦生认为,"清实录非随时修改之书,讲筵私改之说,实为无据,乾隆以后,固未有重修实录事也"⑤。他对于清初三朝实录纂修的情况进行考证,"太祖实录,绘图本成于天聪;初纂本成于崇德而缮于顺治;至康熙乃大加修改,改四卷为十卷,删孟革卜卤私藏嫔御,谋篡位及大妃殉帝出于被迫等记载;而增入上谕五十三通;整齐体裁,修饰文字,使旧有面目全失。太宗实录,纂于顺治,修于康熙,改四十卷为六十五卷;据康熙六年十一月二日残题稿所论列,增删修改,竟有九项之多。世祖实录,则为康熙所纂。迨雍正十二年,纂修圣祖实录成,乃取前三朝实录重加校订,润色文字,画一人名地名。至乾隆四年告成,仿前明例,举康熙旧本,焚之蕉园。唯康熙修纂三朝实录,未尝焚稿,故顺治所修两朝旧本,仍存阁库;而康熙未定之稿,流落人间。说者执传抄之稿本,以校校订本,遂谓'乾隆朝善改旧修实录'。其实校订本异于旧本之处,皆康熙时所已改"⑥。

方甦生以太祖实录为准,将顺治改缮本称为旧本,康熙重修本称为改本,通过仔细比较,得出两个版本的不同之处有:第一、旧本记事有为改本删略者;第二、改本增出上谕五十三通,旧本均无之;第三、旧本记事有记月不记日者,改本均为补朔……旧本纪年而阙月日者,改本均称正月朔;第四、旧本于明多敬词,改本均改作平行语;第五、旧本字法质朴,改本润饰而含义不同;第六、旧本记载女子之名,改本

①　方甦生:《清太祖实录纂修考》,《辅仁学志》第7卷1、2期合刊,第66页。
②　方甦生:《清太祖实录纂修考》,《辅仁学志》第7卷1、2期合刊,第93页。
③　薛虹:《清太祖实录的史料学研究》,《东北师范大学学报》1988年第2期,第37页。
④　方甦生:《清实录修改问题》,《辅仁学志》第8卷第2期,1939年,第134页。
⑤　方甦生:《清实录修改问题》,《辅仁学志》第8卷第2期,第141页。
⑥　方甦生:《清实录修改问题》,《辅仁学志》第8卷第2期,第141—142页。

均删去;第七、旧本人地名译法及称谓,改本多为改易;第八、旧本文辞朴俚,改本增饰,几乎逐句不同①。对于这八项不同之处,又都逐项举出实例验证。通过比较,对于向来把删削增饰实录的罪过归于乾隆作伪进行辩驳。认为"论删削增饰,乃康熙时为之,雍乾校订,不过藻润文字,画一人名地名译法而已"②。

方甦生认为清代实录的修改在康熙朝最厉害,其根据是:其一,康熙纂修三朝实录,前后历时廿载。而雍、乾校订,合三朝汉满蒙文三体凡600余卷,仅历五载而成;较之康熙,速度增快四倍。虽或人员多寡不同,要亦因前者为重修,删削增饰,须加蒐集;后者则仅校订字书音句,划一人名地名而已。其二,阁库缄藏顺治本太祖实录,高宗似未见。故校订书成,焚旧本于蕉园,此乃得幸免。而天聪绘本实录图,文字与此无殊,高宗一见宝之,恐子孙不能尽见,特命重绘三部,分藏上书房,崇谟阁,避暑山庄。其文字稍有润色,记事并未增删。假使康熙写定之本,尚近原本,乾康辄为删削增饰,不欲后人见其真面,何以于绘图本反重绘三部分庋之?第三,满文老档为天命天聪旧实录取材之源,高宗曾命重抄二部,分庋阁库及重谟阁。不惟实录已删之事迹,依然存在其中;即实录以外之秘事,所存亦复不少。使实录增删,系乾隆时所为,何反重抄老档分庋两京耶?③

方甦生对清史研究大家孟森的论断提出了不同见解,他的文章立论于清代档案史料之上,详实可靠,并以严密的逻辑和周详的考订,对清代实录的删改问题提出客观的论断,显示出他高超的驾驭档案史料的能力及严谨的研究态度。陈垣对他的文章给予重视,并亲自修改。方甦生在《清太祖实录纂修考》中,特别向陈垣致谢:"陈援庵先生对于本文的方法及文字,多所是正,谨在此致谢。"④方甦生的另外两篇文章《清史稿后妃传订补》⑤和《清列朝后妃传稿订补》⑥皆为考证性论文,同样考订详备,有疑则阙,显示出他深厚的考据学功力和严谨的治学态度。

三、方甦生学术建树的几点启示

方甦生是故宫博物院文献馆的年轻学者,由于史料的阙如,目前尚不明了方氏的学术背景。文献馆供职期间,方甦生获得陈垣、沈兼士、朱希祖、马衡等学术名家的指导,并且极其勤奋,在较短的时间内脱颖而出,成为文献馆年轻学者中著述最丰的一位,这是不争的事实。总结他的学术道路,可以看出方甦生对待学术研究有

① 方甦生:《清太祖实录纂修考》,《辅仁学志》第7卷1、2期合刊,第73—90页。
② 方甦生:《清太祖实录纂修考》,《辅仁学志》第7卷1、2期合刊,第93页。
③ 方甦生:《清实录修改问题》,《辅仁学志》第8卷第2期,第142—143页
④ 方甦生:《清太祖实录纂修考》,《辅仁学志》第7卷1、2期合刊,第99页。
⑤ 载《大公报·图书副刊》第177期,1937年4月5日。
⑥ 载《辅仁学志》8卷1期,1939年。

求真务实的态度,有开阔的研究视野,既善于总结前人的经验,也善于开拓新的研究领域,创造新研究方法。他在研究中大量运用以档治史的方法,用第一手材料解决了一些史学难题。同时他还有具有实事求是的精神和质疑学术权威的勇气,这一点非常值得提倡和学习。

方甦生的学术研究工作,在北京大学国学门整理档案之后,却先于史语所。方甦生在史料档案整理工作中注重总结经验,他梳理并总结了历史博物馆、罗振玉、北京大学研究所国学门、中央研究院史语所、故宫博物院文献馆等个人和研究机构对档案的整理方法,认为北京大学国学门的整理方法"已是近乎科学的了"①,史语所的整理方法,可以与北大国学门相媲美。同时也指出这两个机构在学术拓荒时期必不可免的错误②。方甦生专门对文献馆的档案分类与整理进行研究,文献馆因此避免了此前学术机构整理档案的失误。他对于档案史料整理与分类的研究成果,直接催生了近代第一个档案整理章程——《国立北平故宫博物院文献馆整理档案规程》的产生。

文献馆保存的清代档案史料数量及品种,与其他学术机构相比更丰富。但是,方甦生对清代史料的了解不局限于某一处藏品,而是能够将这多家学术机构的档案史料联系在一起,互相参考,从而得到一些很有价值的发现。例如他考证中央研究院史语所存《奏议馆收贮各省督抚送来奏议文集碑文志书等项目录》为何存于内阁大库,用该目录中所收书档与文献馆藏内阁书档作比较,以证明清代修书各馆在纂修竣事后,将所有的书籍档案都移交内阁收贮,因此奏议馆、实录馆、会典馆的档案都存于内阁大库。这样的例子在方甦生的文章中屡见不鲜,说明方氏在研究问题时具有开阔的学术视野,以及海纳百川的学术气度。

方甦生在研究内阁大库档案过程中,充分注意利用其他学术单位及学者的研究成果,但是并不盲从,甚至敢于质疑学术权威的论断。徐中舒《内阁档案整理之由来及其整理》发表后,方甦生即撰文对徐文不足之处进行讨论和补充,方文辨析主要集中于内阁档案脱离内阁之经过及其归宿、内阁档案的分类解释、盛京档案的解释及内阁大库藏书四个问题,用第一手资料纠正了徐文中的不实之说。例如,徐文认为内阁档案帝王的制诏诰敕数量很少,方甦生则认为这一说法"恐怕是指移出者而言,因为内阁大库现存的制诏诰敕已不下千件,而诰轴一种,更何止数千件呢!再合之北大研究所国学门及历史语言研究所所得,似不能认为很少"。另外徐文中说"谕旨,硃批,御笔……也在内阁收藏之列",方甦生则据"康熙六十一年十一月胤禛继位,曾谕总理事务王大臣'所有皇考硃批谕旨,俱著敬谨封固进呈……嗣后朕

---

① 方甦生:《整理档案方法的初步研究》,《故宫博物院年刊》1936年,第77页。

② 方甦生:《整理档案方法的初步研究》,《故宫博物院年刊》,第77页。

亲批密旨,亦著缴进;不可抄写留存'",说明雍正之后"所有谕旨、硃批、御笔等类,都要缴回,但不在'内阁收藏之列'而是收藏于大内。现在故宫博物院文献馆贮藏的硃批奏折及御笔名单等,就是这类缴回之物"①。

方甦生对清史大家孟森关于清实录删改的论断进行辩驳,认为"心史先生之说,新颖独到,发人所未发。而夷考实际,似未尽合"②,并敢于据相关档案史料提出自己的见解。孟森、徐中舒都是当时知名学者,方甦生以文献馆临时书记员的身份,敢于用事实说话,指出权威不足,这种实事求是的态度值得我们尊敬并继承。此外还可看出方甦生对于清代档案及清史研究,已经能够卓然自成一家。

方甦生在研究中对于自己的要求很严格,即使是自己原先提出的观点也不曲说维护,而是随时校正,不断修改。例如在《清代内阁库贮旧档叙录》中,对于内阁大库藏书的问题,此前方甦生"曾谓清内阁,多明文渊阁之遗,此据王国维氏《观堂集林·库书楼记》所述者也"③。后来,通过参证内阁大库存于北平图书馆之书,并无文渊阁藏书的印记,再据《内阁大库书档旧目》目一,目二,为内务府送交明史馆书目,即散在内廷书也。同书目八,后半标有'内发出书目'字样,亦即言其书为内廷发出者",得出内阁大库藏书不是文渊阁"直接遗留,而为修书参考征集所得"④的结论。

综上所述,方甦生是故宫文献馆不可多得的综合型人才,他在研究清代内阁大库档案、探索档案史料的整理方法、以档案证史等方面都作出了出色的成绩。他在这些领域中的创造性发现与论证,给我们研究这些问题留下了珍贵的参考史料。他在学术领域中表现出来敢于创新,勇于质疑、挑战自我的精神,也值得我们尊重和景仰。方甦生是我国档案史料研究的开拓者之一,也是清史研究领域一颗早逝的彗星。

原载于《档案学研究》2012 年第 5 期;收入陈勇主编《民国史家与史学》,

上海大学出版社 2014 年

---

① 该段引文参见方甦生、曹宗儒《读徐中舒先生〈内阁档案之由来及其整理〉之后》,《大公报·文学副刊》183 期,1931 年 7 月 13 日。
② 方甦生:《清实录修改问题》,《辅仁学志》第 8 卷第 2 期,第 134 页。
③ 方甦生:《内阁旧档辑刊叙录》,第 31 页。
④ 方甦生:《内阁旧档辑刊叙录》,第 32 页。

南北朝时期亡命士人之计量研究[①]

一、问题之缘起

南北朝在中国历史上素以分裂、战乱、动荡著称。其主要发展趋势是,南北对峙双方由势均力敌逐渐走向南弱北强格局,其原因一直引人注目,学者专家已从多个角度对这一问题作了精辟而中肯的论述[②]。在此,笔者仅补充一点,南朝士人的大量北徙使得南朝人才外流,最终导致了北兴南衰的历史走向。

来琳玲在其硕士学位论文《南北朝流寓士人探微》中,以表格的形式将 439 至589 年的南北流寓士人作了统计,根据她的统计结果有姓名可考的流寓南士有 274人,流寓北士有 63 人。在此基础上,她还将南北朝流寓士人流入各政权的人数作了百分比统计[③]。但就笔者检史所见,南北朝时期由于种种原因,由北徙南或由南迁北的士人数量远不止这些,那么来琳玲硕士学位论文中的一系列统计数据也就不尽准确了。故而,我们有必要从计量学的角度对这一议题作新的认识。在展开正式论述之前,我们先来对文章中所涉及到的一些具体概念作一界定和阐述。

首先,就时限来看,本文所述的"南北朝"是指 420 年刘宋立国至 589 年隋统一全国的这段历史。文中的南方政权,是指刘宋立国后到陈朝灭亡的南方诸政权,自然也包括在梁朝末期由西魏扶植起来的后梁政权;而北方政权则指 439 年基本统一北方的北魏及其后续诸政权。南北政权之间有 19 年的时差。这 19 年中,北方政局动荡不堪,导致南北士人徙居情况复杂难辨。为使统计数据尽量准确,也实因

---

① 本文与王娟合作。

② 万绳楠整理:《陈寅恪魏晋南北朝史讲演录》,合肥:黄山书社,2000 年,第 226—229 页;何德章:《中国魏晋南北朝政治史》,北京:人民出版社,1994 年,第 165—166 页;朱大渭:《魏晋南北朝南北户口的消长及其原因》,《中国史研究》1990 年第 3 期;许辉:《南北朝战争特点探析》,《江海学刊》1991 年第 3 期;陈金凤:《魏晋南北朝中间地带研究》,天津:天津古籍出版社,2005 年,第 103—108 页。

③ 来琳玲:《南北朝流寓士人探微》,南京师范大学 2006 年硕士学位论文,第 42 页。据来琳玲的统计,南士入北魏的占 71.9%,入西魏北周的占 13.9%,入东魏北齐的占 14.2%;晋宋之际及宋流寓南士占32.1%,齐占 17.2%,梁占 47.1%,陈占 3.6%。北士入宋的占 1.6%,北士入齐的占 1.6%,北士入梁的占 85.7%,北士入陈的占 11.1%;北魏士人入南的占 69.9%,东魏北齐士人入南的占 22.2%,西魏北周士人入南的占 7.9%。

南北朝对峙格局真正形成于北魏统一北方之后,所以本文论述的时间上限较之来琳玲硕士论文所述的时间范围向前延伸 19 年。当然,在具体论述中,笔者会对这19 年的情况予以客观研讨。

其次,流寓还是亡命? 来琳玲在其论文中,没有对"流寓"一词给出明确界定,只说流寓士人作为一个特殊群体主要包括政治流亡者和南北战争中投降或被俘者两类人①。笔者认为,所谓的"政治流亡者"其实质身份就是政治罪犯,所以他们的流寓实质上就是逃亡。如薛安都、刘昶、王肃等都是因为在政治斗争中失败为了避祸而被迫北上,田鲁生、田秀超、田鲁贤等则是因为不满魏廷对西阳蛮的整编而叛魏入梁,对于他们原来从属的王朝统治者来讲他们就是罪犯、叛逃者。同时无论是政治流亡者还是在南北战争中投降或被俘者,自他们脱离原属政权之时起,他们在原属政权的户籍恐怕就已经被削了,换言之,这些所谓的流寓士人,就是脱离了原属政权户籍的人。故而,在笔者看来与其说这些人是"流寓"者还不如说他们是"亡命"者更为恰当。在古代汉语中,"亡命"有两种解释:一说"亡"系无的通假字,"命"即名也,指名籍,"亡命"就是脱离名籍而逃或因逃而被削了名籍之人;二说"亡"为逃之意,"命"指性命,"亡命"即逃命②。作为南北朝时期的政治流亡者,他们身上无疑兼具了"亡命"的双重含义,而在历次南北战争中的投降或被俘者其身份也符合"亡命"的第一重解释,更何况在当时还有一些士人因破产或被当权者压制而不得申志,也会选择流亡到其他政权去谋求发展,当然伴随着他们的迁徙其户籍也会发生相应的改变。显然来琳玲在其文章中对"流寓"者的阐述过于狭隘,而且相对"亡命"来讲,"流寓"一词对当时由南上北、由北徙南士人的迁徙实质的认识也过于表面化,故而笔者在本文中引入"亡命"一词来界定这些士人。

再次,来琳玲在其文章中明确指出所谓"士人"是指有一定身份地位、或有一定文化素养的人,包括皇室和高门士族以及寒门地主,不包括南方和北方的少数民族酋帅。我们知道,南北朝时期是民族融合的高潮期,与黄河流域以北魏孝文帝改革为主导而出现的胡汉融合的高潮相呼应,在江汉、江淮一带随着蛮族的北徙也出现了蛮汉融合的高潮,而且由于蛮族活动区域的特殊性,使得蛮族酋帅对当时政治局势的走向也产生了一定的影响③,介于此,在本文中笔者所述的"士人"是将少数民族酋帅涵盖在内的,但由于本文的论述角度是计量统计,而少数民族酋帅的北投、南附是一个相当长的持续过程,基本上贯穿了南北朝的始终,故而,仅从统计数据上着手是很难对其进行深入分析的,所以在本文中,笔者会将少数民族酋帅北投、

---

①　来琳玲:《南北朝流寓士人探微》,南京师范大学 2006 年硕士学位论文,前言第Ⅲ页。

②　刘钧杰:《"亡命"的初义》,《语文建设》1998 年第 8 期。

③　王娟、汤勤福:《试论魏晋南北朝江汉、江淮一带蛮夷的北徙》,《江海学刊》2012 年第 3 期。

南附的人数统计在内,但不作深入探讨。

二、南北方亡命士人数量、亡命年份之对比分析

南北朝亡命士人作为一个特殊群体,其亡命活动在一定程度上透视出南北朝政治、文化、军事等方面的诸多问题。据对相关史籍①的初步统计,南北朝时期有姓名可考的亡命士人约 517 人。然而,任何时代的人物活动都离不开当时的时代背景,都在一定程度上体现了当时的时代特征,所以为了能更清晰地论述亡命士人在南北朝历史上所扮演的角色和发挥的作用,我们将这 517 人分为亡命南士与亡命北士两类,并按照亡命年份将其具体情况统计如下。

表 1　亡命南士亡命时间、人数统计表

年份	人数	年份	人数	年份	人数
422 年	3	497 年	3	551 年	1
423 年	3	499 年	1	552 年	16
428 年	4	500 年	35	553 年	4
430 年	6	501 年	4	554 年	32
443 年	4	502 年	8	555 年	23
450 年	7	504 年	3	556 年	6
455 年	1	505 年	19	557 年	1
456 年	2	506 年	1	558 年	2
		507 年	1		
465 年	2	514 年	1	560 年	10
466 年	28	515 年	1	561 年	1
467 年	10	518 年	1	565 年	1
		521 年	4		
468 年	14	522 年	4	578 年	2
469 年	23	525 年	7	579 年	1
471 年	2	529 年	5	581 年	2
472 年	1	534 年	1		

---

① 文中所涉及各表格中的统计数据都来源于《魏书》、《宋书》、《梁书》、《陈书》、《南齐书》、《北齐书》、《周书》、《隋书》、《南史》、《北史》、《旧唐书》、《资治通鉴》、《洛阳珈蓝记》、《南朝齐会要》、《南朝梁会要》、《南朝陈会要》等。

续　表

年份	人数	年份	人数	年份	人数
479 年	2	585 年	2	539 年	1
480 年	3	587 年	14	547 年	4
493 年	5	588 年	1	548 年	1
494 年	4	589 年	74	549 年	15
495 年	1	不详	15	550 年	8
合计：60 个年份　461 人					

表 2　亡命北士亡命时间、人数统计表

年份	人数	年份	人数
450 年	1	528 年	13
494 年	1	529 年	1
505 年	1	531 年	2
506 年	3	532 年	1
507 年	1	534 年	6
508 年	7	535 年	1
509 年	2	547 年	1
514 年	3	556 年	1
520 年	1	560 年	3
521 年	1	567 年	1
525 年	3	580 年	2
合计：22 个年份　56 人			

从上述统计中，我们可以得出以下结论：

第一，亡命南士的总数远远多于亡命北士。表 1 所统计的亡命南士有 461 人，实际数量当远不止这些，因为就史籍所载很多南士北投或被俘时均携带了亲属、僚属，如刘昶在和平六年(465 年)北投时，"携妾吴氏作丈夫服，结义从六十余人，间行来降"，虽然在路上多有叛逃者，但随昶至魏者仍有二十许人①；再如皇兴二年(468 年)，宋兖州刺史刘休宾，因妻、子被魏所俘而举梁邹城降魏，随行"有名望者

---

① 《魏书》卷五九《刘昶传》，北京：中华书局，1974 年，第 1307 页。

十余人"①。只因这些随行者无具体姓名可考,故未统计在内,此外还有一大批被逼徙代北的青齐士人也因无名可考,未作统计。表 2 所统计的有姓名可考的亡命北士有 53 人,自然实际数量也不止这些,因为史籍中对他们携带亲属、幕僚的情况涉及很少,只有在侯景降梁时提到他携带僚属 10 余人②。考虑到亡命南士与亡命北士的史料都有残缺,同时也必须认识到能够保存到这些史料中的亡命士人定是在当时有一定影响力的人物,因此,史料虽有残缺,然仍能从上表的统计数据中看出一些南北方士人迁徙情况的端倪。如表所见,亡命南士的人数是亡命北士的 8 倍多。值得强调的是,在当时南北对峙的政治格局下,双方很难进行正常的文化交流,而作为文化载体的士人就成为了南北文化交流的津梁,与他们的走南奔北相伴随的必然是文化的碰撞、传播与交融。所以从这一意义上讲,当时南北对峙双方对士人的争夺较之争城掠地显得更为重要。很显然,北朝在这场争夺中占据了绝对优势。

第二,亡命南士的频率大于亡命北士的频率。就表格统计可见,南士入北的年份约有 60 个③,而北士入南的年份仅 22 个。即使除去南、北朝统计时间上相差的 19 年(即 420 至 439 年),另外考虑到北士南迁首见于 450 年,我们再扣除相关的 5 个南士北徙的年份(即 422 年、423 年、428 年、430 年、443年),显然可见,亡命南士的频率仍是亡命北士的两倍以上。那么大致可以确认,从 439 至 589 年南北朝对峙的 150 年中,有三分之一的年份烙下了亡命南士的足迹,而亡命南士持续时间之长,间隔时间之短,都不是亡命北士可以比拟的。

众所周知,文化在传承的同时是需要注入新的活力的,如此方能不断更新,从而使它走向另一个高峰。如果说大量的南士北徙将江左文化传输到了北方的话,那么南士频繁的北徙,则将江左文化在岁月淬炼中不断发展、更新的先进因子也源源不断地输入了北方,使得北方学习到的不是江左文化的一个侧面、一个断点,而是一个磅礴、延绵的文化体系。这从北朝政权的典章制度变革的用人上就可凸显出来。北魏前期,清河高门崔浩深受太宗、世祖信任,一度作为四辅政大臣之一,对朝廷政局有相当大的影响。崔浩礼待一些北徙南士,在制定朝仪典章时常常咨询他们的意见。如袁式归魏后,深得崔浩赏识,而"是时,朝仪典章悉出于浩,浩以式博于故事,每所草创,恒顾访之"④;又如毛修之,入魏后,"(崔)浩以其中国旧门,虽

---

① 《魏书》卷四三《刘休宾传》,第 964—965 页。

② 《梁书》卷五六《侯景传》,北京:中华书局,1973 年,第 835 页。

③ 因有 15 人的入北年份于史无载,故在此只统计有明确记载的年份。

④ 《魏书》卷三八《袁式传》,第 880 页。

学不博洽,而犹涉猎书传,每推重之,与共论说"①。到了孝文帝时期,鉴于统治者实行较为开明的政策,亡命南士对北朝典章制度的改革做出了更多的贡献,前期以刘芳、崔光为代表,后期以王肃为代表。虽然他们都为北徙南士,但是由于入北时间不同,使得他们在北魏典章制度改革中所发挥的作用也不同。袁式、毛修之入北时间较早,当时北魏的汉化改革只是初露端倪,他们只能以崔浩为媒介,间接地影响北魏典章制度的制定,而且在太和改制之时两人都已亡故。刘芳、崔光作为青齐士人,在北魏统治者眼中本为俘虏,但由于"北朝正欲模仿南朝之典章文物,而二人适值其会,故能拔起俘囚,置身通限也"②。可是他们生活于北朝民间已数十年之久,其自身所承载的江左文化虽能为孝文帝改革一时之用,但已不能代表最先进的江左文化因子了,所以由他们所主持的在典章制度方面的改革在王肃看来并不成功。王肃北奔后曾这样评价之前的汉化成果:"自晋氏丧乱,礼乐崩亡,孝文虽厘革制度,变更风俗,其间朴略,未能淳也。"③在北魏汉化改革亟待深入的情况下,出身南朝一流政治世家的王肃以其出色的个人学识修养,仕齐至秘书丞的政治经历北投而来,他的才能完全符合孝文帝改革的标准,故成为推动北魏典章制度、礼仪文化改革的中坚力量。陈寅恪先生也认为:"即南朝前期文物之蜕嬗,其关键实在王肃之北奔。"④可见,北朝的汉化改革是一个持久、渐进的过程,而南士不间断地北投,则为改革注入了源源不断的新鲜血液,使得北方统治者在不出家门的情况下就能学到了江左的先进文化。

三、南北朝士人亡命高潮期之分析

　　诚如上文所言,士人亡命是南北朝时期的一种显著社会现象。当时南北对峙的政治格局,无疑为那些由于某种理由不能立足于本国政权的人物提供了逃到另一政权的可能性,而作为对立政权的统治者往往也愿意为这些有一定社会地位、一定政治感召力的士人们提供避难所。这样一方有需求,另一方又愿意接纳,便使得士人流亡的高潮一浪接着一浪地出现了。当然,这些士人流亡的高潮期为什么在那些特定的年份出现? 作为身处社会中上层的士人,促使他们走上亡命之路的原因又是什么? 这都是值得研究的问题。为便于论述,我们把表 1 和表 2 所统计的士人亡命年份和亡命士人的数量作一整合,可以得到下表:

---

① 《魏书》卷四三《毛修之传》,第 960 页。
② 陈寅恪:《隋唐制度渊源略论稿》,北京:生活・读书・新知三联书店,1954 年,第 9 页。
③ 《魏书》卷六三《王肃传》,第 1411 页。
④ 《北史》卷四二《王肃传》,北京:中华书局,1974 年,第 1540 页。

表3　南北士人流亡高潮期统计表（单位：人）

时间	南 朝				北 朝	
	466 至 469 年	500 至 505 年	549 至 555 年	587 至 589 年	528 年	534 年
人数	75	69	99	89	13	6
合计	332 占亡命南士总人数的 72％				19 占流寓北士 总人数的 33.9％	

分析上表统计数据可以看出：南士北徙的高潮期有 4 个①，而北士南徙的高潮期只有 2 个。下面就结合史料先来分析南士北徙的 4 个时期：

466 至 469 年，即宋泰始二至泰始五年。北魏和刘宋对峙时期，淮北是双方长期对抗的拉锯地区，刘宋虽在沿线部署重兵防守，但由于泰始二年（466 年），刘宋宗室内部因争夺皇位而爆发了泰始之乱，许多边境将领也被牵连其中，因此一些人为了避祸亡命北方。如司州刺史常珍奇、徐州刺史薛安都等边境重将因在叛乱中拥立新帝失败，惧祸举城降魏，使北魏坐收淮北。另一方面，北魏大将慕容白曜也趁刘宋发生内乱之机，南下攻打青、齐，历经三年激战，终于泰始五年（469 年）占领青齐地区。当时北魏的统治中心远在黄河以北，控制淮北显得鞭长莫及，故而该地区一大批军政实力派人物以"平齐民"的身份徙至代北。

青齐士人被徙至代北后，无论原来出身如何，大都沦落社会底层，生活曾一度陷入困境，但他们没有一蹶不振，在逆境中仍然坚持习儒，最终凭借自身的努力和才能，借孝文帝改革之机，或进京为官，或返仕青齐，重新登上了政治舞台，刘芳、崔光、崔亮就是其中的佼佼者。

500 至 505 年适值齐梁易代之际（永元二年），以永元元年（499 年）豫州刺史裴

① 笔者统计：魏晋南北朝时期南人北上共有 7 次高潮，其中前三次分别出现于曹魏、西晋统一后、晋宋易代之际。其余 4 次发生在南北朝时期。该文待刊；陈迪宇在其硕士学位论文《北魏时期北归士族研究》一文中认为，南北政权对峙的百余年间，士族的北徙呈现出了五次颇为集中的浪潮，第一次发生在南朝晋宋易代之际，第二次发生在皇兴三年（469）北魏征服青齐之地后，第三次、第四次、第五次都集中在南朝政权的易代之际，且分别以薛安都、裴叔业的北叛，齐宗室萧宝寅和梁宗室萧正表、萧祇、萧督的北逃为代表。另参见陈迪宇《北魏时期北归士族研究》，华东师范大学 2005 年硕士学位论文，第 6—7 页。但就笔者看来，薛安都北叛发生在 466 年，而此时并非易代之际，且薛安都北叛与北魏能够占领青齐地区有着直接的关系，所以陈迪宇所述的第二次和第三次高潮期实质上是一次；其次，萧正表、萧祇北逃究其原因是侯景乱梁，而萧督北附则是因为江陵失陷，他欲寻求西魏庇护以建立后梁政权，若将二者笼统归类为易代之际的产物，显然不够准确；再则，本文论述的时间断限是 420 至 589 年，而所谓晋宋易代之际这次南士北上的高潮期则出现在 417 至 419 年，以司马休之、司马楚之、刁雍、王慧龙等人的北上为代表，显然就时限上来讲此次高潮期不属于本文论述的范畴。综合上述原因，再结合相关统计数据，笔者认为南北朝时期（420 至 589 年）南士北上的高潮期有 4 次，详见正文所述。

叔业率众举寿阳降魏为序幕,掀起了南士北徙的又一次高潮。豫州大族多在刘裕北伐时从北方迁至豫州①,经过几十年的发展,已成为了典型的盘根错节的地方势力集团②。以裴叔业为首,他们在齐明帝篡位之际居功至伟,故而受到了齐明帝的重用,裴叔业亦被任命为豫州刺史。但随着北魏国力的增强,地处萧齐北境的豫州已经成了北魏觊觎之地,魏廷曾多次向裴叔业伸出橄榄枝诱其投降,但都遭到了拒绝。直至东昏侯萧宝卷主政时,怀疑裴叔业反叛,欲将其调任南兖州,这对在豫州经营多年将其视作生存根基的裴叔业来讲是不能接受的,再加之豫州豪族之间本就存在着密切联系,故而在裴叔业的带领下豫州豪族集体降魏。豫州豪族的反叛给风雨飘摇中的萧齐政权以极大打击,此后仅两年萧齐政权即被萧梁取代,萧衍为了铲除异己,大肆诛杀萧齐宗室,年仅16岁的齐鄱阳王萧宝寅在左右亲信的庇佑下辗转北上,亡命北魏。

549至555年(即南齐太清三年至绍泰年间),南朝发生了两件大事,侯景之乱和江陵失陷。侯景乱梁,建康失陷,许多南士为避乱纷纷北上,更有一些萧梁守城将领因不满梁的荒政率众降北。如大宝元年(550年),梁兴州刺史席固率众降西魏;大宝三年(552年),梁士任果、南洛北司二州刺史扶猛亦率所统诸部归降西魏。侯景之乱中也有相当一部分衣冠士人辗转逃到了江陵,江陵成为了梁朝的政治文化中心,是第一流政治、社会精英和文化名流的荟萃地。承圣三年(554年),西魏趁萧梁国力衰败之际出兵攻破江陵,大批士人被虏入关。我们知道,一个家族的文化是通过族中名士和优异子弟来代表和传承的,然而在江陵失陷后南朝许多门阀家族中顶立门楣的核心人物,最有发展前途的优异子弟,如琅琊王氏的王褒、陈郡谢氏的谢贞、琅琊颜氏的颜之推、之仪兄弟等被俘入北,更有如南阳宗氏、乐氏等几乎是举宗北迁,乡国既失,人物流散,他们在原籍的宗族势力几乎从此不复存在③,这对南朝的门阀士族无疑是致命的打击。

587至589年(即开皇七年至九年),是隋文帝加快脚步统一全国之际。承圣三年(554年),经西魏洗劫后的江陵近乎是一座空城,萧梁宗室也在内讧与动乱中伤亡殆尽,但由于西魏自身实力毕竟有限,加之还有北齐在旁虎视眈眈,故而西魏最终选择了扶植萧詧建立后梁。后梁虽以萧梁正统自居,但它实质上已是西魏的

---

① 据韩树峰对豫州地区杜、庞、皇甫、夏侯、裴、郑、柳等家族渊源的考证,豫州地区的这些豪强俱为北方大族,且大多有仕于胡族政权的历史。韩树峰:《南北朝时期淮汉迤北的边境豪族》,北京:社会科学文献出版社,2003年,第80—89页。

② 据《魏书·裴叔业传》载,裴叔业侄女嫁韦伯昕为妻,柳玄达与裴叔业姻娅周旋,梁祐为裴叔业之从姑子。可见豫州豪族之间存在着非常密切的姻亲关系,以此为纽带,再加之共同的利益驱使,他们在政治上也必然会共同进退。详见《魏书》卷七一《裴叔业传》,第1576—1579页。

③ 牟发松:《汉唐间的荆州宗氏》,《文史》第44辑,北京:中华书局,1998年。

藩属国,政治上和军事上都已丧失了自主性。随着杨坚代周立隋,攻灭北齐,南北统一的时机已经成熟,故而撤藩也被提上了日程。开皇七年(587 年),杨坚征后梁主萧琮及其臣下二百余人入朝长安,并遣大将崔弘度率兵戍江陵,恩威并济之下,后梁国废。随萧琮北迁的士人如蔡延寿、甄诩、刘然、王怀等大多选择了入仕隋朝。此后,杨坚加快了统一的脚步,终于开皇九年(589 年)攻陷建康,灭掉了陈国,为了从根本上消除陈割据的威胁,杨坚将陈后主及王公百官悉数迁往长安,《隋书·天文志下》亦称:"平陈,江南士人,悉播迁入京师。"①可见,此次北迁的士人数量非常庞大,远不止 74 人(见表1),表中所列只是史籍中有姓名可考者。

再看北士南迁的 2 个高潮期:

528 年,即武泰元年,发生了北魏历史上著名的屠杀事件——河阴之变,尔朱荣血腥清洗了迁到洛阳的汉化鲜卑贵族和出仕北魏政权中的汉族大族,使得一些王公贵族为了保命纷纷叛魏,降服梁朝。如北魏宗室元颢就在"葛荣南侵,尔朱纵害"之时为图自安,"怀异谋",事败后与子冠受率左右投奔了萧衍②。

534 年,北魏孝武帝西迁,开启了东魏北齐、西魏北周的历史,北方政权正式一分为二。北魏大将贺拔胜、独孤信、杨忠护等送孝武西迁,途中因不敌高欢派来的追兵而仓皇奔梁,元罗、羊徽逸、刘济等镇边将领也相继降梁。

综上所述可以看出,历次士人亡命高潮期的出现都是两方面力量共同作用的结果。一方面原属政权内部出现了内斗或统治危机,出于避祸或求生本能,一些士人会选择走上亡命之路;另一方面,敌对政权也会通过战争、招抚等手段俘掠或诱降一部分士人。前一种我们姑且称之为内部的推力,后一种则为外部的拉力,二者互为依托、共同作用促使了士人亡命高潮期一个接一个地出现。薛安都北叛,元颢南投,主要是所属政权内部推力作用的结果;平齐民北迁、江陵失陷后大批士人的北上则凸显了外部拉力的重要性;裴叔业率豫州豪族集体降魏则是二力共同作用的结果。相对比南朝而言,北朝的政局相对安定,故而促使士人走上亡命之路的内在的推力就小,再加之北朝军队的战斗力强于南朝③,对南朝士人北投的外在拉力就大,这样就使得南士北迁的高潮期出现次数多,持续时间久,徙居人数多,而北士南徙的高潮期则仅仅表现在两个断点式的年代,南徙人数也屈指可数。

四、南北朝亡命士人进入各政权情况之分析

南北朝时期政权分裂形式复杂多样。前期与中期,独踞北方的北魏政权先后

---

① 《隋书》卷二一《天文志下》,北京:中华书局,1973 年,第 612 页。

② 《魏书》卷二一《献文六王传》,第 564 页。

③ 万绳楠整理:《陈寅恪魏晋南北朝史讲演录》,第 227 页。

与南方的宋、齐、梁三朝对峙,但到了南北朝后期,在原本南北对峙的格局下北方又出现了所谓东西分立,而南方也在梁陈鼎革之际在西魏的扶植下出现了后梁政权。这样在当时的中华大地上就同时并存了 4 个政权,而且并立于北方的东魏和西魏互相攻伐,势同水火,同存于南方的陈和后梁也是各恃正统,相互敌视。政权的多边性无疑为士人流亡提供了更多的选择,下面我们就通过统计亡命士人进入南北方各政权的具体人数来分析诸政权对亡命士人的态度及亡命士人对其所归附政权产生的影响和作用。

表 4　亡命南士进入北方各政权人数统计表(单位:人)

徙入＼徙出	北魏	西魏北周	东魏北齐	隋	合计
宋	121	0	0	0	121
齐	57	0	0	0	57
梁	55	75	33	0	163
陈	0	12	10	82	104
后梁	0	2	0	14	16
合计	233	89	43	96	461

表 5　亡命北士进入南方各政权人数统计表(单位:人)

徙入＼徙出	宋	齐	梁	陈	合计
北魏	1	1	45	0	47
西魏北周	0	0	1	4	5
东魏北齐	0	0	1	3	4
合计	1	1	47	7	56

综合表 4、表 5,首先可以看出,北魏与南朝对峙时期的亡命士人最多,由南徙北的士人有 233 人,由北徙南的士人有 47 人,共计 280 人,占南北朝时期亡命士人总数的 54.2%,其中亡命南士占了 45.1%,亡命北士仅占了 9.1%。可见当时士人流亡的主流是由南向北迁徙。北魏统一北方后,逐步走向汉化,特别是在中期,出现了孝文帝全面推行汉化的改革,为了吸引人才为改革所用,北魏实行了一系列优

待南士的政策,对北投的南朝宗室大族如刘昶①、萧宝寅②等,不仅政治上授予高官、经济上赐给食邑,还将北魏公主嫁给了他们;对才能显著的南士,如刘芳③、崔光④、王肃⑤等授予主持改革的重任;对军事才能出众的将领如刘藻⑥、杨令宝⑦等委以守卫边陲、领兵作战的重任,甚至南士犯罪,北魏政府也会因其归化而从轻处理⑧。北魏政府还对亡命南士采取了行之有效的管理政策,在洛阳城南设金陵馆,供亡命南士居住,住满三年后,赐宅归正里⑨;亡命南士死后要统一葬于桑乾⑩;对叛逃南士的惩处也非常严厉,追捕到即处以死刑,叛逃南士留在北魏的亲属会遭受各种等级的连坐刑罚⑪。北魏统治者通过恩威并重、张弛有度的策略,不仅吸引了大批南士入北,而且还管理有序、知人善用地尽可能发挥了他们的作用。

　　反观南朝虽也对亡命北士给予了一定优待,如北魏宗室人物元翼⑫、元树⑬、元悦⑭入梁后,梁武帝亦对其封王赏邑,以礼遇之,但由于亡命北士人数少,所以南朝政府在对他们的管理上没有形成行之有效的政策,对北士叛逃的处置也很随意。值得注意的是,南朝统治者对那些入南的武将非常重视。南朝的社会风气尚文轻武,世家大族在培养子弟时走的都是文儒路线。而在当时南北对峙随时可能爆发

---

① 《魏书》卷五九《刘昶传》,第 1307—1311 页。
② 《魏书》卷五九《萧宝寅传》,第 1313—1323 页。
③ 《魏书》卷五五《刘芳传》,第 1219—1228 页。
④ 《魏书》卷六七《崔光传》,第 1476—1481 页。
⑤ 《魏书》卷六三《王肃传》,第 1407—1412 页。
⑥ 《北史》卷四五《刘藻传》,第 1666 页。
⑦ 《魏书》卷七一《裴叔业传附杨令宝传》,第 1577 页。
⑧ 《魏书》卷六一《薛安都传附薛真度传》载:真度出征赭阳败后,有司奏免官,高祖诏曰:"真度之罪,诚如所奏。但顷与安都送款彭方,开辟徐宋;外捍沈攸、道成之师,内宁边境乌合之众,淮海来服,功颇在兹。言念厥绩,每用嘉美,赭阳百败,何足计也。宜异群将,更申后效。可还其元勋之爵,复除荆州刺史,自余徽号削夺,进足彰忠,退可明失。"又,《魏书》卷六一《沈文秀传》载:"(沈文秀)子保冲……(太和)二十一年,坐援涟口退败,有司处之死刑。高祖诏曰:'保冲,文秀之子,可特原命,配洛阳作部终身。'既而获免。"第 1367 页。
⑨ 据《洛阳伽蓝记较注》卷三"城南龙华寺"条:北魏在洛阳城南设立了"四夷馆",即金陵、燕然、扶桑、崦嵫;又设"四里",即归化、归德、慕化、慕义。规定"吴人投国者,处金陵馆。三年已后,赐宅归正里"。上海:上海古籍出版社,1987 年,第 160 页。
⑩ 《魏书》卷三八《王慧龙传》:"时制,南人入国者皆葬桑乾。"第 877 页。
⑪ 《南史》卷六一《陈伯之传》载:陈伯之难逃,其子武牙得知消息亦逃,但在逃亡途中"为魏人所杀"。北京:中华书局,1975 年,第 1497 页。《魏书》卷二四《崔玄伯传》亦载:南士申谟"弃妻子,走还江外",其子"灵度刑为阉人"。第 627 页。再如《魏书》卷六一《毕众敬传》载:南士常珍奇于悬瓠反叛,被魏军击败,"匹马逃免",其子超"走到苦城,为人所杀",另外一子常沙弥则被"囚送京师,刑为阉人"。第 1366 页。
⑫ 《北史》卷一九《献文六王传》,第 692 页。
⑬ 《梁书》卷三九《元树传》,第 555 页。
⑭ 《魏书》卷二二《孝文五王传》,第 593 页。

战争的情势下,南朝最紧缺的就是骁勇善战的将领。所以王神念[①]、羊侃[②]、羊鸦仁[③]等北朝将领南投而来时受到了南朝统治者的热情款待,并对其委以重任。即便是侯景这样恶名昭著的将领表示要来投奔时,梁武帝也是愿意接纳的,并封其为河南王、大将军,许其总督河南南北诸军事,对于侯景的"多所征求",也"未尝拒绝"[④]。然而正所谓成也萧何败也萧何,投奔萧梁的侯景主导了一场大叛乱致使萧梁国力骤衰,而王神念、羊侃、羊鸦仁等南投将领一直奔走在抗击叛军的前线,对萧梁国祚的延续发挥了重大作用[⑤]。

其次,据表5分析北士入南的数据会发现,在萧梁时期亡命到南方的北士最多,有47人,其中来自北魏政权的有45人。再据表4可知,萧梁时期亡命到北魏的南士有55人。与南北朝对峙的其他时期相比,我们会发现萧梁与北魏对峙期间,是亡命南士与亡命北士人数最为接近的时候。这一现象与当时的社会背景密切相关,一方面在萧梁与北魏对峙的33年(502至534年)中,萧梁由梁武帝一人当政,避免了易位之际的宗室内讧,政局比较安定,而另一方面与之相对峙的北魏则先后经历了河阴之变和政权分立的变故,政局一度动荡。正如前文所言,政局安定与否是士人流亡的先决条件和选择寓所的重要标准,所以就这一时期而言,是北士南徙的高峰期,在这一时期亡命到南方的北士,约占亡命北士总人数的83.9%。但纵观南北朝对峙170年的历史会发现,这种现象并不多见。

再次,据表5可知,北魏政权一分为二后,亡命南方的北士人数大为减少,西魏北周5人,东魏北齐4人。究其原因大致有二:一是北魏分裂为东魏、西魏后,亡命北士又多了一个可供选择的庇护所,而北人习惯居于北方,同时虽然北魏分裂,然北方士人可以追随孝武西迁,亦可为高欢服务,因此国家虽然动乱,但士人仍可两个政权中加以选择,而不必长途跋徙亡命南方。申徽的经历就是最好的例子,"申徽字世仪,魏郡人也。六世祖钟,为后赵司徒。冉闵末,中原丧乱,钟子遂避地江左。曾祖爽仕宋,位雍州刺史……徽少与母居,尽心孝养。及长,好经史。性审慎,不妄交游。遭母忧,丧毕,乃归于魏。元颢入洛,以元邃为东徐州刺史,遂引徽为主簿……孝武初,徽以洛阳兵难未已,遂间行入关见文帝"[⑥]。可见,申徽的先祖是晋末南迁士人,到了北魏末年申徽入魏洛都,后又归附西魏。在西魏申徽受到了文帝的重用,据载"时军国草创,幕府务殷,四方书檄,皆徽之辞也",他还智擒刘彦,

---

① 《梁书》卷三九《王神念传》,第556页。
② 《南史》卷六三《羊侃传》,第1544—1545页。
③ 《梁书》卷三九《羊鸦仁传》,第563页。
④ 《梁书》卷五六《侯景传》,第835页。
⑤ 来琳玲:《南北朝流寓士人探微》,南京师范大学2006年硕士学位论文,第26页。
⑥ 《周书》卷三二《申徽传》,北京:中华书局,1971年,第555页。

助文帝平定瓜州,被任命为瓜州剌史,"徽在州五稔,俭约率下,边人乐而安之。十六年,征兼尚书右仆射,加侍中、骠骑大将军、开府仪同三司。废帝二年,进爵为公,正右仆射,赐姓宇文氏"①;二是南朝自梁末先后经历了侯景之乱、江陵失陷、梁陈易代,政局一直处于动荡飘摇之中,在这种局面下很少有北士会主动南迁。

五、余论

亡命士人作为南北朝时期一个特殊的社会群体,它的出现是多重因素共同作用的结果。多边并立的对峙格局,复杂多变的政治局势,激烈残酷的争位内讧,绵延不断的侵扰征伐,都是促使这一社会群体得以形成的前提和助力。

自然,无论是南士北上还是北士南下,他们肯定会具有一些共通的特性,或者说是独特的社会属性。在笔者看来,如果说"士人"是对他们身份和社会地位的界定,那么"亡命"就是一种行为,同时也是他们生存的方式。毫无疑问,亡命士人在南北朝的历史舞台上扮演着非常重要的角色,他们的流动最终打破了南北均势格局,促使历史逐步朝着北兴南衰的趋势发展。这种南北格局的逐渐更新是由表及里的深层次变革,或者说是从政治、军事、文化习俗,乃至思想观念的全盘更新。下面我们通过分析三组关系来阐述这一议题。

首先,我们来看亡命士人与原属政权的关系。无论是南士还是北士,既然走上流亡之路,那就必然是在原属政权无法立足或不能再回到原属政权的情况下而做出的选择。从士人选择流亡之时起,他本人和原属政权就在形式上脱离了关系,但他们在原属政权时所受过的教育、历练,甚至是掌故见闻都有可能成为他们日后在新附政权得以立足的资本。如流亡至北齐的萧梁宗室萧放"性好文咏,颇善丹青,因此在宫中披览书史及近世诗赋,监画工作屏风等杂物。见知,遂被眷待。累迁太子中庶子、散骑常侍"②。再如流亡到萧梁的北士王神念"少善骑射,既老不衰,尝于高祖前手执二刀楯,左右交度,驰马往来,冠绝群伍",以致"高祖深叹赏之"③。

再来看亡命士人与新附政权的关系。进入新附政权后,大多数亡命士人在心境上都会经历一个由主变客、复为主的变化过程。当然作为统治者,为了能让这些流亡到自己政权的士人尽快为己所用,往往会对其封赏一番,以示恩宠。而作为亡命士人,他们更看重的是新附政权的外部政治环境,新主对自己重视程度以及自己能否发挥作用。如北魏中后期,孝文帝积极吸纳亡命南士,全面吸收汉族士人的统治经验,推行了一系列改革,这些措施在加速了北魏汉化进程的同时也逐步加深了

---

① 《周书》卷三二《申徽传》,第555—556页。
② 《北史》卷二九《萧祇传附萧放传》,第1062页。
③ 《梁书》卷三九《王神念传》,第556页。

亡命南士对北魏政权的感情及认可度。其实,北魏在孝文帝之前也推行了一些汉化改革,但由于政治形势复杂,汉族士人在政权中的地位较为低下,因此许多留在北方的汉族士人仍以南朝为正朔所在。然而孝文帝进行改革,大力提拔有才能的亡命南士参与进来,并以他们为媒介学习南朝先进的典章文物,这就加强了亡命南士的归属感和使命感,使他们更加倾心于为北朝服务,将维护北朝政权当作自己的政治使命。他们认为:"我魏膺箓受图,定鼎嵩洛,五山为镇,四海为家,移风易俗之典,与五帝而并迹,礼乐宪章之盛,凌百王而独高。"[①]可见,在亡命南士心中,北魏政权已取代了南朝政权的正统地位。所以从某种意义上讲,孝文帝改革也引发了亡命南士和留在北魏的北方汉族士人观念上的深刻变革。到了南北朝后期,以萧督为首的后梁政权和梁元帝萧绎都曾向北朝称臣,这表明夷夏之辨、正统观念产生了深刻的变化。

最后是亡命士人群体内部的相互关系。亡命士人作为一个"寄居"新主之下的群体,除了不断自我调整以适应时局的变化之外,还需要调适亡命士人内部关系,形成合力,以便共同生存下去。据《梁书·萧综传》载:"(萧综)闻齐建安王萧宝寅在魏,遂使人入北与之相知,谓为叔父,许举镇归之。会大举北伐。(天监)六年,魏将元法僧以彭城降,高祖乃令综都督众军,镇于彭城,与魏将安丰王元延明相持。高祖以连兵既久,虑有衅生,敕综退军。综惧南归则无因复与宝寅相见,乃与数骑夜奔于延明。"[②]显然,萧综和萧宝寅之间有着紧密关系,萧综依靠这个关系才流亡到北朝,我们姑且把二人之间的关系称为是亡命旧士帮助亡命新士。另《魏书·刁双传》载:"正光初,中山王熙之诛也,熙弟(元)略投命于(刁)双,双护之周年……略后苦求南转,双乃遣从子昌送达江左。"[③]我们知道刁双是东晋末年亡命士人刁雍的"族孙",他高祖父刁彝也是"因晋乱居青州之乐安"[④]的人物。笔者认为帮助北朝士人元略流寓的这个刁双本身也是前朝亡命士人的后代。基于这种看法,笔者认为亡命士人之间确实有着一种协力关系,而且随着亡命士人群体的不断壮大,他们之间也会形成婚媾关系,如渤海刁氏和河内司马氏之间就实现了联姻[⑤],这样由血缘加以维系的协力关系就会更为稳固,以求得共同生存。

通过上述分析可以看出,亡命士人是沟通原属政权与新附政权之间联系的纽带。原属政权是培养他们才能修为的源头,而新附政权则是他们施展所学的舞台,他们通过自己特有的行为方式推动着民族融合的进程,也促进了国家统一的步伐。

---

① 范祥雍校注:《洛阳伽蓝记校注》卷二,上海:上海古籍出版社,1958年,第118页。
② 《梁书》卷五五《萧综传》,第824页。
③ 《魏书》卷三八《刁双传》,第874页。
④ 《魏书》卷三八《刁双传》,第874页。
⑤ 王大良:《从北魏刁遵墓志看南北朝世族婚姻》,《北朝研究》1992年第2期。

前文统计的 5 个表格可以看出,亡命南士的数量不论是在总数上还是南北朝政权对峙的各个阶段都大于亡命北士。换言之,南北双方在人才争夺上,北朝获得了彻底的胜利。在此基础上,北朝统治者知人善用,促使亡命南士为北方政权的发展作出贡献,将人才优势转化为了综合国力的提升。所以我们说从大批亡命南士开始入北的那一刻起,已经预示着北朝发展将要迎来它的繁荣期。随着亡命南士的数量渐多,流亡的频率渐繁,北朝已在政治、文化、思想观念等各个方面赶超南朝,所以在南弱北强格局形成的过程中亡命北方的南方士人发挥着不可忽视的作用。

原载于《求是学刊》2013 年第 3 期

按:原文以《南北朝时期亡命士人刍议》为名刊登,然删节过多,现恢复原状。

魏晋南北朝南人北迁及相关史迹释读

——读《大唐西市博物馆藏墓志》

魏晋南北朝是个民族大迁移的时期,历来学界较多关注北民南迁问题,成果颇多。实际上,与此迁徙相反,还有不少南民北徙的移民活动,目前也开始受到学者关注,然而由于资料甚少,对此研究开展得并不很顺利。胡戟、荣新江主编《大唐西市博物馆藏墓志》①已正式出版,其中有关魏晋南北朝至隋初南人北迁及相关内容的墓志,学术价值极高,十分令人瞩目。本论文选择与这一内容相关墓志 23 通,不作全文释读,只释读与考辨有关魏晋南北朝南人北迁及相关的史实,力求弄清史实,纠正相关史籍错谬,为相关研究提供一些参考。

一、《叱罗招男墓志》

> 夫人字招男,河南洛阳人。其先氏胄,出自成都。廼祖廼父,世官世禄,不常其居,自而家焉……祖退干,魏骠骑大将军,济、徐二州刺史。父鉴,魏骠骑大将军,岐州刺史。②

姚薇元《北朝胡姓考》:"疑后魏叱罗部落,本新罗种人之内入者,惟无史文之证,姑志疑义。"③由于史料极其缺乏,姚先生无法判断其族属与迁来地区,可以理解。但墓志中"其先氏胄,出自成都"一语,自述其先祖所出,并无夸耀内容,应该可以相信,故可认定叱罗氏祖先曾居住于成都。尽管该墓志不足否定姚先生"新罗种人之内入者"的推测,但至少可补一说。因为后文"廼祖廼父,世官世禄",指明叱罗氏祖先相当长一段时期内生活在该地区。

又据墓志,招男死于北周,年龄为 40 岁,北周总共不足 30 年,那么她应该是北魏末或西魏时生人,墓志追述到其祖、父两代,可确定为北魏时期人无疑。自称洛阳人,则至少其祖父一代已经洛阳生活,显然从巴蜀迁入河南至少有数代。其祖叱

---

① 胡戟、荣新江:《大唐西市博物馆藏墓志》,《叱罗招男墓志》,北京:北京大学出版社,2012 年。以下凡出此书仅列墓志名和页码。
② 胡戟、荣新江:《大唐西市博物馆藏墓志》,《叱罗招男墓志》,第 7 页。
③ 姚薇元:《北朝胡姓考》(修订本),北京:中华书局,2007 年,第 70 页。

罗退干、父叱罗鉴、其夫乌丸光,史书均未见记载。

二、《杨岳墓志》

> 君讳岳,字浮丘,弘农华阴人也……曾祖钧,魏司空,文恭公。祖暄,度支尚书,华州刺史,临贞忠公。父敷,大将军,蒙、汾二州刺史,临贞忠壮公……仁寿二年正月,丁太夫人萧氏忧。夫人,梁武帝之孙,武陵王之长女也,年十有三,封淮南公主。①

弘农杨氏,世为北方大族。杨敷于《周书》、《北史》均有传,长短、内容各有不同,然两传均未提及杨敷妻为萧梁武帝之孙女或武陵王萧纪之女。《梁书》无萧纪女封淮南公主记载。考《梁书》卷五五有《萧纪传》,"初,天监中,震太阳门,成字曰'绍宗梁位唯武王',解者以为武王者,武陵王也,于是朝野属意焉。及太清中,侯景乱,纪不赴援。高祖崩后,纪乃僭号于蜀。改年曰天正。立子圆照为皇太子,圆正为西阳王,圆满竟陵王,圆普南谯王,圆肃宜都王",萧纪旋为其兄世祖萧纲所败,被杀,"有司奏请绝其属籍,世祖许之,赐姓饕餮氏"②。萧纪自立为帝并封诸子为王,则知淮南公主当为萧纪称帝时(552年)所封。萧纪被杀并被逐出萧氏家族,其子女亦当收属官府。如此,则可推知淮南公主当在梁灭(557年)之后随萧氏入北。

杨敷死年有记载,北周天和中(566—572年),"为汾州刺史,进爵为公。齐将段孝先率众来寇,城陷见禽。齐人方任用之,敷不为屈,遂以忧愤卒于邺"③。其妻萧氏13岁封淮南公主,当生于(540年),卒于仁寿二年(602年),享年63岁,此均可补史之阙。

三、《莫丽芳(贵嫔)墓志》

> 贵嫔莫氏,讳丽芳,吴郡吴人也。其先光辅楚国,望祀潼漳,世处莫敖,因以命氏。祖影龙,陈东衡、北兖、南徐三州刺史。父孝恭,高唐太守……(莫氏)武德元年十一月,薨于别馆,春秋卅有二……诏赠贵嫔,礼也。④

莫贵嫔为吴郡人,当属南方。其祖、父均为陈朝官员,那么莫氏家族已经入北。

---

① 胡戟、荣新江:《大唐西市博物馆藏墓志》,《杨岳墓志》,第53页。
② 《梁书》卷五五《萧纪传》,北京:中华书局,1973年,第826页、第828页。
③ 《北史》卷四一《杨敷传》,北京:中华书局,1974年,第1508页。
④ 胡戟、荣新江:《大唐西市博物馆藏墓志》,《莫丽芳(贵嫔)墓志》,第61页。

莫氏于武德元年(618 年)去世,32 岁,即陈后主祯明元年(587 年)生人,陈亡仅 3 岁,当随父(或还有祖)北徙。

四、《颜宏墓志》

> 君讳宏,字伯达,琅邪临沂人也。祖协,梁湘东王记室。考之仪,周御正大夫,隋上仪同三司,集州刺史,新野公……大业二年,授涪州赤水县令……十一年十二月寝疾终于县馆,春秋六十有四。粤以大唐武德二年岁次己卯二月辛未朔九日己卯,返葬于雍州万年县永寿之乡。①

颜宏之父颜之仪,为之推之弟,《周书》卷四有传,"颜之仪子升,琅邪临沂人也,晋侍中含九世孙。祖见远,齐御史治书。正色立朝,有当官之称。及梁武帝执政,遂以疾辞。寻而齐和帝暴崩,见远恸哭而绝。梁武帝深恨之,谓朝臣曰:'我自应天从人,何预天下人事,而颜见远乃至于此。'当时嘉其忠烈,咸称叹之。父协,以见远蹈义忤时,遂不仕进。梁元帝为湘东王,引协为其府记室参军。协不得已,乃应命……江陵平,之仪随例迁长安"。颜宏大业十一年(615 年)卒,年 64 岁,则生于梁天正元年(551 年),梁亡时 7 岁,随父北徙。

五、《陆士季墓志》

> 君讳士季,字南容,吴人也。祖僧景,梁临海太守……父庆,妻令……君(士季)少挺英杰,凤擅嘉猷。辩刃横飞,文锋秀上。乘帷书圃,万卷长开;函丈礼园,六艺斯阐。翰林仰其花萼,学海润其波澜。洎青盖西归,皇华南国,言游魏阙,郁号儒宗,博雅斯彰。署东宫学士,迁越王记室……俄而祸接尧城,冤穷汉阁。缅怀徐广之恋,独深陈泰之悲。逮乎入朝,除新井令……以贞观十三年终于永兴里,春秋六十九。十四年闰二月廿七日葬于京兆杜陵之东原。②

陆士季亡于贞观十三年(639 年),69 岁,当生于陈宣帝太建三年(571 年)。墓志所称"青盖西归",青盖者,原汉朝王所乘舆之盖,暗指陈被隋(589 年)所灭,陈帝及诸王西迁。陆士季时年 19 岁。然紧接着说"言游魏阙",或指陆士季已随陈帝北徙也。"郁号儒宗,博雅斯彰"指他满腹经纶,被委为东宫学士,迁越王记室事。说

---

① 胡戟、荣新江:《大唐西市博物馆藏墓志》,《颜宏墓志》,第 63 页。
② 胡戟、荣新江:《大唐西市博物馆藏墓志》,《陆士季墓志》,第 71 页。

其满腹经纶,墓志称"少挺英杰,夙擅嘉猷。辩刃横飞,文锋秀上。乘帷书圃,万卷长开;函丈礼园,六艺斯阐。翰林仰其花萼,学海润其波澜"或有溢美夸大之处,但陆氏有相当学养是可以肯定的。《万姓统谱》称陆士季"吴县人,从顾野王学《左氏春秋》、司马《史记》、班氏《汉书》,隋时为著作郎,贞观初终太学博士、兼弘文馆学士"①。顾野王亦为吴郡人,其父是当时"以儒术知名"的顾烜,野王"长而遍观经史,精记默识。天文地理,蓍龟占候,虫篆奇字,无所不通",曾"掌国史,知梁史事"②,著述颇丰。如果《统谱》所言不差,那么陆士季随同郡高士顾野王学,其学问当会相当不错。

其实,陆士季之父陆庆亦是当时名儒,《陈书》有传:"时有吴郡陆庆,少好学,遍知《五经》,尤明《春秋左氏传》,节操甚高。释褐梁武陵王国右常侍,历征西府墨曹行参军,除娄令。值梁季丧乱,乃覃心释典,经论靡不该究。天嘉初,征为通直散骑侍郎,不就。永阳王为吴郡太守,闻其名,欲与相见,庆固辞以疾。时宗人陆荣为郡五官掾,庆尝诣焉,王乃微服往荣第,穿壁以观之。王谓荣曰:'观陆庆风神凝峻,殆不可测,严君平、郑子真何以尚兹。'鄱阳、晋安王俱以记室征,并不就。乃筑室屏居,以禅诵为事,由是传经受业者盖鲜焉。"③鄱阳王陈伯山,陈文帝第三子,天嘉元年"十月,上临轩策命之曰……策讫,敕令王公已下并燕于王第。仍授东中郎将、吴郡太守"④,晋安王陈伯恭,陈文帝第六子,"天嘉六年,立为晋安王。寻为平东将军、吴郡太守,置佐史"⑤。据此可知,陆庆自梁亡不欲宦事,陈朝屡征不起,"筑室屏居,以禅诵为事",显然非入北者。陆庆"遍知《五经》,尤明《春秋左氏传》",当对陆士季有相当影响。《陆庆传》未载其子嗣情况,两《唐书》无陆士季传,此墓志可补史阙。

六、《陶普慈墓志》

公讳普慈,雍州万年人也……往者陶潜迥秀,贞简晋朝。公之维贤,即其苗裔。曾祖乐,风播有随,任以青州刺史。祖雄,同州武乡县令。父文,高才同日,授以卫州新乡县丞。⑥

①　凌迪知:《万姓统谱》卷一一一,文渊阁《四库全书》本,第957册,第556页。
②　《陈书》卷三《顾野王传》,北京:中华书局,1972年,第399—400页。
③　《陈书》卷三三《王元规传》,第450页。
④　《陈书》卷二八《陈伯山传》,第360页。
⑤　《陈书》卷二八《陈伯恭传》,第361页。
⑥　胡戟、荣新江:《大唐西市博物馆藏墓志》,《陶普慈墓志》,第119页。

按：葬地为今陕西西安长安区郭杜镇。

此墓志自称是陶潜后裔。陶潜为陶侃之曾孙，原为北人，但最终隐居庐山，"宋元嘉中卒"[①]，实为南迁之人。然陶普慈之曾祖陶乐，在隋朝任青州刺史，即已入北。尽管不知陶氏家族何时返回北方，但大致可推定在南北朝晚期。

七、《刘辟恶墓志》

　　君讳辟恶，字文备，其先彭城人也……曾祖康，后魏使持节，骠骑大将军，开府仪同三司，度支尚书，东道大行台，河北道大全，襄、冀、并、定四州诸军事，四州刺史，土垠县开国公……祖安若头，后魏使持节，骠骑大将军，开府仪同三司，金紫光禄大夫，散骑常侍，冀、襄、荆三州诸军事，三州刺史，袭爵土垠公……父舒，隋九陇郡守，冀州诸军事，冀州刺史，广安县开国公。[②]

墓志载刘辟恶之曾祖在北魏为官，当刘氏家族已入北为官。但刘氏家族究竟何时入北，亦不详。辟恶及曾祖、祖、父均未见史书记载。

八、《朱延度墓志》

　　君讳延度，字开士，吴郡钱唐人也……曾祖异，梁中书舍人，侍中，中领军，中权大将军，尚书左仆射……祖干，著作郎，太子舍人，周麟趾馆学士，齐王友，司城大夫，郦、扬二州刺史……父长仁，齐王府参军，天官上士，随宜州司马，水部员外侍郎，朝请大夫，行卫尉丞。[③]

墓志称朱延庆吴郡钱唐人，为南方人无疑。其曾祖朱异为萧梁大臣，《梁书》有传："朱异字彦和，吴郡钱唐人也"，"长子肃，官至国子博士；次子闰，司徒掾。并遇乱卒"[④]，但未称有一子名干。据墓志，朱异至少有三子，此可补史之阙。另，侯景之乱时，朱异为中领军，病死于梁。墓志称"祖干，著作郎，太子舍人"，此当是在梁任职；"周麟趾馆学士，齐王友，司城大夫，郦、扬二州刺史"则为北周之职，即朱干梁亡时循例北迁。

① 《晋书》卷九四《陶潜传》，北京：中华书局，1974 年，第 2463 页。
② 胡戟、荣新江：《大唐西市博物馆藏墓志》，《刘辟恶墓志》，第 123 页。
③ 胡戟、荣新江：《大唐西市博物馆藏墓志》，《朱延度墓志》，第 127 页。
④ 《梁书》卷三八《朱异传》，第 537 页、第 540 页。

九、《徐德墓志》

公讳德，字孝德，高平人也……曾祖文整，梁云骑将军，阳平太守，慈源侯。祖综，陈稜威将军，始安太守，袭慈 源侯 ……父方贵，陈奉朝请，江夏王侍郎，伏波将军……随大业年，以陈梁衣冠子弟，起家为谒者台奉信员外郎，公 时年 甫十五。①

十、《徐齐聃墓志》

先君讳齐聃，字希道，本高平人也……一龙东渡，俱违玉斗之亡，同奉金陵之气。因家于吴兴之长城，又为彼人焉……曾祖综，陈稜威将军，始安郡太守，桂州刺史，驸马都尉……祖方贵，陈伏波将军，鄱阳王府谘议，随延州延安县令，早卒……父孝德，皇朝礼部员外郎，水部郎中，沂、果二州刺史。②

此是父子两人墓志，徐德墓志撰者不详，徐齐聃墓志撰者为其子徐坚，即《初学记》的作者。两墓志与有关典籍记载有较多不同，故很有研究价值。此分述如下。

徐德本人于史书无传，墓志有"四子承风，詠中和之乐"一语，可见其膝下有四子，然不知名、字。据其墓志称，其曾祖为徐文整，萧梁时云骑将军，阳平太守，爵慈源侯，然《梁书》无徐文整传。

首先要讨论的是徐氏籍贯③。两志称"高平人"，即今山东济宁。然《全唐文》载张九龄为《初学记》作者徐坚所撰的墓志称："公讳坚，字某，其先东海郯人。永嘉之后，仕业南国，因家吴兴焉；隋氏平陈，徙族入雍，今为冯翊人也……至五代祖梁直阁将军慈源侯整；整生陈始安太守综，综生隋延州临真令方贵，（方）贵生唐果州刺史孝德，（孝）德生唐西台舍人赠礼部尚书齐聃，出入六朝，载祀数百，文武冠冕，

---

① 胡戟、荣新江：《大唐西市博物馆藏墓志》，《徐德墓志》，第129页。
② 胡戟、荣新江：《大唐西市博物馆藏墓志》，《徐齐聃墓志》，第197页。
③ 刘子凡《唐代徐氏家族及其文学家传》一文称："可能附于高平是唐代其他徐氏一个比较普遍的选择"，其意指徐氏冒籍高平，然并未提出有力证据，结论似有不妥。载《唐研究》第17卷（2011年）。其实，家族迁徙后再改籍贯是常见之事，即使徐氏家族隋亡后北迁，张九龄为徐坚所撰墓志中也明确称道："永嘉之后，仕业南国，因家吴兴焉；隋氏平陈，徙族入雍，今为冯翊人也。"

存殁光灵。训子克家,谋孙必复,贤风儒行,世有其人,公即尚书府君之元子也。"①
此称"其先东海郯人",东海郡为今山东省郯城县北。徐氏可知的最初居地当是高
平,然后迁入郯,西晋覆亡,举家南下至吴兴长城县②,即今浙江长兴县。陈亡,陈
方贵随例北迁入雍,居冯翊,即今陕西大荔县。这里顺便要辨析唐张说《张燕公集》
中的徐聘墓志:"公讳齐聘,字将道,姓徐氏,东海郯人也"③,这里明显的错误是"讳
齐聘",应为"齐聘"。文渊阁《四库全书》本《张燕公集》则为:"公讳聘,字将道,姓徐
氏,东海郡人也"④,脱"齐"字,又误"郯"为"郡"。《全唐文》也载了这篇墓志:"公讳
齐聘,字将道,姓徐氏,东海郯人也。"⑤显然,无论是丛书集成本还是文渊阁《四库
全书》本的《张燕公集》,鱼鲁之讹,脱漏之误,都是需辨明的。

　　接着要辨析徐氏家族中名字的异同。徐齐聘不称徐聘,已如前面所述。据上
引张九龄所撰徐坚墓志,徐坚五代祖为徐整,曾祖综、高祖方贵、祖孝德,父齐聘。
然《徐德墓志》称"文整"。《旧唐书》徐齐聘本传未提及徐整(或徐文整),《新唐书》
称:"徐齐聘……梁慈源侯整四世孙。"⑥典籍无其他记载,因此很难判断究竟是
"整"还是"文整"。

　　《徐德墓志》称"公讳德,字孝德",然其子徐齐聘墓志则称"父孝德",两者一为
名,一为字。《徐德墓志》是亡者之墓志,应当不会错,《徐齐聘墓志》则是记其父名
讳,也不应该出错。两《唐书》均有《徐齐聘传》,记载略异,一为"徐齐聘,湖州长城
人也。父孝德,以女为才人,官至果州刺史"⑦,《新唐书》则无其父记载。笔者以
为:若非《徐齐聘墓志》误写,那么徐德或以字行,故出现两个墓志的差异⑧。

　　徐综于《陈书》无传,明董斯张《吴兴备志》卷一:"徐综,吴兴人,始安太守,尚永
嘉公主",此后有史料来源:"《吴兴统记》参《徐文公碑》",即史源来自《吴兴统记》,
而《吴兴统记》又来自《徐文公碑》,此碑即徐综墓志。《吴兴备志》卷三又载:"徐综,
棱(稜)威将军、驸马都尉,出为吴兴太守。"徐综为吴兴太守,又见于《咸淳临安志》
卷四五《秩官三》。

---

① 张九龄:《曲江集》卷一九《大唐故光禄大夫右散骑常侍集贤院学士赠太子少保东海徐文公神道碑铭》,丛
　书集成续编本,第122册,第674页。此文又载《全唐文》卷二九一,文字略异。
② 《旧唐书》卷一九上《徐齐聘传》称"湖州长城人",北京:中华书局,1975年,第4998页。《新唐书》同。
③ 张说:《张燕公集》卷二《唐西台舍人赠泗州刺史徐府君神道碑》,丛书集成新编本,第59册,第469页。
④ 张说:《张燕公集》卷二《唐西台舍人赠泗州刺史徐府君神道碑》,文渊阁《四库全书》本,第1065册,第833
　页。
⑤ 董说:《全唐文》卷二二七,张说《唐西台舍人赠泗州刺史徐府君碑》,北京:中华书局,1983年,第2289
　页。
⑥ 《新唐书》卷一九九《徐齐聘传》,北京:中华书局,1975年,第5661页。
⑦ 《旧唐书》卷一九上《徐齐聘传》,北京:中华书局,1975年,第4998页。
⑧ 有学者说,唐代有将双名称为单名的记载,故"德"与"孝德"可不必细论。此说恐怕不然。因为作为正史
　之传、墓志或奏疏之类"正规的"文字,都应该写下准确的姓名,不能将双名称为单名。史书无此种例证。

徐方贵,史籍未见记载,但《徐德墓志》称其为陈奉朝请,江夏王侍郎,伏波将军,张九龄所撰徐坚墓志中有"隋氏平陈,徙族入雍",即徐方贵在陈亡后随例入北。徐德则在隋炀帝大业年间,"以陈梁衣冠子弟"出仕,墓志所载徐德、徐齐聃父子事迹,可补史籍所阙。

十一、《王约墓志》

> 公讳约,字处俭,琅耶临沂人也……曾祖冲,梁侍中,尚书左仆射,安东亭侯,赠司空,谥文简……祖琰,陈中书侍郎,御史中丞,都官尚书……父怵宗,皇朝太子舍人,转国子监丞,东宫学士……夫人临沂县君,姓韦氏,京兆杜陵人也。祖怵业,后魏冯翊、扶风、宜阳三郡守,开府仪同三司,新丰县公。父淹,袭封新丰公。①

王约之曾祖王冲,《陈书》有传:"王冲字长深,琅邪临沂人也……冲母,梁武帝妹新安穆公主,卒于齐世,武帝以冲偏孤,深所钟爱。年十八,起家梁秘书郎",敬帝绍泰(555年)时,为尚书左仆射、侍中;入陈,任丹阳尹、南徐州大中正、太子少傅等职,"光大元年薨,时年七十六。赠侍中、司空,谥曰元简。冲有子三十人,并致通官"②。墓志仅写王约梁朝所任之职,因入陈职位更为低下之故。王琰、王怵宗史书无传。王约本人亦不见于记载。

王约之祖王琰在陈担任中书侍郎、御史中丞、都官尚书,陈亡,应当随迁入北。而王约与京兆韦氏婚,亦可见唐代南北人等通婚情况。

十二、《张弼墓志》

> 公讳弼,字及,南阳西鄂人也……高祖筠,宋中书侍郎,宣城太守,南阳县侯,食邑八百户,后魏大都督,秦州刺史,郿西县公,谥文烈……曾祖平,后魏太子洗马,冯翊太守,袭爵郿西公……祖延,后魏度支郎中,员外散骑侍郎,周阴盘太守,骠骑大将军,大都督,郿州刺史,袭封郿西公,隋邢州刺史……父宽,随侍御史,上党郡守,今朝开府仪同三司,青州大总管府长史,青州刺史,大将军,南阳县公,食邑一千户。③

① 胡戟、荣新江:《大唐西市博物馆藏墓志》,《王约墓志》,第151页。
② 《陈书》卷一七《王冲传》,第235页、第236页。
③ 胡戟、荣新江:《大唐西市博物馆藏墓志》,《张弼墓志》,第225页。

张弼之高祖筠、曾祖张平、祖张延、父张宽于正史均无传。

墓志称张筠曾任宋中书侍郎等职，又为后魏大都督、秦州刺史，爵陇西县公，则自张筠起，张氏家族入北。但入北原因不详。张筠、张平、张延、张宽、张弼，正史均无记载。

十三、《徐令辉墓志》

> 夫人讳令辉，东海郯人也。五叶祖孝嗣，南齐尚书令，长兼侍中，中书令，太尉，枝江文忠公。高祖绲，梁驸马都尉，侍中，尚书右仆射。曾祖君敷，陈中书、黄门、吏部三侍郎，御史中丞，散骑常侍，左民尚书。祖温，陈太子 中□ 人，黄门侍郎。父鼎，随谒者台散从员外郎……勋高旧 楚，族著全吴。东南擅奇，吾家之冠冕盛矣；搢绅有让，吾家之礼义行矣。①

徐氏东海郯人，墓志称"勋高旧楚，族著全吴。东南擅奇，吾家之冠冕盛矣；搢绅有让，吾家之礼义行矣"，可见徐氏为东海名门望族，当与上述徐德（孝德）为一族，然其关系如何，史无明证。徐令辉先祖任职齐、梁、陈、隋四朝，祖徐温为官陈朝，当陈灭随例迁北。

《南齐书》载："徐孝嗣，字始昌，东海郯人也。祖湛之，宋司空；父聿之，著作郎，并为太初所杀。孝嗣在孕得免……八岁，袭爵枝江县公，见宋孝武，升阶流涕，迄于就席。帝甚爱之。尚康乐公主"，历任宋著作郎、南彭城太守等职。入齐，为晋陵太守、宁朔将军、御史中丞、五兵尚书、太子詹事、吏部尚书、右仆射等职。助海陵王废郁林王，封枝江县侯，食邑千户，转左仆射。明帝即位，加侍中、中军大将军，进爵为公，增封二千户，转尚书令、中书监。明帝疾甚，孝嗣入居禁中，临崩受遗托，然次年（永元元年，499 年）冬便为东昏侯所杀②。孝嗣本传及相关记载无任职中书令的记载。任太尉见《梁书》③。

徐孝嗣有几子不详，据《南史》载："长子演，尚齐武帝女武康公主，位太子中庶子，第三子况，尚明帝女山阴公主，并拜驸马都尉，俱见杀……中兴元年，和帝赠孝嗣太尉。二年……谥曰文忠，改封余干县公。子绲，仕梁，位侍中，太常，信武将军，谥顷子。"④徐绲于《梁书》无传，《南史·徐孝嗣传》有附传，仅上所引 16 字，未讲徐

---

① 胡戟、荣新江：《大唐西市博物馆藏墓志》，《徐令辉墓志》，第 233 页。
② 《南齐书》卷四四《徐孝嗣传》，北京：中华书局，1972 年，第 771—774 页。
③ 《梁书》卷三六《孔休源传》："建武四年，州举秀才，太尉徐孝嗣省其策，深善之"，第 519 页。
④ 《南史》卷一五《徐羡之传附徐孝嗣传》，北京：中华书局，1975 年，第 440—441 页。

绲有几子,亦不载绲当时如何脱难。《高僧传》载:释智顺受到齐竟陵王的"特深礼异,为修治城寺以居之。司空徐孝嗣亦崇其行解,奉以师敬。及东昏失德,孝嗣被诛,子绲逃窜避祸,(释智)顺身自营护,卒以见免"①,可见徐绲是受到治城寺僧智顺帮助而脱险的。

徐君敷于《陈书》无传,只知其弹劾武陵王时任职"散骑常侍、御史中丞"②,其余事迹不详。徐温、徐鼎未见史籍记载。

十四、《王硕度墓志》

> 君讳硕度,字元节,琅耶临沂人也……曾祖景贤,梁征北将军,江州刺史……祖昙选,梁散骑常侍,太子左卫率,轻车将军,吴宁县子,陈车骑将军,扬州刺史,建安郡公,食邑二千户,加鼓吹、班剑。父修阤,陈长沙王国侍郎,给事中,羽林监,随左武候大将军,鄱阳郡公……夫人谯国曹氏,即陈广州刺史皮之孙,随新安太守仲礼之女也。③

(按:葬地约为今河南龙门。)

王硕度祖上曾为南朝高官,父修阤曾任职陈朝,又为隋官,则知这一代已经北迁。王硕度妻曹氏之祖为官陈朝,而其父则为隋朝新安太守。大致是其祖或父一代入北。

王景贤、昙选均未见正史立传,然两人为隋朝、唐初著名道士王远知之祖、父,故史事略见记载:"道士王远知,琅邪人也。祖景贤,梁江州刺史。父昙选,陈扬州刺史。远知母,梁驾部郎中丁超女也……远知少聪敏,博综群书。初入茅山,师事陶弘景,传其道法……炀帝幸涿郡,遣员外郎崔凤举就邀之,远知见于临朔宫,炀帝亲执弟子之礼,敕都城起玉清玄坛以处之。"王修阤亦未史籍记载,然墓志称其在陈、隋任职,当是陈灭随例北迁者。

十五、《萧道济墓志》

> 太夫人讳道济,兰陵人也……曾祖詧,梁宣皇帝,运钟百六,祚传九五……祖岑,梁河间王,改封吴王,随大将军,怀义郡公,谥日比……父璘,唐邛州临邛

① 慧皎:《高僧传》卷八《释智顺传》,北京:中华书局,1987年,第335页。
② 《陈书》卷二八《陈伯礼传》,第363页。同书卷一四《方泰传》亦称御史中丞。徐君敷于《陈书》仅此两见。
③ 胡戟、荣新江:《大唐西市博物馆藏墓志》,《王硕度墓志》,第235页。

县令,乐城县开国侯……龙朔二年,拜兰陵县君。①

　　萧道济为萧詧后裔,其祖萧岑"字智远,詧第八子也。位至太尉。性简贵,御下严整。及琮嗣位,自以望重属尊,颇有不法,故隋文征入朝。拜大将军,封怀义郡公"②,即后梁末年,隋文帝已令萧岑北迁。萧璕于史无征。墓志称萧道济之夫庐江何府君。庐江,隋大业初改庐州置,治合肥县(今安徽合肥市),则知何氏原为南方人,但不知何时入北。

十六、《杜孝友墓志》

　　君讳孝友,字承亲,本京兆杜陵人也。五代祖随宋武南迁,因居襄阳,今为襄阳人也……父崱,梁散骑常侍,安南将军,武、江二州刺史……祖怀瑶(瑤),梁尚书比部郎,晋安、湘东二王府司马,梁、秦、豫三州刺史……解褐本州主簿,迁卫南令……夫人钱唐朱氏……以通天二年八月廿一日,合葬于缑氏县景山之原,礼也。③

　　杜孝友五代祖随宋武帝南迁,居襄阳,至其父杜崱已数代。祖怀瑶,墓志整理者在后加(瑤),为"寶"字之古字。史载:"杜崱,京兆杜陵人也。其先自北归南,居于雍州之襄阳,子孙因家焉。祖灵启,齐给事中。父怀宝,少有志节,常邀际会"④,此处明确称怀宝。杜怀宝又见于《梁书》卷四《简文帝纪》:"在襄阳拜表北伐,遣长史柳津、司马董当门,壮武将军杜怀宝、振远将军曹义宗等众军进讨,克平南阳、新野等郡,魏南荆州刺史李志据安昌城降,拓地千余里。"⑤杜崱"即怀宝第七子也……释褐庐江骠骑府中兵参军。世祖临荆州,仍参幕府,后为新兴太守。太清二年,随岳阳王来袭荆州,世祖以与之有旧,密邀之,崱乃与兄岸、弟幼安、兄子嵩等夜归于世祖,世祖以为持节、信威将军、武州刺史。俄迁宣毅将军,领镇蛮护军、武陵内史,枝江县侯,邑千户。令随王僧辩东讨侯景。至巴陵,会景来攻,数十日不克而遁。加侍中、左卫将军,进爵为公,增邑五百户……景平,加散骑常侍、持节、督江州诸军事、江州刺史,增邑千户……承圣二年……遘疾卒。诏曰:'崱,京兆旧姓,元凯苗裔,家传学业,世载忠贞。自驱传江渚,政号廉能,推毂浅原,实闻清静。奄致殒

①　胡戟、荣新江:《大唐西市博物馆藏墓志》,《萧道济墓志》,第291页。
②　《周书》卷四八《萧詧传附萧岑传》,北京:中华书局,1971年,第867页。
③　胡戟、荣新江:《大唐西市博物馆藏墓志》,《杜孝友墓志》,第301页。
④　《梁书》卷四六《杜崱传》,第641—642页。
⑤　《梁书》卷四《简文帝纪》,第109页。

丧,恻怆于怀。可赠车骑将军,加鼓吹一部。谥曰武。'崱兄弟九人,兄嵩、岑、嵷、
岌、嶷、巘、岸及弟幼安,并知名当世"①。杜崱死于梁元帝承圣二年(553 年),为萧
梁之末年。

杜孝友"解褐州主簿,迁卫南令",卫南县,隋开皇十六年(596 年)改楚丘县置,
治今河南省滑县东南,故推知杜孝友于隋文帝时北上任职。夫人钱唐朱氏,亦为南
人无疑。

十七、《王美畅墓志》

> 公讳美畅,字通理,其先太原祁人也……高祖僧辩,梁侍中,尚书令,太尉,
> 中书监,录尚书,骠骑大将军,督中外诸军事,大司马,太子太傅,扬州牧……曾
> 祖颙,梁侍中,大司马,北齐银青光禄大夫,平东将军,除太尉,以本官出监沧州
> 乐陵郡太守,永宁郡开国公……祖珌……每被宾贡,谢病不行……父思泰,唐
> 累任比部郎中,东宫中允,国子司业,卫尉卿。②

王僧辩是萧齐时一位重要将领,在平定侯景之乱时立有大功。贞阳侯天成元
年九月,司空、南徐州刺史陈霸先自京口举兵十万,偷袭王僧辩于建康,捕获王僧辩
及子王頠,并杀之。僧辩长子王頠,"初,僧辩平建业,遣霸先守京口,都无备防,頠
屡以为言,僧辩不听,竟及于祸……荆城陷,頠随王琳入齐,为竟陵郡守。齐遣琳镇
寿春,将图江左,及陈平淮南,执琳杀之。闻琳死,乃出郡城南,登高冢上号哭,一恸
而绝"③。可知王僧辩之长子王頠是萧梁被灭后入北齐任职。

十八、《梁阿耨墓志》

> 夫人讳阿耨,安定人也……北地衣冠,荣加弈叶。曾祖宁,梁殿中侍御史,
> 金州刺史。祖景,随荆州江陵县令,兖州长史。父思善,唐荆州录事参[军],朗
> 州别驾,襄州长史……夫人……子毅有东征之俸。旋以子贵,遂封安定县太君
> 焉……子朝散大夫、行新|郑|县|令|古,呼天不逮,陟屺何追。④

---

① 《梁书》卷四六《杜崱传》,第 642—643 页。
② 胡戟、荣新江:《大唐西市博物馆藏墓志》,《王美畅墓志》,第 309 页。
③ 《梁书》卷四五《王僧辩传附王頠传》,第 636 页。
④ 胡戟、荣新江:《大唐西市博物馆藏墓志》,《梁阿耨墓志》,第 349 页。

墓主梁阿耨为唐文州司仓参军王某之妻,因其子王縠而封县君。其曾祖、祖、父均于史无征。据墓志,梁氏原为安定人,为"北地衣冠",梁祖宁为梁殿中侍御史,则已南下。祖景为隋荆州江陵县令,则又回归北方。但梁氏何时返北则不详,可能为陈灭北迁。

十九、《董嶷墓志》

　　君讳嶷,字昶,陇西人也。曾祖贞,齐邓州刺史……祖伦,随任晋州临汾县令……因任不归,卜居于此。父深,击水搏风九万里,比之大鹏;城郭人民一千年,同之仙鹤。水石清浅,恣漱流之心;烟雾曚瞳,玩飞丹之验。君……以景云元年八月十一日寝疾终于私第。[1]

据墓铭,董嶷为唐轻车都尉。董嶷之父董深,实是道教信徒。祖籍陇西,曾祖董贞为齐国邓州刺史,实已开启董氏南迁之门,祖为隋朝晋州临汾县令,"因任不归,卜居于此",则是居住此地之始,墓志也于今山西临汾出土。但限于史料不足,董氏家族何时南下,何时北归均不详。

二十、《萧祎墓志》

　　大夫讳祎,字令臣,南兰陵人也……齐太祖高皇帝道成,公之七代祖也。高祖彪,周特进,少保,齐贞公。曾祖亨,周散骑常侍,随昌州刺史,大将军,沛郡公。祖俨,皇朝骠骑将军,洵、虞二州刺史,江阴县开国男。父行璪,朝散大夫,濮州长史……(祎)粤以开元五年岁次丁巳二月壬申朔十三日甲申,葬于京兆府万年县洪原乡之少陵原,礼窆焉也。[2]

萧祎七世祖为萧齐开国皇帝,其高祖萧彪在萧齐灭亡后入北周为官。

另外,墓志明确说葬地是京兆万年县洪原乡少陵原,即今陕西西安长安区杜曲镇兴教寺北,不少其他萧氏墓志亦称葬于少陵原,则知是萧氏北迁后最初祖茔也。萧氏家族还有葬河南县万安山之北原,今河南洛阳市伊川县彭婆乡徐营村,当是后来开辟的茔地。

《洛阳伽蓝记》卷二:北魏孝庄帝"永安二年(529年),萧衍遣主书陈庆之送北

---

[1]　胡戟、荣新江:《大唐西市博物馆藏墓志》,《董嶷墓志》,第359页。
[2]　胡戟、荣新江:《大唐西市博物馆藏墓志》,《萧祎墓志》,第385页。

海入洛阳,僭帝位。庆之为侍中。景仁在南之日,与庆之有旧,遂设酒引邀庆之过宅,司农卿萧彪、尚书右丞张嵩并在其坐。彪亦是南人,唯有中大夫杨元慎、给事中大夫王晌是中原士族"。显然萧彪至少在北魏末年即入洛阳为官。又胡戟先生指出《陈宗武墓志》与其他几个陈、萧子孙"以陈梁衣冠子弟"[1]炫耀,确实是一针见血。

二十一、《萧重萼墓志》

> 公讳重萼,字元亨,兰陵中都人也,曰萧氏……即齐太祖高皇帝之五代孙,随散骑常侍礭府君之曾孙,唐太子洗马俊府君之孙,蜀州唐昌县丞绍远府君之少子……以开元十九年夏六月辛丑,遘疾终于洛阳县毓财里之私第。厥秋七月景寅,葬于河南县万安山之北原,礼也。[2]

景寅,避唐讳,即丙寅。萧重萼亦是萧齐后裔,高祖礭为隋官。《太平御览》引《梁书》曰:"永安侯萧礭,字仲正,少好弓马。人有笑者,礭谓之曰:'吾当为国家破贼,故预习之。'每临阵对敌,意气安详,带甲据鞍,自朝至夕,驰骤徃返,不以为劳。侯景爱之,恒在左右。常从景出猎,见飞鸢,景众射之,莫能中。礭射之,应弦而落。"[3]此段记载实有问题。

明顾从义《法帖释文考异》卷四载《梁征南将军萧礭书》一通,有注曰:"伯思云:齐豫章王凝孙礭,子范之子,在梁位司徒,右长史。此云征南将军,不知何据?恐是梁邵陵王纶之子礭也。其书《孝经》一章亦近世伪体,非江左书。"[4]此豫章王"凝",当为"嶷"之误,萧嶷死于齐永明十年(492年)。萧嶷婚后曾一段时间无子,养世祖四子子响为子,"后有子,表留为嫡"[5],但后又还子响于世祖。嶷后生子十六人,嫡长子子廉,早卒,其弟元琳嗣,梁代齐,降为新淦侯。子范亦为嶷之子,卒于梁,梁元帝"追赠金紫光禄大夫"。子范有"子滂、确并少有文章,简文在东宫时,尝与邵陵王数诸萧文士,滂、确并预焉。滂位中军宣城王记室,先子范卒。确司徒右长史。魏平江陵,入长安"[6]。子范儿子萧滂,则其弟名亦为"水"旁字为是,现为"石"旁字,自可怀疑,但目前尚未发现足以否认它的可靠根据。《法帖释文考异》称"恐是梁邵

---

[1]　胡戟:《大唐西市博物馆藏墓志·前言》,《大唐西市博物馆藏墓志》,第2页。

[2]　胡戟、荣新江:《大唐西市博物馆藏墓志》,《萧重萼墓志》,第467页。

[3]　李昉等:《太平御览》卷九二三,北京:中华书局,1966年,第4100。四库全书本《太平御览》卷九二三无此段。

[4]　顾从义:《法帖释文考异》卷四《梁征南将军萧礭书》,文渊阁《四库全书》本,第683册,第377—378页。

[5]　《南齐书》卷四《萧子响传》,第704页。

[6]　《南史》卷四二《萧嶷传附萧子范传》,第1071—1072页。《梁书》卷三五《萧子范传》亦称有子滂、确。

陵王纶之子"，亦不足信。萧纶有子坚、确，史载侯景之乱时，萧确受萧衍派遣去见侯景，"景爱其膂力，恒令在左右。后从景行，见天上飞鸢，群房争射不中，确射之，应弦而落。贼徒忿嫉，咸劝除之。先是携王遣人密导确，确谓使者曰：'侯景轻佻，可一夫力致，确不惜死，正欲手刃之；但未得其便耳。卿还启家王，愿勿以为念也。'事未遂而为贼所害"①，可见萧确死于侯景之乱，并未入隋任职，故可排除。显然，上述《太平御览》引《梁书》称萧確，实为萧确之事。

　　齐高帝萧道成为梁武帝萧衍族兄，萧嶷为萧道成之子，与梁武帝之子元帝萧绎、邵陵王萧纶为同一代，因而，《梁书》及《南史》载萧嶷之子名确，萧纶之子也名确，同一家族同一辈取同名，当无可能。也就是说，其中有一名"确"者当有误。笔者认为萧嶷之子萧确当为误。此可据《宋本册府元龟》所载："萧子范为秘书监，有文集三十卷，二子滂、確，并少有文章，简文在东宫时，尝与郡王数诸萧文士，滂、確亦预焉"②，此段话与上述《梁书》、《南史》所载大致相似，但清楚表明子范二子为"滂、確"，而非"滂、确"，这是对《萧重夐墓志》的最有力支撑，故笔者认为《梁书》、《南史》称"确"实误。

二十二、《薛锐墓志》

　　兄讳锐，字利用，河东万泉人也。其先以封为氏，代居于薛……及至周末……乃为楚灭，[徒]居谯沛……厥系至刘备据蜀，随备而迁；洎邓艾还师，从艾而入。遂受魏封，而居汾左。③

　　河东万泉，属今山西临汾地区，即志中所说"遂受魏封，而居汾左"；"及至周末……乃为楚灭，徙居谯沛"，即战国末被楚所灭，其家族迁居今安徽亳县东北、江苏沛县西南一带。墓志称薛氏家族随刘备入蜀，蜀灭北迁至今山西临汾地区，即薛氏家族为曹魏末年入北。

二十三、《萧償墓志》

　　公讳償，字思本，兰陵中都人也。九代祖梁武帝，后梁明帝之七代孙。四代祖灌，皇渝州长史，赠吏部尚书。曾王父嵩，皇中书令。王父华，皇中书侍

---

① 《梁书》卷二九《萧纶传附萧确传》，第 437 页。
② 《宋本册府元龟》卷八三九，北京：中华书局，1989 年，第 3161 页。
③ 胡戟、荣新江：《大唐西市博物馆藏墓志》，《薛锐墓志》，第 493 页。

郎,同中书门下平章事。考恒,皇殿中侍御史,累赠司空。公即司空第三子也……以大中十年七月五日,薨于长安兴化里之私[第],享年七十有六……夫人荥阳县君郑氏,库部郎中、衢州刺史群之次女也……以其年十月二十四日,归祔于司空茔之东,与郑夫人同兆而异域,礼也。①

萧偘曾祖萧嵩,《旧唐书》卷九九有传。偘,两《唐书》无传。

萧偘之岳父郑群,韩愈为其作墓志:"君讳群,字弘之,世为荥阳人……初娶吏部侍郎京兆韦肇女。生二女一男。长女嫁京兆韦词,次嫁兰陵萧偘。"②"次嫁兰陵萧偘",历来注本称"一本作讃",据墓志可知为萧偘,讃为形近而误。

赵璘《因话录》卷六:"郑(涝)又自说,早承相国武都公知奖。当时为大理司直,常叹滞淹。会张薈欲除大(太)常博士,李公云'郑司直久屈,必请举自代。'旋遇萧偘服阕,且要与官,诸坐遂以萧为博士。"③赵璘为唐文宗开成三年(838年)进士、宣宗大中七年(853年)为左补阙,郑群卒于长庆元年(821年)八月,即赵璘与萧偘同时。赵氏称"偘",当正确无疑。朱熹《韩集考异》卷八"'偘'或作'讃'",宋本《五百家注昌黎文集》已出现"一本作讃",故至少宋代已有"讃"字一说了。

郭桂坤《〈唐萧偘墓志〉考释——以仕途迁转为中心》④对萧偘生平及萧氏齐梁房多所考证,有补于史。其对萧瑾有考证,认为当作"瓘",据此墓志,自当正确。郭文考证萧嵩子孙传承,世系传承表中的子辈列华、衡两人,排序无错。但郭先生未指出《旧唐书》卷九九《萧嵩传》华、衡两人孰兄孰弟,如果利用了《贺睿墓志》资料,那么不难指出华长衡幼之明确结论,这对正确理解《萧嵩传》不谓无补。

原载于吕建中、胡戟主编《大唐西市博物馆藏墓志研究》(续一),

西安:陕西师范大学出版总社有限公司 2013 年

---

① 胡戟、荣新江:《大唐西市博物馆藏墓志》,《萧偘墓志》,第 933 页。
② 韩愈著、马茂元校注:《韩昌黎文集校注》卷七《唐故朝散大夫尚书库部郎中郑君墓志铭》,上海:上海古籍出版社,1986 年,第 517—519 页。马茂元先生有注:"'偘',一作'讃'",此当为秉前人之说,因马先生校注《韩昌黎文集》时没有看到《萧偘墓志》。
③ 赵璘:《因话录》卷六,上海:上海古籍出版社,1957 年,第 118 页。
④ 郭桂坤:《〈唐萧偘墓志〉考释——以仕途迁转为中心》,《文献》2012 年第 3 期。

《三朝北盟会编》引书数量及相关问题

　　《三朝北盟会编》（下简称《会编》）共 250 卷，南宋著名史家徐梦莘（1126—1207）所撰。《会编》始修于何时不详；成书于光宗绍熙五年（1194 年），其时徐氏已经 69 岁了。

　　有关《会编》的研究成果颇多，其中与本研究相关的最为重要的成果是陈乐素《〈三朝北盟会编〉考》①、王德毅《三朝北盟会编出版前言》②、邓广铭、刘浦江《〈三朝北盟研究〉研究》③等。

一、《会编》引书数量之谜

　　《会编》究竟引书多少种？至清乾隆修成四库全书为止，除徐梦莘本人外，大致有两种说法，一是"二百余种"，一是"一百九十六种"④。这究竟是对是错？

　　我们先从头说起。徐梦莘《〈三朝北盟会编〉自序》中曾说："据所闻见笔而为记录者无虑数百家。然各有所同异，事有疑信，深惧日月寖久，是非混淆；臣子大节，邪正莫辨；一介忠款，湮没不传。于是取诸家所说及诏、敕、诰、书、疏、奏议、记传、行实、碑志、文集、杂著，事涉北盟者，悉取铨次……总名曰《三朝北盟集编》"⑤，然其未说明究竟取"所闻见""数百家"中的多少种，是一种较"虚"的表述方式，因而可以存而不论。

　　最早明确表述引书数量的是宋人楼钥为徐梦莘作的墓志，楼氏称徐梦莘"自念生长兵间，欲得尽见事之始末，宦游四方，收罗野史及他文书，多至二百余家，为编年之体，会稡成书，传闻异辞者，又从而订正之，号《三朝北盟集编》"⑥，然对 200 余家"野史及他文书"语焉不详。这是"二百余种"的源头。四库馆臣则称是书"凡敕

---

① 原载《历史语言研究所集刊》第六本第二、第三册（1935 年、1936 年），收入氏著《求是集》，广州：广东人民出版社，1986 年，本文依据《求是集》所刊。
② 王德毅：《三朝北盟会编出版前言》，《三朝北盟会编》，台北：大化书局，1977 年。
③ 邓广铭、刘浦江：《〈三朝北盟会编〉研究》，《文献》1998 年第 1 期。
④ 大多数中国史学史著作都依这两种数字，笔者主编的《中国史学史》亦受此影响，显然也是错误的。
⑤ 徐梦莘：《三朝北盟会编序》，《三朝北盟会编》，上海：上海古籍出版社，1987 年，第 3 页。
⑥ 楼钥：《攻媿集》卷一〇八《直秘阁徐公墓志铭》，丛书集成新编本，第 1526 页。

制、诰诏、国书、书疏、奏章、记序、碑志,登载靡遗……所引书一百二种,杂考私书八十四种,金国诸录十种,共一百九十六种,而文集之类尚不数焉"①。这是"一百九十六种""奠基者"②。那么,这两种观点的根据何在? 是否正确? 这就需要从《会编》流传情况来加以考虑。

《会编》流传情况大致是清楚的。按照邓广铭、刘浦江两先生的研究,《会编》原有徐氏祖传本和实录院抄本,但徐氏祖传本已在元朝亡佚,现传之本均为实录院抄本系统③。据《中国古籍善本书目》记载,现传世明抄本 12 种④。清抄本 19 种⑤。明本最佳者是清人季振宜所藏明代抄本,陈乐素曾对此本前 60 卷进行过校刊,认为可能直接抄自宋本。另有清光绪四年袁祖安木活印本⑥,该本校勘粗糙,排印错误较多,后演化为 1939 年海天书店出版的活字本,台湾 1979 年出版的大化书店本即是此本⑦。

清抄本中有一种则经吴城(瓯亭)、朱文藻(映漍)、江声(良庭)、彭元瑞(文勤)等人校勘后,乾隆年间五十二年成为四库全书校勘底本⑧。然四库馆臣改窜较多,故此本也非善本⑨。光绪年间,许涵度在四川当官,得该旧抄本于"陶星如太守家",实为乾隆间"吴瓯亭、朱映漍、江良庭、彭文勤诸博雅校正者,洵善本也",许氏再行校勘后,于光绪三十四年刊行。因此,许本正文及《书目》都有四库馆臣删改的痕迹,如每逢出现"虏"字或其他"犯忌"之字词,该条下均会明确注释"删"或"改"。如《靖康陷虏皇族记》的"陷虏"下注明"删二字",《金人犯阙记》的"犯阙"两字下注明"改作入汴",等等。

许涵度在《校刊三朝北盟会编序》称《会编》引书 196 种,实际是沿袭四库馆臣

① 永瑢等:《四库全书总目》卷四九《三朝北盟会编》提要,北京:中华书局,1965 年,第 438 页。

② 四库本《三朝北盟会编》前无目录,因此不知它引书数量如何统计出来。若以许本《会编》所列书目来统计,与四库本数量也无法对应。

③ 邓广铭、刘浦江:《〈三朝北盟会编〉研究》,《文献》1998 年第 1 期。亦可参见邓广铭《影印〈三朝北盟会编〉序》,《三朝北盟会编》,《三朝北盟会编》,上海:上海古籍出版社,1987 年,第 1 页。

④ 参见《中国古籍善本书目》"编年类",上海:上海古籍出版社,1993 年,第 149—150 页。据许涵庆本《三朝北盟会编》前的《书目》,《唐重墓志》下有注:"旧校云:归震川本作刘岑",即明代还有归有光抄本,是否属于上述 12 种内,尚未查核。

⑤ 参见《中国古籍善本书目》"编年类",第 150—151 页。

⑥ 据袁序,原抄本得自四川的方功惠。即史学研究社编印本,可见书前有该社所编《凡例》。

⑦ 此本没有刊出所据版本。邓广铭等先生认为出于海天本,当是。参见邓广铭、刘浦江《〈三朝北盟会编〉研究》,《文献》1998 年第 1 期。

⑧ 乾隆四十六年修成的四库全书本《会编》实为张若淮藏本,参见邓广铭、刘浦江《〈三朝北盟会编〉研究》,《文献》1998 年第 1 期。

⑨ 陈乐素:《〈三朝北盟会编〉考》,《求是集》,第 153—154 页;邓广铭、刘浦江:《〈三朝北盟会编〉研究》,《文献》1998 年第 1 期。

的说法①。上海古籍出版社 1987 年影印出版了许本《三朝北盟会编》,此书前有《书目》(下简称许本《书目》),共列有 205 条,但"杂考私书"、"文集"、"杂著"、"报状"4 目作为"类目",没有具体书名,实余 201 条,其中各种典籍 91 种②,墓志、神道碑 7 种,图经 1 种、传记和家传 8 种、行状 8 种,合计 115 种,各种单篇文章(书奏、札子、序文等)86 种③,大致超过 200 种④。如此看来,许涵度只是沿袭旧说而未认真统计篇目。

接着分析袁本系统统计数量问题。如前所说,袁本演化为海天书店本、台湾大化本《会编》,海天本与大化本《会编》前都有一《本书引用书目一览》,笔者比校海天本与大化本前面的《书目一览》,发现两者排印形式、字号、每页编排情况等都完全一致,其错误也完全相同,显然大化本是承袭海天本而来,因此,只须对袁本《目录》⑤及海天本《本书引用书目一览》(下简称海天本《一览》)作分析。

袁本《会编》卷首有《凡例》,称:

> 是编荟萃群书,据《提要》谓所引书若干种,杂考私书若干种,金国诸录若干种,则是杂考私书及金国诸录乃分类总目,非书目也。惟现在翻抄本内有"杂考私书云云",又似确有是书矣。故特于一百二种之后,将杂考私书、金国诸录各列于若干种之首,另行接写,以清眉目。

> 是编援引极博,书名约计二百种,现就各丛书所载及碑版文字可以取证者,不过十中一二,间有一文一词,散见他说,无不广为搜罗,参考同异,然究竟未见之书甚多,疑以传疑,不无遗憾,尚望海内博雅君子匡其不逮焉。⑥

这三段话极为重要,大致可以看出几点:其一,袁氏所据版本原来有书目有"杂考私书",袁氏判断不了是类目还是书名;其二,袁氏将"杂考私书"作为类目,增加了内容;其三,排序方法根据原书顺序,"杂考私书"另启一段,"另行接写,以清眉目",以示不同;其四,认为《会编》所引书"约计二百种"。

比较袁本与许本,袁本《目录》引用书自《宣和录》至《征蒙记》,首尾两书与许本

---

① 许涵度称《会编》"取材一百九十六种以成是编",但无具体分类,见氏著《校刊三朝北盟会编序》,《三朝北盟会编》,上海:上海古籍出版社,1987 年,第 1 页。

② 书目中"杂考私书"与其他书名平行,但"文集"、"杂著"、"报状"也为平行,故均不书计算。

③ 单篇每 1 条作 1 种计算。

④ 书目中还有张守、王绹 2 人姓名附在"参政李邴"之下,未计为 1 种单篇文章。

⑤ 袁本在所引书前没有冠以名称,而是直接分三个类目,一是"书目",二是"杂考私书",三是"杂著报状",书名(或篇名)比类目低一字。本文简称袁本《目录》。

⑥ 徐梦莘:《三朝北盟会编》,如皋袁氏刊本,清光绪四年,卷首第 8 页。

《书目》相同,但里面分类方式、作者、书名、排列顺序则与许本《书目》略有差异:第一,许本《书目》的"书目"两字低一字,其他书名则低两字,一书一行;袁本则分"书目"、"杂考私书"和"杂著报状"三个类目,类目均另启一段,该类目中的书名或篇名按顺序写,书名或篇名之间空一字。第二,袁本一条,许本分为两条乃至更多,如《建炎时政记》,袁本之下写"汪伯彦"和"李纲"两人,可视为两人共同著述,亦可视为两人各有此书,许本则明确分为两种;《答诏条具利害奏状》下列李纲等7人,许本则分为《李纲答诏条具利害奏状》、《汪丞相伯彦奏》、《秦丞相桧奏》、《参政李邴(张守、王绚)》、《黄门颜岐》、《枢密韩肖胄》、《丞相朱胜非奏》和《吕丞相颐浩十论》7条目。第三,排列顺序稍有不同,如袁本《目录》中陈朝老《言蔡京等书》之后是陈东《乞罢李邦彦书》,许本《书目》则两者位置对换;在许本中,洪皓《金国文具录》与《松漠记闻》中间有张汇《金虏节要》,袁本则将《金虏节要》移到《金国文具录》前,使洪皓两书连接,类似情况还有数处。第四,书名、作者异同、作者所在位置有异。许本《书目》作者位置处理较乱,凡作者在书名之上者,两者字体相同,而作者排在书名之下者,则作小字。袁本则把作者均移至书名之后,作小字。如许本《书目》有王安中《入燕录》,作者在书名前,而袁本《目录》则将作者排在书名后,为小字。其他如封有功《编年》、徐伟《忠谋录》均如此处理。袁本《目录》对书、疏、奏议、札子之类单篇文章处理亦是作者系于篇名之下。另外,两书在标注作者、书名上也有不同,袁本《靖康录》无作者名,许本则署为朱邦基;许本《靖康陷虏记》,袁本作《靖康被虏记》;袁本《转对札子》作者为林栗,许本作林逴。最后,引书数量差异。由于许本《书目》中所引书比"书目"低一字,"杂考私书"和"金国诸录"均与书名书写相同,因此可以将它们作为"书"看待,而袁本《目录》类目另启一段,书则连续排列,因此,"杂考私书"只是类目,不是书;《金国诸录》则为书名,如此也就导致两者在引书数量上的差异。袁本《目录》还脱漏孙伟《靖康野史》一书。显然,袁本《目录》更为规范,说明它比许本《书目》更为晚出①。至于袁本"文集"两字置于"杂考私书"中《赵令晟碑》之下,此后的"杂著、报状"又作类目,另启一段,因此该"文集"也无法证明是类目还是书名,显得十分突兀。

海天本《会编》虽来自袁本,但其前面《一览》与袁本《目录》完全不同。该书《一览》是重新编排的:

> 本编引书一百二种,杂考私书八十四种,金国诸录十余种,以及诸家文集之类,共计不下二百余种,证引之博,为当时之最,今摘其重要者于卷首亦足以

---

① 如前所言,许本《书目》承袭四库本,但实际罗列引书数量与四库馆臣有异,不知何因。

资考览焉。①

　　"今摘其重要者于卷首"说明该书目是编者根据袁本《目录》重新编定,编写方式是依人为序,人名作大字,高一字,而书名、奏疏、札子等条目作小字,有曲线书名号,分列相关作者之下,低一字。尽管《一览》是更晚编纂的引书目录,其自《宣和录》到《征蒙记》首尾两书亦与袁本《目录》相同,然其编排粗枝大叶,错谬比比皆是。如将朱邦基《靖康录》、佚名《靖康别录》、《靖康小录》、《靖康后录》均归入沈良名下,湘山樵夫名下则罗列《邓洵武家传》等8种书,错讹令人难忍。又,汪藻《裔夷谋夏录》下夹入其《上宰相乞道君还阙札子》、《条具事宜状》、《乞通好大石林牙札子》3条,李纲《靖康传信录》下夹入《与张浚书》和另3条札子,因此海天本《一览》引用书目、篇目排列混乱不堪、脱漏甚多、张冠李戴随处可见。

　　据笔者统计,海天本《一览》罗列作者108位②,具体引用文献情况如下:各种典籍共86种③,墓志、神道碑7种④,图经1种、传记和家传8种、行状6种⑤,合计107种,各种单篇文章(书奏、札子、序文等)91种⑥,合计199种。可见,即使单篇文章每种计为1种"书",也达不到200种。

　　王德毅先生在大化本《会编》印行时,曾撰《三朝北盟会编出版前言》一文,称《会编》"参考野史及官文书多至二百余种",显然有误⑦。其实,王先生应该知道四库馆臣所说各类资料典籍"共一百九十六种,而文集之类尚不数焉"的说法是有问题的,因为他在《出版前言》中既不说"一百九十六种",也不再提"文集"两字,显然是想回避四库馆臣这一错误。事实上,因为海天本《一览》存在较大问题,大化本又沿袭海天本《一览》,王先生对此《一览》罗列的各类资料和典籍深信不疑,无所考证,故在《出版前言》留下令人遗憾的错误。

　　已故著名宋史专家陈乐素先生撰写的《〈三朝北盟会编〉考》,是一项极其重要的研究成果。他对《书目》进行了分析,作了分类,认为大致可分为五类,一类是"诸

---

① 《三朝北盟会编校印凡例》,《三朝北盟会编》,海天书店,1939年,第1页。该书为史学研究社编印,书前《三朝北盟会编校印凡例》又称:"本编清光绪四年曾铅印五百部行世,今间有存者,惟讹夺极多;本店又假得虞山钱氏旧藏钞本,惜蠹蚀过甚,缺损极多,因就两本精心校补,其中字迹漫漶者,不敢以臆改定,辄从阙之例,加□号以表之。"此可见海天本流传基本情况。

② 其中李纲、汪伯彦、李若水、秦桧、胡寅、安成之等人多次重复,兹不重复计算。李若水1处有名无篇名或书名。有"阙名"2次,计作2人。

③ 《金国诸录》作1种。

④ 实脱漏《任谅墓志》等3种。

⑤ 实脱漏《李翼行状》、《张邵行实》等4种。

⑥ 单篇均作1种计算。

⑦ 王德毅:《三朝北盟会编出版前言》,《三朝北盟会编》,台北:大化书局,1977年,第3页。

家之说"，其中大部分是记传，一类是"诏、敕、制、诰"，一类是"书、疏、奏、议"，一类是"记传、行实、碑、志"，最后一类是"其他文集、杂著"①。陈先生指出："此书目排列虽有次序，然各题之式样颇不纯整，想原本未必皆如此。又传本大抵皆有脱漏，此则更非因原本而致"②。他还强调说："其中举书名者固多，不举书名者亦约占半数。此半数未举书名之材料究何所采自？所可知者，则一部分为洪迈《四朝国史》、李焘《续资治通鉴长编》及《四系录》之文……然只为一部分而已"③，因此陈氏重新加以分类统计："写本以季氏旧藏明抄为代表，刊本则许氏"④，分著述、文书两大类分别制了索引表格，其中著作以首字笔划排序，文书则又分为"平行、上行文书"、"国书与下行文书"两类，按作者笔划为序罗列。而且表格中还列出具体出处，便于核对。应该说，陈先生这种统计方式属于比较科学的分类和统计方式。

据笔者统计：陈先生列出的"著述索引"表格，包括各种典籍（实录、野史、笔记、杂著等），以及行状、墓志、家传及序文共 134 种⑤。当然，陈氏还认为必须加入另外 3 种没有明确记载书名的引用书，即洪迈《四朝国史》、李焘《续资治通鉴长编》和《四系录》⑥，那么引用典籍实为 137 种⑦。陈先生《文书索引（甲）》表共 362 条（有的条目有二至三项），《文书索引（乙）》表共 415 条（个别条目有二项），合计列出 777 条。就文书类统计而言，陈先生所列条目大大超过《书目》，深化了具体研究，并给后人继续研究提供了极大的方便。然而必须强调，这毕竟是"文书"，并非著作，与我们所称的引用典籍不是一回事。至于陈乐素先生统计是否准确，我们下面再加分析。

二、传世《书目》非是徐梦莘"手定"

实际上，说要《会编》引书数量，涉及徐氏自己有无一个书目的问题。现在徐氏祖本未传世，存世最早也只是明代抄本。据陈乐素推断，季振宜藏明抄本较佳，当直接来自宋本，那么季氏本目录是否抄自宋本？抑或是徐氏"手定"书目？因为，陈乐素在分析书目时明确说过"原本未必皆如此"，其言下之意似指徐梦莘曾作过一

---

① 参见陈乐素《求是集》，第 154—235 页。陈先生统计甚细。
② 陈乐素：《〈三朝北盟会编〉考》，《求是集》，第 155 页。
③ 陈乐素：《〈三朝北盟会编〉考》，《求是集》第 152 页。
④ 陈乐素：《〈三朝北盟会编〉考》，《求是集》，第 155 页。
⑤ 其中《怀德死节录》与《刘怀德死节录》、《山西军前和议日录》、《林泉野录》与《野录》、《靖康大金山西军前和议日录》分别收录，重复，这里均故作一书处理。
⑥ 陈乐素：《〈三朝北盟会编〉考》，《求是集》，第 233—234 页。
⑦ 陈乐素先生的统计当依据袁本《书目》再加上自己搜罗而成。从陈氏所列表完全可以得出这一结论。但脱漏张栻《张浚墓志》一书。

个"书目",只是后来传抄者改变了它。陈乐素先生未进一步指出徐氏"原本"书目究竟如何[①],我们也无法分析与判断陈先生的观点正确与否。

邓广铭、刘浦江《〈三朝北盟会编〉研究》是一项非常重要的成果,史料丰富、论述细腻、具体且又深入,对许多问题梳理十分清晰,尤其对前人或时贤的观点进行辨析也十分得体。美中不足的是对《会编》对《书目》作者的判定、引用典籍数量问题上似稍有疏失。邓、刘两先生在分析徐梦莘自序中对洪迈《四朝国史》、李焘《长编》、《四系录》"已上太史氏,兹不重录云",认为徐氏指官修史书和已入史馆的私家史著,徐氏不再引用,进而认为"《三朝北盟会编》的一个原则就是不引用官书(诏敕制诰等原始资料除外)","在徐梦莘手定的引用书目中,二百多种著作,没有一种是官书"[②]。显然,邓、刘两先生认为徐梦莘有"手定的引用书目",这一手定书目似指流传至今的书目。

自然,邓、刘两先生没有说徐氏"手定的引用书目"与许本《书目》或海天本《一览》究竟有何关系,但即使如此,两位先生的看法确实出现了问题。尽管我们无法找到徐氏原来有无"手定"书目的确切根据,即使有,两先生认为徐氏"不引用官书"(诏敕制诰等原始资料除外)的说法似有缺陷,因为《会编》中引用了至少两种实录[③],实录与国史一样,均是帝王下诏设馆而修的官修史书。

那么,是否存在徐梦莘"手定"的书目?以许本《书目》而言,显然是经过四库馆臣删订,因为明显留有馆臣删订的痕迹。而这份《书目》是否原为改编徐氏"手定"的书目而来?看来也大成问题。笔者认为可以从以下几个方面来判断。

这里须先说清许本《书目》与袁本《目录》关系。我们先引袁本卷首《凡例》:

> 是编书目一类一百二种,抄本与原书相符,至杂考私书不止八十四种,金国诸录亦不止十种,殆《提要》所谓文集之类,尚不数焉者也。流传既久,必有所据,现皆仍旧。[④]

袁氏所说"书目"一类"一百二种",指《宣和录》至周紫芝《论用人黜陟刚断三弊书》,其中《建炎时政记》之下列汪伯彦、李纲两人之名,作一种书[⑤],另无孙伟《靖康野

---

① 陈乐素先生用"原书书目",既可理解为徐梦莘原书书目,亦可视为传世的明代之后抄本"原书书目"。陈乐素:《〈三朝北盟会编〉考》,《求是集》,第167页。
② 邓广铭、刘浦江:《〈三朝北盟会编〉研究》,《文献》1998年第1期。
③ 《钦宗实录》和《金太祖实录》。即使说宋朝,《钦宗实录》也属官修史书。
④ 徐梦莘:《三朝北盟會编》,如皋袁氏刊本,清光绪四年,卷首第8页。
⑤ 许本《书目》分列为两条,即作2种书。

史》。"杂考私书不止八十四种",这把"杂考私书"视为类目,自秘书少监赵旸《与姚太守书》起到《赵令晸碑》为止,每篇均作一种计算。"金国诸录亦不止十种",此亦把《金国诸录》作为类名,其下自史愿《亡辽录》到李大谅《征蒙记》共 11 种。按袁氏计算共 197 种,他认为"流传既久,必有所据,现皆仍旧",即沿袭而不改。而许本《书目》除分列汪伯彦与李纲《建炎时政记》,也有孙伟《靖康野史》,再加上其他奏疏分列开,共计 201 种。就此而言,袁本与许本均来源宋实录院本,后流传导致稍有差异,但他们所据抄本(或刻本)原来肯定有一书目。那么,许氏与袁氏的引书目录是不是徐梦莘所定书目? 笔者是否定的。

第一,书名书写混乱。许本《书目》是全称、简称混用。如《书目》中称封有功《封氏编年》为"封有功《编年》"。据笔者所查,《会编》仅出现一次"封有功《编年》",其他 16 处均称《封氏编年》。笔记认为,《会编》称"封有功编年"极可能是后世抄录所误。若是徐氏手定,当不会署为"封有功《编年》"。

第二,作者书写位置混乱。许本《书目》中"王安中《入燕录》"、"徐伟《忠谋录》"、"小有清虚洞隐客《龟手录》"、"范成大《揽辔录》",都是作者加书名的方式,而其他则是先列书名,然后小字署上作者姓名,著录方式显得不统一。

第三,书的归类位置不一。按陈乐素先生之说,《书目》内容按顺序可分五类,但书目排列归类其实很不一致。如"范成大《揽辔录》"置于"书、疏、奏、议"、墓志之前;《绍兴正论》厕于家传之后,与"诸家之说"分离;书目中有"杂考私书",若为一书名,它又夹在"书、疏、奏、议"之间,若非一书名,则列于其间毫无道理。即使前面"一百二种",也是著作与各种单篇文章(有奏札、有官员之间往来书信、给金国元帅书)混在一起,不伦不类。

第四,"书、疏、奏、议"类文书极乱。有署姓名、书奏名称者,又有只署书奏名称者;有署官号者,又有不书者;还有"汪丞相伯彦奏"、"秦丞相桧奏"、"黄门颜岐"、"枢密韩肖胄"、"张守"、"王绹"之类不伦不类者,甚至还有"孙伟题跋奏札"这种不明不白的记载①,若是徐梦莘"手定"目录,怎能如此混乱! 更何况,《书目》所列这些书奏之类文书,仅是《会编》所引同类文书几分之一!

第五,书目遗漏太多。如书目中有 36 种书无作者姓氏,若是徐氏"手定"书目,引用之书当不会有如此多的佚名。更为关键的证据是,若是徐氏"手定"书目,怎么会遗漏《丁未录》、《建炎复辟记》、《杨庐州忠节录》、《能改斋漫录》、《国史后补》、钟邦直《行程录》《亡辽遗录》等书呢? 难道是徐梦莘太潦草行事了吗?

最后,《书目》将杂考私书、文集、杂著、报状作为"类"的名称,而非具体书名,那

---

① 恐无"题跋"为名的奏札,因此称其不伦不类。《会编》卷一三三,炎兴下帙三三录孙伟奏札一条,言黄州事,并非什么"题跋"奏札。

么，"杂著"在《书目》中已经大量存在，这一"杂著"究竟何指？同时，杂考私书中也有大量奏札、官员之间往来书信及给金国元帅书，为何徐氏分类如此混乱，犯此低级错误？

众所周知，《会编》是绍熙五年应诏抄录，于庆元二年（1196 年）上呈史馆①，当是已经完成的作品，此后还做了《北盟集补》五十卷，而且徐氏至开禧三年才去世，因此《会编》是个比较完善的著作，即使前面附有徐氏手定《书目》，亦不当如此混乱不堪，错误百出。显然，无论是陈乐素先生"原本"说，还是邓、刘两先生徐氏"手定"说，都难以令人信服。就目前能看到的资料而言，笔者认为，徐梦莘没有手定《书目》，传世《书目》是后世抄录者所做的书目②，而且后来又陆续加以补充、改动③，质量十分低劣。

三、官文书、引用书和他文书

王德毅先生在大化本《会编》前有《三朝北盟会编出版前言》一文，称是书"参考野史及官文书多至二百余种"④；邓广铭、刘浦江两先生则采用另一种说法："对于今天来说，《会编》一书的史料价值显得尤为珍贵，因为全书二百多种引用书，目前仍旧存世的已不足十分之一；就是这仅存的十余种书中，恐怕其中还有若干种也是出自《会编》的辑本。"⑤两位先生实际上仍是承袭楼钥墓志铭中"收罗野史及他文书多至二百余家"的说法而作出一些改动。

笔者认为：无论称"官文书"还是称"引用书"都存在问题。

首先，楼钥所说"他文书"与"官文书"、"引用书"不是一回事。楼氏所称"野史及他文书，多至二百余家"，并不是指"书籍"，可以理解为各种典籍和文书、资料等，根据当时的"习惯用法"，楼氏之说不能说错，用现在的眼光来判断，只是"表述不准确"而已。但称之"官文书"则出现问题。诚然一些奏章、家传、传记上呈朝廷之后可视为"官文书"，但墓志、神道碑、官员之间书信、乃至序文、诗歌则无论如何不可视为"官文书"的。仅此一点，可见王先生"官文书"说是站不住脚的观点。邓、刘两先生所说"引用书"，在现代学界可理解为"著作"（即书籍）这一概念，因此邓、刘两先生如此一改，就混淆了著作与单篇文章（文书或单篇资料）的界限，也会导致重复计算错误。

---

① 王应麟：《玉海》卷四七《三朝北盟集编》条，扬州：广陵书社 2007 年，第 887 页。
② 季氏旧藏明抄本未公布于世，无法查核情况。即使找到此本，也无法判断元代抄本乃至徐氏祖本情况如何。又可从明清诸本书目所载的作者、书名、排列顺序等等异同来分析，徐梦莘当没有手定过书目。
③ 海天本《一览》便是明显例证。另外，袁本与许本也有很多不同。
④ 王德毅：《三朝北盟会编出版前言》，《三朝北盟会编》，台北：大化书局，1977 年，第 3 页。
⑤ 邓广铭、刘浦江：《〈三朝北盟会编〉研究》，《文献》1998 年第 1 期。

其次，统计方式上的错误。在我们看来，引用某一具体著作与单篇文章是不能一视同仁地作为"一种书"来处理，这样便会出现统计数量上的错误。那么是否可以用"古代的习惯用法"来加以解释呢？笔者认为是不可以的。因为，当今学界已经比较倾向于按引用的"著作"来计算，而不采纳引用某一篇单篇文章来统计。事实上，如果古代某一作者留下文集的话，他传世的奏章、书信乃至诗歌等单篇文章一般都会收入其中，因此若以单篇文章来计算，那么就会出现重复计算的问题。从许本《书目》和海天本《一览》所列来看正是如此。因为现在所说的"二百余种"实际是所列出的"条目"，"条目"既有著作，又有大量单篇文章。因此远远达不到"二百余种"。这里只需要举一个例子便能说明问题。如海天本《一览》中列许翰5篇文章（许本《书目》虽分开列出，但此5篇均有），今许翰《襄陵文集》存世，海天本《一览》所列《乞复用种师道书》在文集卷五，称之《乞复用种师道疏》[①]，《论决战有五利札子》在卷六，称《论战》，对照两者，文字基本相同。其余3文虽未保存下来，但可以肯定，若此3文保存下来的话，那么它们同样只能归入《襄陵文集》某卷之中，而不会分别作为一部"书"出现。据此一例便完全可以肯定，以单篇文章计算引用书数量实是不能成立的。

其三，大量脱漏单篇文章。此只要看一下陈乐素先生的"文书"类统计便可得出结论，如一篇文书作一个数量级计算，那么或许要说《会编》引用几达千数！实际上，海天本《一览》在改易编排目录时也有许多脱漏。如海天本《一览》载孙觌《辞免自辩状》一篇[②]，但实际上据许本《书目》，孙觌还有《论伏阙札子》、《乞弃三镇札子》等多篇。而赵良嗣、谢克爱、朱梦说、唐重等许多大臣都有奏章、札子，在海天本《一览》中连他们姓名都没有出现[③]。因此，海天本《一览》单篇文章实际数量漏缺极多，其统计不足为据。

其四，"金国诸录"计算存在错误。许本《书目》有"金国诸录"，但作为"类"出现，而海天本《一览》分列于"史愿"名下，作为某一"书"出现。四库馆臣却说"所引书一百二种，杂考私书八十四种，金国诸录十种，共一百九十六种，而文集之类尚不数焉"，上面已罗列袁氏之语，指出"金国诸录"不止10种，故四库馆臣所言不确！那么四库馆臣所称金国诸录有无可能指金国皇帝实录呢？这种推论也不能成立。诚然金朝共有10帝，然而徐梦莘撰成《会编》时，金国才先后有6帝，后面4帝尚未出现，怎么会修成10部实录？况且徐梦莘于绍熙五年（1194年）完成《会编》，而金国诸实录修成时间如下：金熙宗皇统元年（1141年）修成《金先朝实录》（即《祖宗实

① 亦证《一览》用"书"字为误。
② 另外，《一览》把孙觌的《韩世忠行状》误为孙续。
③ 陈乐素作了相当详细的文书引用表格，可参见《求是集》，第190页起。

录》)①,皇统八年修成《金太祖实录》②,世宗大定七年(1167 年)修成《金太宗实录》③,大定十一年修成《金睿宗实录》④,大定二十年修成《金熙宗实录》⑤,《海陵实录》亦始修于该年之前⑥,章宗明昌四年(1193 年)修成《金世宗实录》⑦。即使已经修成的金国实录都传入南宋并被徐梦莘所利用,也达不到 10 种,何况实录当为国家重典,深藏秘宫,徐梦莘如何能轻易获得! 这一假设显然也不能成立。因此,无论海天本《一览》作为"书"出现还是推测或为金朝皇帝实录,都是错误的。

综上所述,"官文书"、"引用书"和"他文书"是有差别的,但无论楼钥,还是王德毅、邓广铭等先生的引书统计,都不准确。笔者在比较陈乐素《著述索引》表、许本《书目》和海天本《一览》之后,感到陈氏《著述索引》表尽管还存在一些问题,但比许本、大化本要准确得多。该表列出著作 133 种⑧,其中杂史、笔记、杂著类 102 种、《诗选》1 种、实录 2 种、图经 1 种、行状 10 种、家传 8 种(包括《岳侯传》)⑨、神道碑和墓志共 9 种。再加上陈乐素认为《会编》曾参考过《四朝国史》、《续资治通鉴长编》及《四系录》,那么,陈氏认为引书为 136 种。

笔者认为:《四朝国史》等 3 种是否引用过,邓、刘两先生已提出异议,况且《会编》中确实没有提及它们的书名,因此在没有确凿证据之前,似不可列入引用书目。除此,陈氏《著述索引》表中还有脱漏,如墓志中脱漏张栻《张浚墓志》、杂著中脱佚名《杂考私书》,加此 2 种,扣除《四朝国史》等 3 种,《会编》实引用各类著作共135 种。

四、余论

最后还须补充两个问题。

一是海天本《一览》改易著作与文书的排列秩序,以人为序,导致载录作者姓氏

---

① 《金史》卷四《熙宗纪》,北京:中华书局,1975 年,第 78 页。

② 《金史》卷四《熙宗纪》,第 84 页。

③ 《金史》卷六《世宗纪》,第 139 页。

④ 《金史》卷六《世宗纪》,第 150 页。

⑤ 《金史》卷八八《完颜守道传》,第 1957 页。

⑥ 《金史》卷一二五《郑子聃传》称世宗委侍讲、兼修国史郑子聃修《海陵实录》,然郑氏以该年亡故,故可断定修《海陵实录》在大定二十年郑子聃亡故之前。参见《宋史》第 2726 页。《海陵实录》修成时间史书阙载,元耶律铸《双溪醉隐集》卷一《琼林园赋》注曾引《海陵实录》,故此实录当修成。参见四库全书本,第368 页。

⑦ 《金史》卷一〇《章宗纪》,第 230 页。

⑧ 已扣除重复 3 种,即《怀德死节叙》与《刘怀德死节录》、《靖康野史》与《野史》、《山西军前和议奉使录》与《靖康大金山西军前和议日录》。《忠愍文集序》、《朝野佥言后序》均非著作一类,亦扣除。

⑨ 陈乐素先生沿袭许本《书目》,误为《岳飞传》。《建炎以来系年要录》引《岳侯传》9 处,无一《岳飞传》,可证之。另外,陈先生将"金国诸录"改为《金太祖实录》。

错误及其他大量错误。海天本《一览》所载录的典均有作者姓氏。实际上，所列姓氏出现许多错误。例如，《林泉野记》一书，在许本《书目》未有作者姓氏，但在海天本《一览》中作者为秦湛。此书在《会编》中被引用23次，《建炎以来系年要录》中更多达53次，《建炎实录》中引一处（《宋史全文》引一处，但作《林泉记》），均无作者姓氏。而且，宋代书目《郡斋读书志》《直斋书录解题》以及《文献通考》均未著录，《玉海》也未提及。绍熙元年进士周南有《山房集》，其中记载道："姚平仲自劫寨而遁，钦宗遣使几百辈，竟不知其所在。高宗即位，尝立赏访求。《林泉野录》不知何人所作，谓平仲实已战死。或存或亡，其说多端"①，显然，当时确实已经不知作者了，不知海天本《一览》作"秦湛"根据何在？又如海天本《一览》有《炀王北上录》一书，实为《炀王江上录》之误。炀王即海陵王完颜亮，正隆年间南下，在长江边采石死亡。因而作"江上"是没有问题的，而作"北上"，则不符合海陵王当时的行踪。至于海天本《一览》将傅雱误为傅雰；杨汝翼误为汤汝冀；"吉州布衣周南仲书"，海天本《一览》竟然冠以作者王之道，如此张冠李戴、文字误讹，比比皆是。同时，海天本《一览》载录十分随意，脱漏讹误甚多。如李纲有《建炎时政记》，在《会编》中也称"李纲《时政记》"，许本《书目》明确列出，然海天本《一览》居然脱漏。许本《书目》和海天本《一览》脱漏者还有：吴曾《能改斋漫录》、李邴《丁未录》、蔡絛《国史后补》、吕本中《痛定录》、钟邦直《行程录》、杨尧弼《伪豫录》②、丁特起《孤臣泣血录拾遗》、汪伯彦《建炎中兴日历》③、孙伟《靖康野史》④、佚名《靖康后录》、佚名《建炎复辟记》、佚名《亡辽遗录》等12种。另外，《会编》有"杂考私书曰"云云，尽管可以不把"杂考私书"作为一种书来看待，但此段上面是引《靖康皇族陷虏记》一书，叙述汴京沦陷后皇族成员被北迁事，而"杂考私书曰"之后为"四月二十日，兄某书致元章解元弟，自去冬徐处仁、吴敏、李棁辈相继登庙堂，误国谋身，全无措置"，下面亦讲到城陷被掳之事，因此，此"杂考私书"当可看作书名。另外，许本《书目》、海天本《一览》及陈乐素"著述索引"表均有错用书名之例。如《合肥野录》，宋代并无此书。《会编》所引用者只有合肥野叟《杨庐州忠节录》一书，可能是最初编撰目录或传抄之时脱漏5字导致，而后人沿袭致误⑤。显然，许本《书目》和海天本《一览》均有脱漏，错讹累累，不足为据。

---

① 周南：《山房集》卷八《杂记》，文渊阁《四库全书》本，第1169册，第109页。
② 此书又称《逆臣刘豫传》。四库本《会编》作"杨克弼《伪豫传》"，当为"杨尧弼"之误。
③ 《会编》出现2次《中兴日记》，遍考群书，除《会编》中出现外，宋代典籍无《中兴日记》有关记载，故当为《中兴日历》之误。在宋代典籍中，汪伯彦《建炎中兴日历》经常被简化为《中兴日历》。
④ 陈乐素先生分为《靖康野史》、《野史》2条，误。
⑤ 陈乐素先生沿袭许本《书目》而立目，然出处为空白，显然找不到该书的记载。陈先生另列合肥野叟《杨庐州忠节录》，许本《书目》和海天本《一览》均未载此书。

二是陈氏《著述索引》表还有其他一些可商榷之处，需要在阅读时注意。许本《书目》有许采《陷燕记》，陈乐素《著述索引》表列为《陷燕录》，在《引用书杂考》中对该书有考证："《书目》作《陷燕记》。《系年要录》引用亦称记。《解题》卷五《杂史》类：'《陷燕记》一卷，贾子庄撰，记燕山初陷事。子庄不知其名，蔡靖客也。'书名既同，所记亦同一事，特《会编》作许采，此作贾子庄。《系年要录》既引用许采之《陷燕记》，亦引用贾子庄之《陷燕记》，则显为两书也。据《会编》卷二四沈琯《南归录》，知采乃蔡靖之妻兄。"①陈先生区分开许采与贾子庄，认为"显为两书"自然是正确的，但他没有说明为何改为《陷燕录》而不沿用《书目》作《陷燕记》。宋人尤袤《遂初堂书目》有《陷燕录》，然无作者姓名；《辽史拾遗》卷十二则明确称"许采《陷燕录》"，但恐有误。因为《会编》与《建炎以来系年要录》两书共 3 次均称"许采《陷燕记》"，没有确实根据似无必要改易其书名。另外还有一些考证不甚详细者。如《骨髓集》时仅引《郡斋读书志》："右皇朝靖康初复修祖宗故事，时人或集本朝谏疏成此书"②。实际上还可以再举几条资料以示印证。如《挥麈录·前录》卷三则称："后来闽中书坊开《骨鲠集》，辄刊靖康诏书于首，缘此天下翕然推尊之。事有侥幸乃如此者，可发一叹。"《诚斋集》卷一一三："《骨鲠集》见陈东上书，其意甚忠。但汪、黄视之以为仇，故杀之也。"《历代名臣奏议》卷二〇六载宋人刘光祖《论言事本末疏》："一日，臣得进见，陛下谕臣曰近日主上付下《骨鲠集》令看，皆先朝元老议论，读之甚有补。"故此书大致可以判断为当时书贾搜集相关奏章而刊刻，当时亦流行在世者。

原载于《史学史研究》2013 年第 4 期

---

① 　陈乐素：《〈三朝北盟会编〉考》，《求是集》，第 318 页。

② 　陈乐素：《〈三朝北盟会编〉考》，《求是集》，第 166 页。

DNA 测试技术与曹操家族认定

复旦大学以 DNA 技术测试曹氏家族的成果产生轰动效应,见仁见智、众说不一。《中国社会科学报》(2013 年 11 月 25 日)、《社会科学报》(2013 年 11 月 28 日)先后报道了一些争议情况。为一切重要的研究或许只有在学术争论中才能获得更大的进展,何况是历史学首次引入 DNA 技术来研究这一重要历史人物及其家族。

是科学还是伪科学

DNA 技术是科学还是伪科学? 是否可以引入历史研究?

DNA 技术的科学性无须怀疑,它已经广泛运用在医学、农学、动物学、刑法学等方面,唐际根以安阳骨骸被测定为高加索人种或西亚人种,便质疑这一技术的科学性,是没有必要的。笔者不清楚这次测试的具体情况,不便多作评价。但假定这一测试结果确实是错误的,也仅能证明许多年之前测试的数据库样本数据存在问题,但完全可以经过充实样本数据获得解决。何况建立人种学样本数据并非一朝一夕便可完成,此还有待于今后不断完善。

《社会科学报》上引北京大学一位免疫学博士感叹之语:"一个重点实验室,却在做这种不靠谱的研究。"难道 DNA 测试只能在免疫学(或医学)上使用,而不能在历史或其他学科中使用? 这位医学博士可能不懂得历史学在研究什么、研究曹操遗骸意义何在,更不知各地广兴"名人故居"远远早于复旦大学该项研究之事实。如果是科学,其他学科根据实际需要而采纳理应包容。其实,历史学引进其他科学技术,DNA 技术并非首位,也绝不可能是终结者,例如碳 14 测定、遥感技术等早已运用在考古学领域,并已经取得很多可信成果,现在没有人对采用这些技术持有异议。可惜,DNA 技术刚作了初步实验性或称开拓性研究,就横加指责,此倒实是令人难以想象与不解。

是曹操遗骸还是非曹操遗骸

安阳西高穴定名为曹操高陵,乃是一批考古学家与历史学家根据墓穴形成时期特征、墓制规模及出土文物等,经过细致论证才得以确认的,笔者没有实地考察,也没有接触到相关文物,但凭相关报道及图片,确信专家们得出的结论是有根据的。问题在于该陵出土的一些骨骸是否属于曹操。

　　高陵出土的骨骸并非在棺椁之内，因此有两种可能，其一是墓主遗骸，另一可能并非墓主，而是后来混入。据报道，这一男性遗骸测定死亡年龄约 60 岁左右，大致与曹操 66 岁相当，因而便认定是曹操遗骸。这种认定是非常危险的，因为无法完全排除是后世某 60 岁左右人的遗骸。因而，这一遗骸只有通过科学鉴定来确认其属主，DNA 技术（若加上碳 14 测定）则是一项非常靠谱的方法。

　　主持发掘的潘伟斌说，由于这一骨骸十分珍贵，容不得半点失误，因此暂且不能将骨骸进行测试。慎重自然值得称道，但所言是建立在一种"假说"之上，仅是从该墓穴出土、年龄在 60 岁左右便"确认"是曹操遗骸，未必妥切。笔者以为，考虑到该遗骸存在属于曹操的可能性与珍贵性，可约请诸方专家共商比较稳妥的办法，既不要随意鉴定，也不能放在仓库中自我认定是"曹操遗骸"而不容他人插手。文物是国家的珍贵遗产，不能不慎重，但建立在假说之上的认定有违科学研究的基本准则。退一步说，若不属于曹操，保存这一遗骸不是自欺欺人吗？

　　目前"曹操遗骸"未作 DNA 测试，难以判断其真伪。如果该遗骸鉴定有 O2★-M268 的 Y 染色体，那么基本上可以确认为曹操遗骸，更可证实该墓就是高陵，那种怀疑言论就更没有市场了。即使遗骸没有该染色体也无碍大局，因为完全有可能是后世混入的其他个体遗骸，更不必将遗骸的真伪与高陵真伪等同起来，仅据此一骸真伪不足以推翻西高穴为高陵的结论。

是曹氏家族还是曹操家族

　　复旦大学所鉴定曹氏家族，至少从亳州南郊"元宝坑一号墓"到现代部分曹氏的遗传系统是可信的。问题是元宝坑曹氏及现代部分曹氏与曹操血缘关系是否有直接关联？这是需要认真推敲的。史书记载曹操之父曹嵩原是夏侯氏，是过继给曹腾的，判定曹操与曹氏、夏侯氏血缘关系的症结便在于此。如果历史记载完全符合史实，那么我们的历史研究将会变成一种毫无意义的行为，恰恰历史记载可能出现失误与缺环，便给历史学研究以巨大的空间。

　　如何阐释历史记载的曹操血缘与事实上的曹氏血缘关系，给复旦大学课题组提出了严峻的挑战。

　　"元宝坑一号墓"是考古界公认的谯郡曹氏墓，出土两枚牙齿，经鉴定为 55 岁以上曹性人员。复旦大学李淑元、李辉推定该墓墓主极有可能是曹休的祖父曹鼎，为曹操伯父或叔父辈人物。亳州在东汉末设为谯郡，为曹氏家族聚集地是毫无怀疑的。汉末战乱不断，人口相对较少，一般说来，可以排除谯郡（今亳县南郊）同时存在两个互不关联曹姓豪族的可能性。那么该墓牙齿测试出的 O2★-M268 的 Y 染色体，应是判断当今曹氏血缘是否属于谯郡曹氏的极为重要并可靠的科学根据。

课题组从全国 258 个曹姓家谱中筛选出 8 支持有家谱、经过史料分析有一定可信性的曹氏族群，并对他们进行 DNA 检测，发现其中 6 个家族的祖先交互点在 1800年—2000 年前，从而破解了这一难题。这种既有一定的史料依据，又借助高科技手段来进行研究，是值得肯定的方法。课题组还在各地采集了 79 个曹姓家族的280 名男性和 446 个包括夏侯、操等姓氏男性血液样本，排除了曹操与夏侯、操姓的关系，也排除了与曹参的关系，这些基于科学技术之上的结论理应获得尊重。韩昇研究曹氏家族的情况，认为曹嵩是族内过继而非族外过继，这与 DNA 测试结论并无矛盾。有人怀疑通过家谱寻找曹操后裔的可操作性。其实不必如此。正因为家谱存在问题，所以才有必要作更为科学的研究与测试，但必须承认通过家谱是筛选曹氏后裔的有效捷径，再加以 DNA 测试，其结论的可信程度极高。

进一步说，中国一直有赞称自己是家族（乃至民族）中某一名声最大者之后裔的传统，那么现存具有该染色体之曹氏，自称或称之"曹操家族"后裔也无大错。若想进一步区分曹操或其叔伯兄弟之后裔，就当今所存史料或其他资料，目前尚无有效解决方法与技术手段，只能寄希望于今后有更多实物资料或其他资料的发现，寄希望于科技的进一步发展。

原载于《中国社会科学报》2014 年 1 月 13 日"争鸣"版

襄阳悟道：道安与东晋十六国佛教的重大转折

　　襄阳地处湖北西北部,汉江中游,为进入江汉地区的主要通道之一。它地理位置极为重要,史称"襄阳旧楚之北津,从襄阳渡江,经南阳,出方关,是周、郑、晋、卫之道,其东津经江夏,出平皋关,是通陈、蔡、齐、宋之道"①,因此历来是兵家必争之地。在东晋十六国南北朝时期,这里又是佛教十分兴盛之地,其中名僧道安在此活动,使襄阳成为南北佛教交集的重要区域之一。

　　历代人士对道安多有赞叹,尤其晋将朱序曾称颂"安法师道学之津梁"②,实是对道安在当时佛教界地位的准确评判。学界对道安佛学研究颇多③,对道安佛学评述也很深入。汤用彤称:"东晋之初,能使佛教有独立之建设,坚苦卓绝,真能发挥佛陀之精神,而不全藉清谈之浮华者,实在弥天释道安法师。道安之在僧史,盖几可于特出高僧之数矣。"④但笔者以为道安南下襄阳,分张徒众,其学兼融儒道以及与襄阳文化关系诸事尚可再加研究。

　　应该强调指出:道安在南下襄阳的思想转变,使中国佛教产生了划时代的变革,意义极其重大,笔者称之"襄阳悟道"。这一悟道,其意义远远超过王阳明"龙场悟道"。因为王阳明龙场悟道只是个人思想的转变,从此他成为陆九渊之后心学的代表人物,而道安襄阳悟道,不仅是他个人思想的转变,而且是中国佛教史上的重大突变,从此开启了佛教的中国化和儒佛道三家合流的萌芽⑤。

---

① 《后汉书》卷一一二《郡国志四》引《荆州记》,北京:中华书局,1965年,第3481页。

② 释慧皎:《高僧传》卷五《晋长安五级寺释道安传》,北京:中华书局,1992年,第179页。

③ 研究道安的著述,著名者如汤用彤《汉魏两晋南北朝佛教史》(修订本,北京:昆仑出版社,2006年)、任继愈《中国佛教史》(第3卷,北京:中国社会科学出版社,1988年)、日本镰田茂雄《简明中国佛教史》(上海:上海译文出版社,1986年)、方广錩《道安评传》(北京:昆仑出版社,2004年)、胡中才《道安研究》(北京:宗教文化出版社,2011年)等;有关论文不下百篇。

④ 汤用彤:《汉魏两晋南北朝佛教史》(修订本),北京:昆仑出版社,2006年,第170页。

⑤ 一般说法是唐代出现了儒佛道三家合流,实际上这主要是从儒家角度出发来观察的。我们如果从中国佛教角度观察,尽管不能说在东晋十六国时期三家合流趋势已经成熟,但说三家合流趋势已经萌芽大致是不会错的。更要强调的是,作为佛教中国化的第一人,道安在当时名声极大,他纳儒道入佛,确实与一般僧侣以儒道阐释佛教的作用不可同日而语。

一、分张徒众与南方佛教的兴盛

道安行事中最被人称道者是晋兴宁三年（365 年）南下襄阳时分张徒众一事，史称道安"乃令法汰诣扬州，曰：'彼多君子，好尚风流。'法和入蜀，山水可以修闲。安与弟子慧远等四百余人渡河"[①]，此即所谓分张徒众、分道弘法。

就当时而言，北方是佛教中心，南方虽自孙吴时渐受佛教影响，但受众不多，流传不广，主要流布于长江沿岸及江浙某些地方。南方佛教并非是道安带来的，从现有资料可追溯到孙吴："孙权赤乌四年，有康居国大丞相长子弃俗出家为沙门，厥名僧会，姓康氏，神仪刚正，游化为任。时三国鼎峙，各擅威权，佛法久被中原，未达江表。会欲道被未闻，化行南国。初达建邺，营立茅茨，设像行道"[②]，此记载标注出自《吴书》[③]。在《隋书》中有相关记载："汉末，太守竺融，亦崇佛法。三国时，有西域沙门康僧会，赍佛经至吴译之，吴主孙权，甚大敬信。"[④]可见早在道安南下弘道百余年前，佛教已经传入南方。

据《高僧传》记载，早于道安的高僧大德大多是天竺、康居、安息、月支、罽宾等国人，而汉人仅见帛远及弟法祚，大致与道安同时则有僧辅、僧光、竺佛念等人，然除个别僧尼（如僧会）南下之外[⑤]，都在北方活动，可以说，道安是现知最早南下的著名汉高僧之一。

这里还有必要深入考察南方佛教流传状况。孙吴黄武三年（224 年），有天竺僧维祇难与竺律炎等人至武昌弘法译经，但他们"未善汉言"，与士人交流不畅。之后沙门法巨、法立等译经，但至永嘉之乱（307—312 年）"多不复存"[⑥]。西域僧帛尸梨密多罗避乱而南下建康，住建初寺，与丞相王导、太尉庾元规等人交往，然"密性高简，不学晋语，诸公与之语言，密虽因传译，而神领意得，顿尽言前"，交流靠翻译，看来也无法很好地传播佛教。据记载，似仅琅琊王珉师之[⑦]。大致到道安南下襄

---

①　释慧皎：《高僧传》卷五《晋长安五级寺释道安传》，第 178 页。

②　道宣：《广弘明集》卷一《吴主叙佛道三宗》（出《吴书》），文渊阁《四库全书》本，第 1048 册，第 240 页。

③　今本《三国志》无此记载，此《吴书》不知是何书。

④　《隋书》卷三五《经籍志四》，北京：中华书局，1973 年，第 1097 页。

⑤　释宝唱著，王孺童校注：《比丘尼传校注》卷一《建福寺康明感尼第五》载："晋建元元年（344）春……与慧湛等十人济江，诣司空何充。充一见甚敬重。于时京师未有尼寺，充以别宅为之立寺……名曰建福寺。"北京：中华书局，2006 年，第 15 页。此为首见比丘尼南下者，然她"少时便卒"，看来在建康也没有太大影响。

⑥　释慧皎：《高僧传》卷一《魏吴武昌维祇难传》，第 22 页。

⑦　释慧皎：《高僧传》卷一《晋建康建初寺帛尸梨密传》，第 29—31 页。

阳之时,北僧南下弘法,除建康①外,见于记载者有广陵、彭城②、江陵、庐山、豫章③、剡东仰山④、会稽⑤、吴(今苏州)⑥、武昌⑦、历阳⑧诸处,尽管这里肯定还有所遗漏,但大致可确定是沿江一带。甚至有些僧人无寺可住,如竺法旷"事沙门竺昙印为师……后辞师远游,广寻经要,还止于潜青山石室"⑨,石室,山洞也。与道安名气相似的支遁⑩到达会稽,"于沃洲小岭立寺行道",也仅有"僧众百余,常随禀学"⑪。而大致同时的后秦姚兴(394—416 年在位)"专志佛法,供养三千余僧,并往来宫阙,盛修人事"⑫。显然,南方佛教与北方相比差距极大。换句话说,在道安之前,南方佛教不盛、传播不广、僧侣不多,尽管有少量僧人南下北上,但总体而言南北佛教交流不畅。

道安南下襄阳、分张徒众的重要意义在于,他和徒众不但在南方广泛地传播了佛学,而且极大地促进了南北佛教交流。这类例证甚多,略举数例以证之:

> (法汰)止瓦官寺,晋太宗简文皇帝深相敬。重请讲《放光经》。开题大会,帝亲临幸,王侯公卿莫不毕集。汰形解过人,流名四远,开讲之日,黑白观听士女成群。及诸禀门徒,以次骈席,三吴负囊至者千数。瓦官寺本是河内山玩公墓为陶处,晋兴宁中,沙门慧力启乞为寺,止有堂塔而已。及汰居之,更拓房

---

① 《隋书》卷三五《经籍志四》,第 1097 页。

② 《三国志》卷四九《笮融传》:"笮融者,丹杨人,初聚众数百,往依徐州牧陶谦。谦使督广陵、彭城运漕,遂放纵擅杀,坐断三郡委输以自入。乃大起浮图祠,以铜为人,黄金涂身,衣以锦采,垂铜盘九重,下为重楼阁道,可容三千余人,悉课读佛经,令界内及旁郡人有好佛者听受道,复其他役以招致之,由此远近前后至者五千余人户。每浴佛,多设酒饭,布席于路,经数十里,民人来观及就食且万人,费以巨亿计。"笮融在广陵、彭城造佛寺,从当时形势来看,不可能多,故"大起浮图祠"、"每浴佛,多设酒饭,布席于路,经数十里,民人来观及就食且万人",夸大之辞难以取信。但这一带有佛教流传则可断定。北京:中华书局,1959 年,第 1185 页。

③ 释慧皎:《高僧传》卷四《晋豫章山康僧渊传》,第 150 页。

④ 释慧皎:《高僧传》卷四《晋剡东仰山竺法潜传》,第 156 页。竺法潜为王敦之弟,18 岁出家,永嘉南渡,后居仰山。

⑤ 释慧皎:《高僧传》卷四《晋剡沃洲山支遁传》,第 160 页。其传称:王羲之"时在会稽,素闻遁名……仍请住灵嘉寺,意存相近。俄又投迹剡山,于沃洲小岭立寺行道",又称"晚移石城山,又立栖光寺",石城山亦在会稽。

⑥ 释慧皎:《高僧传》卷五《晋吴虎丘东山寺竺道壹传》,第 206 页。

⑦ 释慧皎:《高僧传》卷一《魏吴武昌维祇难传》,第 22 页。

⑧ 释宝唱著、王孺童校注:《比丘尼传校注》卷一《新林寺道容尼第十》:"道容,本历阳人,住乌江寺",第 28 页。

⑨ 释慧皎:《高僧传》卷五《晋於潜青山竺法旷传》,第 205 页。

⑩ 支遁死于废帝太和元年(366),其在建安活动自然稍早于道安南下襄阳。

⑪ 释慧皎:《高僧传》卷四《晋剡沃洲山支遁传》,第 160 页。

⑫ 释慧皎:《高僧传》卷二《晋京师道场寺佛驮跋陀罗传》,第 71 页。

宇,修立众业,又起重门,以可地势。①

　　显然,法汰在南方的影响甚大,不但听讲者很多,他还对瓦官寺进行了大规模拓建,使其成为当时一座重要寺院。法汰之徒竺道生亦是名僧,据称"初投吴之虎丘山,旬日之中,学徒数百"②。

　　法和在蜀,"巴汉之士,慕德成群"③,显然,他在蜀也初步打开了局面④。这里还须补充的是,随道安到襄阳,然后又随慧远赴庐山的慧持,"后闻成都地沃民丰,志往传化,兼欲观瞩峨嵋,振锡岷岫,乃以晋隆安三年辞远入蜀","到蜀,止龙渊精舍,大弘佛法,并络四方,慕德成侣……时有沙门慧岩、僧恭,先在岷蜀,人情倾盖,及持至止,皆望风推服"⑤。慧持是高僧慧远之弟,其赴蜀后也有很大影响,在巴蜀传播了道安佛学。

　　至于道安在襄阳,正如学者所称:"荆襄佛教之盛,盖亦始于道安"⑥,学界也多有评述,此不赘。道安在襄阳弘扬佛法不遗余力,其弟子僧翼"尝随安在檀溪寺,晋长沙太守滕含,于江陵舍宅为寺。安(当为含)求一僧为纲领。安谓翼曰:'荆楚士庶,始欲师宗,成其化者,非尔而谁!'翼遂杖锡南征,缔构寺宇,即长沙寺是也。后……避难上明,翼又于彼立寺。群寇既荡,复还江陵,修复长沙寺"⑦。可见,佛教在当地弘化之际,道安徒众是起了相当作用的。

　　后秦建元十五年(379 年),秦将苻丕逼襄阳,道安被梁州刺史朱序所限,不得离开,"乃分张徒众,各随所之。临路,诸长德皆被诲约,(慧)远不蒙一言,远乃跪曰:'独无训勖,惧非人例。'安曰:'如公者岂复相忧。'远于是与弟子数十人,南适荆州,住上明寺。后欲往罗浮山,及届浔阳,见庐峰清静,足以息心,始住龙泉精舍"⑧。正是这次分张徒众,慧远从此别子为宗,创立净土宗,开创了庐山一脉,声名显赫,道安之后,东土佛教唯慧远为最⑨。

　　道安两次分张徒众,第一次在南下襄阳途中,第二次在襄阳即将陷落之际,两

---

① 释慧皎:《高僧传》卷五《晋京师瓦官寺竺法汰传》,第 193 页。
② 释慧皎:《高僧传》卷七《宋京师龙光寺竺道生传》,第 255 页。
③ 释慧皎:《高僧传》卷五《晋蒲坂释法和》,第 189 页。
④ 法和在巴蜀弘法及影响,可参见汤用彤《汉魏两晋南北朝佛教史》第 184 页,此不赘。
⑤ 释慧皎:《高僧传》卷六《晋蜀龙渊寺释慧持传》,第 230 页。
⑥ 汤用彤:《汉魏两晋南北朝佛教史》,第 186 页。
⑦ 释慧皎:《高僧传》卷五《晋荆州长沙寺释昙翼传》,第 198 页。释道世著、周叔迦等校注:《法苑珠林》卷一三载:"有长沙太守江陵滕畯(一云滕含),以永和二年,舍宅为寺,额表郡名。承道安法师襄川综领,请一监护。"北京:中华书局,2003 年,第 459 页。
⑧ 释慧皎:《高僧传》卷六《晋庐山释慧远传》,第 212 页。
⑨ 对慧远弘法之评价,可参见汤用彤《汉魏两晋南北朝佛教史》第 11 章。

次分张徒众,其意义不可低估:道安向南传播了佛教,从此之后,南方佛法渐盛,而且南方僧侣赴北拜师访经十分兴盛,促进了南方佛教的发展和南北佛学的交流。因此可以说,道安南下襄阳是其佛教派别的一次重大转机,从此道安佛学之名流布南北,使其最终成为中国佛教史上一位举足轻重的高僧。

二、"弘赞理教"与内外相融风气的形成

如果仅从分张徒众、广泛传播佛教来认识道安佛学,自然是远远不够的。这里还要从其在襄阳思想转变来研讨其佛学能够广泛流传并获得士庶信众的原因。然而要说这一点,不得不指出《高僧传》记载道安对儒道等学看法之"矛盾"。魏晋南北朝时期,佛教被称之"内教",儒道等学则被称之"外教",著作也有内典、外典之分,一些持守谨严的僧侣则坚守传统的佛教立场,反对混淆两者。据《释僧先传》载:

> 释僧先,冀州人,常山渊公弟子……值石氏之乱,隐于飞龙山,游想岩壑,得志禅慧。道安后复从之,相会欣喜,谓昔誓始从,因共披文属思,新悟尤多。安曰:"先旧格义,于理多违。"先曰:"且当分折逍遥,何容是非先达。"安曰:"弘赞理教,宜令允惬,法鼓竞鸣,何先何后。"先乃与汰等,南游晋平,讲道弘化。后还襄阳,遇疾而卒。[①]

道安入飞龙山在晋穆帝永和五年(349年)前后[②],其早年佛学思想基本成熟。但可以看出,道安严守传统的佛教立场,反对借用老庄来格义,认为它"于理多违",主张"弘赞理教,宜令允惬",即用佛教经义本身来阐述佛教,反对佛教与儒家老庄混合并用。其实,道安排斥儒道是史有明证的。《高僧传》载道安南下襄阳之前行事,不称其通晓儒家老庄之学,仅讲其深研佛教经典,而其弟子慧远"闻(道)安讲《波若经》,豁然而悟,乃叹曰:'儒道九流皆糠秕耳。'便与弟慧持投簪落彩,委命受业"[③]。显然,道安所讲绝对不含儒家老庄色彩,否则慧远不会贬称"儒道九流皆糠秕"了。

然而,《高僧传》又载习凿齿对道安的赞誉:"其人理怀简衷,多所博涉,内外群书,略皆遍睹,阴阳算数,亦皆能通,佛经妙义,故所游刃"[④],显然,这与上述道安反对以儒家老庄等"俗书"来阐释佛经的态度是非常矛盾的。那么,怎么来解释这一矛盾?如果说这是一种转变,那么这一转变究竟始于何时?

---

① 释慧皎:《高僧传》卷五《晋飞龙山释僧先传》,第194—195页。
② 汤用彤:《汉魏两晋南北朝佛教史》,第177页。
③ 释慧皎:《高僧传》卷六《晋庐山释慧远传》,第211页。
④ 释慧皎:《高僧传》卷五《晋长安五级寺释道安传》,第180页。

众所周知,道安生于晋永嘉六年(312年),"家世英儒。早失覆荫,为外兄孔氏所养。年七岁读书,再览能诵。乡邻嗟异"①,显然他虽幼年失怙,养于外兄之家,然天智聪慧,勤于诵读,记忆极佳。《道安传》称他12岁出家,由于"形貌甚陋,不为师之所重",然他"神智聪敏",竟能把五千言的《辩意经》、近万言的《成具光明经》一天成诵,震惊其师支曜。后入邺拜著名高僧佛图澄为师,学业大进。道安幼年苦读,自然会诵读儒家乃至老庄著述,也会阅读其他中华典籍。然道安剃度之后,潜心佛学,无心旁骛,这除了上述他与僧先对话和慧远听道安讲《波若经》之外,还有一条极为重要的旁证资料:"(慧远)年二十四,便就讲说。尝有客听讲,难实相义,往复移时,弥增疑昧。远乃引《庄子》义为连类,于是惑者晓然,是后安公特听慧远不废俗书。"②道安特许慧远"不废俗书",也就是不许其他僧人诵读"俗书"的。慧远生于晋成帝咸和九年(334年)③,24岁为穆帝升平二年(357年),即前秦苻坚永兴元年,时道安"还冀部,住受都寺"④,可见其时道安持守甚坚,对内典与外典的区分极严。

然由于当时北方战乱不断,百姓涂炭,加之佛教在北方虽有发展,但毕竟没有成为洪流,这种社会现实对一心弘佛伸法的道安来说肯定是有触动的,他也对当时社会现实有了更为深刻的认识。因而,道安在南下襄阳时,其思想出现了转变。史载在距襄阳70公里左右的新野,道安谓徒众曰:"今遭凶年,不依国主,则法事难立,又教化之体,宜令广布。"⑤许多学者都认为道安提出"不依国主,则法事难立",即从纯粹追求佛教经义转向了世俗现实,说明其开始正视佛教与现实社会、政治的关系,也有学者认为从此道安开创了中国化的佛教。这些观点自然都没有错,但没有深入研讨这种转变的表象后面更为深刻的意义,即这一思想转变对佛学发展的影响、乃至佛学与其他学派关系如何。

笔者以为:道安这一思想转变对当时乃至今后佛教与中国传统文化的结合奠定了基础,开启了儒佛道思想结合的先河⑥。

众所周知,在当时剃度为僧者有许多出身名门贵族或普通士大夫之家,他们从小接触中华传统文化,尤其当时玄风炽热,对士人们影响颇大。这些士人一旦剃度

① 释慧皎:《高僧传》卷五《晋长安五级寺释道安传》,第177页。
② 释慧皎:《高僧传》卷六《晋庐山释慧远传》,第212页。慧远与客讲论,在24岁之后,但具体何年则无从考证。
③ 汤用彤:《汉魏两晋南北朝佛教史》(修订本),第303页。
④ 此据汤用彤考证,氏著《汉魏两晋南北朝佛教史》(修订本),第177页。此后,道安又赴牵口山、王屋女林山、河居陆浑等地。
⑤ 释慧皎:《高僧传》卷五《晋长安五级寺释道安传》,北京:中华书局,1992年,第178页。
⑥ 从《高僧传》看出,早于道安者讲论老庄者仅见有竺法潜等数人,而与道安年龄类似者则有支遁等人,显然道安之前佛教界持守较严,而晋永和之后则风气有所变化,详见下文论述。

为僧,有意无意地会流露出这种文化的痕迹,尤其是用中国传统文化的概念对一些佛教词语的进行解说疏释,以便了解,这是完全可以理解的。但这种解说疏释仅是为了理解佛教而不得已为之,是不自觉的。自然也有一些名僧大德似乎有融通内外两教言论,这些史料更当仔细辨析。早于道安者有竺道潜(法深),常以老庄之学释佛教。法深比道安年长 26 岁,18 岁从中州玄谈名士刘元真出家,受到玄风影响是必然的,据称"潜优游讲席三十余载,或畅方等,或释老庄,投身北面者,莫不内外兼洽"①,法潜"释老庄"是事实,然未涉及儒学,因此可视为"格义"一派,加以法潜"隐迹剡山,以避当世","逍遥林阜,以毕余年"②,其徒众不多,影响自然不广,因而法潜不可能开启内外两教交融局面。这里再举略早于道安的帛远为例:

> (帛远字法祖)才思俊彻,敏朗绝伦,诵经日八九千言,研味《方等》,妙入幽微。世俗坟素,多所该贯。乃于长安造筑精舍,以讲习为业,白黑宗禀,几且千人。晋惠之末,太宰河间王颙镇关中,虚心敬重,待以师友之敬,每至闲辰靖夜,辄谈讲道德。③

汉僧帛远对"世俗坟素,多所该贯",还"谈讲道德",显然已涉及内外两教关系,可惜帛远仅在长安有影响,且晋末大乱,长安遭受严重破坏,加之帛远在西赴陇右途中被张辅杀害,其这一极有价值的思想转变戛然而止,甚为可惜。

实际上,晋末至十六国初,内外两教相融渐成趋势。《高僧传》载称佛图澄弟子道进"学通内外,为虎所重",尝言及隐士事,石虎以杨轲"不恭王命……傲然而卧"而欲诛杀他,道进劝道:"昔舜优蒲衣,禹造伯成,魏轼干木,汉美周党。管宁不应曹氏,皇甫不屈晋世,二圣四君,共加其节,将欲激厉贪竞,以峻清风。陛下遵舜禹之德,勿效太公用刑。君举必书,岂可令赵史遂无隐遁之传乎?"④道进要求石虎"遵舜禹之德,勿效太公用刑"云云,与儒家说法没有太大不同。这里再举一例:

> (竺佛念)弱年出家,志业清坚,外和内朗,有通敏之鉴。讽习众经,粗涉外典。⑤

---

① 释慧皎:《高僧传》卷四《晋剡东仰山竺法潜传》,第 156 页。
② 释慧皎:《高僧传》卷四《晋剡东仰山竺法潜传》,第 155—156 页。
③ 释慧皎:《高僧传》卷一《晋长安帛远传》,第 26 页。
④ 释慧皎:《高僧传》卷九《晋邺中竺佛图澄传》,第 353 页。道进与石虎言,引了不少为儒道之事,显然深通外内。
⑤ 释慧皎:《高僧传》卷一《晋长安竺佛念传》,第 40 页。

竺佛念也大致与道安同时,他一生侧重译经,但"讽习众经,粗涉外典",显示其多少具有融会内外两教的倾向,可惜典籍未载其具体融会两教的事例。《比丘尼传》也记载妙音"居处京华,博学内外,善为文章"①。从上述帛远、道进、竺佛念、妙音等例大致可以得出结论:东晋十六国初,出现了内外两教融会的趋势。

当然,我们不能夸大内外两教相融的规模,因为当时佛教僧侣修行读经,确有严格要求,是不可以随便阅读儒道经典。上述道安"特许"慧远读外典,正说明当时作为佛教中心的北方,对内外之别的控制仍是比较严格的。我们还可举其他例证,如支遁"年二十五出家,每至讲肆,善标宗会,而章句或有所遗,时为守文者所陋"②。支遁生于晋愍帝建兴二年(314 年),引文所称时间当为晋永和年间(345—355 年)。而永和十年(354 年)道安在太行恒山立寺,慧远此年从安公出家。联系两者,显然可见当时佛教界以"守文"(佛典章句)为上,不赞成向外典求索。当然,我们也注意到时人对支遁的评价,如孙绰《道贤论》以遁方向子期,声称"支遁、向秀雅尚庄老。二子异时,风好玄同矣"③。孙绰与支遁生于同年,去世于孝武帝宁康二年(374 年),其《道贤论》所作时间不详。然而大致可以判断的是,支遁讲论老庄比道安略早,但其所为也非融会两教,因为他没有任何宣扬儒家思想的资料,将他作为格义派也不为过。同时,支遁"俄又投迹剡山,于沃洲小岭立寺行道,僧众百余,常随禀学","晚移石城山,又立栖光寺"④,活动区域不大,徒众不多,加之去世过早(53 岁),故其影响远远仍不能与道安相提并论的。

因此笔者认为:在道安南下襄阳之前,尽管出现以某些僧侣自觉或不自觉地宣扬老庄儒学,有了融会内外两教的萌芽,但南北佛教总体上受玄、儒之风影响并不大,内外之分比较严格,还没有形成主动、自觉地将儒道纳入佛教系统来讲说的风气。

值得强调的是,道安的思想转向,南北佛学风气发生巨大变化,这是因为他开始自觉将佛教与儒道等学结合的行事风气,由于他盛名一时,徒众甚多,加之分张徒众,形成这一思想的扩散,因而道安的影响也就十分大了,是其他僧人不可同日而语的。这里先分析道安到达襄阳以及北归之后的相关行事。

道安到襄阳之后,习凿齿赞誉他"多所博涉,内外群书,略皆遍睹,阴阳算数,亦皆能通",显然他在与习氏交往中表现出这种儒佛兼言的风格,否则习氏不会如此称誉。道安后被苻坚"礼请"入长安,识鼎文、辨铜斛,其"多闻广识"令秦主苻坚大为称颂。据《高僧传》载:道安在苻秦"外涉群书,善为文章。长安中,衣冠子弟为

---

① 释宝唱著,王孺童校注:《比丘尼传校注》卷一《简静寺支妙音尼第十二》,第 35 页。
② 释慧皎:《高僧传》卷四《晋剡沃洲山支遁传》,第 159 页。
③ 释慧皎:《高僧传》卷四《晋剡沃洲山支遁传》,第 163 页。
④ 释慧皎:《高僧传》卷四《晋剡沃洲山支遁传》,第第 160—161 页。

诗赋者,皆依附致誉",乃至秦主苻坚命令"学士内外有疑,皆师于安。故京兆为之语曰:'学不师安,义不中难。'"①。显然,晚年之道安与当年在飞龙山时完全不同,已遍涉内外之典,博闻多识,内外兼修了。

我们再从道安抵襄阳之后撰写的一些经序来说明他采纳外典的证据:

> 经至晋土,其年未远,而喜事者以沙糅金,斌斌如也,而无括正,何以别真伪乎!农者禾草俱存,后稷为之叹息,金匮玉石同缄,卞和为之怀耻。②

> 昔在汉阴十有五载……会建元十八年(382年)……前人出经,支谶、世高,审得胡本难系者也。又如,支越,断凿之巧者也。巧则巧矣,惧窥成而混沌终矣。若夫以《诗》为烦重,以《尚书》为质朴,而删令合今,则马、郑所深恨者也。③

> 会建元十九年(383年)……赵郎(赵政)谓译人曰:"《尔雅》有《释古》、《释言》者,明古今不同也。昔来出经者,多嫌胡言方质,而改适今俗,此政所不取也。何者,传胡为秦,以不闲方言,求知辞趣耳,何嫌文质?文质是时,幸勿易之,经之巧质,有自来矣。唯传事不尽,乃译人之咎耳。"众咸称善。斯真实言也。④

> 至岁在鹑火,自襄阳至关右……昔从武遂、法潜得一部戒,其言烦直,意常恨之……而嫌其丁宁,文多反复,称即命慧常,令斥重去复。常乃避席谓:"……此土《尚书》及与《河》《洛》,其文朴质,无敢措手,明祇先王之法言而慎神命也……"众咸称善。⑤

道安的这些序中,不但引用或称颂《诗》、《尚书》、《尔雅》、《河图》、《洛书》之类中华典籍,还援引圣贤后稷和历史名人卞和,甚至其记时"岁在鹑火"直接采自《国语·周语》"昔武王伐殷,岁在鹑火,月在天驷"。这种情况与原来不让弟子们观看外典相比,可见道安思想上确实有了巨大转变。这种内外之学共讲、内外之典并论,对其弟子及其他僧侣自然会产生重大影响,从而形成一种内外相融的佛学风气。兹举例证之:

---

① 释慧皎:《高僧传》卷五《晋长安五级寺释道安传》,第181页。
② 释僧祐:《出三藏记集》卷五《新集安公疑经录第二》,第221—222页。
③ 释僧祐:《出三藏记集》卷八《摩诃钵罗若波蜜经抄序第一》,第289—290页。
④ 释僧祐:《出三藏记集》卷十《鞞婆沙序第十五》,第382页。
⑤ 释僧祐:《出三藏记集》卷十一《比丘大戒序第十一》,第412—413页。

（法雅）亦辩格义，以训门徒。雅风采洒落，善于枢机。外典佛经，递互讲说。[1]

（道超）内外坟典，常拥膝前，而手不释卷。[2]

（法瑗）笃志大乘，傍寻数论。外典坟素，颇亦披览……因庐于方山，注《胜鬘》及《微密持经》，论议之隙，时谈《孝经》、《丧服》。[3]

（僧盛）大明数论，兼善众经，讲说为当时元匠。又特精外典，为群儒所惮。[4]

（法师昙恒）内外典籍，无不通贯。[5]

（昙邕）从安公出家。安公既往，乃南投庐山，事远公为师。内外经书，多所综涉。[6]

（慧觉）兼通外典，妙善尺牍。属词染翰，造次可观。[7]

（僧瑾）游学内典，博涉三藏……先是智斌沙门，初代昙岳为僧正，斌亦德为物宗，善《三论》及《维摩》、《思益》、《毛诗》、《庄》、《老》等。[8]

世俗所尚，仁义礼智信也。含识所资，不杀盗淫妄酒也。虽道俗相乖，渐教通也。故发于仁者则不杀，奉于义者则不盗，敬于礼者则不淫，悦于信者则不妄，师于智者则不酒，斯盖接化于一时……今见奉戒不杀，不求仁而仁著；持戒不盗，不欣义而义敷；守戒不淫，不祈礼而礼立；遵戒不妄，不慕信而信扬；受戒舍酒，不行智而智明。[9]

上述所举例证，僧侣对外典十分热衷，“外典佛经，递互讲说”，甚至论证佛教戒律与儒家五伦相联系，反映出道安之后内外两教相融的事实。不但汉僧如此，甚至域外僧人亦熟稔中华典籍，如：

（婆罗门僧求那跋陀罗）幼学五明诸论，天文书算，医方咒术，靡不博贯。[10]

① 释慧皎：《高僧传》卷四《晋高邑竺法雅传》，第153页。
② 释道宣：《续高僧传》卷六《释道超传》，上海：上海古籍出版社，1991年《高僧传合集》本，第152页中。
③ 释慧皎：《高僧传》卷八《齐京师灵根寺释法瑗》，第312—313页。
④ 释慧皎：《高僧传》卷八《梁京师灵曜寺释僧盛传》，第334页。
⑤ 志盘撰，释道法校注：《佛祖统纪》卷二七《净土立教志十二之一·庐山十八贤》，上海：上海古籍出版社，2012年，第555页。
⑥ 释慧皎：《高僧传》卷六《晋庐山释昙邕传》，第236页。
⑦ 释道宣：《续高僧传》卷一二《释慧觉传》，第197页上。
⑧ 释慧皎：《高僧传》卷七《宋京师灵根寺释僧瑾传》，第394页。
⑨ 释道世著，周叔迦等校注：《法苑珠林》卷八八《五戒部第四》，第2515—2516页。
⑩ 僧佑：《出三藏记集》卷一四《求那跋陀罗传第八》，第547页。

　　　　（中天竺僧求那毘地）弱年从道，师事天竺大乘法师僧伽斯，聪慧强记，懃于讽诵，谙究大小乘，将二十万言。兼学外典，明解阴阳，占时验事，征兆非一。①

　　上述例证可充分说明道安弟子们及后学们融会儒佛的倾向，实际上，内外兼修、内外之学相融是社会现实之要求，也是当时佛学发展趋势所致，并非是由于某一僧人突发心愿而成。然而，道安不抱残守阙，在南下襄阳途中，在理解这一社会现实的前提下，顺应了儒佛融会的趋势，思想上从排斥儒家老庄到正视现实，主张内外兼修，促进了佛教与中华文化的相融，也使佛教能够日益弘扬与光大。这一巨大的历史贡献是值得肯定的。尽管这些僧人精研外典，其目的无非是"敷引外典，弘兹内教"②，但无论如何，佛教明确声称要"辩忠烈孝慈，以定君敬之道，明《诗》《书》礼乐，以成风俗之训"③，这种紧密与中国传统文化结合的趋势，自然能使佛教影响日益扩大④。史称："（道）安先闻（鸠摩）罗什在西国，思共讲析，每劝坚取之。什亦远闻安风，谓是东方圣人，恒遥而礼之……安终后十六年，什公方至，什恨不相见，悲恨无极。"⑤这是中国佛教史上一段佳话。两位在当时举足轻重的高僧大德，彼此钦慕，甚至罗什称誉道安为"东方圣人"，充分说明了道安在中国佛教史上的崇高地位。

三、襄阳文化与襄阳悟道

　　或许"东方圣人"道安本人可能意识不到他在襄阳的思想转变会有如此重大意义，但事实上，道安的这一转变确实是中国佛教史、中国思想史乃至中华文化史上极为重要的一环，这是外来文化与中华传统文化的冲撞之后的交融，是中华文化吸纳外来文化的前奏，这一转变成为中古文化变革的重要关节点。然而，我们不禁要问：道安的思想重大转变为什么发生在南下襄阳之际？到襄阳之后言行为什么有如此变化？这与襄阳文化究竟有什么内在关系？

　　在我们看来，道安"襄阳悟道"，是与襄阳当时的文化氛围是分不开的。那么，我们从襄阳文化入手分析，来解决道安的襄阳悟道的地域文化影响问题。

---

① 释慧皎：《高僧传》卷三《齐建康正观寺毘地传》，第 138 页。
② 僧祐撰，李小荣校笺：《弘明集校笺》卷一《光禄领太子右率范岫答》，上海：上海古籍出版社，2013 年，第 504 页。
③ 释慧皎：《高僧传》卷一四《序文》，第 523 页。
④ 正由于此，一些学者认为道安将印度般若思想与中国老、庄思想的结合，是佛教中国化的开创者或奠基人，这虽有一定道理，但不提道安也采纳儒学则不完整。
⑤ 释慧皎：《高僧传》卷五《晋长安五级寺释道安传》，第 184 页。

　　首先要从区域行政上来说明这一问题。襄阳设县始于西汉,隶属南郡。东汉初平二年(191 年),荆州刺史刘表始移州治到襄阳,建安十三年(208 年)析南郡、南阳郡才设置郡级行政机构。因而,在刘表移州治于襄阳之前,作为一个县级行政机构所在地,根本不可能成为区域政治与文化的中心。而刘表移州治于襄阳,使襄阳从此成为荆州政治、文化中心。因此,习凿齿《襄阳耆旧记》开篇第一人是战国时期的宋玉,第二位是西汉末年的"有德行,不仕"[①]的习融,我们也很少找得到介于这两人之间的其他襄阳籍的文化人士。按照现存《襄阳耆旧记》的记载来看,大致东汉初年襄阳开始有了一些变化,东汉中期出现一位有才华的文人王逸,"元初中(114—119 年),举上计吏,为校书郎。顺帝时,为侍中。著《楚辞章句》行于世。其赋、诔、书、论及杂文凡二十一篇。又作《汉诗》百二十三篇"[②],其子延寿"有儁才",曾作《灵光殿赋》,著名文学家蔡邕"亦造此赋,未成,见甚奇之,遂辍翰"[③],死时仅20 余岁。此后相当长一段时间又未见襄阳籍文士出现,直至东汉末刘表任荆州刺史时才有了根本改观。因此可以说,襄阳长期以来是作为一个县级政权机构所在地,文化不发达,与其他地方交流不多,显得比较封闭,难以孕育出大量文人学士。

　　汉末,中原地区大乱,而刘表割据荆州 19 年,相对较为稳定,各地士人大量流寓襄阳。如本文一开始罗列的《后汉书》那条资料所说那样,襄阳地理位置极为重要,它虽属荆楚之地,然它是连接中州及南方的一条重要通道,便于各地文士进入襄阳。而相对稳定的政局,又对各地士人有较大吸引力,他们来到襄阳,带来各地的文化,与当地文化相结合,促进了襄阳文化发生质的变化,换句话说说,襄阳文化从封闭走向了开放。我们先举一条重要史料:

> 　　(刘表)南接五岭,北据汉川,地方数千里,带甲十余万。初,荆州人情好扰,加四方骇震,寇贼相扇,处处麋沸。表招诱有方,威怀兼洽,其奸猾宿贼更为效用,万里肃清,大小咸悦而服之。关西、兖、豫学士归者盖有千数,(刘)表安慰赈赡,皆得资全。遂起立学校,博求儒术,綦母闿、宋忠等撰立《五经》章句,谓之后定。爱民养士,从容自保。[④]

这里有两个重要信息,一是刘表占据荆州之后,在襄阳设立学校,招徕学者,讲授儒学,培养人才;二是"关西、兖、豫学士归者盖有千数",说明各地士人大量涌入襄阳

---

① 习凿齿著,舒焚、张林川校注:《襄阳耆旧记校注》卷一《习融》,武汉:湖北人民出版社,1996 年,第 27 页。

② 《后汉书》卷八上《王逸传》,第 2618 页。

③ 习凿齿著,舒焚、张林川校注:《襄阳耆旧记校注》卷一《王延寿》,第 35 页。《后汉书》卷八上《王逸传》略同。

④ 《后汉书》卷七四下《刘表传》,第 2421 页。

的事实,实现了襄阳文化与外来文化的交融。担任教职者现知有綦母闿、司马徽、宋忠诸人。其中綦母闿仅知其为汉川人(今属四川)①,无更多资料可寻。司马徽为颍川(今河南禹县)人,史称其"清雅有知人鉴"②,《资治通鉴》载刘备在荆州曾访士于司马徽,"徽曰'儒生俗士,岂识时务,识时务者在乎俊杰。此间自有伏龙、凤雏。'备问为谁,曰:'诸葛孔明、庞士元也。'"③。宋忠则是襄阳人,《隋书·经籍志》载宋忠《周易注》十卷、《世本(注)》四卷、《法言注》十三卷、《太玄经注》九卷。曹魏时期极为著名的学者王肃"年十八,从宋忠读《太玄》"④,显然宋忠学问颇佳。可见在当时学校任职者是土著学者与外来学者并用。值得注意的是,学校生徒不仅有襄阳籍,还有许多各地来求学者,如诸葛亮、庞统、向朗等人均为襄阳人,而尹默、李譔等人则来自外地。这一现象充分说明,到汉末,襄阳土著文化已有长足发展(宋忠是代表人物),而外来文化也进入襄阳,两者交融,对襄阳文化的发展起到了至关重要的作用。从《襄阳耆旧记》及其他典籍所载人物来看,汉末到魏晋出现了大量襄阳籍文人学士及其他当时在襄阳居住过的著名人物,应该说,外来文化与襄阳文化的结合,导致襄阳文化从封闭走向开放,造就了襄阳文化的迅速发展⑤。

三国时期,襄阳虽是兵家必争之地,数易其手,然没有大的破坏是可以肯定的,否则三国到西晋初不会有这么多文人学士活跃在政治舞台上。实际上,这一文化氛围在刘琦归顺曹操之时未受破坏,到西晋初还曾获得修复机遇。泰始五年(公元269年),西晋名臣羊祜以尚书左仆射、都督荆州诸军事,出镇襄阳,在镇十年,临终,举荐杜预自代。羊祜曾著《老子传》,在襄阳期间"开设庠序,绥怀远近,甚得江汉之心"⑥。杜预则是西晋最为著名的学者,撰有《春秋左氏经传集解》、《春秋释例》、《春秋长历》、《盟会图》、《女记赞》等,还"参考众家谱第,谓之《释例》",他代羊祜镇守襄阳后,"修立泮宫,江汉怀德,化被万里"⑦。可见襄阳文化在三国至西晋初的发展基本上是良性的。

当时襄阳有蔡、习、刁、杨四大家族。刁氏家族,在《汉书》、《后汉书》、《三国志》、《晋书》、南北朝诸正史未见记载,即在历史上没有留下任何印迹,可能刁氏是

---

① 凌迪知:《万姓统谱》卷一二六,文渊阁《四库全书》本,第 857 册,第 729 页。
② 《三国志》卷三七《庞统传》,第 953 页。
③ 《资治通鉴》卷六五,汉献帝建安十二年,北京:中华书局,1956 年,第 2074 页。
④ 《三国志》卷一三《王朗传》,第 414 页。
⑤ 蔡邕:《蔡中郎集》卷六《刘镇南碑》载:"诸州或失土流播,或水潦没害,人民死丧,百遗二三,而君保完万里,至于沧海……武功既亢,广开雍泮,设俎豆、陈垒彝,亲行乡射,跻彼公堂,笃志好学,吏民子弟,受学之徒,盖以千计。洪生巨儒,朝夕讲诲,闇闇如也。虽洙泗之间,学者所集,方之无异也……又求遗书,写还新者,留其故本,于是古典毕集,充于州闾。"此碑虽有过誉之处,但亦可见襄阳文化迅速发展状况。文渊阁《四库全书》本,第 1063 册,第 213—214 页。
⑥ 《晋书》卷三四《羊祜传》,北京:中华书局,1974 年,第 1014 页。
⑦ 《晋书》卷三四《杜预传》,第,1031 页。

占山霸田的乡豪之类。襄阳第一大族是蔡氏。汉末,蔡讽之姐为太尉张温妻,讽之长女适襄阳名士黄承彦(其女嫁诸葛亮),小女后为刘表续弦。初平元年(190 年),刘表为荆州刺史,蔡讽之子蔡瑁与中庐人蒯良、蒯越人密谋,以计平定当地宗贼,迎刘表,并移州治于襄阳。蔡氏家族有名者如蔡瓚,字茂珪,鄢相;琰,字文珪,为巴郡太守,尽管"永嘉末,其子犹富,宗族甚强,共保于洲上,为草贼王如所杀,一宗都尽,今无复姓蔡者"①。显然,西晋怀帝永嘉之后,蔡氏退出历史舞台。

　　四大家族中习、杨两族影响最大。史称襄阳习氏家族"宗族富盛,世为乡豪"②。始见典籍记载者为西汉末的习融,然其一生不仕。其子习郁,东汉初随刘秀起兵,以功拜为大鸿胪,封襄阳侯,于岘山南依范蠡养鱼法作鱼池③。东汉初崛起的习氏至东汉末年未出现过什么著名文人,大概也只是出身于军功地主的类似刁氏的土著"乡豪"④。东汉末至魏晋,习氏家族著名于世者有"才气锋爽"⑤的习询、习竺;"博学有才鉴"⑥的习承业;"有威仪,善谈论"⑦的习蔼;赠邵陵太守习珍⑧,习珍之子温"识度广大",被潘濬称之"名士";曾任荆州大公平⑨、"有风流,善谈论"、"名亚庞统"的习祯,祯子忠"亦有名",忠子隆为步兵校尉、掌校秘书⑩,一门三代任职朝廷⑪。习氏家族还有西晋时任职征南功曹⑫、记室参军⑬的习嘏,曾撰《长鸣鸡赋》⑭。习氏家族最为著名者当是习凿齿。凿齿"少有志气,博学洽闻,以文笔著称",被人歌颂为"徒三十年看儒书,不如一诣习主簿",他为巴蜀史学家谯周弟子,精通史学,著《汉晋春秋》、《襄阳耆旧记》等书。子习辟强,"才学有父风"⑮,元兴元年位至骠骑从事中郎。杨氏虽不如习氏出现那么多名士,但也家世显赫。汉

---

① 习凿齿著,舒焚、张林川校注:《襄阳耆旧记校注》卷一《蔡瑁》,第 37 页。
② 《晋书》卷八二《习凿齿传》,第 2152 页。
③ 习凿齿著,舒焚、张林川校注:《襄阳耆旧记校注》卷一《习融》,第 27—28 页。
④ 《襄阳耆旧记》是习凿齿所著,他不会不记载其祖先文韬武略的,因此可以断定习氏在东汉末年前也仅是土豪而已,即使有人读书,也没有获得什么成就。
⑤ 习凿齿著,舒焚、张林川校注:《襄阳耆旧记校注》卷一《习询、习竺》,第 99 页。
⑥ 习凿齿著,舒焚、张林川校注:《襄阳耆旧记校注》卷一《习承业》,第 100 页。
⑦ 习凿齿著,舒焚、张林川校注:《襄阳耆旧记校注》卷一《习蔼》,第 102 页。
⑧ 习凿齿著,舒焚、张林川校注:《襄阳耆旧记校注》卷一《习珍》,第 103 页。
⑨ 习凿齿著,舒焚、张林川校注:《襄阳耆旧记校注》卷一《习温》,第 110 页。
⑩ 习凿齿著,舒焚、张林川校注:《襄阳耆旧记校注》卷一《习温》,第 121 页。
⑪ 《三国志》卷四五《杨戏传》:"文祥名祯,襄阳人也。随先主入蜀,历雒、郫令,广汉太守。失其行事。子忠,官至尚书郎。"裴松之注引《襄阳记》认为文祥即习祯,第 1085 页。
⑫ 习凿齿著,舒焚、张林川校注:《襄阳耆旧记校注》卷一《习嘏》,第 249 页。
⑬ 虞世南:《北堂书钞》卷六八载:"习嘏,字彦玄(《四库全书》本作"文"),山简以嘏才博有文章,为征南功曹,止举大纲而已,不拘文法。简益器之,转为记室参军。"台湾:文海出版社影印本,第 302 页。习凿齿著,舒焚、张林川校注:《襄阳耆旧记校注》更为简略,不取。
⑭ 徐坚:《初学记》卷三,北京:中华书局,1962 年,第 729 页。
⑮ 《晋书》卷八二《习凿齿传》,第 2158 页。

末,杨氏家族有杨虑,字威方,少有德行,为沔南冠冕。州郡征辟不从,有门徒数百人,号为"德行杨君"①。其弟杨仪,在蜀任尚书、弘农太守、长史、中军师②。杨颙随刘备入蜀,为巴郡太守、丞相主簿。他恪尽职守,为诸葛亮出谋划策,病故之时,"(诸葛)亮泣三日,与蒋琬书曰:'天夺吾杨颙,则朝有少损益矣。'"③可见诸葛亮对其器重。

　　除襄阳习、杨两族外,且不说襄阳出了千古名相诸葛亮的诸葛家族,襄阳其他家族也是人才辈出。向氏家族的向朗"少师事司马德操(徽),与徐元直(庶)、韩德高(嵩)、庞士元(庞统)皆亲善"④,"少时虽涉猎文学,然不治素检,以吏能见称。自去长史,优游无事垂二十年,乃更潜心典籍,孜孜不倦。年逾八十,犹手自校书,刊定谬误,积聚篇卷,于时最多"⑤。向条也"博学多识"⑥。向朗兄之子宠,在蜀汉任中领军,诸葛亮上表称向宠"素行淑均,晓畅军事",认为将"营中之事悉以咨之,必能使行陈和睦,优劣得所"⑦。宠弟充,蜀汉射声校尉、尚书、梓潼太守。

　　其他襄阳才华之士亦不少。给诸葛亮题名"卧龙"、庞统题名"凤雏"、司马徽题名"水镜"的襄阳高士庞德公躬耕乡里,一生不仕,以"琴书自娱"⑧,其子庞山民"有令名",为魏黄门吏部郎;山民子涣,晋时任牂牁太守⑨。凤雏庞统为德公侄子,为当时著名士人。庞氏家族还有庞统之子宏,任蜀"涪陵太守。统弟林,以荆州治中从事参镇北将军黄权征吴,值军败,随权入魏,魏封列侯,至巨鹿太守"⑩。马良"兄弟五人,皆有才名"⑪,而以马良最为著名,在蜀汉时担任过侍中,受到先主及诸葛亮的器重。其弟马谡亦"才器过人"⑫。马良儿子秉,为蜀汉骑都尉。另外,襄阳人谢该"善明《春秋左氏》,为世名儒,门徒数百千人"⑬。张悌"少有名理",孙皓时任

---

① 习凿齿著,舒焚、张林川校注:《襄阳耆旧记校注》卷一《杨虑》,第86页。

② 《三国志》卷四《杨仪传》,第1004页。

③ 习凿齿著,舒焚、张林川校注:《襄阳耆旧记校注》卷二《杨颙》,第145页。《三国志》卷四五《杨颙传》记载略异。

④ 《三国志》卷四一《向朗传》裴注引《襄阳记》,第1010页。

⑤ 习凿齿著,舒焚、张林川校注:《襄阳耆旧记校注》卷二《向朗》,第152页。

⑥ 习凿齿著,舒焚、张林川校注:《襄阳耆旧记校注》卷二《向条》,第159页。

⑦ 习凿齿著,舒焚、张林川校注:《襄阳耆旧记校注》卷二《向宠》,第161页。

⑧ 习凿齿著,舒焚、张林川校注:《襄阳耆旧记校注》卷一《庞德公》,第35页。

⑨ 习凿齿著,舒焚、张林川校注:《襄阳耆旧记校注》卷一《庞德公》,第39—40页。

⑩ 《三国志》卷三七《庞统传》,第956页。

⑪ 习凿齿著,舒焚、张林川校注:《襄阳耆旧记校注》卷二《马良》,第125页。

⑫ 习凿齿著,舒焚、张林川校注:《襄阳耆旧记校注》卷二《马谡》,第134页。

⑬ 《后汉书》卷七九下《谢该传》,第2584页。

丞相,封山都侯,力抗强晋,兵败被杀①。还有"少以才学知名,年十三能属文"②的罗宪,"博学,养门徒",任职"有德政"③的黄穆。其他如曾为蜀汉镇南将军④、巴郡太守、右将军,封中乡侯的辅匡⑤,曾任荆州刘表的治中⑥、刘琦败,入曹魏,为侍中的邓羲⑦,任蜀汉宜郡太守、丞相参军、右车骑将军、中乡侯的廖化⑧,任蜀汉郎中、巴郡太守的董恢⑨,等等。更值得一说的是,传承文化上巾帼不让须眉,王昌、王式兄弟自幼承母亲严格教导,史称"昌母聪明有典教。二妇入门,皆令变服下车,不得逾侈。后(恒)阶子嘉尚魏主,主欲金缕衣见式妇,嘉止之曰:'其姁严固,不听,莫尔! 不须持往,犯人家法。'"⑩可见,王昌一家数代女性都讲究礼教。

　　其实,不但襄阳土著学者获得了长足进展,避乱来襄阳的外地士人也受益于襄阳文化氛围,此举数例以证之。先说"凤雏"徐庶。徐庶"本单家子,少好任侠击剑",尝为人报雠,几乎被杀,后弃其刀戟,折节学问,初平中(190—193 年)与同郡石韬南赴荆州,"与诸葛亮特相善"⑪,"(诸葛)亮在荆州,以建安初与颍川石广元、徐元直、汝南孟公威等俱游学,三人务于精熟,而亮独观其大略"⑫。徐庶既在襄阳游学,其才略学问的精进,自与襄阳文化自有关系。博陵崔州平、颍川石韬等人亦如此。"建安七子"中文学成就最大者是王粲。王粲"性善算,作算术,略尽其理。善属文,举笔便成,无所改定"。年青时赴襄阳依刘表⑬,后劝刘琦归降曹操,"魏国既建,拜侍中。博物多识,问无不对。时旧仪废弛,兴造制度,粲恒典之"⑭。与王

① 《三国志》卷四八《三嗣主传》引《襄阳记》,第 1174 页,习凿齿著、舒焚、张林川校注:《襄阳耆旧记校注》卷二《张悌》略同,第 187 页。
② 习凿齿著、舒焚、张林川校注:《襄阳耆旧记校注》卷二《罗宪》,第 221 页。
③ 习凿齿著、舒焚、张林川校注:《襄阳耆旧记校注》卷二《黄穆》,第 252 页。
④ 常璩:《华阳国志》卷七《刘后主志》载曰:"时南郡辅匡光弼、零陵刘邕南和,官亦至镇南将军",济南:齐鲁书社 2010 年,第 90 页。
⑤ 《三国志》卷四五《杨戏传》,第 1084 页。
⑥ 《三国志》卷六《刘表传》,第 211 页。
⑦ 《资治通鉴》卷六二,汉献帝建安三年,第 2008 页。
⑧ 《三国志》卷四五《廖化传》,第 1077 页。
⑨ 《三国志》卷三九《董允传》裴注引《襄阳记》,第 986—987 页。参见《襄阳耆旧记校注》卷二《董恢》。
⑩ 习凿齿著、舒焚、张林川校注:《襄阳耆旧记校注》卷二《王昌》,第 218 页。
⑪ 《三国志》卷三五《诸葛亮传》裴注引《魏略》,第 914 页。
⑫ 《三国志》卷三五《诸葛亮传》裴注引《魏略》,第 911 页。
⑬ 《三国志》卷二一《王粲传》载:"献帝西迁,粲徙长安,左中郎将蔡邕见而奇之。时邕才学显著,贵重朝廷,常车骑填巷,宾客盈坐。闻粲在门,倒屣迎之。粲至,年既幼弱,容状短小,一坐尽惊。邕曰:'此王公孙也,有异才,吾不如也。吾家书籍文章,尽当与之。'年十七,司徒辟,诏除黄门侍郎,以西京扰乱,皆不就。乃之荆州依刘表。"依刘表事当在此前后。第 597—598 页。
⑭ 王粲归曹操时间不详,然据《三国志》卷二三《裴潜传》:"裴潜字文行,河东闻喜人也。避乱荆州,刘表待以宾礼。潜私谓所亲王粲、司马芝曰:'刘牧非霸王之才,乃欲西伯自处,其败无日矣。'遂南适长沙。"第 671 页。

粲同时任侍中的和洽、杜袭,也都曾在襄阳避难①。梓潼涪县(今四川绵阳东)人尹默、李譔,少赴荆州,从司马徽、宋忠等学。后来尹默博通经史,"专精于《左传春秋》";李譔"著古文《易》、《尚书》、《毛诗》、《三礼》、《左氏传》、《太玄指归》,皆依准贾、马,异于郑玄"②。显然,这些学者或在襄阳学业精进,或受益于襄阳之学,成就日后之功。王粲曾述及刘表之时襄阳文化盛况:"五载之间,道化大行,耆德故老綦母闿等,负书荷器,自远而至者,三百有余人,于是童幼猛进,武人革面,总角佩觿,委介免胄,比肩继踵,川逝泉涌,霭霭如也,兢兢如也。"③此虽有夸大之辞,然襄阳文化有长足发展则是历史事实。

实际上,汉末到东晋初,襄阳的各类艺术也有很大发展。三国时期著名音乐家杜夔是河南人,"以知音为雅乐郎……以世乱奔荆州。荆州牧刘表令与孟曜为汉主合雅乐……后表子琮降太祖,太祖以夔为军谋祭酒,参太乐事,因令创制雅乐。夔善钟律,聪思过人,丝竹八音,靡所不能……夔总统研精,远考诸经,近采故事,教习讲肄,备作乐器,绍复先代古乐,皆自夔始也"④。西晋末,竹林七贤山涛之子山简镇守襄阳时,"时乐府伶人避难,多奔沔汉,讌会之日,僚佐或劝奏之"⑤,据此可以断定,杜夔等一批懂得音乐艺术的"伶人"到达襄阳,肯定为当地音乐发展作出过贡献。书法家则有邯郸淳、梁鹄等人。史称邯郸淳"博学有才章,又善《苍》、《雅》、虫、篆、许氏字指"⑥。梁鹄名声更大,梁庾肩吾《书品》将梁鹄与索靖、韦诞、皇象、胡昭、钟会、卫瓘、荀舆、阮研等九人列为书法"上之下"⑦,卫恒撰《四体书势》称:"(梁)鹄卒以书至选部尚书……梁鹄奔刘表,魏武帝破荆州,募求鹄"⑧,此可见梁鹄在当时的影响。邯郸淳、梁鹄两位书法家抵达襄阳,与当地士人交往,自然也会对襄阳书法艺术有所促进。

由此可见,东汉末年前襄阳文化传承大致是种比较封闭的形态,那种"世世作书生门户"⑨诚然有之,然对当地文化发展所起作用微乎其微。汉末中原战乱,各地士人大量涌入襄阳,给襄阳文化注添了活力,使襄阳文化从封闭走向开放,加速了发展步伐。襄阳的教育发展,文化兴盛,人才辈出,诸种文化交集的开放的文化

---

① 《三国志》卷一《武帝纪》裴注引《魏氏春秋》曰:"以荀攸为尚书令,凉茂为仆射,毛玠、崔琰、常林、徐奕、何夔为尚书,王粲、杜袭、卫觊、和洽为侍中。"第42页。

② 《三国志》卷四二《尹默传》,第1027页;同卷《李譔传》,第1027页。

③ 欧阳询:《艺文类聚》卷三八王粲《荆州文学记官志》,上海:上海古籍出版社,1965年,第693页。

④ 《三国志》卷二九《杜夔传》,第806页。

⑤ 《晋书》卷四三《山涛传附山简传》,第1230页。

⑥ 《三国志》卷二一《王粲传》裴注引《魏略》,第603页。

⑦ 庾肩吾:《书品》,文渊阁《四库全书》本,第812册,第8页。

⑧ 《晋书》卷三六《卫瓘传附卫恒传》,第1064页。

⑨ 习凿齿著,舒焚、张林川校注:《襄阳耆旧记校注》卷一《繁仲皇》,第99页。

氛围,给南下襄阳的道安增加了接触儒道等学的机遇,使他思想转变有了扎实的基础。

尽管道安早已与权贵勋戚、文人学士有所交往①,然他原先持守甚严,对徒众教诲也严禁阅读儒道著述。而南下襄阳之时,情况发生了极其重要的变化,道安在襄阳15年,与当地学士文人有了较多接触与交流。习凿齿与道安"早已致书通好",在襄阳往来密切是可以肯定的,因为习氏称誉"其人理怀简衷,多所博涉,内外群书,略皆遍睹,阴阳算数,亦皆能通,佛经妙义,故所游刃",若接触不多,是无法作出这个判断的。同时从"内外群书,略皆遍睹,阴阳算数,亦皆能通"来看,两人交流中,道安应该经常引用外典诸书的。习氏向谢安推荐道安,也可以看出两者可能存在互动。谢安早年"放情丘壑"②,在道安南下襄阳前便在建康任职,一直到去世,因此两人似未相见。然谢安与僧人支遁、于法开等人关系密切,常相往来,在习凿齿推荐下,自然也可能与道安有书信往来,只是现在无从查证。道安与襄阳士人互动最为明确的史料是,晋长沙太守滕含舍江陵宅为寺,道安对弟子僧翼说"荆楚士庶,始欲师宗,成其化者,非尔而谁!"③"荆楚士庶,始欲师宗"一语充分说明襄阳"士庶"与道安之间有了互动,否则不会发生舍宅为寺之事。我们还可以从其他史料寻出大量蛛丝马迹。如《水经注》注称:"又北径檀溪,谓之檀溪水,水侧有沙门释道安寺,即溪之名以表寺目也。溪之阳有徐元直、崔州平故宅。故习凿齿《与谢安书》云:'每省家舅,纵目檀溪,念崔徐之友(宋本作交),未尝不抚膺踌躇,惆怅终日矣。'"④"念崔徐之友",一作"念崔徐之交",然无论是何者,均表达习凿齿与崔州平、徐庶有交往,此书且向谢安推荐道安,据此可以判断,即使徐、崔原来并不认识道安,两者住宅相对(习凿齿也住在檀溪旁,离徐、崔宅不远),习氏当也会力荐,故徐、崔也完全可能与道安有交往。况且,檀溪寺便在襄阳城西不远,其时襄阳权贵勋戚、名儒文人集聚,与道安相互往来是完全可以断定的。如《高僧传》所载"时征西将军桓朗子镇江陵,要安暂往,朱序西镇,复请还襄阳,深相结纳"⑤,道安建檀溪寺"大富长者,并加赞助,建塔五层,起房四百","高平郗超遣使遗米千斛,修书累纸,深致殷懃",就连"晋孝武皇帝。承风钦德遣使通问",这里可看出道安与中国传统文化的交集⑥,这为道安思想转变提供了十分扎实的文化基础。自然,道安的佛

---

① 从《高僧传·释道安传》所载道安早年于"太行恒山创立寺塔,改服从化者"云云中可以看出道安与这些人的交往,否则就不会出现"改服从化"的情况。

② 《晋书》卷七九《谢安传》,第2072页。

③ 释慧皎:《高僧传》卷五《晋荆州长沙寺释昙翼传》,第198页。

④ 郦道元著、王国维校:《水经注校》卷二八《沔水注》,上海:上海人民出版社,1984年,第898页。

⑤ 朱序为镇守襄阳为孝武帝太元二年(377)。

⑥ 释道安与王嘉(子年)亦有交往,可见其交友之广,参见《晋书》卷九五《王嘉传》,第2496页。

学思想会对这些名儒文人有所影响,然而儒道之学也会对道安思想产生一定影响。因此可以说,没有海纳百川的开放性的襄阳文化,道安的襄阳悟道或许是另外一种样式。最后我们必须补充指出:道安虽然北归,但他的思想影响在南方生根开花,南朝佛教的迅猛发展,大批权贵勋戚、文人学士倒向佛教,乃至梁武帝欲以佛教为国教,这不能不说道安襄阳悟道带来的直接成果,可见其思想影响是极其深远的。

原载于《中国哲学史》2015 年第 3 期,收入《大河之魂》,人民出版社 2015 年

长安新出墓志所见南人北迁之迹考释

——以南北朝隋初为例

　　西安市长安博物馆编《长安新出土墓志》是近年新出版的重要的墓志资料[①]，其中有 9 方涉及南北朝至隋初南人北迁的墓志，十分令人注目。

　　这 9 方墓志是：《大隋上柱国滕王常侍何君之志》、《大隋梁武陵王记室参军之墓志》、《前陈沅陵王故陈府君之墓志》、《陈临贺王国太妃墓志铭》、《大唐上仪同三司萧府君墓志铭》、《唐故秘书少监刘府君墓志铭并序》、《唐故朝请郎行岐州参军事萧君墓志铭并序》、《唐右卫郎将秦公故夫人墓志铭并序》和《大唐前果州相如县尉赵郡李公故夫人何氏墓志铭并序》。

　　本文着重考释 9 方墓志中有关南人北迁的内容，以期为深入研讨魏晋南北朝至隋唐时期南人北迁问题提供一些参考。我们所限定的"南北"界线，一是指淮河至秦岭一线的南北界线，这是传统的南北分界；另一是从南北政权来着眼，即南方政权与北方政权的区别。我们研究南人北迁的主要目的在于，力图勾勒出魏晋南北朝至隋朝初年南方人口向北迁徙的一些线索，以揭示北迁南人在与北方各族人民接触过程中，南北文化是如何融合的，诸民族之间是如何交往并逐渐融合的。当然，这篇论文不可能涉及太多内容，仅从考释 9 方墓志入手，释读有关南方入北人员的基本情况，为进一步研究提供基础。

一、《大隋上柱国滕王常侍何君之志》

　　君性（姓）何，讳雄，字沙弥，荆州江凌县都乡人也。本驾云门。年成十六，奉事梁君，应承刀衫之卫。又以行长，君转资直。后驱勠岁久，性好戎徒，梁君用委，使获河东，事遂成节，即蒙转位。荡加勋迹，当授虎贲将军、便殿主帅。于魏后二年入朝，方奉大随……岁次丙辰二月甲申朔七日庚寅，在雍州长安县龙门乡阿城里，君恨就长泉，叹荣修窀掩，离辞远日，渐进冥尘。[②]

---

① 西安市长安博物馆编：《长安新出土墓志》，北京：文物出版社，2011 年。墓志凡出此书者只载书名、篇名与页码。

② 《大隋上柱国滕王常侍何君之志》，《长安新出土墓志》，第 21 页。

　　江凌县当为江陵县,今属湖北。"魏后二年"即西魏灭后二年,当为北周明帝二年(558 年)。"魏后"一词,在墓志中经常使用。西魏灭亡,北周孝闵帝于西魏恭帝三年(556 年)十二月建北周,次年称元年,然并无年号,同年九月薨;明帝继位,元年与孝闵帝同,次年为二年,又没有年号,故以"魏后"称之。559 年八月,明帝改元武成。因此"魏后"共三年,包括孝闵帝与明帝即位之初的三年。此于史有征,如:

　　　　(宇文常于大统)十五年,袭父封魏昌县开国伯,转大都督。魏后三年,授使持节、車骑大將軍、儀同三司。①
　　　　(豆卢恩于大统)十六年,授使持节、车骑大将军、仪同三司……魏后元年,改封龙支县侯。②
　　　　(宇文显)以魏后元年疾甚,亡于同州,春秋五十七。③

　　"魏后"又可称"西魏后",释智升《开元释教录》载沙门阇那崛多西行取经:"又经渴啰槃陀及于阗等国,屡遭夏雨寒雪,暂时停住。既无弘演栖寓非久,又达吐谷浑国,渐至鄯州。于时即西魏后元年也。"④
　　实际上,西魏废帝(552 年—553 年在位)与恭帝(554—556 年十二月在位)均无年号,因此也有将此历史时期称为"魏前"者。如:

　　　　(薛聪)魏前二年,重赠车骑大将军、仪同三司、延州刺史。⑤
　　　　(薛孝通)兴和二年,卒于邺。魏前二年,周文帝追轸旧好,奏赠车骑将军、仪同三司、青州刺史。⑥
　　　　以魏前二年八月廿五日薨于华州郑县界,时年廿六。诏赠普安国夫人。⑦

　　"兴和"为东魏孝静帝年号,兴和二年为 540 年。"魏前二年"当指西魏灭亡前二年,即恭帝二年(555 年),时为梁贞阳侯天成元年或敬帝绍恭元年。

---

① 严可均辑:《全上古三代秦汉三国六朝文·全后周文》卷一五《周兖州刺史广饶公宇文公神道碑》,北京:中华书局,1958 年,第 3957 页。
② 严可均辑:《全上古三代秦汉三国六朝文·全后周文》卷一五《周陇右总管长史赠少保豆卢公神道碑》,第 3958 页。
③ 严可均辑:《全上古三代秦汉三国六朝文·全后周文》卷一六《周车骑大将军赠小司空宇文显墓志铭》,第 3961 页。
④ 智升:《开元释教录》卷七,文渊阁《四库全书》本,第 1051 册,第 184 页。
⑤ 《北史》卷三六《薛聪传》,北京:中华书局,1974 年,第 1333 页。
⑥ 《北史》卷三六《薛孝通传》,第 1337 页。
⑦ 《大周使持节少傅大将军大都督恒夏灵银长五州诸军事恒州刺史普安壮公墓志铭》,赵超:《汉魏南北朝墓志汇编》,天津:天津古籍出版社,1992 年,第 486 页。

据何雄墓志可知,他原是江陵人,16 岁始为梁君宿卫之士,后逐渐升迁至虎贲将军、便殿主帅。北周初年始赴北方。其死于长安县龙门乡阿城里,当为其居住之地;时为丙寅,即隋炀帝大业二年(606 年)。

二、《大隋梁武陵王记室参军之墓志》

　　孙氏,讳观,字元照,南徐州晋陵郡曲阿县高陵乡邑下里人也。晋司马之苗,孙权之后。其祖魏前二年从梁秦王建义归朝,因居京兆,属长安县淳化乡雅正里,非家非国。开皇十三年十一月内,忽然抱疾。至十二月廿九日,卒于邛州异壤,春秋六十二……九州岛三霸,交兵乱贼。父东子西,兄南弟北。因别本乡,埋魂异国。神灵去何,梦想言过。[①]

孙观为曲阿县人(今丹阳),其祖先当为南人无疑。然据墓志"其祖魏前二年"始入北方,即西魏恭帝二年(555 年),时为梁贞阳侯天成元年(仅该年五月在位)或敬帝绍泰元年(十一月继位)。其祖父自南入北,至孙观则为入北后之第三代。其祖"从梁秦王建义归朝",然此梁秦王不知为何人。其居住地为长安县淳化乡雅正里。

三、《前陈沅陵王故陈府君之墓志》

　　君讳叔兴,字子推,吴兴长城人也。陈孝宣皇帝之第廿六子,施太妃所生……年甫十三,在陈封沅陵郡王……真明三年,陈祚忽其云亡。同奉明化,开皇九年入朝,特蒙荣渥。大业二年,奉勒预参选限,为身染疾,不堪集例,官遂未成……以三年五月廿三日,薨于长安县弘教乡务德里之第,春秋卅有五。[②]

据墓志可知,陈叔兴为吴兴长城人,陈宣帝之子。真明三年一月陈灭,他于次年(开皇九年)入隋。"真明"即"祯明",后主年号。"开皇九年入朝"是指叔兴到长安时间,他从建康出发实为开皇九年(祯明三年)三月己巳[③]。叔兴当时居住地点为长安县弘教乡务德里,死时 35 岁,推算可知,他入隋时 17 岁。

①　《大隋梁武陵王记室参军之墓志》,载《长安新出土墓志》,第 23 页。
②　《前陈沅陵王故陈府君之墓志》,载《长安新出土墓志》,第 27 页。
③　《陈书》卷六《后主纪》,北京:中华书局,1972 年,第 117 页。

据《陈书》载，陈宣帝"四十二男"，次子"叔陵犯逆"被诛灭一门而无后，第十六子抗隋而死，另有"三子早卒"，而史书仅记载，长子陈后主及 27 位兄弟及第九弟之子（袭河东王）一起入隋，共 29 人，"皇子叔叡、叔忠、叔弘、叔毅、叔训、叔武、叔處、叔封等八人，并未及封"，故虽一起入关，但史书未载他们下落。另据史书记载：后主率子弟入"至长安，隋文帝并配于陇右及河西诸州，各给田业以处之"①，而后主"隋仁寿四年十一月壬子，薨于洛阳，时年五十二。追赠大将军，封长城县公，谥曰炀，葬河南洛阳之芒山"②。实际上，随后主入隋的陈氏子弟中"卒于长安"者 6 人③，故可判断，陈朝皇裔入隋，有一部分居住在长安及其长安县乡里④。

墓志中所称叔兴"特蒙荣渥"，其实有其妹宁远公主一部分原因。《隋书》称宁远公主"性聪慧，姿貌无双。及陈灭，配掖庭，后选入宫为嫔……及上大渐，遗诏拜为宣华夫人"⑤。而炀帝早垂涎宣华夫人，文帝死之日，他逼烝之。同书还载："及炀帝嗣位之后，出居仙都宫。寻召入，岁余而终，时年二十九。帝深悼之，为制《神伤赋》"⑥，故叔兴于"大业二年，奉勅预参选限"也就不奇怪了。然他最终"为身染疾，不堪集例，官遂未成"，并于次年卒，实与其妹同年归天也。当然，也有史料指出，"大业二年，隋炀帝以后主第六女女婤为贵人，绝爱幸，因召陈氏子弟尽还京师，随才叙用，由是并为守宰，遍于天下"⑦。

四、《陈临贺王国太妃墓志铭》

太妃姓施氏，京兆长安县人。吴将绩之后也。父绩，陈始兴王左常侍。太妃婉懿在怀，淑慎后质，宣皇帝聘入后宫，宠冠嫔嫱，恩隆椒掖……载诞临贺王叔敖、沅陵王叔兴、宁远公主，并桂馥兰芬，金锵玉闰。公主以开皇九年金陵平殄，大隋高祖文皇帝纳公主，拜为宣华夫人……（施氏）以大业五年岁次已巳八月十一日，薨于颁政里，春秋五十有九……太妃以移居戚里，优赏既隆，汤沐之资，咸从檀捨，式营寺宇，事穷轮换。⑧

① 《陈书》卷二八《世祖九王传》，第 361 页。
② 《陈书》卷六《后主纪》，第 117 页。
③ 《陈书》卷二八《高宗二十九王传》，参见第 365—375 页。
④ 《陈书》卷二八《后主十一子传》载，后主 22 子，其中封王者 11 人，均随后主入长安，3 人明确卒于长安，另 11 子未封，当也随之入关。参见第 376—379 页。
⑤ 《隋书》卷三六《后妃传》，北京：中华书局，1973 年，第 1110 页。
⑥ 《隋书》卷三六《后妃传》，第 1110 页。
⑦ 《陈书》卷二八《世祖九王传》，第 361 页。
⑧ 《陈临贺王国太妃墓志铭》，《长安新出土墓志》，第 29 页。

　　陈临贺王国太妃即上述沅陵王叔兴、隋宣华夫人之母,姓施。墓志称"吴将绩之后",又称"父绩",似有可疑。吴将施绩,实为孙吴之名将,为朱治之孙、朱然之子。据《三国志》称:"朱治字君理,丹杨故鄣人也"①,"初(朱)治未有子,然年十三,乃启策乞以为嗣"②,"朱然字义封,治姊子也,本姓施氏"③。即朱然本姓施,为朱治之外甥。朱治为丹杨故鄣人,虽其姐夫施氏为何地人不明,但当为南方人大致可以认定。后来朱治生有三子,一名才、一名纪、一名纬,由朱才"嗣父爵"④,而朱然"为(朱)治行丧竟,乞复本姓"⑤,孙权不许。施绩本叫朱绩,"字公绪,以父任为郎",后建功立业,拜左大司马,"绩以五凤中表还为施氏"⑥,即后朱绩恢复施姓。然墓志称孙吴施绩为其祖,十分可疑。据史书称:建衡二年"夏四月,左大司马施绩卒"⑦。建衡二年为270年,距陈祯明三年(589年)实为319年,若孙吴施绩子孙沿续至陈朝,那么当有谱可据,其子孙须避与祖上同名⑧。

　　施氏为陈宣帝后宫,其父施绩为始兴王左常侍,《陈书》无传,其他典籍也无记载。陈亡,施氏没入宫掖,北迁长安,时年当39岁。其女宁远公主得幸,太妃当会被赦。墓志称施太妃薨于颁政里,此在长安,故生前住在长安无疑。

五、《大唐上仪同三司萧府君墓志铭》

　　公讳玄徹,字虔明,兰陵兰陵人也。逖祖梁高祖武皇帝,降穹苍之明命,应河洛之图书。弹压八纮,牢笼九有。曾祖梁中宗宣皇帝,乘乾元以驭极,握玑镜而承基。祖岑,梁侍⑨中、太尉公、吴郡王……父瑳,唐杞州别驾、上轻车都尉。公……武德五年,起家大都督,迁上仪同三司……以贞观十年九月十二日,终于金州平利县之公馆……贞观十一年十二月廿六日权殡万年县韦曲北(下无)⑩

　　萧玄徹为后梁皇帝之裔,称"兰陵兰陵人"费解,据《唐故朝请郎行岐州参军事

①　《三国志》卷五六《朱治传》,北京:中华书局,1959年,第1303页。
②　《三国志》卷五六《朱然传》,第1305页。
③　《三国志》卷五六《朱然传》,第1305页。
④　《三国志》卷五六《朱治传》,第1305页。
⑤　《三国志》卷五六《朱然传附绩传》,1109页。
⑥　《三国志》卷五六《朱然传附绩传》,第1108页、第1109页。
⑦　《三国志》卷四八《三嗣主传》,1167页。
⑧　然孙吴施绩至陈朝施绩之沿续状况,史载不详,无法印证真伪。若其家族真知其祖上有施绩,那么其子孙当避同名。下文刘应道墓志其十代祖刘遐南下,至其亦有200余年。
⑨　碑文作"侍",录文为"待",误。
⑩　《大唐上仪同三司萧府君墓志铭》,《长安新出土墓志》,第37页。

萧君墓志铭并序》称萧㧑"南兰陵兰陵人",故知萧玄徹墓志脱漏"南"字。

萧玄徹之祖萧岑,《周书》有传:"岑字智远,詧第八子也。位至太尉。性简贵,御下严整。及琮嗣位,自以望重属尊,颇有不法,故隋文征入朝。拜大将军,封怀义郡公。"①萧詧,后梁宣帝。后梁明帝于天保二十四年(585 年)五月薨,萧琮继位,次年改元广运,二年(587 年)九月被隋废灭,萧岑入北当在此时。

墓志中有其父萧瑳在唐时职衔。萧瑳诸史无传,然有点滴记载:如武定"四年夏,又遣散骑常侍萧瑳"②云云,"于西华门外设坛,遣尚书仆射王克、兼侍中上甲乡侯韶、兼散骑常侍萧瑳与于子悦、王伟等,登坛共盟"③。此与《通鉴》所记官职不同:"己亥,设坛于西华门外,遣仆射王克、上甲侯韶、吏部郎萧瑳与于子悦、任约、王伟登坛共盟。"④武定四年为 546 年,太清三年为 549 年,即这段时间萧瑳先任职散骑常侍,后又任吏部郎兼散骑常侍。

萧玄徹之祖萧岑在萧琮继位后,因"自以望重属尊,颇有不法",被"隋文征入朝",此是萧岑一支入北准确时间。玄徹死在金州,后移柩"权殡万年县",故万年县当为后梁萧氏在隋唐时的居住地。此亦可参见下文所引《唐故朝请郎行岐州参军事萧君墓志铭并序》考。

墓志"权殡万年县韦曲北"以下原无,韦曲即韦曲镇,"北"为方位。据下述所引《唐故朝请郎行岐州参军事萧君墓志铭并序》称萧㧑"归葬万年县之少陵原,从先君,礼也"一语可知,萧玄徹所葬地亦是祖茔,即万年县之少陵原。少陵原在在今陕西省西安市长安区北部,故知墓志后脱为"少陵原"等文。

六、《唐故秘书少监刘府君墓志铭并序》

君讳应道,字玄寿,广平易阳人。汉景帝之后。十代祖遐,仕东晋为北中郎将、徐州刺史、泉陵公。子孙弈叶,侯服于江左。洎宋元嘉之后,王室多故。遐六叶孙藻自宋来归魏氏,乃家于顿丘。仕魏至散骑常侍、封易阳子、鸿胪卿、岐秦二州刺史。子矜,魏太尉司马、青徐光兖四州刺史、城阳公。矜生会,即府君之大父,为高齐濮阳郡太守……考乐平府君讳林甫……⑤

---

①　《周书》卷四八《萧詧传附萧岑传》,北京:中华书局,1971 年,第 867 页。《北史》卷九三《萧詧传附萧岑传》相同,第 3095 页。

②　《魏书》卷九八《萧衍传》,北京:中华书局,1974 年,第 2178 页。

③　《梁书》卷五六《侯景传》,北京:中华书局,1973 年,第 845 页。

④　《资治通鉴》卷一六二,梁高祖武皇帝太清三年二月己亥,北京:中华书局,1956 年,第 5004 页。

⑤　《唐故秘书少监刘府君墓志铭并序》,《长安新出土墓志》,第 113 页。

广平郡治广平县(今河北鸡泽县东南),辖境相当今河北省任县、南和、鸡泽、曲周、永年东南及平乡西南、肥乡北部等地。

刘应道祖籍为广平易阳(今河北永年县东南)人,自是北人。刘藻于《魏书》有传:"刘藻,字彦先,广平易阳人也。六世祖遐,从司马叡南渡。父宗之,刘裕庐江太守。藻涉猎群籍,美谈笑,善与人交,饮酒至一石不乱。永安中,与姊夫李巗俱来归国,赐爵易阳子。擢拜南部主书,号为称职。"[1]显然,刘应道十代祖刘遐随东晋元帝南迁,直至六代孙刘藻于孝庄帝永安时(528年到529年)与姐夫李巗一起回归北魏,因此,刘氏一族在南方至少生活数代。宣武帝"景明初,世宗追录旧功,以藻为太尉司马。是年六月卒,年六十七,赠钱六万。子绍珍,无他才用,善附会,好饮酒。结托刘腾,腾启为其国郎中令。袭子爵……以事免官。建义初,诏复,寻除太中大夫。永安二年,除安西将军、河北太守。还朝,久之,拜车骑将军、左光禄大夫,出为黎阳太守。所在无政绩。天平中,坐子尚书郎洪业入于关中,率众侵扰,伏法"[2]。

墓志称刘藻之子刘矜,魏城阳公;孙刘会,重孙林甫,均无爵。刘林甫即刘应道之父。然不清楚刘藻共有几子。据《魏书》称刘藻子绍珍袭易阳子爵,坐其子洪业"率众侵扰,伏法",未记后代。那么刘藻至少有两子,墓志可补史之阙文。

刘藻"家于顿丘",亦须辨别。魏有顿丘郡,县称顿丘有七,分别属顿丘郡、黎阳郡、东阳平郡、东魏郡、济阳郡、南济阴郡、新昌郡。墓志称"顿丘"一般均指郡望,故可断定为顿丘郡。北魏顿丘郡治顿丘县(今清丰县西南),辖境相当今河南省清丰、濮阳、内黄、南乐、范县等市县地。

七、《唐故朝请郎行岐州参军事萧君墓志铭并序》

君讳愳,字元将,南兰陵兰陵人,梁孝明皇帝之曾孙也……祖瑀,梁新安王,隋内史侍郎,皇朝中书令、尚书左右仆射、太子太保、上柱国、宋国公、赠司空……父钺,给事中、利渝二州刺史……君幼而岐嶷,弱不好弄。数岁,丁利州府君忧……丁内忧,哀毁过礼。服阕,遂无复仕进之心。布衣蔬食,志不婚娶。亲友以君家贫且有孤孺之累,逼令从宦。调补岐州参军事……居无何,遘疾,以证圣元年闰二月廿三日,终于东都教业里,春秋三十……粤以景龙三年岁次己酉十月甲辰朔十四日丁酉,归葬于雍州万年县之少陵原,从先君,礼也。[3]

---

[1] 《魏书》卷七《刘藻传》,第1549页。
[2] 《魏书》卷七《刘藻传》,第1550页。
[3] 《唐故朝请郎行岐州参军事萧君墓志铭并序》,《长安新出土墓志》,第143页。

萧悫为后梁宣帝萧詧玄孙,明皇帝萧岿之曾孙,萧瑀之孙。隋炀帝萧皇后为萧岿之女①,为萧瑀之姐②。萧瑀字时文,后梁灭,迁居长安之万年县。然在隋并不得志,李渊起兵,招萧瑀,他以河池郡归降,授光禄大夫,封宋国公。在唐高祖、太宗两朝为名臣,多有建树。据两《唐书》载,萧瑀仅有一子名锐,嗣爵,尚太宗女襄城公主,贞观中先公主卒,公主更嫁姜简③,然史书载萧锐事迹极简单,未及其有无后嗣。墓志所称萧悫之父是萧鈘,当不会有误。然正史称萧瑀子萧锐,只有两个可能,一是正史为误,一是萧瑀除有子锐外,还有其他儿子。无论哪种情况,墓志确可证正史阙误。但依笔者愚见,当为后者。因为墓志称萧悫"贫且有孤孺之累",若为襄城公主之子,无论如何不可能贫困至此。因而萧悫当为萧瑀另一儿子的后代。

萧悫卒于证圣元年(695 年),即武则天在位时期。从"归葬万年县之少陵原,从先君,礼也"一语,可证后梁萧氏入隋后,居万年县,上述《大唐上仪同三司萧府君墓志铭》称萧玄徹葬"万年县韦曲镇北"可与此墓志互证。少陵原是萧氏家族墓地。

八、《唐右卫郎将秦公故夫人墓志铭并序》

□人刘氏,第十,彭城人也。清源曾浚,代莫得详……祖行敏,夔州都督。父守节,鄮州都督府长史……夫人……以开元十一年十一月廿五日,终于长安怀远里之私第……即以其冬十二月壬辰朔卅日辛酉,厝于高阳原,礼也。④

该志正文首字因碑破碎而脱漏,当为"夫"字。据墓志,刘氏籍贯为彭城人,然从"代莫得详"、"终于长安怀远里之私第",以及追叙到其祖父一代可知,其祖父至少知道自己籍贯为"彭城",但何时迁北、为何迁徙史无明证。刘氏死于开元十一年(723 年)十一月,年六十九,故刘氏当生于 654 年,因而可断定其祖父为南北朝末至隋朝时生人。换句话说,刘氏祖先至少在南北朝末至隋朝时已从南方迁入北方定居,但史料残缺,无法判断其居住之地。刘氏所葬高阳原某处,当是其夫家秦氏

---

① 《隋书》卷三六《后妃传》,第 1111 页。
② 李昉等:《太平广记》卷九一《释知苑》,北京:中华书局,1961 年,第 603 页。《太平广记》实来自《法苑珠林》卷一八。
③ 《新唐书》卷八三《襄城公主传》,北京:中华书局,1975 年,第 3645 页。姜简于两《唐书》无传,文渊阁《四库全书》本《宝刻丛编》卷九据《京兆金石录》收入《唐安南都护姜简碑》,此为高宗永徽中立,其它事迹无闻。《唐会要》卷六《公证主》载相同。北京:中华书局,1955 年。
④ 《唐右卫郎将秦公故夫人墓志铭并序》,《长安新出土墓志》,第 157 页。

祖茔之地,在长安县居安乡①。《旧唐书》载肃宗恭懿太子诏葬于此②,然非李唐皇室所专用之地。《全唐文》所载一些墓志铭明确显示其他人员亦可葬此③。

九、《大唐前果州相如县尉赵郡李公故夫人何氏墓志铭并序》

先妣何氏,庐江人也。出自姬姓,即唐叔之芳苗;封由晋都,乃韩万之华裔。国为秦并,世居陈楚之间;字变音讹,声变江淮之上,遂为何氏……庐江一祖,荣茂为先。皇后三朝,王妃十五……曾祖稠,唐右光禄大夫、散骑常侍、庐江节公……祖璋,朝散大夫、司农寺丞、遂州长史……父愿,正议大夫、并州文水县令、幽州司马……家君时也孝廉高第,赵郡清门,经明行修,情深道洽……柏舟方迁郿邑,卜地京城,树菜以献□香,筑室以申孝敬……(何氏)以天宝元载春初,遘疾于郿县私第……至八月廿三日,奄乘弃背,春秋五十有八……粤以天宝三载岁次甲申四月甲午朔廿七日庚申,葬于京兆府长安县居安乡之高阳原,礼也。④

此墓志为墓主何氏长子名楫字柏舟所撰。称何氏为庐江人,即其祖籍为今安徽中部巢湖一带。墓志自称何氏夫家为赵郡李氏,若无冒称,则为南北朝至隋唐时的显族。其称庐江何氏家族"皇后三朝,王妃十五",笔者所见,有东晋穆帝何皇后讳法倪⑤、刘宋前废帝何皇后讳令婉,均为庐江潜人⑥。然是否为墓主何氏之属,则无法印证。墓志虚夸或冒认祖先实为常见,此墓志所言恐难以认定。何氏卒于天宝元年(742年),时五十八,则可知何氏生于武则天垂拱元年(685年),曾祖何稠至何氏共4代,则何稠当活动于南北朝末年到唐初之间。然何氏家族不知北迁于何时、迁于何地。何氏所葬"京兆府长安县居安乡之高阳原",当为李氏祖茔之地。

原载于《首都师范大学学报》2014年第2期

---

① 乐史:《太平寰宇记》卷二五《关西道一》"长安县"条称:"高阳原,渭水西自鄠县界流入。"北京:中华书局,2007年,第529页。高阳原在长安县居安乡,可参见下一墓志《大唐前果州相如县尉赵郡李公故夫人何氏墓志铭并序》。

② 《旧唐书》卷一一六《恭懿太子佋传》,北京:中华书局,1975年,第3389页。

③ 周绍良总主编:《全唐文新编》卷二二九《故括州刺史赠工部尚书冯公神道碑》,长春:吉林文史出版社,2000年,第2591页;卷二三一《四门助教尹先生墓志铭》,第2614页;卷三一三《东都留守韦虚心神道碑》,第3571页;卷五八九《唐故邕管经略招讨等使朝散大夫持节都督邕州诸军事守邕州刺史兼御史中丞赐紫金鱼袋李公墓志铭》,第6710页;卷五九《万年县丞柳君墓志》,第6715页。这些墓志均提及高阳原是他们先代坟茔。

④ 《大唐前果州相如县尉赵郡李公故夫人何氏墓志铭并序》,《长安新出土墓志》,第169页。

⑤ 《晋书》卷三二《后妃传》,北京:中华书局,1974年,第977页。

⑥ 《宋书》卷四一《后妃传》,北京:中华书局,1974年,第1293页。

《资治通鉴》梁纪纠误举例[①]

《资治通鉴》是一部公认的史学典范著作,在史学史上有着崇高的地位。自然,每一部史学著作,都会受到作者所处时代、资料多寡、研究方法、作者思想等等的局限,或许会出现一些错失,其实这也无可厚非。对于《资治通鉴》而言,也同样会出现各种错误,但它仍不失为一部典范著作。作为后代学者,有必要对前人著作(包括典范著作)进行研究与鉴别,指出其长处与失误,以便他人利用,而不是显示自己的高深。这里,我们拟对《资治通鉴》梁纪部分存在的一些问题或说错误罗列出来,虽有吹毛求疵之虞,然实有向学界同仁求教之意。大致说来,《资治通鉴》梁纪部分错误主要可以分为四种类型:(一)时间记载之误、(二)求简删省之误、(三)摘编史料之误、(四)删并史料之误。下面分类分析之。

一、时间记载之误

作为一部编年体史著,《资治通鉴》对有明确时间记载的史事系以具体年月日,而没有明确记载时间史事有自己独特的处理方式。他在《答范梦得》中明确说道:"无日者附于其月之下,称'是月';无月者附于其年之下,称'是岁';无年者附于其事之首尾。有无事可附者,则约其时之早晚,附于一年之下。"[②]用这种处理自然是比较合适的。但实际上,司马光在编著《资治通鉴》时,并不是完全严格地按照这个标准来处理的。如《资治通鉴》卷一四五,梁武帝天监二年[19.3][③]:

> 先是,南梁太守冯道根戍阜陵……魏人见其意思闲暇,战又不利,遂引去。道根将百骑击高祖珍,破之。魏诸军粮运绝,引退。以道根为豫州刺史。[④]

《资治通鉴》卷一四八,梁武帝天监十六年[15]:

---

① 本文与李日升合作。
② 《万有文库第二集七百种司马文正公传家集》卷六三《答范梦得》,王云五主编司马光撰,上海:商务印书馆,1937年,第777页。
③ 方括号内数字表示中华书局点校本段数。
④ 《资治通鉴》卷一四五,梁武帝天监二年,北京:中华书局,1956年,第4532页。

是岁，以右卫将军冯道根为豫州刺史。①

《资治通鉴》两载冯道根为豫州刺史，一为天监二年，一为天监十六年。然而这与《梁书》记载不同："天监二年，为宁朔将军、南梁太守，领阜陵城戍……八年，迁贞毅将军、假节、督豫州诸军事、豫州刺史、领汝阴太守……十五年，为右卫将军……十六年，复假节、都督豫州诸军事、信武将军、豫州刺史。"②《南史》本传："天监二年，为南梁太守，领阜陵城戍……八年，拜豫州刺史，领汝阴太守……十六年，复为豫州。"③两次记载为豫州刺史的时间与《梁书》相同，不过稍为简略而已。因此，大致可以肯定，冯道根在天监八年和十六年都曾担任过豫州刺史。那么《资治通鉴》所载冯道根天监二年担任此职是否正确？回答是否定的。《梁书》与《南史》中没有这样的记载，而且其他典籍也没有相关记载。如考《册府元龟》卷三五二："冯道根天监二年，以南梁太守领阜陵城戍。魏将党法宗、傅竖眼率众二万，奄至城下。道根堑垒未固，城中众少，莫不失色。道根命开城门，缓服登城，选精锐二百人出，与魏军战，败之。魏军因退。迁辅国将军"④，同书卷三八〇："天监二年，魏将党德宗率众奄至城下，道根战败之。迁辅国将军……八年，拜豫州刺史、领汝阴太守。"⑤

问题在于，《梁书》等各种典籍未载冯道根天监二年担任豫州刺史，不能明确否定他任过此职，这还需弄清天监二年谁担任职豫州刺史一职，如此便可以否定冯氏天监二年担任过豫州刺史。《梁书》卷一二《韦叡传》载："天监二年，改封永昌，户邑如先。东宫建，迁太子右卫率，出为辅国将军、豫州刺史、领历阳太守。三年，魏遣众来寇，率州兵击走之。"⑥由此可以肯定，天监二年为豫州刺史者是韦叡，并非冯道根，《资治通鉴》确实有误。

《资治通鉴》卷一四七，梁武帝天监七年[19.3]：

（十月）丁丑，魏镇东参军成景隽杀宿豫戍主严仲贤，以城来降。时魏郢、豫二州，自悬瓠以南至于安陆诸城皆没，唯义阳一城为魏坚守。蛮帅田益宗帅群蛮附魏，魏以为东豫州刺史，上以车骑大将军、开府仪同三司、五千户郡公招

---

① 《资治通鉴》卷一四八，梁武帝天监十六年，第4633页。
② 《梁书》卷一八《冯道根传》，北京：中华书局，1973年，第287页。
③ 《南史》卷五五《冯道根传》，北京：中华书局，1975年，第1372页。
④ 王钦若等：《册府元龟》卷三五二，北京：中华书局，1960年，第4171页。
⑤ 王钦若等：《册府元龟》卷三八〇，第4518页。
⑥ 《南史》卷五八《韦叡传》记载比《梁书》略为简单，但同样称韦氏天监二年为豫州刺史。第221页。

之,益宗不从。①

　　此处有两个时间需要斟酌,一是成景隽降梁时间,《通鉴考异》称:"梁《帝纪》……明年正月壬辰,魏镇东参军成景隽斩宿豫城主严仲宝,以城内属……今并从《魏书》。"②据《魏书》载:"(永平元年十月)丁丑前宿豫戍主成安乐子景隽杀宿豫戍主严仲贤,以城南叛。"③显然,司马光所载二月丁丑为《魏书》时间。然《册府元龟》载:"(天监)八年正月,魏镇东参军成景隽斩宿豫城主严仲宝,以城内属"④,又称:"成景隽,范阳人,父安乐,仕後魏为淮阳太守。武帝天监六年,常邕和杀安乐,以城内附。景隽谋复雠,因杀魏宿预城王,以地南入。"⑤《南史》亦称:"(天监)八年春正月辛巳,祀南郊,大赦。壬辰,魏镇东参军成景隽以宿豫城内属。"⑥故知成景隽降梁时间原有两说。

　　二是田益宗帅领群蛮附魏时间,《资治通鉴》载:永明十一年(魏太和十七年,四九三年)四月"光城蛮帅征虏将军田益宗帅部落四千余户叛,降于魏"⑦。《魏书》也称太和十七年"夏四月戊戌,立皇后冯氏。是月,萧赜征虏将军、直阁将军、蛮酋田益宗率部落四千余户内属"⑧,时间相同。《资治通鉴》未载授东豫州刺史时间,而《南齐书》载:"西阳蛮田益宗,沈攸之时,以功劳得将领,遂为临川王防阁,叛投虏,虏以为东豫州刺史。"⑨实际上,田益宗并非太和十七年叛梁入魏后即授东豫州刺史的,授其职为太和十九年。《魏书》卷六一《田益宗传》载:田益宗"(太和)十九年,拜员外散骑常侍、都督光城弋阳汝南新蔡宋安五郡诸军事、冠军将军、南司州刺史;光城县开国伯,食蛮邑一千户;所统守宰,任其铨置。后以益宗既渡淮北,不可仍为司州,乃于新蔡立东豫州,以益宗为刺史⑩。魏置东豫州时间为太和十九年(四九五年),故田益宗不可能于太和十七年便担任刺史一职。而《资治通鉴》不但将田氏降魏时间弄错,而且把授东豫州刺史事也一并记在梁天监七年(魏永平元年),实误。

①　《资治通鉴》卷一四七,梁武帝天监七年,第4587页。
②　《资治通鉴》卷一四七,梁武帝天监七年,第4586页。
③　《魏书》卷八《世宗纪》,北京:中华书局,1974年,第207页。
④　王钦若等:《册府元龟》卷二一七,第2601页。
⑤　王钦若等:《册府元龟》卷八九六,第10610页。
⑥　《南史》卷六《梁本纪六》,第191页。
⑦　《资治通鉴》卷一三八,齐武帝永明十一年,第4329页。同书卷一四三:"军主吴子阳等出三关侵魏,九月,与魏东豫州刺史田益宗战于长风城,子阳等败还。"第4471页。
⑧　《魏书》卷七下《高祖纪下》,第171页。
⑨　《南齐书》卷五八《蛮传》,北京:中华书局,1972年,第1009页。
⑩　《魏书》卷六一《田益宗传》,第1370页。《北史》卷三七《田益宗传》记载基本与《魏书》相同,北京:中华书局,1974年,第1357页。

梁以车骑大将军、开府仪同三司、五千户郡公招田益宗,确在天监七年(魏永平元年)。《魏书》载:"永平元年,城人白早生谋为叛逆,遂斩悦首,送萧衍"①,《资治通鉴》载:"(天监七年)十月,魏悬瓠军主白早生杀豫州刺史司马悦,自号平北将军,求救于司州马仙琕……丁丑,魏镇东参军成景隽杀宿豫戍主严仲贤,以城来降。时魏郢、豫二州,自悬瓠以南至于安陆诸城皆没,唯义阳一城为魏坚守。蛮帅田益宗帅群蛮以附魏,魏以为东豫州刺史,上以车骑大将军、开府仪同三司、五千户郡公招之,益宗不从"②。

由上可见,《资治通鉴》在"蛮帅田益宗帅群蛮以附魏,魏以为东豫州刺史"前当加"先是"或"初",而点校则应句断,不应与"上以车骑大将军"句相连③。

《资治通鉴》卷一五二,梁武帝大通二年[18]:

> 魏临淮王彧闻魏主定位,乃以母老求还,辞情恳至。上惜其才而不能违,六月,丁亥,遣彧还。魏以彧为侍中、骠骑大将军,加仪同三司……前幽州平北府主簿河间邢杲帅河北流民十万余户反于青州之北海,自称汉王,改元天统。戊申,魏以征东将军李叔仁为车骑大将军、仪同三司,帅众讨之。④

据《资治通鉴》记载,魏遣返元彧时间在六月丁亥(初一),戊申(二十二日)李叔仁帅众讨邢杲⑤,那么元彧为侍中、骠骑大将军,加仪同三司的时间可理解为在戊申前。此时间实有误。元彧遣返时间上,《资治通鉴》取材于《梁书》⑥,然《魏书》与《北史》均是七月⑦,当是《梁书》所记是元彧离梁时期,《魏书》、《北史》所记是其到达时间。其实,《资治通鉴》这段话记载元彧官职还有错误。据《魏书》卷一○《孝庄帝纪》:建义八月甲辰"以侍中、骠骑大将军、临淮王彧为仪同三司"。可见加元彧

① 《魏书》卷三七《司马楚之传附悦传》,第859页。
② 《资治通鉴》卷一四七,梁武帝天监七年,第4586页。
③ 正因《资治通鉴》无"先是"或"初"字,点校者则将两事混淆为一事,出现标点错误。
④ 《资治通鉴》卷一五二,梁武帝大通二年,第4749页。
⑤ 《魏书》卷一○《孝庄帝纪》(第258页)载建义元年六月:"幽州平北府主簿河间邢杲,率河北流民十余万户反于青州之北海,自署汉王,号年天统。戊申,以征东将军、金紫光禄大夫李叔仁为车骑大将军、仪同三司,率众讨之。"其李叔仁出征有明确时间,而《太平御览》卷一○四《皇王部二十九》(第498页)载建义六月"幽州平北府主簿河间邢杲,帅河北流民十余万户反于青州之北海,自署汉王,年号天统。"王钦若等《册府元龟》卷一二一(第1451页)载:"(建义)六月,幽州平北府主簿河间邢杲,率河北流民十馀万户于青州之北海,自署汉王,年号天统。以征东将军李叔仁为车骑大将军,率众讨之",两者均无明确时间。
⑥ 从文字上判断说,《资治通鉴》与《梁书》最为接近。《梁书》卷三《武帝纪》:"六月丁亥,魏临淮王元彧求还本国,许之。"第72页。
⑦ 《魏书》卷一○《孝庄帝纪》:七月"临淮王彧自江南还朝"。第259页;《北史》卷五《孝庄帝纪》:七月"临淮王彧自江南还朝",北京:中华书局,1974年,第163页。

仪同三司时,其任职为侍中、骠骑大将军,不过,现存史料未见元彧担任侍中、骠骑大将军的明确时间。元彧墓志保存至今,亦无相关记载①。尽管如此,《资治通鉴》将元彧返国与任职合并记载而出现错误则是完全可以肯定的。

二、求简删省之误

张煦侯先生认为:"司马光著书动机,正是有见于正史太繁,'诸生历年莫能竟其篇第,毕世不暇举其大略,厌烦趋易,行将泯绝'(刘恕《通鉴外记·自序》),所以才把一千五百卷的正史,删成二百九十四卷的《资治通鉴》。"②细读《资治通鉴》,可以发现,司马光用语极为精练,对史料删省、合并确实经过深思熟虑、反复斟酌,大多数地方史实简明准确,这也是《资治通鉴》之所以享有盛誉的重要原因。然而由于《资治通鉴》时间跨度太长、需要删简之处甚多,个别地方处理上出现一些问题也在所难免。试举几例:

《资治通鉴》卷一五五,梁武帝中大通三年[18.1]:

(五月)丙申,立太子母弟晋安王纲为皇太子。③

《梁书》卷三《武帝纪下》记载不同:"(中大通三年)秋七月乙亥,立晋安王纲为皇太子。大赦天下,赐为父后者及出处忠孝文武清勤,并赐爵一级。"④《资治通鉴》与《梁书》、《南史》的记载在时间上明显不同⑤。

何以同一件事却有不同的日期呢?据《梁书》卷四《简文帝纪》记载:"三年四月乙巳,昭明太子薨。五月丙申,诏曰:'非至公无以主天下……晋安王纲,文义生知,孝敬自然,威惠外宣,德行内敏,群后归美,率土宅心。可立为皇太子。'七月乙亥,临轩策拜,以修缮东宫,权居东府。"可知,"五月丙申"是颁诏时间,而"秋七月乙亥"当是正式"临轩策拜"的日子。也就是说,《资治通鉴》把下诏立纲为皇太子的日期与正式策拜日期两者合一,删省了立纲为皇太子详细过程,导致史事混淆,确实有点欠妥。

《资治通鉴》卷一四七,梁武帝天监七年[15.2]:

---

① 《魏故使持节侍中太保领太尉公录尚书事大将军都督定相二州诸军事定州刺史临淮王(元彧)墓志》,赵超:《汉魏南北朝墓志汇编》,天津:天津古籍出版社,1992年,第503页。

② 张煦侯:《通鉴学·再版自序》,安徽:安徽人民出版社,1981年,第14页。

③ 《资治通鉴》卷一五五,梁武帝中大通三年,第4809页。

④ 《梁书》卷三《武帝纪下》,第75页。《南史》卷七《梁本纪中》基本相同:"秋七月乙亥,立晋安王纲为皇太子,大赦。赐为父后者,及出处忠孝、文武清勤,并爵一级。"第208页。

⑤ 《通鉴考异》对此差异也未进行考证。

> 京兆王愉不能守信都,癸卯,烧门,携李氏及其四子从百余骑突走。①

此事发生于魏宣武帝永平元年九月,然城门并非京兆王元愉所烧。据《魏书》卷六五《李平传》:"(李平)乘胜逐北,至于城门,斩首数万级,遂围城烧门。愉与百余骑突门出走,遣统军叔孙头追之,去信都八十里擒愉。"②显然,是李平围城后烧城门,并非京兆王元愉烧门,可见,《资治通鉴》在删省史料时出现失误,导致史实错误。

《资治通鉴》卷一四八,梁武帝天监十四年[22.1]:

> 初,魏于忠用事……太后敕公卿再议,太傅怿等上言:'先帝升遐,奉迎乘舆,侍卫省闼,乃臣子常职,不容以此为功。臣等前议授忠茅土,正以畏其威权,苟免暴戾故也。若以功过相除,悉不应赏,请皆追夺。'崔光亦奉送章绶茅土。表十余上,太后从之。③

《资治通鉴》称崔光"奉送章绶茅土"之表达十余次,最终被灵太后接受。史实并非如此。《资治通鉴》所载太傅清河王元怿弹劾于忠,见《魏书》于忠本传,仅是简略一些而已,然此奏"灵太后从之"④,《北史》卷二三《于栗䃽传附忠传》较《魏书》为简,但意思完全相同,即灵太后听从了太傅清河王等人的奏言。至于灵太后是否听从崔光的请求,《魏书》卷六七《崔光传》记载却完全不同:"于忠擅权,光依附之,及忠稍被疏黜,光并送章绶冠服茅土,表至十余上。灵太后优答不许",其原因是"光有德于灵太后"⑤。可见,元怿之奏获得灵太后认同,而崔光辞章绶冠服茅土并未被接受,《资治通鉴》在合并两段史料并作删省时,处理不当而导致史事出现错误。

三、摘编史料之误

司马光等人在编纂《资治通鉴》的过程中博采群书、严格考证,"研精极虑,穷竭所有,日力不足,继之以夜,编阅旧史,旁采小说,简盈积,浩如烟海,抉摘幽隐,校计毫厘"⑥;对史实互异处,另撰写《通鉴考异》来"存疑"和"兼存或说"⑦,因而《资治通

---

① 《资治通鉴》卷一四七,梁武帝天监七年,第 4584 页。
② 《魏书》卷六五《李平传》,第 1453 页,王钦若等:《册府元龟》卷三五三《将帅部》同,第 4197 页。
③ 《资治通鉴》卷一四八,梁武帝天监十四年,第 4619 页。
④ 《魏书》卷三一《于栗䃽传附忠传》,第 744 页。
⑤ 《魏书》卷六七《崔光传》,第 1492 页,《北史》卷四四《崔光传》相同,第 1619 页。
⑥ 《通鉴·进书表》,第 9607 页。
⑦ 《通鉴·进书表》,第 9608 页。

鉴》成为"一部以严谨、缜密著称的名著"①。但它取材范围广,记事时间长,而且撰修时间长达19年,司马光在《资治通鉴·进书表》中曾自谦地说"自治平开局,迨今始成,岁月淹久,其间抵牾,不敢自保,罪负之重,固无所逃"②。司马光用尽心血完成这部宏大著作,但确实难保每一细节都准确无误,且《资治通鉴》编成至今,由于传抄等种种原因,也不可避免一些瑕疵,下面略举几例:

《资治通鉴》卷一四六,梁武帝天监十一年[2]:

> 以临川王宏为太尉,骠骑将军王茂为司空、尚书令。③

《梁书》卷九《王茂传》载:"十一年,进位司空,侍中、尹如故"④,该传中没有记载他作过尚书令。考《南史》卷六《梁本纪上》:天监十一年,"司空、扬州刺史临川王宏进位太尉,以骠骑将军王茂为司空"⑤,《册府元龟》卷三〇九《宰辅部》:王茂"天监十一年,位进司空"⑥,同书卷一九九《闰位部》也称"十一年正月以骠骑将军王茂为司空"⑦,3条史料均无为尚书令的记载,显然,称王茂担任尚书令确实令人生疑。那么《资治通鉴》王茂任尚书令来自何处? 笔者以为当是司马光误读《梁书》而来:

> 扬州刺史临川王宏进位为太尉。骠骑将军王茂为司空。尚书令、云麾将军王莹进号安左将军。⑧

此为《武帝纪》所载,司马光截取至"司空、尚书令",而剔除"云麾将军"以下之语,如此就变成了《资治通鉴》中记载王茂官职之语了。此非笔者臆断,因为从王莹任职完全可以看出司马光之误截。据《梁书》王莹本传,他确实担任过尚书令、云麾将军⑨,只是没有具体时间而已。实际上,王莹担任尚书令、云麾将军在天监九年:"九年春正月乙亥,以……右光禄大夫王莹为尚书令"⑩,也就是说,上述所引《梁

① 吴玉贵:《〈资治通鉴〉疑年录·前言》,北京:中国社会科学出版社,1994年,第3页。
② 《通鉴·进书表》,第9608页。
③ 《资治通鉴》卷一四七,梁武帝天监十一年,第4601页。
④ 《梁书》卷九《王茂传》,第176页。
⑤ 《南史》卷六《梁本纪上》,第193页。
⑥ 王钦若等:《册府元龟》卷三〇九《宰辅部》,第3641页
⑦ 王钦若等:《册府元龟》卷一九九《闰位部》,第2394页。
⑧ 《梁书》卷二《武帝纪中》,第52页。
⑨ 《梁书》卷一六《王莹传》,第274页。
⑩ 《梁书》卷二《武帝纪中》,第49页。

书·武帝纪》中"骠骑将军"实为王茂之原职,"尚书令、云麾将军"则是王莹之原职,司马光截取有误,才导致将"尚书令"安在王茂身上。

《资治通鉴》卷一四七,梁武帝天监十二年[7.3]:

> 绚走,为村民所执,还,至尉升湖,曰:'吾何面见李公乎!'乃投水死。绚,叔业之兄孙也。①

此处记载,以绚为叔业的"兄孙",实误。据《魏书》卷七一《裴叔业传附彦先传》:"叔业长兄子彦先……彦先弟绚",《北史》卷四五《裴叔业传附彦先传》与《魏书》相同,即彦先、绚均为叔业之侄子,即"兄子",而不应该是"兄孙",《资治通鉴》有误。

类似辈份之误还有,《资治通鉴》卷一四九,梁武帝天监十八年[7.1]:

> 尚书令、仪同三司李崇,章武王融,负绢过重,颠仆于地,崇伤腰,融损足,太后夺其绢,使空出,时人笑之。融,太洛之子也。②

据《魏书》卷一九下《章武王太洛传》记载:"章武王太洛……无子。高祖初,以南安惠王第二子彬为后。彬,字豹儿,袭爵……彬有五子。长子融"③云云。考《册府元龟》亦载:太洛"皇兴二年薨,无子。孝文初,以南安惠王第二子彬为后,袭爵。彬卒,长子融"④,所载诸人辈份与《魏书》并无差异。据此可知,章武王元太洛无子,过继南安惠王之子元彬,而元融是元彬长子,即太洛之孙,故《资治通鉴》称"太洛之子"显然有误。

《资治通鉴》卷一五三,梁武帝中大通元年[12.11]:

> 六月,壬午,魏大赦。⑤

此条有误。考《魏书》本纪与《北史》本纪都没有记载这一年六月魏主大赦天下,而《梁书》卷三《武帝纪下》却记载:"(中大通元年)六月壬午,大赦天下。"《南史》

---

① 《资治通鉴》卷一四七,梁武帝天监十二年,第4606页。
② 《资治通鉴》卷一四九,梁武帝天监十八年,第4645页。
③ 《魏书》卷一九下《章武王太洛传》,第514页。《北史》卷一八《章武王太洛传》与《魏书》基本相同:"章武王太洛……无子。孝文初,以南安惠王第二子彬为后……彬字豹儿……子融",无"长子"两字,第675页。
④ 王钦若等:《册府元龟》卷二八四《宗室部》,第3347页。
⑤ 《资治通鉴》卷一五三,梁武帝中大通元年,第4762页。

卷七《梁本纪中》更为详细,并讲述了大赦的原因:"(中大通元年)六月壬午,以永兴公主疾笃故,大赦,公主志也。"如果《资治通鉴》记载是正确的,那么梁朝与魏朝在同年同月同日大赦天下,从时间来看那是千载难遇的巧合。诸朝大赦一般是史官必记之事,《魏书》没有予以记载,解释成是"偶然"失载显然似难说通。其实从情理上推测,北魏也不可能大赦。因为此时北魏正是阴之变之后,尔朱荣所立孝庄帝既无权威,又与尔朱氏有隙,而北海王元颢投靠萧梁,梁武帝"遂以颢为魏主,假之兵将,令其北入。永安二年四月,于梁国城南登坛燔燎,号孝基元年……又克行台杨昱于荥阳。尔朱世隆自虎牢走退"①,孝庄帝仓皇北逃,元颢入洛阳,许多北魏宗室、大臣归降于颢。元颢改称建武元年。应该说,孝庄帝本身是个傀儡皇帝,现又逃离洛阳去依附尔朱荣,尽管想借助尔朱氏力量反攻,其实并无权势可言,当此之时进行"大赦"恐怕于情于理都不甚吻合,由此,我们推断,壬午实施"大赦"者当是梁朝而非魏国。

《资治通鉴》卷一五三,梁武帝中大通元年[16.4]:

> 于是魏多细钱,米斗几直一千,高道穆上表,以为:"……宜改铸大钱,文载年号,以记其始,则一斤所成止七十钱,计私铸所不能自润,直置无利,自应息心,况复严刑广设也!"②

"一斤所成止七十钱"当有脱漏。《魏书》卷七七《高道穆传》:"于时用钱稍薄,道穆表曰:'……论今据古,宜改铸大钱,文载年号,以记其始,则一斤所成止七十六文。铜价至贱五十有余,其中人功、食料、锡炭、铅沙,纵复私营,不能自润。直置无利,自应息心,况复严刑广设也。以臣测之,必当钱货永通,公私获允。'"③《北史》卷五〇与《魏书》完全相同。《通典》卷九《食货九》记载:"中尉高恭之(注:即道穆)又奏曰:'……论今据古,宜改铸大钱,文载年号,以记其始。则一斤所成七十六文。铜价至贱,五十有余,其中人功、食料、锡炭、铅沙,纵复私营,不能自润。直置无利,应自息心,况复严刑广设。以臣测之,必当钱货永通,公私获允。'"从《资治通鉴》高氏上表内容看,应当是删改《魏书》或《北史》,然脱漏一"六"字④。

《资治通鉴》卷一六五,梁元帝承圣三年[17]:

---

① 《魏书》卷二一上《元颢传》,第 565 页。
② 《资治通鉴》卷一五三,梁武帝中大通元年,第 4767 页。
③ 《魏书》卷七七《高道穆传》,第 1716 页;《册府元龟》卷五〇〇《邦计部》与《魏书》同,第 5992 页。
④ 此不知是司马光脱漏还是传抄刊刻中脱漏,暂归此类论述。

五月，魏直州人乐炽、洋州人黄国等作乱。①

此段当取自于《北史》"恭帝初，直州人乐炽、洋州人黄国等连结为乱"②，仅将"恭帝初"改为"五月"而已。《北史》取自《周书》李迁哲本传无疑，然李延寿已经出错："魏恭帝初，直州人乐炽、洋州人田越、金州人黄国等连结为乱。"③显然，《北史》脱漏"田越、金州人"五字，司马光照抄《北史》而未作细究，跟着出现了错误。

《资治通鉴》卷一六六，梁敬帝太平元年[26]：

> 魏江州刺史陆腾讨陵州叛獠，獠因山为城，攻之难拔。腾乃陈伎乐于城下一面，獠弃兵，携妻子临城观之，腾潜师三面俱上，斩首万五千级，遂平之。④

此事应出于《周书》卷二八《陆腾传》的记载："陵州木笼獠恃险粗犷，每行抄劫，诏腾讨之。獠既因山为城，攻之未可拔。腾遂于城下多设声乐及诸杂伎，示无战心。诸贼果弃其兵仗，或携妻子临城观乐。腾知其无备，密令众军俱上，诸贼惶惧，不知所为。遂纵兵讨击，尽破之，斩首一万级，俘获五千人。"⑤由《周书》记载可知，陆腾攻獠"斩首一万级，俘获五千人"，而《资治通鉴》却记为"斩首万五千级"，当误，若记为"斩获"则可。另外，《资治通鉴》删节后未讲明獠为何弃兵，而《周书》则清楚地记为獠信陆腾"无战心"，故弃兵仗。《资治通鉴》删去"示无战心"显然不妥。

四、删并史料之误

司马光等人在编纂《资治通鉴》梁纪部分的过程中，出于编纂需要，对一些史料进行删节合并或修改，这当然是必须的，而且大部分是正确的，但也有一些疏漏。下面举数例予以说明：

《资治通鉴》卷一四五，梁武帝天监三年[13.1]⑥：

> 仙琕知义阳危急，尽锐决战，一日三交，皆大败而返。蔡灵恩势穷，八月，

---

① 《资治通鉴》卷一六五，梁元帝承圣三年，第5113页。
② 《北史》卷六六《李迁哲传》，第2334页。
③ 《周书》卷四四《李迁哲传》，北京：中华书局，1971年，第790页。
④ 《资治通鉴》卷一六六，梁敬帝太平元年，第5152页。
⑤ 《周书》卷二八《陆腾传》，第471页；《册府元龟》卷三六五《将帅部》与《周书》相同，第4341页。《北史》卷二八《陆腾传》对此也有记载，但言之不详，"陵州木笼獠恃险，每行抄劫，诏腾讨之。獠因山为城，攻之未可拔。腾遂于城下多设声乐及诸杂伎，示无战心。诸贼果弃其兵仗，或携妻子临城观乐。腾知其无备，遂纵兵讨击，尽杀破之。"第1013页。
⑥ 此条吴玉贵《〈资治通鉴〉疑年录》缺考。

乙酉,降于魏。三关戍将闻之,辛酉,亦弃城走。①

此段来源《魏书》:"萧衍遣其平西将军曹景宗、后将军王僧炳等率步骑三万来救义阳……景宗、仙琕知城将拔,尽锐决战,一日三交,皆大败而返。灵恩势窘,遂降。三关戍闻之,亦弃城而走。"②不过,此处记载没有具体时间。《资治通鉴》完全删去梁武帝遣曹景宗率军救援事,似不甚妥当。而《北史》载梁武帝"诏英率众南讨,大破梁曹景宗军。梁司州刺史蔡道恭忧死,三关戍弃城而走"③,此处亦无时间,且只称景宗而不提仙琕,也不妥。至于《资治通鉴》所载时间亦有问题。胡三省注:"乙酉距辛酉三十六日,太远,或者其辛卯欤!"胡氏所说有据,《魏书》卷八《世宗本纪》:"八月丙子,元英……乙酉,元英攻义阳,拔之,擒送萧衍冠军将军蔡灵恩等十余将。辛卯,英又大破衍将,仍清三关。"④《北史》卷四《世宗本纪》:"八月丙子,假镇南将军元英……乙酉,元英攻拔义阳。辛卯,英又大破梁军,仍清三关。"是年八月乙亥朔,无辛酉,"辛卯"为十七,故知《资治通鉴》利用《魏书》数段史料合并删省,导致"辛卯"误为"辛酉"。

《资治通鉴》卷一四六,梁武帝天监六年[9]⑤:

九月,己亥,魏以司空高阳王雍为太尉,尚书令广阳王嘉为司空。⑥

《魏书》卷八《世宗本纪》记载"(正始四年)九月己未,诏曰:'朕秉历承天,履年将纪,徙正宫极,岁浃归余。台懿茂亲,祗勤已久;列司英彦,庸绩未酬。非所谓有功见知,赏以时及。其以司空、高阳王雍为太尉,尚书令、广阳王嘉为司空,百官悉进位一级。'"。《北史》卷四《世宗本纪》记载较简,"九月己未,诏以徙正宫极,庸绩未酬,以司空、高阳王雍为太尉,尚书令、广阳王嘉为司空,百官悉进位一级"。《资治通鉴》所记史事基本与《魏书》《北史》相同,但时间有差异。

该年为闰,梁闰十月,魏闰九月。然梁天监六年九月(魏亦九月)丁巳朔,无己亥,己未则为初三。《资治通鉴》在节取《魏书》或《北史》史料时,将"己未"误为"己

---

① 《资治通鉴》卷一四五,梁武帝天监三年,第4543页。
② 《魏书》卷一九下《南安王桢传附英传》,第499页;《册府元龟》卷二九〇:"景宗、仙琕知城将拔,尽锐决战,一日三交,皆大败而返。灵恩势窘,遂降。三关戍闻之,亦弃城而走梁",最后多一"梁"字,第3420页。
③ 《北史》卷一八《南安王桢传附英传》,第668页。
④ 李昉等:《太平御览》卷一〇三《世宗宣武皇帝》引《后魏书》:"元英攻义阳,拔之,擒送萧衍冠军将军蔡灵恩等十余将。英又大破衍将,仍清三关",不但删去时间,记载极为简略。北京:中华书局,1960年,第494页。
⑤ 此条吴玉贵《〈资治通鉴〉疑年录》缺考。
⑥ 《资治通鉴》卷一四六,梁武帝天监六年,第4574页。

亥"。

《资治通鉴》卷一五八,梁武帝大同七年[18]:

> 东魏临淮王孝友表曰:"令制百家为族,二十五家为闾,五家为比。百家之内有帅二十五,征发皆免,苦乐不均,羊少狼多,复有蚕食,此之为弊久矣。京邑诸坊,或七八百家唯一里正、二史,庶事无阙,而况外州乎!请依旧置三正之名不改,而每闾止为二比,计族省十一丁,赀绢、番兵,所益甚多。"事下尚书,寝不行。①

此事最早记载见于《魏书》卷一八《临淮王谭附孝友传》:

> 孝友明于政理,尝奏表曰:"令制:百家为党族,二十家为闾,五家为比邻。百家之内,有帅二十五,征发皆免,苦乐不均。羊少狼多,复有蚕食。此之为弊久矣。京邑诸坊,或七八百家,唯一里正、二史,庶事无阙,而况外州乎?请依旧置,三正之名不改,而百家为四闾,闾二比。计族省十二丁,得十二四赀绢。略计见管之户,应二万余族,一岁出赀绢二十四万匹。十五丁出一番兵,计得一万六千兵。此富国安人之道也。"……诏付有司议奏不同。②

《资治通鉴》称"二十五家为闾"、"族省十一丁",《魏书》则为"二十家为闾"、"族省十二丁",两者有不同。孰是孰非,需要从北魏设置三长制来考虑。按照北魏实行的三长制来计算赋税徭役,史称:

> (太和)十年,给事中李冲上言:"宜准古,五家立一邻长,五邻立一里长,五里立一党长,长取乡人强谨者。邻长复一夫,里长二,党长三。"③

照此计算,百家为一党长、四里长、二十邻长,共计给复 31 人。依照元孝友建议,"百家为四闾,闾二比"则给复人数确实大为减少。孝友建议"请依旧置",即仍然按照原来三长制;"三正之名不改",即邻里党三长之名不改。元孝友要求改的是闾所辖户数。按照元孝友建议:"闾二比",即每闾设 2 邻,4 闾共 8 邻,给复 8 人;百家为四闾,里长各给复 2 人,共为 8 人,另有党长给复 3 人,合计 19 人。因此元氏

---

① 《资治通鉴》卷一五八,梁武帝大同七年,第 4910 页。
② 《魏书》卷一八《临淮王谭附孝友传》,第 422 页。
③ 《魏书》卷一一〇《食货志六》,第 2855 页。

称"族省十二丁"。可见,《魏书·临淮王谭附孝友传》记载无误[1],《资治通鉴》节取删并则有误:"五"字为衍[2],"一"若非司马光笔误,则为后世刊刻之误。

通过上述对《资治通鉴》梁纪部分的考订,使我们清醒地看到,《资治通鉴》确实存在着某些错失,因此采用该书史料时需要以其他史料仔细比对,以确保所引史料的准确性,"避免盲目引用《资治通鉴》的弊端"[3],防止以讹传讹的错误。自然,笔者或恐有断章取义、一叶障目之弊,还望学界同仁批评指正。

原载于《史学史研究》2017 年第 1 期。

收入《史学思想研究与中国史学的风格》,福建人民出版社 2017 年

---

① 《北齐书》卷二八《元孝友传》、《北史》卷一六《临淮王谭附孝友传》数量均与《魏书》记载相同。北京:中华书局,1972 年。《北齐书》卷二八《元孝友传》,第 385 页,《北史》卷一六《临淮王谭附孝友传》,第 609 页。

② 《周礼·地官·司徒》:"令五家为比,使之相保;五比为闾,使之相受;四闾为族,使之相葬;五族为党,使之相救;五党为州,使之相赒;五州为乡,使之相宾。"第 751 页。《周礼》称一闾为 25 家,司马光或受此影响。

③ 高敏:《魏晋南北朝史发微》,北京:中华书局,2005 年,第 2 页。

走出中哲史：对阐释学的一点看法

　　"走出中哲史"，是指中哲史研究需要"走出来"，既要更广泛地了解其它学科研究成果，更要走进世界哲学研究的潮流之中。进一步说，不要局限在哲学（哲学史）来讨论阐释学，更不能局限中国哲学来讨论阐释学。

　　这里，我谈三个问题，可能都是一些老生常谈，或由于涉猎不广而存在理解错误，请诸位专家学者帮助我释疑解惑。

　　第一，中国古代哲学的现代阐释需要注意的问题。

　　我的学术研究是从研究中哲史起步的，曾经接触到一些哲学史、哲学研究的前辈学者与同行，也属较早接触到阐释学。1991年，夏威夷大学成中英教授将自1987年之后多次来华讲学的文稿编成《世纪之交的抉择——论中西哲学的会通与融合》一书，书出版后他就赠送我一册。读后，我撰写了一篇书评《哲学的反思　严肃的抉择》予以介绍。成先生介绍了西方分析哲学、诠释学的要义及流派，别开生面地对中国传统哲学的一些重要概念与范畴加以新的诠释，赋予其新的思维模式，企望中国哲学摆脱目前困境，迅速走向现代化。此后，国内有不少学者运用阐释学的理论来重新审视中国古代哲学，取得一批成果。但需要指出的是，阐释中国古代哲学应当还原古代思想家的历史场景，即要注意分析这些思想家所说的话原来意思是什么，存在什么缺陷，拥有什么价值，而不能直接用现代概念来"直接衔接"，否则就会违背历史主义的原则。

　　这里以第一代新儒家研究为例。第一代新儒家学者是在"五四"之后，中华民族遭遇民族危机的历史背景下出现的。这批真诚热爱中国传统文化的知识精英企望从民族文化的宝库中寻求出路，来应对中华传统文化面临的危机。从这一角度来看，新儒家的出现有其历史原因与时代价值的。我个人感到：第一代新儒家在西学泛滥于中国之时，他们维护中华文化的勇气非常值得赞赏。但是，第一代新儒家毕竟采取的是文化保守主义，过于执着传统文化，总体上对西学采取排斥态度，因而与世界潮流并不是同轨共进，显得有点落后于时代。对第一代新儒家需要予以理解其文化心态，需要客观、公正地评价他们的功过[①]。遗憾的是，学界确实

---

① 　有些论文讲马克思主义与新儒家关系或有过当，如袁宏禹《现代新儒学与中国马克思主义的会　（转下页）

还有一些全盘肯定的言过其实的评论。其实,儒家思想是一种符合封建专制主义的产物,它产生在农业文明的土壤中,它在中国古代起到无可替代的作用,也是中华传统文化的重要组成部分。但是,儒家思想不可能直接为现代工业文明社会服务,它需要有一个"现代化转换"的过程,这一过程自然可以采取各种方式,其中包括以阐释学的理论对儒家思想进行解构与现代性建构。这就需要我们正确地将儒家们的某些概念、观点的原意弄清楚,然后考虑好转换成什么层次上的概念与构建怎样的理论体系,这样才有助于中华传统文化的现代化。

正由于此,我不同意对中华传统文化顶礼膜拜、亦步亦趋,将其神圣化,容不得半点批评;也不同意抛弃中华传统,全盘西化。中华传统文化只有在脱胎换骨,进行现代性转换之后才会焕发青春,如果将其神圣化、固态化,那么中华传统文化也就变成"千年僵尸"了,不会有什么活力可言,更不会适用于现代工业文明的社会。提倡读经、国学不是坏事,是让国人更多地了解中华文化传统,可以让国人牢记是炎黄子孙。但将其视为恢复或弘扬中华文化的唯一手段,则会背离了当今社会弘扬中华文化传统的精神。因此,没有必要身穿古服、口诵古经、行用古礼来弘扬中华传统文化,更为重要的是将中华传统文化中的精神实质弘扬出来。这就需要在新的历史条件下,借助西方现代理论,对中国传统文化重新加以阐释,经过"现代性转换",将其可以转换的精髓发掘出来,从而构建起新时代的可与当代世界文化对话的中华新文化,既让它真正具有"中国血统",同时又具有"现代性"意义。

第二,阐释学的三个层次。

按照一般解释,阐释学又称诠释学,是一个解释和了解文本的哲学技术。阐释学被广泛地运用在哲学、法学、宗教学、历史学、文献学、语言学、心理学、社会学以及文艺学中。一般认为:有关解释学的研究可以上溯到古希腊,作为一种哲学学派形成于20世纪,二战后在西方学术界产生了较大的影响,至今形成诸多流派。其实,阐释学并不神秘,中国古代亦有之。在中国,原始的"阐释学"至少在战国时期就存在了。

在我看来,阐释存在三个不同层次:第一层次是疏释字词等概念,第二层次是阐释文句,第三层次是阐发意义。前两个层次是语言文字的层面,而第三层次则达到思辨的层面。这大概是东、西方都存在的。我从中国角度来试加论述。

从阐释角度来看,中国字词的阐释当以《尔雅》为始,再往后推一些,那么许慎《说文解字》也是很重要的著作。许慎另有《五经异义》、《淮南鸿烈解诂》等书,惜已

(接上页)通》提出"通过儒学使马克思主义中国化,而新儒家也将儒学作出马克思主义的融通,通过马克思主义使儒学现代化"。《福建农林大学学报》2012年第6期。类似论文还有一些,如姜彦华《新儒学助推马克思主义哲学转型》(《人民论坛》2017年第9期),朱兰、但家荣《论儒家文学思想与马克思主义的契合》,《语文建设》2015年第12期。

失传，当亦是解释字词为主的著作。《说文解字叙》称："至孔子书《六经》，左丘明述《春秋传》，皆以古文，厥意可得而说也。其后诸侯力政，不统于王，恶礼乐之害己，而皆去其典籍，分为七国，田畴异亩，车涂异轨，律令异法，衣冠异制，言语异声，文字异形……今叙篆文，合以古籀，博采通人，至于小大，信而有证，稽撰其说，将以理群类，解谬误，晓学者，达神恉，分别部居，不相杂厕，万物咸睹，靡不兼载。"①《说文解字后叙》："闻疑载疑，演赞其志。次列微辞，知此者稀。"②也就是说，由于古今字不同、制度相异，因此后人往往不晓其意，故有必要通过字词解释来了解其旨，深明其义，做到"信而有证"，这样才能演绎出正确的观点。

第二个层次可以刘勰《文心雕龙》为代表。刘氏在《文心雕龙》中说："解者，释也。解释结滞，征事以对也。"③此将"解"字作"释"字解，即互文，两字同义。这里的"解释结滞"是指解释文中不明之义，也就是刘氏所说的"原始以表末，释名以章义"④。章即彰，"释名以章义"是指从解释名物入手达到了解其涵含之义。"征事以对"，即指引证事例来作对应解释。如《史传》中称孔子"闵王道之缺，伤斯文之坠"，因此著《春秋》"睿旨幽隐"⑤，故左丘明为《左传》而释其旨。此虽不符合历史事实，但将《左传》作为解释《春秋》之作，实际正是"解释结滞，征事以对"的注脚，此从字词文句的解释引申到事件的"核实"，进一步阐述事件，使读者明了事件真相，初步接触到"阐释"问题。

第三个层次可以魏晋南北朝时期佛教格义来作例子。汤用彤先生《隋唐佛教史稿》指出："东晋以来，教理之疏讨日益繁密，于是华人渐自辟门户，辩论遂兴。陈隋之际，乃颇多新说，而宗派之分以起。"⑥汤先生的说法是正确的。魏晋时期般若学分为两大流派，一是"格义"，一为"六家"。僧睿说："自慧风东扇，法言流咏，虽曰讲肆，格义迂而乖本，六家偏而不即。"⑦"迂而乖本"，是僧睿批评"格义"歪曲佛教本义，也是就阐释不符合佛教经义；"偏而不即"，是批评"六家"阐释偏颇不合佛教真谛。其实，"格义"是运用中国古代原有的名词、含义，特别是采用了老庄哲学的名词、概念来比附佛教名词和概念，是适应魏晋玄学流行之后的历史现状的，也能让中国僧人比较容易地掌握思辨性比较强的般若性空之学。如朱士行等人翻译的《放光般若经》，般若学概念的事数（名相）概念不易弄清，如分析构成人们心理与物

---

① 许慎：《说文解字叙》，严可均辑：《全上古三代秦汉三国六朝文》卷四九《全后汉文》，北京：中华书局，1958 年，第 741 页。
② 许慎：《说文解字后叙》，严可均辑：《全上古三代秦汉三国六朝文》卷四九《全后汉文》，第 741 页。
③ 周振甫：《文心雕龙今译·书记第二十五》，北京：中华书局，1986 年，第 237 页。
④ 周振甫：《文心雕龙今译·序志第五十》，第 448 页。
⑤ 周振甫：《文心雕龙今译·史传第十六》，第 141 页。
⑥ 汤用彤：《隋唐佛教史稿》，北京：中华书局，1982 年，第 106 页。
⑦ 僧睿：《毗摩罗诘提经义疏序》，罗新璋编：《翻译论集》，北京：商务印书馆，1984 年，第 37 页。

理现象的五蕴、十二处、十八界①，用中国固有之名词、概念来作阐释，就比较容易理解佛教名词的内涵，从而掌握般若学之真谛。可见，无论是格义还是六家，都是运用阐释的方式来解读佛教经义，他们从较低层次的字词解释入手，来揭示佛教性空之义，初步具备了后世解释学要求的从本体论高度来理解文本的特性。其实，当时名僧道安对格义也极不满意，认为"先旧格义，于理多违"②，但他又感到佛教的概念确实不易弄清，于是采用折衷的方法来处理，他一方面批判格义派，同时也允许其高足慧远讲道时采纳老庄的概念来进行疏释，使人触类旁通。事实上，由于文化背景不同，理解自然会不同；佛教经义不用相应词义来解释，是难以使人接受的。

当然，中国古代这种阐释，不能等同现代西方的阐释学，从学术理论水准来说，它们根本不在一个层次上。但是，中国古代的阐释却具有现代阐释学的某些因素则是毫无可疑之事，尤其是三个层次问题，东方、西方大概不外乎此。

第三个问题，"读经"与"解经"。

所谓读经，指字词句文义疏释；解经，借用这次会议主题来说，则是指从思辨高度来阐释经中所包含的意义、价值。读经是基础，解经是目的。

其实，每个时代的"读"经都差不多，因为我们不能离开经典原文和作者原意来随意加以疏释。但"解"经则不同，因为解经需要随着时代条件的变迁而作出新的阐释。在中国古代，面对同一经典，每一代知识精英对它的阐述则会随着时代条件变迁而变化。孟子解读孔子思想不可能与荀子一样，而董仲舒、郑玄、王肃、孔颖达、二程、张载、朱熹乃至王阳明对孔孟的解释都会存在不同程度的差异。因此，孔孟思想正是在这一代代学者的不断阐释中演化着，而演化的结果便是这些后代精英们的思想而已。需要强调的是，正是这些不同的解释，才推进了中国传统思想文化的发展。换句话说，作为我们对古代经典的研究与阐释，自然应当与时俱进，在新的历史条件下对它们重新加以阐释，发掘其可以转换成符合现代工业文明社会的因素，从而使中华传统文化进入现代世界文化之门。

无论读经还是解经，都需要本着"他山之石，可以攻玉"之精神而努力。这虽是一句老生常谈、令人生厌之话，但我认为还是要说。我这里讲的"他山"，除指现代西方学术（当然包括哲学）外，还指国内其它学科的研究。现在大家都十分关心世界学术潮流的变化，西方学者的著述、理论大量被介绍进来，给国人以启迪与借鉴，因而促进了国内学术的迅速发展。因此，"走出中哲史"就需要走进世界学术研究

---

① 五蕴即组成人身的五类东西：色（组成身体的物质）、受（感官生出的苦、乐、忧、喜等感情）、想（意想的作用）、行（意志活动）、识（意识）；十二处是眼处、色处、耳处、声处、鼻处、香处、舌处、味处、身处、所触处、意处、法处这十二处；十八界是指眼界、色界、眼识界、耳界、声界、耳识界、鼻界、香界、鼻识界、舌界、味界、舌识界、身界、所触界、身识界、意界、法界及意识界。

② 慧皎：《高僧传》卷五《释僧先传》，北京：中华书局，1987年，第195页。

之中,了解世界学术——尤其是哲学的发展变化,从更广阔的视野来回眸中国古代哲学,加以研究,那么我们必然会取得更多令人兴奋的成果。

从与国内其它学科关系来说,哲学史界一些学者确实与国内其它学科的交往不是太多,学术层面的交流乃至交锋相对较少。对其它学科的发展、成就了解不够,这至少限制了个人的学术视野,严重者则会导致错误的结论。我主要是研究历史的,曾经研究过朱熹,现在研究礼制,涉及许多经典著作,但在阅读同行相关研究中,确实发现了一些研究对经典释读不正确的情况,有臆断之嫌,那么"失之毫厘,差之千里",其理论推导也必然出现重大失误。其实,只要稍微关心一下相关研究,许多错误是可以避免的。因此,"走出中哲史"是祈盼更多地进入其它学科的领域,了解他们的研究信息,掌握他们的研究动态,利用他们的研究成果,从而促进中哲史研究的不断进步。

"走出中哲史",就是祈盼哲学史界的同仁们共同努力,跳出固有的研究思维,打破思维定势,扩大学术视野,更多借鉴与吸纳其它学科乃至世界各国最新的学术成果,将中哲史研究放在整个中国文化体系中来考虑,放在世界哲学的范围中去加以比较,以创新精神来构建并形成新的研究思路和新的理论体系,最终形成中国特色的话语体系,为世界哲学史作出我们的贡献。

原载于《上饶师院学报》2018 年第 5 期"建校六十周年"约稿

【华发集】

三　其他

恩师杨公翼骧先生二三事

　　恩师杨公翼骧先生于 2003 年驾鹤西归,至今 15 年了。每每想起恩师,许多亲历之事如同就在眼前,久久不能忘怀。兹谨记数事,以资纪念。

一、首次拜见先生

　　1991 年上半年,北京大学汤一介教授来信通知我,说我获得美国夏威夷大学著名教授成中英先生的推荐,成为在德国慕尼黑大学召开的"国际中国哲学学会第六届年会"的中国学者代表团一员。代表团共 10 人,由南开大学方克立教授、武汉大学萧萐父教授作为正副领队,规定组团由北京机场进出。8 月初,我从德国返回北京,特意赴天津看望我东北师大同学巴新生先生。巴先生设家宴款待,席间,他向我建议攻读博士学位,这激起我心中极大波澜。坦率说,这次侥幸出国参加会议,接触到的国外学者及港台学者个个都有"博士"头衔、教授职称,而像我这个 77级专科中文毕业、当时仅是讲师的只有一个。我当然希望能够深造,但我十分犹豫,一是我外语太差,恐无望达到分数线,二是不知哪位先生能够垂以青眼。巴新生建议我考南开大学杨翼骧先生的博士。他介绍道,杨先生人极为厚道,非常器重努力做学问的年轻人,建议我不妨试试,并说他可以带我去拜访杨先生。权衡再三,我终于同意了巴先生的建议。

　　第二天上午,巴先生带我到杨先生家。这是我首次见到先生。先生是个清瘦而精神不错、和蔼而谦和的老人。他让我们坐定在沙发上,师母也端上了茶水。坐下后,先生掏出烟来让我抽,我推辞了,首次见面实在不敢在先生面前放肆。先生先与巴新生闲聊几句,然后问我本科是哪个学校毕业的,我回答是江西上饶师专,是专科。他又问上饶师专有历史系? 我回答没有,我学的是中文。先生哦了一下,停了几分钟,说道:我年龄大了,身体不太好,精力也不逮,或许招你有些困难,请能够理解。仅几分钟时间,我从满怀希望迅速坠入到无底冰窖,一时无语以对。好在巴先生从中转圜,他说:小汤 77 年参加高考,成绩优秀,但因家庭出身不好,复旦大学没有录取。先生说,77 届是有这个问题。巴先生又说:小汤虽然毕业于专科,但自己还比较努力,发表过一些论文,上过《新华文摘》,《中国社会科学》英文版还翻译了他一篇论文,并且刚参加德国的"国际中国哲学学会第六届年会"返回。

先生似乎有点吃惊，看着还处于十分尴尬境地的我，略略停顿了一下，就问我参加德国会议提交什么论文，是什么观点。我如实作了回答。先生又详细问我读过哪些书、目前研究什么课题，还不时提出几个专业问题。我也老老实实回答了，只是在先生面前感到心中有点虚，不知道答得对不对。过一阵，先生又点了一支烟，给我递上一支。我还是推辞，先生说，你抽烟的，就不要客气了。我马上醒悟过来，大概先生看到我一口大黄牙了，这才不好意思地接下了，还略带自嘲地解释：在先生面前不敢抽。先生笑了：什么先生先生的，抽烟没关系。这下缓和了气氛。先生说，你想读书，这是好事，也应该读一点书，做点学问。先生又问我外语怎么样，我说外语不好。先生说外语很重要，需要学。又问我上什么课，我说教中国通史。他问我上哪段，我回答说，因为我校教师少，我从先秦到近代都上，分两个学期，每次两个班，已经教了十年了。先生说贯通很好，这样对整个历史情况有个了解，分断代教也有局限性。气氛融洽了一些，巴先生抓住机会，提议让我寄论文给先生审查一下。先生同意了，说让巴新生转给他。还特意叫我留个联系电话给他（当时我家没有电话，家住在太太单位的宿舍，很近，因此留了我太太办公室和我办公室的电话。）。巴先生看到这情况，便说杨先生工作很忙，不要再打扰了，于是我们就告辞了。先生送我们到他门口，我请先生返回，先生执意不肯，一直站在他家门口铁围栏（先生住顶楼）看着我们下楼。我们走到三层，才听到关门的声音。

第一次接到先生电话

按照先生吩咐，我寄上了几篇习作。大概过了半个月，我正在办公室看书，接到杨先生给我打电话。先生在电话中告诉我，他已经同意我报考他的博士，希望我能够考取。我自然表示万分感激。先生问我专业方面准备情况，我汇报自己已经看了一些专业书与自己的认识。先生又问我外语准备如何，我汇报说已经购买了日语教材，正在自学。先生认为我外语不好，指出这是个关键问题，嘱咐我一定要抓紧时间复习外语。还说南开大学外语要求 45 分以上，如果略缺几分，他可以打报告争取。他在电话中对我专业与外语作了分析，认为专业方面估计问题不是太大，因为我上中国通史，各断代面上情况比较熟悉了，但外语是个薄弱环节，因此建议我把主要精力放在外语上，争取考好。最后他还关切地说，不要为考试而影响身体，否则得不偿失。这个电话打了大概 20 多分钟，我深深体会到先生对我的关心。此后到次年 3 月的南开考试前，先生还来过几次电话，我也打过电话给先生。每次先生都关心我的外语进展情况。

博士考试，我外语考了 66.5 分，总算过关了，接到了南开大学的录取通知。入校报到那天，我到先生家去，衷心感谢他的提携，并表示我会努力学习。交谈中，有电话打进来，我看到先生站着接电话，一直到打完才坐下，心中感到十分疑惑。后来我问了几位师兄,他们告诉我,先生无论是接电话还是打电话,也不论对方是年长还年轻,都是站着的,这是表示对他人尊重。我回想起当时先生给我打了20多分钟电话,也是站着的,心中确实非常感动,也后悔自己话讲得多了一些,让先生站得太久。后来我在先生家听课,曾经婉转地劝说先生,年龄大了,打电话还是坐着好,先生十分严肃地说,打电话虽然不是与别人直接见面,但也应当尊重他人,坐着接电话显得不太尊重。

这虽然是件小事,确实体现出先生为人表里如一,对他人极为尊重。

第一堂课

先生授课在他家里,每周一次,下午一点半到四点半,有时稍延长一些。他上课时只有一页纸,上面写着提纲,然后一讲便是三小时,中间不休息,只是抽烟、点烟,或上厕所间断一下。先生也让我在听课时抽烟,说不碍事。但先生给我烟时,我大多放在茶几上,等上完课才抽几口,闲聊一下,因为怕抽烟记不全先生的讲课内容。而师母每次看到我到先生书房,就会送上一杯茶,自然过一阵师母还会给先生和我续水。

第一次上课,先生并没有讲专业问题,而是讲了一个下午如何做人和如何求学。他的观点是:做学问便是做人,即使学问做得再好,做人不好学问也就废了,没有用。因此做学问一定首先在自身的修养上下功夫,不能只关注学术。他古今中外地举例子,甚至还讲了身边一些学者正反两方面的例子,指点我如何走学问这条路。他讲做学问,大意是:要有信心,树立目标,不怕吃苦,持之以恒。先生讲,做学问不能一曝十寒,学问是一点一滴增长起来的,不会一蹴而就。先生也大量举学有成就者为例子,来解说如何做学问。同时,先生还讲了他自己当年为求学,走路赴昆明到西南联大复学之事。当年,先生身上没有什么钱,一路走一路打工,赚点钱就走一段路,有时没有钱,一个大饼吃一天,睡在公园的石条上。他还在工地上当记账员,最后转道越南河内才到达昆明。他提到在一个铁路工地上,白天工作,晚上到县图书馆看书,都是点着煤油灯,抄下了许多资料。在西南联大读书条件也极差,历史专业学生虽不多,但大家都极其珍惜读书的机会。先生提到王玉哲、杨志玖、李埏、程应镠等等同学,都是非常努力才成为著名学者。

听完第一堂课,我深深理解先生的深意,他希望我珍惜机会,努力学习,加强修养,当个合格的学者。自此,我也努力遵循先生的教诲,至今不敢忘记,不敢掉以轻心。而且我每年对新入学的学生讲的第一事件,也是照搬先生做学问先做人、学习需要刻苦的说法。我想,这应当是做学问的首要大事。

记得有一次,杨先生特意召集我们在校的几位师兄弟,在古籍所会议室里连续两周围绕着做学问与做人作了专题讲座,特意关照要录音,还让姜胜利师兄作记录。事后才知道,起因是先生听到有关学生的一些事情,他认为这不是小事,应该进行批评并让大家吸取教训。先生还强调师兄弟要团结,要相互帮助,真诚友善,共同提高,切不可自以为是。记得先生讲的时候十分严肃,甚至可以说有点动容。通过这件事,我感到先生在培养学生时,非常注意学生的道德培养,不希望自己学生犯错误,期盼我们既能做好学问,又提升道德,谦虚谨慎,成为一个好学者。

唯一一次挨批评

我受过先生唯一一次批评是在博一上半学期结束前。

由于我外语差,入学后,南开大学规定博士必须学两门外语,这对我来说压力极大,因此主要精力花在外语上。上半学期即将结束时,我接到父母来信,说他们到大庆我二哥家,希望我放假到那里去团聚。学期结束前 20 多天,先生要求我交一篇小论文,5000 字左右。自然,我把主要力量放在两门外语的考试上,写了篇有关史学评论的小文章,修改后誊抄干净,送交给先生。谁知三天后,先生打电话到我宿舍,要我马上到他家去。

我到了先生的书房,就看到我的论文放在书桌上。先生叫我坐下后,一脸严肃,问道:你论文是怎么写的? 我一下蒙了,不知自己犯了什么错误,只是解释说,自己想了一个问题就写了,观点上有什么问题,请先生批评。先生说,观点需要用资料来说明,正确与错误只是对资料的掌握、判断、理解问题,这比较容易解决,但你写的文章不是观点问题,而是写论文不认真。我一时没有反应过来,也不知哪里不认真,脑袋里在转着,在寻找自己失误之处。因为我虽然花的时间不多,但毕竟是认真思考过的,也写了数千字,修改过,再誊抄干净送交先生的,似乎自己没有不认真啊。正当我疑惑之时,先生叫我到他桌前看论文,我一看,上面用铅笔写了几个小字,但没看清楚。先生叫我仔细看,这下看清了,在"斟酌前史"后插入了"而讥正得失"五个字。先生问我,你这四个字怎么来的? 我说是根据读书做下卡片中来的。先生又问我查核过没有。我老实回答没有查对。先生批评道:写论文一定要从原著中摘录资料,使用时还要核对原文,同时要看一下前后文字是什么意思,摘录下来资料有无问题,否则就会出问题。他指出,您是读某某先生的书,他只用了前四个字,但后面"讥正得失"更为重要的字没有引用,而你照抄,不加核实,这是二手资料,而且是一种错误的引用。我恍然大悟,深深知道自己错了,连忙向先生承认错误,并说自己其他资料也没有核对,马上回去重新核对。

尽管这次批评并不严厉,但使我懂得了做学问应当踏踏实实,不能有半点虚伪与浮躁。此后,我在写博士论文时,文稿改过三遍,每次修订,都核对一次原文,做到尽可能不出错。在博士论文答辩时,一位先生提到,他曾查过我论文中一些引文,但一条也没有错。这应当是先生教诲与鞭策之下取得的,也是我自己吸取了教训。这件事,我在给每届研究生讲课时都作为反面教训告诫他们,希望他们不要犯我这样的错误。

先生第一次改口

自随先生攻读博士学位,到先生去世共 11 年时间。这十余年时间中,我感到先生对问题的考虑都非常周到,不轻易表态,但表态后也不轻易改口。

例如先生同意我报考他的博士,承诺我外语考到 40 分以上,他就打报告收我。我入学后才知道,先生为了这一承诺,拒绝了当年好几位要求报考的学生,竟然让我一个人参加考试。后来我向先生提起这件事,除了表示感谢外,还说到让我一个人参加考试,真是事后才感到害怕。因为在招我之前,先生身体一直不好,已经五年没有招生了。按照国家规定,博士点超过五年不招生,那么就要重新评定。因此,万一我没有考上,那么就会给先生带来极大的麻烦。先生笑着说,你应该可以考上。虽然先生轻描淡写一语,但我知道先生是担心我外语差,比不了其他同学,只让我一个人参加考试,是便于录取我。但是回想起来,先生为我承担的风险是多大呀!我外语不好,完全有可能过不了关的!

在我亲身经历的事情中,只有一件事,先生最终改口了——这就是我毕业去向问题。

在学习的前两年中,先生从来不与我谈过我毕业后的去向问题,但从师兄弟们口中得知,先生有意让我留在南开大学。能随侍先生身边,我自然是求之不得,但当时我已有家室,且女儿在我毕业这年将参加高中升学考试。为此,我太太多次要求我回上海老家。我坚持说,先生怎么讲我就怎么做,我不会向先生提出去向问题。当然此事我也征求过我父亲意见。我知道父母比较喜欢我,而且父亲年龄已逾八旬,我一直在外游荡,没有好好孝敬过他。但父亲明确说,杨先生如此关照你,他与我一样,就是你父亲,听杨先生的安排;家中还有你几个兄弟,不必挂虑。

1994 年暑假,我太太带着女儿到天津,要我带她去先生家,由她向先生提出去向问题。我明确说,先生对我恩重如山,此事我不会表态,先生怎么说就怎么办。我与太太到先生家,谈了一些杂事后,我太太就向先生提出,因女儿明年在上海考高中,如果不让我回上海,那么今后女儿就一个人在上海读书,这样不利于小孩成长。先生回答说,小汤去向问题就不要说了,你们好好在天津玩玩。如此直捷回绝,我太太也就不好再强求了。

此后,先生找我谈过,说打算留我,如果我太太愿意来天津,他出面解决工作安排,并说我女儿可以去南开中学,他也会出面解决。我自然表示感谢,也就安心写论文。当然我也一直在与太太沟通,希望她能够来天津。

　　次年4月下旬,我论文基本完成了。一天,先生来电话叫我去他家。坐定后先生问我,你太太想通没有?我回答说,好像没有通。先生叹了口气说,我想也不会通的,你两个人都是上海人,而且双方父母都在,需要你们孝敬。你女儿读高中,也需要有人照顾。这样吧,你抓紧把论文完成,回去联系工作。我知道,先生做出这个决定完全是为我考虑,因此我回答说,我再与太太沟通一下。先生说,从实际情况看,你太太这样要求也不过分,我能理解,你们在外乡20多年,回上海也是应该的。如果你一个人留在天津,对家庭不好。就这样定了我的去向。

　　我打电话与太太又做了沟通,自然是碰壁而还,因而也就只能按先生意思回上海找工作。谁知仅过几天,历史系主任陈振江先生给我打电话,说历史系开会已决定留我在系里工作,他也已经与毋国光校长进行沟通,毋校长不但同意,而且还答应给我两居室房子一套(我两位师兄都只住一居室,而且当时国外来的博士也基本不提供住房),学校还提供安家费5000元,这在当时可是一笔巨款!陈主任说,房子入住需要5300元,300元由历史系解决。陈先生如此关爱,我当时又惊又喜,但我告诉陈先生,杨先生已经同意我回上海找工作了,而太太又不愿到天津来。陈主任听了大吃一惊,说杨先生怎么会同意呀。我把家庭情况向陈主任汇报了,在表示感谢之余,也深深体会到历史系诸位先生的厚爱。陈主任说,那么这样吧,你先回去把家安了,什么时候想回来,我们都欢迎。

　　事后我才知道,陈主任又与先生通了电话,把历史系开会情况以及与毋校长批准的事说了,先生却说我家庭确实需要我回上海,就让我回去吧。直至现在,我回想到这件事,心中总是百味杂陈,无法用语言表达内心的感受。

借书证上第一行签字

　　我入学的时候,先生已经75岁了,此前又生病,尽管精神不错,但毕竟做研究显得力不从心了。先生当时正在校对《中国史学史资料编年》第二册,书桌上总堆着一摞摞卡片。在我入学后,先生就赐给我此书第一册,上面还签了名。先生说,第一册原来文字很多,但南开大学出版社要求大加删节,因此只保存了最为基础的史料了,他感到十分遗憾。他做第二册时,也是边改边删,想来也是心痛的。

　　先生曾说过,他年龄大了,眼睛不太好,做研究也就慢了,但还是希望把这套书做出来。我曾经向先生建议,我可以帮他核对书稿,我会认真校对的,先生写的书稿,我也可以帮助做一些查核资料的工作,这样可以加快进度。但先生一口回绝,他认为核对资料的事需要他自己做,这样可以再仔细地看一下原著,以便做得更准确一些。

　　不久,先生倒交给我一个任务,就是帮助他借书、还书。他说自己年龄大了,走路慢,从家里到图书馆去,每次都要化很多时间,想叫我帮忙还书借书。我自然十分乐意做这件事,因此只要先生来电话叫我,我就会以最快的速度到先生家。先生会把要还的书,和一张写着要借的书的纸交给我。有时书名旁还会写着索书号,这是先生以前借书的记录。我到图书馆借书还书,只要说是杨先生的,工作人员也会十分客气地接过还的书和很快找出要借的书,只需要我签一下名,十分方便。借多了,我发现一个问题:先生要借的书,有相当多的图书底卡上是杨先生第一个签名,甚至只有他一个人的签名。我不禁为先生如此读书感到十分惊讶,坦率说,许多书我当时根本没有看过,甚至有些还是我不知道的书!先生能做出《中国史学史资料编年》真是不容易啊!这也使我似乎看到了如何做学问的门径。

第一次受表扬

毕业后的数年,凡是有北方召开的会议,我都争取去,目的是顺道到天津看先生。每次去,作为学生,自然带点礼品给先生,其中少不了要给先生带上两条中华牌香烟,因为这是上海生产的。每次先生都会说,不用带什么营养品,更不用带好香烟,他抽惯了天津生产的恒大牌,抽起来有味。但唯一一次我给先生带东西,竟然受到他的表扬。

那是1998年,我到北方开会,顺便给先生带了一点东西,其中给先生买了两双布底鞋。先生拿到布底鞋,连声说,这个好这个好!还问我怎么想起来给他买这种鞋。我说,看到先生穿的是硬塑料底的布鞋,很滑;先生又住五楼,上下楼怕先生不小心滑倒,因此才给先生买了。先生说,是呀,天津买不到布底鞋。我笑着说,上海也很难买到呀,这次与我太太两人,走到许多地方,才在上海城隍庙的一个摊上看到了。先生表扬说,小汤,你费心了。我说这是应该的,下次再给先生带。先生说不用不用,两双鞋能穿一段时间了。

回想起来,就先生当时的收入来说也不算低,子女都有工作,师母也有退休工资,应当说条件不算差。但先生在生活上确实十分简朴,平时抽烟就是很便宜的恒大牌,穿着也很朴素,家里没有怎么装修过,四壁只是刷白而已,也没有什么高档家电及生活用具。书房中摆了一张简易的木板架子床,一对简易小沙发,一个旧书桌及几个书架。按照现在装修标准实属最低层次,甚至可以说是简陋,但先生则在里面著述,过得非常充实。我想,先生精神上是丰赡的,他留给我们的精神财富是巨大的。

先生指导我确立课题

我毕业那年,临行前到先生家里辞行。先生曾问我做完朱熹史学思想研究后,再打算做什么课题。我回答说,打算做《宋史·礼志》研究。

其实这个题目是我在做博士论文《朱熹的史学思想研究》时提出的,当时发现

《宋史·礼志》记载与其他典籍有不少异同，感到其中有许多问题值得深入研究，当时也受到先生肯定。先生认为《宋史》成书快、部帙大、问题多，是值得加以研究，以便为学界研究提供更为准确的资料。因此我打算对《宋史·礼志》进行研究。

我到上海师范大学工作后，也陆续积累了一些有关《宋史·礼志》的研究资料，为今后研究作准备。后来我在重新阅读《资治通鉴》时又发现其中一些问题，感到可以对它进行一些研究。有一年我到先生家时，提起想研究《资治通鉴》史料来源问题，先生听了极表赞同，认为这是个非常重要的研究课题，值得花精力去仔细研究。

此后每次到先生家，先生都会问我资料积累情况及一些问题的思考，给我以点拨，还告诫我要使用好的版本、注意各种版本不同的地方，这样才能更加准确地做出结论。

实际上，在具体研究中，我也深深感到这两个课题难度非常大，不容易做。多年来，除其他零星研究外，虽将主要精力集中于此，积累了大量资料，但至今也只完成了 120 万字的《宋史礼志辨证》。2012 年，我又意外中标国家社科基金重大招标项目，因此《资治通鉴》的相关研究处于停顿状态。现在回想起来也确实有愧于先生的厚望，但愿能够早日完成这项研究，以期不辜负先生培养之恩。

先生虽然离我们远去，但我总感到先生无时不刻就在身边，他的教诲时常在耳边响起，嘱咐着我刻苦攻读，努力做出成绩；同时也训诫着我即使做出了一些成绩也应当时刻警惕骄傲情绪，切不可狂妄自大，目空一切，踏踏实实地做好研究工作；更提醒着我对人要真诚友善，助人为乐，"做一个有文化素养、品德高尚的人"（先生语，载《治学与做人》）。

2018 年 5 月 28 日初稿，6 月 16 日修订于上海寓所

亲历常金仓先生生命最后的时刻

——并忆常先生二三事

2011 年 10 月，福建师范大学历史文化学院院长王晓德先生来电，邀请我 11 月到他们学校去讲学。当时我十分为难，因为 10 月底到 11 月份我连续要地北京师范大学、中山大学和韩国参加数个会议，担心时间上可能会有冲突。然王院长说这次是他们学校举办的研究生科技节，需邀请校外专家为研究生开讲座（学生科技文化节系列重大学术活动），而且他也邀请了常金仓先生与我一同赴福建师范大学讲学。一听常先生也去，我就马上答应下来，仔细推算了一下时间，商定 11 月 19 日抵达福州。

常先生是我 1984 年在东北师范大学助教进修班的同学，年长我 2 岁。当时我们班清一色 23 位男同学，来自全国各高等院校。东北师范大学古代史当时是极盛时间，授课都是我们早有所闻、十分敬仰的前辈学者，如治先秦史的徐喜辰、詹子庆先生，治秦汉魏晋史的陈连庆、高尚志、冯君实先生，治隋唐五代史的吴枫、陈伯岩先生，治宋辽金元史的杨树森、穆鸿利先生，治明清史的李洵、薛虹先生，历史文献学和史学史则有高振铎、陈光前先生，他们都亲自给我们授课，而且与当时诸位先生们在读的硕士生一起上课。还请来国内外许多著名学者为我们讲学，如中国社会科学院的胡厚宣、张政烺、李学勤等先生，吉林大学的金景芳、林沄先生，东北师范大学的日知（林志纯）先生，等等（时日久远，一些外国学者姓名都记不清了）。

教学内容是从先秦一直到清前期，所需阅读的史料极为广泛，大家都是几十本书一借，堆在宿舍里如饥似渴地读着、摘录着。坦率说，我最怕的是先秦史，文献既少又难懂，看金甲文犹如天书。因此，碰到一些问题，我只能向两位"老大"求教：一位是常金仓师兄（来自山西师范大学），一位是李勤德先生（来自郑州大学）。所幸两位师兄视我如兄弟，不厌其烦地帮我疏通文献，解释一些名物，讲述其中史事，使我能顺利应付过先秦史这一难关，至今回想起来，此恩情难忘！

那时，我担任班长，经常会到各个宿舍里转转，上传下达。每次到常先生宿舍，常先生总是躺在床上，斜靠着被褥和枕头，手中拿着卷着的《皇清经解》在阅读。我对经学（思想史）也有点兴趣，因而经常会向常兄求教一二。常兄是个性情中人，一旦同学聚会，喝上一点小酒，便会满脸通红，卷上一支喇叭烟，操着浓厚的山西口音，讲起山西民俗，唱着山西小调，尽管我听得似懂非懂，但仍然会受到他那种强烈的乡土情感的感染。

常先生的勤奋好学和坚实的学术根底,很受一些前辈专家的赞赏和鼓励,因此,1985年他便考上了著名先秦史专家金景芳的博士生,成为我们助教班的一大喜事和骄傲,也成为我们助教班同仁的学习榜样,此后,我们班有近10位同学先后考上各院校的博士生,这也是常兄带的好头! 现在,我们班同学在各自的研究领域中都多少作出了一些成绩,这也与常金仓先生的影响不无关系。

常先生博士毕业后到陕西师范大学工作,很快成为那里的学术骨干。我在南开大学取得博士学位后也到了上海师范大学工作。尽管我们不能朝夕相聚,但信件、电话往来也是比较频繁,一旦有著作出版,都会及时寄呈对方。一有机会,自然也会登府拜访。2000年,我赴西安参加中国唐史学会年会。到达西安当天便与常先生联系上了,商定次日晚上到常府拜访,我特意声明会议管饭,不在常先生家用餐。次日晚上到达常先生家已经8点以后了,一进门我就傻眼了,他已经叫上了东北师大同学袁林师兄和南开大学毕业的商国君师弟,又摆上了整整一桌佳肴和山西汾酒——他还等着我吃饭! 如此深情厚意至今难以忘却! 其实,当时我并不会喝酒,那天仅喝了一点便酩酊大醉。他送我下楼,到陕西师范大学校门口,叫好出租车,而我已经不知道车门在哪里了。

2002年底,我校筹办申报中国古代史博士点,打算引进常金仓先生,指定由我与常先生联系,然最终功亏一篑,未能使常先生在上海师范大学大展身手。不久,常先生去了辽宁师范大学。近年来,虽然也常有往来,但一直听说常兄身体和心情俱不佳,也是十分担忧。因此,王院长说到常先生也赴福州,并说希望大家好好劝劝常兄,让他保养好身体。自然我十分高兴地应允准时到达,以便与阔别已久的常先生好好聊聊。

我18日从韩国参加中韩宋史国际学术研讨会回到上海,19日下午便飞抵福州。常金仓及嫂夫人比我稍晚到达,王晓德院长叫了专车,亲自到机场去接常先生夫妇。当晚,王院长自掏腰包,请我们几位朋友与同学吃饭。当然,我们知道常先生身体不佳,喝酒也尽量控制他,只让他喝了几小杯(不足2两)。然而常先生却极其愉快,朋友相见何其乐也! 自然,尽管有几位太太只是初次见面,但也一见如故,极其融洽。饭后,我们到宁德学院林校生教授住处聊天,在座有常金仓、王晓德、巴新生、郭培贵诸位教授,大家聊家常、谈学问,自然,我们按原来计划也劝说着常先生,希望他放宽心,凡事不要多计较,把身体养好。考虑到常先生路途辛苦与身体状况,一过9点,我们就散场了,各自返回房间休息。

第二天中午是福建师大历史学院正式请客,原副校长、著名学者汪征鲁教授亲自作陪,我与常先生在汪先生左右就座。由于下午常先生要讲学,因此不喝酒,只喝现榨的玉米汁。招待相当丰盛,但又十分清淡美味。每上一菜,汪副校长不但介绍菜肴,还左右开弓,为常先生和我夹菜,显示了福建师范大学主人们对我们的深情厚谊。席间,常先生谈笑风生,非常愉快。

饭后,我们一同走回酒店,王院长因下午学校有事,走到学校门口便告辞赴学校去了。路上,我和常先生、巴新生先生走在一起,我们婉转地劝着常先生,叫他看开一些,以保重身体为要。常先生尽管对一些事情难以释怀,有点牢骚,但仍然应允要保重身体,表示可以摆脱这些烦恼,因为他还有不少研究工作有待完成。

到了酒店后,我叫林校生、郭培贵两位教授到我房间喝茶,叫巴新生和常先生两位先休息一下,约好2点半一起到讲学之处,我们一起听常先生讲学。郭先生和巴先生陪常先生返回房间,而我在房间里先用电热杯烧开水,准备冲茶。水刚烧开,郭先生回到我的房间,我冲了茶,告诉郭先生:这是台湾朋友送给我的好茶,尝尝看。然而郭先生还没有接到茶,只听到巴先生叫郭先生的声音。平时,我耳朵是聋的,但我却先听到叫声,因此说:"培贵,老巴叫您呢。"郭培贵头刚探出房门,只听到巴先生叫道:"快快! 老常出事了!"我和林校生跳了起来,跟随在郭培贵后面,马上向隔着三个门的常先生房间奔去。到门口一看,我们都惊呆了:常先生侧身斜倚着玻璃沐浴房的大门。我用力将玻璃大门推开一条缝,叫郭培贵挤了进去,他一进入,便高声痛哭起来:"常兄不行了! 常兄不行了!"我连忙说:"培贵,不要急,摸一下老常有没有脉搏。"郭培贵摸了常先生颈动脉后叫道:"没有了! 没有了!"我心一沉,与旁边的林校生兄交换了眼色,摇摇头,知道出了大事。我马上叫郭教授打120电话,叫巴教授打电话给王院长。

据巴先生说:郭培贵教授离开常先生房间后,他也没有立刻睡,常先生说要冲个澡,于是进入了沐浴房。但过了约2分钟,巴教授没有听到洗澡的声音,叫了几声,常先生也没有回答,于是产生疑惑,走到沐浴房前观察,才发现常先生已经倒在地上,不省人事。

大约5分钟后,王晓德教授气喘吁吁地赶到了,我站在电梯旁等着他。我简单告诉了情况,他楞了一下说:"怎么会是这样? 怎么会是这样?"然后飞跑到常先生房间。我追了过去,说:"晓德,赶快向学校汇报。"王晓德院长马上掏出手机,立刻向学校党委罗萤书记汇报了大致情况,汇报完毕后,又通知学院办公室主任,叫学院班子所有成员立刻赶到宾馆。

这时,120救护车也到了,医生说,只能把常先生抬出来抢救。王晓德与我把沐浴房门推开,逐个挤了进去,然后加上郭培贵教授,三个人把常先生抬出了沐浴房,放在房间地上的担架上。医护人员立刻检查,并马上给常先生吸氧,进行心脏按摩。我发现:常先生抬出来时,瞳孔已经放大,没有心跳。不久,常先生的夫人黄河川女士也赶到了,在救护人员指导下,她扶着常先生的头部叫喊,要常先生挺住。学院班子成员陆续赶到。此时,罗书记又从贵州打电话给王院长,说已经通知学校黄汉升校长和其他校领导、有关部门领导马上赶来处理。在房间内抢救大约十分钟左右，救护人员认为抢救设备不够，决定立刻送常先生到医院抢救。

王院长一边将情况向有关领导汇报，一边指挥大家抬着常先生下楼。急救车到达市二医院不久，福建师大黄校长等领导陆续赶到医院。他们亲自了解情况，表示要不惜一切代价抢救常先生。历史学院林书记还与熟识的市二医院领导联系，说明常先生的身份，医院领导也立刻调派最有经验的医生赶来抢救。汪征鲁先生得知消息，也马上与夫人一起赶到医院探视常先生。

医生们经过一个多小时抢救，确实无法挽回常先生的生命了，便向常夫人说明了情况，常夫人权衡再三，最终无奈地作出了同意停止抢救的决定。常金仓先生不幸去世。

常先生的追悼会与追思会在福建师范大学召开，期间，黄河川大嫂说了句话："您们这几位是常先生最要好的朋友，他走路也要到王晓德这里来，要您们几位兄弟送他！"听了这句话，我心中极其难过。坦率说，常先生真要走，不管我们在哪里，只要站得起来、走得动，都会赶来送他，但他年纪还不大，真不应该走！他还有许多工作没有做完呢！

原载于《奕世载德（常金仓先生纪念文集）》，三晋出版社 2012 年

忆学辉

忽闻噩耗

2019 年 11 月 13 日，我按例 8 点多起床，吃完早点才打开微信。一看，孙家洲先生发来一张山东大学王大建与他通信的截图："范学辉老师今天凌晨去世了，非常突然。"我惊呆了，因为 10 月下旬我还给学辉发了一条微信，告知在上海帮他找治胃癌特效药之事，还没有收到他的回复，他却驾鹤归道山了！真是天妒其才呵！

我立即在朋友圈中转发了学辉去世的消息。很快，微信爆屏了，友人们纷纷转发悼念学辉！可见学辉在学界的人脉与影响。

我发完微信，马上与山东大学一位朋友联系，请他告诉我学辉大敛的准确时间，表示我有空一定会送他最后一程。同时我告诉他，因我一个学生在杭州办会，时间是 15 日到 17 日，我已购票拟参加，如果大敛时间在此前后，我会买机票直飞济南。这位朋友回复："院里正和家属商议，确定后即告诉您。"

下午一点半，山东大学朋友发来讣告，我一看，大敛时间定在 15 日上午。自然我是去不成了。遗憾之余，我发了一条消息："因去杭州开会，无法到场送学辉。请给我送个花篮。落款：挚友汤勤福。款我打给您。"我立即转上款项。下午三点余，这位朋友回复："汤老师，范老师家属说丧事从简，不收花圈。不过院里可代写挽联。"那也没有办法了，我回复说："写挽联也行。这样吧，您帮我转一点小钱给学辉弟家属。叫他们无论如何收下……也请学辉家属节哀珍摄。按上海规矩，有个单数零头。"我呈上 1001 元赙金。这位朋友于次日代转了。

这位朋友告诉我，学辉从 10 月份头就疼得厉害，长时间无法进食。他说这周去看望学辉两次，尤其是昨晚，见到他如此痛苦，真感到"绝望"。这我能理解，因为我母亲也是患胃癌去世的，临终前之痛苦是常人无法想象的。但愿天堂里没有痛苦！

结识学辉

其实我认识学辉并不很早。

2006 年 8 月下旬，"中国宋史学会第十二届年会"在上海师范大学召开，作为东道主,分工时让我负责接待与会学者。

那次会议来的专家学者达 200 余人,接待工作非常忙,我得在宾馆恭候,在宾馆大厅一刻不停招呼着新老朋友。

好象是报到那天下午四五点钟,从车站接来一批学者到达大厅。我忙着招呼新老朋友。其中有位学者与我打招呼:"汤老师",我一看,一位 30 多岁、个子不高、胖乎乎的脸上堆满着笑向我伸出手。然而我却十分尴尬,因为我叫不出他的名字。握过手后,我才问他的姓名:"您是……",他爽朗地大笑,一口明显的山东普通话:"我叫范学辉,我们见过。"

当时我确实记不清什么时间曾与他见过,但"范学辉"的文章曾经读过,尤其对他的宋代三衙研究有较深印象。于是马上招呼他登记,安排住宿。

其实在这次会议上,我与学辉交往不多,只是在会议期间碰到时打个招呼,相互寒喧一下。因为我忙于接待来宾、处理会议期间许多具体事务、会议结束送客,但是"范学辉"三字却深深地印在我脑海中了。

真诚的学辉

此后在宋史学会召开的会议上经常能碰到学辉,自然一天比一天熟悉了。会议期间偶尔也会聚在一起神聊。若会议供酒,两人也会碰上一杯。

我比学辉年长 20 岁,但相互交流并无隔阂。我感觉中,学辉总是谈兴很浓,直人快语,操着熟练的山东普通话滔滔不绝,兴奋时则手舞足蹈。我则一口上海普通话,也喜"叨嗑",双方一拍即合。

我不用 QQ,也不用微博,用微信也很晚。但我知道学辉以"步军都虞侯"之名圈粉数十万,据称排在前十名,真是"网络大牛"!我读了吕博先生《怀念范学辉老师》一文,不无感叹。吕先生提到学辉因网上言论"不当"被约"喝茶",又因"疫苗事件"被迫退出"江湖",然后十分辛苦地一条条删去有"不良影响"的言论。而我也因在朋友圈转疫苗事,被封号一周,手机无时不刻出现"警告"——我也不知道这属不属于骚扰——因为警告一次且被封号就足够了,何必过几分钟就来条警告呢。可以想见当时学辉受到的压力之大了。

其实学辉是位真诚的人,具有山东汉子那种正义感。从我们聊天内容实际可以清楚地看出来。学辉确实有点"牢骚"过多:他对那些贪横腐败极其痛恨,发泄着不满。他发来网上公布的原财政部副部长张少春被处理,贪污受贿达 600 多亿,罪状中的"情妇 148 人"上还划了个红圈,在学辉看来这是不可饶恕的!他还发给我一张"西郊 5 号"的网上截图结帐单,总计达 418245 余元,对此学辉愤愤不平:"厉害啊!"因为在他看来,某些地方还没有脱贫呢,无论是不是公款,如此挥霍实是难以容忍。

学辉还告诉过我一些事,某泰山学者因注册皮包公司,诈骗科研基金被抓,但后来某985院校又请他去作讲座;也说起过某大学著名的"摄像头事件"应付上级巡视之事,那些被撤职的领导不到半年又被安排了"肥差",他说这"大跌草民们的眼睛",感叹"这水太深!"

诸如此类,其实正说明学辉具有嫉恶如仇之品德。

可爱的学辉

学辉也是个可爱的人,大大咧咧,喜欢热闹且不乏幽默,经常来点"调侃"点缀。一次他请了两位学者在山东大学讲学,晚餐后他发来微信,点评道:某先生酒量还可以,另外一位先生"酒量绝对可以,比我大多了,但似乎老婆管得严"。其实我与这位先生一起喝过好多次,知道他酒量确实很好。学辉不失时机地调侃他这位老朋友被老婆严格"管控",显现学辉真是有点可爱。

前几年,我曾参加山东省评泰山学者,住在济南市一个偏远宾馆。事前我告诉他,评审安排在某地。他说路实在太远,难以来看我,但希望我回去前能够在济南市住下来,陪我喝酒。但因我有事,无法在济南住下,临走前,我向他微信告辞,他回复说:"牛啊,一天推出几十位'老丈人'学者!"我回复说:"谁叫您不报啊。不过,山东人才'挤挤',挤出去很多。"他说:"从今年开始'挤'。连省教委奖都要报。有钱啥都报。自古无科场外的举人,和他们一起玩玩。哈哈!"其实我清楚,如果学辉申报,在里面可算是一个佼佼者。评审时,我对一位申报者说:省里花钱让你爬泰山,想不到你在泰山下走了两步就回去了,还报什么泰山学者!因为这位申报者不但申请书写得不好,且声称5年内"争取"在C刊上发3篇论文。比起学辉来,这差距可谓天壤之别!

其实我知道学辉不在意这些,既不愿申请项目,也不愿参加评奖,只是埋头苦干,他的学术水准不难从他发表的成果中看出。2019年第五届"郭沫若中国历史学奖"评奖结果正式公布,学辉所著《宋代三衙管军制度研究》荣获提名奖。能获提名是非常了不起的事,也充分证明学辉的学术水准。"郭沫若中国历史学奖"自1998年设立,每五年评选一次,授予在中国历史研究领域中有突出建树的中国籍学者,是历史学界的权威荣誉奖项。看来可爱的学辉真是"觉悟"太晚了。

有次学辉发来一条微信,说山东大学知新楼前有木瓜树,忽然联想到《红楼梦》第五回"安禄山掷过伤了太真乳的木瓜",他引宋《事物纪原》"诃子":"贵妃私安禄山,指爪伤乳之间,遂作诃子饰之。"因"掷"和"指"谐音,"瓜"和"爪"似形,又据"投我以木瓜"之句,以讹传讹附会出木瓜伤乳的故事来。我调侃道:"那是两人幽会,安氏粗人,不剪指甲,而太真细皮白肉,故……误伤耳。"学辉看了哈哈大笑,回复道:"汤公解读精细!合情合理,还原了历史场景。"

好客的学辉

据称学辉好酒也好客,有点酒量,找上几位朋友就会开干。据酒界传闻,学辉喝酒非常豪爽,从不作假。对此我非常敬佩。

他对朋友极其真诚,这几年请了不少专家到山东大学讲学。每次他请专家讲学,好客的学辉自然会尽力招待,也消耗了他大量酒水。他知道我也好酒,常会发一些待客之酒的照片来馋我,我们还会借机相互调侃一番。

2018年初,他摊牌了,邀请我赴山东作一次讲座,还说为我准备了好酒。由于我承担的项目正处于准备结项的关键时期,故他数次邀请都被我婉拒了,但我答应找个合适的时间赴济南履约喝酒。对学辉这份情意我是铭刻于心。这年8月中旬,在兰州西北师范大学召开中国宋史学会十八届年会,作为理事,学辉与我自然都赴会了。见面他就提邀我赴济南之事,我一时也无法答应他。然而开幕式当天中午,他发来微信:"汤老师,您方便时我去找您,商量个您莅临山大的大致时间。"对于学辉心意,我确实无法拒绝了,于是回复了住的房号。他来我房间,大致商定年底找时间去山东大学。

此后,他与我微信联系中,不是"展示"各种美酒问我喜欢与否,就是告诉我济南何处风光优美。他告诉我灵岩山如何值得一去,字里行间饱含着学辉的情意。他还发来一张非常漂亮的济南护城河照片,我回复道:"很漂亮。您勾引我啊?"

9月初开学,我安排好一个学期的工作计划后便与学辉联系:"学辉,我10月12日至14日到北京开会,在此前后到贵校行吗?"学辉回复:"欢迎欢迎。任何时候只要您方便,就欢迎。"9月下旬他又来微信催问我行程安排,我回复说,因增加了其他一些活动内容,尤其是15日必须赶回上海,要主持阎步克先生的讲座,故还得仔细考虑行程。月底,我告诉学辉具体行程。他马上回复说:由于他中午需要照顾孩子,无法接站,但已经安排专人接站,并告诉讲座、住宿、观光及酒宴的具体安排。他还说,由于他胃不太舒服,这一二年已经不太敢喝了,但会叫一些朋友陪我尽兴。

事实正是如此,讲座完毕后,他先赶回家给孩子弄好晚饭,然后赶到饭店来宴请我。当晚他请了王新春、葛焕礼、孙齐、韩吉绍等朋友作陪,学辉说自己已有一阵不喝白酒了,却破例敬我两小杯。次日早上他安排韩吉绍驾车带我去灵岩山。孙家洲先生得知我到山东,特意从北京赶来,中午学辉又安排几位朋友陪孙先生和我喝上一顿,尽兴而散。午饭后,学辉又执意要陪我去趵突泉看一下,还叫上了尹承帮我背行李包,因为我傍晚就乘车赶往北京,晚上在中国人民大学还有个讲座。谁知,这次合影竟然成了我们最后的合影!

未结束的结语

学辉远行已整一月,期间也看了网上许多朋友写的纪念文章。其中读到文在兹所写的文章时,我曾向一位朋友打听文在兹是谁,朋友回答是《文史哲》的孙齐先生。当时我便说也想写一篇文章纪念学辉,只是当时实在太忙,没有时间撰写文章,等稍空再写。这位朋友说,打算找时间组织一次座谈会来纪念学辉,并说若办成会邀请我。我答道:一定来。听候通知。

这两天正好有个空档,赶快草拟此文,以纪念在天堂的学辉!

2019 年 12 月 12 日深夜草

备注:

本文在网上发表后,尹承来微信说,当天游完趵突泉,学辉执意送我到西站赶火车,三人在泉城路恒隆广场各吃了碗海鲜面。确是如此。此亦可见学辉为人。

中华礼制的变迁与现代价值
——汤福勤先生访谈录

陈以凤整理

陈以凤：非常感谢汤先生接受我们的采访。您在朱子学、魏晋南北朝史、宋史、中国史学史等方面素有精深、独到的研究。近年来，又作为首席专家，领衔国家社科基金重大项目"中国礼制变迁及其现代价值研究"。我们孔子研究院于2016年成立了"礼乐文明研究中心"，对礼学研究极为关注与重视。先生能否先介绍一下您这一项目具体的研究内容，以及目前进展情况？

汤勤福：首先感谢贵刊的关注。您说我曾研究过朱子学、魏晋史、宋史、史学史，这没错。但说我在这些方面有精深、独到的研究，实不敢当。

我注意到贵院成立了"礼乐文明研究中心"，这是继清华大学、浙江大学、中国人民大学诸礼学中心之后又一研究中华传统礼制的重镇，我深信贵院的研究中心将会做出巨大成就。

我领衔的国家社科基金重大项目是2012年获得的，项目组成员10余人。为了更好地进行研究，我们还聘请了5位专家当顾问。在大家的努力下，课题于2018年11月正式结项。阶段性成果较为丰富，共出版礼制专著3部、4本论文集，在CSSCI刊物上发表论文110多篇，包括《中国社会科学》、《历史研究》、《中国史研究》、《文史》、《文史哲》、《中国哲学史》、《学术月刊》及《人民日报》、《光明日报》、《中国社会科学报》等报刊，其中《新华文摘》全文转载3篇。提交的结项报告为5个子项目，共260余万字。目前进入修改阶段，我们争取早日将成果出版，以向学界求教。

正像您讲的那样，我们项目的题目是"中国礼制变迁及其现代价值研究"，按照我个人的理解，主要是解决两个大问题，一是中华传统礼制是如何变迁的，其原因或说变迁动力何在，二是中华传统礼制的现代价值，即如何从中汲取有现代价值的部分，来为中华民族的伟大复兴服务。

关于中华传统礼制是如何变迁的问题，在课题研究中应当辩证地对待。众所周知，中华传统礼制中涉及的具体礼仪极其广泛，数量巨大，因此不可能一一对它们的变迁过程作出详细研讨，因而我们认为不应当纠缠在细节末枝上，而是要抓住一些典型的礼仪来展开，探研这些礼仪变迁与传统中国之间的内在关系，探索它们变迁过程中与国家政治、民众生活之间的关系,找出它们是在社会变化的过程中的某些规律,分析它们在传统中国的作用、意义以及正反两方面的影响。只有这样,才能体现出研究这个课题的意义所在,才能说清楚中华传统礼制的变迁的大致规律。我们课题以4个子项目的篇幅来研究中华传统礼制的变迁。

历来研究者按照王朝兴亡线索来研讨中华传统礼制的变迁,分为先秦至明清六大块。我们认为,中华传统礼制变迁诚然与王朝兴亡有一定关系,但礼制演化有着自己的规律,不能等同于王朝兴亡。

我们认为:礼是人(或集团、国家)与人(或集团、国家)之间各种交往的规范与准则。礼制便是由权力机构颁布的有关各种交往的规范与准则。基于此,我们提出了在古代中国,礼制变迁可划分为四大时期,分别为前礼制时期、王国礼制时期、王权礼制时期、集权礼制时期,每个时期大致还可分若干阶段。四个时期前后相随,但后一时期的某些礼仪在前一时期中已经孕育与发展。当然,在中国进入近代社会后,那种适应封建专制统治的集权礼制在某些时期曾经死灰复燃,但它毕竟已经是强弩之末了,也受到众多思想家的批判与唾弃。

我们第一个子课题分别讨论了前礼制时期、王国礼制时期和王权礼制时期,其后以三个子课题的分量来深入研讨集权礼制时期,这是因为基于封建专制主义政治之上的集权礼制对后世的影响极大,至今仍有着不可忽视的重要作用,因此必须加大研究力度。最后一个子课题则是价值研究。其实,学界对中华传统礼制的具体问题或某一具礼仪的研究兴趣盎然,然而真正从学理层面加以研究则十分罕见,至于对中华传统礼制的现代价值的判断则基本处于阙如状态。我们从理论价值与实践价值两个方面对此进行了初步研讨。理论价值主要分析了中国古代礼学思想及其演变的过程,探讨了这些礼学思想对当时及后世的影响与价值。实践价值分为变迁论、价值论、功能论和重建礼仪之邦四大部分。

虽然我们已经完成了初稿,但由于我个人能力有限,书稿仍存在着一些问题,这些问题有待于深入思考与修正。这是我们课题研究的大致情况。

陈以凤:谢谢您介绍课题情况。我第二个问题是:孔子对三代礼制损之益之,有志于从周复礼,在当时礼制变迁的大背景下,您如何看待孔子与礼的关系?

汤勤福:首先应当强调的是,孔子是人不是神。是神,则会导致对他顶礼膜拜,以孔子是非为是非。是人,那么我们就可以历史地来看待孔子的思想观点,可以更加理性地分析其思想观点的正误优劣。10多年前,我曾应出版社之约写过一本小册子,名叫《论语选评》,其中涉及孔子思想的内容颇多。此书前数年还收入另一丛书重版过,应当不难找。

孔子生活在春秋末年这个历史大动荡时期,周王室已经式微,周天子威望扫地,号令不出成周,诸侯坐大争霸,各自为政。社会激烈的变动使王权礼制受到极大的挑战,旧有的礼制规范已被冲破缺口,新的礼制体系正在萌芽。孔子出身、成长于旧贵族家族,熟读古代典籍,自然熟稔西周以来的王权礼制的基本发展情况。他对于当时"礼崩乐坏"的现象深表不满,因此身体力行地为重新建构礼制秩序努力。

对孔子与礼的关系,学界观点分歧极大,有认为孔子是维护落后的旧礼制体系,也有认为孔子是以损益的观点来对待礼制的变革。当然大家都找到一些资料来证实自己的观点,孰是孰非可以深入讨论。

我对孔子有关礼的论述的基本看法是:他是一位理想主义者,强调礼制对国家稳定的重要性,因此对当时各种僭越礼制的行为深表不满。孔子说"克己复礼为仁",有学者们从政治层面上来解说此语,将它作为孔子思想保守、企图恢复三代之礼、是复古倒退论者的重要根据。实际上,孔子在构建社会制度方面并非是一个保守、倒退、复古的学者,而是一个理想主义的思想家。首先,"克己复礼为仁"是承袭古籍而来的。《左传》载孔子之语:"古也有《志》,'克己复礼,仁也。'""克己"是追求自我道德的完善,显然是一种理想人格的体现。而"复礼"的"复"是什么意思极为关键。我认为,"复"是"返回"的意思,也可以解释成"符合",但绝非"恢复"之意。"克己复礼为仁"是说用道德修养的克己手段使自己的行为"返回"到符合礼的规范上去,这就体现了"仁",由此,孔子才紧接着说"为仁由己,而由人乎哉?"其次,"克己复礼为仁"不存在"克己"就能恢复三代之礼的问题,因为不论克己不克己,礼制不但是客观"存在",而且也不可能由某些人的道德修养而导致礼制退回到三代去。因此,孔子说"一日克己复礼,天下归仁焉",实际是指天下之人都进行道德上的修养而返回到礼的规范上去,那么整个社会就会趋向于"仁",理想社会就会出现了。这种社会被孔子称之"有道"社会,孔子说"天下有道,则礼乐征伐自天子出;天下无道,则礼乐征伐自诸侯出"正是这个意思。

显然,孔子以仁释礼,指出"人而不仁,如礼何? 人而不仁,如乐何?"强调"不学礼,无以立",是为了培养理想的道德人格服务的。如此,礼就超越了具体的典章制度与仪式规范,与他提倡的仁学思想密切联系在一起。因此我认为孔子思想的核心是仁与礼,而非仅一个仁字。孔子认为礼对各种道德规范极为重要,对德性伦理起到一种规范与制衡的作用,他说:"恭而无礼则劳,慎而无礼则葸,勇而无礼则乱,直而无礼则绞"。由此可见,孔子把礼内化于儒学的本质当中去了,后世儒家学者之所以津津乐道地讨论仁与礼,与孔子这种观点密切相关。

孔子是个理想主义者,因此为创立儒学和建立梦寐以求的理想社会而奋斗了一生。他认为上古三代是理想社会的典范,因此显得有些保守,不过,他所见到的文献资料实在有限,对上古三代的认识是模糊的,他说"夏礼,吾能言之,杞不足征也;殷礼,吾能言之,宋不足征也。文献不足故也。足,则吾能征之矣",这是明确的证据。显然,孔子对上古三代的具体情况了解并不透彻,并不全面,而以此得出上古三代是理想社会的结果只能是乌托邦的幻想。

然而,孔子又确实具有某些"超前意识",不少见解远远高于同时代的学者甚至后世学者,而且在相当长的一段时间内起着作用。正因为此,孔子思想本身就有被"神化"的条件与可能。在古代中国,孔子被神化正与此有关。

不过,孔子毕竟是生活在 2500 余年前的思想家,他的言论只能是当时社会的反映,从总体上说,孔子思想只能在类似的社会条件下起着作用。也就是说,孔子思想不可能传之万代皆为准,因为随着时代条件的变化,任何一种思想不可能完全适应后世的各种变迁,都可能被淘汰出局。从理论上说.孔子整体思想是无法永久地流传下去的,只能是某些思想因素融入中华民族的优秀文化传统中去,才能较长期地流传。

陈以凤:您提到孔子思想的核心是仁与礼,钱穆先生曾说:"中国的核心思想就是'礼'"。您是否认同这一观点?又是如何理解"礼"在中华文明中的地位的?

汤勤福:钱穆先生的观点可以认同,除钱先生外,费孝通、余英时等先生都有相似观点或说法。其实,中华传统礼制源远流长、绵延不绝,是中华文明的重要内容和载体,在历史上它对于增强中华民族的凝聚力和向心力起到了重要而且关键的作用。众所周知,中华传统文化最为重要的组成部分之一便是儒家文化,它对中华文明、中华民族文化的发展起到极其关键的作用,而儒家文化又恰恰是中华传统礼制的指导思想,因而从这一情况出发,可以说中华文化的核心思想是礼文化。儒家在古代中国影响极大,以儒家思想为基础的礼制延续了数千年,因此从这一角度看,称中国核心思想是"礼"是无可非议的。至于古代中国其他思想派别,其实也多少论述到礼仪问题。陆建华写过《先秦诸子礼学研究》一书,讨论了道家、儒家、法家、墨家的礼观念。后世佛道两教也有一些相关论述,乃至佛道两教的某些礼仪还融入到中华传统礼制之中。因此,从这些历史基本情况来分析,钱先生的这种观点是有其史料基础的,不是泛泛地空发议论。可以毫不夸张地说,不理解中华传统礼制是不可能达到认识中华文明目的的。另外,中华传统礼制在历史上起着教化的重要作用,无论是对皇亲国戚、贵族官员,乃至对芸芸众生来说,礼制教育贯串他们一生,影响着他们一举一动,古人的所言所行无不以礼来加以判别,那么说中国的核心思想是礼也是可以理解或说赞同的。

关于"礼"在中华文明中的地位问题,其实上面已经提到了一些。当然我还可以进一步来加以说明。中华传统礼制在中华文明中的地位是由其本身特点决定的。我曾经发表过一篇名为《中华传统礼制的主要特性及其当代价值》的文章,概括出中华传统礼制的几个特点。第一是历史传承性。中华传统礼制是中华先民世代相传、处世立道的重要准则与精神升华的结晶。在历史发展进程中,人与人、族与族、国与国之间交往与联系的前提便是规范各自的行为。中华各民族在数千年的文明演进中,逐渐明白并认同这一准则,从而服膺中华传统礼制,达到了诸族和融、共同发展的目的。历史传承性证实了中华传统礼制是一种与中华民族同生共长、传承久远并发挥过积极作用的优秀文化传统。第二是民族认同性。中华传统礼制是中华民族的共同的珍贵财富,是民族认同的标志。在古代中国,尽管有些少数民族政权在某一时段内对中华传统礼制不理解乃至排斥,但最终实行民族和解,采纳了中华传统礼制,回归中华一体,促进了社会进步与经济发展。中华民族发展的历史充分证实,采纳中华传统礼制是实现民族和解和促进社会发展的重要前提。第三是地域普适性。在中国古代,各族人民大多有各自相对固定的生活区域和不同的语言、习俗,但在相互交往中,相对先进的汉民族文化与礼制无疑对少数民族有着深刻与广泛的影响,各民族均认同并遵循中华传统礼制的规范,从而实现了中华一体的融合。中华传统礼制是在中华大地上茁壮成长起来的,是从中原地区逐渐向四周扩散的,从而遍及中华大地,使民庶有礼可依,有据可循。就此而言,中华传统礼制曾在中华大地上属于普遍适用的重要的制度。第四是体系开放性。中华传统礼制从来不是一个封闭的、排他的体系,而是一个开放的体系。中华传统礼制是从中原诸族的风俗、习俗中逐渐孕育并吸纳周边诸族一些因素成熟起来的,进而形成国家层面的行为规范与道德要求。在它演化过程中,一些少数民族的礼俗也逐渐融入这一体系之中,促进其日益成熟。即使到清末民初,西方文明进入中国社会,中华传统礼制又一定程度吸纳了西方礼仪,更加丰富了自身的内涵。显然,中华传统礼制能够包容不同文明、不同文化的因素,调整自身体系结构,充实升华、开拓创新,从而流传数千年而不衰。第五是异质包容性。异质包容性与体系开放性相辅相成。中华传统礼制在发展过程中,吸纳异质文化中的合理因素,减少了文化冲突,实现并存共荣。而固执己见,排斥异质文化则会导致不良后果。如康熙贬视西方礼仪,排斥外来文明,实行闭关锁国,雍正、乾隆继而行之,最终使清王朝孤立于世界发展潮流之外而受辱于西方列强,这一前车之鉴值得我们认真吸取。第六是道德实践性。中华传统礼制不仅是国家制度,更是一种为人处世的道德规范。实际上,中华传统礼制注重道德修养与道德实践是一种文化软实力,起到了铸塑道德人格、凝聚人心、推进社会和谐有序发展的重要作用。

显然可见,中华传统礼制对中华文明有着至关重要的作用,有着其他文化因素不可替代的地位,并且对中华文明有着深远的历史意义与重大的现实价值。

概而言之,历史传承性奠定了中华传统礼制作为民族文化的地位;民族认同性与地域普适性体现其流传于中华大地的扎实的历史依据,是反对民族分裂主义的思想武器;体系开放性和异质包容性决定了中华传统礼制能够在当今世界多元文化格局中继续生存并发展;道德的实践性则是唤醒国人礼义之心的精神动力,并能服务于当今社会。

陈以凤：《礼记·礼器》讲"礼者，时为大"，今天中华传统礼制如何秉承"时为大"之精神，与时俱进地向前发展？

汤勤福：如前所说，中华礼制源远流长、绵延不绝，是中华文明的重要内容和载体，它对增强中华民族的凝聚力和向心力起到了重要作用。但是，中华传统礼制不是一成不变的，而是随着时代变迁而不断变化着。《礼记·礼器》所讲"礼者，时为大"，正是概括出中华传统礼制与时俱进的特点，也正是这种特点，决定了中华传统礼制在历史上能够不断地调整、进化着。

作为一种制度，中华传统礼制在历史上曾为各种政权服务。在封建社会，它强调尊尊亲亲、维护封建等级制度，包含一些糟粕。然而毋庸置疑的是，中华传统礼制能够与时俱进、吐故纳新，不断改革与变迁。孔子的"损益论"，《礼记》的"时为大"，都是强调中华传统礼制与时俱进的改革原则。适时变革是中华礼制演进的重要原则，这使它成为与中华民族同生共长、传承久远的文化传统。

在我看来，"时为大"充分说明中华先哲们孜孜以求地追寻着礼仪的内在精神。就礼而言，有外在形式，即礼仪；有内在精神，即礼义。中华先哲们并非只讲究"进退周旋，威仪抑抑"①的形式，而且注重探求其内在精神之实质。孔子说："礼云礼云，玉帛云乎哉！乐云乐云，钟鼓云乎哉！"显然孔子追寻的是礼仪形式背后之精神，这也就是《郊特牲》所说的"礼之所尊，尊其义也"。尊其义就是追求道德境界、强调道德践履。中华先哲们坚持知礼行礼、知行合一，追求高尚的道德境界，无疑体现出当时的主流价值观。

时至今日，"时为大"仍然有着启迪意义。我们既不可以中华传统礼制源自于古代社会，强调贵贱等级、带有浓厚的封建属性而全盘否定它，也决不能以中华传统礼制曾在历史上起过积极作用而抱残守阙，不思改易。这两种倾向都不利于发掘中华传统礼制精华，不可能正确发挥其为当今社会服务的作用。因此，正确的做法是对中华传统礼制进行仔细辨析，取其精华，去其糟粕，在新的历史条件下使其涅槃重生，发挥其应有的作用。

陈以凤：您说的"仔细辨析，取其精华，去其糟粕"，是不是您论文中曾谈到剥离中华传统礼制的封建质核的意思？如果是，那么如何发掘中华传统礼制中具有生命力的恒久价值，如何利用中华智慧创建适合当今社会的礼仪价值新体系？普通民众丰富的礼仪实践在其中又起到什么样的作用？

汤勤福：您提到我与葛金芳先生合作论文的主要观点，即剥离中华传统礼制的封建质核，发掘中华传统礼制中具有生命力的恒久价值，强调礼仪对中华民族的

---

① 《宋史》卷一三八《乐志十三》，北京：中华书局，1985年，第3252页。

伟大复兴仍然有着不可替代的作用,这是我们研究中华传统礼制的目的所在。

所谓剥离中华传统礼制的封建质核,是从中华传统礼制发展的历史背景而言的。前面说过中华传统礼制并非自开始出现就一成不变的,而是随着时代变迁而变迁着的,这可以从历代礼制的具体实施中清楚地看出。实际上,我们把中华传统礼制分为四个时期,也想说明中华传统礼制在变迁着。王国礼制与王权礼制时期的许多礼仪,到集权礼制时期已经被抛弃,有些则作了重大变革。集权礼制时期延续长达 2000 余年,其中礼仪也多有变化,而且它离当今社会最近,影响也最直接,我们平时所说的中华传统礼制,主要是指集权礼制。同时,无论在历史上还是在当代社会,学者们对其看法有天壤之别,因此需要认真研究与辨析。

在我看来,集权礼制是适合农业经济社会,它以儒家思想作为其指导思想,以封建专制主义政体作为其政治基础,以大一统为其目的,集权礼制成熟的形态是五礼制度。其实,只需要看一下正史中的"礼志"部分,我们就可以清楚地看出集权礼制确实是为封建帝王服务的专制主义的礼制形态,与"朕即国家"、"乾纲独揽"的专制君主体制紧密结合,因此礼典中大部分内容是有关帝王、家属以及高级官僚,唐宋之后才略有涉及下层官员及普通民众。从具体礼仪形式来看,也是维护以皇帝为首的封建专制集团利益、维护封建等级制度的。显然,这种集权礼制是为封建政权服务的,自然体现出它的封建属性,因此我们没有必要延续这些带有浓厚封建色彩的礼仪形式,需要剥离这种礼制的封建质核。举例来说,封建政权许多礼仪是为了彰显其政权的合法性,显现等级制度的合理性,如郊祀祭天便是其中最为重要的一种重大礼仪,当今社会肯定已经不再需要郊祀祭天这种礼仪了。又如隋代之后官员见皇帝,要行叩拜礼并舞蹈,如此来体现对皇上的尊崇,区分出贵贱等级,这种叩拜与舞蹈仪节显然与当今社会格格不入的。类似例子不胜枚举。

但是,中华传统礼制中又包含着许多有价值的内容,它不但具有长久的生命力,而且完全可以转化为当今社会所用。这不是我的发明,王家范先生早就提出中华传统礼制中具有"最能凸现中国对人类文化恒久追求的普遍性价值有所贡献的部分"。事实上,中华民族自古有礼义之邦的美誉,在古代社会中,礼仪是中华先民尊崇的生活方式,礼义是中华先民追求的精神价值,礼中蕴含着中华先民的生命经验和生活智慧,值得我们认真汲取,值得我们在构建新时期礼仪价值体系中借鉴。《郊特牲》有"礼之所尊,尊其义也",所谓尊其"义",就是追求道德境界、强调道德践履。孔子称颂那些能够修身立德、行礼律己、道德高尚的前代圣贤,反复强调"不学礼,无以立"。因此,知礼行礼、知行合一,追求高尚的道德境界,体现出中华先民的主流价值观,起到了塑造道德人格、促进社会和谐稳定的重要作用。由此可见,中华传统礼制确实可以成为构建社会主义核心价值的资源。然而对中华传统礼制的汲取与借鉴,不能亦步亦趋地模仿,而是必须经过现代性转换,即守望本土传统,又以现代性为标准审视、转换并汲取古典文化精义,使其在新的时代条件下重获新生。其原因是十分清楚的,因为中华传统礼制中浸润着封建专制的因素,它起源于传统的农业文明,只适应古代中国农耕社会。而当代中国则是进入了工业文明之门,中华传统礼制显然不能完全适应这种社会的变革,因此需要作现代性转换才能焕发其青春。关于这个问题,我与葛教授的文章中论述得十分详细,可以参看。

关于普通民众的礼仪实践问题,其实需要辩证地看待。如果说"礼源于俗",此俗字来自民间的意思,因此可以说民间才是真正蕴藏着礼仪的场所。从历史上看,许多礼仪也来自民间,在普通民众中行用,只是它们被"官方"认可后才列入礼典,成为礼制组成的部分。因而可以肯定地说,普通民众丰富的礼仪实践是礼制的源泉之一,古代是如此,现代自然也不会例外。同时,普通民众的礼仪实践也有一定的盲目性,需要加以疏导并正确地引导,这样才会使民间礼仪走上一条正确的道路。比如说,民间祭祀中有鬼神迷信一类,这就需要加以疏导,让民众自己觉悟,这样才能根绝鬼神迷信祭祀。而某些祭祀含有积极因素,则可鼓励乃至推广。如湖南泸溪县岩门村康氏家族以忠孝传家,每年六月第一个巳日有白帝祭祀。祭祀对象是古代康氏三兄弟,他们为国征战,获胜回朝后得知老母病危,于是三兄弟历尽千辛万苦返回家乡为母送终。三兄弟去世后被朝廷追封为白帝。尽管此事为传说,难以考证,但它是讲忠孝之道,康氏家族至今仍祭祀之,我认为这完全可以容忍并加以宣扬的,因为为国征战是忠,为母送葬是孝,忠孝是中国古代传承下来的重要美德。又如著名学者王力先生是广西博白县金圭塘人氏,王氏家族重礼重教的家训传承久远。至今王氏家族在宗祠中祭祀祖先时,讲王力先生刻苦治学终成一代大家的事迹,同时又趁祭祖之时,对同族优异学子进行奖励,倡导崇道重教之风,宣扬爱国敬业之精神。这样的宗族祭祀已经导入现代观念,无异也值得推崇。实际上,当今社会中许多地方有不少类似的礼仪在行用着,值得我们去发掘,因为这些礼仪有着深厚的群众基础,它对于提升国人道德,培育德才兼备的人才,弘扬社会主义核心价值观,改善社会风气、凝聚中华儿女为实现中华民族伟大复兴,构建新时期礼仪体系有着极为重要的参考价值与作用。

原载于《孔子学刊》第十辑,青岛出版社 2019 年

七十自述

白驹过隙，转眼年届七十。我自 1995 年 8 月到上海师范大学古籍所，到 2018 年 12 月 31 日正式退出教学岗位，共 25 年。25 年对人生来说，确实是一段不短的时间了，何况是最有生命价值、人生最为成熟的时段。有幸的是，我这 25 年在一个非常友善的团体中渡过，同仁们友好相处，大家认真做学问，互相促进，互相帮助，因此我深深留恋着这一群体。

学界没有几人知道我家庭情况，但有传闻。今天我就把自己家庭情况简单说一下，同时也感恩许多在我成长过程中曾经帮助过我的人。

我祖籍杭州，1950 年阴历七月初二生在上海一个资本家家庭。我父母共有五子二女，我排行老三。我从小在父母的关爱下无忧无虑地成长，只记得父母总是要求我们好好读书。家中生活条件很好，自我懂事起，家中就有保姆照顾我们生活起居。但父母对我们要求极严，稍大一些，就要求我们自己的事自己做，要学会炒菜、烧饭。我们兄弟自小学起，父亲每月给我们"月规钱"，但规定需要参加日常劳动，如做饭、洗碗、扫地、洗衣服等家务，每天评分，才可以得到相应的零用钱。月规钱下不托底，上有封顶，因为父亲说小孩不能有太多钱，否则会好逸恶劳。我一辈子看到父亲戴过三次红花，第一次刚懂事，后来父母告诉我是公私合营，三家工厂交给国家了，所以能戴上大红花；第二次 1965 年，父亲当了上海市先进工商者，即市级劳动模范，自然戴了大红花，还拍了照；第三次是 1979 年，父亲已经 66 岁了，在带我四弟满师后，厂里才同意他正式退休。这时，他已经是光荣的"工人阶级"中一员了，戴着大红花，敲锣打鼓送回家。

我也经历了家里的重大变故。1966 年"文革"一开始，我家便被抄了，所有值钱的东西全拿走了，就连父亲上下班骑的英国亨宝牌自行车也被红卫兵"借"走了，只留下一些简单的生活用具。公私合营时父亲的工资是 360 元，三年自然灾害时，他主动要求减至 280 元。"文革"一开始，我父亲工资被削减 68 元，母亲工资也被减到 42 元。"文革"中，我是不准革命的"可以教育好的子女"，对轰轰烈烈的"革命"只有旁观的份。

家里遇此变故，经济上极其拮据。我们家小孩多，钱不够用，只能卖家具，就连吃饭的椅子也卖掉了，最后只剩下够父母与兄弟们每人一"座"！记得那时实在穷得没办法,母亲只能向过去曾帮助过的人求助。自然,有些苦大仇深的阿姨叔叔们,夜里会偷偷送几块钱给我母亲,我母亲总是千恩万谢。也有一些根红苗壮者,坚决与我家划清界线,骂骂咧咧地一个子都不借。有次家里实在过不去了,父母决定把四把不知什么年代的红木雕花太师椅卖掉来救急。我三兄弟、弄堂里一个小伙伴每人扛一把,走了三里路,背到小南门旧货商店去卖,店里人说15元一把。我们嫌少,又走四五里,扛到老西门旧货商店卖,但开价12元一把。于是,我们只得背回来,卖给小南门旧货店。那时我弟弟才15虚岁,我才17虚岁,个子长得又矮,背不动,走几十步就得坐下休息一下再走。

1969年3月,我被下放到吉林省和龙县德化公社柳洞大队插队落户,我弟弟下放到江西。但家里只有一只箱子,而我父母已买不起箱子了,因为家中所有值钱的家具都已经卖完了,只留下睡觉的床和吃饭的桌椅,没东西可卖了!好在我姨婆送给我一只旧木箱,装了一些换洗衣服就登上上山下乡征程。我们生产队离边境图们江仅几里路,是个穷山恶水、只出杂粮的地方。生产劳动是到高山上砍树,等它干后烧掉这些木材来种玉米、谷子。劳动异常繁重,但吃着杂粮、没有蔬菜,很快我就脸、手、脚都异常浮肿,被查出肝肿三指。我不清楚这是什么病,就写信给家里,父母马上回信,要我请假回上海检查,于是我在9月份返回上海。

其实没有什么大病,只是营养差,我正在长身体,抵抗不住这恶劣的生活条件。正巧有个在江西农村的表姐在上海治病,住在我家。她听说我只能吃到苞米、高粱米,连菜都没有,就向我父母提出带我到江西去,因为那里至少有大米吃。过了一段时间,我随表姐到江西三清山底下的德兴县,直到第二年才办完由吉林正式"调动"到江西插队的手续。

在江西农村,白天劳动,晚上非常枯燥,于是就喜欢上看书了,从此舞文弄墨。公社乡办廖焕彩主任见我喜欢写写,也就经常让我到公社写一些通讯报道、先进材料。1974年开始,我被调到县乡办工作,作文字工作。在县城,我有稳定的收入,条件好多了,生活也稳定,结识了一批搞文艺工作的老师与朋友。县群艺馆的老师对我非常好,县里早已封闭的图书馆也暗中只对我一个人开放,我可以随时到积满灰尘的库房里借出古今中外的名著。读完之后,一些老师还私下给我作分析辅导。当时,举办所谓的知青函授教育,我参加了复旦大学中文系的函授学习,意外得到该系杜副主任和办公室主任金路老师的赏识。后来复旦大学中文系要招4名工农兵研究生,他们还点名要我。但上海赴江西慰问团的某领导坚决不同意让我这个成分不好的人上大学,推荐自己外甥去了。后来金路老师告诉我,面试时,考这位被推荐者:二分之一加二分之一等于几,他非常迅速地回答是四分之一。结果,中文系没要他。

1977年发布恢复高考消息时,我正在江西省人民出版社改一篇报告文学。当时我打电话要求报名，被告知报名年龄截止到 25 岁，而高中生则不限年龄。不过，还有一条特殊说明，有专长者可以适当放宽年龄。由于我写过一篇新闻特写，中央广播电台在 1976 年 6 月播报，时间长达 25 分钟；我也发表过小说、诗歌、散文等文艺作品，在省里属于小有名气的"业余作者"，因此单位给我打了有"写作特长"的证明，总算报了名。

我高考成绩还是很不错的。复旦大学杜主任叫金路老师给我写信，要我报复旦大学中文系。但遗憾的是，因为成分问题，江西省招办坚决不同意投档案。好在上饶地区教育局秦生局长（后来是我们校长）坚决要把这些被打下来的这批成分不好、但成绩不错的知青都招进江西师范大学上饶分院，我有幸成为其中之一。1979年，学校改名为上饶师范专科学校。1980 年底，由于地方上急需老师，我们提前毕业了。其实，我自 1978 年下半年起，在上饶师专当写作老师的助教，教 78 届中文，故留校任教，但阴差阳错，没有让我继续当写作老师，却当了历史老师。

1984 年，教育部决定办助教进修班，中国古代史只有东北师范大学招生，共 30名（最终成绩合格者仅 24 名）。我有幸被录取了。当时东北师范历史系古代史是全盛时期，先秦有徐喜辰、詹子庆，秦汉有陈连庆、高尚志，魏晋有冯君实，隋唐有吴枫、陈伯岩，宋元是杨树森、穆鸿利，明清是李洵、薛虹，历史文献是高振铎，这些在当时都是有一定知名度的学者。其间，还请了大量国内外专家来讲学，记得世界史有林志纯（日知）、朱寰等人，中国史有胡厚宣、张政烺、金景芳、李学勤、林沄等人。我们班还到全国各地考察访学，詹子庆先生还请了许多学者给我们上课，如四川大学缪文远先生、北京师范大学请瞿林东先生、南京大学茅家琦先生等等都给我们作过讲座。这开阔了我的眼界，窥见了历史学大门之内的一些奥秘。我在助教班当班长，因此有更多机会与任课老师与校外专家接触，在接触中感受到他们的为人为学风范，也获得许多先生的指点与帮助。

1986 年底回到上饶，学校创办史地系，由于我已经晋升讲师，所以被委任为系副主任。正巧中国社会科学院历史所开展办院外研究所的工作，思想史室主任黄宣民先生就定我校为他们联系单位，合作研究。我有幸与社科院许多前辈学者有了接触，也得到他们的关照与提携。我在他们影响下，转向思想史研究，参加了许多会议，结识了很多国内外一流学者。同时，在阅读他们的论文与著作中获益非浅。国内外许多专家也帮助了我，如 1991 年，由国际中国哲学学会首任会长夏威夷大学成中英教授的推荐，经北京大学汤一介教授帮助，我有幸成为在德国慕尼黑大学召开的"国际中国哲学学会第六届年会"中国代表团的正式成员之一，教育部指定的团长是南开大学方克立先生，副团长是武汉大学萧萐父先生，我是唯一来自专科学校的讲师级团员。

1992 年，非常荣幸地受到南开大学杨翼骧先生的垂爱，使我一个中文专科毕业生有机会"三级跳"地进入他的门下,攻读中国史学史博士学位。关于这件事,我曾经写过回忆杨先生的文章,网上流传很广,这里就不再重复了。1995 年 6 月,我获得历史学博士学位,到上海师范大学古籍所工作。

我进入古籍所,所里有朱瑞熙、许沛藻、顾吉辰、金圆等古代史前辈学者,也有大量与我年龄相仿的青年学者,学术风气浓厚,因此我在学术发展上得到大家的帮助与关心。我们所还有中文专业,同样有许多前辈与同辈学者。我与大家相处比较好,至今仍然如此。这是我一生最值得骄傲的事。

我个人的学术研究其实真没有什么可说的。当然,一辈子做学问,出过几部书,写过一些文章,这都是自然而然的事,也谈不出什么经验,只有一些教训。大致说来我做学问有三大缺陷。

一是外语不行。我初中学俄语,进入上饶师专后没有老师教英语,学校规定可以免修,因此就没有学外语。直到 1991 年 8 月初出国开会回来,才下决心学日语,准备考博。我是自学日语,没有人教我,因而基础极差。靠死记硬背,侥幸考上了博士。在南开学的一外是日语,二外是英语。英语学后就丢了,日语还算翻译过一本小册子,在台湾地区出版了。但后来感到自己年龄较大,在外语上再花很多时间,可能会耽误学术发展,反复掂量后只能放弃继续学习了。现在虽然似懂非懂地勉强看点日语论文,但总像隔层纸,理解不精确。这对我了解国外学术发展形成很大障碍。

二是世界史不懂。研究中国史,不懂世界史肯定研究会有相当局限性。因为无法确认历史上某一阶段的中国在世界上所处的地位,一些有关连或类似的问题无法通过世界角度来理解。当然我也读过一些翻译过来的世界史著作,即使发现一些问题,但由于自己外语不行,无法进一步去了解或解决它。

三是学业不专。我学术兴趣比较广泛,从先秦到近现代各个阶段都写过论文,也出过一些相关的书,但由于精力分散,学而不专,难成气候。虽然自南开毕业后,略懂治学门径,也知道要收缩,但为时已晚。

总之,这三大缺陷至今困扰着我,这或许可以作为诸位年轻同仁的一个前车之鉴吧。

当然治学一辈子,也有一点感悟,说出来与大家分享。

第一,学贵通达。通是贯通,指研究学问需要上下贯通,只抱着自己一亩三分地是不行的,需要上下贯通。上下贯通自然指了解至少自先秦到明清的大致历史情况。我在读一些论文或专著时,经常发现一些结论就某个断代而言是可以成立的,但上溯下探,这个结论或许就存在一些问题。因此,我在研究一个问题时,比较注意从更长的时段来思考,看自己的结论能否站住脚。当然,如果能够做到一些大学者的内外兼通就更好了。

达是极致。做学问要做到极致，即研究一个问题，尽可能搜集资料，反复思考，不断修改，直到自己感到无法修改了，那么也就差不多可以拿出去了。过去为了完成考核，我有些论文仓促发表，现在回过头来看，确实存在不少问题，但为时已晚。当然，随着自己不断学习，即使过去发表时感到还不错的论文或专著，其实也发现一些问题。这些问题需要自己在适当的时候加以更正，坦率承认，不能文过饰非。

第二，学贵知疑。孔子曾说："学而不思则罔，思而不学则殆"，朱熹说过："读书无疑须教有疑，有疑者却要无疑"，"大疑则可大进"。其实，孔子、朱熹所讲都是一回事，即学习须独立思考，需要有怀疑精神。这种怀疑精神，恐怕就是治学门径之一。我个人认为：即使对大师、专家、乃至自己师长的著述，在抱着崇敬的前提下，也应当有自己独立看法，不盲目信从，不人云亦云。我读书与研究时，也力求秉承先哲们的教诲，尽可能从读书中发现问题，进而去解决问题。我主张不要随便引证，即使是专家的重要结论，也必须经过自己独立思考，切实认为是正确者才引证。决不能拉大旗作虎皮。当然，即使是普通学者的成果，经过我分析思考，认定他们的结论是正确的，我也会引证的。

胡适先生曾提出的"大胆假设，小心求证"，我认为落脚点和重点是"小心求证"。小心求证就需要我们认真读书，仔细思考，慎下结论。因而，学贵知疑并非是随便否定非议他人观点，而是不轻信，不盲从，经过认真思考，得出自己认为可信的结论。

第三，学贵坚持。做学术研究是异常艰苦之事，费时费心力。但大凡要做出一点成绩，确实需要坚持不懈。荀子《劝学篇》称"不积跬步，无以至千里；不积小流，无以成江海……锲而不舍，金石可镂"。坦率说，我非常清楚自己不是聪明之人，是平常人，只有坚持看书，坚持研究一些问题，这样日积月累才能做一点事。因而只有放弃一些不必要的活动，不随意浪费时间，尽可能多读书，思考问题，力争做得好一些。

学贵坚持，需要自己不断积累，不要凭自己"脑子好"就放松。比如说，看到有价值的材料就马上记下来，想到一些问题就记下来。我购买了许多书，我看书就一边看一边记在旁边，即使几个字也必须记下。俗语说，好记性不如烂笔头。我记性确实不错，甚至至今能把中学同学姓名学号都一一背出来，但随着年龄增长，越近看的书越记不住，这或许是规律，因此现在越来越感到随时笔记的重要性，越来越感到坚持的可贵。

第四，学贵理论。我认为无论研究历史事件、历史人物乃至典章制度，都需要具有坚实的理论，不能仅仅停留在"说清楚"这个层面之上。也就是说，在研究清楚历史事件、历史人物、典章制度的基础上，需要从理论上概括出一些值得我们深思或借鉴的内容，既要把握住某些事件、某类人物或某种制度特殊性方面，也要探索它们规律性、价值性的内容。这样的话，我们的研究或许更有价值。

　　上面讲的"四贵"，或许是老生常谈式的内容，也只是我个人学术研究中的一些感悟，不确之处，尚祈同仁们指正。

2019 年 9 月 15 日撰成，10 月 27 日修订

　　按：此应上海师范大学人文学院"荣休论文集"要求撰写，原稿是荣休座谈会的发言稿。

"'中国礼制变迁与现代价值'学术研讨会"综述

2013 年 10 月 11 日至 13 日,由国家社科基金重大招标项目"中国礼制变迁与现代价值"课题组(12&ZD134)与杭州师范大学联合举办的"'中国礼制变迁与现代价值'学术研讨会"在杭州举行。参加会议者有课题组全体成员和国内礼制专家,分别来自中国社科院、浙江和上海社科院、北京大学、浙江大学、复旦大学、吉林大学、北京理工大学、东北师范大学、首都师范大学、湖北大学、辽宁大学、河南大学、河北大学、杭州师范大学、上海师范大学等 20 余个教学与科研机构的 30 位学者。会议收到学术论文 24 篇,涉及中国古代各断代的礼制以及古代礼制的现代价值,范围广泛,研究深入,是一次高水平的专题学术研讨会。

会上,吴丽娱介绍了中国社科院 A 类课题"礼与中国古代社会"的研究状况。该课题历经 7 年半始克完成,分为先秦、秦汉魏晋南北朝、隋唐五代宋元、明清等共 4 卷 11 章,着重研究国家礼制在传统社会的建立发展与沿革变迁,勾勒礼的轨迹,由此发现和解析礼仪自身在中国社会不同发展阶段中的变化内容和规律。同时力求探索不同时期内礼制的变化与国家社会的互动关系,揭示礼仪作为传统社会核心长期存在的历史价值和社会功用。汤勤福介绍了 2012 年国家社科基金重大招标项目"中国礼制变迁与现代价值"课题的研究进展、最新成果以及目前需要突破的方面。双方进行了互动和交流,为深入研究中华礼制及现代价值作了新的探讨。

会议论文有三个非常明显的特点。一是利用新资料。赵和平《武则天出家寺院考》根据传世史籍、出土碑志、敦煌文献进行考证,指出唐太宗李世民去世后武则天出家为尼的寺院是弘(崇)德坊灵宝寺,其东侧即为太宗别庙崇圣宫,之后崇圣宫后与灵宝寺合并为崇圣僧寺。《旧唐书》、《新唐书》、《资治通鉴》等史籍记载的感业寺、安业坊灵宝寺、安业坊安业寺、安业坊济度尼寺等说法均为错误。为已故皇帝立别庙(家庙)、其旁建尼寺以处先帝嫔御、事死如生的制度,可追溯至北周大象二年宣帝卒时,延续至唐高宗时,前后一百余年,与国家祭礼的太庙不是一回事。李媛《明末清初耶稣会传教士关于中国祭礼问题的讨论》则利用了大量国内外档案资料,对明末清初耶稣会传教士有关中国祭礼问题进行了全新的研讨。论文指出:明末清初耶稣会士在讨论中国祭祀礼仪时,主要关注祭天、敬祖、祀孔、祭城隍,以及私人祭拜活动,对国家祭祀仪式关注不多。原因有三,一是耶稣会士最主要的目的是传播教义,发展教徒,国家祭祀礼仪与此关联度较小;二是欧洲耶稣会士人数不多,活动范围有限,语言有障碍,在中国国内事务中话语权很小;三是耶稣会士关注的祭祀礼仪偶像崇拜仪式,国家祭祀礼仪与偶像崇拜无涉。来华的耶稣会士对中国祭祀礼仪有不同态度,争论激烈,并与其他教派的质疑交织在一起。中国本土奉教人士基本上都能在天主教教义与中国祭祀礼仪之间找到契合之处,帮助耶稣会士向欧洲教廷解释中国祭祀礼仪,对民间信仰则极力主张摒弃。姚永辉《"以故兴物"的内涵与功能考述:兼以丧礼为例》一文剖析《礼记·檀弓下》中"以故兴物"与"微情"两词,指出两词在郑注孔疏后引发争议,清代学者指出孔颖达的误读,但没有相应有力根据。论文根据郭店楚简,重新解读了"以故兴物"与"微情",指出"以故兴物"意指因为某种特定的教化目的,利用基于人情且精心设计"外物"以调动或释放行礼者与礼仪相匹配的情感,体现了以物动性发情等礼学思想。孔颖达将"以故兴物"的对象限定在"不孝之人",将"以故兴物"的功能狭隘化,后世大多数礼家认同孔说,忽视了"兴"之于礼仪的功用。剖析"以故兴物"的内涵与功能,对儒家、甚至是先秦诸子思想的重新认识具有重要意义。

二是研究新问题。梁满仓《从魏晋南北朝复仇现象看"礼"对"法"的影响》讨论了魏晋南北朝的复仇现象与礼法之间的关系,填补了研究空白。作者认为:秦朝没有禁止复仇的法令,秦末杀人偿命之法形同虚设。复仇无法律约束状态到西汉末期才有所改观,东汉章帝继明帝之后又实行《轻侮法》,复仇现象仍未得到有效的遏制。魏晋南北朝明令禁止复仇,重要原因之一是礼制的变化及礼对法的影响。礼法结合使该时期的法讲究法"理",重视生命,法贵得中,宽法倡德,越来越充满了"礼"的精神,注入情和理的灵魂,杀罚止恶又提倡道德,从而提高了服务国家政治的效率。这一观点使人耳目一新。明政府尊崇程朱理学,推崇《朱子家礼》,王志跃《推崇与抵制:明代不遵循〈朱子家礼〉现象之探研》则关注到明代搢绅不遵循《朱子家礼》的现象,认为之所以产生这种现象,主要是《家礼》自身存在不足、不良风俗的阻挠、地理位置的限制、人情、恩义、宗族以及人们认识不同等主观与客观原因而导致的。从礼制史角度来认识明人不遵循《家礼》的现象,可使我们更为深刻地了解礼制具有时代性的特征、变通创新是礼制发展的规律、礼制的普及需要破除恶俗、礼制实施需要考虑社会现实。赵克生《郝敬礼学初论》对学界尚无研究的明人郝敬的礼学思想进行了研究,指出郝敬有浓厚的经世思想,在其经学、思想体系中,礼学占有重要位置。郝敬提出"学礼即是学道"、"礼以义为质"等主张,强调"礼道合一"。郝敬的三礼观有自己特色,认为《周礼》乃政刑之书,不可为礼,不可为经;《仪礼》是仪文,不可为经;《礼记》瑕不掩瑜,为礼经之正。郝氏礼学的特征是坚持本质主义;强调礼的日用常行,可以化民成俗;主张礼变古适今。李天纲《重视民间儒教,复兴"礼仪之邦"》则从近年来民间一些礼仪活动入手研究,指出利玛窦定义中国为"礼仪之邦",但到清末、"五四"中激进主义批判儒教,"礼乐文明"在近代"世俗化"过程中受到挫折。论文指出,礼仪生活中的"经济决定论"是错谬的,近年来兴起"国学热"、"儒学热",也伴随着"礼仪复兴","礼乐文明"旗号下的祭祀仍然含有宗教信仰的因素,民间祭祀中恢复了一些传统礼仪,有不少确实渊源于儒教"礼乐"制度,以百姓"祭祖"、"社坛"等祭祀为核心的"民间儒教"从另外一个侧面推动"礼乐文明"的重建。张天杰《清初理学家张履祥的礼学思想》指出,清代理学已渐趋式微,士大夫对礼学则开始重新加以重视。清初的理学家张履祥,强化"约礼"而弱化"穷理",表现出"从穷理到约礼"的转向,这也就体现了理学工夫的实践意义,是对程朱理学工夫论的一种修正和发展;张履祥还在日常生活中重视古礼、钻研礼学;组织葬亲社等"正礼义"的实践活动,整顿风俗、教化人心,这些实践与他的"约礼"之学在明清之际的理学家之中有一定的代表性。

　　三是提出新见解。楼劲《证圣元年敕与南北朝至唐代的旌表孝义之制》指出武则天证圣元年敕十分重要,而该敕部分文字靠 S.1344 号敦煌残卷保存着。该敕是唐代礼制的一个独特组成部分:在内容和性质上,此敕乃是唐代官方对何为孝子和义门及其如何认定和表彰的一份最为具体和完整的法律解释和规范,舍此即不可能对唐代这方面的规定有准确的认识;在形式上,此敕所含规定从未被修入过唐代的礼典,除玄宗后期曾经将其修入《开元格》外,此前和晚唐再到五代的后唐、后晋,基本上都是作为补充《令》、《式》的"格后敕"而发挥作用的。作者不同意学界把 S.1344 号敦煌残卷定名为《开元户部格》,认为是《格后敕》,出自《大中刑法总要格后敕》。作者认为此敕所规定的旌表孝义之制自出台直至晚唐五代一直在被删定并施用,因而深远影响,这也反映出唐宋间礼制与社会互动发展的某些态势。张鹤泉《两晋郊祀礼述论》研讨了两晋时期郊祀神祇的确定与祭坛、郊祀礼仪的制定与实行、郊祀的主祭者与陪祭者的限定,以及刘宋祭祀宗庙的规定等问题。作者认为:两晋国家承袭传统的祭祀制度,仍然制定与实行郊祀礼仪,以证明他们统治的合法性。郊祀礼仪祭祀的对象主要是人格化的自然神——天、地。这些主神实际是原始宗教中的神祇。虽然祭祀这些神祇是以国家礼仪形式出现,但是,仍然不能够避免原始宗教理念的简单和粗糙。两晋世家大族在社会中的影响力日益增强,因而对于先祖的追祭意识也就更为浓烈,这对国家郊祀礼的实行产生了冲击。同时,佛道两教盛行,对神祇信仰的多样化,又使两晋帝王不得不对郊祀礼的实行做一些变通,因而两晋制定规范化的郊祀礼仪与实施郊祀礼之间出现难以克服的矛盾,这也就使两晋郊祀礼中主神的至尊地位的宗教理念很难被人完全认同。张焕君《尧舜传说与中国礼乐文明的人文精神》一文指出,尧舜事迹为儒家思想体系的建立提供了历史性支撑,这一事迹与形象经过漫长的传播与筛选过程,口耳相传的传说最终成为历史真实。尽管周公从未直接提及尧舜,但他借用"古先哲王"制礼作乐,确立德政传统。孔子重建思想学术体系,通过周公上溯到尧舜传说,重新解释,并将其安排在儒家礼乐体系之中,成为中庸、德政、尊贤、仁政、礼让、乐教、恤刑等重要概念的"历史"证明,开辟出仁、礼结合的新境界,在亲亲、尊尊之外,推出贤贤的主张,突出人的主体地位,使中国礼乐文明具备了强烈的人文精神,实现了思想史、文化史意义上的重大突破。在这过程中,真实与否已不再重要,那些符合后世"合理想象"的传说成为更具影响力的历史真实。由此显示出在历史研究中,求善亦可重于求真。王美华《宋代皇帝耕籍礼的演进》侧重从祀典等级规制入手研究,指出:皇帝祭祀先农、躬耕籍田之仪,其主旨在于劝农耕作,将皇帝重农之意昭示于四方庶民,宣扬天子为天下表率。然从宋初沿袭唐制而修订的开宝礼典,到端拱时期皇帝耕籍礼升为大祀、比拟南郊,再到政和议礼时纠正端拱"升礼"之举,致使耕籍礼等级明显低于开宝礼制,绍兴时期再度"视为大祀",大体上恢复了宋初开宝礼制的模式。这一演进趋势表明,在礼制发展中过程中,一时特例其实不可小觑,古代礼制传统中"有其举之,莫可废之"的意识存在,使得礼例的影响往往深远。刘丰《论宋代礼学的新发展》认为,宋代的礼学与前后朝代相比,虽然没有出现考证精深、注疏广博的三《礼》作品,但自成体系,自有特色,是古代礼学发展史上不可或缺的重要环节。其最为显著的贡献之一就是理学家将礼的思想纳入理学的脉络当中,将礼与天理联系起来研究。尤其是二程的疏释,推进了礼学研究的发展。二程把理与礼的关系理解为形而上与形而下的关系、理与气的关系、体用的关系,力图与佛道划清界限。程颐强调礼乐中蕴含了天地万物的普遍道理,使"礼即理"具有了哲学意义,成为礼学思想发展过程中的一次本质的飞跃。二程从天理论出发,将"克己复礼"的"己"解释为"私","礼"解释为"理",注重仁的价值与意义,在某种意义上扭转了儒学发展的方向。此外,曹建墩《两周祭祀吉日及择吉礼俗考析》对两周祭祀吉日及择吉礼俗问题的辨析、史睿《魏晋士人的伦理困境与丧服之争》分析魏晋时期丧服之争内在含义、何忠礼《两宋籍礼初探》对南宋籍田场所的考证与梳理、陈居渊《清代经筵仪制的嬗变看理学的复兴》对清代经筵仪制的嬗变与理学复兴的关系、张涛《康雍乾三帝服行儒家丧礼的实质与作用》对当时服行儒家三年之丧礼仪的实质与作用,都提出了新看法。

原载于《中国史研究动态》2014 第 1 期

《解码夏商周》读后

　　受贵出版社委托，花了十余天时间，在难以忍受的困苦中，认真阅读 WY 先生大作《解码夏商周》书稿，一边读一边胆战心惊，中国的学术危机不是危言耸听，因为学术的准则已被 WY 先生彻底打破！如果《解码夏商周》或类似这样的著述出版，那么中国学术的危机已经十分明显地摆在我们面前了！

　　坦率说，书稿扉页上的"惊世之作""价值无限"两语，前者确有"可能"，因为无论世界上那位学者读到此书，都会吃惊，不，是震惊！而"价值无限"则是作者自夸之辞，平心而论，我以为此书毫无学术价值，只能改成"价值无有"！

　　作者在自序中为自己大著定下三条原则，一是"'战场生死'原则，把考证当仗打，不是你死就是我活……把所有可能发生的情况都考虑到，大胆假设敌人会干什么，小心求证自己的应对方案"。本书稿确是"考证"性著述，但恕我这个几乎搞了一辈子考证的小学者大胆说句真心话：作者的考证功夫等于零！因为作者的结论不是在仔细辨别资料的基础之上，而是首先在臆测的基础上作出一个"惊世"结论，然后曲解中国及其它国家的古文献，以证实自己的结论。例子比比皆是。如 206 页"WY 又批：今天是 2007 年元月 28 日早 9 点半，仔细阅读《世界通史·上古西亚》的这段记载后，对照《史记》所载尧帝与舜帝的事迹，我在百思不得其解之时，突然觉得尧帝确实是拉格什城邦的君主古地亚（Gudea），'古地亚'应该是《尚书·尧典》一开篇就记载的'古帝尧'，孙悟空变成的'土地庙'再巧妙，猴子尾巴明摆在那儿，焉能躲过'二郎神'的'三只眼'？"210 页"以色列人的上帝是'耶和华'，这三个字大致是《尚书·尧典》所称的'古帝尧'的转译"。79 页"当我发现英语是古汉语的方言之后，我敢断定自孔子以后的中国学者，对待中华起源史问题，基本上都犯了'刻舟求剑'的错误"。自然，作者是"大胆"的，然而这种大胆只能说是一种无知！

　　第二条原则是"礼失求诸野"。大致说来，广泛征求史料确实是考证的基本要求之一。然而"求"的方向、求的内容大有讲究！考证切忌张冠李戴，尽可能不使用第二手、第三手资料。就国外著述而言，作者主要依据的除《圣经》可作为一手资料外，其它都是近年来出版的国内外学者的学术著作，显然，这"求"的内容是大有问题的！何况作者在引证中只是推测、臆说、曲解。如 110 页："《世界文明史·埃及与近东》又载……Zagros 这个英语词，可以完美地翻译成帝颛顼东征之'番木'，期望读到这页的同事，再译帝颛顼史事时，不要译成扎格罗斯。"这确实是"惊世之论"！再如 122 页："我一直参不透在英语里，何以黑色称为 black，现在才知道，black 就是'天降玄鸟'的颜色。B 是汉字抱耳旁，来自汉字阜。Lack 就是简狄，意思是建立在高阜上的简狄神（即太阳神黑皮鸦或三足鸦）的颜色。"不过，这些结论的准确性是零。补充说一句，作者引用的《五经正义》、《古本竹书纪年辑证》、《帝王世纪辑存》原书均在，并非"珍本"不难获得，而作者却引用的是网络版。这对本科生做毕业论文都是不允许的事，而作者却照用不误，这充分说明作者对学术规范的了解极为有限！

第三条原则是"人类文明同源"原则。人类文明是同源还是多源，这是个学术问题，可以深入探讨。人类文明同源容易导致西方式的上帝造人或中国式的女娲造人的结论。就考古发现来说，即使在中国，并非只有黄河流域是中华文明起源地，长江流域也是中华文明起源地之一。何况世界之大，何必只有一源？不过要强调的是，作者所说的同源，目的在于"证实"世界文明起源于中国，即"中国中心论"，这一观点与长期流行而目前早已被人抛弃的"欧洲中心论"一样荒谬无知。

顺便说一下，作者写作方式也成问题，若这本书是写给专家看的，那么就没有必要把中国一些古籍内容"翻译"成现代汉语（如果删除这些内容，那么至少可省下四分之一的篇幅），专家们自有识读这些内容的本事。如果是写给普通人看的，那么也无须大量引用古籍，可以用通俗化的语言来表达。二者当择其一。至于非学术的内容更应该删除，如 54 页"犹太语是比较难学的一种语言，但我们村的一位青年去以色列打工，据他自己说，他只用了不到一年时间就大致能跟以色列人进行日常交流"，这与作者要考证的内容毫无关系。82 页提到的"复印大姐"与古代埃及法老长得非常像也作为根据来论述中国埃及一源，实是奇谈"妙"论！

自然，我审读过许多论文，但读到如此奇文（奇书）确实是第一次，也算长了见识。作者"自序"中说"这一仗果然被我打赢了"，我以为这或许是塞万提斯所塑造的唐·吉诃德式的胜利！作者表示将自己考证成果公布于世，"为此，虽身殉而不惜"，勇气自然可嘉，但只是鲁迅笔下阿 Q 式的"勇敢"。如果作者肯听评者一句劝告，此书稿可以休矣！

现在流行炒作，有什么姐姐式的（看过报纸、网络介绍，忘了她大名。她以勇敢地脱光而著名），但愿学术界少些炒作，大家坐下来认真地做一点学问。自然，据 WY 先生自称是学哲学出身，擅长抽象思辨，我想应该可以在哲学的大海中大有作为，但要跨学科搞考证，那么还须从古籍整理与历史研究的 ABC 开始，否则会闹笑话的。

2008 年 2 月 28 日

补记:

此文原为某出版社代审书稿的审稿意见,未发表过。由于近年来学界出现一些类似的石破天惊观点,故特地附录于此。

关于人类起源,现代有相当多的专家认为人类起源于非洲某一老祖母(当然可指某一族群)。长期以来,由于我不具备考古学与古人类学知识,对人类起源问题不敢轻易发表意见。但似乎一个老祖母(族群)能否发展到现在如此众多、面目各异的族群是个很玄的问题。我隐约感到:走出非洲的族群应当与欧亚、大洋洲等地一些土著族群有多次混血与交融,如此才可能形成当代世界众多不同的人种。

随着考古学引进 DNA 技术,对古人类大量的基于线粒体标记(或者 Y 染色体)的研究,目前对人类起源有了更为清晰的认识。2017 年 1 月,Rasmus Nielse、Joshua M. Akey 等六位专家在《自然》(Nature)发表论文。据该论文称:有证据分别支持现代人类起源于非洲的东部、中部或者南部,在非洲已鉴定出了 14 个祖先人群;他们单次或者多次走出非洲,向欧亚迁移和扩散;扩散发生时间估计在 5 万到 10 万年前。走出非洲的族群在欧洲与尼安德特人混血,向现代欧洲人演化;另一支向东到达亚洲,在中国南方或东南亚又分化为两支:与丹尼索瓦人(和尼安德特人同时代)混血,继续南下的一支最后灭绝了;另一支北上变成我们的祖先。这一祖先在亚洲继续拓展,约 9000 年左右,在黄河流域和长江流域发展出农业,并开始定居生活。后来黄河流域的族群又走上青藏高原,与当地土著人混血,逐渐变成现的藏族、彝族和纳西族。向南、向东行走则逐渐变成汉族族群。这些专家还宣称:大洋洲的美拉尼西亚人(Melanesians),其基因组的 3%—6% 序列可能来自丹尼索瓦人,这说明也有过混血情况性。不过,丹尼索瓦人对美拉尼西亚人和澳大利亚原住民的基因渗入,是发生在澳大拉西亚(Australasia)还是亚洲,目前仍不清楚,因为澳大拉西亚人祖先曾横跨这些区域迁徙。

从这些专家的论述中至少表明:虽然现代人类主要基因是从非洲来的,但毕竟还存在欧亚一些土著族群的血统。也就是说,从非洲走出来的老祖母,在漫长的时间内与欧亚人种相融,然后他们各自在欧亚、大洋洲、美洲独立发展,至于进入文明社会后,更是分途发展,相互之间的差异就越来越大。

我以为,世界各地文化当也与人类起源有相似之处,即世界文化的起源应当是多中心的,随着世界各地、各民族的交往,逐渐融合、发展成如今的“大千世界”的,绝无可能是某一文化单向传播演绎而成。因此 WY 先生所谓的汉文化演化成大千世界的观点是站不住脚的。

2019 年 9 月 20 日

后　记

　　终于看完最后一页，心里油然冒出一股淡淡的哀伤。

　　自上次编《半甲集》，一眨眼便过去了 10 年，真是白驹过隙！而且编完这本论文集，似乎也深感这 10 年发表的论文数量太少。自然也可以自我安慰，因为毕竟从 2012 年底担当了国家社会基金重大项目首席专家以来，自我感觉还是非常努力的，而且项目也顺利结项了。然而事实摆在这里，能够拿得出手的包括与其他人合作的论文仅 40 多篇，再加上选了几篇其他文章才勉强结成此集（也表示对自己发表的言论负责）。况且，其中还有不少是以前写成的，只是在这 10 年中修订后陆续发表而已。

　　坦率说，这个重大项目并非是我主动申请的，是学校有关领导"希望"我去申报，一次次做工作后才勉强申报的，谁知却意外被答辩专家组选中了。其实，当时一方面自己真想退休，然后干自己想干的事，另一方面也深感自己不足以承担这个项目。这不是我谦虚，而是心里话。因为我主要的研究集中在魏晋至宋，虽说前后各历史阶段的一些主要典籍及学界一些重要成果也读过，但毕竟没有仔细研究、深入思考过，要完成这个项目确实很有压力。

　　项目批下来，当然要负起责任来。因而前数年除学校正常教学工作、国家社科基金、教育部及各省市的有关项目评审及处理课题组一些具体事务外，主要精力花在重新读书上。书房中三四个书架上集中摆上礼制典籍及学界有关礼制史研究的成果，做好计划，一部部阅读，并做一些摘抄及写点阅读体会。这一过程漫长而又痛苦，每天阅读时间非常长，经常看得眼睛模糊不清、看得腰酸背痛才去休息——需要读的书太多呵，感到力不从心！但又不能不看，否则无法负起这个项目的研究任务，就会对不起与我共同奋斗的课题组诸位同仁了。

　　这一艰苦的过程总算熬过去了，我也在阅读中有了一些新的心得体会，积累了一些资料，使我勉强有能力看懂和应付课题组诸位同仁陆续撰写的论文和最终的初稿。这些年来，课题组同仁们撰写的论文，我几乎每篇都看，从提意见到直接动手修订，有的反复数次才能改定；改定论文或由我推荐，或由他们自行发表，这为课题组积累了大量质量颇高的前期成果。同仁们项目初稿完成后，我也仔细审读与修改，反复与大家协商，争取提高学术质量。这其中牵扯的时间与精力确实难以计算。当然我也有大收获，因为课题组成员中不少是某一领域的专家，也有一些学思敏捷的青年才俊，我在与他们交往、阅读他们的论文和初稿中获益甚巨。曹建墩先生对先秦礼制研究深入而细腻，材料极其丰富，初稿竟然写了约60万字，对我了解先秦礼制极有助益。梁满仓先生是魏晋南北朝史专家，他对该时期内礼制研究颇有心得，尤其能够抓住一些别人不注意的具体礼仪（如跪拜礼、执手礼等）问题进行研讨，确实使我更深切了解礼制与人们日常生活的关系。史睿先生对《显庆礼》深入、扎实的考证，使我对唐前期礼制变迁有了更多了解；王美华的唐宋礼制下移和辽朝礼制的研究、王志跃对宋代道教与礼制关系的研究、刘舫对元朝礼制的全面阐述、尤淑君女史对清代宾礼向礼宾的转变论证、张涛梳理近代礼制问题，也都对我深有启发。明代礼制专家赵克生先生率弟子吴恩荣对明清时期礼制的研究，尤其是对明清国家礼制特点的归纳，以及对明清家礼演化情况所作的深入而细致的论述，也有利于我对明清礼制变迁情况的深入了解。更需要指出的是，葛金芳、赵和平、吴丽娱、张鹤泉、陈居渊和楼劲诸位先生担任课题组顾问，也多有指点，帮我闯过了一道道难关，他们的精湛学问与人格力量鼓舞着我奋力向前。如此说来也是有得有失。不过，项目最终能够在2018年11月结项，使我如释重负。自然，这一年来，又根据专家们意见，对项目稿件细加修订，现在中华礼制变迁史部分已经初步完成，拟交付出版。

回过头来看这10年，既深感时间飞驰，又感到成绩太小，愧对学界众多友人，当然我也收获了满满的友谊，获得了学问的长进。然而面对这薄薄的论文集，只能聊以慰藉满头白发，却又顿感古稀之年来临的悲哀，今后还能干多少年？秋夜读罢，顿然想起曾巩"照影独怜身老去，日添华发已盈簪"和王安石"转多愁思催华发，早晚轻舟上秀川"两句。华发确已盈首，就命名为《华发集》吧。

需要补充的是，编辑论文集时，对论文的观点不加改动，只是对一些引文重加校对，对个别笔误作了更正。又，老同学、书法家吴长庚教授为我题签了书名，在此深表谢忱！

是为记。

汤勤福撰于沪上南郊

2019年12月22日夜

图书在版编目(CIP)数据

华发集/汤勤福著. —上海:上海三联书店,2020.11
ISBN 978 - 7 - 5426 - 7240 - 7

Ⅰ.①华… Ⅱ.①汤… Ⅲ.①礼仪－制度－中国－古代－文集 Ⅳ.①K892.9－53

中国版本图书馆 CIP 数据核字(2020)第 208136 号

华发集

著　者 / 汤勤福

责任编辑 / 殷亚平
特约编辑 / 黄　韬
装帧设计 / 徐　徐
监　制 / 姚　军
责任校对 / 张大伟　王凌霄

出版发行 / 上海三联书店
　　　　　(200030)中国上海市漕溪北路 331 号 A 座 6 楼
邮购电话 / 021 - 22895540
印　刷 / 上海展强印刷有限公司

版　次 / 2020 年 11 月第 1 版
印　次 / 2020 年 11 月第 1 次印刷
开　本 / 710×1000　1/16
字　数 / 720 千字
印　张 / 37.25
书　号 / ISBN 978 - 7 - 5426 - 7240 - 7/K·617
定　价 / 158.00 元

敬启读者,如发现本书有印装质量问题,请与印刷厂联系 021 - 66366565